Die Beständigkeit von Kreditsicherheiten im Wandel der Hauptschuld

Europäische Hochschulschriften Recht

European University Studies in Law

Publications Universitaires Européennes de Droit

Band/Volume **6169**

Jennifer Schauberger

Die Beständigkeit von Kreditsicherheiten im Wandel der Hauptschuld

Eine kreditsicherungsrechtliche Untersuchung am Beispiel der Akquisitionsfinanzierung

PETER LANG

Bibliografische Information der Deutschen Nationalbibliothek
Die Deutsche Nationalbibliothek verzeichnet diese Publikation in der Deutschen Nationalbibliografie; detaillierte bibliografische Daten sind im Internet über http://dnb.d-nb.de abrufbar.

Zugl.: Köln, Univ., Diss., 2019

Gedruckt auf alterungsbeständigem, säurefreiem Papier.
Druck und Bindung: CPI books GmbH, Leck

D 38
ISSN 0531-7312
ISBN 978-3-631-80311-0 (Print)
E-ISBN 978-3-631-82334-7 (E-PDF)
E-ISBN 978-3-631-82335-4 (EPUB)
E-ISBN 978-3-631-82336-1 (MOBI)
DOI 10.3726/b17122

Diese Publikation wurde begutachtet.

www.peterlang.com

Vorwort

Die vorliegende Arbeit wurde im Wintersemester 2018/2019 von der Universität zu Köln als Dissertation angenommen.

Die Arbeit widmet sich im Kern der Frage, wie sich eine Änderung der ursprünglich vereinbarten Kreditverbindlichkeit auf die zur Sicherung dieser Verbindlichkeit bestellten Kreditsicherheiten auswirkt. Diese Auswirkungen werden am Beispiel der Akquisitionsfinanzierung untersucht. Da Sicherungsverträge in der Praxis zudem fast ausschließlich formularmäßig vereinbart werden, werden auch AGB-rechtliche Fragestellungen miteinbezogen.

Mein herzlicher Dank gilt allen vorweg meinem Doktorvater, Professor Dr. Klaus Peter Berger, der das Entstehen dieser Arbeit in jeder Hinsicht und zu jedem Zeitpunkt gefördert hat. Professor Dr. Dr. h.c. Hanns Prütting danke ich für die zügige Erstellung des Zweitgutachtens. Darüber hinaus danke ich all denjenigen, die mir in der Zeit meines Dissertationsvorhabens als Freunde und Wegbegleiter zur Seite gestanden haben.

Gewidmet ist diese Arbeit meinen Eltern sowie meiner Schwester. Für ihre bedingungslose Liebe und Unterstützung kann ich ihnen nicht genug danken.

Berlin, im Juni 2020 *Jennifer Schauberger*

Inhaltsverzeichnis

4. Kapitel: Sicherungszweckerklärungen im Spannungsfeld zwischen Vertragsfreiheit und AGB-Kontrolle

5. Kapitel: Sicherungszweckerklärungen in Individualvereinbarungen

Abkürzungsverzeichnis

a.A.	andere Ansicht
Abs.	Absatz
AcP	Archiv für die civilistische Praxis
a.E.	am Ende
a.F.	alte Fassung
AGB	Allgemeine Geschäftsbedingungen
Alt.	Alternative
Anh.	Anhang
Anm.	Anmerkung
Art.	Artikel
Aufl.	Auflage
BB	Betriebs-Berater
Bd.	Band
BeckOK	Beck'scher Online Kommentar
BeckRS	Beck-Rechtsprechung
BGB	Bürgerliches Gesetzbuch
BGBl.	Bundesgesetzblatt
BGH	Bundesgerichtshof
BKR	Zeitschrift für Bank- und Kapitalmarktrecht
bspw.	beispielsweise
bzw.	beziehungsweise
ca.	circa
DB	Der Betrieb
ders.	derselbe
d.h.	das heißt
dies.	dieselbe
DNotZ	Deutsche Notarzeitschrift
DStR	Deutsches Steuerrecht
Einl.	Einleitung
EWiR	Entscheidungen zum Wirtschaftsrecht
f.	folgende
ff.	fortfolgende
Fn.	Fußnote(n)
GmbH	Gesellschaft mit beschränkter Haftung
GmbHR	GmbH-Rundschau /GmbH-Recht
grds.	grundsätzlich
GWR	Gesellschafts- und Wirtschaftsrecht
HGB	Handelsgesetzbuch
i.H.v.	in Höhe von
InsO	Insolvenzordnung

i.S.	im Sinne
i.V.m.	in Verbindung mit
JA	Juristische Arbeitsblätter
Jura	Juristische Ausbildung
JuS	Juristische Schulung
JZ	Juristenzeitung
Kap.	Kapitel
MDR	Monatsschrift für Deutsches Recht
MittRHNotK	Mitteilung der Rheinischen Notarkammer
MüKo	Münchener Kommentar
m.w.N.	mit weiteren Nachweisen
Nr.	Nummer
NJW	Neue Juristische Wochenschrift
NOZ	Neue Juristische Online-Zeitschrift
NZI	Neue Zeitschrift für Insolvenz- und Sanierungsrecht
NZM	Neue Zeitschrift für Miet- und Wohnungsrecht
OLG	Oberlandesgericht
Rdn.	Randnummer
RIW	Recht der internationalen Wirtschaft
S.	Satz / Seite
sog.	sogenannt(e)
vgl.	vergleiche
Vorbem.	Vorbemerkung
WM	Zeitschrift für Wirtschafts- und Bankrecht
z.B.	zum Beispiel
ZfIR	Zeitschrift für Immobilienrecht
ZGR	Zeitschrift für Unternehmens- und Gesellschaftsrecht
ZIP	Zeitschrift für Wirtschaftsrecht
ZRP	Zeitschrift für Rechtspolitik

Einführung

§ 1 Einleitung

Für die hiesigen Kreditinstitute[1] spielt das Geschäft mit großvolumigen Unternehmenskrediten traditionell eine wichtige Rolle. Obwohl Unternehmen sich bei ihren Investitionen zunehmend auf internationaler Ebene orientieren und dabei auf eine schier unerschöpfliche Vielfalt von Finanzierungsmöglichkeiten zurückgreifen können[2], finanzieren sich deutsche Unternehmen weiterhin größtenteils über Fremdmittel, insbesondere klassische Bankkredite[3].[4] Auch der Erwerb eines Unternehmens oder einer Unternehmensgruppe (Akquisitionsfinanzierung) wird in aller Regel zumindest hälftig durch Fremdmittel finanziert.[5]

Überall dort, wo Kredite gewährt werden, sind Kreditsicherheiten in der Regel nicht weit.[6] Mit der Hereinnahme werthaltiger Sicherheiten – entweder in Form der Unterlegung des Kredites mit Sachsicherheiten oder in Form von Personalsicherheiten – treffen die Kreditinstitute Vorsorge dafür, dass die mit der

---

1 Die Unterscheidung zwischen Kreditgeber, Bank und Kreditinstitut hat hinsichtlich der hier zu untersuchenden Problemkreise keine Relevanz. Die Begriffe werden daher synonym verwandt.

2 Siehe etwa Allen & Overy Pressemitteilung vom 3.11.2016 – Alternative Finance Studie (abrufbar unter: http://www.allenovery.com/news/de-de/articles/Pages/Banken-spielen-weiterhin-wichtige-Vermittlerrolle-im-europäischen-Markt-für-alternative-Finanzierungen-.aspx, Abruf vom: 6. Januar 2019). So spielen insbesondere Eigenkapital- und eigenkapitalnahe Finanzierungen eine nicht untergeordnete Rolle. Zu den wichtigsten zählen etwa Gesellschafterdarlehen, Mezzanine-Finanzierungen, Konzernfinanzierungen und Cash Pooling (siehe hierzu *Renner*, in: Staub, Großkommentar HGB, Band 10/2, 4. Teil, Rdn. 308 ff.; *Rossbach*, in: Kümpel/Wittig, Bank- und Kapitalmarktrecht, Rdn. 11.2; *Hill*, in: Wolf/Hill/Pfaue, Strukturierte Finanzierungen, S. 6 ff.). Zu dem Trend weg von der klassischen Form der Unternehmensfinanzierung durch Bankkredite hin zu wertpapiermäßigen Finanzierungen, der gemeinhin auch als „Securisation" beschrieben wird, siehe auch *Baums*, Beiträge zum Recht der Unternehmensfinanzierung, S. 1.

3 Die Begriffe des Kredites und des Darlehens werden in der vorliegenden Untersuchung ohne systematische Unterscheidung synonym verwandt.

4 Die Summe aller bankrechtlichen Kredite an inländische Nichtbanken betrug im Jahre 2018 rund 3,1 Billionen Euro (siehe Monatsbericht der Deutschen Bundesbank, November 2018, S. 26 „Banken (MFIs) in Deutschland – Kredite an inländische Nichtbanken (Nicht-MFIs)").

5 *Meyer*, Die Besicherung der Akquisitionsfinanzierung beim *Leveraged Buy-out* einer GmbH, S. 21; *Renner*, in: Staub, Großkommentar HGB, Band 10/2, 4. Teil, Rdn. 376.

6 *Pöggeler*, JA 2001, 65 (66); *Rösler/Fischer*, BKR 2006, 50 (50). – Etwas anderes gilt jedoch im Falle der Gewährung sog. Blankokredite.

Kreditvergabe verbundenen Risiken möglichst zu keinen finanziellen Verlusten führen.[7] Dabei verlangt nicht nur das Geschäft mit kleinen und mittelständischen Firmenkunden eine Unterlegung der Kredite mit Sicherheiten. Gerade auch im Kreditvergabegeschäft mit Großunternehmen muss auf eine solche zur effizienten Risikominimierung zurückgegriffen werden. Dabei werfen seit jeher insbesondere auch Akquisitionsfinanzierungen Fragen der Kreditsicherung auf, da sie wegen ihrer *Non-Recourse*-Struktur[8] für die beteiligten Fremdkapitalinvestoren zu den besonders risikoreichen Investments zählen.[9]

Obwohl schon die Kreditsicherung einen elementaren Bestandteil der Bankgeschäfte darstellt, tauchen in diesem Bereich immer neue und komplexe Rechtsfragen auf.[10] Aus der schier unergründlichen Menge an Rechtsfragen, die sich in der Kreditsicherungspraxis und auch im Rahmen der Akquisitionsfinanzierung stellen, soll sich die folgende Untersuchung auf die Frage der „Beständigkeit von Kreditsicherheiten im Wandel der Hauptschuld" beschränken.

Während der Laufzeit eines Kredites kann sich aus unterschiedlichsten Gründen die Notwendigkeit einer Vertragsänderung bzw. (damit einhergehend) einer Änderung der ursprünglich vereinbarten Kreditverbindlichkeit ergeben („Wandel der Hauptschuld"). Praktisch relevant wird dies im Falle von Prolongationen, Krediterweiterungen, Stundungen, Tilgungsänderungen und Tilgungsaussetzungen, Umschuldungen sowie Konditionenanpassungen. Auch kann sich das Bedürfnis ergeben, an die Stelle des getilgten Kredites einen neuen zu setzen. Sofern vertragliche Vereinbarungen abgeändert werden sollen, wird dies – ein beiderseitiges Einverständnis der Kreditvertragsparteien vorausgesetzt – durch Abschluss einer Ergänzungsvereinbarung oder eines Änderungsvertrages erfolgen.[11] Die Bank hat in einem solchen Fall ein nachvollziehbares Interesse daran, dass dann auch die vom Kreditnehmer[12] selbst oder die von einem Dritten bestellte Kreditsicherheit fortbesteht. Enthält der Sicherungsvertrag keine Regelung dazu, lässt sich in der Praxis der Kreditsicherung, je nach Eigenart und Ausgestaltung des jeweiligen

---

7 *Eberlein*, Besicherung von Gläubigermehrheiten, S. 50; *Federlin*, in: Kümpel/Wittig, Bank- und Kapitalmarktrecht, Rdn. 12.1; *Lehmann*, in: Langenbucher/Bliesener/Spindler, Bankrechts-Kommentar, 24. Kap., Rdn. 5.

8 D.h. ohne haftungsmäßigen Rückgriff auf die Eigenkapitalinvestoren; siehe *Mittendorfer*, Praxishandbuch Akquisitionsfinanzierung, S. 12.

9 Vgl. *Wenzel*, Rechtsfragen internationaler Konsortialkreditverträge, S. 365. – Zu der typischen Transaktionsstruktur bei der Akquisitionsfinanzierung siehe unten unter § 3.

10 *Rösler/Fischer*, BKR 2006, 50 (50).

11 Zum Ganzen *Münscher*, in: Münscher/Grziwotz/Krepold/Freckmann, Praktikerhandbuch Baufinanzierung, Rdn. 2156.

12 Soweit im Folgenden Berufs-, Gruppen- und / oder Personenbezeichnungen Verwendung finden, so ist auch stets die jeweils weibliche Form gemeint. Aus Gründen der besseren Lesbarkeit wird durchgängig die männliche Form („generisches Maskulinum") verwendet.

Sicherungsrechts, jedoch nicht immer leicht ergründen, inwieweit sich etwaige Änderungen der ursprünglichen Kreditverbindlichkeit – sei es in der Form, dass eine bisher nicht gesicherte Forderung neben die ursprünglich gesicherte tritt oder diese ersetzen soll, sei es in der Form, dass die ursprünglich gesicherte Forderung über den bisherigen Umfang hinaus ausgedehnt werden soll – auf die Beständigkeit des jeweiligen Sicherungsrechts auswirken. Es lässt sich mithin in aller Regel nicht zweifelsfrei feststellen, ob bei etwaigen Änderungen der Hauptschuld die Haftung des Sicherungsgebers erlischt, unverändert bestehen bleibt oder sich möglicherweise auf die Verbindlichkeit in ihrer nunmehr geänderten Form erstreckt. Aus Gründen der Rechtssicherheit und aus Sorge um eine letzten Endes ungenügende Besicherung erstrecken die Banken in der Praxis ihre Sicherheit ausdrücklich auf die „neue Fordcrung“ bzw. bestellen – im Falle akzessorischer Sicherheiten – diese neu. Dies birgt jedoch gerade für den Fall des im Bereich der Akquisitionsfinanzierung häufig eingesetzten Pfandrechts an Gesellschaftsanteilen erhebliche Nachteile und einen (finanziellen) Mehraufwand, da eine Neubestellung nur zu einem nachrangigen Pfandrecht führt und etwa eine erneute notarielle Beurkundung erforderlich macht.[13] Nicht zuletzt deshalb besteht das Bedürfnis, insoweit für Rechtssicherheit zu sorgen.

Für dieses Ziel wird man sich zunächst mit der sog. Sicherungszweckerklärung (häufig auch Zweckerklärung, Zweckbestimmungserklärung, Zweckabrede, Zweckvereinbarung oder Sicherungsabrede genannt), auseinandersetzen müssen, mit der die Parteien des Sicherungsvertrages bestimmen, welche Forderungen der Bank mit der Bestellung der Sicherheit gesichert werden sollen.[14] Sowohl akzessorische als auch nicht akzessorische Sicherheiten beruhen stets auf einer solchen Zweckerklärung, die in der Kreditsicherungspraxis im Hinblick auf die zu sichernden Forderungen grundsätzlich identisch ist und nicht nach der Rechtsnatur des jeweiligen Sicherungsrechts differenziert.[15] Tatsächlich variieren Position und Bedeutung der Zweckerklärung jedoch je nach Art des Sicherungsmittels erheblich.[16] In diesem Zusammenhang wird zunächst vor allem die Beschaffenheit der Verknüpfung von Sicherheit und Forderung bedeutend.[17] Im Wesentlichen gibt es zwei verschiedene Mechanismen um diese Verknüpfung herzustellen: Bei den meisten gesetzlichen Kreditsicherheiten wird eine Verknüpfung zwischen Kreditsicherheit und der zu sichernden Forderung durch das Akzessorietätsprinzip

---

13 *Bleifeld*, Akzessorische Kreditsicherheiten im Rahmen von syndizierten Krediten, S. 2; *Von Bismarck*, Die Besicherung internationaler Konsortialkredite, Einl., Rdn. 3.

14 *Lehmann*, in: Langenbucher/Bliesener/Spindler, Bankrechts-Kommentar, 24. Kap., Rdn. 67; *Otten*, in: Derleder/Knops/Bamberger, Dt. und Europ. Bank- und Kapitalmarktrecht, Bd. 1, § 25, Rdn. 85; *Reinicke/Tiedtke*, Kreditsicherung, Rdn. 685; *Röttger*, Kreditsicherungsrecht, S. 21.

15 *Merkel*, in: Schimansky/Bunte/Lwowski, Bankrechts-Handbuch, § 93, Rdn. 218.

16 *Otten*, Sicherungsvertrag und Zweckerklärung, Rdn. 6.

17 *Schur*, Jura 2005, 361 (361).

bewirkt.[18] Diesen Sicherungsrechten ist Kraft ihrer gesetzlichen Ausgestaltung die Anbindung an eine Forderung mithin immanent.[19] Bei den durch die Kautelarjurisprudenz hervorgebrachten Kreditsicherheiten kann eine rechtliche Verbindung einer oder mehrerer Forderungen zu dem abstrakten Sicherungsmittel jedoch allein durch schuldrechtliche Vereinbarung des Sicherungszwecks und -umfangs hergestellt werden.[20]

Dass diesen Verknüpfungsmechanismen im Rahmen der folgenden Untersuchung eine besondere Bedeutung zukommt, da sie mitunter die Feststellung ermöglichen, ob sich ein Sicherungsrecht (selbständig) einer Forderung und den bei ihr stattfindenden Änderungen anpasst bzw. anpassen lässt, ist nahezu selbstredend und bedarf hier keiner näheren Begründung. Eine intensive Auseinandersetzung mit dem Akzessorietätsprinzip sowie auch mit der abstrakten Ausgestaltungsform und darüber hinaus mit etwaigen Ausnahmen sowie Substituten ist deshalb unabdinglich. Wirkungsweise und Bedeutung der beiden Mechanismen sollen deshalb in der folgenden Untersuchung deutlich gemacht werden. Es geht vor allem darum, die Wirkungsweise beider Techniken anhand der aufgezeigten Fälle eines „Wandels der Hauptschuld" für die unterschiedlichen Sicherungsrechte herauszuarbeiten.

Ohne hier bereits näher auf die noch darzulegenden Einzelheiten einzugehen, wird man sagen können, dass sich die Möglichkeit zur (Mit-)Besicherung einer „gewandelten Hauptschuld" umso schwieriger gestaltet, je strikter die Verknüpfung von Sicherung und zu sichernder Forderung ausgestaltet ist.[21] Die mit dem Akzessorietätsprinzip einhergehende „enge" Verknüpfung von Sicherung und zu sichernder Forderung schränkt den Spielraum der Banken deshalb extrem ein. Eine nähere Erläuterung dieser vom Gesetzgeber verwendeten dogmatischen Konzeption und die Beantwortung der Frage, welche Grundvorstellungen ihn dabei geleitet haben, ist für die folgende Untersuchung deshalb ebenso unabdingbar. Dies gilt umso mehr, als akzessorische Sicherheiten trotz ihrer Ausgangslage entgegen landläufiger Meinung kein „Schattendasein" fristen.[22] Zwar wird ihnen mitunter nachgesagt, dass sie sich wegen ihrer nachteiligen Konstruktion in der Praxis keiner allzu großen Beliebtheit erfreuen und sogar vereinzelt kaum noch anzutreffen seien.[23] Gerade im Bereich der Akquisitionsfinanzierung sieht sich die Bankpraxis aufgrund der damit für gewöhnlich einhergehenden Struktur jedoch insbesondere

---

18 *Pöggeler*, JA 2001, 65 (66); *Schur*, Jura 2005, 361 (361).

19 Siehe zum Ganzen *Becker-Eberhard*, Die Forderungsgebundenheit der Sicherungsrechte, Vorwort, S. VII; *Otten*, Sicherungsvertrag und Zweckerklärung, Rdn. 6.

20 *Otten*, in: Derleder/Knops/Bamberger, Dt. und Europ. Bank- und Kapitalmarktrecht, Bd. 1, § 25, Rdn. 1; *Pöggeler*, JA 2001, 65 (66); *Rösler/Fischer*, BKR 2006, 50 (50); *Von Bismarck*, Die Besicherung internationaler Konsortialkredite, § 4, Rdn. 37, 65.

21 Siehe *Wiegand*, Akzessorietät und Spezialität, S. 35 (37).

22 *Bleifeld*, Akzessorische Kreditsicherheiten im Rahmen von syndizierten Krediten, S. 2.

23 So etwa *Wiegand*, in: Staudinger, vor §§ 1204 ff., Rdn. 1, nach dem an die Stelle des Pfandrechts heute weitgehend andere Sicherungsmittel – vorwiegend Sicherungsübereignung und -abtretung – getreten sind; ebenso: *Wicke*, in: Palandt, vor

zum Einsatz von akzessorischen Pfandrechten an Gesellschaftsanteilen herausgefordert.[24]

Da sich mit der Sicherungszweckerklärung nicht nur die Verknüpfung von zu sichernder Forderung und Sicherheit herstellen lässt, sondern sie vor allem auch bestimmt, wofür letztgenannte im „Ernstfall", d.h. bei Zahlungsunfähigkeit oder -unwilligkeit des Kreditnehmers, haften soll,[25] kommt man bei der Untersuchung der Frage nach der „Beständigkeit von Kreditsicherheiten im Wandel der Hauptschuld" auch nicht an einer Bestimmung der Grenzen des zulässigen Inhalts jener Zweckerklärungen vorbei. In ihrem Streben nach einer möglichst unabhängigen und dauerhaften Besicherung wird sich die Bank in der Regel nämlich dafür entscheiden, den Sicherungszweck möglichst weit zu fassen.[26] Da die Banken, wie gezeigt, ein Interesse daran haben, dass bei etwaigen Änderungen der Hauptschuld die vom Kreditnehmer oder einem Dritten bestellte Sicherheit bestehen bleibt, nehmen sie zudem häufig sog. Prolongations-, Stundungs- oder sonstige eine Änderung der Hauptschuld erfassende Klauseln in den Sicherungszweck mit auf. Plastisch ausgedrückt wollen die Banken damit verhindern, dass der Kuchen jeweils neu verteilt wird; sie wollen sich von Anfang an das größte Stück sichern.[27] Für die Zwecke dieser Untersuchung lässt sich hier verallgemeinernd von „überschießenden Sicherungszweckerklärungen" sprechen.

War Anlass der Kreditsicherung aber eine einzige oder alternativ mehrere genau bestimmte Forderung(en), so können derartige „überschießende Sicherungszweckerklärungen", die eine Besicherung über die sog. Anlassverbindlichkeit(en) hinaus vorsehen, jedoch Probleme aufwerfen. Dies gilt insbesondere im Hinblick auf deren formularmäßige Vereinbarung. Während eine Globalisierung auf der Seite der gesicherten Forderungen unter Hinweis auf ein legitimes Sicherungsbedürfnis der Banken seitens der höchstrichterlichen Rechtsprechung zunächst nahezu unbeanstandet blieb, war mit einem Urteil des BGH aus dem Jahre 1982 zur formularmäßigen Zweckerklärung bei Drittsicherheiten erstmals eine Trendwende festzustellen.[28] Nunmehr können die AGB-rechtlichen Vorschriften der Ausgestaltung von Sicherungszweckvereinbarungen unüberwindbare Grenzen setzen. Dies gilt zum einen mit Blick auf das Verbot überraschender Klauseln in § 305c Abs. 1

§ 1273, Rdn. 2; *Berger*, in: Jauernig, BGB, Buch 3, Abschn. 8, Vorbem., Rdn. 3; *Pamp*, in: Nobbe, Kommentar zum Kreditrecht, § 1204, Rdn. 10.

24 *Bleifeld*, Akzessorische Kreditsicherheiten im Rahmen von syndizierten Krediten, S. 2. – Zu der typischen Besicherung in der Akquisitionsfinanzierung siehe unten unter § 5 III. 2. a. iv. sowie § 5 III. 4.

25 *Knops*, ZIP 2006, 1965 (1965).

26 Siehe etwa *Lohmann*, Rechtsprobleme der Globalzweckerklärung, S. 1; *Wiegand*, Akzessorietät und Spezialität, S. 35 (43).

27 *Wiegand*, Akzessorietät und Spezialität, S. 35 (43).

28 BGH, Urteil vom 29.01.1982 – V ZR 82/81 = NJW 1982, 1035 (1035 ff.).

BGB[29] und zum anderen für die inhaltliche Kontrolle am Maßstab des § 307 BGB (sog. „Anlassrechtsprechung“).[30]

Nach der Rechtsprechung des BGH gilt dies jedoch nicht für alle Sicherungsrechte gleichermaßen, sondern es sind bei der Bewertung der AGB-rechtlichen Zulässigkeit eines „überschießenden Sicherungszwecks“ die verschiedenen Erscheinungsformen der Sicherungsrechte zu berücksichtigen: Personal- oder Realsicherheit, Eigen- oder Drittsicherheit, akzessorische oder nicht akzessorische Sicherheit. Die Thematik gewinnt dadurch an enormer Komplexität.[31] Die Judikatur hierzu zeigt sich intransparent. So bejaht der BGH bei formularmäßig weiten Bürgschaftszweckerklärungen, welche die Haftung des Bürgen über den Anlasskredit hinaus auf andere, insbesondere zukünftige Verbindlichkeiten erstrecken, sowohl eine Unwirksamkeit wegen unangemessener Benachteiligung (§ 307 Abs. 1 und Abs. 2 BGB) als auch das Vorliegen einer überraschenden Klausel (§ 305c Abs. 1 BGB).[32] Diese Rechtsprechung wird uneingeschränkt auch auf den Schuldbeitritt angewendet,[33] während der BGH seine Judikatur auf formularmäßig weite Zweckerklärungen bei Grundschulden hingegen nicht in gleichem Maße anwendet.[34] Letztere hält er zwar für überraschend, sie unterlägen jedoch nicht zusätzlich dem Verdikt einer unangemessenen Benachteiligung.[35] Für andere Kreditsicherheiten, wie etwa dem Pfandrecht, der Sicherungsübereignung und -abtretung sowie der Garantie lässt der BGH wiederum gründlichere Überlegungen nahezu gänzlich vermissen. Übersichtlicher gestaltet sich die Judikatur auch nicht im Hinblick auf die Zulässigkeit formularmäßiger Prolongationsklauseln sowie sonstigen eine Änderung der Hauptschuld erfassenden Klauseln. Diese Differenzen innerhalb der höchstrichterlichen Rechtsprechung bezüglich der verschiedenen Kreditsicherheiten geben Anlass zu einer systematischen Überprüfung formularmäßiger Zweckerklärungen insgesamt. Hierfür soll in der folgenden Untersuchung zunächst

---

29 Die einschlägige Judikatur sowie weite Teile der Literatur gehen noch von den §§ 3, 8, 9 AGBG aus. In der vorliegenden Untersuchung werden jedoch nur die entsprechenden Neuregelungen im BGB zitiert.

30 Siehe exemplarisch etwa BGH, Urteil vom 15.07.1999 – IX ZR 243–98 = NJW 1999, 3195 (3195 ff.); BGH, Urteil vom 2.7.1998 – IX ZR 255–97 = NJW 1998, 2815 (2816); BGH, Urteil vom 07.03.1996 – IX ZR 43/95 = NJW 1996, 1470 (1472 f.); BGH, Urteil vom 18.05.1995 – IX ZR 108/94 = NJW 1995, 2553 (2553 ff.); BGH, Urteil vom 01.06.1994 – XI ZR 133/93 = NJW 1994, 2145 (2145 f.).

31 Vgl. *Samhat*, WM 2016, 962 (963).

32 Siehe exemplarisch etwa BGH, Urteil vom 14.10.2003 – XI ZR 121/02 = NJW 2004, 161 (163); BGH, Urteil vom 18.07.2002 – IX ZR 294/00 = NJW 2002, 3167 (3168 f.).

33 Siehe exemplarisch etwa BGH, Urteil vom 07.11.1995 – XI ZR 235/94 = NJW 1996, 249 (249 f.).

34 Siehe etwa zur Sicherungsgrundschuld BGH, Urteil vom 19.06.2002 – IV ZR 168/01 = NJW 2002, 2633.

35 Siehe exemplarisch etwa BGH, Urteil vom 16.01.2001 – XI ZR 84/00 = NJW 2001, 1416 (1416 f.).

die maßgebliche Rechtsprechung vorgestellt und sodann ein übergeordnetes Wertungskonzept herausgearbeitet werden.

Die folgende Untersuchung soll mit diesem methodischen Ansatz eine Lücke in der wissenschaftlichen Literatur schließen. Zwar haben einige Dissertationen sowie Autoren im Schrifttum die Thematik einer formularmäßigen „Globalisierung" auf der Seite der gesicherten Forderung aufgegriffen[36], diese diskutieren jedoch in der Regel lediglich Bürgschaft und Grundschuld, ohne daraus übergeordnete Wertungen herauszuarbeiten, oder beschäftigen sich lediglich mit Einzelfragen.[37] Ziel der folgenden Untersuchung ist es, hier einen allgemeinen AGB-rechtlichen Kriterienkatalog zu entwickeln, an dem formularmäßige Zweckerklärungen insgesamt gemessen werden können.

Wenn man sich der Fragestellung öffnet, welche Gestaltungskonstellationen von Sicherungszweckvereinbarungen einer Einbeziehungs- und Inhaltskontrolle gem. §§ 305 ff. BGB in der Praxis standhalten werden, wird man aber auch nicht umhinkommen, eine für die vorgelegte Arbeit weitere bedeutsame Frage zu untersuchen, nämlich, unter welchen Voraussetzungen es sich bei Sicherungsverträgen im Allgemeinen bzw. Sicherungszweckvereinbarungen im Besonderen nicht mehr um AGB-kontrollfreie Individualvereinbarungen, sondern um AGB i.S. des § 305 Abs. 1 S. 1 BGB handelt. Dies soll zunächst im Hinblick auf die Verwendung von Standardverträgen und Standardklauseln der Banken geprüft werden und sodann im Hinblick auf den Sonderfall der Verwendung von Sicherheitenverträgen von Kanzleien, sog. *Templates*, spezifiziert werden. Bei den hier interessierenden Akquisitionsfinanzierungen sowie generell bei großvolumigen Finanzierungen im Unternehmensbereich mandatieren die Banken nämlich in der Regel sog. *Full-Service-Law-Firms* (Großkanzleien), die die Erstellung sowie das Verhandeln der Vertragsdokumentation übernehmen.[38] Die Rechtsanwälte jener Kanzleien schreiben die einzelnen Finanzierungsverträge dann aber nicht jedes Mal neu, sondern benutzen als Vorlage eine interne Mustervereinbarung, ein sog. *Template* oder die Dokumentation aus vorherigen Transaktionen, die auf den konkreten Sachverhalt bzw. die konkrete Transaktion angepasst wird. Dies gilt gleichermaßen

---

36 Beispielhaft genannt seien an dieser Stelle etwa *Bläser*, Die Auswirkungen der durch das Urteil des BGH vom 18.05.1995 – IX ZR 108/94 begründeten Anlaßrechtsprechung; *Bornemann*, Zweckbestimmungsklauseln bei Sicherungsgeschäften; *Fullenkamp*, Die erweiterte Zweckerklärung bei Bürgschaft und Grundschuld; *Lohmann*, Rechtsprobleme der Globalzweckerklärung; *Meier*, Formularvertragliche Globalbürgschaften von Geschäftsführern und Gesellschaftern einer GmbH für die Verbindlichkeiten ihrer Gesellschaft; *Otten*, Sicherungsvertrag und Zweckerklärung; *Rikken*, Die Globalhaftung des Kreditbürgen; *Samhat*, WM 2016, 962; *Schnell*, Die formularmäßig erweiterte Zweckerklärung bei Grundschulden.

37 Siehe hierzu auch *Kuntz*, AcP 209 (2009), 242 (243 f.).

38 Siehe hierzu etwa *Reudelhuber*, LMA Webinar – Einführung in syndizierte Kredite, S. 15 (abrufbar unter: http://www.lma.eu.com/application/files/3014/6927/7405/Introduction_to_Syndicated_Lending_German.pdf, Abruf vom: 6. Januar 2019).

für die Sicherheitenverträge. Ob und wie sich diese Praxis sowie die Einschaltung von Rechtsanwälten auf die Qualifizierung der Sicherungszweckvereinbarungen als AGB auswirkt, ist bislang nicht wissenschaftlich behandelt worden. Im Schrifttum wird der AGB-Charakter von Sicherungszweckerklärungen weitestgehend vorausgesetzt. Dies leuchtet insoweit ein, als sich die Kreditsicherungspraxis in der Regel der gängigen Formulierungen eines engen oder weiten Sicherungszwecks bedient.[39] Darüber hinaus findet jedoch keine Berücksichtigung, dass sich in der Finanzierungspraxis unter Beteiligung von Rechtsanwälten kanzleiübergreifend gebräuchliche Sicherungszweckerklärungen bzw. gewisse Standards entwickelt haben, sodass sich einzelne Formulierungen sowie Vertragsgestaltungskonzepte in den verschiedensten Sicherheitenverträgen wiederfinden lassen. Aufgrund der gravierenden Folgen, die die Einschlägigkeit des AGB-Rechts auf die Wirksamkeit „überschießender Zweckerklärungen" haben kann, ruft dies umso dringlicher auf zur Festlegung verlässlicher Kriterien für die Abgrenzung formularmäßiger Zweckerklärungen von AGB-kontrollfreien.

39 Siehe zu den gängigen Formulierungen von Sicherungszweckerklärungen unten unter § 7.

§ 2 Gang der Untersuchung

Die Untersuchung ist in fünf Kapitel untergliedert.

Das erste Kapitel versteht sich als einleitender Teil und dient in erster Linie der Klärung von Grundbegriffen und Grundlagen, die im Verlauf der Untersuchung von Bedeutung sind. Bei der Besicherung in der Akquisitionsfinanzierung stellen sich aufgrund der damit für gewöhnlich einhergehenden Struktur besondere Probleme, weshalb ein Grundverständnis dieser Finanzierungsstruktur für den weiteren Fortgang der Untersuchung unabdingbar ist. Nach einem Überblick über die relevanten Kreditarten in der Akquisitionsfinanzierung wird sodann, neben einer allgemeinen Einführung in das Kreditsicherungsrecht, untersucht, welche Kreditsicherheiten in typischen Akquisitionsfinanzierungen zur Verfügung stehen. Es werden dabei die jeweiligen Eigenarten der Sicherungsrechte herausgearbeitet und deren Relevanz für die Untersuchung aufgezeigt. Einen Schwerpunkt bildet dabei die Unterscheidung zwischen akzessorischen und nicht akzessorischen Sicherheiten. Das Verständnis der dahinterstehenden Prinzipien wird für die vorliegende Arbeit von entscheidender Bedeutung sein.

Das zweite Kapitel ist den Sicherungszweckerklärungen gewidmet, die den Kern eines jeden Sicherungsvertrages bilden, da sie nicht nur die Verknüpfung von zu sichernder Forderung und Sicherungsrecht herstellen, sondern vor allem die Feststellung ermöglichen, ob und in welchem Umfang das durch die Kreditsicherheit gebundene Vermögen haftet. Es werden die verschiedenen – und insbesondere für die Finanzierungspraxis typischen – Gestaltungsweisen von Sicherungszweckerklärungen dargestellt. Dabei werden bereits hier etwaige Problemkreise im Rahmen der verschiedenen Gestaltungsalternativen aufgezeigt, um das Problembewusstsein für die folgende Untersuchung zu schärfen.

Im dritten Kapitel liegt ein erster wesentlicher Schwerpunkt dieser Arbeit, denn es wird der Frage nachgegangen, inwieweit sich etwaige Änderungen der ursprünglich gesicherten Kreditverbindlichkeit nach dem Zeitpunkt der Sicherheitenbestellung auf die Beständigkeit des jeweiligen Sicherungsrechts auswirken. Es gilt dafür zunächst die für die Untersuchung relevanten Fälle eines „Wandels der Hauptschuld" aufzuarbeiten, um sodann feststellen zu können, inwieweit diese von der Haftung des Sicherungsgebers gedeckt sind bzw. diese beeinflussen.

Das vierte Kapitel beschäftigt sich mit Sicherungszweckerklärungen im Spannungsfeld zwischen Vertragsfreiheit und Vertragskontrolle. Es erfolgt zunächst eine Schutzzweckbestimmung des AGB-Rechts sowie eine Identifizierung der Probleme, die sich daraus im Hinblick auf eine AGB-Kontrolle für den unternehmerischen Verkehr ergeben. Sodann werden die Tatbestandsmerkmale des § 305 Abs. 1 BGB im Einzelnen geprüft. Dies erfolgt zunächst hinsichtlich der Verwendung von Standardverträgen und Standardklauseln und wird im Anschluss für den Sonderfall der Verwendung von Sicherheitenverträgen von Kanzleien spezifiziert. Anschließend erfolgt die AGB-Kontrolle von Sicherungszweckerklärungen, wobei diese Ausführungen sich im Wesentlichen an der Anlassrechtsprechung des BGH orientieren. Hierfür wird in der folgenden Untersuchung zunächst die maßgebliche Rechtsprechung vorgestellt und sodann unter kritischer Würdigung der Literaturstimmen ein übergeordnetes Wertungskonzept herausgearbeitet. Das Sonderproblem von Gesellschaftersicherheiten soll in diesem Kapitel außerdem Berücksichtigung finden. Zudem gilt es, die Rechtsfolgen unwirksamer formularmäßiger Zweckerklärungen herauszuarbeiten. Da bei der Bewertung der Wirksamkeit formularmäßiger Zweckerklärungen die Eigenarten und verschiedenen Erscheinungsformen der Kreditsicherheiten berücksichtigt werden müssen, stellt sich das vierte Kapitel als sehr komplex dar. Es wird deshalb mit der Entwicklung eines allgemeinen AGB-rechtlichen Kriterienkatalogs, an dem formularmäßige Zweckerklärungen insgesamt gemessen werden können, schließen.

Im fünften Kapitel bleibt für den Fall, dass bei Vorliegen einer Zweckerklärung von einer individualvertraglichen ausgegangen werden kann, deren Wirksamkeit – ebenfalls unter Berücksichtigung der jeweiligen Eigenarten und verschiedenen Erscheinungsformen der Sicherungsrechte – zu klären. Die besonderen Probleme, die sich aus einer formularmäßigen Fixierung von Zweckerklärungen ergeben, stellen sich hier gerade nicht. Individualvertragliche Zweckerklärungen müssen sich deshalb nur an den weit unterhalb der Kontrollschwelle der §§ 305 ff. BGB angesiedelten allgemeinen Kontrollmaßstäben der §§ 134, 138, 242 BGB messen lassen.

Die gefundenen Ergebnisse werden sodann am Schluss der Arbeit noch einmal zusammengefasst.

1. Kapitel: Grundlagen zur Besicherung in der Akquisitionsfinanzierung

§ 3 Die Akquisitionsfinanzierung

Der folgende Abschnitt ist der hier relevanten Akquisitionsfinanzierung gewidmet. Deren Analyse wird sich aber notwendigerweise auf die spezifischen strukturellen Fragen beschränken, die mit der vorliegenden Untersuchung zusammenhängen. Hierbei bleiben spezifische Besonderheiten einzelner Gestaltungen außer Betracht, um die Darstellungen auf die wesentlichen Grundfragen zu beschränken.

Unter dem Begriff der Akquisitionsfinanzierung versteht man im Allgemeinen die Finanzierung von Unternehmensfusionen und -übernahmen bzw. den Erwerb von Unternehmensbeteiligungen (Zielgesellschaft, *Target*).[40] Der Unternehmenserwerb wird in der Regel zumindest zur Hälfte durch Fremdkapital finanziert.[41] Der Bedarf an Fremdkapital ist bei Akquisitionsfinanzierungen je nach Kaufpreis und Höhe der verfügbaren Eigenmittel meist beträchtlich, weshalb dieses in der Regel nicht durch einen Kreditgeber, sondern durch ein Bankenkonsortium zur Verfügung gestellt wird.[42] Man spricht insoweit auch von syndizierten Krediten.[43] Die Mittel für Zinsen und Tilgung des Fremdkapitals stammen bei der

---

40 *Diem*, Akquisitionsfinanzierungen, § 1, Rdn. 1; *Mittendorfer*, Praxishandbuch Akquisitionsfinanzierung, S. 12; *Rossbach*, in: Kümpel/Wittig, Bank- und Kapitalmarktrecht, Rdn. 11.231.

41 *Renner*, in: Staub, Großkommentar HGB, Band 10/2, 4. Teil, Rdn. 376; *Rossbach*, in: Kümpel/Wittig, Bank- und Kapitalmarktrecht, Rdn. 11.232.

42 *Diem*, Akquisitionsfinanzierungen, § 1, Rdn. 4; *Diem/Jahn*, Acquisition Finance Agreements in Germany, S. 1, Rdn. 1.

43 Die gemeinsame Kreditvergabe (syndizierter Kredit) hat sich seit Jahrzehnten international und mit zunehmendem Standardisierungsgrad auch in Deutschland etabliert und wird insbesondere auch im Rahmen der Akquisitionsfinanzierung praktiziert. Durch die Vielzahl der Beteiligten (zumindest) auf Gläubigerseite stellen sich bei der Finanzierung ganz besondere Anforderungen an die Strukturierung von Sicherheiten. Die Frage nach der wirksamen Besicherung von Gläubigermehrheiten füllt jedoch eigene Bücher (siehe etwa *Bleifeld*, Akzessorische Kreditsicherheiten im Rahmen von syndizierten Krediten, S. 1 ff.; *Böttcher*, Das abstrakte Schuldversprechen in der Kreditsicherung, S. 186 f.; *Eberlein*, Besicherung von Gläubigermehrheiten, S. 33 ff.; *Harpering*, Die Übertragung akzessorisch besicherter Forderungen im Rahmen von *syndicated loans*, S. 1 ff., 49) und soll im Rahmen dieser Untersuchung vernachlässigt werden. Wenn auch in der Akquisitionsfinanzierung die Fremdmittelvergabe in den allermeisten Fällen durch ein Bankenkonsortium erfolgt, macht es keinen Unterschied, ob die aus der folgenden Untersuchung resultierenden Fragen an einer syndizierten oder einer bilateralen Kreditvergabe exemplifiziert werden. Der Anschaulichkeit halber und da dies eben am Ergebnis nichts ändert, wird für die Zwecke dieser Untersuchung deshalb von einer bilateralen Kreditvergabe ausgegangen.

Akquisitionsfinanzierung ausschließlich aus dem projektierten Kapitalfluss (*Cashflow*)[44] des zu übernehmenden Unternehmens.[45]

Eine herausragende Bedeutung kommt dem Finanzierungsinstrument des „im Wesentlichen" mit Fremdmitteln finanzierten Unternehmenserwerbs, dem *Leveraged Buy-out* (*LBO*), zu.[46] Eine Besonderheit von *LBOs* besteht darin, dass als Kreditnehmer häufig eine – das *Target* erwerbende – neu gegründete Zweckgesellschaft (*Special Purpose Vehicle* (*SPV*) oder Erwerbsgesellschaft (*NewCo*)) in der Form einer Kapitalgesellschaft fungiert und der Rückgriff auf die dahinter stehenden Investoren damit ausgeschlossen ist.[47] Das hat zur Folge, dass die Möglichkeiten der Kreditsicherung sehr begrenzt sind.[48] Wegen der *Non-Recourse*-Struktur, d.h. dem fehlenden haftungsmäßigen Rückgriff auf die Eigenkapitalinvestoren, erfolgt eine Besicherung der Kredite ausschließlich durch das zum Erwerb des Unternehmens bzw. der Unternehmensgruppe gegründete *SPV* und das *Target*, wobei das *SPV* mit Ausnahme der Anteile am *Target* im Wesentlichen vermögenslos ist.[49] Zudem kann eine Besicherung der Verbindlichkeiten des *SPVs* durch das *Target* (*Upstream*-Sicherheiten) mit den gesellschaftsrechtlichen Kapitalerhaltungsvorschriften in Konflikt treten.[50] Die besondere gesellschaftsrechtliche Struktur im Rahmen der Akquisitionsfinanzierung wird für die Untersuchung an späterer Stelle noch relevant werden.[51]

---

44 Der *Cashflow* ergibt sich „als Zahlungsstrom aus der Differenz zwischen prognostizierten Einzahlungen und Auszahlungen aus den zu finanzierenden Assets während einer Periode" (siehe *Hill*, in: Wolf/Hill/Pfaue, Strukturierte Finanzierungen, S. 22.

45 *Diem*, Akquisitionsfinanzierungen, § 1, Rdn. 6; § 10, Rdn. 1.

46 *Meyer*, Die Besicherung der Akquisitionsfinanzierung beim *Leveraged Buy-out* einer GmbH, S. 21. – *Renner*, in: Staub, Großkommentar HGB, Band 10/2, 4. Teil, Rdn. 376; und *Rossbach*, in: Kümpel/Wittig, Bank- und Kapitalmarktrecht, Rdn. 11.232 sprechen ab einer Fremdkapitalquote von mindestens 60% von einem *LBO*; mindestens 50 bis 70% Fremdkapital verlangt hingegen *Hill*, in: Wolf/Hill/Pfaue, Strukturierte Finanzierungen, S. 160. – Von einem *Management Buy-out* spricht man, wenn der Eigenkapitalinvestor das Management des Zielunternehmens ist. Bei einem *Management Buy-in* investieren hingegen externe Führungskräfte in den Unternehmenserwerb. Als *Owner Buy-out* bezeichnet man schließlich eine Transaktion, bei der ein Gesellschafter mit Hilfe von Fremdkapital die Anteile der übrigen Gesellschafter erwirbt (siehe *Diem*, Akquisitionsfinanzierungen, § 1, Rdn. 6).

47 *Renner*, in: Staub, Großkommentar HGB, Band 10/2, 4. Teil, Rdn. 376.

48 Zu den Einzelheiten der Besicherung im Rahmen von Akquisitionsfinanzierungen siehe unten unter § 5 III. 4.

49 *Diem*, Akquisitionsfinanzierungen, § 1, Rdn. 12.

50 Die Frage nach einer wirksamen Besicherung der Akquisitionsfinanzierung mit Mitteln des zu erwerbenden Unternehmens und deren gesellschaftsrechtliche Zulässigkeit beschäftigt viele Autoren und füllt sogar eigene Bücher (siehe etwa *Meyer*, Die Besicherung in der Akquisitionsfinanzierung beim *Leveraged Buy-out* einer GmbH, S. 93 ff.; *Nordholz/Hupka*, DStR 2017, 1999 (1999 ff.); *Renner*, in: Staub, Großkommentar HGB, Band 10/2, 4. Teil l, Rdn. 929; *Riegger*, ZGR 2008, 233 (233 f.)), weshalb sie im Rahmen dieser Untersuchung vernachlässigt werden soll.

51 Siehe unten unter § 14.

§ 4 Überblick über die relevanten Kreditarten

Die Festlegung der Kreditart(en) gehört – neben der Festlegung des Zwecks der Kreditausreichung, der Auszahlungsbedingungen und der Laufzeit – zu den Mindestanforderungen einer jeden Kreditvertragsdokumentation.[52]

Ein Unternehmenskredit kann im Allgemeinen gewährt werden durch einen Kredit, der in vereinbarten Raten (Tilgungskredit) oder nach Ablauf einer Frist in einer Summe zurückzuzahlen ist (wie beispielsweise ein klassischer Terminkredit), aber auch durch einen Kredit, bei dem ein bestimmter Kreditrahmen wiederholt flexibel ausgeschöpft werden kann (Kontokorrentkredit oder revolvierender Kredit).[53] Die jeweiligen Kreditarten unterscheiden sich regelmäßig sowohl in rechtlicher als auch in wirtschaftlicher und technischer Hinsicht, können unter Umständen jedoch auch miteinander kombiniert werden.[54]

Auch die Inanspruchnahme bei der Akquisitionsfinanzierung erfolgt durch weitgehend standardisierte Instrumente.[55] Entsprechend der bei der Akquisitionsfinanzierung oft weit gefassten Zweckbestimmung, nicht nur den Kaufpreis sowie sämtliche Nebenkosten des Erwerbs zu finanzieren, sondern überdies auch die Finanzierung des *Targets* auf eine neue Grundlage zu stellen, werden bei der Akquisitionsfinanzierung wie bei anderen Finanzierungen auch – und wie es auch der Mustervertrag der in London ansässigen *Loan Market Association* (*LMA*) vorsieht[56] – auf der Grundlage eines

52 *Knepper*, in: Meyer-Sparenberg/Jäckle, Beck'sches M&A-Handbuch, § 15, Rdn. 1.

53 *Hopt*, in: Baumbach/Hopt, HGB, (7) Bankgeschäfte, Rdn. G/20; *Staab*, Firmenkredite in der Bankrechtspraxis, S. 14; *Thessinga*, in: Ebenroth/Boujong/Joost/Strohn, HGB, Band 2, Rdn. IV 263.

54 *Berger*, in: MüKoBGB, vor § 488, Rdn. 45.

55 *Walgenbach/Castor*, in: Langenbucher/Bliesener/Spindler, Bankrechts-Kommentar, 16. Kap., Rdn. 23.

56 Siehe den von der LMA erstellten deutsch-rechtlichen Mustervertrag „Senior Multicurrency Term and Revolving Facilities Agreement for Leveraged Acquisition Finance Transactions" (im Folgenden als „Mustervertrag LMA" bezeichnet), der vorrangig bei Krediten an Zweckgesellschaften ohne eigenes Rating und mit nur geringer Eigenkapitalausstattung im Rahmen von *LBO*s verwendet wird (siehe hierzu etwa *Renner*, in: Staub, Großkommentar HGB, Band 10/2, 4. Teil, Rdn. 347). In Ziffer 2.1., 1.1. Definitionen „Facility A", „Facility B" sieht der Mustervertrag LMA vor, auf der Grundlage eines Krediteröffnungsvertrages Terminfazilitäten und revolvierende Fazilitäten zu kombinieren (hierzu auch *Walgenbach/Castor*, in: Langenbucher/Bliesener/Spindler, Bankrechts-Kommentar, 16. Kap., Rdn. 23; sowie *Renner*, in: Staub, Großkommentar HGB, Band 10/2, 4. Teil, Rdn. 347).

Krediteröffnungsvertrages[57] sog. Terminkreditlinien (*Term Loan Facilities*) zur Finanzierung des Kaufpreises und revolvierende Kreditlinien (*Revolving Credit Facilities*) zur Finanzierung des Betriebsmittelbedarfs der Zielgesellschaft kombiniert.[58] Den Kreditnehmern wird damit ein Kreditrahmen eingeräumt, den sie in Form von Einzelkrediten entweder einmalig oder revolvierend in Anspruch nehmen können.[59]

Im Folgenden sollen die für die vorliegende Untersuchung relevanten Einzelkreditformen (überblicksartig) vorgestellt werden.

I. Terminkreditlinien (*Term Loan Facilities*)

Unter Terminkreditlinien (*Term Loan Facilities*) werden mittel- bis langfristige Kreditzusagen mit einer festen Laufzeit verstanden, die – im Falle der Akquisitionsfinanzierung – bereits kurzfristig nach Abschluss des Kreditvertrages, spätestens jedoch zum Vollzugszeitpunkt der Akquisition durch Ziehung (*Utilisation*) in voller Höhe in Anspruch genommen werden.[60]

Bei der Akquisitionsfinanzierung werden die Terminkreditlinien häufig ihrerseits wieder in maximal drei, mindestens jedoch zwei Fazilitäten aufgeteilt, von denen regelmäßig eine über die gesamte Laufzeit amortisiert wird (sog. Tilgungskredit (*Amortising Loan*)[61]), während die andere(n) in einem Betrag am Ende der Laufzeit (sog. Endfälligkeitstag (*Bullet Repayment*)) zurückzuzahlen ist bzw. sind,

---

57 Siehe zum Wesen und zur Rechtsnatur des Krediteröffnungsvertrages etwa *Freitag*, in: Staudinger, § 488, Rdn. 39 ff.; *Mülbert*, in: Staudinger, § 488, Rdn. 408 ff.

58 *Jahn*, in: Diem/Jahn, Acquisition Finance Agreements in Germany, II.2, Rdn. 2; *Knepper*, in: Meyer-Sparenberg/Jäckle, Beck'sches M&A-Handbuch, § 15, Rdn. 1; *Renner*, in: Staub, Großkommentar HGB, Band 10/2, 4. Teil, Rdn. 377; *Walgenbach/Castor*, in: Langenbucher/Bliesener/Spindler, Bankrechts-Kommentar, 16. Kap., Rdn. 23. Siehe zum Verwendungszweck auch Ziffer 3.1. Mustervertrag LMA.

59 *Diem/Jahn*, Acquisition Finance Agreements in Germany, S. 1, Rdn. 1. – Rechtlich ist zwischen dem Krediteröffnungsvertrag und den auf dieser Grundlage ausgereichten Einzelkrediten zu differenzieren. Diese sind in ihrem rechtlichen Schicksal grundsätzlich unabhängig voneinander zu betrachten (siehe *Renner*, in: Staub, Großkommentar HGB, Band 10/2, 4. Teil, Rdn. 366).

60 So etwa *Diem*, Akquisitionsfinanzierungen, Teil A, § 5, Rdn. 4; *Fandrich*, in: Graf von Westphalen, Vertragsrecht und AGB-Klauselwerke, Rdn. 8; *Knepper*, in: Meyer-Sparenberg/Jäckle, Beck'sches M&A-Handbuch, § 15, Rdn. 2; *Renner*, in: Staub, Großkommentar HGB, Band 10/2, 4. Teil, Rdn. 366; *Walgenbach/Castor*, in: Langenbucher/Bliesener/Spindler, Bankrechts-Kommentar, 16. Kap., Rdn. 24. – Siehe Ziffer 1.1 Definition „*Facility A*“, 2.1 Mustervertrag LMA.

61 Beim üblichen Tilgungskredit umfassen die Raten jeweils gleichbleibende Tilgungsanteile, während der absolute Betrag (Zins und Tilgung) der periodisch zu zahlenden Rückführungsraten aufgrund der mit fortschreitender Tilgung sinkenden Zinsbelastung fällt (siehe *Eilers/Teufel*, in: Eilers/Rödding/Schmalenbach, Unternehmensfinanzierung, Kap. A., Rdn. 89; *Rösler*, BKR 2001, 125 (125); *Schürnbrand*, in: MüKoBGB,

so dass während der Laufzeit nur Zinsen gezahlt werden.[62] Ihren Grund findet die Aufteilung der Terminkreditlinien in Fazilitäten mit unterschiedlichem Tilgungsprofil und unterschiedlichen Laufzeiten in der divergierenden Risikobereitschaft potentieller Investoren.[63] Während sich Kreditnehmer bei der für endfällige Terminkreditlinien charakteristischen *en bloc*-Zahlung am Endfälligkeitsdatum einer hohen Liquiditätsbelastung ausgesetzt sehen, unterliegen die Kreditnehmer bei amortisierenden Terminkreditlinien während der gesamten Laufzeit einer tilgungsbedingt kontinuierlichen Belastung.[64]

Rückzahlungen haben bei Terminkreditlinien – anders als bei revolvierenden Kreditlinien[65] – stets eine Reduzierung der zur Verfügung gestellten Kreditmittel zur Folge und können nicht wieder in Anspruch genommen („revalutiert") werden, weil sich der festgelegte Zweck erledigt hat.[66] Da die aufgrund einer Terminkreditlinie ausbezahlten Barkredite entweder zu festgelegten Tilgungsterminen oder in einem Betrag am Ende der Laufzeit zurückzuzahlen sind, ist – anders als bei revolvierenden Kreditlinien – eine Rückzahlung der Terminkreditlinien nicht am Ende einer Zinsperiode geschuldet, sodass bei einer Prolongation auch keine neue Ziehung erforderlich wird; es bedarf allein der Festlegung einer neuen Zinsperiode.[67] Ihrer mittel- bis langfristigen Laufzeit entsprechend sind die Mittel der Terminfazilitäten im Allgemeinen für sämtliche längerfristigen Zwecke sowie den Erwerb illiquider Vermögensobjekte geeignet und werden bei der Akquisitionsfinanzierung deshalb regelmäßig für die Bezahlung des Kaufpreises zum Erwerb des *Targets* und für die Kosten der Fremdfinanzierung sowie zur Rückzahlung beststehender

---

§ 491, Rdn. 47; *Wunderlich*, in Schimansky/Bunte/ Lwowski, Bankrechts-Handbuch, § 75, Rdn. 19).

62 *Diem*, Akquisitionsfinanzierungen, § 5, Rdn. 4, 7; *Eilers/Teufel*, in: Eilers/Rödding/Schmalenbach, Unternehmensfinanzierung, Kap. A., Rdn. 89; *Fandrich*, in: Graf von Westphalen, Vertragsrecht und AGB-Klauselwerke, Rdn. 8; *Jetter*, in: Eilers/Rödding/Schmalenbach, Unternehmensfinanzierung, Kap. C., Rdn. 6; *Knepper*, in: Meyer-Sparenberg/Jäckle, Beck'sches M&A-Handbuch, § 15, Rdn. 12; *Walgenbach/Castor*, in: Langenbucher/Bliesener/Spindler, Bankrechts-Kommentar, 16. Kap., Rdn. 24. – In der Praxis hat es sich eingebürgert, die amortisierende Fazilität als „Fazilität A" und die endfällige(n) Fazilität(en) als „Fazilität B" (und „Fazilität C") zu bezeichnen.

63 Siehe zu der divergierenden Risikobereitschaft potentieller Investoren ausführlich *Jahn*, in: Diem/Jahn, Acquisition Finance Agreements in Germany, II.2, Rdn. 3 sowie zu den unterschiedlichen Tilgungsprofilen und Laufzeiten ausführlich *Diem*, Akquisitionsfinanzierungen, Teil A, § 5, Rdn. 7 ff.; *Knepper*, in: Meyer-Sparenberg/Jäckle, Beck'sches M&A-Handbuch, § 15, Rdn. 12.

64 So etwa *Decker*, Internationale Projektfinanzierung, S. 210.

65 Siehe hierzu sogleich unten unter § 4 I.

66 *Diem*, Akquisitionsfinanzierungen, § 5, Rdn. 4; *Castor*, in: Langenbucher/Bliesener/Spindler, Bankrechts-Kommentar, 16. Kap., Rdn. 24. – Siehe Ziffer 7.1 (b) Mustervertrag LMA.

67 *Walgenbach/Castor*, in: Langenbucher/Bliesener/Spindler, Bankrechts-Kommentar, 16. Kap., Rdn. 24.

Bankverbindlichkeiten und Gesellschafterdarlehen bereitgestellt.[68] Die Verfügbarkeit der Terminkreditlinien ist bei der Akquisitionsfinanzierung mit dem geplanten Ablauf der Akquisition abzustimmen.[69] Insbesondere, um sich bankenseits „regulatorische Vorhaltekosten“ und kreditnehmerseits Bereitstellungskosten zu ersparen, versuchen die Kreditvertragsparteien die Verfügbarkeitszeiträume (*Availability Period*) für Terminfazilitäten soweit wie möglich zu beschränken.[70] Würden entsprechend lange Verfügbarkeitszeiträume vereinbart, würde dies die Kosten für Kreditnehmer und Banken erhöhen.[71]

Um weitere, nach Vollzug der Akquisition, d.h. nach Ablauf der Verfügbarkeitsperiode, durchzuführende Maßnahmen finanzieren zu können, werden vielfach bereits zu Beginn der Finanzierung zusätzliche Kreditlinien – regelmäßig ebenfalls in Form von Terminkreditlinien – vereinbart.[72] Wenn der Verfügbarkeitszeitraum einen nach dem Vollzug des Erwerbs bestehenden Finanzierungsbedarf nicht abdeckt, könnte hier ansonsten *de facto* nur durch weitere, noch nicht zugesagte Tranchen oder weitere Fremdmittel Abhilfe geschaffen werden.[73]

II. Revolvierende Kreditlinien (*Revolving Credit Facilities*)

Neben den Terminkreditlinien, die für die aufgezeigten Zwecke verwendet werden, wird bei der Akquisitionsfinanzierung in der Regel auch eine revolvierende Kreditlinie (*Revolving Credit Facility*) zur Deckung des Betriebsmittelbedarfs der Zielgesellschaft benötigt.[74]

Während die Terminkreditlinien in einer Summe gewährt werden, zeichnen sich revolvierende Kreditlinien dadurch aus, dass Kreditnehmer die Kreditzusage nicht nur für einen kurzen Zeitraum, sondern auf Grundlage eines Krediteröffnungsvertrages während der gesamten Laufzeit in Anspruch nehmen können.[75] Den Kreditnehmern steht damit während der gesamten Laufzeit des Kreditvertrages ein gleich hoher Kreditbetrag zur Verfügung, den sie entsprechend ihrem

---

68 *Diem*, Akquisitionsfinanzierungen, § 5, Rdn. 2; *Knepper*, in: Meyer-Sparenberg/Jäckle, Beck'sches M&A-Handbuch, § 15, Rdn. 2.

69 Der Verfügbarkeitszeitraum reicht in der Regel von der Unterzeichnung des Kreditvertrages bis zum Vollzug der Akquisition; siehe *Knepper*, in: Meyer-Sparenberg/Jäckle, Beck'sches M&A-Handbuch, § 15, Rdn. 16.

70 Siehe hierzu ausführlich unten unter § 16 III. 2. a. i. (1) (a).

71 *Knepper*, in: Meyer-Sparenberg/Jäckle, Beck'sches M&A-Handbuch, § 16, Rdn. 16, 18.

72 Siehe hierzu insbesondere unten zum Konzept der „nicht fest zugesagten Kreditlinien (*Accordion Option*)“ unter § 16 III. 2. a. ii. (2).

73 Zum Ganzen *Knepper*, in: Meyer-Sparenberg/Jäckle, Beck'sches M&A-Handbuch, § 15, Rdn. 16, 18.

74 *Diem*, Akquisitionsfinanzierungen, § 5, Rdn. 12.

75 *Knepper*, in: Meyer-Sparenberg/Jäckle, Beck'sches M&A-Handbuch, § 15, Rdn. 4; *Renner*, in: Staub, Großkommentar HGB, Band 10/2, 4. Teil, Rdn. 372; *Wunderlich*, in: Schimansky/Bunte/Lwowski, Bankrechts-Handbuch, § 75, Rdn. 19.

Liquiditätsbedarf bis zur Endfälligkeit, d.h. innerhalb des Verfügbarkeitszeitraums, in Anspruch nehmen können.[76]

Zur Rückzahlung fällig sind revolvierende Inanspruchnahmen bei einer – für Akquisitionsfinanzierungen typischen – variablen Verzinsung auf Basis der Refinanzierungskosten der Kreditinstitute (zuzüglich einer weitgehend stabilen Gewinnmarge) am Ende einer jeden Zinsfestschreibungsperiode (*Interest Period*)[77].[78] Rückzahlungen unter einer revolvierenden Kreditlinie vermindern nicht die für Ziehungen verfügbare Kreditzusage, sondern zurückgezahlte Beträge können grundsätzlich revalutiert werden.[79] Damit wird dem Kreditnehmer die Möglichkeit eröffnet, den Kredit während des „Verfügbarkeitszeitraums" durch erneute Ziehung sofort wieder in Anspruch nehmen zu können (sog. *Rollover Loan*).[80] Obwohl die Kredite grundsätzlich jeweils mit Ablauf einer Zinsperiode zur Rückzahlung fällig werden, können sie also prolongiert, d.h. durch erneute Ziehung zu den Konditionen der neu beginnenden Zinsperiode erneuert werden, ohne dass Geldbeträge hin und her gebucht werden müssten.[81]

Entsprechend ihrer Grundidee, variabel nutzbare kurzfristige Darlehensausreichungen zu gewährleisten, sind revolvierende Kreditlinien in erster Linie dazu geeignet einen im Zeitpunkt der Kreditentscheidung nicht prognostizierbaren

---

76 *Jetter*, in: Eilers/Rödding/Schmalenbach, Unternehmensfinanzierung, Kap. C., Rdn. 6.

77 Siehe Ziffer 7.2 (a) Mustervertrag LMA.

78 *Knepper*, in: Meyer-Sparenberg/Jäckle, Beck'sches M&A-Handbuch, § 15, Rdn. 14; *Diem*, Akquisitionsfinanzierungen, § 5, Rdn. 15; *Castor*, in: Langenbucher/Bliesener/Spindler, Bankrechts-Kommentar, 16. Kap., Rdn. 25; *Renner*, in: Staub, Großkommentar HGB, Band 10/2, 4. Teil, Rdn. 372. – Die Zinsperioden können von den Kreditnehmern im Allgemeinen entsprechend ihren operativen Bedürfnissen gewählt werden. Die zur Wahl stehenden Zinsperioden von üblicherweise einem, zwei, drei, sechs oder selten auch zwölf Monaten entsprechen den Zeiträumen, für die gewöhnlich ein EURIBOR/LIBOR zur Verfügung steht, für die sich die Kreditinstitute also zugleich kongruent refinanzieren können (siehe ebenfalls *Knepper*, in: Meyer-Sparenberg/Jäckle, Beck'sches M&A-Handbuch, § 15, Rdn. 14 sowie *Jetter*, in: Eilers/Rödding/Schmalenbach, Unternehmensfinanzierung, Kap. C., Rdn. 6).

79 *Castor*, in: Langenbucher/Bliesener/Spindler, Bankrechts-Kommentar, 16. Kap. Rdn. 25; *Diem*, Akquisitionsfinanzierungen, § 5, Rdn. 16. – Bei revolvierenden Kreditlinien handelt es sich nicht um Kontokorrentkredite i.S. von § 355 HGB, da Aus- und Rückzahlung nicht „in laufender Rechnung" erfolgen.

80 *Castor*, in: Langenbucher/Bliesener/Spindler, Bankrechts-Kommentar, 16. Kap., Rdn. 25; *Jetter*, in: Eilers/Rödding/Schmalenbach, Unternehmensfinanzierung, Kap. C., Rdn. 6; *Wunderlich*, in Schimansky/Bunte/Lwowski, Bankrechts-Handbuch, § 75, Rdn. 29. – Siehe zum sog. *Rollover*-Kredit noch ausführlich unten unter § 16 III. 2. c. iii.

81 *Castor*, in: Langenbucher/Bliesener/Spindler, Bankrechts-Kommentar, 16. Kap., Rdn. 25; *Diem*, Akquisitionsfinanzierungen, § 5, Rdn. 15; *Renner*, in: Staub, Großkommentar HGB, Band 10/2, 4. Teil, Rdn. 366, 372.

bzw. im Zeitablauf variierenden Finanzierungsbedarf abzudecken.[82] Eine variabel nutzbare revolvierende Kreditlinie wird üblicherweise auch bei der Akquisitionsfinanzierung zur Deckung des Betriebsmittelbedarfs der Zielgesellschaft benötigt.[83] Die revolvierenden Kreditlinien werden regelmäßig ausschließlich von der Zielgesellschaft sowie gegebenenfalls weiteren operativen Gruppengesellschaften in Anspruch genommen.[84] Im Allgemeinen benötigen Unternehmen eine Betriebsmittelkreditlinie grundsätzlich zeitlich unbefristet.[85] Wird eine solche Kreditlinie im Rahmen einer Akquisitionsfinanzierung zur Verfügung gestellt, endet die Laufzeit üblicherweise spätestens gleichzeitig mit der Laufzeit der endfälligen Fazilitäten.[86]

---

82 *Decker*, Internationale Projektfinanzierung, S. 210; *Jetter*, in: Eilers/Rödding/ Schmalenbach, Unternehmensfinanzierung, Kap. C., Rdn. 6; *Knepper*, in: Meyer-Sparenberg/Jäckle, Beck'sches M&A-Handbuch, § 15, Rdn. 14.

83 *Diem*, Akquisitionsfinanzierungen, § 5, Rdn. 12.

84 *Diem*, Akquisitionsfinanzierungen, § 5, Rdn. 12; *Knepper*, in: Meyer-Sparenberg/ Jäckle, Beck'sches M&A-Handbuch, § 15, Rdn. 14.

85 *Diem*, Akquisitionsfinanzierungen, § 5, Rdn. 15.

86 *Diem*, Akquisitionsfinanzierungen, § 5, Rdn. 15; *Knepper*, in: Meyer-Sparenberg/ Jäckle, Beck'sches M&A-Handbuch, § 15, Rdn. 12.

§ 5 Die Besicherung in der Akquisitionsfinanzierung

Die Besicherung von Krediten gehört zum klassischen Instrumentarium der Banken zur Minimierung von Ausfallrisiken bei der Kreditvergabe.[87] Auch bei Akquisitionsfinanzierungen werden zugunsten der Banken üblicherweise Sicherheitenpakete bestellt.[88] Neben einer allgemeinen Einführung in das Kreditsicherungsrecht soll deshalb im Folgenden ein Überblick über die Besicherung in der Akquisitionsfinanzierung gegeben werden.

I. Begrifflichkeit

Die funktionale Ausrichtung des Konzepts der Kreditsicherung geht schon aus dem Wortlaut selbst hervor: „Es geht um die Sicherung von Krediten".[89] Sucht man nach einer Definition des Begriffs der Kreditsicherung oder zumindest nach einer Darstellung der wesentlichen Merkmale dafür, so wird man in Rechtsprechung und Literatur kaum fündig.[90] Nach *Becker-Eberhard*, der sich mit dem Begriff Kreditsicherung intensiv auseinandersetzt, ist darunter richtigerweise jedoch ein Vorgang zu verstehen, „bei dem durch geeignete rechtliche Maßnahmen Vorsorge dafür getroffen, d.h. wahrscheinlicher gemacht wird, dass der ‚Gesicherte' die erwartete Leistung zum maßgeblichen Zeitpunkt auch tatsächlich erhält".[91] Das Kreditsicherungsrecht dient nach dieser Definition vordergründig dazu, die Wahrscheinlichkeit des Erhalts der Gegenleistung für den Kreditgeber zu erhöhen („Druckmittelsicherung"). Wenn das Sicherungsmittel als Druckmittel den gewünschten Erfolg jedoch nicht herbeiführt – die geschuldete Gegenleistung also nicht erbracht wird – wird das Sicherungsmittel zur Gläubigerbefriedigung eingesetzt („Befriedigungsmittel").[92]

87 *Eberlein*, Besicherung von Gläubigermehrheiten, S. 56 f.
88 *Wenzel*, Rechtsfragen internationaler Konsortialkreditverträge, S. 365.
89 *Basedow/Remien/Wenckstern*, Europäisches Kreditsicherungsrecht, Einl., S. 1.
90 So definiert bspw. *Lehmann*, in: Langenbucher/Bliesener/Spindler, Bankrechts-Kommentar, 24. Kap., Rdn. 2 Kreditsicherungsrechte nur ganz allgemein als „Vermögensrechte, die zur Sicherung der Erfüllung der Ansprüche des Darlehensgebers aus einem Darlehensvertrag eingeräumt werden".
91 *Becker-Eberhard*, Die Forderungsgebundenheit der Sicherungsrechte, S. 4.
92 *Becker-Eberhard*, Die Forderungsgebundenheit der Sicherungsrechte, S. 19.

II. Wirtschaftliche Bedeutung

Die wirtschaftliche Bedeutung von Kreditsicherheiten zeigt sich sowohl gesamtökonomisch als auch speziell im Kontext der Akquisitionsfinanzierung relevant.

1. Gesamtökonomische Bedeutung

Da sich Banken durch die Gewährung von Krediten verpflichten, vorzuleisten, ist mit einer Kreditgewährung, wie eingangs bereits erwähnt, für die Bank auch immer zugleich das Risiko verbunden, dass der Kreditnehmer seiner Verpflichtung zur (Rück-)Zahlung bei Fälligkeit nicht ordnungsgemäß nachkommt.[93] Wenn das Kreditgeschäft innerhalb einer ordentlichen Wirtschaftsführung vertretbar sein soll, dann muss der Kreditgeber gegen die Gefahr einer zukünftigen Zahlungsunfähigkeit (oder auch nur -unwilligkeit) seines Schuldners jedoch geschützt sein.[94] Die Kreditinstitute treffen deshalb mit der Hereinnahme werthaltiger Sicherheiten Vorsorge dafür, dass die mit der Kreditvergabe verbundenen Risiken möglichst nicht zu finanziellen Verlusten führen.[95] Die wirtschaftliche Bedeutung der Kreditsicherheiten liegt hier also primär in der Vorsorge für die im Zusammenhang mit der Kreditgewährung auftretenden Risiken für die Banken selbst.[96]

Dass der Kreditsicherung indes gerade in diesem Zusammenhang eine so große wirtschaftliche Bedeutung zukommt, liegt daran, dass nicht nur die Sorge vor der Zahlungsunfähigkeit oder -unwilligkeit des Kreditnehmers allgegenwärtig ist, sondern diese oft auch Wirklichkeit wird.[97] Ein Zahlungsausfall tritt vor allem in der Krise des Kreditnehmers ein. Eine Krise des Kreditnehmers bedeutet oft auch seine Insolvenz.[98] Die Werthaltigkeit einer Kreditsicherheit misst sich erst an ihrer Bewährung dort.[99] Kreditsicherheiten entfalten nämlich erst dann einen nachhaltigen Nutzen, wenn sie sich als „insolvenzfest“ darstellen, dem jeweiligen

93 *Federlin*, in: Kümpel/Wittig, Bank- und Kapitalmarktrecht, Rdn. 12.1; *Lehmann*, in: Langenbucher/Bliesener/ Spindler, Bankrechts-Kommentar, 24. Kap., Rdn. 2.

94 *Lwowski*, in: Lwowski/Fischer/Gehrlein, Das Recht der Kreditsicherung, § 1, Rdn. 2.

95 *Federlin*, in: Kümpel/Wittig, Bank- und Kapitalmarktrecht, Rdn. 12.1; *Lehmann*, in: Langenbucher/Bliesener/ Spindler, Bankrechts-Kommentar, 24. Kap., Rdn. 2.

96 *Federlin*, in: Kümpel/Wittig, Bank- und Kapitalmarktrecht, Rdn. 12.1.

97 *Bülow*, Recht der Kreditsicherheiten, Rdn. 1.

98 Eine „Krise“ lässt sich als „ein der Insolvenzreife vorausgehendes und ggf. in diese mündendes Stadium“ definieren, „in dem sich negative wirtschaftliche Entwicklungen im Unternehmen oder seinem Umfeld ereignet haben, die nach Art und Umfang geeignet sind, dessen Lebensfähigkeit ernsthaft zu gefährden“ (*Graf von Kanitz*, Bilanzkunde für Juristen, Rdn. 886). In Deutschland wurden seit dem Jahr 2000 pro Jahr ca. 400.000 Unternehmen geschlossen. Davon immerhin ca. 8% infolge eines Insolvenzverfahrens (*Richter*, in: Langenbucher/Bliesener/Spindler, Bankrechts-Kommentar, 31. Kap., Rdn. 1; u.a. *Paulus/Kranzusch*, WM 2010, 1337 (1338)).

99 *Bülow*, Recht der Kreditsicherheiten, Rdn. 1; *Smid*, Kreditsicherheiten in der Insolvenz, Rdn. 12.

Sicherungsnehmer also auch im Insolvenzfall eine entsprechende Sicherungsposition einräumen.[100] Die vorzunehmende Untersuchung, die stellenweise auch die materiell-rechtliche Begründung sowie gerade auch die Wirksamkeit von Sicherheiten erfasst, spielt also nicht zuletzt unter insolvenzrechtlichen Gesichtspunkten eine bedeutende Rolle.

Im Kontext der wirtschaftlichen Bedeutung von Kreditsicherheiten relevant ist zudem, dass den Kreditinstituten zur Refinanzierung ihrer ausgereichten Kredite ebenfalls fremde Gelder anvertraut sind, weshalb sie diese wiederum grundsätzlich auch zum Schutz der Interessen ihrer Gläubiger besichern müssen.[101] Dabei enthält das Kreditwesengesetz (KWG), den Bedürfnissen der Gläubiger entsprechend, eine Reihe von Pflichten, die den Kreditinstituten bei der Kreditvergabe auferlegt werden (vgl. z.B. § 18 KWG).[102] In diesem Zusammenhang liegt die Bedeutung der Kreditsicherheiten in der Begrenzung bzw. Verringerung der Ausfallrisiken der sich refinanzierenden Banken.[103] Ferner liegt den aufsichtsrechtlichen Vorgaben der internationalen Bankenregulierung die Vorstellung zugrunde, dass eine Dezimierung des individuellen Kreditrisikos bei Finanzinstituten einen stabilisierenden Effekt auf die Gesamtheit des Finanzsystems hat.[104] Auch aus bankaufsichtsrechtlicher Sicht ist die Forderung nach Sicherheiten deshalb unabdingbar.

Gesamtökonomisch betrachtet erfüllen Kreditsicherheiten damit die Funktion einer Risikoverringerung sowie der Verhinderung von Risikoverlagerungen und haben positive Effekte auf das Funktionieren des Kreditmarktes als Ganzem.[105]

2. Bedeutung im Kontext der Akquisitionsfinanzierung

Durch die Bestellung von Kreditsicherheiten in der Akquisitionsfinanzierung wird die den Banken zur Verfügung stehende Haftungsmasse auf das Vermögen Dritter erweitert (Personalsicherheit) und bevorzugter Zugriff auf das Vermögen der Erwerbsgesellschaft, bzw. zusätzlich auf das von Zielgesellschaft und Tochtergesellschaften, gewährt (Realsicherheit).[106] Darüber hinaus bezwecken die Verpfändung, Abtretung oder Sicherungsübereignung von Vermögensgegenständen auch den Schutz vor einer unkontrollierbaren Weggabe des Betriebsvermögens

---

100 *Von Bismarck*, Die Besicherung internationaler Konsortialkredite, Einl., Rdn. 9.

101 BGH, Urteil vom 21.03.2005 – II ZR 54/03 = WM 2005, 933 (934); *Ganter*, in: Schimansky/Bunte/Lwowski, Bankrechts-Handbuch, § 90, Rdn. 5.

102 *Ganter*, in: Schimansky/Bunte/Lwowski, Bankrechts-Handbuch, § 90, Rdn. 5.

103 *Federlin*, in: Kümpel/Wittig, Bank- und Kapitalmarktrecht, Rdn. 12.1.

104 Siehe *Eberlein*, Besicherung von Gläubigermehrheiten, S. 62.

105 *Lehmann*, in: Langenbucher/Bliesener/Spindler, Bankrechts-Kommentar, 24. Kap., Rdn. 2 mwN.

106 *Knepper*, in: Meyer-Sparenberg/Jäckle, M&A-Handbuch, § 17, Rdn. 2; *Wenzel*, Rechtsfragen internationaler Konsortialkreditverträge, S. 79. – Zur Unterscheidung zwischen Personal- und Realsicherheiten siehe ausführlich unten unter § 5 III. 1.

außerhalb des gewöhnlichen Geschäftsbetriebs.[107] Die Risikominimierung sowie Limitierung eines Totalverlustes stellen damit auch bei der Akquisitionsfinanzierung einen wichtigen Grund für die Besicherung dar.

Des Weiteren kann die Besicherung aber auch die Analyse der Kreditwürdigkeit des Kreditnehmers substituieren.[108] Von Bedeutung ist in diesem Zusammenhang, dass Personalsicherheiten, wie Garantien oder die Übernahme der persönlichen Haftung, in der Akquisitionsfinanzierung in der Regel nicht von unabhängigen Dritten gewährt werden, sondern der Kreis der Drittsicherungsgeber sich grundsätzlich auf abhängige oder übergeordnete Gruppengesellschaften des Kreditnehmers beschränkt.[109] Soll der Zweck einer Personalsicherheit jedoch gerade darin liegen, dass der Kreditgeber einen Anspruch erhält, den er in Zeiten der Krise des Kreditnehmers für den (Rück-)Zahlungsanspruch geltend machen kann[110], so mag man zunächst annehmen, dass es dem Kreditgeber nichts nutzt, wenn der etwa aufgrund eines Garantieversprechens entstandene zusätzliche schuldrechtliche Anspruch gegenüber einem mit dem Kreditnehmer verbundenen oder gar abhängigen Sicherungsgeber besteht. Betrachtet man die gewöhnlichen Folgewirkungen einer Insolvenz der Muttergesellschaft auf ihre abhängigen Gruppengesellschaften, so sind Personalsicherheiten in der Krise nämlich häufig wenig werthaltig.[111] Im Zeitpunkt, in dem sich die Zahlungschwierigkeiten des Kreditnehmers zeigen, wird dieser bereits auf das Kapital der Tochtergesellschaften zurückgegriffen haben, weshalb auch diese keine freien Mittel mehr zur Verfügung haben und die Verpfändung ihrer Anteile demgemäß einer erheblichen Werteinbuße unterliegt.[112] Unter anderem in der hier interessierenden Akquisitionsfinanzierung hat diese Form der Besicherung ihre Bedeutung jedoch darin, dass sie die Kreditgeber von einer isolierten Kredit- bzw. Bonitätsprüfung des Kreditnehmers entbindet und ein Abstellen auf die Gruppe als Ganzes zulässt.[113] Zudem können sich Kreditgeber damit in gewisser Weise auch vor Vermögensverlagerungen innerhalb der Gruppe schützen, weil es aufgrund des Drittsicherungsrechts bedeutungslos wird, ob bestimmte Vermögensgegenstände vom Kreditnehmer oder dem Dritten gehalten werden.[114]

---

107 *Knepper*, in: Meyer-Sparenberg/Jäckle, M&A-Handbuch, § 17, Rdn. 2.

108 *Perridon/Steiner/Rathgeber*, Finanzwirtschaft der Unternehmung, S. 450.

109 *Bleifeld*, Akzessorische Kreditsicherheiten im Rahmen von syndizierten Krediten, S. 54; *Diem*, Akquisitionsfinanzierungen, § 41, Rdn. 3, 6; *Eberlein*, Besicherung von Gläubigermehrheiten, S. 65.

110 *Bülow*, Recht der Kreditsicherheiten, Rdn. 11.

111 Zur Folge der Insolvenz der Muttergesellschaft für ihre Tochtergesellschaft(en) siehe *Emmerich*, in: Emmerich/Habersack/Schürnbrand, Aktien- und GmbH-Konzernrecht, AktG § 297, Rdn. 52b.

112 *Diem*, Akquisitionsfinanzierungen, Teil F, § 41, Rdn. 4.

113 *Eberlein*, Besicherung von Gläubigermehrheiten, S. 65.

114 *Eberlein*, Besicherung von Gläubigermehrheiten, S. 65.

III. Überblick über die Kategorisierung der typischen Kreditsicherheiten

Im Folgenden sollen die für die Akquisitionsfinanzierung typischen Sicherheiten für die nachfolgende Untersuchung kategorisiert werden. Dabei impliziert die eingangs aufgezeigte Weite der Begriffsdefinition, dass das Portfolio der rechtlichen Formen der Kreditsicherung groß ist.[115] Klassischerweise erfolgt die Kreditsicherung jedoch mit den durch das Sachenrecht zur Verfügung gestellten Mitteln.[116] Für die Bankpraxis im Allgemeinen relevant sind darüber hinaus allerdings auch die auf schuldvertraglicher Grundlage basierenden Kreditsicherungsinstrumente.[117] Dies gilt vornehmlich für Kreditgeschäfte mit grenzüberschreitendem Bezug, da so kollisionsrechtliche Schwierigkeiten überwunden werden können, die aus einer Anknüpfung an den Belegenheitsort dinglicher Sicherheiten (*lex rei sitae*, Art. 43 EGBGB) resultieren.[118]

Abgesehen von vorstehender Differenzierung zwischen obligations- und sachenrechtlichen Kreditsicherungsinstrumentarien lassen sich Kreditsicherheiten jedoch weiter in verschiedenster Hinsicht einteilen. Üblicherweise erfolgt eine Kategorisierung der Kreditsicherheiten nach bestimmten Begriffspaaren. Dabei verfolgen etwaige Kategorisierungen regelmäßig keinen Selbstzweck, sondern dienen der inhaltlichen Unterscheidung und präzisieren die Sprachweise. Zudem schließen sie sich nicht zwangsläufig gegenseitig aus, sondern Überschneidungen sind geradezu üblich.[119] Die folgende Darstellung beschränkt sich auf einige wenige Begriffspaare, die für die nachfolgende Untersuchung von Relevanz sind.

1. Personal- und Realsicherheiten

Der Terminus der Kreditsicherheiten umfasst sowohl Personal- als auch Realsicherheiten. Die Einteilung ist grundlegend für eine Reihe daran anknüpfender rechtlicher Fragen. Weiter treten bestimmte Probleme etwa nur bei der einen oder der anderen Art auf.[120] Wichtig ist die Differenzierung auch für die vorliegende Untersuchung, wie sich an späterer Stelle noch zeigen wird.

---

115 *Basedow/Remien/Wenckstern*, Europäisches Kreditsicherungsrecht, Einl., S. 1.

116 *Basedow/Remien/Wenckstern*, Europäisches Kreditsicherungsrecht, Einl., S. 1; *Renner*, in: Staub, Großkommentar HGB, Band 10/2, 4. Teil, Rdn. 20.

117 *Renner*, in: Staub, Großkommentar HGB, Band 10/2, 4. Teil, Rdn. 20. Dies sind vor allem – wie nachfolgend auch aufgeführt – die gesetzlich typisierte Bürgschaft nach §§ 765 ff. BGB sowie Schuldbeitritt, Garantie und Patronatserklärung.

118 *Renner*, in: Staub, Großkommentar HGB, Band 10/2, 4. Teil, Rdn. 20.

119 Zum Ganzen *Lehmann*, in: Langenbucher/Bliesener/Spindler, Bankrechts-Kommentar, 24. Kap., Rdn. 17.

120 Zum Ganzen *Lehmann*, in: Langenbucher/Bliesener/Spindler, Bankrechts-Kommentar, 24. Kap., Rdn. 18.

a. *Personalsicherheiten*

Bei Personalsicherheiten erhält der Kreditgeber durch Rechtsgeschäft einen zusätzlichen schuldrechtlichen Anspruch, der neben die zu sichernde Forderung tritt.[121] Da sich hier eine Person mit ihrem gesamten Vermögen zur Kreditsicherung zur Verfügung stellt, spricht man von Personalsicherheit.[122] Die Personalsicherheit gewährt dem Sicherungsnehmer – im Gegensatz zur Realsicherheit – somit gerade kein Recht zur Befriedigung aus bestimmten einzelnen Vermögensgegenständen des Haftenden. Gegenüber anderen Gläubigern genießt der „Personalsicherungsnehmer" kein besonderes Vorrecht.[123]

Gesetzlich typisiert ist im BGB allein die Bürgschaft. Einschränkungen durch Typenzwang und Typenfixierung bestehen bei Personalsicherheiten jedoch nicht.[124] Bei ihnen gilt vielmehr der Grundsatz der Vertragsfreiheit.[125] Daraus resultierte die Schaffung neuer, nicht kodifizierter Sicherungsrechte, wie beispielsweise die Garantie, die harte Patronatserklärung, der Sicherungsschuldbeitritt sowie Modifizierungen davon.[126] In der Kautelarpraxis haben sich damit vertragliche Gestaltungen durchgesetzt, die die gesetzlichen Regelungen den Bedürfnissen der Kreditpraxis anpassen. Im inländischen Kreditgeschäft wurde so die Bürgschaft größtenteils durch das Instrumentarium der Garantie sowie des Schuldbeitritts abgelöst[127] – was freilich die Frage nach der analogen Anwendbarkeit des Bürgschaftsrechts sowie der dazu ergangenen Rechtsprechung aufwirft, der auch im Rahmen dieser Untersuchung noch nachzugehen ist.[128]

b. *Realsicherheiten*

Bei den Realsicherheiten (gelegentlich auch Sachsicherheiten genannt) dient ein bestimmter Gegenstand zur Sicherung der Kreditverbindlichkeiten.[129] Der Sicherungsnehmer, also etwa die Bank, erwirbt hier ein dingliches Recht an den Gegenständen oder Rechten, das gegenüber jedermann wirkt (absolute Wirkung).[130]

---

121 *Ganter*, in: Schimansky/Bunte/Lwowski, Bankrechts-Handbuch, § 90, Rdn. 20; *Röttger*, Kreditsicherungsrecht, S. 17.

122 *Bülow*, Recht der Kreditsicherheiten, Rdn. 11.

123 Zum Ganzen *Röttger*, Kreditsicherungsrecht, S. 17.

124 Anders ist dies jedoch bei Realsicherheiten; siehe unten § 5 III. b.

125 Zum Ganzen *Lehmann*, in Langenbucher/Bliesener/Spindler, Bankrechts-Kommentar, 24. Kap., Rdn. 57.

126 *Bülow*, Recht der Kreditsicherheiten, Rdn. 11; *Lehmann*, in Langenbucher/Bliesener/Spindler, Bankrechts-Kommentar, 24. Kap., Rdn. 57.

127 Zum Ganzen *Renner*, in: Staub, Großkommentar HGB, Band 10/2, 4. Teil, Rdn. 920 mwN.

128 Siehe dazu unten unter § 12 II. sowie § 12 V.

129 *Röttger*, Kreditsicherungsrecht, S. 17.

130 *Ganter*, in: Schimansky/Bunte/Lwowski, Bankrechts-Handbuch, § 90, Rdn. 22, 60 ff.; *Röttger*, Kreditsicherungsrecht, S. 17.

Die Bank hat mit der Realsicherheit eine absolute Rechtsposition inne, die ihr entsprechend ihrem sich aus dem Prioritätsprinzip ergebenden Rang innerhalb und außerhalb der Insolvenz ein Recht zur vorzugsweisen Befriedigung gegenüber den übrigen Gläubigern einräumt; Eingriffe in dieses Recht darf sie abwehren.[131] In der Insolvenz des Kreditnehmers hat die Bank ein Absonderungsrecht (§§ 49 ff. InsO), d.h., sie darf sich zunächst wegen ihrer Forderung(en) aus diesem Recht befriedigen.[132]Aufgrund des durch sie gewährten Absonderungsrechts sind Realsicherheiten grundsätzlich „insolvenzfest". Ähnliche Wirkung haben Realsicherheiten außerhalb der Insolvenz. Hier gewähren sie Vollstreckungsschutz (§§ 771, 805 ZPO).

Anders als bei Personalsicherheiten, bei denen meist Zugriff auf das Vermögen einer vom Kreditnehmer verschiedenen Person gewährt wird, stehen den Banken bei Realsicherheiten keine zusätzlichen „Haftungssubjekte" zur Verfügung, sie können jedoch, für den Fall, dass die Sicherheit von einem Dritten bestellt wird, ein zusätzliches „Haftungsobjekt" schaffen.[133] Der Wert der Sachsicherheit hängt daher allein vom Wert des Sicherungsgegenstandes ab.[134]

c. *Relevanz der Unterscheidung*

Bei (Dritt-)Personalsicherheiten ist der Haftungsumfang weiter als der von Sachsicherheiten, da er das gesamte persönliche Vermögen des Dritten umfasst, welches der Zwangsvollstreckung unterliegt. Sachsicherheiten hingegen gewähren dem Sicherungsnehmer lediglich ein Recht zur Befriedigung aus bestimmten einzelnen Vermögensgegenständen des Haftenden. Der Realsicherungsgeber ist insoweit nicht im gleichen Umfang schutzbedürftig wie der Personalsicherungsgeber, da das Haftungsobjekt häufig nur einen Bruchteil seines gesamten Vermögens ausmacht und er – im Gegensatz zum gegenständlich unbeschränkt haftenden Personalsicherungsgeber – nicht Gefahr läuft, sein gesamtes künftiges Vermögen zu verlieren.[135] Auf diese Wertung wird es an späterer Stelle noch entscheidend ankommen.

---

131 *Bülow*, Recht der Kreditsicherheiten, Rdn. 21 ff.; *Eberlein*, Besicherung von Gläubigermehrheiten, S. 57; *Lwowski*, in: Lwowski/Fischer/Gehrlein, Das Recht der Kreditsicherung, § 2, Rdn. 3; *Röttger*, Kreditsicherungsrecht, S. 17 f.; *Von Bismarck*, Die Besicherung internationaler Konsortialkredite, § 4, Rdn. 30.

132 *Röttger*, Kreditsicherungsrecht, S. 18.

133 Zum Ganzen *Eberlein*, Besicherung von Gläubigermehrheiten, S. 57.

134 *Röttger*, Kreditsicherungsrecht, S. 15.

135 Siehe insoweit die Wertungen des BGH, Urteil vom 24.06.1997 – XI ZR 288/96 = NJW 1997, 2677; so auch *Merkel*, in: Schimansky/Bunte/Lwowski, Bankrechts-Handbuch, § 93, Rdn. 220; anders jedoch *Schwab*, AGB-Recht, Rdn. 1627 f. und ebenso *Wolf*, in: Wolf/Horn/Lindacher, AGB-Gesetz, § 9, Rdn. S. 96, die etwa den Grundschuldbesteller im Ergebnis für ebenso schutzbedürftig halten wie einen Bürgen.

2. Akzessorische und nicht akzessorische Sicherheiten

Eine weitere Kategorisierung der Kreditsicherheiten erfolgt anhand der Verknüpfung zwischen dem Kreditsicherungsmittel und der gesicherten Forderung. Nach dem Grad ihrer Abhängigkeit von der gesicherten Forderung unterscheiden sich nämlich die akzessorischen von den nicht akzessorischen (abstrakten) Sicherheiten.[136] Für die vorliegende Untersuchung wird die Unterscheidung zwischen akzessorischen und nicht akzessorischen Sicherheiten sowie ein Verständnis der dahinterstehenden Prinzipien noch von entscheidender Bedeutung sein. Eine intensive Auseinandersetzung mit dem Akzessorietätsprinzip sowie auch mit der abstrakten Ausgestaltungsform und darüber hinaus mit etwaigen Ausnahmen sowie Substituten ist deshalb unabdinglich.

a. Akzessorische Sicherheiten

i. Begriff der Akzessorietät

Gerade im Kreditsicherungsrecht bildet die Akzessorietät ein „grundlegendes und weitverbreitetes Strukturprinzip“.[137] Die Entwicklung übergreifender Akzessorietätsgrundsätze scheint der Pandektenwissenschaft aber dennoch nicht gelungen zu sein.[138] Einen Begriff mit feststehendem, einheitlichem Inhalt gibt es nicht.[139] So ist beispielsweise ein allgemeingültiger Rechtssatz, wonach ein Sicherungsrecht mit Erlöschen der Hauptforderung gleichermaßen erlöschen soll, nicht vorhanden.[140] Der historische Gesetzgeber hat sich darauf beschränkt, für einzelne Sicherungsrechte ganz bestimmte Einzelregelungen zu kodifizieren, die die Ausprägungen des Akzessorietätsgedankens in unterschiedlichster Weise und Intensität vereinzelt positivrechtlich verankern.[141] Der Begriff der Akzessorietät selbst taucht im BGB an keiner Stelle ausdrücklich auf. Da für die vorliegende Untersuchung dic Akzessorietät noch ins Zentrum der Betrachtung rücken wird, ist der Versuch einer begrifflichen Klärung an dieser Stelle jedoch unerlässlich.

Dabei beschreibt die Akzessorietät im Kontext des Kreditsicherungsrechts – in Abgrenzung von den allgemein als nicht akzessorisch gekennzeichneten Sicherungsrechten – eine besondere, nämlich *unmittelbare Verknüpfung* des Sicherungsrechts mit der zu sichernden Forderung.[142] Bei den akzessorischen

---

136 *Lwowski*, in: Lwowski/Fischer/Gehrlein, Das Recht der Kreditsicherung, § 1, Rdn. 15.
137 *Habersack*, JZ 1997, 857 (857).
138 So auch *Lieder*, in: MüKoBGB, § 1191, Rdn. 13.
139 *Lieder*, in: MüKoBGB, § 1191, Rdn. 11.
140 Siehe *Pöggeler*, JA 2001, 65 (70) mwN.
141 *Lieder*, in: MüKoBGB, § 1191, Rdn. 13; *Pöggeler*, JA 2001, 65 (67). – So haften etwa gem. §§ 767 Abs. 1 und 1210 Abs. 1 BGB Bürgschaft und Pfandrecht nur in der jeweiligen Höhe der zu sichernden Forderung.
142 *Becker-Eberhard*, Die Forderungsgebundenheit des Sicherungsrechts, S. 48 ff.; *Habersack*, JZ 1997, 857 (862); *Lieder*, in: MüKoBGB, § 1191, Rdn. 13.

Sicherheiten besteht zwischen dem Sicherungsrecht und der gesicherten Forderung eine sog. „rechtliche Schicksalsgemeinschaft“.[143] Die verschiedenen Wirkungen der Akzessorietät lassen sich als Entstehungs-, Umfangs-, und Erlöschensakzessorietät bezeichnen.[144] Lässt man die zahlreichen „Lockerungen“ der Akzessorietät außer Acht[145], so besagt der Grundsatz der Akzessorietät zunächst, dass eine Sicherheit bzw. ein Sicherungsmittel grundsätzlich nur dann entsteht, wenn auch die zu sichernde Forderung entsteht.[146] Ist die Hauptforderung nicht entstanden, haftet der akzessorische Sicherungsgeber also gar nicht.[147] Entsprechendes gilt für das Erlöschen der zu sichernden Forderung; sie hat unmittelbar, d.h. ohne rechtsgeschäftliche Einwirkung auf das Sicherungsrecht, dessen Erlöschen zur Folge.[148] Ein akzessorisches Sicherungsmittel hat damit nur solange Bestand, wie die zu sichernde Forderung nicht erlischt.[149] Diesen, einen automatischen Gleichlauf zwischen Sicherungsrecht und gesicherter Forderung herstellenden gesetzlichen Mechanismus bezeichnet man als Akzessorietät (aus dem Lateinischen *accesio*: Beitritt, Annäherung, Anlehnung).[150]

Die strenge Verknüpfung der Akzessorietät besteht ausschließlich für die „Urformen“ der Kreditsicherheiten, also für die gesetzlich typisierten (mit Ausnahme der Grundschuld)[151].[152] Diese sind die Bürgschaft, die Hypothek und das Pfandrecht. Aufgrund der noch aufzuzeigenden unterschiedlichen wirtschaftlichen Bedeutung der akzessorischen Sicherungsrechte soll im Folgenden jedoch nur auf die Bürgschaft sowie das Pfandrecht näher eingegangen werden.

---

143 *Büdenbender*, JuS 1996, 665 (669); *Lwowski*, in: Lwowski/Fischer/Gehrlein, Das Recht der Kreditsicherung, § 1, Rdn. 16.

144 *Medicus*, JuS 1971, 497 (498 ff.).

145 Dazu unten unter § 5 III. 2. a. iii. – Wie sich die Akzessorietät in der Durchsetzbarkeit und Zuständigkeit äußert, soll mangels Relevanz für die vorliegende Untersuchung jedoch gänzlich außer Betracht bleiben.

146 Vgl. etwa *Wiegand*, in: Staudinger, § 1201, Rdn. 10, der dies am Beispiel des Pfandrechts konkretisiert.

147 Vgl. etwa *Habersack*, in: MüKoBGB, § 765, Rdn. 62, der dies am Beispiel der Bürgschaft konkretisiert.

148 Siehe §§ 765 Abs. 1, 767 Abs. 1 S. 1, 1163 Abs. 1 S. 2, 1177 Abs. 1 S. 1, 1252 BGB. Etwas anderes gilt jedoch für die Hypothek. Diese erlischt nicht in vollem Umfang, sondern geht gem. § 1163 Abs. 1 S. 2 BGB auf den Eigentümer als Eigentümergrundschuld über.

149 *Pöggeler*, JA 2001, 65 (67); *Schur*, JURA 2005, 361 (362).

150 *Bülow*, Recht der Kreditsicherheiten, Rdn. 27; *Pöggeler*, JA 2001, 65 (70).

151 Die Grundschuld war vom Gesetzgeber jedoch auch primär nicht zur Kreditsicherung bestimmt; siehe *Bähr*, NJW 1983, 1473 (1474 Fn. 8); *Medicus*, JuS 1971, 497 (503).

152 *Ganter*, in: Schimansky/Bunte/Lwowski, Bankrechts-Handbuch, § 90, Rdn. 25; *Lwowski*, in: Lwowski/Fischer/Gehrlein, Das Recht der Kreditsicherung, § 1, Rdn. 16; *Medicus*, JuS 1971, 497 (503).

ii. Sinn und Zweck der Akzessorietät

Wie sich zeigen wird, bildet das Akzessorietätsprinzip einen wesentlichen Bestandteil dieser Arbeit. Will man die aufzuwerfenden Problemstellungen anhand der Rechtsgrundsätze des BGB untersuchen, so ist es gerade deshalb unerlässlich, den *Telos* des Akzessorietätsprinzips zu verstehen, um die Wirkweise dieses Prinzips verdeutlichen zu können.

Wie bereits festgestellt, umschreibt der Begriff der Akzessorietät im Grunde eine bestimmte Form der Abhängigkeit eines Rechts von einem anderen Recht. Die gesicherte Forderung und das akzessorische Sicherungsrecht werden dergestalt miteinander verknüpft, dass für die gesicherte Forderung getroffene Regelungen sich unmittelbar auf das Sicherungsrecht auswirken und dieses somit in Entstehung, Bestand und Durchsetzbarkeit von der gesicherten Forderung abhängig ist. Akzessorietät gewährleistet damit einen automatischen Gleichlauf des Sicherungsrechts mit der zu sichernden Forderung.[153] Sie bedeutet also eine „rechtstechnische Vereinfachung".[154] Das Sicherungsrecht teilt *ipso iure* das rechtliche Schicksal des kausalen Rechtsgeschäfts.[155] Die den wirtschaftlichen Zweck des Grundverhältnisses bestimmenden Regelungen sowie sonstige wesentliche Vereinbarungen und Rechtshandlungen müssen nur für dieses Verhältnis getroffen werden und gelten durch die Akzessorietät automatisch auch für das Sicherungsverhältnis.[156] Damit zeigt sich zugleich ein wesentlicher Vorteil gegenüber den nicht akzessorischen Sicherheiten, bei denen die Verknüpfung von Sicherheit und zu sichernder Forderung nur durch Vornahme eines Rechtsgeschäfts, dessen Zweck sich auf die Anpassung der Nebenforderung an die Hauptforderung erstreckt, erfolgen kann.[157]

Die Zweckmäßigkeit der Akzessorietät erschöpft sich aber nicht allein in dieser „Vereinfachungsfunktion".[158] Wo der Gesetzgeber akzessorische Verknüpfung anordnet, stellt er nämlich auch sicher, dass der Sicherungsgeber nicht mehr leisten muss, als nach dem Sicherungszweck erforderlich ist, und der Sicherungsnehmer nur das erhält, was ihm zur Sicherung seiner ganz bestimmten Forderung zusteht.[159] So stellt etwa der Grundsatz der Akzessorietät bei der Bürgschaft sicher, dass der Gläubiger vom Bürgen nicht mehr bekommt, als er vom Hauptschuldner nach dem jeweiligen Bestand der Hauptschuld verlangen kann (vgl. § 767 Abs. 1 S. 1 BGB).[160] Das Akzessorietätsprinzip verfolgt damit einen nicht zu verachtenden

---

153 *Pöggeler*, JA 2001, 65 (70).
154 *Medicus*, JuS 1971, 497 (498).
155 *Jauernig*, NJW 1982, 268 (268).
156 *Medicus*, JuS 1971, 497 (498).
157 Siehe dazu sowie zu der Frage, ob darin ein „Akzessorietätsersatz" gesehen werden kann, unten unter § 5 III. 2. b.
158 *Habersack*, JZ 1997, 857 (862).
159 *Habersack*, JZ 1997, 857 (863); *Pöggeler*, JA 2001, 65 (68 f.).
160 *Fischer*, WM 2001, 1049 (1051).

Gerechtigkeits- und Schutzgedanken.[161] Dieser entfaltet seine Wirkung in besonderem Maße, wenn der Sicherungsgeber nicht mit dem persönlichen Schuldner identisch ist.[162] Die §§ 768, 770 BGB und §§ 1211 i.V.m. 1273 Abs. 2 BGB regeln insoweit als wesentliche Ausprägung der Forderungsakzessorietät nämlich eine Einredeerstreckung zugunsten der Drittsicherungsgeber.[163] Darüber hinaus brauchen sie – was für die Zwecke dieser Untersuchung noch von herausragender Bedeutung sein wird – nachträgliche Erweiterungen der Hauptschuld nicht gegen sich gelten zu lassen (§§ 767 Abs. 1 S. 3, 1210 Abs. 1 S. 2 BGB).

iii. Durchbrechungen und Ausnahmen vom Akzessorietätsgrundsatz

Da die rechtshistorische Forschung das Verständnis des geltenden Rechts befördern und Anregungen für dessen Weiterentwicklung liefern kann[164], soll hier – wenngleich eine umfängliche rechtshistorische Betrachtung der Akzessorietät dieser Arbeit nicht zugrunde gelegt wird[165] – nicht unerwähnt bleiben, dass das Verständnis der antiken römischen Juristen von der Akzessorietät ein „sehr viel flexibleres" war als das heutige.[166] Was die Wurzeln der Akzessorietät im römischen Recht betrifft, so ist von Interesse, dass zwar das Faustpfandrecht (*pignus*) oder die Bürgschaft (*fideiussio*) mehrfach als „Anhängsel" (*accessiones*) einer „Hauptschuld" (*principalis obligatio*) bezeichnet wurden.[167] Eine Akzessorietät in der Strenge, wie das geltende Recht sie beansprucht, gab es im römischen Recht jedoch nicht.[168] Sicherungsrechte wie Pfandrecht und Bürgschaft waren nur deshalb und insoweit akzessorisch, als dies ihrer Funktionsweise entsprach.[169] Da viele Rechtsbegriffe römischen Ursprungs und die aus ihnen entwickelte Methodik auf

161 *Habersack*, JZ 1997, 857 (862); *Pöggeler*, JA 2001, 65 (68); *Schur*, Jura 2005, 361 (368). Anders hingegen *Medicus*, JuS 1971, 497 (498), der primär die Vereinfachungsfunktion der Akzessorietät in den Vordergrund stellt.

162 Vgl. im Zusammenhang mit dem Pfandrecht *Wiegand*, in: Staudinger, vor § 1204, Rdn. 19.

163 *Rohe*, in: Bamberger/Roth/Hau/Poseck, BeckOK BGB, § 1137, Rdn. 1 konkretisiert dies für die Hypothek; siehe dazu auch *Bleifeld*, Akzessorische Kreditsicherheiten im Rahmen von syndizierten Krediten, S. 77.

164 *Zimmermann*, in: Schmoeckel/Rückert/Zimmermann, Historisch-kritischer Kommentar zum BGB, Vor § 1, Rdn. 38.

165 Zur rechtshistorischen Entwicklung der Akzessorietät im deutschen Recht eingehend *Becker-Eberhard*, Die Forderungsgebundenheit der Sicherungsrechte, S. 127 ff.; *Mincke*, Die Akzessorietät des Pfandrechts, S. 39 ff.

166 *Habersack*, JZ 1997, 857 (860).

167 *Ulpianus*, Digesten, Buch 46, Abs. 3 und 46, und dazu *Becker-Eberhard*, Die Forderungsgebundenheit der Sicherungsrechte, S. 127 ff. mwN.

168 *Becker-Eberhard*, Die Forderungsgebundenheit der Sicherungsrechte, S. 128; *Habersack*, JZ 1997, 857 (860); *Kaser/Knütel*, Römisches Privatrecht, § 57, Rdn. 11.

169 *Habersack*, JZ 1997, 857 (860).

die heutige Rechtsordnung entscheidenden Einfluss genommen haben[170], wirft dies die Frage nach der Sinnhaftigkeit des Akzessorietätsprinzips auf, warum es also – in Abweichung vom römischen Recht – zu einem verallgemeinernden Grundsatz der starren Abhängigkeit, wie man ihn heute mit dem Begriff der Akzessorietät verbindet[171], gekommen ist. Jedenfalls wird man sich die Frage stellen (müssen), ob etwaige Durchbrechungen und Ausnahmen vom Akzessorietätsprinzip zulässig sind bzw. zugelassen werden sollten.

Bereits im klassischen römischen Recht waren Abweichungen vom Akzessorietätsprinzip, wonach die gesicherte Forderung zwar ganz oder teilweise erlischt oder mit einer Einrede behaftet ist, der Sicherungsnehmer aber dennoch auf das Sicherungsrecht zugreifen können soll, anerkannt.[172] Im deutschen Recht begegnen sie etwa in § 216 Abs. 1 BGB insoweit als beispielsweise bei Pfandrechten die Einrede der Verjährung der gesicherten Forderung im Gegensatz zu anderen Einreden[173] dem dinglichen Sicherungsrecht gegenüber nicht geltend gemacht werden kann.[174] Gewiss lassen sich noch weitere Durchbrechungen und Ausnahmen vom Akzessorietätsgrundsatz finden. Im Folgenden soll jedoch nur auf die für den Untersuchungsgegenstand relevanten Ausnahmen eingegangen werden.

(1) Beseitigung der Akzessorietät durch Verzicht

In diesem Zusammenhang gilt es zunächst aber festzustellen, dass sich Akzessorietät nicht durch rechtsgeschäftliche Vereinbarung beseitigen lässt, dass der Akzessorietätsgrundsatz also nicht durch Verzicht durchbrochen werden kann. Im Zuge der Intention einer vollumfänglichen Besicherung könnte man nämlich durchaus auf den Gedanken kommen, das Akzessorietätsprinzip, welches den flexiblen Umgang mit akzessorischen Sicherungsrechten beschränkt, abzubedingen.

Dass die Akzessorietät gesetzlicher Rechte nicht zur Disposition der Parteien steht und damit nicht durch rechtsgeschäftliche Vereinbarung beseitigt bzw. auf sie verzichtet werden kann, hat der BGH bereits im Jahre 1957 entschieden.[175] In dem Urteil hatte der BGH über eine privatschriftliche Parteivereinbarung zu befinden, wonach die Parteien dem vermeintlichen Pfandrechtsinhaber ein Pfandrecht verschaffen wollten, das diesen allein dazu berechtigen sollte, sich aus dem Pfand zu befriedigen, das aber der „Pfändungsschuldner" durch Zahlung auf seine Schuld nicht sollte beseitigen können. Die Forderung, für die das Pfandrecht bestellt wurde, sollte nur dazu dienen, den Umfang des Befriedigungsrechts des Pfandgläubigers festzulegen, darüber hinaus jedoch keine Bedeutung haben. Verständlicher wird diese Vereinbarung unter Berücksichtigung der Tatsache,

---

170 *Kaser/Knütel*, Römisches Privatrecht, § 1, Rdn. 1.
171 Siehe hierzu bereits oben unter § 5 III. 2. a. i.
172 *Becker-Eberhard*, Die Forderungsgebundenheit der Sicherungsrechte, S. 131 ff.;
173 Siehe etwa §§ 1137, 1211, 1254 BGB.
174 So etwa *Grothe*, MüKoBGB, § 216, Rdn. 1.
175 BGH, Urteil vom 13.02.1957 – IV ZR 183/56 = NJW 1957, 672 (672).

dass der Pfandschuldner dem vermeintlichen Pfandgläubiger einen Miterbenanteil am Nachlass eines Kunstmalers verpfänden wollte, augenscheinlich zu dem Zweck, das Vorkaufsrecht der Miterben, welches diese im Fall eines Verkaufs des Miterbenanteils hätten ausüben können, zu umgehen. Der vermeintliche Pfandgläubiger sollte so auf Umwegen, nämlich über die Verwertung des Pfandrechts, den Erbanteil des Pfandschuldners erlangen können. Der BGH gelangte jedoch zu der Auffassung, dass die Parteien den Inhalt des Pfandrechts nicht festlegen könnten und ließ verlauten, dass das „bürgerliche Recht (...) nur einen begrenzten Kreis von dinglichen Rechten [kennt]. (...) Es ist nicht möglich, durch Parteivereinbarung andere als die im Gesetz vorgesehenen dinglichen Rechte zu begründen oder den gesetzlich möglichen Rechten einen anderen als den nach dem Gesetz zulässigen Inhalt zu geben. Das vertragliche und auch das Pfändigungspfandrecht, das insoweit denselben Bestimmungen unterliegt, sind ihrem Wesen nach akzessorisch oder Hilfsrechte. (...) Dieses Wesen des Pfandrechts kann nicht durch Parteivereinbarung geändert werden."[176]

Dies ist darauf zurückzuführen, dass der Gesetzgeber die im Bereich der dinglichen Sicherungsrechte vorgesehenen akzessorischen wie nicht akzessorischen Sicherungsrechte gesetzlich typisiert (Typenzwang), fixiert (Typenfixierung) und damit der Parteidisposition entzogen hat.[177] Typenzwang bedeutet, dass die im Sachenrecht möglichen dinglichen Berechtigungen wegen ihrer allseitigen Wirkung grundsätzlich im Gesetz geregelt sein müssen; es gilt insoweit der sog. „*numerus clausus* der Sachenrechte".[178] Typenfixierung hingegen bedeutet, dass auch der wesentliche Inhalt von Realsicherheiten zumindest in Umrissen gesetzlich festgelegt sein muss.[179] In beiderlei Hinsicht wird damit die Vertragsfreiheit bzw. genauer die inhaltliche Gestaltungsfreiheit der Parteien eingeschränkt. In ihrer Entscheidung, ob sie dingliche Rechte begründen wollen, sind sie damit zwar frei, die inhaltliche Ausgestaltung dieser Rechte ist aber durch die Rechtsordnung festgelegt.[180] Diese Einschränkungen durch Typenzwang und Typenfixierung sind den schuldrechtlichen Sicherungsrechten hingegen fremd.[181] Daraus ergibt sich konsequenterweise, dass ein Verzicht auf die Akzessorietät bei diesen Sicherungsmitteln grundsätzlich möglich sein muss.[182] So wurde auch vom BGH eine nicht

176 BGH, Urteil vom 13.02.1957 – IV ZR 183/56 = NJW 1957, 672 (672).

177 *Baur/Stürner*, Sachenrecht, § 1 II 2.a) und b) (Rdn. 7); *Staudinger/Wiegand*, in: Staudinger, Anh. zu §§ 929 – 931, Rdn. 190.

178 *Baur/Stürner*, Sachenrecht, § 1 II 2.a) (Rdn. 7); *Lehmann*, in: Langenbucher/Bliesener/Spindler, Bankrechts-Kommentar, 24. Kap., Rdn. 56.

179 *Baur/Stürner*, Sachenrecht, § 1 II 2.b) (Rdn. 7); *Lehmann*, in: Langenbucher/Bliesener/Spindler, Bankrechts-Kommentar, 24. Kap., Rdn. 57.

180 *Baur/Stürner*, Sachenrecht, § 1 II 2. (Rdn. 7).

181 *Lehmann*, in: Langenbucher/Bliesener/Spindler, Bankrechts-Kommentar, 24. Kap., Rdn. 57.

182 So auch *Bleifeld*, Akzessorische Kreditsicherheiten im Rahmen von syndizierten Krediten, S. 76.

akzessorische Bürgschaft anerkannt.[183] Gerade durch die inhaltlich fehlende Bezugnahme auf eine gesicherte Forderung unterscheidet sich die Bürgschaft hingegen von der Garantie. Bei einer „akzessorisch gelockerten" Bürgschaft handelt es sich ihrem Wesen nach deshalb schlicht um eine Garantie.[184]

(2) Die Möglichkeit der Bestellung akzessorischer Sicherungsrechte für zukünftige Forderungen

Wenn diese Arbeit „die Beständigkeit von Kreditsicherheiten im Wandel der Hauptschuld" untersuchen will, impliziert dies bereits, dass es sich hier im Grunde nicht um Forderungen handeln kann, die im Zeitpunkt der Bestellung der Sicherheit in Art und Umfang bereits fest umrissen sind. Die Untersuchung der Möglichkeit einer Akzessorietätslockerung durch Besicherung künftiger Forderungen ist daher vorliegend von besonderem Interesse.

Bei den akzessorischen Sicherheiten wird der Kreis der gesicherten Forderungen – anders als bei den abstrakten Sicherungsrechten – gesetzlich näher bestimmt.[185] Dabei erlaubt es das Gesetz kraft ausdrücklicher Regelung, dass ein akzessorisches Sicherungsrecht auch für eine künftige Forderung bestellt werden kann (§ 765 Abs. 2 BGB für die Bürgschaft, § 1204 Abs. 2 BGB für das Pfandrecht[186]).[187] Die notwendig zum Begründungsakt eines akzessorischen Sicherungsrechts gehörende Bezugnahme auf eine Forderung gilt damit nicht nur einer bereits wirksam entstandenen oder zumindest zeitgleich mit dem Sicherungsakt entstehenden, sondern eben auch bei einer künftigen Forderung.[188] Dies überrascht zunächst, da, solange eine gesicherte Forderung noch nicht vorhanden ist, ein akzessorisches Sicherungsrecht, nach den vorherigen Erwägungen, streng genommen noch gar nicht entstehen kann.[189] Mit der Möglichkeit der Sicherung künftiger Forderungen wollte der Gesetzgeber aber augenscheinlich dem Sicherungsgeber die Möglichkeit eröffnen, mit sofortiger Bindungswirkung gegenwärtig erst später

---

183 BGH, Urteil vom 16.12.1960 – II ZR 137/59 = BeckRS 1960, 00048.

184 Siehe zum Ganzen *Bülow*, Recht der Kreditsicherheiten, Rdn. 1544 sowie *Bleifeld*, Akzessorische Kreditsicherheiten im Rahmen von syndizierten Krediten, S. 76, der diesen Gedanken ebenfalls aufgreift.

185 So etwa *Merkel*, in: Schimansky/Bunte/Lwowski, Bankrechts-Handbuch, § 93, Rdn. 221.

186 § 1204 Abs. 2 BGB, der sich unmittelbar auf das Pfandrecht an beweglichen Sachen bezieht, ist über § 1273 Abs. 2 BGB auf das Pfandrecht an Rechten entsprechend anwendbar.

187 Gem. § 1113 Abs. 2 BGB gilt dies ebenso für die Hypothek. Mangels Relevanz für die Praxis sollen die für die Hypothek geltenden Sonderheiten im Rahmen dieser Untersuchung jedoch vernachlässigt werden; siehe hierzu ausführlich unten unter § 5 III. 2. a. iv.

188 *Becker-Eberhard*, Die Forderungsgebundenheit der Sicherungsrechte, S. 268.

189 *Ganter*, in: Schimansky/Bunte/Lwowski, Bankrechts-Handbuch, § 90, Rdn. 117.

entstehende Ansprüche sichern zu können.[190] Auch ein Kreditgeber kann auf diese Weise vor der Kreditvergabe grundsätzlich sicherstellen, dass für seine „künftige Forderung" eine Sicherung vorhanden ist.[191] Die Möglichkeit, akzessorische Sicherheiten für zukünftige Forderungen zu bestellen, entspricht in diesem Fall einem wirtschaftlichen Bedürfnis, denn der Kreditgeber macht beispielsweise die Kreditgewährung (hier: die künftige Forderung) regelmäßig auch tatsächlich davon abhängig, dass zuvor seine Besicherung feststeht.[192]

Die gesetzlich ausdrücklich vorgesehene Möglichkeit der Besicherung künftiger Forderungen wirft jedoch zwei wesentliche Fragestellungen auf: Zum einen, ob mit dem Begriff der „zukünftigen Forderung", dem weiten Wortlaut der Normen folgend, jedwede rechtlich mögliche, also schlechthin nur denkbare Sicherung zukünftiger Verbindlichkeiten gewollt ist oder ob der Wortlaut nicht vielmehr (teleologisch) zu reduzieren ist.[193] Zum anderen stellt sich die Frage nach dem Zeitpunkt der Entstehung der Sicherungsrechte im Fall der Sicherung zukünftiger Forderungen.[194] Zu klären ist in diesem Zusammenhang, ob der Sicherungsnehmer – in Durchbrechung des Akzessorietätsgrundsatzes – schon mit dem bloßen Bestellungsakt, also im Falle der Besicherung künftiger Forderungen schon vor der Entstehung der Forderung, sein akzessorisches Sicherungsrecht erlangt.

(a) Die Reichweite des Begriffs der zukünftigen Forderungen

Ein künftiger Anspruch ist seinem Wortsinn nach dadurch charakterisiert, dass er in der Zukunft liegt, eine endgültige Rechtsgrundlage für ihn also noch nicht besteht.[195] Es handelt sich um einen kommenden, einen späteren Anspruch, der erst noch begründet werden muss.[196] Damit jeden auch nur rechtlich zulässigen, also schlechterdings vorstellbaren zukünftigen Anspruch erfassen zu können, kann aber wohl nicht intendiert sein.[197] Es gilt deshalb, den Kreis der von §§ 765 Abs. 2, 1204 Abs. 2 BGB erfassten Forderungen festzulegen. Der historische Gesetzgeber äußerte bereits Bedenken, ob etwa Pfandrechte für künftige Forderungen ohne

---

190 Motive zu dem Entwurfe eines Bürgerlichen Gesetzbuches, Bd. 3, Sachenrecht, S. 798.

191 Vgl. *Gröschler*, in: Soergel, § 765, Rdn. 9, der dies am Beispiel der Bürgschaft konkretisiert.

192 *Horn*, in: Staudinger, § 765, Rdn. 42; *Wiegand*, in: Staudinger, § 1204, Rdn. 22; Motive zu dem Entwurfe eines Bürgerlichen Gesetzbuches, Bd. 3, Sachenrecht, S. 798.

193 *Becker-Eberhard*, Die Forderungsgebundenheit der Sicherungsrechte, S. 269; *Lieder*, in: MüKoBGB, § 1113, Rdn. 60.

194 So auch *Becker-Eberhard*, Die Forderungsgebundenheit der Sicherungsrechte, S. 285.

195 *Lieder*, MüKoBGB, § 1113, Rdn. 60; *Schellewald*, Die Sicherung künftiger Ansprüche im Vermögen des Schuldners, S. 4.

196 *Schellewald*, Die Sicherung künftiger Ansprüche im Vermögen des Schuldners, S. 4; *Ertl*, Rpfleger 1977, 345 (348).

197 *Lieder*, in: MüKoBGB, § 1113, Rdn. 60.

weiteres zulässig seien oder ob nicht vielmehr im Hinblick auf den akzessorischen Charakter dieses Rechts eine gewisse Grundlage in der rechtlichen Gebundenheit beider oder zumindest einer Partei zu verlangen ist.[198] Mit der offenen Formulierung des einschlägigen Gesetzestextes hat der Gesetzgeber die Frage, „inwieweit für die künftige Forderung eine gewisse Grundlage (...) gegeben sein muss" dann jedoch bewusst offen gelassen und die theoretische Begründung damit Wissenschaft und Praxis überlassen.[199] In der Lehre sind die Meinungen hierzu geteilt. Insbesondere werden an die einzelnen Sicherungsrechte auch unterschiedliche Anforderungen gestellt. Jedoch ergeben sich bei Bürgschaft und Pfandrecht wegen der diesen Sicherungsrechten eigentümlichen strengen Akzessorietät weitgehende Übereinstimmungen.[200]

Wissenschaft und Judikatur haben sich hier auf folgende Kriterien festgelegt: Bürgschaft und Pfandrecht entstehen für eine Forderung, deren Rechtsgrund noch nicht gelegt ist, auch dann, wenn die gesicherte Forderung zwar nicht bestimmt, aber doch zumindest nach Inhalt und Entstehungsgrund bestimmbar ist.[201] Eine über das allgemeine Bestimmbarkeitserfordernis hinausgehende Konkretisierung der zukünftigen Forderung wird von §§ 765 Abs. 2 und 1204 Abs. 2 BGB nicht verlangt.[202] Insoweit wird dem Erfordernis der Bestimmbarkeit bereits dann genügt, wenn bei Bestellung der Sicherheit die künftige Entstehung der Forderung

---

198 Motive zu dem Entwurfe eines Bürgerlichen Gesetzbuches, Bd. 3, Sachenrecht, S. 798 f.

199 Motive zu dem Entwurfe eines Bürgerlichen Gesetzbuches, Bd. 3, Sachenrecht, S. 798 f.; siehe hierzu auch *Becker-Eberhard*, Die Forderungsgebundenheit der Sicherungsrechte, S. 269; *Wiegand*, in: Staudinger, § 1204, Rdn. 24.

200 *Becker-Eberhard*, Die Forderungsgebundenheit der Sicherungsrechte, S. 269 ff.; *Wiegand*, in: Staudinger, § 1204, Rdn. 22. – Im Gegensatz zu Bürgschaft und Pfandrecht ist bei der Sicherungs- und Forderungshypothek – die es im Rahmen dieser Untersuchung zu vernachlässigen gilt – hingegen nicht von einer derart strengen Akzessorietät auszugehen, da bspw. bei ersterer bei fehlendem schuldrechtlichen Anspruch die Hypothek nicht nichtig ist, sondern als Eigentümerrecht aufrechterhalten wird, und bei der Verkehrshypothek die Akzessorietät gem. § 1138 BGB durch die Möglichkeit des gutgläubigen Erwerbs der forderungsentgleitenden Hypothek gelockert ist (vgl. etwa Motive zu dem Entwurfe eines Bürgerlichen Gesetzbuches, Bd. 3, Sachenrecht, S. 619; *Wolfsteiner*, in: Staudinger, vor §§ 1113 ff., Rdn. 8 mwN).

201 Welche Ausprägungen im Einzelnen unter den Begriff der Bestimmbarkeit zu fassen sind, soll erst an späterer Stelle geklärt werden. Siehe hierzu unten unter § 7 IV.

202 So die wohl allgemeine Meinung in Literatur und Rechtsprechung: BGH, Urteil vom 18.05.1995 – IX ZR 108/94 = NJW 1995, 2553 (2553) (für die Bürgschaft); BGH, Urteil vom 26.01.1983 – VIII ZR 257/81 = NJW 1983, 1123 (1125) (für das Pfandrecht); *Wicke*, in: Palandt, § 1204, Rdn. 11; *Becker-Eberhard*, Die Forderungsgebundenheit der Sicherungsrechte, S. 257; *Habersack*, in: Soergel, § 1204, Rdn. 26; *ders.*, in: MüKoBGB, § 765, Rdn. 69 ff.; *Rüll*, Das Pfandrecht an Fahrnis für künftige oder bedingte Forderungen gemäß § 1204 Abs. 2 BGB, S. 10 ff.; *Wiegand*, in: Staudinger, § 1204, Rdn. 24.

in Aussicht genommen wurde und im Zeitpunkt der Entstehung der künftigen Forderung zweifelsfrei ermittelt werden kann, ob diese durch die Bürgschaft oder das Pfandrecht gesichert sein soll.[203] Mit der Bestimmbarkeit hat eine Begrenzung der Höhe nach indessen nichts zu tun.[204] Eine betragsmäßige Begrenzung der künftigen Forderung ist nach dem hier geltenden Bestimmbarkeitsgrundsatz weder zur Festlegung des Sicherungszwecks noch zum Schutz des Sicherungsgebers erforderlich. Selbst wenn der Betrag der zu sichernden künftigen Forderung noch nicht abschließend feststeht, ist der Sicherungsgeber dadurch hinreichend geschützt, dass sich ein bestimmter Rechtsgrund und ein Lebenssachverhalt bestimmen lassen, aus denen er den Umfang der künftigen Forderung und damit sein maximales Risiko einigermaßen zuverlässig absehen kann.[205]

Auch wenn auf die Anforderungen der Bestimmbarkeit im Speziellen erst an späterer Stelle eingegangen werden soll[206], folgt daraus bereits, dass die gängige Formel in Sicherungszweckvereinbarungen, wonach u.a. auch alle künftigen Forderungen durch die Bestellung des (akzessorischen) Sicherungsrechts gesichert werden sollen[207], bei Bürgschaften und Pfandrechten jedenfalls nicht wegen fehlender Bestimmbarkeit unwirksam ist.[208] Die Bezeichnung von Forderung und Schuldgrund erübrigt sich hier, da unzweifelhaft feststeht, was Gegenstand der Sicherung sein soll.[209] Die Möglichkeit zur Kreditsicherung in dieser Allgemeinheit ist bereits früh durch die Rechtsprechung anerkannt worden, so z.B. für alle Forderungen des Gläubigers aus bankmäßiger Geschäftsverbindung oder aus wechselndem Kredit.[210] Wie sich diese Rechtsprechung entwickelt hat[211] und welchen Einfluss die Vorschriften über AGB auf diese Sicherungsmöglichkeit haben, ist an späterer Stelle ausführlich zu besprechen.[212]

---

203 BGH, Urteil vom 25.10.1952 – I ZR 48/52 = NJW 1953, 21 (21 f.); *Habersack*, in: Soergel, § 1204, Rdn. 21; *Wiegand*, in: Staudinger, § 1204, Rdn. 24.

204 Vgl. BGH, Urt. vom 18.05.1995 – IX ZR 108/94 = NJW 1995, 2553 (2553), der dies im Hinblick auf die Bürgschaft konkretisiert.

205 Vgl. *Horn*, Globalbürgschaft und Bestimmtheitsgrundsatz, in: Festschrift Merz, S. 217 (222), der dies anhand der Bürgschaft konkretisiert.

206 Siehe unten unter § 7 IV.

207 Siehe etwa *Bock*, in: Weise/Krauß, Beck'sche Online-Formulare Vertrag, 3.3 Kontoverpfändung und 3.4 Globalzessionsvertrag sowie ausführlich zu den gängigen Formulierungen unten unter § 7 III.

208 BGH, Urteil vom 18.05.1995 – IX ZR 108/94 = NJW 1995, 2553 (für die Bürgschaft); *Becker-Eberhard*, Die Forderungsgebundenheit der Sicherungsrechte, S. 257; *Habersack*, in: Soergel, § 1204, Rdn. 21; *ders.*, in: MüKoBGB, § 765, Rdn. 69 ff.; *Wiegand*, in: Staudinger, § 1204, Rdn. 24.

209 Siehe etwa *Schellewald*, Die Sicherung künftiger Ansprüche im Vermögen des Schuldners, S. 132.

210 BGH, Urteil vom 29.11.1984 – IX ZR 44/84 = NJW 1985, 863 (864); BGH, Urteil vom 17.12.1980 – VIII ZR 307/79 = NJW 1981, 756 (756).

211 Siehe etwa *Horn*, in: Staudinger, § 765, Rdn. 44 ff.

212 Siehe hierzu unten unter § 12.

Abschließend gilt es aber für den Fall der Drittbesicherung noch zu beachten, dass das in §§ 767 Abs. 1 S. 3, 1210 Abs. 1 S. 2 BGB normierte „Verbot der Fremddisposition“ der Bestimmung der Schuld für künftige Forderungen Grenzen zieht. Das Verbot der Fremddisposition verfolgt das Anliegen, das Haftungsrisiko für Drittsicherungsgeber nicht unvorhersehbar und unkalkulierbar werden zu lassen. Die sich aus §§ 765 Abs. 2, 1204 Abs. 2 BGB ergebende Möglichkeit der Besicherung künftiger Forderungen und das sich aus §§ 767 Abs. 1 S. 3, 1210 Abs. 1 S. 2 BGB ergebende Verbot der Fremddisposition stehen sich insoweit inhaltlich entgegen und sind deshalb zu einem interessengerechten Ausgleich zu bringen.[213] Auch hierauf ist jedoch erst an späterer Stelle ausführlich einzugehen.[214]

(b) Zeitpunkt des Entstehens des Sicherungsrechts für zukünftige Forderungen

Was den Zeitpunkt der Entstehung der akzessorischen Sicherungsrechte im Fall der Sicherung künftiger Forderungen anbelangt, so gilt es zwischen den verschiedenen akzessorischen Sicherungsrechten zu differenzieren.

Für die Bürgschaft folgt aus dem Akzessorietätsgrundsatz, dass für eine Inanspruchnahme des Bürgen die künftige Verbindlichkeit auch tatsächlich entstehen muss.[215] Die Bürgschaft für eine künftige Verbindlichkeit befindet sich demnach in einem Schwebezustand, solange die Hauptschuld noch nicht entstanden bzw. zur vollen Wirksamkeit gelangt ist.[216] Dies entspricht auch dem von *Medicus* geprägten Begriff der Entstehungsakzessorietät, wonach das Sicherungsrecht nur dann entsteht, wenn auch die zu sichernde Forderung entsteht.[217] § 765 Abs. 2 BGB stellt demnach keine Durchbrechung des Grundsatzes der Akzessorietät dar. Im kreditsicherungsrechtlichen Kontext liegt die Bedeutung des § 765 Abs. 2 BGB vielmehr darin, dass die Bank vor der Kreditvergabe sicherstellen kann, dass für ihre Forderung eine Bürgschaft vorhanden ist, auch wenn die Bürgschaftsforderung selbst, d.h. die Kreditverbindlich keit, erst mit Entstehung der gesicherten Forderung entsteht.[218]

Hinsichtlich des Entstehungszeitpunktes des Pfandrechts für zukünftige Forderungen vertreten Rechtsprechung[219] und überwiegende Literaturmeinung[220]

---

213 Vgl. zum Ganzen *Rohe*, in: Bamberger/Roth/Hau/Poseck, BeckOK BGB, § 767, Rdn. 15, der dies am Beispiel der Bürgschaft konkretisiert.

214 Siehe hierzu unten unter § 9 und § 12.

215 *Gröschler*, in: Soergel, § 765, Rdn. 9.

216 *Habersack*, in: MüKoBGB, § 765, Rdn. 66 f.; *Gröschler*, in: Soergel, § 765, Rdn. 9.

217 Siehe *Medicus*, JuS 1971, 497 (498).

218 *Habersack*, in: MüKoBGB, § 765, Rdn. 67; *Gröschler*, in: Soergel, § 765, Rdn. 9; *Horn*, in: Staudinger, § 765, Rdn. 42.

219 Grundlegend hierzu BGH, Urteil vom 26.01.1983 – VIII ZR 257/81 = NJW 1983, 1123 (1125), der hier auf Motive zu dem Entwurfe eines Bürgerlichen Gesetzbuches, Bd. 3, Sachenrecht, S. 805 verweist; in den hier interessierenden Absätzen gleichlautend: BGH, Urteil vom 26.01.1983 – VIII ZR 275/81 = NJW 1983, 1619 (1620).

220 *Wicke*, in: Palandt, § 1204, Rdn. 11; *Berger*, in: Jauernig, BGB, § 1204, Rdn. 14; *Habersack*, in: Soergel, § 1204, Rdn. 26.

die Auffassung, dass ein Pfandrecht für eine künftige Forderung nicht erst mit Entstehen der zu sichernden Forderung, sondern bereits mit Einigung und – soweit erforderlich – Übergabe der Pfandsache, d.h. im Zeitpunkt der Bestellung wirksam wird. Die Gegenauffassung vertritt die Ansicht, dass das Pfandrecht für eine künftige Forderung während des Schwebezustandes von der Bestellung des Pfandrechts an bis zur Entstehung der Schuld lediglich ein Rechtsgebilde darstelle, welches das Gesetz aus Gründen des Verkehrsbedürfnisses als Pfandrecht bezeichne und auch so behandele.[221] Ginge man mit der Rechtsprechung und herrschenden Rechtslehre davon aus, dass das Pfandrecht für künftige Forderungen uneingeschränkt mit seiner Bestellung entstehe, würde dies darauf hindeuten, dass der Akzessorietätsgrundsatz des Pfandrechts in diesem Fall im Hinblick auf die Entstehungsakzessorietät gelockert ist, da das Sicherungsrecht entstehen soll, eben bevor die zu sichernde Forderung entstanden ist.[222] Diese Auffassung müsste deshalb eigentlich einer kritischen Würdigung unterzogen werden. Die Bedeutung einer kritischen Würdigung relativiert sich jedoch mit der Frage nach der Dringlichkeit des Streitentscheids. Die praktische Bedeutung des Streits ist nämlich keineswegs so weitreichend, wie man zunächst vielleicht vermuten mag.[223] Für die Frage nach dem Rang eines für eine künftige Forderung bestellten Pfandrechts gegenüber anderen Pfandrechten oder sonstigen dinglichen Rechten an demselben Gegenstand ist durch die klare Regelung des § 1209 BGB zweifelsfrei festgelegt, dass hier ausnahmslos der Zeitpunkt der Bestellung des Pfandrechts und nicht derjenige des Entstehens der Forderung maßgeblich ist.[224] Auch für die Frage, ab wann eine Verwertung des Pfandrechts erfolgen darf, ist der Zeitpunkt der Entstehung des für eine künftige Forderung bestellten Pfandrechts ohne praktische Bedeutung.[225] Aus § 1228 Abs. 2 S. 2 BGB folgt nämlich, dass der Gläubiger erst bei Fälligkeit der (Geld-)Forderung Befriedigung aus dem Pfandrecht suchen kann. Dem zur Sicherung einer künftigen Forderung bestellten Pfandrecht fehlt damit bis zur Entstehung der Forderung das Verwertungsrecht.[226] Der Streitstand um den Entstehungszeitpunkt des für eine künftige Forderung

221 *Damrau*, in: MüKoBGB, § 1204, Rdn. 22; *Kregel*, in: RGRK, § 1204, Rdn. 10; *Rüll*, Das Pfandrecht an Fahrnis für künftige oder bedingte Forderungen gemäß § 1204 Abs. 2 BGB, S. 54; *Schellewald*, Die Sicherung künftiger Ansprüche im Vermögen des Schuldners, S. 134.

222 *Ganter*, in: Schimansky/Bunte/Lwowski, Bankrechts-Handbuch, § 90, Rdn. 117.

223 So auch *Becker-Eberhard*, Die Forderungsgebundenheit der Sicherungsrechte, S. 287 ff.

224 *Becker-Eberhard*, Die Forderungsgebundenheit der Sicherungsrechte, S. 287; *Damrau*, MüKoBGB, § 1209, Rdn. 1.

225 So auch *Becker-Eberhard*, Die Forderungsgebundenheit der Sicherungsrechte, S. 288.

226 *Damrau*, MüKoBGB, § 1204, Rdn. 22.

bestellten Pfandrechts hat bislang auch im Hinblick auf die meisten anderen Pfandrechtswirkungen, die der Gesetzgeber im Gegensatz zur Rangwirkung nach § 1209 BGB nicht ausdrücklich auf den Pfandrechtsbestellungsakt vorgezogen hat, zu keinerlei maßgeblichen praktischen Kontroversen geführt.[227] So gehen etwa auch diejenigen, die die Ansicht vertreten, dass das Pfandrecht für eine künftige Forderung während des Schwebezustandes bis zur Anspruchsbegründung lediglich ein Rechtsgebilde darstelle, für die Frage, ab wann der Pfandgläubiger ein aus dem Pfandrecht folgendes dingliches Besitzrecht hat, wegen des Verkehrsbedürfnisses davon aus, dass – bis auf das Verwertungsrecht – die üblichen Pfandrechtswirkungen bereits eintreten, obwohl faktisch ein Pfandrecht noch gar nicht entstanden ist.[228] Auch insolvenzrechtlich wirft die Frage keine besondere Bedeutung auf, da – soweit die gesicherte Forderung erst nach Eröffnung des Insolvenzverfahrens entsteht – das vor Eröffnung des Insolvenzverfahrens bestellte (und entstandene) Pfandrecht nach überwiegender Ansicht in der Literatur gem. § 91 InsO nicht insolvenzfest ist.[229] Mangels praktischer Bedeutung ist ein Streitentscheid an dieser Stelle mithin entbehrlich.

(3) Zwischenbefund

Solange eine gesicherte Forderung noch nicht entstanden ist, kann nach dem Akzessorietätsprinzip streng genommen ein akzessorisches Sicherungsrecht noch gar nicht bestehen.[230] Die soeben aufgezeigte Möglichkeit der akzessorischen Besicherung künftiger Forderungen zeigt jedoch, dass Akzessorietät nicht stets als starres Dogma zu begreifen ist, sondern vielmehr als ein offenes, der Überlagerung gegenläufiger Interessen zugängliches strukturelles Prinzip.[231] *Becker-Eberhard* sieht in der Möglichkeit der Besicherung künftiger Forderungen mit akzessorischen Sicherheiten sogar eine „Durchbrechung" des Akzessorietätsgrundsatzes.[232] Rechtsprechung und herrschende Lehre hingegen formulieren weicher und sprechen in diesem Zusammenhang lediglich von einer „Lockerung".[233] Da, wie aufgezeigt, mit Rechtsprechung und Lehre im Anwendungsbereich der §§ 767 Abs. 2, 1204 Abs. 2 BGB weitestgehend von dem von *Medicus* geprägten Prinzip

227 So auch *Becker-Eberhard*, Die Forderungsgebundenheit der Sicherungsrechte, S. 288.
228 Siehe etwa *Becker-Eberhard*, Die Forderungsgebundenheit der Sicherungsrechte, S. 289; *Damrau*, MüKoBGB, § 1204, Rdn. 22; *Kregel*, in: RGRK, § 1204, Rdn. 10.
229 Statt vieler *Wittkowski/Kruth*, in: Nerlich/Römermann, InsO, § 91, Rdn. 22.
230 *Ganter*, in: Schimansky/Bunte/Lwowski, Bankrechts-Handbuch, § 90, Rdn. 117.
231 *Habersack*, JZ 1997, 857 (864).
232 *Becker-Eberhard*, Die Forderungsgebundenheit der Sicherungsrechte, S. 284.
233 Siehe etwa BGH, Urteil vom 26.01.1983 – VIII ZR 254/81 = NJW 1983, 1120 (1122); BGH, Urteil vom 25.10.1961 – V ZR 103/60 = NJW 1962, 295 (296); *Ganter*, in: Schimansky/Bunte/Lwowski, Bankrechts-Handbuch, § 90, Rdn. 117; *Wiegand*, in: Staudinger, § 1204, Rdn. 23, 25.

der Entstehungsakzessorietät nicht abgewichen wird, ist tatsächlich eher von einer Lockerung der Akzessorietät auszugehen. Wie auch immer man formulieren mag, die Möglichkeit der akzessorischen Besicherung künftiger Forderungen birgt jedenfalls eine Erkenntnis, die mit Blick auf die der Untersuchung zugrundeliegende Fragestellung nicht hoch genug bewertet werden kann. Aus besagter Lockerung der Akzessorietät und der weitgehenden Reduzierung des Bestimmtheitsgrundsatzes auf einen „Bestimmbarkeitsgrundsatz" folgt, dass mit den akzessorischen Sicherungsrechten der Bürgschaft und des Pfandrechts Forderungen gesichert werden können, deren Höhe sich zur Zeit der Bestellung dieser Sicherungsrechte noch gar nicht vorhersehen lässt.[234] Vielmehr reicht es bei Bürgschaft und Pfandrecht aus, wenn die zu sichernde Forderung (nach ihrem Entstehungsgrund, nicht aber nach ihrer Höhe) zumindest bestimmbar ist.[235] In der Praxis der Kreditinstitute wird dies regelmäßig durch Verwendung der Formel in den entsprechenden Sicherungszweckvereinbarungen der Sicherheitenverträge umgesetzt, wonach alle bestehenden und künftigen Ansprüche, die dem Kreditinstitut aus der bankmäßigen Geschäftsbeziehung zustehen, gesichert sein sollen (weite Sicherungszweckerklärung)[236].[237]

Die flexible und vielseitige Verwendbarkeit der Sicherungsrechte der Bank für ausgereichte Kredite und andere Forderungen gegen ihre Bankkunden birgt aber gerade für den Bürgen – als mit seinem gesamten Vermögen haftender Schuldner – unabsehbare Risiken. Ob dieser Interessenkonflikt in Rechtsprechung und Rechtswissenschaft Berücksichtigung gefunden hat und ob er möglicherweise über die Vorschriften für AGB Einfluss auf die Wirksamkeit der Sicherheitenbestellung nimmt, ist an späterer Stelle noch zu besprechen.

iv. Wirtschaftliche Bedeutung akzessorischer Sicherheiten und Bedeutung im Zusammenhang mit der Akquisitionsfinanzierung

Da die Arbeit das Ziel einer möglichst praxisrelevanten Darstellung der Thematik verfolgt, lässt sich die Frage, ob sich die Praxis überhaupt noch akzessorischer Kreditsicherheiten bedient, nicht umgehen. Mitunter wird akzessorischen Kreditsicherheiten nämlich nachgesagt, dass sie sich wegen ihrer nachteiligen Konstruktion in der Praxis keiner allzu großen Beliebtheit erfreuen und vereinzelt kaum noch anzutreffen seien.[238]

---

234 *Habersack*, in: Soergel, § 1204, Rdn. 21; *Wiegand*, in: Staudinger, § 1204, Rdn. 5.
235 Siehe hierzu oben unter § 5 III. 2. a. iii. (2) (a).
236 Siehe hierzu ausführlich unten unter § 7 III. 1. b.
237 *Brünink*, in: Lwowski/Fischer/Gehrlein, Das Recht der Kreditsicherung, § 3, Rdn. 25.
238 Siehe etwa *Wiegand*, in: Staudinger, vor §§ 1204 ff., Rdn. 1, nach dem an die Stelle des Pfandrechts heute weitgehend andere Sicherungsmittel – vorwiegend Sicherungsübereignung und -abtretung – getreten sind; ebenso: *Wicke*, in: Palandt, vor § 1273, Rdn. 2; *Berger*, in: Jauernig, BGB, vor § 1204 BGB, Rdn. 3; *Pamp*, in: Nobbe, Kommentar zum Kreditrecht, § 1204, Rdn. 10.

(1) Wirtschaftliche Bedeutung des Pfandrechts

Dass sich etwa das akzessorische Pfandrecht nicht in den vom Gesetzgeber vorgezeichneten Bahnen entwickelt und bewährt hat, liegt neben der strengen Akzessorietät des Pfandrechts sowie dem zeit- und kostenintensiv ausgestalteten Pfandverwertungsverfahren vor allem daran, dass das Besitzpfandrecht[239] dem praktischen Bedürfnis des Schuldners, das Sicherungsgut behalten und weiterhin wirtschaftlich nutzen zu können, zuwider läuft.[240] Zudem kann sich auch die bei der Verpfändung von Forderungen durch § 1280 BGB erzwungene Anzeige an den Drittschuldner kreditschädigend auswirken bzw. widerstreitet zumindest dem Interesse des Schuldners und Verpfänders, eine Kreditfinanzierung nicht offenlegen zu müssen.[241] Mit der Entscheidung für das Faustpfandrecht hat der Gesetzgeber die Bedürfnisse der Praxis mithin verkannt. Jedenfalls wurde die Kreditsicherungspraxis zum Unterlaufen der gesetzlichen Regelung geradezu herausgefordert.[242] Um die aufgezeigten, dem Pfandrecht innewohnenden Nachteile zu umgehen, wurden in der Kautelarpraxis weitere nicht akzessorische Sicherheiten entwickelt. Dabei handelt es sich um gesetzlich geregelte Rechtsinstitute, die ursprünglich nicht als Kreditsicherheiten gedacht waren, die aber durch vertragliche Zusatzvereinbarungen zu Sicherungszwecken umfunktioniert wurden.[243] So sind an die Stelle des Pfandrechts heute weitestgehend jene kautelarischen (häufig synonym auch fiduziarisch genannten) Sicherungsmittel – vorwiegend Sicherungsübereignungen und -zessionen und in gewissem Maße auch Eigentumsvorbehaltsvereinbarungen – getreten.[244]

Auf die theoretische Möglichkeit, das entsprechende Sicherungsbedürfnis durch nicht akzessorische, kautelarische Kreditsicherheiten zu befriedigen, kann oder soll aber nicht in allen Fällen zurückgegriffen werden. Akzessorische Sicherheiten werden zunächst überall dort gebraucht, wo die Ersetzung durch nicht akzessorische Sicherheiten unmöglich ist oder nicht im Interesse der Beteiligten liegt.[245] Dies gilt in besonderem Maße für die Fälle, bei denen eine Verpfändung gegenüber einer Vollrechtsübertragung vorzugswürdig ist.[246] So zeigt sich die pfandrechtliche Besicherung nach §§ 1204 ff. BGB im Bankgeschäft etwa bei der

239 §§ 1205, 1206 BGB.
240 *Baur/Stürner*, Sachenrecht, § 56, Rdn. 1 ff.; *Pamp*, in: Nobbe, Kommentar zum Kreditrecht, § 1204, Rdn. 10.
241 *Brünink*, in: Lwowski/Fischer/Gehrlein, Das Recht der Kreditsicherung, § 12, Rdn. 2; *Pamp*, in: Nobbe, Kommentar zum Kreditrecht, § 1204, Rdn. 10.
242 Siehe zum Ganzen *Wiegand*, in: Staudinger, vor §§ 1204 ff., Rdn. 1.
243 *Röttger*, Kreditsicherungsrecht, S. 16.
244 *Brünink*, in: Lwowski/Fischer/Gehrlein, Das Recht der Kreditsicherung, § 12, Rdn. 2; *Pamp*, in: Nobbe, Kommentar zum Kreditrecht, § 1204, Rdn. 10; *Wiegand*, in: Staudinger, vor §§ 1204 ff., Rdn. 1.
245 *Eberlein*, Besicherung von Gläubigermehrheiten, S. 75.
246 *Von Bismarck*, Die Besicherung internationaler Konsortialkredite, § 4, Rdn. 72.

Kreditsicherung durch Verpfändung von Gesellschaftsanteilen wirtschaftlich relevant.[247] Die Verpfändung von GmbH-Geschäftsanteilen, Aktien oder Beteiligungen an Personenhandelsgesellschaften spielt als durch die Gesellschafter zu stellende Sicherheit für eine Kreditgewährung an die Gesellschaft eine bedeutende Rolle.[248] Eine Sicherungszession der Rechte scheidet hier regelmäßig aus.[249] Die aus einer Vollrechtsübertragung zwingende Folge einer – wenn auch nur formalen – Gesellschafterstellung des Kreditgebers zöge hier nämlich weitreichende und zumeist unerwünschte Konsequenzen nach sich.[250] Sie ließe gesellschaftliche Rechte und Pflichten mit auf die Bank als Sicherungsnehmer übergehen, was regelmäßig nicht den Interessen der Beteiligten entspricht.[251] Das Pfandrecht an Gesellschaftsanteilen hingegen wahrt im Gegensatz zur kautelarischen Sicherungsübertragung die nötige „Distanz" zwischen Sicherungsgeber und Bank, sodass letztere nicht zum gesellschafterähnlichen Pfandgläubiger deklariert und der Vorwurf einer faktischen Geschäftsführung nicht erhoben werden kann.[252] So behält der Verpfänder ungeachtet der Verpfändung des Geschäftsanteils insbesondere seine volle Gesellschafterstellung sowie seine – ohnehin nicht gesondert übertragbaren – Stimmrechte.[253] Zudem ist im Rahmen der Verpfändung von Gesellschaftsanteilen die Einräumung eines Besitzelements zugunsten der Bank als Sicherungsnehmer regelmäßig nicht erforderlich, weshalb die Problematik, wie sie sich bei der Verpfändung beweglicher Sachen stellt (insbesondere der dem praktischen Bedürfnis des Schuldners widersprechende Verlust des unmittelbaren Besitzes an der Pfandsache) und wie sie maßgebend zur Verbreitung kautelarischer Sicherungsmittel beigetragen hat, im Rahmen der Verpfändung von Gesellschaftsanteilen nicht in gleichem Maße relevant ist.[254]

Aber auch in weiteren Fällen kann oder soll nicht immer auf abstrakte Sicherungsrechte ausgewichen werden. So werden Forderungen aus Kontoführungsverträgen regelmäßig nicht sicherungshalber übertragen, sondern verpfändet.[255] Insoweit

---

247 Siehe etwa *Heidenhain*, GmbHR 1996, 275 (275 ff.); *Rodewald*, GmbHR 1995, 418 (418 ff.).

248 *Schaffelhuber/Sölch*, in: Münchener Handbuch des Gesellschaftsrechts, Bd. 1, § 31, Rdn. 24; *Sieger/Hasselbach*, GmbHR 1999, 633 (633).

249 *Eberlein*, Besicherung von Gläubigermehrheiten, S. 75.

250 Siehe etwa *Merkel*, in: Schimansky/Bunte/Lwowski, Bankrechts-Handbuch, § 93, Rdn. 9 sowie § 39 Abs. 1 Nr 5 InsO und § 21 WpHG.

251 *Apfelbaum*, Die Verpfändung der Mitgliedschaft in der Aktiengesellschaft, S. 241; *Bleifeld*, Akzessorische Kreditsicherheiten im Rahmen von syndizierten Krediten, S. 2; *Schaffelhuber/Sölch*, in: Münchener Handbuch des Gesellschaftsrechts, Bd. 1, § 31, Rdn. 24.

252 *Merkel*, in: Schimansky/Bunte/Lwowski, Bankrechts-Handbuch, § 93, Rdn. 9.

253 *Sieger/Hasselbach*, GmbHR 1999, 633 (637) mwN.

254 *Von Bismarck*, Die Besicherung internationaler Konsortialkredite, § 4, Rdn. 72.

255 *Bleifeld*, Akzessorische Kreditsicherheiten im Rahmen von syndizierten Krediten, S. 61; *Brünink*, in: Lwowski/Fischer/Gehrlein, Das Recht der Kreditsicherung, § 12, Rdn. 2; *Eberlein*, Besicherung von Gläubigermehrheiten, S. 75; *Knepper*,

spricht man von einer „Kontoverpfändung".[256] Die erforderliche Verpfändungsanzeige ist hier überwiegend nicht geschäfts- bzw. kreditschädigend, da die Anzeige gegenüber den kontoführenden Kreditinstituten erfolgt und nicht gegenüber Kunden, Lieferanten etc., die auf die Kreditwürdigkeit ihres Geschäftspartners vertrauen.[257] Auf eine Forderungsverpfändung muss außerdem auch in dem Fall zurückgegriffen werden, in dem Forderungen gegen einen der Fremdkapitalgeber als Sicherheit dienen sollen. Eine Sicherungszession scheidet hier aus, da infolge des Zusammenfallens von Gläubiger- und Schuldnerstellung die Forderung durch Konfusion erlöschen würde.[258] Schließlich kann die Pfandrechtsbestellung anstelle von Sicherungsabtretung und -übereignung empfehlenswert sein, wenn bei Sachverhalten mit Auslandsbezug der betroffenen ausländischen Rechtsordnung eine solche Besicherung durch Vollrechtsübertragung fremd ist.[259] Zu guter Letzt ist noch anzuführen, dass die Praxis der Forderungsverpfändung gegenüber der Forderungsabtretung gelegentlich den Vorzug gewährt, weil im Falle der Insolvenz der Pfandgläubiger im Verwertungsfall – im Gegensatz zum Gläubiger abstrakter Sicherheiten – keine Verfahrensbeiträge an die Masse abzuführen hat, da ihm regelmäßig ein eigenes Verwertungsrecht zusteht.[260] Insoweit zeigt sich, dass der Akzessorietätsgrundsatz in der Praxis der Kreditsicherung, soweit es um die Bestellung von Pfandrechten an Gesellschaftsanteilen sowie insbesondere auch an Bankkonten geht, immer noch eine bedeutende Rolle spielt.[261]

Von besonderer Bedeutung ist das Pfandrecht auch im Rahmen der Akquisitionsfinanzierung. Hier werden Kredite an die eigens für den Unternehmenserwerb gegründete Zweckgesellschaft gewährt, wodurch ein Rückgriff auf die dahinter stehenden Investoren ausgeschlossen werden soll.[262] Die Besicherung der Kredite erfolgt so regelmäßig ausschließlich durch die Zweckgesellschaft und die von der Zweckgesellschaft zu erwerbende Zielgesellschaft.[263] Dies hat zur Folge,

---

Meyer-Sparenberg/Jäckle, Beck'sches M&A-Handbuch, § 17, Rdn. 7; *Schaffelhuber/Sölch*, in: Münchener Handbuch des Gesellschaftsrechts, Bd. 1, § 31, Rdn. 24; *Von Bismarck*, Die Besicherung internationaler Konsortialkredite, § 4, Rdn. 71.

256 *Bock*, in: Weise/Krauß, Beck'sche Online-Formulare Vertrag, 3.3. Kontoverpfändung; *Eberlein*, Besicherung von Gläubigermehrheiten, S. 75.

257 So auch *Eberlein*, Besicherung von Gläubigermehrheiten, S. 75.

258 *Brünink*, in: Lwowski/Fischer/Gehrlein, Das Recht der Kreditsicherung, § 12, Rdn. 2; *Eberlein*, Besicherung von Gläubigermehrheiten, S. 75; *Harpering*, Die Übertragung akzessorisch besicherter Forderungen im Rahmen von *syndicated loans*, S. 132; *Wenzel*, Rechtsfragen internationaler Konsortialkreditverträge, S. 370.

259 *Pamp*, in: Nobbe, Kommentar zum Kreditrecht, § 1204, Rdn. 11.

260 Siehe etwa *Merkel*, in: Schimansky/Bunte/Lwowski, Bankrechts-Handbuch, § 93, Rdn. 7 sowie §§ 166, 170 Abs. 2, 171 InsO.

261 So auch *Schaffelhuber/Sölch*, in: Münchener Handbuch des Gesellschaftsrechts, Bd. 1, § 31, Rdn. 24.

262 *Renner*, in: Staub, Großkommentar HGB, Band 10/2, 4. Teil, Rdn. 376; *Rossbach*, in: Kümpel/Wittig, Bank- und Kapitalmarktrecht, Rdn. 11.236.

263 *Diem*, Akquisitionsfinanzierungen, § 1, Rdn. 12.

dass die Möglichkeiten der Kreditsicherung sehr begrenzt sind. Zum einen, weil eine Besicherung des Kredits durch die Zielgesellschaft (*Upstream*-Sicherheiten) mit den gesellschaftsrechtlichen Kapitalerhaltungsvorschriften in Konflikt treten kann.[264] Zum anderen, weil sich die Funktion der Zweckgesellschaft in der Aufnahme der Finanzierungsmittel und der Durchführung des Unternehmenserwerbs erschöpft.[265] Über ein operatives Geschäft und damit ein eigenes Vermögen, welches sie zur Besicherung der ausgereichten Kredite einsetzen könnte, verfügt die Zweckgesellschaft gerade nicht.[266] Das als Sicherheit geeignete Vermögen der Zweckgesellschaft beschränkt sich damit regelmäßig auf die zukünftigen Geschäftsanteile an der Zielgesellschaft.[267] Diese zukünftigen Anteile werden deshalb zur Kreditsicherung verpfändet.[268] Eine Sicherungsabtretung oder -übereignung scheidet hier aus den bereits oben genannten Gründen, insbesondere zur Vermeidung der Begründung einer formellen Gesellschafterstellung des Kreditnehmers an der Zielgesellschaft, aus.

(2) Wirtschaftliche Bedeutung der Hypothek

Soweit Realsicherheiten bestellt werden sollen, ergeben sich hierfür ebenfalls Argumente, die akzessorische Hypothek durch Sicherungsgrundschulden zu ersetzen.[269] Nach Einführung des BGB war in der Praxis ursprünglich eine Dominanz der Hypothek in Form der Verkehrshypothek zu verzeichnen. Ihre Überlegenheit gegenüber der Grundschuld sollte sich – so jedenfalls die Vorstellungen ihrer Schöpfer – daraus ergeben, dass sie die ihr zugrunde liegende Schuld deutlich abbildete und diese für jedermann unmittelbar aus dem Grundbuch ersichtlich wurde (vgl. § 1180 BGB).[270] Dieses Prinzip, das freilich auf der akzessorischen Ausgestaltung der Hypothek beruht, wird aber bereits bei der Verkehrshypothek durch die Gutglaubensvorschrift des § 1138 BGB gestört.[271] Der vermeintliche

---

264 Siehe etwa *Meyer*, Die Besicherung der Akquisitionsfinanzierung beim *Leveraged Buy-Out* einer GmbH, S. 93 ff.; *Renner*, in: Staub, Großkommentar HGB, Band 10/2, 4. Teil, Rdn. 376; *Weitnauer*, ZIP 2005, 790 (790 ff.).

265 *Bleifeld*, Akzessorische Kreditsicherheiten im Rahmen von syndizierten Krediten, S. 61.

266 *Bleifeld*, Akzessorische Kreditsicherheiten im Rahmen von syndizierten Krediten, S. 61; *Von Bismarck*, Die Besicherung internationaler Konsortialkredite, § 2, Rdn. 179.

267 *Diem*, Akquisitionsfinanzierungen, § 1, Rdn. 12; *Von Bismarck*, Die Besicherung internationaler Konsortialkredite, § 2, Rdn. 178.

268 *Von Bismarck*, Die Besicherung internationaler Konsortialkredite, § 2, Rdn. 178. – Zur Möglichkeit der Verpfändung zukünftiger Rechte siehe bereits oben unter § 5 III. 2. a. iii. (2).

269 *Schaffelhuber/Sölch*, in: Münchener Handbuch des Gesellschaftsrechts, Bd. 1, § 31, Rdn. 24.

270 Siehe zum Ganzen *Wolfsteiner*, in: Staudinger, Einl. zu §§ 1113 ff., Rdn. 28.

271 *Wolfsteiner*, in: Staudinger, Einl. zu §§ 1113 ff.; Rdn. 28; *Zimmer*, in: Ring/Grziwotz/Keukenschrijver, BGB, Sachenrecht, § 1113, Rdn. 7.

Vorteil der Hypothek verkehrte sich zudem in ihren Nachteil, denn durch ihre Unflexibilität widersprach die Hypothek dem Bedürfnis der Praxis nach einer wirksamen Besicherung wechselnder Forderungen.[272] Aus Sicht der Kreditgeber hängt die Nutzbarkeit von Grundstücken für die Zwecke der Kreditsicherung nämlich im Wesentlichen von der Verkehrsfähigkeit der Grundpfandrechte ab, weshalb maßgeblich ist, inwiefern das Grundpfandrecht unabhängig von der zu sichernden Forderung ist und wie leicht es zu übertragen bzw. zu verwerten ist.[273] Die Hypothek ist jedoch von der Forderung, zu deren Sicherung sie ursprünglich bestellt wurde, streng abhängig.[274] Gem. § 1115 BGB setzt sie in ihrer gesetzlichen Grundform eine dem Rechtsgrund und der Höhe nach bestimmte Forderung voraus.[275] Die Grundschuld hingegen ist ein Grundpfandrecht, das keine sachenrechtliche Bindung an eine persönliche Forderung voraussetzt.[276] Ist die Grundschuld einmal dinglich bestellt, kann sie durch einfache schuldrechtliche Abrede, beispielsweise in Form einer neuen Sicherungszweckvereinbarung, weiter verwendet werden, ohne dass dies einer Eintragung im Grundbuch bedürfte oder weitere Kosten hervorrufen würde. Dass sich die Hypothek in diesen Aspekten als nachteilig erwies, hat in der Praxis der Kreditsicherung dazu geführt, dass die Grundschuld die Hypothek als Kreditsicherungsinstrument weitestgehend verdrängt hat.[277] Mangels Relevanz für die Praxis[278] soll die Hypothek in dieser Arbeit deshalb keine weitere Berücksichtigung finden.

---

272 *Wolfsteiner*, in: Staudinger, Einl. zu §§ 1113 ff., Rdn. 29.

273 *Federlin*, in: Kümpel/Wittig, Bank- und Kapitalmarktrecht, Rdn. 12.322.

274 *Zimmer*, in: Ring/Grziwotz/Keukenschrijver, BGB, Sachenrecht, § 1113, Rdn. 7.

275 *Federlin*, in: Kümpel/Wittig, Bank- und Kapitalmarktrecht, Rdn. 12.328; *Wolfsteiner*, in: Staudinger, § 1190, Rdn. 4.

276 *Wenzel*, in: Erman, BGB, § 1190, Rdn. 1.

277 *Federlin*, in: Kümpel/Wittig, Bank- und Kapitalmarktrecht, Rdn. 12.333 f.; *Wenzel*, in: Erman, BGB, § 1190, Rdn. 1.

278 A.A. hingegen *Wolfsteiner*, in: Staudinger, Einl. zu §§ 1113 ff., Rdn. 32, der ins Feld führt, dass der Wunsch zur Rückkehr zur Hypothek, von der man sich für den Eigentümer im Gegensatz zur Grundschuld vor allem ein höheres Maß an Sicherheit verspreche, infolge der Wirtschafts- und Finanzkrise wieder lauter geworden sei. Zudem sei laut *Eberlein*, Besicherung von Gläubigermehrheiten, S. 76 mwN seit dem Ausschluss des einredefreien Erwerbs der Sicherungsgrundschuld durch das Risikobegrenzungsgesetz (Gesetz zur Begrenzung der mit Finanzinvestitionen verbundenen Risiken vom 18.08.2008, BGBl. I 2008, S. 1666) die Diskussion um eine „Wiederbelebung" der Hypothek bei der Besicherung von Krediten mit Grundpfandrechten aufgenommen worden. Den Nachweis eines Bedeutungsgewinns des Hypothekenrechts im rechtsgeschäftlichen Verkehr konnten aber auch diese Autoren nicht führen.

(3) Wirtschaftliche Bedeutung der Bürgschaft

Mit der Hereinnahme von Personalsicherheiten, die dem Sicherungsnehmer Zugriff auf das Vermögen des Sicherungsgebers gewähren, erhofft man sich – etwa bei Krediten an juristische Personen – in der Regel, dass sich die tatsächlich Handelnden bzw. diejenigen, die vom Geschäftserfolg profitieren, wegen der ihnen aufgrund persönlicher Haftung drohenden finanziellen Belastung dem Unternehmen und damit seiner Zahlungsfähigkeit bzw. -willigkeit noch mehr verpflichtet fühlen.[279] Personalsicherheiten sind deshalb auch in der Akquisitionsfinanzierung nicht wegzudenken.

Das Interesse des Kreditgebers an einer Kreditsicherung in Form einer selbständigen Verpflichtung, die also nicht wie die Bürgenschuld akzessorisch ausgestaltet ist, hat jedoch dazu beigetragen, dass heute vermehrt der Schuldbeitritt (Mithaftungserklärung) anstelle der Bürgschaft Verwendung findet.[280] Aus dem gleichen Grund haben auch Garantien und Patronatserklärungen vor allem im Bereich des internationalen Wirtschaftsverkehrs die Bürgschaft verdrängt.[281] Dies ändert jedoch nichts an der Tatsache, dass es sich bei der Bürgschaft noch immer um die meistverbreitete und wirtschaftlich bedeutsamste Form der persönlichen Sicherung handelt.[282] Zudem sind die für diese Untersuchung entscheidenden (höchstrichterlichen) Urteile weitestgehend zum Bürgschaftsrecht ergangen, so dass eine Untersuchung der Bürgschaft – selbst wenn es letztlich nur auf die Frage einer Übertragbarkeit der zum Bürgschaftsrecht geltenden Grundsätze ankommen wird – allein deshalb unerlässlich ist.

(4) Zwischenbefund

Sowohl wirtschaftliche als auch rechtspolitische Überlegungen zeigen, dass sich die akzessorischen Sicherungsrechte nicht immer von nicht akzessorischen Sicherungsrechten verdrängen bzw. ersetzen lassen. Wie dargelegt, würde die Bestellung kautelarischer Sicherheiten bezüglich bestimmter Vermögensgegenstände mehr Nach- als Vorteile bringen.[283] Entgegen landläufiger Meinung waren und sind akzessorische Sicherungsrechte deshalb ein wichtiger Bestandteil des Kreditsicherungsrechts.[284] Insbesondere spielen sie eine bedeutende Rolle, soweit

---

279 *Fischer*, in: FCH-Sicherheitenkompendium, Rdn. 174.

280 *Horn*, in: Staudinger, vor §§ 765-778, Rdn. 3.

281 *Hoffmann*, in: Langenbucher/Bliesener/Spindler, Bankrechts-Kommentar, 29. Kap., Rdn. 9 f.; *Horn*, in: Staudinger, vor §§ 765-778, Rdn. 3; *Schaffelhuber/Sölch*, in: Münchener Handbuch des Gesellschaftsrechts, Bd. 1, § 31, Rdn. 24.

282 *Nobbe*, in: Schimansky/Bunte/Lwowski, Bankrechts-Handbuch, § 91, Rdn. 1.

283 So auch *Von Bismarck*, Die Besicherung internationaler Konsortialkredite, § 4, Rdn. 38.

284 So auch *Bleifeld*, Akzessorische Kreditsicherheiten im Rahmen von syndizierten Krediten, S. 2.

es um die Bestellung von Pfandrechten an Gesellschaftsanteilen und Bankkonten geht.[285]

b. Nicht akzessorische Sicherheiten

Im Gegensatz zu den akzessorischen Sicherheiten stehen die nicht akzessorischen, abstrakten Sicherheiten. Dass sich eine derart weitgehende Abhängigkeit des Sicherungsmittels vom Sicherungsgegenstand wie bei den akzessorischen Sicherungsrechten bei den nicht akzessorischen Sicherheiten nicht finden lässt[286], bedeutet im Umkehrschluss nicht, dass bei letzteren keine Verknüpfung zwischen Sicherungsrecht und zu sichernder Forderung erfolgt.[287] Für die vorliegende Untersuchung gilt es diese Verknüpfung genauer zu untersuchen. Dabei wird im Folgenden – nach der begrifflichen Klärung – jedoch zunächst nur die Möglichkeit einer Verknüpfung mittels eines sog. „Akzessorietätsersatzes" untersucht.

i. Bedeutung der Nicht-Akzessorietät

Da die gesetzlich typisierten Kreditsicherungsrechte den Bedürfnissen der Wirtschaftspraxis teilweise nicht genügten oder nicht gerecht wurden[288], sind – wie bereits erwähnt – neben die vom Gesetzgeber vorgesehenen akzessorischen Sicherungsrechte heute noch weitere Sicherungsmittel getreten.[289] Diese sog. kautelarischen (häufig synonym auch fiduziarisch genannten) Sicherheiten[290] sind allesamt nicht akzessorisch ausgestaltet.[291]

Bei den kautelarischen Sicherheiten erfolgt eine Vollrechtsübertragung zum Zwecke der Sicherung einer Forderung, wobei der wirtschaftliche Zweck – wie bei den akzessorischen Sicherheiten – in der Ausnutzung des im Sicherungsgut verkörperten Wertes für Kreditzwecke zu sehen ist.[292] Die kautelarischen Sicherheiten bestehen unabhängig von Bestand, Umfang und Durchsetzbarkeit der zu sichernden Forderung.[293] Sie sind insbesondere nicht an Existenz und Höhe der

---

285 So auch *Schaffelhuber/Sölch*, in: Münchener Handbuch des Gesellschaftsrechts, Bd. 1, § 31, Rdn. 24.

286 So etwa *Lwowski*, in: Lwowski/Fischer/Gehrlein, Das Recht der Kreditsicherung, § 1, Rdn. 16.

287 *Schur*, JURA 2005, 361 (363).

288 Vgl. hierzu auch oben unter § 2 a. iv.

289 So etwa *Ganter*, in: Schimansky/Bunte/Lwowski, Bankrechts-Handbuch, § 90, Rdn. 41.

290 Siehe zu dieser Unterscheidung insb. *Bülow*, Recht der Kreditsicherheiten, Rdn. 21 ff.; *Ganter*, in: Schimansky/Bunte/Lwowski, Bankrechts-Handbuch, § 90, Rdn. 41.

291 Siehe etwa *Roth/Kieninger*, in: MüKoBGB, § 401, Rdn. 14.

292 *Scherber*, Probleme der fiduziarischen Kreditsicherung durch Dritte, S. 27.

293 *Lehmann*, in: Langenbucher/Bliesener/Spindler, Bankrechts-Kommentar, 24. Kap., Rdn. 32; *Röttger*, Kreditsicherungsrecht, S. 14.

gesicherten Forderung gebunden.[294] Durch eine teilweise oder vollständige Rückführung der gesicherten Forderung erlöschen oder vermindern sie sich deshalb auch nicht automatisch, sondern sind vom Sicherungsnehmer – d.h. der kreditgewährenden Bank – ausdrücklich freizugeben und entsprechend der auch für ihre Übertragung maßgeblichen Vorschriften wieder zurück zu übertragen.[295] Für den Sicherheitengläubiger hat dies den Vorteil, dass er trotz des Wegfalls der gesicherten Forderung zunächst einmal Inhaber der Sicherheit bleibt, er diese also länger in den Händen hält als dies bei einer akzessorischen Sicherheit der Fall wäre.[296] Im Gegensatz zu den akzessorischen Sicherheiten sind die kautelarischen Sicherheiten damit nicht unmittelbar und schicksalhaft an eine Forderung gebunden.[297]

Die fehlende unmittelbare Abhängigkeit zwischen gesicherter Forderung und dem Sicherungsmittel wird allgemein als Abstraktheit bezeichnet.[298] Der Begriff der Abstraktheit ist aber nicht so zu verstehen, wie er etwa im Verhältnis zwischen Verfügungsgeschäft und dessen Rechtsgrund, also dem Verhältnis des Sicherungsvertrages zur Bestellung der Sicherheit, verwandt wird.[299] In diesem Fall beschreibt der Begriff nur das allgemeine, auf dem Trennungsprinzip basierende Verhältnis von vertraglichem und dinglichem Geschäft, aber nicht die für das Kreditsicherungsrecht relevante Frage, wie eine Verknüpfung zwischen der Sicherheit und der zu sichernden Forderung, sprich dem Kredit, herzustellen ist.[300] Die kreditsicherungsrechtlich relevante Verknüpfung zwischen den beiden Komponenten ist daher ihrem Sinn nach präziser und zutreffender als „Nicht-Akzessorietät" zu bezeichnen.[301] Die Abstraktheit beschreibt demnach das Verhältnis zweier Rechtsgeschäfte, die Nicht-Akzessorietät das zweier Rechte".[302]

---

294 *Röttger*, Kreditsicherungsrecht, S. 12.

295 Dieser Rückgewähranspruch beruht auf einer entweder ausdrücklichen oder konkludenten Abrede im Sicherungsvertrag oder folgt – sollte es an einer solchen Abrede fehlen – aus den Vorschriften der §§ 812 ff. BGB (siehe zum Ganzen etwa *Röttger*, Kreditsicherungsrecht, S. 55 ff.).

296 *Bülow*, Recht der Kreditsicherheiten, Rdn. 31a; *Röttger*, Kreditsicherungsrecht, S. 14.

297 *Lwowski*, in: Lwowski/Fischer/Gehrlein, Das Recht der Kreditsicherung, § 1, Rdn. 17.

298 Siehe etwa *Bülow*, in: Ring/Grziwotz/Keukenschrijver, BGB, Sachenrecht, § 1225, Rdn. 7; *ders.*, Recht der Kreditsicherheiten, Rdn. 31b; *Lehmann*, in: Langenbucher/Bliesener/Spindler, Bankrechts-Kommentar, 24. Kap., Rdn. 32.

299 Siehe zum Begriff der „Abstraktion" in diesem Zusammenhang insbesondere *Eisenhardt*, Die Entwicklung des Abstraktionsprinzips im 20. Jahrhundert, in: Festschrift Kroeschell, S. 215 (215 ff.).

300 *Lehmann*, in: Langenbucher/Bliesener/Spindler, Bankrechts-Kommentar, 24. Kap., Rdn. 53; *Schnauder*, NJOZ 2010, 1663 (1665); siehe zum Ganzen auch *Bülow*, Recht der Kreditsicherheiten, Rdn. 31b.

301 Siehe zum Ganzen *Bülow*, Recht der Kreditsicherheiten, Rdn. 31b.

302 *Michel*, Überschießende Rechtsmacht als Problem abstrakter und nicht-akzessorischer Konstruktionen, S. 56.

Trotz immanenter Nicht-Akzessorietät erfolgt jedoch auch für die durch die Kautelarjurisprudenz entwickelten Sicherheiten eine Verknüpfung mit der zu sichernden Forderung, regelmäßig über eine Sicherungsabrede.[303] Dabei wird durch schuldrechtliche Vereinbarung des Sicherungszwecks und des Sicherungsumfangs eine rechtliche Verbindung zu dem abstrakten Sicherungsmittel hergestellt.[304] Die Abhängigkeit des abstrakten Sicherungsrechts von der zu sichernden Forderung wirkt aber auch dadurch nur mittelbar, da die Einflussnahme auf die Forderung eben auf die schuldrechtliche Ebene verlagert wird.[305] Da die Sicherungsabrede jederzeit und ohne weiteres änderbar ist, führt dies aber zu einer erheblich gesteigerten „Flexibilität" der abstrakten Sicherheiten.[306] Die Verknüpfung zwischen gesicherter Forderung und den kautelarischen Kreditsicherheiten ist damit erheblich weniger strikt als bei den akzessorischen Sicherheiten.[307]

ii. „Akzessorietätsersatz" für abstrakte Sicherheiten

Wo das Gesetz Akzessorietät anordnet, führt diese, wie festgestellt[308], zu einem besonderen Schutz des Sicherungsgebers, da durch die schicksalhafte Verbundenheit und den damit einhergehenden Gleichlauf von Sicherheit und zu sichernder Forderung gewährleistet wird, dass der Sicherungsgeber keinesfalls mehr leisten muss, als es das Sicherungsbedürfnis des Sicherungsnehmers erfordert.[309] Bei den abstrakten Sicherheiten hingegen ist der Zusammenhang zwischen Sicherungsrecht und gesicherter Forderung dadurch bestimmt, dass der Sicherungsnehmer die volle Rechtsinhaberschaft und damit eine Rechtstellung erwirbt, die über sein bloßes Sicherungsbedürfnis hinausgeht.[310] Der Rechtserfolg reicht weiter als sein Bedürfnis, denn Inhalt und Umfang des Sicherungsrechts gewähren mehr Befugnisse, als zur Sicherung der Forderung nötig wären.[311] Das Sicherungsbedürfnis des Sicherungsnehmers würde nämlich lediglich erfordern, sich für den Fall der

---

303 *Bülow*, Recht der Kreditsicherheiten, Rdn. 30; *Medicus*, JuS 1971, 497 (503); *Schur*, JURA 2005, 361 (361). – Zur Wirkungsweise der Sicherungsabrede siehe sogleich unten unter § 7 II.

304 *Otten*, in: Derleder/Knops/Bamberger, Dt. und Europ. Bank- und Kapitalmarktrecht, Bd. 1, § 25, Rdn. 1.

305 *Lwowski*, in: Lwowski/Fischer/Gehrlein, Das Recht der Kreditsicherung, § 1, Rdn. 17; *Pöggeler*, JA 2001, 65 (66).

306 *Bülow*, Recht der Kreditsicherheiten, Rdn. 26 ff.; *Lwowski*, in: Lwowski/Fischer/Gehrlein, § 2, Rdn. 16; *Von Bismarck*, Die Besicherung internationaler Konsortialkredite, § 4, Rdn. 37 mwN. – Siehe hierzu ausführlich unten unter § 9.

307 *Von Bismarck*, Die Besicherung internationaler Konsortialkredite, § 4, Rdn. 37.

308 Siehe oben unter § 5 III. 2.a. ii.

309 So auch *Bleifeld*, Akzessorische Kreditsicherheiten im Rahmen von syndizierten Krediten, S. 77.

310 *Lwowski*, in: Lwowski/Fischer/Gehrlein, Das Recht der Kreditsicherung, § 1, Rdn. 17; *Röttger*, Kreditsicherungsrecht, S. 15.

311 *Lwowski*, in: Lwowski/Fischer/Gehrlein, Das Recht der Kreditsicherung, § 1, Rdn. 17.

Zahlungsunwilligkeit oder -unfähigkeit aus der Sicherheit befriedigen zu können.[312] Die Akzessorietät, wie sie das Gesetz für die gesetzlich typisierten Kreditsicherheiten vorsieht, wäre gerade deshalb grundsätzlich für alle Sicherungsmittel gleichermaßen zweckmäßig.[313] Denn wie gezeigt steht dieses Prinzip im Kern paradigmatisch dafür, dass Sicherungsrechte ausschließlich zum Zweck der Sicherung und nur im Umfang der zu sichernden Kreditforderung entstehen bzw. bestehen.[314] Wenngleich aber bei den nicht akzessorischen Sicherheiten eine Verknüpfung der Sicherheit mit der zu sichernden Kreditforderung nicht durch das Akzessorietätsprinzip bewirkt wird bzw. werden kann, so erfolgt für diese eine Verknüpfung jedoch regelmäßig über eine Sicherungsabrede. Der Akzessorietätsgrundsatz und die Sicherungsabrede sind deshalb „die beiden *Modi* der Verknüpfung von gesicherter Forderung und sicherndem Recht".[315] Damit drängt sich zugleich aber die Frage nach der Wirkungsweise einer solchen Sicherungsabrede auf – konkret die Frage, ob die Sicherungsabrede sogar einen adäquaten „Akzessorietätsersatz" zu erzielen in der Lage ist.[316] Diese Frage soll jedoch erst an späterer Stelle geklärt werden.[317] An dieser Stelle soll mit der Frage nach einem „Akzessorietätsersatz" zunächst untersucht werden, ob sich weitere rechtstechnische Gestaltungsmöglichkeiten finden lassen, um eine der Akzessorietät vergleichbare Wirkung zu erzielen.

(1) Unzulässigkeit der rechtsgeschäftlichen Vereinbarung von Akzessorietät

Wie die Akzessorietät nicht durch Verzicht beseitigt werden kann[318], so wurde inzwischen auch die Möglichkeit, Akzessorietät durch Rechtsgeschäft zu begründen, – wie sich zeigen wird zu Recht – allgemein abgelehnt. Entsprechende Überlegungen wurden überhaupt erst durch ein Urteil des BGH aus dem Jahre 1981[319] herausgefordert, welches die Frage nach der Akzessorietät der Sicherungsübertragung aufwarf. Der BGH hatte über die Wirksamkeit einer Sicherungszession bei Nichtentstehen des gesicherten Darlehensrückzahlungsanspruches aus § 607 BGB

312 *Röttger*, Kreditsicherungsrecht, S. 15 sowie *Gaul*, Neue „Verdinglichungs"-Tendenzen zur Rechtsstellung des Sicherungsgebers bei der Sicherungsübereignung, in: Festschrift Serick, S. 105, der dies für die Sicherungsübereignung konkretisiert.

313 So auch *Medicus*, JuS 1971, 497 (503).

314 Vgl. *Becker-Eberhard*, Die Forderungsgebundenheit der Sicherungsrechte, S. 64; *Wiegand*, Akzessorietät und Spezialität, S. 35 (42).

315 *Gernhuber*, Bürgerliches Recht, S. 234.

316 Den Begriff des „Akzessorietätsersatzes" verwendend etwa *Medicus*, JuS 1971, 497 (503); *Pöggeler*, JA 2001, 65 (68).

317 Siehe unten unter § 7.

318 Siehe oben unter § 5 III. 2. a. iii. (1).

319 BGH, Urteil vom 23.09.1981 – VIII ZR 242/80 = NJW 1982, 275 (275 ff.).

wegen Nichtvalutierung eines Darlehens zu befinden.[320] Die Richter gingen in den Gründen zwar zunächst zutreffend davon aus, dass es sich bei der Sicherungsabtretung um ein abstraktes Verfügungsgeschäft handele. Weiter wurde dann aber ausgeführt, dass sich eine Abhängigkeit jedoch „aus dem wirtschaftlichen Zweck des Vertragswerkes und aus sonstigen Umständen“ ergeben könne.[321] Nach dieser Auffassung des BGH sollte aus dem Sicherungszweck eine Wirksamkeitsverknüpfung beider Rechte abzuleiten sein, das Sicherungsrecht sollte eben nur dann entstanden sein, wenn auch das zu sichernde Recht entstanden war.[322] Dieses Abhängigkeitsverhältnis verkörpert indes einen eigentümlichen Gedanken des Akzessorietätsprinzips.[323]

Die Auffassung des BGH von der „Akzessorietät“ der zur Kreditsicherung zedierten Forderung wurde umfassender Kritik unterzogen.[324] Diese bemängelte, dass das Urteil einerseits auf einer Vermengung der Begriffe Abstraktheit und Akzessorietät beruhe und andererseits aber auch nicht mit der gebotenen Klarheit zwischen parteiautonomer Befugnis und der Disposition der Parteien entzogenen gesetzlichen Prinzipien trenne.[325] Dem ist zuzustimmen. Wo es um Fragen wie Rechtsgrund, Verfügungsgeschäft, Akzessorietät und Kausalität geht, sind schon wegen des grundlegenden Abstraktionsprinzips an die Differenziertheit und begriffliche Trennungsschärfe besonders strenge Maßstäbe anzulegen.[326] Wie der BGH wohl verkannte, verhindert das Abstraktionsprinzip gerade unmittelbare Auswirkungen auf den Bestand des zur Sicherheit übertragenen Rechts. Das Grundverhältnis (hier: das Darlehensschuldverhältnis), auch wenn es die Ursache für die Sicherheitenbestellung sein mag, ist nicht einmal *causa* (Rechtsgrund) der Sicherungsübertragung (Rechtsgrund und Kausalgeschäft ist vielmehr der Sicherheitenvertrag), so dass Veränderungen im Darlehensschuldverhältnis den Bestand des übertragenen Rechts als zwingende Folge gar nicht berühren können.[327] Die Sicherungsübertragung ist also als abstraktes Verfügungsgeschäft kausalunabhängig, d.h., sie teilt nicht von vornherein und in jeder Hinsicht – *ipso iure* – das

320 Siehe BGH, Urteil vom 23.09.1981 – VIII ZR 242/80 = NJW 1982, 275 (275 ff.) zum Sachverhalt.

321 BGH, Urteil vom 23.09.1981 – VIII ZR 242/80 = NJW 1982, 275 (276).

322 *Buchholz*, Jura 1990, 300 (300).

323 Siehe hierzu oben unter § 5 III 2. a. ii.

324 *Gaul*, Neue „Verdinglichungs“-Tendenzen zur Rechtsstellung des Sicherungsgebers bei der Sicherungsübereignung, in: Festschrift Serick, S. 109 f.; *Jauernig*, NJW 1982, 268 (268 ff.); *Michel*, Überschießende Rechtsmacht als Problem abstrakter und nicht-akzessorischer Konstruktionen, S. 122 ff.; *Wiegand*, in: Staudinger, Anh. zu §§ 929 – 931, Rdn. 187; differenzierend *Schmidt*, Zur Akzessorietätsdiskussion bei Sicherungsübereignung und Sicherungsabtretung, in: Festschrift Serick, S. 329 ff.; *Tiedtke*, DB 1982, 1709 (1709 ff.).

325 Statt vieler *Wiegand*, in: Staudinger, Anh. zu §§ 929 – 931, Rdn. 187 mwN.

326 *Buchholz*, Jura 1990, 300 (300).

327 Statt vieler *Bülow*, Recht der Kreditsicherheiten, Rdn. 30.

rechtliche Schicksal des Grundgeschäfts.[328] Da das Urteil die Systematik der kautelarischen Sicherheiten völlig verzerre und deren dogmatische Grundlagen schwer belaste, wurde gefordert, das „Fehlurteil" nicht fortzuschleppen, sondern schnellstmöglich zu berichtigen.[329] Zudem wurde betont, dass die genannten Erwägungen des BGH nicht nur für die Sicherungszession Bedeutung hätten, vielmehr müssten sie konsequenterweise für Sicherungsübertragungen schlechthin (also auch für Sicherungsübereignung und Sicherungsgrundschuld) gelten.[330] Darin bestand die eigentliche Bedeutung der Entscheidung, denn bald darauf kündigten einzelne Beiträge etwa eine gleichförmige Akzessorietät der Sicherungsabtretung und Sicherungsübereignung an – in oftmals ebenso dogmatisch unsauberer Argumentationsweise wie der BGH.[331] Die Diskussion um eine „rechtsgeschäftliche Akzessorietätsbegründung" kam damit endgültig ins Rollen.

Sie fand mit einem Urteil des BGH vom 30.10.1990[332] jedoch alsbald ein jähes Ende. Was die Sicherungsübereignung anbelangt, so hat der BGH in dieser Entscheidung „die selbständige, nicht akzessorische Rechtsnatur der Sicherungsübereignung" für die Rechtsprechung klargestellt und die Ansicht der Vorinstanz, die „eine allgemeine automatische Verknüpfung zwischen Sicherungsübereignung und gesicherter Forderung angenommen hat" als rechtsirrtümlich abgetan.[333] Der BGH setzte sich damit eindeutig in Widerspruch zu seiner Entscheidung aus dem Jahre 1981. Auch in der neueren Literatur lassen sich seither keine Stimmen mehr hören, die die Auffassung vertreten, für abstrakte Kreditsicherheiten könne Akzessorietät durch rechtsgeschäftliche Vereinbarung begründet werden.[334] Daraus ergibt sich als Zwischenergebnis, dass die Akzessorietät von Sicherungsrechten der Disposition der Beteiligten entzogen ist.[335] Wo Akzessorietät im Sinne des

328 *Bülow*, Recht der Kreditsicherheiten, Rdn. 30; *Schmidt*, Zur Akzessorietätsdiskussion bei Sicherungsübereignung und Sicherungsabtretung, in: Festschrift Serick, S. 334.

329 *Serick*, EWiR 1991, 147 (148).

330 *Jauernig*, NJW 1982, 268 (270).

331 Siehe etwa *Bähr*, NJW 1983, 1473 (1473ff.); *Pulina*, NJW 1984, 2872 (2872 ff.); *Thoma*, NJW 1984, 1162 (1162 ff.).

332 BGH, Urteil vom 30.10.1990 – IX ZR 9/90 = NJW 1991, 353 (353 f.).

333 BGH, Urteil vom 30.10.1990 – IX ZR 9/90 = NJW 1991, 353 (353 f.); ausführlich dazu *Schmidt*, Zur Akzessorietätsdiskussion bei Sicherungsübereignung und Sicherungsabtretung, in: Festschrift Serick, S. 329 ff.

334 Die Unzulässigkeit einer rechtsgeschäftlichen Vereinbarung von Akzessorietät gilt vielmehr gemeinhin als so selbstverständlich, dass dies teilweise schlicht vorausgesetzt wird (so etwa *Medicus*, JuS 1971, 497 (503), für den kautelarischen Sicherheiten „von Haus aus die Akzessorietät" fehlt; *Pöggeler*, JA 2001, 65 (68); *Schur*, Jura 2005, 361 (363); *Baur/Stürner*, Sachenrecht, § 57 B II, Rdn. 10) und nur gelegentlich ausdrücklich angesprochen wird (so etwa *Jauernig*, NJW 1982, 268 (270); *Wiegand*, in: Staudinger, Anh. Zu §§ 929 – 931, Rdn. 189).

335 So auch *Wiegand*, in: Staudinger, Anh. zu §§ 929-931, Rdn. 190; *Schmidt*, Zur Akzessorietätsdiskussion bei Sicherungsübereignung und Sicherungsabtretung, in: Festschrift Serick, S. 331.

gesetzlich geregelten Rechtsinstituts nicht vom Gesetz vorgeschrieben wird, da kann sie auch nicht durch vertragliche Abreden herbeigeführt werden.[336]

(2) Die Bedingung i.S. der §§ 158 ff. BGB als „Akzessorietätsersatz"

Wenn Akzessorietät selbst sich nicht rechtsgeschäftlich begründen lässt, die Parteien aber dennoch die Zuordnung abstrakter Sicherungsrechte mit der Existenz anderer Rechte verknüpft wissen wollen, kann dies mit Hilfe rechtsgeschäftlicher Gestaltungsmöglichkeiten geschehen.[337] Es handelt sich bei diesen „Ersatzlösungen" um „Maßnahmen, die zwar nicht Akzessorietät als solche, wohl aber einzelne der mit ihr verbundenen unmittelbaren und selbstständigen Einwirkungen der Forderung auf das Sicherungsrecht auf anderen Wegen, eben mit den Mitteln des Akzessorietätsersatzes, herbeiführen".[338]

Das wohl am weitesten verbreitete und wichtigste Mittel zum Akzessorietätsersatz besteht darin, die Sicherheitenbestellung durch entsprechende Bedingungen (§§ 158 ff. BGB) in ihrem Bestand von der Existenz der gesicherten Forderung abhängig zu machen.[339] Zu eignen scheinen sich hierfür zwei Bedingungen: als aufschiebende Bedingung das Entstehen der Forderung und als auflösende Bedingung ihre Tilgung.[340] Damit wird erreicht, dass die Bestellung des Sicherungsrechts zum einen erst mit dem Entstehen der zu sichernden Forderung wirksam wird und zum anderen automatisch ihre Wirksamkeit durch Tilgung der Forderung wieder verliert, also die Wirkung des dinglichen Geschäfts gem. § 158 Abs. 2 BGB endet und der frühere Rechtszustand wieder eintritt, das als Sicherheit hingegebene Recht somit wieder an den Sicherungsgeber zurückfällt, wenn der gesicherte Kredit zurückgeführt wird.[341] Auch wenn durch die Anwendung des Instituts der Bedingungen die prinzipielle Ausgangslage bei den nicht akzessorischen Sicherheiten unangetastet bleibt, das Sicherungsrecht also nach wie vor im Grunde selbständig bleibt und die Sicherungsnehmer im Außenverhältnis grundsätzlich unbeschränkte Rechtsinhaberschaft besitzen, wird so bewirkt, dass sich die nicht akzessorischen Sicherungsrechte ebenso wie akzessorische unmittelbar dem Sicherungszweck konform verhalten und Veränderungen bei der Forderung automatisch vollziehen.[342] Sieht man von den durch die unterschiedliche Struktur von

---

336 Statt vieler *Jauernig*, NJW 1982, 268 (268 ff.).

337 *Bülow*, Recht der Kreditsicherheiten, Rdn. 1180; *Michel*, Überschießende Rechtsmacht als Problem abstrakter und nicht-akzessorischer Konstruktionen, S. 128; *Pöggeler*, JA 2001, 65 (68); *Wiegand*, in: Staudinger, Anh. zu §§ 929 – 931, Rdn. 189.

338 *Becker-Eberhard*, Die Forderungsgebundenheit der Sicherungsrechte, S. 77.

339 *Becker-Eberhard*, Die Forderungsgebundenheit der Sicherungsrechte, S. 78.

340 *Medicus*, JuS 1971, 497 (504); *Pöggeler*, JA 2001, 65 (68); *Wiegand*, in: Staudinger, Anh. zu §§ 929-931, Rdn. 196.

341 *Becker-Eberhard*, Die Forderungsgebundenheit der Sicherungsrechte, S. 78; *Bülow*, Recht der Kreditsicherheiten, Rdn. 30; *Pöggeler*, JA 2001, 65 (68); *Röttger*, Kreditsicherungsrecht, S. 15.

342 *Becker-Eberhard*, Die Forderungsgebundenheit der Sicherungsrechte, S. 77.

akzessorischen und nicht akzessorischen Sicherheiten verursachten Abweichungen also einmal ab, so kann hier mittels der Bedingung weitgehend dasselbe erzielt werden, was auch das Akzessorietätsprinzip verspricht.[343]

Jedoch wirkt sich diese Maßnahme nicht bei allen im Zusammenhang mit der Abwicklung des konkreten Sicherungsverhältnisses eintretenden Veränderungen gleichermaßen aus, kann sich das Sicherungsrecht also nicht jedem Wandel der Forderung anpassen. Gemeint ist damit, dass sich die Wirkungen der Bedingungen als Akzessorietätsersatzmittel auf die Situation des Entstehens bzw. Erlöschens der Forderung beschränken, während es nach wie vor hinsichtlich der inhaltlichen Ausgestaltung des Sicherungsrechts an einer unmittelbaren Beeinflussungsmöglichkeit durch den jeweiligen Bestand der Forderung fehlt.[344]

Zu berücksichtigen ist außerdem, dass die Frage nach der Bedingtheit einer abstrakten Sicherung regelmäßig überhaupt nur dann an Bedeutung gewinnt, wenn sie sich auch ohne entsprechende Erklärung der Beteiligten in die Vereinbarung über die Sicherheitenbestellung hinein interpretieren lässt. In der Bankenpraxis sind sowohl in individualvertraglichen wie auch in vorformulierten Vereinbarungen ausdrückliche Regelungen, wonach abstrakte Sicherungsrechte von den Parteien bewusst bedingt gestaltet werden sollen, nämlich selten.[345] Ein unmittelbares Problem der Rechtspraxis war deshalb die Überlegung, ob bei Stillschweigen eines Sicherungsvertrages die abstrakte Sicherung für Bankkredite eine unbedingte oder eine bedingte wäre.[346] Die ganz überwiegende Literaturmeinung ist mittlerweile in Übereinstimmung mit der Rechtsprechung der Ansicht, dass in der abstrakten Sicherungsabrede eine Bedingung nur dann angenommen werden kann, wenn die Parteien diese ausdrücklich vereinbart haben.[347] Eine Vermutung, dass abstrakte Sicherheiten auflösend bedingt bestellt werden, gibt es somit nicht.[348] Als tragendes Argument gegen die stillschweigende Annahme einer bedingten Sicherheitenbestellung wird die Interessenlage angeführt.[349]

---

343 *Wiegand*, in: Staudinger, Anh. zu §§ 929-931, Rdn. 197.

344 Zum Ganzen *Becker-Eberhard*, Die Forderungsgebundenheit der Sicherungsrechte, S. 77 f.

345 Zum Ganzen auch *Wiegand*, in: Staudinger, Anh. zu §§ 929-931, Rdn. 198 mwN.

346 *Schmidt*, Zur Akzessorietätsdiskussion bei Sicherungsübereignung und Sicherungsabtretung, in: Festschrift Serick, S. 341.

347 Siehe etwa BGH, Urteil vom 13.01.1994 – IX ZR 79/93 = NJW 1994, 864 (865); BGH, Urteil vom 02.02.1984 – IX ZR 8/83 = NJW 1984, 1184 (1185 f.); *Wiegand*, in: Staudinger, Anh. zu §§ 929-931, Rdn. 198 mwN.

348 *Röttger*, Kreditsicherungsrecht, S. 15.

349 Siehe zu den tragenden Argumenten gegen die stillschweigende Annahme einer bedingten Sicherheitenbestellung ausführlich *Pöggeler*, JA 2001, 65 (69); *Schmidt*, Zur Akzessorietätsdiskussion bei Sicherungsübereignung und Sicherungsabtretung, in: Festschrift Serick, S. 339 ff; *Wiegand*, in: Staudinger, Anh. zu §§ 929-931, Rdn. 201 ff.

(3) Zwischenergebnis

Da sich, wie gezeigt, für abstrakte Kreditsicherheiten Akzessorietät nicht per Rechtsgeschäft herstellen lässt und auch das Rechtsinstitut der aufschiebenden und auflösenden Bedingung in der Praxis – mangels Praktikabilität und regelmäßig mangels ausdrücklicher Vereinbarung – kein adäquates „Akzessorietätsersatzmittel“ darstellt, bleibt der Umstand, dass die abstrakten Sicherheiten in Entstehung und Bestand unabhängig vom Bestand der gesicherten Forderung sind, für das weitere Verständnis der abstrakten Sicherheiten zunächst von zentraler Bedeutung. Da, wo Akzessorietät nicht vom Gesetzgeber ausdrücklich vorgesehen ist, soll sie auch nicht durch rechtsgeschäftliche Vereinbarung oder mit Hilfe sonstiger rechtsgeschäftlicher Gestaltungsmöglichkeiten begründet werden können. Wenngleich sich daher eine so weitgehende Abhängigkeit des Sicherungsmittels vom Sicherungsgegenstand wie bei den akzessorischen Sicherungsrechten bei den abstrakten Sicherheiten nicht finden lässt, bedeutet dies in der Regel im Umkehrschluss jedoch nicht, dass bei den nicht akzessorischen Rechten das Sicherungsrecht und die gesicherte Forderung völlig losgelöst voneinander bestehen. Darauf, dass es zu einer Verknüpfung der beiden zunächst unabhängig voneinander zu betrachtenden Ebenen des Sicherungsmittels und der zu sichernden Forderung mittels einer Sicherungsabrede kommen kann, soll jedoch erst an späterer Stelle eingegangen werden.[350]

c. Relevanz der Unterscheidung

Die Unterscheidung akzessorischer und nicht akzessorischer Sicherheiten ist bedeutsam für die nähere Beschreibung des Verhältnisses von Sicherungsmittel und gesicherter Forderung.[351] Bürgschaft und Pfandrecht sind als akzessorische Sicherheiten gem. §§ 765, 1204 BGB in Entstehung, Bestand und Umfang von der gesicherten Forderung abhängig. Nicht akzessorische Sicherheiten sind hingegen grundsätzlich unabhängig von einer gesicherten Forderung. Diese Rechtsgestaltung birgt erhebliche Vorteile.[352] Dies gilt insbesondere im Hinblick auf die Flexibilität nicht akzessorischer Sicherheiten. Anders als die akzessorischen ermöglichen sie es grundsätzlich nämlich, Kredite in wechselnder Höhe oder gar wechselnde Kredite zu besichern.[353] Da die nicht akzessorischen Sicherheiten nicht an Höhe und Existenz der gesicherten Forderung gebunden sind, erlischt oder vermindert sich ihr Haftungsumfang nicht automatisch durch die vollständige oder teilweise Rückführung der gesicherten Forderung, sondern sie sind von

---

350 Siehe unten § 7.

351 *Lehmann*, in: Langenbucher/Bliesener/Spindler, Bankrechts-Kommentar, 24. Kap., Rdn. 30.

352 *Röttger*, Kreditsicherungsrecht, S. 15.

353 *Kümpel/Wittig*, Bank- und Kapitalmarktrecht, Rdn. 12.328; *Schmalenbach*, in: Eilers/Rödding/Schmalenbach, Unternehmensfinanzierung, Kap. C., Rdn. 74.

der kreditgewährenden Bank ausdrücklich freizugeben und entsprechend den für ihre Übertragung maßgeblichen Vorschriften (teilweise) zurück zu gewähren.[354] Erst durch eine zwischen den Parteien getroffene – im Folgenden noch näher zu untersuchende – Sicherungsvereinbarung kommt es bei den nicht akzessorischen Sicherheiten zu einer Verknüpfung der zunächst einmal unabhängigen Ebenen der Sicherheit und der gesicherten Forderung.[355] Wie sich die Beständigkeit nicht akzessorischer Sicherheiten danach bei einem „Wandel der Hauptschuld" verhält und wie sich dies im Gegensatz dazu bei akzessorischen Sicherheiten darstellt, wird – als einer der wesentlichen Punkte dieser Arbeit – erst an späterer Stelle besprochen.[356]

3. Eigen- und Drittsicherheiten

In der Akquisitionsfinanzierung erfolgt die Besicherung der Kredite, wie bereits festgestellt[357], regelmäßig ausschließlich durch das zum Erwerb des Unternehmens bzw. der Unternehmensgruppe gegründete *SPV* und die vom *SPV* zu erwerbende Zielgesellschaft. Die Fremdfinanzierungsmittel werden in der Regel – je nach Zweck der unterschiedlichen Fazilitäten – sowohl an das *SPV* als auch (so häufig im Fall der Betriebsmittelkreditlinie) an das *Target* ausgereicht.[358] Im Interesse der Banken sollten die Sicherheiten alle ihre Verbindlichkeiten aus und im Zusammenhang mit den Krediten besichern. Das bedeutet, dass das *SPV* und das *Target* jeweils nicht nur eigene, sondern auch fremde Verbindlichkeiten besichern.[359] Zudem werden gegebenenfalls auch von den wesentlichen Gruppengesellschaften des *Targets* Sicherheiten bestellt.[360] Eine Differenzierung nach Eigen- und Drittsicherheiten wird deshalb relevant.

a. Die Begriffe

Ob man von einer Eigen- oder einer Drittsicherheit spricht, hängt von der Personenidentität bzw. -verschiedenheit von persönlichem Schuldner (Kreditnehmer) und Sicherungsgeber ab. Um eine Eigensicherheit handelt es sich, wenn der Kreditnehmer, d.h. der persönliche Schuldner selbst, der Bank eine Sicherheit

---

354 *Röttger*, Kreditsicherungsrecht, S. 13 f.; *Schmalenbach*, in: Eilers/Rödding/Schmalenbach, Unternehmensfinanzierung, Kap. C., Rdn. 74.

355 *Schur*, Jura 2005, 361 (363 f.) sowie unten unter § 6.

356 Siehe hierzu unten unter § 9.

357 Siehe hierzu oben unter § 5 III. 2. iv. (1).

358 Siehe hierzu oben unter § 4.

359 Zum Ganzen *Diem*, Akquisitionsfinanzierungen, § 41, Rdn. 8.

360 *Diem*, Akquisitionsfinanzierungen, § 41, Rdn. 6; *Knepper*, in: Meyer-Sparenberg/Jäckle, Beck'sches M&A-Handbuch, § 17, Rdn. 8. – Siehe zu den typischen Sicherheiten im Rahmen der Akquisitionsfinanzierung ausführlich unten unter § 5 III. 4.

stellt.[361] Um eine Drittsicherheit handelt es sich hingegen, wenn eine Person, die nicht Vertragspartei des Kreditvertrages bzw. vom persönlichen Schuldner der Kreditforderung (Kreditnehmer) personenverschieden ist, eine Kreditsicherheit stellt.[362] Drittsicherheiten verfolgen dabei insbesondere den Zweck, der Bank bei Zahlungsunfähigkeit des Kreditgebers einen Dritten als zusätzlichen Schuldner zur Verfügung zu stellen.[363] In Betracht kommt eine Beteiligung Dritter sowohl am Personalsicherungsverhältnis (wenn etwa ein Dritter eine Bürgschaft oder Garantie übernimmt und damit als weiterer Schuldner neben den Hauptschuldner tritt) als auch im Realsicherungsverhältnis (wenn etwa ein Dritter, nicht der Kreditnehmer selbst, die dingliche Sicherung, z.B. die Grundschuld, stellt).[364]

b. Relevanz der Unterscheidung

An einem Sicherungsverhältnis sind stets mindestens zwei Personen – Kreditgeber und Kreditnehmer – beteiligt. Häufig kommt es jedoch von Beginn an oder zu einem späteren Zeitpunkt zum Hinzutreten (mehr oder weniger unbeteiligter) weiterer Personen. Dabei ist zu beachten, dass die Interessenlagen und Schutzbedürfnisse der einzelnen Beteiligten nicht immer parallel liegen, sondern häufig sogar diametral entgegen laufen.[365] Aufgrund der unterschiedlichen und teils gegenläufigen Interessen und Schutzbedürftigkeit von Eigen- und nicht direkt am Forderungsverhältnis beteiligten Drittsicherungsgebern ist eine diesbezügliche Differenzierung grundsätzlich und insbesondere auch für die vorliegende Untersuchung unerlässlich.

Konkret wird die Differenzierung zwischen eigenen Sicherheiten und Drittsicherheiten für die vorliegende Untersuchung insbesondere im Hinblick auf die Frage relevant, welche Kreditforderungen durch eine Sicherheit wirksam besichert werden können.[366] Das Auseinanderfallen von Hauptschuldner und Sicherungsgeber spielt dabei insbesondere für die Wirksamkeit von (weiten) Sicherungszweckvereinbarungen[367] eine entscheidende Rolle.[368] Wie im Folgenden noch zu zeigen sein wird, unterliegen (weite) Sicherungszweckvereinbarungen bei Drittsicherheiten einigen Beschränkungen.[369] Dies ist darauf zurückzuführen, dass der mit dem

---

361 Zum Ganzen *Lehmann*, in: Langenbucher/Bliesener/Spindler, Bankrechts-Kommentar, 24. Kap., Rdn. 34 f.; *Röttger*, Kreditsicherungsrecht, S. 19.

362 *Röttger*, Kreditsicherungsrecht, S. 19; *Rösler/Fischer*, BKR 2006, 50 (51).

363 *Bausch*, Die Kreditprüfung bei Kreditinstituten, S. 68.

364 *Bülow*, Recht der Kreditsicherheiten, Rdn. 54; *Lehmann*, in: Langenbucher/Bliesener/Spindler, Bankrechts-Kommentar, 24. Kap., Rdn. 36.

365 So auch *Rupp*, Grundpfandrechte zwischen Flexibilität und Schutz, S. 37.

366 *Röttger*, Kreditsicherungsrecht, S. 19.

367 Siehe zu den (weiten) Zweckerklärungen ausführlich unten unter § 7 III.

368 *Lehmann*, in: Langenbucher/Bliesener/Spindler, Bankrechts-Kommentar, 24. Kap., Rdn. 34; *Reinicke/Tiedtke*, Kreditsicherheiten, Rdn. 702; *Röttger*, Kreditsicherungsrecht, S. 19.

369 Siehe unten unter § 12.

persönlichen Schuldner, dem Kreditnehmer, nicht identische Drittsicherungsgeber im Vergleich zu dem mit dem Kreditnehmer identischen Eigensicherungsgeber schutzbedürftiger ist, da die Kreditaufnahme nicht in seinem Einflussbereich liegt und er damit das Risiko hinsichtlich der Besicherung gegenwärtiger Forderungen nicht ohne weiteres überschauen und für zukünftige Forderungen, mangels eigenverantwortlicher Entscheidung etwa über weitere Kreditaufnahmen, nicht beeinflussen oder vermeiden kann.[370] Aus diesen Erwägungen heraus folgt wiederum auch, dass die Schutzbedürftigkeit des Drittsicherungsgebers konsequenterweise entfällt, wenn der Drittsicherungsgeber und der Kreditnehmer – sei es persönlich oder wirtschaftlich – derart miteinander verbunden sind, dass das Risiko einer Kreditaufnahme oder -erweiterung vorhersehbar und vermeidbar wird.[371] Gemeint sind damit insbesondere die Fälle der Besicherung von Gesellschafterverbindlichkeiten. Da in der Akquisitionsfinanzierung Sicherheiten regelmäßig auch von den Tochtergesellschaften der Zielgesellschaft bestellt werden und möglicherweise auch zwischen der Erwerbs- und der Zielgesellschaft eine gewisse Verbundenheit besteht, wird hierauf im Folgenden noch näher einzugehen sein.

4. Typische Sicherheiten im Rahmen der Akquisitionsfinanzierung

Wie gezeigt, wird die vorstehende Kategorisierung auch bei der Besicherung in der Akquisitionsfinanzierung relevant. Das Sicherheitenpaket besteht hier regelmäßig aus Personal- und Realsicherheiten, akzessorischen und nicht akzessorischen Sicherheiten, Eigen- und Drittsicherheiten. Dies sind in der Regel die Folgenden:

a. Sicherheiten von Investoren

Im Rahmen von *LBO*-Finanzierungen mit Beteiligung von Finanzinvestoren werden Sicherheiten häufig nur von der Erwerbsgesellschaft und der Zielgesellschaft, jedoch nicht von den Finanzinvestoren (d.h. den Gesellschaftern der Erwerbsgesellschaft) als den eigentlichen Käufern bestellt.[372] Die Finanzinvestoren wollen so verhindern, dass eine in Schieflage geratene Beteiligung über eine durch sie gestellte Besicherung mittelbar auch andere ihrer Beteiligungen beeinträchtigt. Aus dem Investorenkreis werden Sicherheiten daher regelmäßig nur durch die eigens zum Erwerb der betreffenden Zielgesellschaft gegründete Erwerbsgesellschaft bestellt.[373] Dabei werden insbesondere Garantien durch die unmittelbaren

---

370 BGH, Urteil vom 20.03.2002 – IV ZR 93/01 = NJW 2002, 2710 (2711 f.); *Federlin*, in: Kümpel/Wittig, Bank- und Kapitalmarktrecht, Rdn. 12.104; *Rupp*, Grundpfandrechte zwischen Flexibilität und Schutz, S. 37.

371 Statt vieler *Federlin*, in: Kümpel/Wittig, Bank- und Kapitalmarktrecht, Rdn. 12.109.

372 *Diem*, Akquisitionsfinanzierungen, § 41, Rdn. 2; *Knepper*, in: Meyer-Sparenberg/Jäckle, Beck'sches M&A-Handbuch, § 17, Rdn. 6.

373 Siehe hierzu bereits oben unter § 3.

Gesellschafter der Erwerbsgesellschaft sowie Pfandrechte über die Anteile an der Erwerbsgesellschaft bestellt, die es den Banken im Falle einer Schieflage ermöglichen sollen, die Steuerung zu übernehmen.[374]

b. *Sicherheiten der Erwerbsgesellschaft*

Primär kommt als Sicherungsgeberin die Erwerbsgesellschaft in Betracht, die im Rahmen der Akquisition den größten Teil der Fremdfinanzierungsmittel aufnimmt.[375] Als reine Zweckgesellschaft verfügt sie jedoch über keine wesentlichen Vermögensgegenstände.[376] Einzig nennenswertes Vermögen ist die Beteiligung an der Zielgesellschaft, die in der Regel in Form einer Verpfändung der künftig zu erwerbenden Anteile als Voraussetzung für die erste Inanspruchnahme der Fremdfinanzierungsmittel eingesetzt werden muss. Daneben umfasst das Sicherheitenpaket auch die Verpfändung von Bankkonten sowie die Abtretung aller Ansprüche aus oder im Zusammenhang mit der Akquisitionstransaktion, insbesondere alle Ansprüche der Erwerbsgesellschaft gegen den Verkäufer aus dem Unternehmenskaufvertrag sowie alle Ansprüche der Erwerbsgesellschaft gegen die Ersteller der *Due Diligence*-Berichte sowie gegen im Zusammenhang mit der Akquisitionsfinanzierung beauftragte Berater.[377]

c. *Sicherheiten der Zielgesellschaft und ihrer Tochtergesellschaften*

Im Hinblick auf das Begehren der kreditgewährenden Banken, im Falle einer Schieflage der Akquisitionsfinanzierung, den *Exit* zu steuern, muss das Sicherheitenpaket möglichst umfassend sein und damit auch das gesamte Betriebsvermögen der Zielgesellschaft erfassen. Die von der Zielgesellschaft und gegebenenfalls ihren Tochtergesellschaften bestellten Sicherheiten umfassen deshalb regelmäßig eine Verpfändung der Gesellschaftsanteile der wesentlichen Gruppengesellschaften, Kontenverpfändungen, eine Sicherungsübereignung des gesamten beweglichen Anlagevermögens, Grundschulden, eine Sicherungsabtretung aller gewerblichen Schutzrechte und anderer Immaterialgüterrechte und eine Globalabtretung aller Forderungen gegen Versicherungen, aus Lieferungen und Leistungen sowie aller Forderungen aus Gesellschafterdarlehen (*Intra Group Loans*).[378]

---

374 Zum Ganzen *Knepper*, in: Meyer-Sparenberg/Jäckle, Beck'sches M&A-Handbuch, § 17, Rdn. 6.

375 *Knepper*, in: Meyer-Sparenberg/Jäckle, Beck'sches M&A-Handbuch, § 17, Rdn. 7.

376 *Diem*, Akquisitionsfinanzierungen, § 41, Rdn. 4.

377 Zum Ganzen *Diem*, Akquisitionsfinanzierungen, § 41, Rdn. 4; *Knepper*, in: Meyer-Sparenberg/Jäckle, Beck'sches M&A-Handbuch, § 17, Rdn. 7.

378 Zum Ganzen *Diem*, Akquisitionsfinanzierungen, § 41, Rdn. 6; *Knepper*, in: Meyer-Sparenberg/Jäckle, Beck'sches M&A-Handbuch, § 17, Rdn. 8.

2. Kapitel: Der Sicherungsvertrag und die Vereinbarung eines Sicherungszwecks

§ 6 Der Sicherungsvertrag

Grundlage einer jeden Sicherheitenbestellung ist bei nahezu allen Kreditsicherungsgeschäften, ungeachtet dessen, ob es sich um die Bestellung akzessorischer oder nicht akzessorischer Sicherheiten handelt, ein Sicherungsvertrag, in dem sich der Sicherungsgeber – entweder der persönliche Schuldner selbst oder ein Dritter – zur Bestellung der Sicherheit verpflichtet.[379] „Herzstück" des Sicherungsvertrages ist dabei die Festlegung eines Sicherungszwecks, also die Bestimmung, welche Forderungen durch die Bestellung der Sicherheit gesichert werden sollen.[380] Diese gilt es im Folgenden näher zu untersuchen.

379 Ein jeder Sicherungsvertrag beinhaltet regelmäßig: „(1.) die Verpflichtung des Sicherungsgebers zur Übertragung des Sicherungsguts auf den Sicherungsnehmer, (2.) die Pflicht beider Parteien zum schonenden Umgang mit dem Sicherungsgut, (3.) die Festlegung des Sicherungszwecks und der zu sichernden Forderung, (4.) die Pflicht zur Rückübertragung des Sicherungsguts nach Tilgung der gesicherten Forderung, (5.) das Recht des Sicherungsnehmers, das Sicherungsgut nach Eintritt des Sicherungsfalls zu verwerten, (6.) seine Verpflichtung, die Verwertung nicht vor dem Eintritt des Sicherungsfalls zu betreiben und (7.) im Falle der zulässigen Verwertung ein optimales Ergebnis zu erstreben, (8) über die Verwertung Auskunft zu erteilen und (9.) einen evtl. Verwertungsüberschuss herauszugeben" (*Pöggeler*, JA 2001, 65 (66) (Fn. 2)).

380 *Otten*, in: Derleder/Knops/ Bamberger, Dt. und Europ. Bank- und Kapitalmarktrecht, Bd. 1, § 25, Rdn. 4; *Lehmann*, in: Langenbucher/Bliesener/Spindler, Bankrechts-Kommentar, 24. Kap., Rdn. 67.

§ 7 Die Vereinbarung eines Sicherungszwecks – Bestimmung des Haftungsumfangs

Wesentliche Bedeutung für den Sicherungsvertrag – und für die vorliegende Untersuchung – hat die sog. Sicherungszweckerklärung, mit der die Parteien des Sicherungsvertrages bestimmen, welche Forderungen der Bank mit der Bestellung der Sicherheit gesichert werden sollen.[381]

I. Die Inhaltsbestimmung des Sicherungsvertrages nach dem Sicherungszweck

Die Sicherungszweckerklärung stellt den Teil des Sicherungsgeschäfts dar, der die „gesicherte Forderung" (oder auch eine Mehrzahl davon) festlegt.[382] Die in nahezu allen Sicherungsverträgen enthaltene Formulierung geht deshalb dahin, dass das jeweilige Sicherungsrecht „zur Sicherung" näher bezeichneter Forderungen eingeräumt werde.[383]

Eine Sicherungszweckerklärung ist sowohl bei akzessorischen als auch bei nicht akzessorischen Sicherheiten notwendig.[384] Ihre Bedeutung ist – wie nachfolgend zu zeigen sein wird – jeweils unterschiedlich.

II. Der Sicherungszweck und die (Nicht-)Akzessorietät

Sowohl akzessorische als auch nicht akzessorische Sicherheiten beruhen stets auf einer Zweckvereinbarung, die in der Kreditsicherungspraxis im Hinblick auf die zu sichernden Ansprüche grundsätzlich identisch ist und nicht nach der Rechtsnatur des jeweiligen Sicherungsrechts differenziert.[385] Was die Funktion

---

381 *Brünink*, in: Lwowski/Fischer/Gehrlein, Das Recht der Kreditsicherung, § 3, Rdn. 25; *Lehmann*, in: Langenbucher/Bliesener/Spindler, Bankrechts-Kommentar, 24. Kap., Rdn. 67; *Otten*, in: Derleder/Knops/Bamberger, Dt. und Europ. Bank- und Kapitalmarktrecht, Bd. 1, § 25, Rdn. 85; *Reinicke/Tiedtke*, Kreditsicherung, Rdn. 685; *Röttger*, Kreditsicherungsrecht, S. 21.

382 *Becker-Eberhard*, Die Forderungsgebundenheit der Sicherungsrechte, S. 84; *Brünink*, in: Lwowski/Fischer/Gehrlein, Das Recht der Kreditsicherung, § 3, Rdn. 25; *Bülow*, Recht der Kreditsicherheiten, Rdn. 60; *Lohmann*, Rechtsprobleme der Globalzweckerklärung, S. 4 f.; *Rösler/Fischer*, BKR 2006, 50 (50).

383 *Becker-Eberhard*, Die Forderungsgebundenheit der Sicherungsrechte, S. 84.

384 *Bornemann*, Zweckbestimmungsklauseln bei Sicherungsgeschäften, S. 20.

385 *Merkel*, in: Schimansky/Bunte/Lwowski, Bankrechts-Handbuch, § 93, Rdn. 218.

der Sicherungszweckvereinbarung anbelangt, ist mit der Akzessorietät jedoch eine Trennlinie zu den (jedenfalls) rechtstechnisch anders zu behandelnden nicht akzessorischen Sicherheiten zu ziehen.[386] In diesem Zusammenhang wird vor allem die Beschaffenheit der Verknüpfung von Sicherheit und Forderung bedeutend.[387]

Dabei ist den gesetzlich normierten akzessorischen Sicherheiten bereits „kraft ihrer institutionellen Ausgestaltung der Zweck der Sicherung einer Forderung immanent."[388] Die Benennung der zu sichernden Forderung(en) ist daher bei akzessorischen Sicherungsrechten konstitutiver Bestandteil einer wirksamen Sicherheitenbestellung. Der Bestand einer nach dem Willen der Sicherungsparteien zu sichernden Forderung ist Entstehungsvoraussetzung für das akzessorische Sicherungsrecht. Dieses muss deshalb stets zur Sicherung einer Forderung, mithin akzessorisch, bestellt werden.[389] Dies zeigt sich deutlich anhand vieler gesetzlicher Formulierungen, wie etwa der, dass sich der Bürge verpflichtet, „für die Erfüllung der Verbindlichkeit eines Dritten einzustehen" (§ 767 Abs. 1 BGB), oder dass bewegliche Sachen und Rechte „zur Sicherung einer Forderung" mit Pfandrechten belastet werden können (§§ 1204, 1273 Abs. 1 BGB).[390] Da das Akzessorietätsprinzip die Verknüpfung von Forderung und Sicherungsrecht – sofern gesetzlich nicht ausnahmsweise etwas anderes zugelassen ist – vollumfänglich regelt, bleibt bei akzessorischen Sicherheiten deshalb nur wenig Spielraum für eine eigene Ausgestaltung durch die Parteien.[391] Das „rechtliche Schicksal" akzessorischer Sicherungsrechte ist mit der zu sichernden Forderung automatisch und damit eng verknüpft.[392] Entstehung, Fortbestand und Umfang akzessorischer Kreditsicherheiten sind unmittelbar und – sofern es sich um dingliche Sicherheiten handelt – mit dinglicher Wirkung von Entstehung, Fortbestand und Umfang der in Bezug genommenen Forderung abhängig.[393] Dementsprechend kommt dem Sicherungsvertrag bzw. der darin enthaltenen Sicherungszweckvereinbarung bei akzessorischen Sicherheiten bezüglich der Ausgestaltung des Sicherungsverhältnisses keine eigenständige Bedeutung zu.[394] Mit der Sicherungszweckvereinbarung wird hier allein der zu sichernde Forderungskreis festgelegt.[395]

---

386 *Medicus*, JuS 1971, 497 (502).

387 *Von Bismarck*, Die Besicherung internationaler Konsortialkredite, § 4, Rdn. 33.

388 *Becker-Eberhard*, Die Forderungsgebundenheit der Sicherungsrechte, S. 255.

389 Vgl. zum Ganzen *Merkel*, in: Schimansky/Bunte/Lwowski, Bankrechts-Handbuch, § 93, Rdn. 217, der dies anhand des Pfandrechts konkretisiert.

390 Für weitere Beispiele siehe *Becker-Eberhard*, Die Forderungsgebundenheit der Sicherungsrechte, S. 255.

391 So auch *Rupp*, Grundpfandrechte zwischen Flexibilität und Schutz, S. 61.

392 *Von Bismarck*, Die Besicherung internationaler Konsortialkredite, § 4, Rdn. 34.

393 *Alexander*, JuS 2012, 481 (481); *Habersack*, JZ 1997, 857 (862).

394 *Bülow*, Recht der Kreditsicherheiten, Rdn. 155; *Rupp*, Grundpfandrechte zwischen Flexibilität und Schutz, S. 61.

395 *Bornemann*, Zweckbestimmungsklauseln bei Sicherungsgeschäften, S. 21.

Bei den nicht akzessorischen Sicherheiten kommt der Zweckerklärung hingegen eine besondere Bedeutung zu. Bei diesen Sicherungsrechten handelt es sich, wie bereits gezeigt, um gesetzlich geregelte Rechtsinstitute, die ursprünglich nicht als Kreditsicherheiten gedacht waren, die von der Kautelarjurisprudenz aber durch vertragliche Zusatzvereinbarungen zu Sicherungszwecken umfunktioniert wurden.[396] Sie sind in Entstehung, Fortbestand und Umfang von einer zugrundeliegenden Forderung unabhängig.[397] Die Bank als Sicherungsnehmer wird Vollrechtsinhaber der Sicherheit. Trotz der Vollrechtsinhaberschaft hat sie aber die Interessen des Sicherungsgebers zu wahren und ist somit zumindest auf eine fiduziarische, d.h. treuhänderische, Rechtsinhaberschaft beschränkt.[398] Die rechtliche Verbindung einer oder mehrerer Forderungen zu dem abstrakten Sicherungsmittel kann allein durch schuldrechtliche Vereinbarung des Sicherungszwecks und -umfangs hergestellt werden.[399] Die zu sichernde Forderung wird Gegenstand der Zweckvereinbarung; Veränderungen der Forderung(en) wirken nur mittels der Zwecksetzung des Sicherungsvertrages auf das Sicherungsverhältnis ein.[400] Die Einflussnahme auf die gesicherte Forderung, wie sie bei den akzessorischen Sicherheiten durch die strenge Akzessorietät erfolgt, wird hier mithin auf die schuldrechtliche Ebene verlagert.[401] Im Sicherungsvertrag manifestiert sich damit das „Wesen der fiduziarischen Sicherheit".[402] Denn über die Festlegung des Sicherungszwecks und -umfangs hinaus hat dieser bei der Bestellung nicht akzessorischer Sicherheiten grundlegende Bedeutung für die Frage des Eintritts des Sicherungsfalls beziehungsweise der Voraussetzungen eines Wegfalls des Sicherungszwecks mit den daraus resultierenden Folgen, namentlich dem Anspruch des Sicherungsgebers auf Rückübertragung der Sicherheit nach ordnungsgemäßer Tilgung der gesicherten Forderung.[403] Mit der Verlagerung der Einflussnahme auf die schuldrechtliche Ebene wirkt die Abhängigkeit des abstrakten Sicherungsrechts von der zu sichernden Forderung aber nur mittelbar.[404] Da die schuldrechtliche Abhängigkeit in Form

---

396 Siehe hierzu bereits oben unter § 5 III. 1. b. und § 5 III 2. b.

397 *Lehmann*, in: Langenbucher/Bliesener/Spindler, Bankrechts-Kommentar, 24. Kap., Rdn. 32.

398 Zum Ganzen *Röttger*, Kreditsicherungsrecht, S. 14 f.

399 *Otten*, in: Derleder/Knops/Bamberger, Dt. und Europ. Bank- und Kapitalmarktrecht, Bd. 1, § 25, Rdn. 1; *Pöggeler*, JA 2001, 65 (66); *Rösler/Fischer*, BKR 2006, 50 (50); *Von Bismarck*, Die Besicherung internationaler Konsortialkredite, § 4, Rdn. 37, 65.

400 *Scherber*, Probleme der fiduziarischen Kreditsicherung durch Dritte, S. 28.

401 *Lwowski*, in: Lwowski/Fischer/Gehrlein, Das Recht der Kreditsicherung, § 1, Rdn. 17; *Pöggeler*, JA 2001, 65 (66); *Scherber*, Probleme der fiduziarischen Kreditsicherung durch Dritte, S. 28.

402 *Scherber*, Probleme der fiduziarischen Kreditsicherung durch Dritte, S. 27.

403 *Bülow*, Recht der Kreditsicherheiten, Rdn. 155; *Scherber*, Probleme der fiduziarischen Kreditsicherung durch Dritte, S. 27 f.

404 *Lwowski*, in: Lwowski/Fischer/Gehrlein, Das Recht der Kreditsicherung, § 1, Rdn. 17; *Lwowski*, in: Lwowski/Fischer/Gehrlein, § 2, Rdn. 16; *Pöggeler*, JA 2001, 65 (66).

der Sicherungszweckvereinbarung jederzeit und ohne weiteres abänderbar ist, führt dies zu einer erheblich gesteigerten „Flexibilität" der abstrakten Sicherheiten.[405] Bei den nicht akzessorischen Kreditsicherheiten ist die Verknüpfung mit der gesicherten Forderung damit weitaus weniger strikt.[406] Darauf wird noch vertieft einzugehen sein.[407]

Zusammenfassend bleibt damit festzuhalten, dass sich mit dem Akzessorietätsprinzip und der Sicherungszweckvereinbarung bei abstrakten Sicherheiten zwei unterschiedliche Mechanismen zur Verknüpfung von Kreditsicherheit und Forderung gegenüber stehen.[408] Obwohl es zwar in der Natur der Sache liegt, dass Kreditsicherheiten eine gewisse Abhängigkeit zur gesicherten Forderung aufweisen, unterscheidet sich der Grad dieser Abhängigkeit maßgeblich.[409] Bei akzessorischen Sicherheiten wird mit der Sicherungszweckvereinbarung allein der zu sichernde Forderungskreis festgelegt. Die Verknüpfung von Sicherheit und zu sichernder Forderung(en) ergibt sich hier aus der Natur des Sicherungsmittels, d.h. aus der Akzessorietät, selbst.[410] Während bei akzessorischen Sicherheiten also eine automatische Verknüpfung besteht, verbindet bei nicht akzessorischen Sicherheiten erst die Vereinbarung eines Sicherungszwecks die Kreditsicherheit mit einer oder mehreren Forderungen und führt so zu einer nur schuldrechtlichen Abhängigkeit.[411] Ohne die auf schuldrechtlicher Ebene getroffene Sicherungszweckerklärung stünde die gesicherte Forderung in keinerlei rechtlicher Verbindung zu dem abstrakten Sicherungsmittel.[412]

III. Der Umfang des Sicherungszwecks

Von besonderer Bedeutung im Rahmen des Sicherungsvertrages ist, wie zuvor festgestellt, die Sicherungszweckerklärung, durch die sich der Haftungsumfang des Sicherungsrechts bestimmt.[413] Dabei ist grundsätzlich zwischen dem engen und dem weiten Sicherungszweck zu unterscheiden. Zudem lassen sich Sicherungszweckvereinbarung mit Prolongationsklauseln etc. kombinieren. Die verschiedenen – und insbesondere für die Finanzierungspraxis

---

405 *Bülow*, Recht der Kreditsicherheiten, Rdn. 26 ff.; *Röttger*, Kreditsicherungsrecht, S. 15; *Von Bismarck*, Die Besicherung internationaler Konsortialkredite, § 4, Rdn. 37.
406 *Von Bismarck*, Die Besicherung internationaler Konsortialkredite, § 4, Rdn. 37.
407 Siehe hierzu unten unter § 9.
408 *Schur*, Jura 2005, 361 (367).
409 *Von Bismarck*, Die Besicherung internationaler Konsortialkredite, § 4, Rdn. 33.
410 *Bornemann*, Zweckbestimmungsklauseln bei Sicherungsgeschäften, S. 21.
411 *Rösler/Fischer*, BKR 2006, 50 (50).
412 *Otten*, in: Derleder/Knops/Bamberger, Dt. und Europ. Bank- und Kapitalmarktrecht, Bd. 1, § 25, Rdn. 1.
413 *Broihan*, Die Reichweite formularmäßiger Sicherungsabreden bei Bürgschaft und Grundschulden, S. 3.; *Otten*, in: Derleder/Knops/Bamberger, Dt. und Europ. Bank- und Kapitalmarktrecht, Bd. 1, § 25, Rdn. 85.

typischen – Gestaltungsweisen werden im Folgenden dargestellt. Dabei sollen bereits hier etwaige Problemkreise im Rahmen der verschiedenen Gestaltungsalternativen aufgezeigt werden, um das Problembewusstsein für die folgende Untersuchung zu schärfen.

1. Der enge und der weite Sicherungszweck

a. Der enge Sicherungszweck

In einer engen Zweckerklärung werden die konkret zu sichernden Forderungen bzw. Verträge ausdrücklich benannt.[414] Mit der engen Zweckerklärung wird die Haftung des Sicherungsmittels deshalb auf ganz bestimmte, genau bezeichnete Forderungen begrenzt.[415]

Enge Sicherungszweckvereinbarungen im Rahmen eines Bankkredits lauten in der Regel etwa wie folgt: Die Sicherheit dient „**zur Sicherung aller bestehenden, künftigen** und bedingten **Forderungen der Bank** gegen (...) **aus Kredit Vertrag vom (...) in Höhe von (...)**".[416]

Gesichert sind damit eine bestimmte oder alternativ mehrere genau bestimmte Kreditforderung(en) der Bank gegen ihre(n) Kreditnehmer.[417] Der dem Kreditvertrag zwischen der Bank und dem Kreditnehmer zugrunde liegende Betrag ist in seinem Sicherungsumfang regelmäßig auf eine einzige Forderung nebst Zinsen beschränkt.[418] Jedoch können auch bei der Besicherung eines ganz bestimmten Kredites bzw. ganz bestimmter Verbindlichkeiten zukünftige oder zusätzliche Forderungen entstehen, welche die Bank gesichert wissen möchte.[419] Dass es das Gesetz kraft ausdrücklicher Regelung[420] grundsätzlich erlaubt, akzessorische Sicherungsrechte auch für künftige Forderungen zu bestellen, wurde bereits festgestellt.[421] Für nicht akzessorische Sicherheiten ist dies ohnehin anzunehmen. Deshalb können vom Wortlaut der engen Zweckerklärung grundsätzlich auch

414 *Samhat*, WM 2016, 962 (963).

415 So etwa *Rösler/Fischer*, BKR 2006, 50 (51); *Röttger*, Kreditsicherungsrecht, S. 21; *Schmalenbach*, in: Eilers/Rödding/Schmalenbach, Unternehmensfinanzierung, Kap. C., Rdn. 80.

416 So etwa *Röttger*, Kreditsicherungsrecht, S. 21.

417 *Rösler/Fischer*, BKR 2006, 50 (51); *Röttger*, Kreditsicherungsrecht, S. 21; *Schmalenbach*, in: Eilers/Rödding/Schmalenbach, Unternehmensfinanzierung, Kap. C., Rdn. 80.

418 *Knops*, Verbraucherschutz bei Immobiliarkreditverhältnissen, S. 52.

419 *Röttger*, Kreditsicherungsrecht, S. 21, der als Beispiel für zukünftige Forderungen etwa Zinsen für spätere Abrechnungszeiträume oder die schwankende Inanspruchnahme eines Kontokorrentkredites innerhalb einer vereinbarten Kreditlinie anführt.

420 § 765 Abs. 2 BGB für die Bürgschaft, § 1204 Abs. 2 BGB für das Pfandrecht.

421 Siehe dazu sowie zur Reichweite des Begriffs der „künftigen Forderung" oben unter § 5 III. 2. a. iii. (2).

zukünftige Forderungen erfasst werden.[422] Was genau mit „künftigen (...) Forderungen" gemeint ist, ob dies etwa ausschließlich die erst künftig fällig werdenden Ansprüche der Bank auf Zahlung von Zinsen des bereitgestellten Kredites, die Verpflichtung zur Rückzahlung am Ende der Laufzeit bei endfälligen Krediten oder ob damit vielleicht sogar ganz andere Forderungen gemeint sein sollen, geht aus der engen Zweckerklärung jedoch in aller Regel nicht hervor.[423] Obwohl die Weite des Begriffs der „künftigen Forderungen" die Möglichkeit einer umfassenden Besicherung erst in der Zukunft entstehender Forderungen suggeriert, wurde bereits festgestellt, dass damit nicht jedwede rechtlich mögliche, also schlechthin nur denkbare Sicherung zukünftiger Ansprüche gemeint sein kann.[424] Bei einem „Wandel der Hauptschuld" wird man sich also fragen müssen, welche Änderungen oder Erweiterungen der Kreditverbindlichkeit vom Begriff der „zukünftigen Forderungen" im Rahmen des engen Sicherungszwecks erfasst sein können.

Jedenfalls aber werden mit der engen Zweckvereinbarung weitere gegenwärtige oder später entstehende Forderungen der Bank aus in der Sicherungszweckvereinbarung nicht genannten Vertragsverhältnissen von dem jeweiligen Sicherungsrecht nicht erfasst sein.[425] Entsteht etwa zugunsten der kreditgewährenden Bank eine „neue Forderung" und möchten die Kreditparteien, dass auch diese Forderung von der bereits bestellten Sicherheit abgesichert wird, müssten sie den Sicherungszweck entsprechend anpassen.[426] Der Sicherungsgeber muss deshalb bei Vereinbarung einer engen Zweckerklärung beispielsweise bei jeder „neuen Kreditgewährung" eine Entscheidung darüber treffen, ob er – im Falle akzessorischer Sicherheiten – einen neuen Sicherungsvertrag abschließen oder – im Falle nicht akzessorischer Sicherheiten – die Sicherungsvereinbarung entsprechend anpassen will.[427] Bei der Frage, ob ein „Wandel der Hauptschuld" von einem engen Sicherungszweck erfasst ist, wird es deshalb auf eine Klärung des Begriffs der „neuen Kreditgewährung" bzw. der „neuen Forderung" ankommen. Hierfür wird insbesondere die Festlegung einer Grenze zwischen noch identitätserhaltenden Änderungen bzw. Erweiterungen und einem Identitätsverlust der ursprünglichen Verbindlichkeit sowie die Differenzierung zwischen akzessorischen und nicht akzessorischen Sicherheiten entscheidend sein.[428]

---

422 So auch *Röttger*, Kreditsicherungsrecht, S. 21.
423 Siehe hierzu auch *Knops*, ZIP 2006, 1965 (1970).
424 Siehe hierzu oben unter § 5 III. 2. a. iii. (2).
425 *Rösler/Fischer*, BKR 2006, 50 (51).
426 *Samhat*, WM 2016, 962 (963).
427 *Röttger*, Kreditsicherungsrecht, S. 21; *Rösler/Fischer*, BKR 2006, 50 (51).
428 Siehe hierzu unten unter § 9.

b. Der weite Sicherungszweck

In vielen Fällen beziehen die Zweckerklärungen, obwohl die Kreditsicherheit zur Sicherung einer bestimmten Forderung bestellt wird, noch weitere Forderungen, etwa die aus einer Geschäftsbeziehung insgesamt, in den Sicherungszweck ein.[429]

Eine solche Zweckerklärung im Rahmen eines Bankkredits lautet etwa wie folgt: Die Sicherheit „dient **zur Sicherung aller bestehenden, künftigen** und bedingten **Forderungen der Bank** (...) gegen (...) **aus der bankmäßigen Geschäftsverbindung**."[430]

Da diese Klausel einen großen Kreis zu sichernder Forderungen erfasst, wird sie als weite Sicherungszweckvereinbarung bezeichnet.[431] Sie erstreckt sich auf drei verschiedene Gruppen von zu sichernden Forderungen der Bank: Den neu aufzunehmenden Kredit, der Anlass für die Sicherheitenbestellung ist, alle bereits im Zeitpunkt der Sicherheitenbestellung bestehenden Verbindlichkeiten des Kreditnehmers und alle erst zukünftig entstehenden Verbindlichkeiten des Kreditnehmers gegen die Bank aus der bankmäßigen Geschäftsverbindung.[432] Zur bankmäßigen Geschäftsverbindung zählen „alle Forderungen, die in banküblicher Weise erworben werden", also beispielsweise Ansprüche aus Kredit, Zinsen, Kosten etc.[433]

Die weite Zweckerklärung ist damit nicht nur für gerade entstehende und bereits bestehende Forderungen vorgesehen, sondern soll darüber hinaus alle künftigen Forderungen der Bank aus der Geschäftsverbindung umfassen, also etwa auch Forderungen aus Krediten, die der Kreditnehmer erst Jahre nach Bestellung der Sicherheit aufnehmen wird.[434] Weite Sicherungszweckerklärungen erstrecken damit akzessorische sowie nicht akzessorische Sicherheiten über den Anlass des Sicherungsvertrages, den originären Kreditvertragsschluss, hinaus auf alle bestehenden und künftigen Forderungen der Bank.[435]

Da damit im Grunde alle denkbaren Ansprüche der Bank gegen ihren Kreditnehmer abgesichert werden, liegen weite Sicherungszweckvereinbarungen meist im Interesse der Bank.[436] Sie kommen ihrem Bestreben nach, Sicherheiten, die ihrem Zugriff einmal erschlossen sind, solange wie möglich behalten zu können.[437] Die

---

429 *Broihan*, Die Reichweite formularmäßiger Sicherungsabreden bei Bürgschaft und Grundschulden, S. 3; *Nobbe*, BKR 2002, 747 (747); *Otten*, in: Derleder/Knops/Bamberger, Dt. und Europ. Bank- und Kapitalmarktrecht, Bd. 1, § 25, Rdn. 85; *Wilhelm*, in: 50 Jahre BGH – Festgabe aus der Wissenschaft, 2000, Bd. I, S. 897 (898).

430 *Röttger*, Kreditsicherungsrecht, S. 21.

431 *Broihan*, Die Reichweite formularmäßiger Sicherungsabreden bei Bürgschaft und Grundschulden, S. 3.

432 *Bülow*, Recht der Kreditsicherheiten, Rdn. 909.

433 *Röttger*, Kreditsicherungsrecht, S. 36.

434 *Rösler/Fischer*, BKR 2006, 50 (51).

435 *Nobbe*, BKR 2002, 747 (747).

436 *Schmalenbach*, in: Eilers/Rödding/Schmalenbach, Unternehmensfinanzierung, Kap. C., Rdn. 80.

437 *Serick*, Eigentumsvorbehalt und Sicherungsübertragung, Bd. IV, § 42, S. 51.

Ausgestaltung des Sicherheitenvertrages mit einem weiten Sicherungszweck hat nämlich den Vorteil, dass nicht bei jeder weiteren Kreditgewährung eine neue Sicherheit bestellt oder die Zweckerklärung entsprechend angepasst werden muss.[438] Sie „verhaftet" die Sicherheit, die zunächst einmal nur für die zu sichernde Forderung bereitgestellt wurde, auch für weitere schon vorhandene oder erst künftige Forderungen der Bank gegen ihren Kreditnehmer.[439] Bei formularmäßiger Vereinbarung weiter Zweckerklärungen wendet die Rechtsprechung jedoch zunehmend kritisch die §§ 305 ff. BGB an.[440] Zudem bleibt auch die Verwendung solcher weiten Zweckerklärungen bei der individualvertraglichen Drittbesicherung fraglich. Hierauf sowie auf die AGB-rechtliche Problematik soll jedoch erst an späterer Stelle eingegangen werden.

2. Berücksichtigung der Besonderheiten bei Eigen- und Drittsicherheiten

Je nachdem, ob Sicherungsgeber und Kreditnehmer identisch sind oder nicht, gilt es bei der Vereinbarung enger oder weiter Sicherungszweckvereinbarungen Besonderheiten zu berücksichtigen.

Sind Sicherungsgeber und Kreditnehmer identisch, behindert diesen die enge Zweckerklärung üblicherweise, da er bei jedem neuen Kredit mit der Bank jeweils einen neuen Sicherungsvertrag schließen oder die Sicherungszweckvereinbarung entsprechend anpassen müsste.[441] Bei Identität von Sicherungsgeber und Kreditnehmer kann eine weite Zweckerklärung deshalb dem Interesse des Sicherungsgebers an einer vereinfachten Abwicklung seiner Bankgeschäftsverbindungen dienlich sein.[442] Aus demselben Grund wird bei Eigensicherheiten auch von den Banken eine weite Sicherungszweckerklärung bevorzugt.[443] Denn selbstverständlich zielt die Bankpraxis darauf ab, eine möglichst unabhängige und dauerhafte Sicherung zu erreichen.[444]

Für den Fall der Besicherung einer fremden Schuld, wenn sich die Bank zur Besicherung also nicht des Kreditnehmers, sondern eines Dritten bedient, gilt jedoch etwas anderes.[445] Die Umstände sind hier in der Regel nicht auf einen weiten Sicherungszweck gerichtet. Vielmehr wird eine Sicherheit von einem Drittsicherungsgeber regelmäßig aus aktuellem Anlass für einen Einzelkredit des

---

438 *Röttger*, Kreditsicherungsrecht, S. 21.
439 *Serick*, Eigentumsvorbehalt und Sicherungsübertragung, Bd. IV, § 42, S. 51.
440 *Röttger*, Kreditsicherungsrecht, S. 21; *Schmalenbach*, in: Eilers/Rödding/Schmalenbach, Unternehmensfinanzierung, Kap. C., Rdn. 79.
441 Siehe zum Ganzen *Röttger*, Kreditsicherungsrecht, S. 30.
442 *Epp*, in: Schimansky/Bunte/Lwowski, Bankrechts-Handbuch, § 94, Rdn. 320 mwN.
443 Siehe zum Ganzen *Röttger*, Kreditsicherungsrecht, S. 30.
444 *Wiegand*, Akzessorietät und Spezialität, S. 35 (43).
445 *Federlin*, in: Kümpel/Wittig, Bank- und Kapitalmarktrecht, Rdn. 12.107.

Kreditnehmers bestellt.[446] Ein Sicherungsgeber, der eine bestimmte Sicherheit zur Besicherung einer bestimmten Forderung der Bank gegen einen Dritten bestellt, rechnet in der Regel gerade nicht damit, dass sich der Haftungsumfang seiner Sicherheit auch auf ungewisse, seinem Einflussbereich und seiner Kenntnisnahme entzogene künftige Verbindlichkeiten richtet.[447] In den Fällen, in denen der Anlass der Sicherheitenbestellung die Sicherung einer bestimmten Forderung der Bank gegen ihren Kreditnehmer ist, fragt es sich deshalb insbesondere, ob die von der Bank *formularmäßig* erstrebte Einstandspflicht des Dritten für darüber hinausgehende Kreditverbindlichkeiten mit den Grundsätzen des AGB-Rechts vereinbar ist.[448] Die Wirksamkeit weiter Sicherungszweckerklären bei Drittsicherheiten ist deshalb seit nunmehr 60 Jahren Gegenstand von Rechtsprechung und Literatur.[449] Zudem bleibt aber auch die Verwendung solch weiter Zweckerklärungen bei der *individualvertraglichen* Drittbesicherung fraglich. Eine im Folgenden noch vorzunehmende Darstellung der Entwicklungen in Rechtsprechung und Literatur sowie eine sich aus den unterschiedlichen Interessenlagen ergebende strikte Trennung zwischen Eigen- und Drittsicherheiten ist mithin für die vorliegende Untersuchung unerlässlich.

3. Einordnung der in der Finanzierungspraxis gebräuchlichsten Sicherungszweckvereinbarungen

Bei den hier interessierenden Akquisitionsfinanzierungen mandatieren die (arrangierenden) Banken in der Regel (Groß-)Kanzleien, die die Erstellung sowie das Verhandeln der Vertragsdokumentation übernehmen.[450] Dies gilt auch für Sicherheitenverträge. Die Rechtsanwälte jener Kanzleien schreiben die einzelnen Sicherheitenverträge dann aber nicht jedes Mal neu, sondern benutzen als Vorlage eine interne Mustervereinbarung, ein sog. *Template*, oder die Dokumentation aus vorherigen Transaktionen, die auf den konkreten Sachverhalt bzw. die konkrete Transaktion angepasst wird. Darüber hinaus haben sich auch kanzleiübergreifend gewisse Standards entwickelt, sodass sich einzelne Formulierungen sowie Vertragsgestaltungskonzepte in den verschiedensten Sicherheitenverträgen wiederfinden lassen.

---

446 Siehe zum Ganzen *Bülow*, Recht der Kreditsicherheiten, Rdn. 909.

447 *Federlin*, in: Kümpel/Wittig, Bank- und Kapitalmarktrecht, Rdn. 12.108.

448 *Bülow*, Recht der Kreditsicherheiten, Rdn. 909; *Federlin*, in: Kümpel/Wittig, Bank- und Kapitalmarktrecht, Rdn. 12.107; *Röttger*, Kreditsicherungsrecht, S. 30.

449 Siehe *Nobbe*, BKR 2002, 747 (747); *Schmalenbach*, in: Eilers/Rödding/Schmalenbach, Unternehmensfinanzierung, Kap. C., Rdn. 80.

450 Siehe hierzu ausführlich unten unter § 11 II.

a. Besicherung aller Ansprüche aus den „Finanzierungsverträgen"

So liest man in den entsprechenden Sicherungszweckvereinbarungen etwa die gängige Formulierung, dass die Sicherheit „**zur Sicherung aller gegenwärtigen und künftigen Forderungen aus den Finanzierungsverträgen**" bestellt werden soll. Der Begriff „Finanzierungsverträge" umfasst in dem den eigentlichen Vertragsklauseln vorangestellten Definitionenkatalog meist eine Aufzählung konkret beschriebener Verträge. Zusätzlich umfasst die Definition „Finanzierungsverträge" meist auch alle Verträge, die von den Kreditvertragsparteien bzw. Finanzierungsparteien (auch in Zukunft) als Finanzierungsverträge benannt werden. Man wird bei Letzterem hier also von einer sog. *dynamischen Verweisung* sprechen können.

Da die konkret zu sichernden (bestehenden) Forderungen – die Forderungen aus den Finanzierungsverträgen – hier ausdrücklich benannt werden, könnte man zunächst davon ausgehen, dass es sich bei dieser in der Finanzierungspraxis üblicherweise verwendeten Formulierung um eine enge Zweckerklärung handelt. Davon wird man aber nur dann ausgehen können, wenn die Belange des Sicherungsgebers hier nicht in vergleichbarer Weise wie bei Verwendung der herkömmlichen weiten Zweckerklärung beeinträchtigt werden.[451]

Zwar nimmt der Begriff „Finanzierungsverträge" im Vergleich zu dem üblichen Zusatz „aus der bankmäßigen Geschäftsverbindung" sonstige Forderungen aus der Geschäftsverbindung zwischen der Bank und dem Kreditnehmer aus der Haftung heraus und beschränkt diese auf Forderungen, die aus denjenigen (künftigen) Verträgen resultieren, die von den Kreditvertrags- bzw. Finanzierungsparteien als „Finanzierungsverträge" benannt werden. Dies ändert jedoch nichts an der – auch aus weiten Zweckerklärungen resultierenden – Gefahr einer für den (Dritt-)Sicherungsgeber unabsehbaren Ausweitung des eingegangenen Risikos. Denn nach dem Inhalt der Zweckerklärung hat er für alle Forderungen aus den „Finanzierungsverträgen", unabhängig von Entstehungszeitpunkt, Anlass und Umfang einzustehen. Wenn der (Dritt-)Sicherungsgeber nicht Kredit- oder Finanzierungspartei ist, wird er nicht darüber bestimmen können, welche Verträge unter die Definition der „Finanzierungsverträge" zu subsumieren sind und welche nicht, sodass er seinen Haftungsumfang nicht von Anfang an überschauen kann. Die Belange des (Dritt-) Sicherungsgebers sind hier also in gleicher Weise berührt wie bei der Verwendung der sonst üblichen weiten Zweckerklärung. Soll die Besicherung „allen Ansprüchen aus den Finanzierungsverträgen" dienen, wird sich diese Formulierung deshalb an den im Folgenden noch zu skizzierenden, für weite Zweckerklärungen geltenden Grundsätzen messen lassen müssen.[452]

---

451 Siehe hierzu sowie zum Folgenden BGH, Urteil vom 02.07.1998 – IX ZR 255–97 = NJW 1998, 2815 (2816) zur Ersetzung des üblichen Zusatzes „aus der bankmäßigen Geschäftsverbindung" durch „Geschäftskredite".

452 Siehe hierzu insbesondere unten unter § 12.

Dass auch die Rechtsprechung in Zweifelsfällen vom Vorliegen einer weiten Zweckerklärung ausgeht, zeigt im Übrigen eine Entscheidung des OLG München[453]. Die Richter hatten hier über eine Zweckerklärung zu urteilen, mit der sich der Bürge nicht für eine Forderung der Bank aus einem bestimmten Kreditvertrag verbürgte, sondern für Forderungen aus einem nummernmäßig bezeichneten Konto. Im Ergebnis wurde diese Zweckerklärung für eine weite Zweckerklärung gehalten, denn sie laufe letztlich auf eine Haftung auch für alle noch nicht näher bestimmten zukünftigen Forderungen der Bank hinaus, die auf diesem Konto gebucht wurden und noch werden.[454]

b. Der Zusatz „einschließlich aller nachträglichen Ergänzungen, Änderungen oder Erweiterungen (einschließlich Erhöhungen des Kreditbetrages)"

Häufig findet sich auch eine Formulierung in Sicherungszweckerklärungen, wonach die Kreditsicherheit „der Besicherung aller gegenwärtig bestehenden und zukünftigen (...) Ansprüche, die (...) (der Bank) aus dem **Kreditvertrag in seiner jeweils geltenden Fassung, einschließlich aller nachträglichen Ergänzungen, Änderungen oder Erweiterungen (einschließlich Erhöhungen des Darlehensbetrages)** zustehen (...)" dienen soll.[455]

Der Sicherungszweck soll hier augenscheinlich nicht der Sicherung aller gegenwärtigen und künftigen Forderungen aus einer bankmäßigen Geschäftsverbindung dienen. Vielmehr wird die konkret zu sichernde Forderung – hier der Kreditvertrag als zugrundeliegendes Schuldverhältnis – ausdrücklich benannt. Es handelt sich mithin im Grunde um eine enge Sicherungszweckvereinbarung. Da jedoch nicht ohne Weiteres davon ausgegangen werden kann, dass ein (Dritt-) Sicherungsgeber, der sich für eine ganz bestimmte Kreditverbindlichkeit zur Bestellung einer Sicherheit bereit erklärt hat, mit etwaigen nachträglichen Ergänzungen, Änderungen oder Erweiterungen dieser Kreditverbindlichkeit, die möglicherweise sogar seinen Haftungsumfang erweitern, einverstanden ist, werden hier etwaige

453 OLG München, Urteil vom 19.01.2006 – 19 U 4232/05 = WM 2006, 684 (684 ff.).

454 OLG München, Urteil vom 19.01.2006 – 19 U 4232/05 = WM 2006, 684 (685).

455 So auch in *Gerber*, in: Lorz/Pfister/Gerber, Beck'sches Formularbuch GmbH-Recht, D.V.1. Verpfändungsvertrag; siehe als Beispiel aus der Praxis auch die Geschäftsanteilsverpfändung (*Interest Pledge Agreement*) der international tätigen Rechtsanwaltskanzlei *Skadden, Arps, Slate, Meagher & Flom LLP* zur Verpfändung der Anteile der Avaya GmbH & Co. KG; abrufbar unter: https://www.sec.gov/ Archives/ edgar/data/ 1116521/000111652115000048/ex1012interest pledgeagre.htm, Abruf vom 6. Januar 2019) wo sich in der Definition der zu sichernden Forderungen (*Obligations*) über einen Verweis auf die Definition des *Credit Agreement* die folgende Formulierung findet: *„Obligations means all (...) obligations (...) under or in connection with the credit agreement (...) (as amended, restated, supplemented, confirmed or otherwise modified from time to time (...)*".

intendierte Modifikationen der gesicherten Kreditverbindlichkeit klarstellend ebenfalls in die Vereinbarung eines engen Sicherungszwecks aufgenommen.

Jene Klauseln erfassen damit im Grunde künftige, jedoch im ursprünglichen Kreditverhältnis angelegte Verbindlichkeiten, die aufgrund nachträglicher Ergänzungen, Änderungen oder Erweiterungen entstehen.[456] Die Forderungen zeigen sich auch ohne weiteres bestimmbar.[457] Zudem bleibt die Grundlage der in Bezug genommenen künftigen Forderungen auch grundsätzlich faktisch unverändert. Damit Probleme – insbesondere im Hinblick auf die Akzessorietät – nicht entstehen, wird mit einer nachträglichen Ergänzung, Änderung oder Erweiterung die Identität der ursprünglichen Forderung aber auch tatsächlich gewahrt bleiben müssen.[458] Wird eine solche Formulierung formularmäßig verwendet, werden sich zudem möglicherweise auch AGB-rechtliche Probleme stellen.[459] Auch wenn es sich hier um eine enge Zweckerklärung handelt, lässt sich nämlich – was sich für eine AGB-rechtliche Wirksamkeit noch als relevant erweisen wird – der Umfang der Haftung aufgrund der zwar von Anfang an vorgesehenen, jedoch erst künftig zu konkretisierenden Ergänzungen, Änderungen oder Erweiterungen der Kreditverbindlichkeit, insbesondere der Höhe nach, nicht von Anfang an klar und eindeutig bestimmen.

c. Sicherungszweckerklärungen mit Prolongationsklauseln, Stundungsabreden, Zinsanpassungsklauseln etc.

Differenziert zu betrachten sind Sicherungszweckerklärungen kombiniert mit Prolongationsklauseln, Stundungsabreden, Zinsanpassungsklauseln oder sonstigen eine Erfassung der Änderung der Hauptschuld vorsehenden Klauseln.

i. Inhalt und Umfang der betreffenden Klauseln

Bei sog. Prolongationsklauseln handelt es sich regelmäßig um Abreden, wonach eine bestellte Sicherheit bestehen bleiben soll, wenn der von ihr gesicherte Kredit in seiner Laufzeit verlängert wird.[460] Bei der Vereinbarung sog. Stundungsabreden findet sich häufig eine Formulierung, wonach die bestellte Sicherheit bis zu ihrer vollen Befriedigung auch dann unverändert bestehen bleiben soll, wenn dem Hauptschuldner Stundung gewährt wird.[461] Zinsanpassungsklauseln hingegen

---

456 Vgl. hierzu auch *Samhat*, WM 2016, 962 (965), der dies am Beispiel von Prolongationsklauseln konkretisiert.

457 Siehe hierzu bereits oben unter § 7 IV. 1.

458 Siehe hierzu unten unter § 9.

459 Siehe hierzu unten unter § 12.

460 Siehe etwa *Samhat*, WM 2016, 962 (962).

461 Siehe etwa BGH, Urteil vom 06.04.2000 – IX ZR 2/98 = NJW 2000, 2580 (2580); *Lwowski*, in: Schimansky/Bunte/Lwowski, Bankrechts-Handbuch, Anh. zu § 91, Rdn. 25.

enthalten eine Vereinbarung, wonach die bestellte Sicherheit unverändert bestehen bleiben soll, wenn der Zinssatz ein- oder mehrmals geändert oder angepasst wird. Regelmäßig werden in diesem Zusammenhang auch solche Klauseln vereinbart, wonach von der bestellten Sicherheit auch solche Zinsänderungen umfasst sein sollen, die dazu dienen, „den Zinssatz den wechselnden und bei Vertragsschluss meist nicht überschaubaren künftigen Refinanzierungsmöglichkeiten, die maßgeblich durch den von der Zentralbank festgesetzten, schwankenden Diskontsatz beeinflusst werden, nach oben oder unten in marktkonformer Weise anzupassen" (sog. Zinsgleitklauseln).[462]

Als Beispiel für eine (enge) Sicherungszweckerklärung kombiniert mit Prolongations-, Stundungs- und Zinsanpassungsklausel findet sich häufig etwa folgende Formulierung: „Die Kreditsicherheit dient der Besicherung aller gegenwärtig bestehenden und zukünftigen, auch bedingten oder befristeten Ansprüche, die (...) [der Bank als Sicherheitennehmerin] aus dem Kreditvertrag (...) entstehen. **Die (...) [Sicherheit] bleibt unverändert bestehen, wenn die Laufzeit des Kreditvertrages oder der gesicherten Ansprüche ein- oder mehrmals verlängert oder verkürzt oder der Zinssatz ein- oder mehrmals geändert wird" oder dem Hauptschuldner Stundung gewährt wird.**[463]

ii. Die Einordnung der betreffenden Klauseln als Teil enger oder weiter Sicherungszweckerklärungen

All jenen Klauseln gemein ist, dass sie – wie noch zu zeigen sein wird – eine nachträgliche Veränderung der Hauptschuld zum Nachteil des Sicherungsgebers grundsätzlich zu bewirken in der Lage sind. Es stellt sich deshalb die Frage nach der Möglichkeit einer wirksamen individualvertraglichen oder gar formularmäßigen Vereinbarung jener Klauseln, die auch im Verlauf dieser Untersuchung eine zentrale Rolle spielen wird.

Dafür gilt es bereits an dieser Stelle zu klären, ob der hier infrage stehende Regelungsgehalt, d.h. die im Rahmen der Bestellung von Kreditsicherheiten vereinbarten Prolongationsklauseln etc., als Teil enger oder weiter Sicherungszweckerklärungen zu qualifizieren ist. Diese Qualifizierung wird insbesondere auch für die Frage relevant, ob die im Folgenden noch zu skizzierenden Grundsätze zur (Un-)Wirksamkeit von Kreditsicherheiten mit (formularmäßiger) weiter Zweckerklärung auf Prolongationsklauseln etc. anzuwenden oder ob diese nicht vielmehr eigenen Regelungen zu unterwerfen sind.

---

462 Siehe ebenfalls BGH, Urteil vom 06.04.2000 – IX ZR 2/98 = NJW 2000, 2580 (2580). Zu der Differenzierung zwischen Zinsänderungs- und Zinsgleitklauseln siehe unten unter § 8 VII.

463 Siehe etwa *Gerber*, in: Lorz/Pfister/Gerber, Beck'sches Formularbuch GmbH-Recht, D.V.1. Verpfändungsvertrag.

Für die Frage nach der Einordnung von Prolongationsklauseln etc. als Teil enger oder weiter Sicherungszweckerklärungen gilt es sich zunächst noch einmal zu vergegenwärtigen, dass weite Sicherungszweckerklärungen grundsätzlich alle gegenwärtigen und künftigen, auch bedingten und befristeten Forderungen der Bank aus einer bankmäßigen Geschäftsverbindung erfassen sollen. Hingegen wird mit der engen Zweckerklärung die Haftung des Sicherungsmittels auf ganz bestimmte, genau bezeichnete Forderungen begrenzt, indem regelmäßig die konkret gesicherten Forderungen bzw. Verträge ausdrücklich benannt werden.[464]

Prolongations-, Stundungs- und Zinsanpassungsklauseln werden augenscheinlich nicht zur Sicherung aller gegenwärtigen und künftigen Forderungen aus einer bankmäßigen Geschäftsverbindung vereinbart. Vielmehr erfassen jene Klauseln ebenfalls[465] im Grunde ausschließlich künftige, jedoch im ursprünglichen Kreditverhältnis angelegte Verbindlichkeiten, die aufgrund einer Verlängerung oder Stundung des Kredits oder aufgrund einer nachträglichen Zinsanpassung entstehen.[466] Denn insbesondere bei Stundungen und Zinsanpassungen, und häufig auch bei Prolongationen[467], wird die Grundlage der in Bezug genommenen künftigen Forderungen grundsätzlich faktisch unverändert bleiben. Die Identität der ursprünglichen Forderung wird in aller Regel gewahrt bleiben, so dass etwa Probleme mit der Akzessorietät nicht entstehen.[468] Zudem sind die Forderungen auch ohne weiteres bestimmbar[469] und können Sicherheiten – wie bereits gezeigt[470] – eben grundsätzlich auch für künftige Forderungen bestellt werden.[471] Bei einem solchen Verständnis der von diesen Klauseln erfassten Forderungen müssten Prolongationsklauseln etc. grundsätzlich Teil von engen Sicherungszweckerklärungen sein. Jedenfalls ist die Formulierung „alle gegenwärtigen und künftigen (...) Forderungen der Bank aus der bankmäßigen Geschäftsverbindung" im Rahmen weiter Sicherungszweckerklärungen wesentlich weiter als etwaige Prolongations-, Stundungs- oder Zinsanpassungsabreden, welche die betreffenden Sicherheiten auf den vereinbarten, aber verlängerten bzw. gestundeten Kredit erstrecken bzw. welche die (mit-)gesicherte Zinsforderung im Hinblick auf einen geänderten Refinanzierungszinssatz anpassen.[472] Was mit der Vereinbarung weiter

---

464 Siehe hierzu bereits oben unter § 7 III. 1. b.

465 Siehe hierzu oben unter § 7 III. 3. b.

466 Vgl. hierzu auch *Samhat*, WM 2016, 962 (965), der dies am Beispiel von Prolongationsklauseln konkretisiert.

467 Zu den bei Prolongationsklauseln geltenden Besonderheiten siehe sogleich unten unter § 7 III. 3. c. iii.

468 *Rösler/Fischer*, BKR 2006, 50 (54).

469 Siehe hierzu bereits oben unter § 7 IV. 1.

470 Siehe hierzu bereits oben unter § 5 III. 2. a. iii. (2).

471 *Samhat*, WM 2016, 962 (967); *Wagenknecht/Piekenbrock*, in: Hellner/Steuer, Bankrecht und Bankpraxis, Rdn. 4/1048a.

472 Vgl. hierzu auch *Samhat*, WM 2016, 962 (967), der dies am Beispiel von Prolongationsklauseln konkretisiert.

Sicherungszweckerklärungen grundsätzlich erreicht werden soll, nämlich die Ausweitung der Kreditsicherheit auf alle, wie auch immer gearteten Forderungen aus einer bankmäßigen Geschäftsverbindung, scheint bei Verwendung etwaiger Prolongationsklauseln etc. also grundsätzlich nicht intendiert. Bei Prolongationssowie Zinsanpassungsklauseln gilt es jedoch, die nachfolgend aufgeführten Besonderheiten zu beachten.

iii. Die Besonderheiten bei Prolongationsklauseln

Mit den vorstehenden Erwägungen wurde davon ausgegangen, dass mit Prolongationsklauseln grundsätzlich ausschließlich künftige, jedoch im ursprünglichen Kreditverhältnis angelegte Verbindlichkeiten, die aufgrund einer Verlängerung der Laufzeit des Kredites entstehen, erfasst sein sollen. Dies trifft für den Regelfall einer *anfänglichen Prolongationsvereinbarung* auch zu.[473] Rein formal wird es sich bei Prolongationen zwar grundsätzlich um eine neue Kreditgewährung handeln.[474] Haben die Kreditvertragsparteien eine Prolongation bereits bei Abschluss des Kreditvertrages beabsichtigt bzw. angedacht, handelt es sich wirtschaftlich gesehen bei der Durchführung der Prolongation jedoch nicht um eine neue Verbindlichkeit in selbständigen Verträgen, sondern es ist von einem einheitlichen Kreditgeschäft auszugehen, bei dem von vornherein mehrere zeitlich gestaffelte, jedoch nach Grund und Umfang genau bestimmte Einzelverträge hintereinandergeschaltet wurden. Es handelt sich damit grundsätzlich also um eine einheitliche Kreditentscheidung.[475]

Erfasst sein können von dem Begriff der Prolongation im Rahmen von Prolongationsklauseln aber im Grunde nicht nur künftige, im ursprünglich vereinbarten Kreditvertrag angelegte Forderungen, die aufgrund einer Verlängerung des ursprünglichen Kredites entstehen. Prolongationen lassen sich nämlich nicht nur derart gestalten, dass die ursprünglichen Verträge fortgesetzt, also lediglich in ihrer Laufzeit verlängert werden, sondern mit einer Laufzeitverlängerung können auch neue Verbindlichkeiten begründet werden, die bei Bestellung der Sicherheit noch nicht bestanden und damals auch noch nicht als zukünftige Rechtsgeschäfte in die Verhandlungen einbezogen worden waren, welche der Kreditgewährung vorausgingen. Es handelt sich dann um einen neuen, in dem vorherigen Kreditverhältnis noch nicht angelegten Kreditvertrag.[476] Wird die ursprüngliche Laufzeit eines Kredites verlängert und erfolgt dies durch einen neuen Kreditvertrag, erlischt in der Regel sogar die originäre Kreditforderung.[477]

473 Siehe zur anfänglichen Prolongationsvereinbarung ausführlich unten unter § 16 III. 2. a. i. (1).

474 Siehe hierzu ausführlich unter § 16 III. 2. a. i. (2).

475 Siehe hierzu ausführlich unten unter § 16 III. 2. a. i.

476 BGH, Urteil vom 07.10.2002 – II ZR 74/00 = NJW 2003, 61 (62).

477 Siehe zum Ganzen ausführlich unten unter § 16 III. 2. a. i. (2).

Prolongationsklauseln lassen sich damit bei extensiver Auslegung auch dahingehend interpretieren, dass auch Prolongationen, die zu einer identitätsändernden Maßnahme hinsichtlich der Hauptforderung führen, erfasst sein sollen. Bei einer derart weiten Auslegung von Prolongationsklauseln besteht für den Sicherheitengeber bei Abschluss des Sicherheitenvertrages unter Verwendung einer Prolongationsklausel keinesfalls die Möglichkeit, die künftigen Verbindlichkeiten bzw. Forderungen, die regelmäßig während einer nachträglich vereinbarten Verlängerungszeit des Kredits entstehen, nach Grund und Umfang zu umreißen, sodass er seinen Haftungsumfang nicht von Anfang an überschauen kann. Die Belange des (Dritt-)Sicherungsgebers scheinen hier also in gleicher Weise beeinträchtigt wie bei Vereinbarung einer weiten Zweckerklärung. Bei Auslegung einer Prolongationsklausel[478] in der Art und Weise, dass von der bestellten Sicherheit auch andere, später begründete Verbindlichkeiten im Verhältnis der kreditgewährenden Bank zu ihrem Hauptschuldner erfasst sein sollen, stellt sich deshalb die Frage, ob sich solche Klauseln nicht auch an den für weite Zweckerklärungen im Folgenden noch zu skizzierenden Grundsätzen messen lassen müssen.[479] Zudem zeigt dies erneut die Dringlichkeit der im Verlauf dieser Arbeit vorzunehmenden Untersuchung der (Un-)Wirksamkeit weiter Sicherungszweckvereinbarungen.

iv. Die Besonderheiten bei Zinsanpassungsklauseln

Bei einer Erhöhung bzw. Anpassung der Verzinsung wird man zunächst vermuten, dass es sich um eine durch Vertragsänderung herbeigeführte nachträgliche Änderung bzw. Erweiterung der ursprünglichen Verbindlichkeit handelt. In den meisten Fällen wird die Befugnis der Bank zur Konditionenänderung, etwa in Form einer Zinsanpassungsklausel, jedoch bereits im ursprünglichen Kreditvertrag als einseitiges Leistungsbestimmungsrecht nach § 315 BGB eingeräumt.[480] Es handelt sich bei einer Konditionenänderung dann nicht um eine nachträglich getroffene (haftungserweiternde) Vereinbarung, sondern um die Ausübung eines Gestaltungsrechts, d.h. die „Inanspruchnahme der Befugnis zur einseitigen Änderung“ des Kreditverhältnisses.[481] Dies gilt es bei der Untersuchung von Zinsanpassungsklauseln in Sicherheitenverträgen stets zu berücksichtigen.

---

478 Diese Problematik stellt sich ausschließlich im Rahmen von Prolongationsklauseln, nicht jedoch bei Stundungsabreden und Zinsanpassungsklauseln etc., weshalb diese hier zu vernachlässigen sind.

479 Siehe hierzu insbesondere unten unter § 12.

480 Siehe hierzu etwa BGH, Urteil vom 06.04.2000 – IX ZR 2/98 = NJW 2000, 2580 (2582).

481 *Habersack*, in: MüKoBGB, § 767, Rdn. 10a; vgl. auch *Kiem*, in: Gedächtnisschrift für Gruson, S. 247 (261).

IV. Bestimmtheit oder Bestimmbarkeit der „gesicherten Forderung“

Mittels der Sicherungszweckvereinbarung werden die gesicherten Forderungen von anderen, von der Sicherung nicht umfassten Forderungen abgegrenzt.[482] Um eine solche Abgrenzung gewährleisten zu können, sind freilich gewisse Anforderungen an die Benennung der gesicherten Forderung(en) zu stellen. Von besonderer Bedeutung ist dies im Zusammenhang mit der Besicherung künftiger Forderungen. Für die vorliegende Untersuchung ist dabei insbesondere von Interesse, ob Bestimmtheit oder Bestimmbarkeit auch bedeutet, dass Höhe und Rechtsgrund der zu sichernden Forderung von vornherein feststehen müssen.

1. Die Anforderungen an die Bestimmtheit und Bestimmbarkeit

Die oben[483] in ihrer Bedeutung und Funktionsweise näher beschriebene Verknüpfung von Sicherheit und Forderung stellt dem Sicherungsnehmer sozusagen lediglich eine „Rahmenberechtigung“ zur Verfügung, die der inhaltlichen Ausfüllung durch Benennung der zu sichernden Forderung(en) bedarf.[484] Im Folgenden sind die Anforderungen an die Benennung der zu sichernden Forderung(en) darzustellen.

a. Akzessorische Sicherheiten

Wie dargelegt[485], ist den gesetzlich normierten akzessorischen Sicherheiten bereits „kraft ihrer institutionellen Ausgestaltung“ der Zweck zur Sicherung einer Forderung immanent. Der Sicherungszweck folgt bei den akzessorischen Sicherungsrechten also bereits aus der Akzessorietät.[486] Dies hat zum einen zur Folge, dass akzessorische Sicherungsrechte überhaupt nur zum Zwecke der Sicherung von Forderungen bestellt werden können, und zum anderen, dass die Bestimmung der zu sichernden Forderung zum notwendigen Akt der Begründung der den Sicherungsnehmer sichernden Rechtsposition wird.[487] Akzessorietät bedeutet nämlich nicht nur Anlehnung an eine Forderung schlechthin, sondern Anlehnung an eine bestimmte oder doch wenigstens bestimmbare Forderung.[488] Die gesicherte Forderung muss nämlich feststellbar sein, um Bestand und Umfang

---

482 *Lwowski*, in: Lwowski/Fischer/Gehrlein, Das Recht der Kreditsicherung, § 13, Rdn. 88.
483 Siehe oben unter § 7 II.
484 *Becker-Eberhard*, Die Forderungsgebundenheit der Sicherungsrechte, S. 254.
485 Siehe oben unter § 7 II.
486 *Bülow*, Recht der Kreditsicherheiten, Rdn. 158.
487 *Becker-Eberhard*, Die Forderungsgebundenheit der Sicherungsrechte, S. 255.
488 *Wiegand*, in: Staudinger, § 1204, Rdn. 11.

des akzessorischen Sicherungsrechts überhaupt festmachen zu können.[489] Bei den akzessorischen Sicherheiten ist eine „hinreichend genaue Bestimmung der gesicherten Forderung" mithin unerlässlich; ohne sie kann das Sicherungsrecht nicht entstehen.[490]

Was die Frage nach den inhaltlichen Anforderungen an die Benennung der gesicherten Forderung(en) angeht, so werden bei den verschiedenen Sicherungsrechten jedoch unterschiedliche Maßstäbe angelegt.[491]

Beim Pfandrecht lässt man es genügen, dass die gesicherte Forderung zumindest bestimmbar ist.[492] Von besonderer Bedeutung ist dies im Zusammenhang mit der Besicherung künftiger Forderungen i.S. des § 1204 Abs. 2 BGB.[493] Insoweit gilt, dass den Anforderungen an die Bestimmbarkeit bereits dann entsprochen wird, wenn zum Zeitpunkt der Entstehung der Forderung feststellbar ist, ob sie durch das Pfandrecht gesichert ist oder nicht.[494] Ebenso sind neben zukünftigen Forderungen auch gegenwärtig ungewisse Forderungen sicherungsfähig, sofern sie nur hinreichend konkretisiert sind.[495] Hieraus folgt, dass insbesondere mit der weit verbreiteten weiten Sicherungszweckvereinbarung, wonach ein Pfandrecht der Sicherung aller gegenwärtigen und künftigen Forderungen aus der bankmäßigen Geschäftsverbindung dienen soll, jedenfalls den Anforderungen an die Bestimmbarkeit Genüge getan wird.[496] Keinesfalls braucht die Vereinbarung zwischen Verpfänder und der Bank alle Einzelheiten der pfandgesicherten Forderung erfassen, insbesondere muss die Höhe der Forderung nicht bereits bei Pfandrechtsbestellung feststehen.[497] Ausreichend ist eben vielmehr, dass die pfandgesicherte Forderung hinreichend bestimmt, das heißt durch Angaben zu Schuldner und Gläubiger sowie sonstiger individualisierbarer Merkmale, wie beispielsweise Entstehungsgrund und Entstehungsdatum, so genau umschrieben wird, dass sie unverwechselbar

---

489 *Bülow*, Recht der Kreditsicherheiten, Rdn. 64, 840.

490 *Becker-Eberhard*, Die Forderungsgebundenheit der Sicherungsrechte, S. 255 f.; *Bülow*, Recht der Kreditsicherheiten, Rdn. 64.

491 Siehe hierzu auch *Becker-Eberhard*, Die Forderungsgebundenheit der Sicherungsrechte, S. 256 f.

492 Im Ergebnis ganz h.M., siehe BGH, Urteil vom 29.11.1984 – IX ZR 44/84 = NJW 1985, 863 (864); BGH, Urteil vom 26.01.1983 – VIII ZR 257/81 = NJW 1983, 1123 (1125); *Becker-Eberhard*, Die Forderungsgebundenheit der Sicherungsrechte, S. 257; *Damrau*, in: MüKoBGB, § 1204, Rdn. 23; *Habersack*, in: Soergel, § 1204, Rdn. 21; *Wiegand*, in: Staudinger, § 1204, Rdn. 25.

493 *Habersack*, in: Soergel, § 1204, Rdn. 21.

494 Siehe oben unter § 5 III. 2. a. iii. (2).

495 *Wiegand*, in: Staudinger, § 1204, Rdn. 24.

496 *Becker-Eberhard*, Die Forderungsgebundenheit der Sicherungsrechte, S. 258; *Habersack*, in: Soergel, § 1204, Rdn. 21.

497 *Gerber*, in: Lorz/Pfisterer/Gerber, Beck'sches Formularbuch GmbH-Recht, D.V.1. Verpfändungsvertrag, Fn. 6; *Habersack*, in: Soergel, § 1204, Rdn. 21; *Wiegand*, in: Staudinger, § 1204, Rdn. 24.

wird.[498] Die Tatsache, dass die Anforderungen an die Benennung der gesicherten Forderung bei der Pfandrechtsbestellung weitaus weniger streng sind als etwa bei der Hypothek, lässt sich damit erklären, dass in § 1204 BGB – anders als in §§ 1113 Abs. 1, 1115 Abs. 1 BGB – von einer bestimmten Geldsumme nicht die Rede ist.[499] Im Übrigen rechnete der Gesetzgeber wohl nicht mit einer mehrfachen Verpfändung der Pfandsache an unterschiedliche Kreditgeber[500] und verzichtete deshalb, mangels eines Schutzbedürfnisses für nachrangige Pfandgläubiger, auf eine Präzisierung der Forderung.[501]

Strenger würde man deshalb die Anforderungen vermuten, die an die Benennung der gesicherten Forderung(en) bei der Bürgschaft zu stellen sind. Eine strenge Handhabung ließe sich hier nämlich mit dem Bestreben begründen, das Haftungsrisiko des persönlich, d.h. mit seinem gesamten Vermögen, haftenden Bürgen zu begrenzen. Die persönliche Haftung macht den Bürgen im Vergleich zu einem Pfandgeber nämlich schutzbedürftiger, da letzterer in seiner Haftung auf den verpfändeten Gegenstand beschränkt ist. So soll etwa das Schriftformerfordernis aus § 766 S. 1 BGB den Bürgen vor übereilten Erklärungen schützen und ihn zur Vorsicht anhalten. Dieser vom Gesetzgeber intendierte Schutz würde durch eine zu großzügige Anwendung des Bestimmtheits- bzw. Bestimmbarkeitsgrundsatzes indes ausgehöhlt werden.[502] Dennoch erfordert aber nach überwiegender Ansicht auch das besondere Schutzbedürfnis des Bürgen keine vollumfängliche und konkrete Benennung der zu sichernden Forderung.[503] Die frühere Rechtsprechung und Literaturmeinung, die mittels des Bestimmtheitsgebots einen gewissen Mindestschutz des Bürgen vor sachlich unbegrenzten und somit unvorhersehbaren Risiken zu erreichen suchte[504], zeigt sich mittlerweile

---

498 *Kolkmann*, MittRHNotK 1992, 1 (14).

499 *Becker-Eberhard*, Die Forderungsgebundenheit der Sicherungsrechte, S. 258.

500 Siehe Motive zu dem Entwurfe eines Bürgerlichen Gesetzbuches, Bd. 3, Sachenrecht, S. 806.

501 *Becker-Eberhard*, Die Forderungsgebundenheit der Sicherungsrechte, S. 258; *Wiegand*, in: Staudinger, § 1204, Rdn. 25.

502 Siehe zum Ganzen etwa *Bülow*, Recht der Kreditsicherheiten, Rdn. 841; *Habersack*, in: MüKoBGB, § 765, Rdn. 69; *Lohmann*, Rechtsprobleme der Globalzweckerklärung, S. 29, bezugnehmend auf BGH, Urteil vom 10.10.1957 – VII ZR 419/56 = NJW 1957, 1873 (1873). – Zwar soll mit dem Bestimmtheitsgebot einer Aushöhlung der Warnfunktion des § 766 S. 1 BGB begegnet werden, es handelt sich dabei jedoch nicht um dessen primäres Anliegen, weshalb das Bestimmtheitsgebot auch bei Bürgschaften von Kaufleuten Geltung beansprucht, obwohl diese nach § 350 HGB nicht dem Schriftform-erfordernis des § 766 S. 1 BGB unterliegen.

503 Siehe hierzu *Lohmann*, Rechtsprobleme der Globalzweckerklärung, S. 30, sowie die folgende Darstellung.

504 So etwa BGH, Urteil vom 17.03.1994 – IX ZR 102/93 = NJW 1994, 1656 (1656 f.); BGH, Urteil vom 05.04.1990 – IX ZR 111/89 = NJW 1990, 1909 (1910); *Tiedtke*, ZIP 1994, 1237 (1238).

überholt.[505]

Damit die Verpflichtung des Bürgen überschaubar bleibt, muss die zu sichernde Forderung aber dennoch in jedem Fall zumindest eindeutig bestimmbar sein.[506] Bei der Übernahme einer Bürgschaft für eine bereits bestehende Forderung soll es genügen, dass die zu sichernde Forderung in einer „wenigstens individuell bestimmbaren Weise" bezeichnet wird.[507] Die Einstandspflicht des Bürgen kann sich, wie bereits erwähnt, gem. § 765 Abs. 2 BGB aber auch auf künftige Forderungen beziehen, die oft in ihren Einzelheiten, beispielsweise der Höhe nach, noch nicht feststehen.[508] Für den Fall der Übernahme einer Bürgschaft für künftige Forderungen bezieht sich das Bestimmbarkeitserfordernis – ebenso wie beim Pfandrecht – auf den Zeitpunkt des Entstehens der Forderung, d.h. in diesem Zeitpunkt muss feststehen, ob der Bürge insoweit für diese Forderung einzustehen hat oder nicht.[509] Der BGH[510] führt hierzu aus, dass keine rechtliche Notwendigkeit bestehe, die ins einzelne gehende, genaue Bezeichnung dieser Forderung zu verlangen. Dem Bestimmbarkeitserfordernis sei genügt, „wenn das künftig erst abzuschließende Rechtsgeschäft oder zu begründende Rechtsverhältnis der allgemeinen Art nach voraus bestimmt ist". Die Grenze wird damit verhältnismäßig weit gezogen. Es wird als ausreichend erachtet, wenn sich die „materielle Identität" der verbürgten und künftig entstehenden Forderung feststellen lässt.[511] Wenn all jene zu sichernden Verbindlichkeiten – und sei es erst im Zeitpunkt ihrer Entstehung – individualisiert werden können, steht der Bestimmbarkeitsgrundsatz nicht entgegen.[512] Konkret bedeutet der Bestimmbarkeitsgrundsatz damit nicht, dass eine Bürgschaft

---

505 Siehe zum Ganzen *Habersack*, in MüKoBGB, § 765, Rdn. 70 mwN, sowie zur heutigen Ansicht die Darstellungen im Folgenden. – Obwohl in der Kreditsicherungspraxis die Banken zur Vermeidung einer finanziellen Überforderung des Bürgen dazu übergegangen sind, sich nur noch Höchstbetragsbürgschaften bestellen zu lassen, stellt insbesondere auch nach heute vertretener Ansicht die Vereinbarung eines solchen Höchstbetrages keine Wirksamkeitsvoraussetzung dar (siehe etwa BGH, Urteil vom 30.03.1995 – IX ZR 98/94 = NJW 1995, 1886 (1888) bezugnehmend auf *Horn*, Globalbürgschaft und Bestimmtheitsgrundsatz, in: Festschrift Merz, S. 217 (222); *Reinicke/Tiedtke*, JZ 1986, 426 (428) sowie *Nobbe*, in: Schimansky/Bunte/Lwowski, Bankrechts-Handbuch, § 91, Rdn. 621.

506 *Nobbe*, in: Schimansky/Bunte/Lwowski, Bankrechts-Handbuch, § 91, Rdn. 176.

507 *Habersack*, in: MüKoBGB, § 765, Rdn. 68; so auch BGH, Urteil vom 05.04.1990 – IX ZR 111/89 = NJW, 1990, 1909 (1910) mwN; BGH, Urteil vom 10.10.1957 – VII ZR 419/56 = NJW 1957, 1873 (1873); *Horn*, in: Staudinger, § 765, Rdn. 19; *Röttger*, Kreditsicherungsrecht, S. 123; *Stadler*, in: Jauernig, BGB, § 765, Rdn. 18.

508 *Bülow*, Recht der Kreditsicherheiten, Rdn. 841.

509 *Habersack*, in: MüKoBGB, § 765, Rdn. 70; *Röttger*, Kreditsicherungsrecht, S. 123.

510 BGH, Urteil vom 10.10.1957 – VII ZR 419/56 = NJW 1957, 1873 (1873).

511 Zum Ganzen *Nobbe*, in: Schimansky/Bunte/Lwowski, Bankrechts-Handbuch, § 91, Rdn. 177 mwN.

512 Zum Ganzen *Bülow*, Recht der Kreditsicherheiten, Rdn. 846.

nur für eine ganz bestimmte Forderung bestellt werden kann, sondern er setzt nur voraus, dass sich aus der Sicherungszweckvereinbarung bestimmen lässt, ob die Forderung von der Bürgschaft erfasst sein soll. Das Bestimmbarkeitserfordernis verfolgt gerade nicht den Sinn, den Bürgen davor zu schützen, unübersehbare Verpflichtungen einzugehen.[513] Eine Bürgschaft kann daher auch für eine „abstrakt definierte Mehrzahl von Forderungen“ bestellt werden.[514] Damit wird auch einer Bürgschaft mit weiter Sicherungszweckerklärung jedenfalls nicht das Bestimmbarkeitserfordernis entgegenstehen.[515]

Fraglich ist jedoch, wie es sich verhält, wenn eine Forderung verbürgt werden soll, deren Umfang künftig in unbestimmter Weise erweitert werden soll.[516] Daraus, dass dem Erfordernis der Bestimmbarkeit der gesicherten Forderung(en) im Bürgschaftsrecht im Allgemeinen nur dann Genüge getan ist, wenn sie im Bürgschaftsvertrag so bezeichnet wird, dass der Bürge Gewissheit über sein übernommenes Risiko hat[517], folgt indes, dass auch bei einer Veränderlichkeit der gesicherten Forderung(en) der (maximale) Haftungsumfang der Bürgschaft für den Bürgen absehbar bleiben muss.[518] Dies bedeutet jedoch nicht zwingend die vorherige genaue Festlegung eines summenmäßigen Haftungsumfangs.[519] Der Bürge kann nämlich bei einer oder mehreren zu sichernden Forderung(en) aufgrund etwaiger wirtschaftlicher Eckpunkte der Hauptforderung(en) seinen Haftungsumfang ungefähr abschätzen.[520] Eine Forderung kann damit auch dann verbürgt sein, wenn der Betrag noch nicht endgültig feststeht.[521] Eine Begrenzung der Höhe nach hat mit der Bestimmbarkeit der zu sichernden Forderungen nämlich nichts zu tun. So sei laut BGH etwa bei einer Bürgschaft, die „alle nur irgendwie denkbaren Verbindlichkeiten“ des Kreditnehmers gegenüber der Bank ohne jedwede sachliche Begrenzung sichern soll, klar, welche Verbindlichkeiten damit gesichert werden sollen – nämlich alle. Den Gefahren, die bei einer derartig weiten Zweckerklärung

---

513 *Nobbe*, in: Schimansky/Bunte/Lwowski, Bankrechts-Handbuch, § 91, Rdn. 176.

514 Siehe zum Ganzen *Hoffmann*, in: Langenbucher/Bliesener/Spindler, Bankrechts-Kommentar, 29. Kap., § 765, Rdn. 8.

515 *Nobbe*, in: Schimansky/Bunte/Lwowski, Bankrechts-Handbuch, § 91, Rdn. 177; *Röttger*, Kreditsicherungsrecht, S. 123.

516 Vgl. *Horn*, in: Staudinger, § 765, Rdn. 19.

517 Dies so verallgemeinernd auch *Habersack*, in: MüKoBGB, § 765, Rdn. 68, 70.

518 *Horn*, in: Staudinger, § 765, Rdn. 19.

519 BGH, Urteil vom 18.05.1995 – IX ZR 108/94 = NJW 1995, 2553 (Rechtsprechungsänderung zur Zulässigkeit von Globalbürgschaften ohne summenmäßige Haftungsbeschränkung); *Horn*, in: Staudinger, § 765, Rdn. 19; *Stadler*, in: Jauernig, BGB, § 765, Rdn. 18; a.A. etwa *Tiedtke*, ZIP 1994, 1237 (1240 f.).

520 *Horn*, in: Staudinger, § 765, Rdn. 19.

521 BGH, Urteil vom 30.03.1995 – IX ZR 98/94 = NJW 1995, 1886 (1888), bezugnehmend auf *Horn*, Globalbürgschaft und Bestimmtheitsgrundsatz, in: Festschrift Merz, S. 217 (222); *Reinicke/Tiedtke*, JZ 1986, 426 (428).

lauern, müsse deshalb auf andere Weise als durch den Bestimmbarkeitsgrundsatz Rechnung getragen werden.[522]

b. Nicht akzessorische Sicherheiten

Bei den nicht akzessorischen Sicherheiten wird der Zweck der Sicherheitenbestellung allein durch den Sicherungsvertrag bestimmt. Nur mit der Herstellung dieser Zweckbeziehung kommt überhaupt erst ein „forderungsgebundenes Sicherungsrecht" zustande.[523] Die rechtsgeschäftliche Einigung über den Sicherungszweck, also die Benennung der gesicherten Forderung(en) durch die Parteien, ist deshalb notwendiger Bestandteil des Sicherungsvertrages.[524] Zu der Frage, ob auch bei nicht akzessorischen Sicherheiten die Einbeziehung von Forderungen in den Sicherungszweck einem Bestimmtheits- oder Bestimmbarkeitserfordernis unterliegt, fehlt in der Rechtsprechung jedoch weitestgehend eine Auseinandersetzung.[525] Nach der Literatur[526] ist eine Bestimmung der gesicherten Forderung(en) aber bei den nicht akzessorischen Sicherungsrechten gleichermaßen unentbehrlich. Einer individualisierbaren Benennung der zu sichernden Forderungen bedürfe es nämlich schon allein deshalb, um den Eintritt des Sicherungsfalls und infolgedessen das Verwertungsrecht des Sicherungsnehmers feststellen zu können.[527] Auch erlange man nur so Klarheit darüber, welche Forderungen vom Sicherungsrecht erfasst sein sollen und welche nicht, sowie darüber, ob überhaupt noch von der Sicherheit erfasste Forderungen bestehen oder die Sicherheit entsprechend rückabzuwickeln ist.[528] Allein im Interesse der Rechtssicherheit dürfe es über den Zeitpunkt der Forderungsentstehung hinaus nicht in der Schwebe bleiben, ob die Sicherheit eine Forderung erfasse oder diese unberührt lasse. In diesem Sinne wird man auch bei den nicht akzessorischen Sicherheiten von dem Bestimmbarkeitserfordernis als einer „institutionellen Schranke" gegen allzu weite Sicherungszweckerklärungen sprechen können.[529]

---

522 Siehe zum Ganzen BGH, Urteil vom 18.05.1995 – IX ZR 108/94 = NJW 1995, 2553 (2553).

523 *Becker-Eberhard*, Die Forderungsgebundenheit der Sicherungsrechte, S. 254.

524 Siehe zum Ganzen *Bülow*, Recht der Kreditsicherheiten, Rdn. 158 sowie oben unter § 7 II.

525 So auch *Lohmann*, Rechtsprobleme der Globalzweckerklärung, S. 30.

526 *Bülow*, Recht der Kreditsicherheiten, Rdn. 64; *Lohmann*, Rechtsprobleme der Globalzweckerklärung, S. 30; *Serick*, Eigentumsvorbehalt und Sicherungsübertragung, Bd. V, § 58 II 3, S. 120 f.

527 *Becker-Eberhard*, Die Forderungsgebundenheit der Sicherungsrechte, S. 256 f.; *Bülow*, Recht der Kreditsicherheiten, Rdn. 64, 158.

528 *Becker-Eberhard*, Die Forderungsgebundenheit der Sicherungsrechte, S. 257.

529 Zum Ganzen *Serick*, Eigentumsvorbehalt und Sicherungsübertragung, Bd. V, § 58 II 3, S. 120 f.

Nach all dem muss das Erfordernis einer hinreichend genauen Bestimmung der betroffenen Forderung(en) also für alle Sicherungsrechte gelten und nicht nur für die akzessorischen.[530]

2. Die Rechtsfolgen der Unbestimmbarkeit

Nachdem die Anforderungen an die Benennung der zu sichernden Forderung(en) dargelegt wurden, bleibt zu untersuchen, welche Rechtsfolgen an eine unzureichende Benennung geknüpft sind, welche Wirkungen also eintreten, wenn dem Bestimmbarkeitsgrundsatz nicht Genüge getan wird.

Im Hinblick auf das Pfandrecht gilt, dass es ohne gültige Forderung weder entstehen noch fortbestehen kann.[531] Im Unterschied zu Hypothek und Grundschuld[532] hat der Gesetzgeber beim Pfandrecht davon abgesehen, ihm ein verwandtes „forderungsungebundenes" Recht zur Seite zu stellen, weshalb hier die Möglichkeit der Umwandlung des Pfandrechts in ein solches Recht versperrt bleibt.[533] Ist die gesicherte Forderung nicht hinreichend bestimmbar, bleibt es beim Pfandrecht deshalb bei seiner Nicht-Entstehung.

Was die Bürgschaft anbelangt, so will ein Teil der Literatur nicht so weit gehen, aus einem Verstoß gegen den Bestimmbarkeitsgrundsatz die Unwirksamkeit des Bürgschaftsvertrages folgen zu lassen. Bleibt nach der Sicherungszweckvereinbarung des Bürgen mit der Bank offen, welche Forderung(en) vom Sicherungsumfang der Bürgschaft umfasst sein sollen, sei vielmehr davon auszugehen, dass die Bürgschaft in Ermangelung des Tatbestandsmerkmals der „Bestimmbarkeit" folgenlos bleibe, also eine Bürgenhaftung (noch) nicht begründet werde.[534] Im Ergebnis müsste für die Bürgschaft – ähnlich wie für die Hypothek, die bei der Besicherung einer unbestimmten Forderung ihren Charakter ändert und zur Grundschuld wird – dann aber gelten, dass sie ihren Charakter als akzessorisches Sicherungsrecht verliert und sich in eine Garantie verwandelt.[535] Mit der Rechtsprechung und

530 So auch *Becker-Eberhard*, Die Forderungsgebundenheit der Sicherungsrechte, S. 257.

531 So etwa *Berger*, in: Jauernig, BGB, § 1204, Rdn. 13; *Wiegand*, in: Staudinger, § 1204, Rdn. 11.

532 Fehlt es bei der Hypothek an der erforderlichen Bestimmtheit, d.h. den gem. §§ 1113, 1115 BGB erforderlichen Eintragungen, etwa weil die Forderung im Grundbuch nicht ausreichend identifiziert wurde, entsteht anstelle der Hypothek eine Eigentümergrundschuld, §§ 1163, Abs. 1 S. 1, 1177 Abs. 1 S. 1 BGB, die sodann ein Dasein als selbständiges, forderungsunabhängiges Sicherungsrecht führt (so etwa BGH, Urteil vom 18.11.1993 – IX ZR 244/92 = NJW 1994, 460 (461); *Becker-Eberhard*, Die Forderungsgebundenheit der Sicherungsrechte, S. 430).

533 Siehe *Becker-Eberhard*, Die Forderungsgebundenheit der Sicherungsrechte, S. 431.

534 *Bülow*, Recht der Kreditsicherheiten, Rdn. 840; *Habersack*, in: MüKoBGB, § 765, Rdn. 69.

535 Siehe *Becker-Eberhard*, Die Forderungsgebundenheit der Sicherungsrechte, S. 432; anders: *Horn*, in: Staudinger, § 765, Rdn. 91 mwN, der in diesem Zusammenhang davon ausgeht, dass Entstehen und Bestand des Bürgschaftsvertrages nicht vom

einem weiten Teil der Literatur ist hingegen auch für die Bürgschaft davon auszugehen, dass eine solche unwirksam ist, wenn die gesicherte(n) Forderung(en) nicht hinreichend bestimmbar benannt wurde(n).[536]

Nachdem festgestellt wurde, dass nicht akzessorische Sicherheiten ebenso dem Bestimmbarkeitserfordernis unterliegen,[537] ist auch für sie dann, wenn die Anforderungen an die Benennung der zu sichernden Forderung(en) nicht eingehalten werden, davon auszugehen, dass aus ihnen eine Haftung des Sicherungsgebers nicht begründet wird. Im Gegensatz zu den akzessorischen Sicherheiten werden die nicht akzessorischen in diesem Fall jedoch als „leere Hülle" bestehen bleiben können. Ebenso wie hier das Sicherungsrecht als solches bereits vor seiner Verbindung mit der oder den zu sichernden Forderung(en) in die Hände des Sicherungsnehmers gelangen kann, der Verbindungsakt also gerade nicht zwingender Bestandteil der Errichtung des sichernden Rechtes ist,[538] kann es folgerichtig nämlich auch entstehen oder fortbestehen, wenn die benannte(n) Forderung(en) nicht dem Bestimmbarkeitsgebot genügen und damit nicht hinreichend identifizierbar sind.

Abzugrenzen sind die zuvor aufgezeigten Rechtsfolgen für Bürgschaft und Pfandrecht im Falle einer unzureichenden Bestimmung der zu sichernden Forderung(en) jedoch von dem Fall, dass lediglich hinsichtlich einzelner Forderungen dem Bestimmbarkeitsgebot nicht genügt wurde, hinsichtlich anderer jedoch schon. In diesem Fall wird unter Anwendung von § 139 BGB bzw. § 306 Abs. 1 BGB in der Regel lediglich eine Teilnichtigkeit bzw. -unwirksamkeit anzunehmen und im Übrigen davon auszugehen sein, dass die Sicherungszweckabrede insoweit Bestand hat.[539]

Unklarheiten über den Umfang der mit einem Sicherungsrecht gesicherten Forderung(en) gehen mit der Rechtsprechung des BGH indes stets zu Lasten des Sicherungsnehmers, d.h. der kreditgewährenden Bank.[540]

3. Zwischenbefund

Daraus, dass akzessorische Sicherheiten in Bestand und Umfang von der bzw. den gesicherten Forderung(en) abhängig sind, folgt zwingend, dass diese hinreichend genau bezeichnet sein müssen, denn sonst ließe sich die dem Akzessorietätsprinzip

---

Bestand der Hauptschuld abhängig sind und die Bürgschaft deshalb „gegenstandslos" bestehen bleibt.

536 Siehe etwa BGH, Urteil vom 21.01.1993 – IX ZR 90/92 = NJW 1993, 1261 (1262); sowie aus der Literatur *Nobbe*, in: Schimansky/Bunte/Lwowski, Bankrechts-Handbuch, § 91, Rnd. 176; *Reinicke/Tiedtke*, Bürgschaftsrecht, Rdn. 15.

537 Siehe hierzu oben unter § 7 IV.

538 Vgl. *Becker-Eberhard*, Die Forderungsgebundenheit der Sicherungsrechte, S. 432 sowie oben unter § 7 II.

539 Vgl. *Bülow*, Recht der Kreditsicherheiten, Rdn. 843, der dies am Beispiel der Bürgschaft konkretisiert.

540 BGH, Urteil vom 12.03.1980 – VIII ZR 57/79 = NJW 1980, 1459 (1459).

innewohnende Verknüpfung von Forderung und Sicherungsrecht gar nicht herstellen.[541] Bei den nicht akzessorischen Sicherheiten ist – trotz teilweise unterschiedlicher Herleitung – im Ergebnis davon auszugehen, dass die Bestimmbarkeit der gesicherten Forderung(en) gleichermaßen unentbehrlich ist, da nur so festgestellt werden kann, ob vom Sicherungsrecht erfasste Forderungen überhaupt noch bestehen oder noch entstehen können oder etwa der Sicherungsfall, der die Voraussetzung für eine Verwertung der Sicherheit durch die Bank darstellt, eingetreten ist.[542] Demgemäß gilt das Erfordernis einer zumindest bestimmbaren Benennung der zu sichernden Forderung(en) nicht nur für akzessorische Sicherheiten, sondern gleichermaßen für alle Sicherungsrechte.[543] Der Bestimmbarkeitsgrundsatz drückt damit nicht nur den allgemeinen Grundsatz aus, wonach jede Schuld inhaltlich hinreichend bestimmt sein muss, sondern ist der bei jeder Sicherheit unentbehrlichen Festlegung des Sicherungszwecks und in diesem Umfang auch dem Schutz der Sicherungsgeber dienlich.[544]

Aufgabe des Bestimmbarkeitsgrundsatzes ist es jedoch nicht, den (Dritt-) Sicherungsgeber vor unkontrollierbaren und unvorhersehbaren Einstandspflichten zu bewahren; dieses Schutzbedürfnis ist vielmehr im Rahmen einer gesondert durchzuführenden Wirksamkeitskontrolle zu berücksichtigen.[545] Relevant wird dies insbesondere für den formularvertraglichen Bereich. Über das Erfordernis einer Bestimmbarkeit hinaus ergeben sich hier weitere Schranken für die Haftung des (Dritt-)Sicherungsgebers auch wenn es den Forderungen nicht an Bestimmbarkeit mangelt.[546] Hierauf ist jedoch erst an späterer Stelle näher einzugehen.[547]

---

541 *Bülow*, Recht der Kreditsicherheiten, Rdn. 64; *Lohmann*, Rechtsprobleme der Globalzweckerklärung, S. 28.

542 *Becker-Eberhard*, Die Forderungsgebundenheit der Sicherungsrechte, S. 257; *Bülow*, Recht der Kreditsicherheiten, Rdn. 64, 158.

543 So auch *Becker-Eberhard*, Die Forderungsgebundenheit der Sicherungsrechte, S. 257.

544 *Horn*, Globalbürgschaft und Bestimmtheitsgrundsatz, in: Festschrift Merz, S. 217 (221).

545 Siehe hierzu *Habersack*, in: MüKoBGB, § 765, Rdn. 69.

546 Vgl. *Bülow*, Recht der Kreditsicherheiten, Rdn. 18, 846; *Habersack*, in: Soergel, § 1204, Rdn. 21, die dies am Beispiel des Pfandrechts und der Bürgschaft konkretisieren.

547 Siehe hierzu unten unter § 12.

3. Kapitel: Der Sicherungszweck im „Wandel der Hauptschuld“

§ 8 Der „Wandel der Hauptschuld“

Während der Laufzeit eines Kredites kann sich aus unterschiedlichsten Gründen die Notwendigkeit einer Vertragsänderung bzw. (damit einhergehend) einer Änderung der ursprünglich vereinbarten Kreditverbindlichkeit ergeben („Wandel der Hauptschuld“). Sofern vertragliche Vereinbarungen abgeändert werden sollen, kann dies nur im beiderseitigen Einverständnis der Kreditvertragsparteien durch Abschluss einer Ergänzungsvereinbarung oder eines Änderungsvertrages erfolgen.[548] Praktisch relevant wird dies im Falle von Prolongationen, Krediterweiterungen, Stundungen, Tilgungsänderungen und -aussetzungen, Umschuldungen sowie eventuell bei Konditionenanpassungen. Anders gestaltet sich die Lage allerdings dann, wenn die Änderungsbefugnis bereits im ursprünglichen Vertrag als einseitiges Leistungsbestimmungsrecht i.S. des § 315 BGB angelegt war. Änderungen können in diesem Fall von einer Partei ohne Mitwirkung der anderen vorgenommen werden. Einer zweiseitigen Vereinbarung bedarf es hier gerade nicht. Es handelt sich dann um die Ausübung eines Gestaltungsrechts und nicht um eine rechtsgeschäftliche Vereinbarung zur Vertragsänderung.[549]

Mit der vorliegenden Arbeit ist der Frage nachzugehen, inwieweit sich etwaige Änderungen der ursprünglichen Kreditverbindlichkeit – sei es in der Form, dass eine bisher nicht gesicherte Forderung neben die ursprünglich gesicherte tritt oder diese ersetzen soll, sei es in der Form, dass die ursprünglich gesicherte Forderung über den bisherigen Umfang hinaus ausgedehnt werden soll – nach dem „Stichtag“ der Sicherheitenbestellung auf die Beständigkeit des jeweiligen Sicherungsrechts auswirken, d.h., ob die Haftung des Sicherungsgebers erlischt, unverändert bestehen bleibt oder sich möglicherweise auf die Verbindlichkeit in ihrer nunmehr geänderten Form erstreckt. Es gilt also, etwaige Änderungen der von den verschiedenen Sicherungsrechten gedeckten Verbindlichkeiten daraufhin zu untersuchen, ob sie die bestehende Haftung gefährden.

Hier wird man anhand der folgenden Kriterien[550] differenzieren müssen:

---

548 Zum Ganzen *Münscher*, in: Münscher/Grziwotz/Krepold/Freckmann, Praktikerhandbuch Baufinanzierung, Rdn. 2156.

549 *Münscher*, in: Münscher/Grziwotz/Krepold/Freckmann, Praktikerhandbuch Baufinanzierung, Rdn. 2156; vgl. auch *Kiem*, Die Gewährträgerhaftung für öffentliche Kreditinstitute im Stresstest, in: Gedächtnisschrift für Gruson, S. 247 (261).

550 Die Bedeutung bzw. Herleitung der aufgeführten Kriterien wird im Verlauf der Untersuchung noch zu zeigen sein. Um das Problembewusstsein zu schärfen, sollen die hier zu untersuchenden Varianten eines „Wandels der Hauptschuld“ allerdings schon auf diese Kriterien hin untersucht werden und sie werden deshalb bereits hier aufgeführt.

- Inwieweit eine (nachträgliche) Änderung der ursprünglichen Kreditverbindlichkeit die Haftung des Sicherungsgebers berührt, wird erstens von der Rechtsnatur des jeweiligen Sicherungsrechts abhängen, d.h. konkret davon, ob es sich um ein akzessorisches oder nicht akzessorisches Sicherungsrecht handelt.[551] Zudem wird man auch danach differenzieren müssen, ob es sich um eine Eigen- oder eine Drittsicherheit handelt.[552]
- Zweitens wird man bei akzessorischen Eigen- und Drittsicherheiten danach fragen müssen, ob durch die (nachträgliche) Änderung die Identität der Forderung gewahrt oder die ursprüngliche Verbindlichkeit dadurch so stark verändert wird, dass bei einer wirtschaftlichen, auf das Risiko des Sicherungsgebers abstellenden Betrachtungsweise nicht mehr von einem „identitätsgleichen Fortbestehen“ der Verbindlichkeit ausgegangen werden kann.[553] Aufgrund der Akzessorietät wäre die geänderte Kreditverbindlichkeit nämlich nicht mehr gesichert, wenn es sich insoweit um eine neue, in dem vorherigen Kreditverhältnis noch nicht angelegte Verbindlichkeit handelte, durch die die Altverbindlichkeit abgelöst und zum Erlöschen gebracht wird.[554]
  Wo genau die Grenze zwischen einer noch identitätswahrenden Änderung und einem Identitätsverlust der originären Verbindlichkeit zu ziehen ist, ist im Einzelfall meist schwer zu bestimmen.
  - Zur Abgrenzung wird man hier darauf abstellen können, ob durch die (nachträgliche) Änderung für den Sicherungsgeber grundlegende Voraussetzungen seiner übernommenen Haftung entfallen sind.[555]
  - Zudem wird man sich fragen können, ob die Änderungen von so wesentlicher Bedeutung sind, dass sie aus Sicht des Kreditnehmers als *essentialia negotii* zum Gegenstand eigener Verhandlungen hätten gemacht werden müssen, um zu einem wirksamen Vertragsbestandteil werden zu können. Dies wird etwa der Fall sein, wenn es sich um eine Änderung handelt, die einer Neuvereinbarung gleichkommt bzw. – mit anderen Worten – der Kreditnehmer sich in einer Entscheidungssituation befindet, die derjenigen bei der Neuaufnahme eines Kredites entspricht.[556]

---

551 Siehe hierzu sogleich unter § 9.

552 Siehe hierzu insbesondere unten unter § 12.

553 Siehe zum Ganzen *Ganter*, in: Schimansky/Bunte/Lwowski, Bankrechts-Handbuch, § 90, Rdn. 112; *Fischer*, in: FCH-Sicherheitenkompendium, Rdn. 193; vgl. auch *Kiem*, Die Gewährträgerhaftung für öffentliche Kreditinstitute im Stresstest, in: Gedächtnisschrift für Gruson, S. 247 (261).

554 Siehe hierzu BGH, Urteil vom 07.10.2002 – II ZR 74/00 = NJW 2003, 61 (62) sowie unten noch ausführlich unter § 9 I. 1.

555 Vgl. *Kiem*, Die Gewährträgerhaftung für öffentliche Kreditinstitute im Stresstest, in: Gedächtnisschrift für Gruson, S. 247 (261).

556 *Münscher*, in: Münscher/Grziwotz/Krepold/Freckmann, Praktikerhandbuch Baufinanzierung, Rdn. 2159.

- Zudem wird man zur Abgrenzung danach fragen können, ob aufgrund der (nachträglichen) Änderung ein neues Kapitalnutzungsrecht gewährt (Identitätsverlust) oder ein schon bestehendes Kapitalnutzungsrecht lediglich modifiziert (identitätswahrende Änderung) wird.[557] Dabei wird nur dann von einem „neuen“ Kapitalnutzungsrecht ausgegangen werden können, wenn dieses im ursprünglichen Kreditvertrag weder geregelt noch angelegt ist. Wird jedoch mit der Einräumung einer Kapitalnutzungsmöglichkeit lediglich an ein schon bestehendes Recht angeknüpft, wird davon auszugehen sein, dass sich die Kreditvertragsparteien weiterhin im Rahmen des ursprünglichen Kreditvertrages bewegen und nur dessen Bedingungen anders festsetzen bzw. die originären Bedingungen – etwa bei einer Verlängerung des ursprünglichen Kapitalnutzungsrechts – für die Zukunft fortführen wollen. Damit wird man danach unterscheiden können, ob es sich bei den intendierten Änderungen um einen tatsächlichen „Neuvertrag“ oder einen bloßen „Fortführungsvertrag“ (zu möglicherweise angepassten Konditionen) handelt.[558]

- Drittens wird man sich sowohl bei akzessorischen als auch bei nicht akzessorischen Drittsicherheiten fragen müssen, ob sich das Risiko des Sicherungsgebers durch die (nachträgliche) Änderung erhöht, die Änderung der gesicherten Forderung für den Sicherungsgeber mithin nachteilig ist.[559] Maßgeblich ist insoweit eine wirtschaftliche Betrachtungsweise.[560]

Im Folgenden sollen die für die Untersuchung relevanten Fälle eines „Wandels der Hauptschuld“ auf diese Kriterien hin untersucht werden, um sodann feststellen zu können, inwieweit sie von der Haftung des Sicherungsgebers gedeckt sind bzw. diese beeinflussen.

I. Verlängerung der Kreditlaufzeit – Prolongation

Grundsätzlich steht der Bank mit Fälligkeit zum Ende der vereinbarten Laufzeit der Rückzahlungsanspruch gemäß § 488 Abs. 1 S. 2 BGB zu. Hier bzw. auch bereits

---

557 *Ganter*, in: Schimansky/Bunte/Lwowski, Bankrechts-Handbuch, § 90, Rdn. 103; *Münscher*, in: Münscher/Grziwotz/Krepold/Freckmann, Praktikerhandbuch Baufinanzierung, Rdn. 2158.

558 Vgl. zum Ganzen *Kessal-Wulf*, in: Staudinger, § 492, Rdn. 23, die das Kapitalnutzungsrecht für die Frage eines Schriftformerfordernisses bei Änderungsverträgen im Rahmen von Verbraucherverträgen definiert. Obwohl die Definition der Begrifflichkeit hier in einem anderen Kontext erfolgt, sind keine Gründe ersichtlich, weshalb sie nicht auf den vorliegenden Zusammenhang übertragen können werden sollte.

559 *Fischer*, in: FCH-Sicherheitenkompendium, Rdn. 193; *Ganter*, in: Schimansky/Bunte/Lwowski, Bankrechts-Handbuch, § 90, Rdn. 103, 112; *ders.*, WM 1996, 1705 (1716).

560 So etwa *Ganter*, in: Schimansky/Bunte/Lwowski, Bankrechts-Handbuch, § 90, Rdn. 103, 112.

im Voraus, d.h. vor Fälligkeit, ist eine Prolongation möglich.[561] Unter einer Prolongation ist im Bankwesen richtigerweise[562] allein das Hinausschieben bzw. die Verlängerung der Endfälligkeit (*Final Maturity Date*) eines Kredites zu verstehen.[563] Im Übrigen bleiben die Kreditbedingungen (Kreditbetrag, Kreditzins, Tilgungsmodalitäten etc.) regelmäßig bestehen. Falls Kreditbedingungen geändert werden, stellt dies keine Prolongation dar, solange durch die Vertragsänderung eben nicht eine Verlängerung der Kreditlaufzeit erfolgt.[564]

Vereinbart die Bank mit dem Kreditnehmer nachträglich, d.h. nach dem Zeitpunkt der Sicherheitenbestellung, eine Verlängerung der Kreditlaufzeit, kann dies im Einzelfall für den Drittsicherungsgeber vorteilhafte, aber auch nachteilige Auswirkungen haben.[565]

Legt man den Sinn und Zweck eines Sicherungsrechts zugrunde, der gerade darin zu sehen ist, dass der (Dritt-)Sicherungsgeber bzw. sein Vermögensgegenstand für eine nicht rechtzeitige Rückzahlung der Kreditverbindlichkeit einsteht, so wird man in einer Verlängerung der Kreditlaufzeit nur schwerlich eine für den Drittsicherungsgeber nachteilige Vereinbarung zwischen der Bank und dem Kreditnehmer sehen können.[566] Denn würde der Kredit mit Ablauf der ursprünglich vereinbarten Laufzeit fällig, würde dem Drittsicherungsgeber seine Inanspruchnahme drohen, was durch die Verlängerung der Laufzeit und eine damit einhergehende Entlastung für den Kreditnehmer jedoch gerade vermieden werden könnte.[567] Zudem würde der Drittsicherungsgeber auch ohne die nachträgliche Verlängerung der Kreditlaufzeit für die auch dann bei nicht rechtzeitiger

---

561 Siehe zum Ganzen *Servatius*, in: Langenbucher/Bliesener/Spindler, Bankrechts-Kommentar, 35. Kap., Rdn. 214.

562 Fälschlicherweise werden sowohl in der Literatur als auch in der Rechtsprechung häufig etwa auch Stundungen (siehe etwa *Theewen*, BKR 2003, 141 (147), Änderungen der Tilgungsmodalitäten (siehe etwa *Rösler/Fischer*, BKR 2006, 50 (54)) oder Überziehungen einer Kreditlinie als Prolongation bezeichnet. Stundung liegt jedoch zunächst nur bei einem Aufschieben fälliger Tilgungsraten vor. Prolongationen hingegen bei der Verlängerung der Laufzeit ausgelaufener Kreditlinien. Und um eine Überziehung handelt es sich bei der Aufstockung bestehender Kreditlinien (siehe *Theewen*, BKR 2003, 141 (147) sowie *Richter*, in: Langenbucher/Bliesener/Spindler, Bankrechts-Kommentar, 31. Kap., Rdn. 33).

563 So etwa *Rusch*, GWR 2011, 151 (153); zu Laufzeit und Prolongation siehe auch *Servatius*, in: Langenbucher/Bliesener/Spindler, Bankrechts-Kommentar, 35. Kap., Rdn. 214 f.

564 Siehe hierzu BGH, Urteil vom 15.07.1999 – IX ZR 243–98 = NJW 1999, 3195 (3196).

565 *Fischer*, WM 2001, 1049 (1053).

566 So auch *Fischer*, in: FCH-Sicherheitenkompendium, Rdn. 196.

567 *Fischer*, in: FCH-Sicherheitenkompendium, Rdn. 196; *ders.*,WM 2001, 1049 (1053); *ders.*,WM 1998, 1705 (1711).

Rückzahlung zwangsläufig entstehende „Überziehung“ haften.[568] Der Haftungsumfang bliebe der Höhe nach für den Drittsicherungsgeber vermeintlich gleich.

In der Verlängerung der Kreditlaufzeit könnte man auch weder einen Austausch noch eine identitätsändernde Maßnahme hinsichtlich der ursprünglichen Kreditverbindlichkeit sehen. Denn wirtschaftlich betrachtet würde nur das ursprüngliche Kreditverhältnis und damit das ursprüngliche Kapitalnutzungsrecht fortgeführt werden, sodass sich Probleme aus der Akzessorietät nicht ergeben dürften.[569] Dies würde jedenfalls dann gelten, wenn die weiteren Bestandteile des ursprünglichen Kreditvertrages unberührt, also Inhalt und Zweck des Kredites nach Verlängerung der Laufzeit unverändert blieben.[570] Würde die Prolongation hingegen für weitgehende Änderungen des Vertrages instrumentalisiert, bestünde die für akzessorische Sicherheiten gefährliche Situation einer *Novation*.[571]

Allerdings hat insbesondere der BGH[572] darauf verwiesen, dass eine Verlängerung der Kreditvertragslaufzeit für den Drittsicherungsgeber nicht ohne weiteres nur mit einem wirtschaftlichen Vorteil verbunden sei. Sie könne vielmehr im Einzelfall dessen Risiko wesentlich erhöhen, wenn – etwa im Falle der Bürgschaft – die bei Ablauf der ursprünglich vereinbarten Vertragsdauer zur Verfügung stehende Regressmöglichkeit[573] später wesentlich an Wert verliert. Eine nachträgliche Verlängerung der Laufzeit kann dazu führen kann, dass der Drittsicherungsgeber, falls der Kreditnehmer später doch noch zahlungsunfähig wird, nur einen wertlosen Rückgriffsanspruch hat, während er nach Ablauf der ursprünglichen Kreditlaufzeit vom Kreditnehmer möglicherweise noch einiges hätte zurückholen können.[574]

Zudem bedeutet die Kreditprolongation laut BGH[575] in der Regel dann eine neue Kreditentscheidung, d.h. ein neues Kapitalnutzungsrecht, wenn sich Anhaltspunkte für eine schuldumschaffende Wirkung der Prolongation ergäben.[576] Hiervon wäre insbesondere auszugehen, wenn es sich bei dem Prolongationskredit um einen neuen, in dem vorherigen Kreditverhältnis noch nicht angelegten Vertrag

568 Dies gilt jedenfalls für den Fall, dass der Drittsicherungsgeber mit der Bank keine zeitliche Begrenzung seiner Haftung, z.B. durch eine befristete Bürgschaft, vereinbart hat; siehe hierzu *Fischer*, in: FCH-Sicherheitenkompendium, Rdn. 196.

569 *Fischer*, in: FCH-Sicherheitenkompendium, Rdn. 196; *ders.*, WM 1998, 1705 (1711); *Rösler/Fischer*, BKR 2006, 50 (54).

570 *Fischer*, in: FCH-Sicherheitenkompendium, Rdn. 196; *ders.*, WM 1998, 1705 (1711).

571 Siehe hierzu ausführlich unten unter § 8 VI. sowie § 9 I.

572 Vgl. etwa BGH, Urteil vom 03.11.2005 – IX ZR 181/04 = NJW 2005, 228 (230) sowie BGH, Urteil vom 15.07.1999 – IX ZR 243–98 = NJW 1999, 3195 (3196), wo dies am Fall der Bürgschaft konkretisiert wird.

573 Im Falle der Bürgschaft folgt die Regressmöglichkeit aus §§ 774 Abs. 1, 769 BGB.

574 Siehe hierzu auch *Fischer*, WM 1998, 1705 (1711).

575 BGH, Urteil vom 07.10.2002 – II ZR 74/00 = NJW 2003, 61 (62 f.).

576 Zur schuldumschaffenden Wirkung einer Prolongation siehe ausführlich unten unter § 16 III. 2. a. vi.

handelt, durch den die ursprüngliche Kreditverbindlichkeit abgelöst und zum Erlöschen gebracht würde.[577]

Ob die Argumentation bzw. Anforderungen des BGH im konkreten Fall zutreffen, wird einer Prüfung im Einzelfall vorbehalten bleiben müssen. Vorsichtshalber sollte man bei einer nachträglichen Verlängerung der Kreditvertragslaufzeit aber davon ausgehen, dass darin eine für den Drittsicherungsgeber (zumindest auch) nachteilige rechtsgeschäftliche Vereinbarung zwischen der Bank und dem Kreditnehmer sowie möglicherweise auch eine identitätsändernde Maßnahme hinsichtlich der ursprünglichen Kreditverbindlichkeit zu sehen ist. Die Einbeziehung von nachträglichen Laufzeitverlängerungen in den Sicherungszweck wird sich deshalb als problematisch darstellen.[578]

Keine Vertragserweiterung bzw. keine neue Kreditentscheidung wird jedoch in der Prolongation eines Kredites liegen, wenn mit dem Sicherungsgeber von vornherein vereinbart wurde, bzw. für ihn bei Bestellung seiner Sicherheit erkennbar war, dass diese auch für eine etwaige Verlängerung der gesicherten Kreditverbindlichkeit gelten soll, die Grundlage für die Prolongation mithin bereits im ursprünglichen Kreditvertrag gelegt wurde („anfängliche Prolongationsentscheidung“).[579] Dies wird insbesondere dann der Fall sein, wenn die Kreditlaufzeit aus Zins- und Kostengründen zunächst nur kurzfristig vereinbart wird, das Kreditverhältnis aus ökonomischer Sicht aber mittel- oder langfristig angelegt ist.[580] Vom BGH[581] werden hierfür exemplarisch immer wieder die nach altem Kapitalunterlegungsrecht (noch vor Umsetzung von Basel II[582]) gewährten sog. „Einjahresfazilitäten“ angeführt, die von der Kapitalunterlegungspflicht völlig befreit waren und deshalb besonders zins- und kostengünstig gewährt werden konnten. Dementsprechend wurden die Kredite, obwohl sie auf längere Dauer angelegt waren, für nur ein Jahr zugesagt, später jedoch in gleicher Höhe jeweils um ein weiteres Jahr verlängert.[583] Bei einer derartigen Gestaltung sind sich die Kreditvertragsparteien in

---

577 Siehe dazu, dass in Zweifelsfällen nur von einer Schuldänderung und nicht von einer Umschuldung auszugehen ist, ebenfalls ausführlich unten unter § 16 III. 2. a. vi.

578 Siehe hierzu sogleich ausführlich unten unter § 9.

579 BGH, Urteil vom 07.10.2002 – II ZR 74/00 = NJW 2003, 61 (62); *Fischer*, in: FCH-Sicherheitenkompendium, Rdn. 196; *Lwowski*, in: Schimansky/Bunte/Lwowski, Bankrechts-Handbuch, Anh. zu § 91, Rdn. 5.

580 *Lwowski*, in: Schimansky/Bunte/Lwowski, Bankrechts-Handbuch, Anh. zu § 91, Rdn. 5.

581 Siehe etwa BGH, Urteil vom 15.07.1999 – IX ZR 243 – 98 = NJW 1999, 3195 (3196).

582 Rahmenvereinbarungen des Baseler Ausschusses über internationale Konvergenz der Kapitalmessung und Eigenkapitalanforderungen (Basel II) vom Juni 2004. – Mit der Umsetzung von Basel II erfuhr das KWG umfassende Änderungen und Erweiterungen. Eine der bedeutsamsten Neuregelung war die Bestimmung zu Eigenmitteln und Liquidität in § 10 KWG (siehe hierzu ausführlich etwa *Fischer*, in: Boos/Fischer/Schulte-Mattler, KWG, CRR-VO, Bd. 1, Einführung, Rdn. 78).

583 Zum Ganzen etwa BGH, Urteil vom 15.07.1999 – IX ZR 243–98 = NJW 1999, 3195 (3196); *Bales*, BKR 2004, 264 (268); *Fischer*, WM 2001, 1049 (1053); *Ganter*, WM 1996,

der Regel von vornherein – wenn auch ohne Rechtsbindungswillen – einig, den Kreditvertrag zukünftig mehrfach um den gleichen Zeitraum zu verlängern, d.h. mehrere hintereinander geschaltete Jahresverträge zu schließen. Zwar begründen die aus der Verlängerung der Kreditvertragslaufzeit begründeten Forderungen aus der Sicht bei Bestellung der Sicherheit lediglich zukünftige Forderungen. Deren Inhalt ist in diesem Falle jedoch nach Grund und Umfang von vornherein genau bestimmt.[584]

Auch in der Akquisitionsfinanzierung sind die Kreditvertragsparteien bestrebt, den Verfügbarkeitszeitraum (*Availability Period*) für Kredite – insbesondere um sich bankenseits regulatorische Vorhaltekosten und auf Seite der Kreditnehmer Bereitstellungsgebühren zu ersparen – soweit wie möglich zu beschränken.[585] Deckt die vereinbarte Laufzeit dann nicht den tatsächlichen Finanzierungszeitraum ab, wird eine Prolongation mithin auch hier nicht ausgeschlossen werden können.

Aufgrund der aufgezeigten Unterschiede wird man sich jedoch stets fragen müssen, ob es sich hierbei um eine anfängliche oder nachträgliche Prolongationsentscheidung handelt. Hiernach gilt es auch im weiteren Verlauf der Untersuchung stets zu differenzieren.

II. Krediterweiterung

Im Falle der zusätzlichen Kreditaufnahme (neue Fazilität) wird man zweifelsfrei, im Falle der Aufstockung des Kreditbetrages jedoch wohl ebenfalls von einem neuem Kreditvertrag, d.h. einem neuen Kapitalnutzungsrecht bzw. einer neuen Forderung, ausgehen müssen.[586] Sowohl bei zusätzlichen Kreditaufnahmen als auch bei anfänglich nicht vereinbarten Erhöhungen dürfte grundsätzlich nicht davon auszugehen sein, dass diese vom damaligen Sicherungsbedürfnis der kreditgewährenden Bank erfasst waren. Mit einer Krediterweiterung ändert sich zudem die Rechtsstellung des Drittsicherungsgebers zu seinem Nachteil.[587]

Wie bereits erwähnt, sind die Kreditvertragsparteien in der Akquisitionsfinanzierung bestrebt, den Verfügbarkeitszeitraum (*Availability Period*) für Terminkredite zur beiderseitigen Kostenersparnis soweit wie möglich zu beschränken. Deckt die Verfügbarkeitsperiode sodann jedoch nicht den Zeitraum der tatsächlichen Finanzierung bzw. deren Bedarf ab, wie dies etwa im Fall etwaiger Nacherwerbe

---

1705 (1716); *Schröter*, WM 2000, 16 (17); *Walgenbach*, in: Langenbucher/Bliesener/Spindler, Bankrechts-Kommentar, 16. Kap., Rdn. 85 (Fn. 427) sowie ausführlich hierzu unten unter § 16 III. 2. a. i.

584 Siehe zum Ganzen *Fischer*, WM 2001, 1049 (1053).

585 *Knepper*, in: Meyer-Sparenberg/Jäckle, Beck'sches M&A-Handbuch, § 15, Rdn. 16.

586 *Merkel*, in: Schimansky/Bunte/Lwowski, Bankrechts-Handbuch, § 93, Rdn. 227.

587 *Merkel*, in: Schimansky/Bunte/Lwowski, Bankrechts-Handbuch, § 93, Rdn. 227; *Nobbe*, in: BKR 2002, 747 (756); *Rösler/Fischer*, BKR 2006, 50 (54).

der Fall sein kann, wird der weitere Bedarf faktisch nur durch weitere, noch nicht zugesagte Fazilitäten, weitere Fremdmittel oder Eigenkapital bedient werden können.[588] Gerade im Rahmen der Akquisitionsfinanzierung wird also eine nachträgliche Krediterweiterung nicht auszuschließen sein.

Bei der Akquisitionsfinanzierung wird jedoch häufig bereits zu Beginn für weitere, nach Durchführung der Akquisition vorgesehene Maßnahmen durch zusätzliche Kreditlinien (in der Regel in Form von Terminkrediten) Vorsorge getroffen. Dem wird insbesondere durch Aufnahme sog. *Accordion Options* in den Kreditvertrag Rechnung getragen.[589] Im Vergleich zu den zuvor dargestellten nachträglichen Krediterweiterungen besteht hier die Besonderheit, dass es sich um die Möglichkeit einer Krediterweiterung handelt, die von den Parteien des gesicherten Kreditvertrages von Anfang an vorgesehen war. Denn aus der Aufnahme der Option in die Kreditvereinbarung ergibt sich, dass sich die Kreditvertragspartner schon bei Vertragsschluss geeinigt haben, den Kreditbetrag möglicherwiese zu erweitern. Aus diesem Grund dürfte davon auszugehen sein, dass es sich bei der mit Aufnahme der *Accordion Option* von Anfang an vorgesehenen Möglichkeit, den Kreditbetrag zu erhöhen, ebenso wie bei der anfänglichen Prolongationsentscheidung nicht um ein neues Kapitalnutzungsrecht handelt und sich das Risiko des Drittsicherungsgebers – sofern er von dieser Gestaltung Kenntnis hatte oder hätte haben müssen – nicht erhöht.

III. Tilgungsaussetzung

In der Kreditpraxis wird aus unterschiedlichsten Gründen die Tilgung von Krediten für einen bestimmten Zeitraum ausgesetzt und nur die Zinsen werden regelmäßig weitergezahlt.[590] Vereinbaren die Kreditvertragsparteien ohne Beteiligung des Drittsicherungsgebers eine Tilgungsaussetzung – etwa in der Form, dass die Tilgungsvereinbarung von einer monatlichen Ratenzahlung auf eine Tilgung am Ende der Kreditlaufzeit umgestellt wird – liegt darin nach Ansicht des BGH in aller Regel eine Erweiterung der Verpflichtung des Drittsicherungsgebers.[591] Eine solche Vereinbarung vergrößert das Risiko des Drittsicherungsgebers erheblich, weil sie bewirkt, dass sich der Kreditbetrag nicht mehr kontinuierlich verringert. Die Haftung des Drittsicherungsgebers würde während der gesamten Laufzeit in voller

588 Zum Ganzen *Knepper*, in: Meyer-Sparenberg/Jäckle, Beck'sches M&A-Handbuch, § 15, Rdn. 16, 18.

589 Siehe zum Ganzen *Knepper*, in: Meyer-Sparenberg/Jäckle, Beck'sches M&A-Handbuch, § 15, Rdn. 1 sowie ausführlich hierzu unten unter § 16 III. 2. a. ii.

590 *Rösler*, BKR 2001, 125 (125).

591 Vgl. BGH, Urteil vom 06.04.2000 – IX ZR 2/98 = NJW 2000, 2580 (2582) zur Bürgschaft; siehe hierzu auch *Benckendorff*, in: Drobnig/Sagel-Grande/Snijders, Neuere Entwicklungen im Recht der persönlichen Kreditsicherheiten, S. 17; *Fischer*, WM 2001, 1049 (1054); *Nobbe*, BKR 2002, 747 (756); *Rösler/Fischer*, BKR 2006, 50 (55).

Höhe weiter bestehen bleiben.[592] Zudem wäre der Kredit damit für die gesamte Laufzeit vollständig zu verzinsen.[593]

IV. Änderung der Tilgungsmodalitäten

Wenn bei einem bestehenden Kreditvertrag die Tilgungs- bzw. Rückzahlungsmodalitäten geändert werden, kommt es stets auf den Einzelfall an, ob sich etwaige Änderungen für den Drittsicherungsgeber nachteilig auswirken oder nicht.[594] Es wird deshalb zu prüfen sein, wie sich der Kredit entwickelt hätte, wenn es bei der ursprünglichen Tilgungsregelung des Kreditvertrages geblieben wäre.[595] Insoweit wird es jedenfalls dann an einer Verschlechterung der Rechtsstellung des Drittsicherungsgebers fehlen, wenn er auch bei Beibehaltung der originären Tilgungsmodalitäten gegen den Kreditnehmer keinen durchsetzbaren Regressanspruch hätte erlangen können, d.h. – mit anderen Worten – auch ohne die Änderung der Tilgungsmodalitäten bei dem Kreditnehmer nichts zu holen gewesen wäre.[596]

V. Stundung

Die Stundung[597] von Zins- und Tilgungsraten dient der Vermeidung und Beseitigung von Insolvenzgründen bei einem Kreditnehmer bzw. der kurzzeitigen Überbrückung der Zeit bis zu einer Sanierung und stellt in der Regel den geringsten Beitrag dar, den ein Kreditinstitut leisten kann, um dem Kreditnehmer „Luft" zu verschaffen, denn das Ausfallrisiko für das Kreditinstitut wird damit regelmäßig nicht entscheidend erhöht.[598]

---

592 Zum Ganzen BGH, Urteil vom 06.04.2000 – IX ZR 2/98 = NJW 2000, 2580 (2582); *Fischer*, WM 2001, 1049 (1054); *Nobbe*, BKR 2002, 747 (756); *Rösler/Fischer*, BKR 2006, 50 (55); *ders.*, BKR 2001, 125 (127).

593 *Rösler*, BKR 2001, 125 (127).

594 *Lwowski*, in: Schimansky/Bunte/Lwowski, Bankrechts-Handbuch, Anh. zu § 91, Rdn. 256; *Nobbe*, BKR 2002, 747 (756 f.); *Rösler/Fischer*, BKR 2006, 50 (55).

595 Siehe hierzu bereits zuvor unter § 8 III.

596 Siehe hierzu *Habersack*, in: MüKoBGB, § 767, Rdn. 14 mit Verweis auf BGH, Urteil vom 06.04.2000 – IX ZR 2/98 = NJW 2000, 2580 (2583).

597 Auch Stillhaltevereinbarung, Zahlungsaufschub oder Moratorium genannt. Unter einer Stillhaltevereinbarung (*Standstill Agreement*) wird unter Umständen nicht nur das zeitlich befristete Offenhalten von Kreditlinien, sondern auch ein temporärer Verzicht auf Kündigungsrechte seitens der Gläubiger verstanden (siehe etwa *Krystek/Moldenhauer*, Handbuch Krisen- und Restrukturierungsmanagement, S. 242, D.2.3.2). Im Ergebnis dürfte dies aber nichts anderes bedeuten als eine Stundung.

598 *Braun*, in: Boos/Fischer/Schulte-Mattler, KWG, CRR-VO, Bd. 1, § 25a KWG, Rdn. 119; *Fischer*, in: WM 1998, 1705 (1711); *Richter*, in: Langenbucher/Bliesener/Spindler, Bankrechts-Kommentar, 31. Kap., Rdn. 72; *Wittig*, NZI 1998, 49 (51).

Zunächst wird die Stundung nicht immer leicht von einer Änderung der Tilgungsmodalitäten bzw. Aussetzung der Tilgung zu unterscheiden sein, da diese, weil die Tilgungsraten nicht zu den ursprünglich vorgesehenen Fälligkeitszeitpunkten, sondern erst am Ende der Laufzeit des Kredites zu zahlen sind, im Ergebnis einer Stundung nahe kommen. Unter Stundung wird bei einem Kredit mit regelmäßiger Tilgung in erster Linie jedoch nur „ein kurzfristigen Hinausschieben der Fälligkeit einer oder mehrere Raten bei grundsätzlicher Beibehaltung der monatlichen Tilgungsverpflichtung" verstanden.[599]

Eine Stundung lässt die gestundete Kreditforderung mithin unberührt und schiebt lediglich ihre Fälligkeit auf.[600] Wird die zu stundende Kreditforderung durch ein Drittsicherungsrecht gesichert, können sich aber dennoch Probleme ergeben. Zwar neigt der BGH dazu, Stundungen im soeben genannten Sinne[601] wohl nicht als die Rechtsstellung des Drittsicherungsgebers verschlechternde Vereinbarung anzusehen.[602] Dem kann nach hier vertretener Auffassung jedoch nicht gefolgt werden.[603] Ebenso wie eine Tilgungsaussetzung – bei der der BGH von einer Verschlechterung der Rechtsstellung des Drittsicherungsgebers ausgeht – führt nämlich auch eine Stundung regelmäßig dazu, dass sich der offene Kreditbetrag während des Zeitraums der Stundung nicht verringert und sich die Laufzeit des Kredites möglicherweise verlängert. In einer solchen Maßnahme muss, auch wenn sie den Eintritt des Sicherungsfalls und mithin die Inanspruchnahme des Drittsicherungsgebers verhindern will, konsequenterweise für den Drittsicherungsgeber auch eine Benachteiligung gesehen werden, da sich sein Haftungsrisiko – unter gleichzeitiger Erhöhung des Ausfallrisikos des Kreditnehmers – dadurch ebenso zeitlich verlängert.[604]

Zudem wird nicht vollständig ausgeschlossen werden können, dass Gerichte eine Stundung wegen des Aufschubs der Tilgungsverpflichtung als Umschuldung qualifizieren.[605] Unter Umständen würde das Drittsicherungsrecht in der Folge den gestundeten Kredit nicht mehr sichern. Dies wird im Folgenden jedoch noch ausführlich zu prüfen sein.[606]

Zu unterscheiden bzw. abzugrenzen gilt es die Stundung schließlich auch von der Prolongation eines zurückgezahlten, zeitlich befristeten Kredites oder dessen

---

599 Zum Ganzen BGH, Urteil vom 06.04.2000 – IX ZR 2/98 = NJW 2000, 2580 (2582).

600 *Fischer*, WM 1998, 1705 (1711); *Rösler/Fischer*, BKR 2006, 50 (54); *Wittig*, NZI 1998, 49 (51).

601 Siehe Fn. 599.

602 BGH, Urteil vom 06.04.2000 – IX ZR 2/98 = NJW 2000, 2580 (2582 f.); siehe auch *Fischer*, WM 2001, 1049 (1054); *Nobbe*, BKR 2002, 747 (756).

603 Siehe hierzu sowie zum Folgenden ausführlich unten unter § 12 I. 3. b.

604 *Rösler/Fischer*, BKR 2006, 50 (54).

605 *Nobbe*, BKR 2002, 747 (756); *Richter*, in: Langenbucher/Bliesener/Spindler, Bankrechts-Kommentar, 31. Kap., Rdn. 73; *Wittig*, NZI 1998, 49 (51 f.).

606 Zu den mit einer Umschuldung verbundenen Rechtsfolgen siehe sogleich ausführlich unten unter § 9 I. 3.

Erhöhung. Sofern damit ein neues bzw. geändertes Kapitalnutzungsrecht eingeräumt wird, stellt dies keine bloße Stundung mehr dar und die Maßnahmen werden sich an denselben Kriterien messen lassen müssen wie eine neue Kreditgewährung.[607]

VI. Umschuldung

Wird ein gesicherter Kredit umgeschuldet[608], so kann darin – je nach den Umständen des Einzelfalls – eine bloße Abänderung des bestehenbleibenden ursprünglichen Schuldverhältnisses (Schuldänderung) oder die Begründung eines neuen Schuldverhältnisses (Schuldumschaffung, *Novation*) zu sehen sein.[609] Bei novierenden Umschuldungskrediten wird die bestehende Kreditverbindlichkeit mithin durch eine andere ersetzt, sodass eine neue Verbindlichkeit entsteht.[610] Inwieweit eine solche Forderungsauswechslung die Haftung des Sicherungsgebers berührt, hängt zunächst von der Rechtsnatur des Sicherungsrechts ab und wird im Folgenden noch ausführlich zu untersuchen sein.[611]

Zur Abgrenzung einer *Novation* von einer bloßen Schuldänderung wird in der Regel für jeden Einzelfall zu prüfen sein, ob der ursprüngliche Kreditvertrag mit der Umschuldung tatsächlich in einem solchen Umfang Modifizierungen erfährt, dass dadurch die Identität der ursprünglichen Forderung verloren geht.[612] Dies ist anzunehmen, wenn durch die nachträgliche, rechtsgeschäftliche – jedenfalls schuldändernde – Vereinbarung für den Drittsicherungsgeber grundlegende Voraussetzungen der von ihm übernommenen Haftung entfallen.[613] So besteht beispielsweise im Falle einer Laufzeitverlängerung sowie gleichzeitiger Änderung der Konditionen für das Kreditinstitut die Gefahr, dass nicht mehr von einem identitätsgleichen Fortbestehen des originären Kredites ausgegangen werden kann.[614] Ob die Identität der gesicherten Forderung im Falle einer Umschuldung letztlich

607 Siehe zum Ganzen *Richter*, in: Langenbucher/Bliesener/Spindler, Bankrechts-Kommentar, 31. Kap., Rdn. 33.

608 Eine Umschuldung erfolgt in den meisten Fällen aus dem Interesse des Kreditnehmers heraus, sich über den Zinsbindungszeitraum des abzulösenden Kredites hinaus günstigere Konditionen zu sichern; siehe *Krepold*, in: Langenbucher/Bliesener/Spindler, Bankrechts-Kommentar, 14. Kap., Rdn, 147.

609 *Gaberdiel/Gladenbeck*, Kreditsicherung durch Grundschulden, Rdn. 685; *Nobbe*, in: Schimansky/Bunte/Lwowski, Bankrechts-Handbuch, § 91, Rdn. 255; *Rösler/Fischer*, BKR 2006, 50 (54); *Bales*, BKR 2004, 264 (268).

610 Zum Ganzen *Gaberdiel/Gladenbeck*, Kreditsicherung durch Grundschulden, Rdn. 685; *Rösler/Fischer*, BKR 2006, 50 (54).

611 Siehe hierzu sogleich unten unter § 9 I.

612 *Rösler/Fischer*, BKR 2006, 50 (54).

613 Vgl. *Kiem*, Die Gewährträgerhaftung für öffentliche Kreditinstitute im Stresstest, in: Gedächtnisschrift für Michael Gruson, S. 247 (259).

614 *Rösler/Fischer*, BKR 2006, 50 (54).

als gewahrt anzusehen ist, ist anhand einer wirtschaftlichen Betrachtungsweise zu beurteilen.[615] Wegen der weitreichenden Folgen[616] einer *Novation* muss ein dahingehender Vertragswille jedoch deutlich erkennbar zum Ausdruck kommen. Im Zweifel ist mit der Rechtsprechung des BGH von einer bloßen Vertragsänderung auszugehen.[617]

VII. Zinsänderungsklauseln

Unzweifelhaft wird eine nachträgliche Erhöhung der Verzinsung einer Kreditverbindlichkeit eine Erweiterung der Verbindlichkeit darstellen und mithin das Risiko des Drittsicherungsgebers erhöhen.[618] Anders gestaltet sich die Lage jedoch regelmäßig im Fall sog. Zinsänderungsklauseln.

Mit Zinsänderungsklauseln wird man zunächst häufig in Form von Zinsanpassungsklauseln und Zinsgleitklauseln in den Kreditverträgen konfrontiert.[619] Mit Zinsanpassungsklauseln wird der kreditgewährenden Bank im Kreditvertrag das Recht eingeräumt, die Zinshöhe im Wege eines einseitigen Leistungsbestimmungsrechts i.S. des § 315 BGB anzupassen.[620] Da die Änderungsbefugnis damit bereits im ursprünglichen Vertrag angelegt ist, handelt es sich nicht um eine rechtsgeschäftliche Vereinbarung zur Vertragsänderung, sondern lediglich um die Ausübung eines Gestaltungsrechts.[621] Hingegen bezeichnet man eine Regelung, nach der der Zinssatz an einen externen variablen Referenzparameter, im Regelfall einen internationalen Leitzinssatz (EURIBOR oder LIBOR), geknüpft ist, als Zinsgleitklausel.[622] Die materielle Wirksamkeit von Zinsklauseln ist – insbesondere unter AGB-rechtlichen Gesichtspunkten – umstritten, soll jedoch mangels Relevanz für die vorliegende Untersuchung nicht näher erörtert werden.[623]

---

615 *Brünink*, in: Lwowski/Fischer/Gehrlein, Das Recht der Kreditsicherung, § 3, Rdn. 34.
616 Siehe hierzu sogleich unter § 9 I. 1.
617 Siehe zum Ganzen BGH, Urteil vom 08.03.2012 – IX ZR 51/11 = NJW 2012, 2099 (2101 Fn. 22); BGH, Urteil vom 26.10.2010 – XI ZR 367/07 = NJW-RR 2011, 403 (405 Fn. 28); BGH, Urteil vom 07.03.2002 – III ZR 73/01 = NJW 2002, 1503 (1504); BGH, Urteil vom 08.11.2001 – IX ZR 46/99 = NJW-RR 2002, 1130 (1131); BGH, Urteil vom 06.04.2000 – IX ZR 2/98 = NJW 2000, 2580 (2581); BGH, Urteil vom 30.09.1999 – IX ZR 287–98 = NJW 1999, 3708 (3709); BGH, Urteil vom 14.11.1985 – III ZR 80/84 = NJW 1986, 1490 (1491).
618 Vgl. *Kiem*, Die Gewährträgerhaftung für öffentliche Kreditinstitute im Stresstest, in: Gedächtnisschrift für Michael Gruson, S. 247 (259).
619 *Diem*, Akquisitionsfinanzierungen, § 15, Rdn. 27.
620 So etwa *Langenbucher*, BKR 2005, 134 (135).
621 Vgl. *Kiem*, Die Gewährträgerhaftung für öffentliche Kreditinstitute im Stresstest, in: Gedächtnisschrift für Gruson, S. 247 (261).
622 *Diem*, Akquisitionsfinanzierungen, § 15, Rdn. 27; *Servatius*, in: Langenbucher/Bliesener/Spindler, Bankrechts-Kommentar, 35. Kap., Rdn. 309.
623 Siehe allgemein zu den AGB-rechtlichen Schranken für kreditvertragliche Zinsanpassungs- und Zinsgleitklauseln etwa *Fuchs*, in: Ulmer/Brandner/Hensen,

Vielmehr kommt es hier entscheidend darauf an, ob sich das vom Drittsicherungsgeber übernommene Risiko durch die Zinsänderung erhöht. Dies kann von vornherein für diejenigen Änderungen verneint werden, die aufgrund der Einräumung eines Leistungsbestimmungsrechts i.S. des § 315 BGB vertraglich vorbehalten sind, also insbesondere im Fall von Zinsanpassungsklauseln.[624]

In aller Regel ändert sich der Charakter eines Kredites bei Zinssatzänderungen im Allgemeinen sowie auch bei Zinsartänderungen (variabel, festverzinslich) innerhalb der festgelegten Laufzeit jedoch nicht, da das ursprüngliche Kapitalnutzungsrecht des Kreditnehmers unberührt bleibt.[625] Das Kreditverhältnis als solches bleibt bestehen. Wird mit einer vertraglich vorgesehenen Zinsänderung kein neues Kapitalnutzungsrecht eingeräumt, ändert sich in der Regel auch das Risiko des Drittsicherungsgebers nicht.[626]

AGB-Recht, Teil 2, (65) Zinsanpassungsklauseln Rdn. 10ff.; *Servatius*, in: Langenbucher/Bliesener/ Spindler, Bankrechts-Kommentar, 35. Kap., Rdn. 310 ff. sowie aus der Rechtsprechung BGH, Urteil vom 13.04.2010 – XI ZR 197/09 = NJW 2010, 1742 (1742 ff.); BGH, Urteil vom 21.04.2009 – XI ZR 78/08 = NJW 2009, 2051 (2051 ff.).

624 *Fischer*, WM 1998, 1705 (1711).

625 *Merkel*, in: Schimansky/Bunte/Lwowski, Bankrechts-Handbuch, § 93, Rdn. 226.

626 *Epp*, in: Schimansky/Bunte/Lwowski, Bankrechts-Handbuch, § 94, Rdn. 336.

§ 9 Die Wandlungsfähigkeit der Sicherungszweckvereinbarung

Nachdem zuvor die verschiedenen Varianten eines „Wandels der Hauptschuld" aufgezeigt und die wesentlichen Charakteristiken herausgearbeitet wurden, bleibt zu prüfen, inwieweit etwaige Veränderungen einer gesicherten Kreditverbindlichkeit bzw. (bei Auswechslung der Hauptverbindlichkeit) eine neue Kreditverbindlichkeit nach dem Zeitpunkt der Sicherheitenbestellung von der Haftung des Sicherungsgebers gedeckt sind, d.h. konkret, ob die Haftung unverändert weiter besteht, sich auf die Verbindlichkeit in ihrer nunmehr geänderten Form erstreckt oder möglicherweise sogar erlischt.

Hinsichtlich der verschiedensten Veränderungen, die während der Sicherungsphase auftreten können, sind es vor allem die Auswechslung sowie eine Erweiterung der vom Sicherungsrecht erfassten Kreditverbindlichkeit(en), die für die vorliegende Untersuchung von Bedeutung sind.[627] Soll oder wird sich die Hauptschuld „wandeln" und ist diese „Wandlung" nicht vom originären Sicherungszweck erfasst, werden die Sicherungsparteien nämlich regelmäßig eine Änderung oder Erweiterung des Sicherungszwecks der bestellten Sicherungsrechte anstreben. Dabei gilt es hinsichtlich der Möglichkeiten für eine Änderung bzw. Erweiterung des Sicherungszwecks nach der Rechtsnatur der verschiedenen Sicherungsrechte, nach akzessorischen und nicht akzessorischen Sicherungsrechten, zu unterscheiden sowie danach, ob es sich um ein Eigen- oder ein Drittsicherungsrecht handelt. Eine differenzierte Darstellung ist deshalb für die Zwecke dieser Untersuchung unerlässlich. Dabei gelten die folgenden Ausführungen aber stets unter dem Vorbehalt, dass ein etwaiger „Wandel der Hauptschuld" nicht bereits durch die Weite des Sicherungszwecks erfasst ist. Eine weite Sicherungszweckvereinbarung[628] erfasst nämlich, ohne Rücksicht auf den Zeitpunkt ihrer Entstehung, von vornherein etwa alle Forderungen aus der bankmäßigen Geschäftsverbindung und damit grundsätzlich jedwede wie auch immer geartete Veränderung oder Erweiterung der gesicherten Verbindlichkeit, sofern sie im Rahmen der Geschäftsverbindung entsteht.[629] Bei Verwendung einer weiten Zweckerklärung stellen sich die im Folgenden aufgeworfenen Fragen deshalb grundsätzlich von vornherein nicht. Die hier folgende Darstellung beschränkt sich also im Grunde auf enge Zweckvereinbarungen, die etwa Ansprüche aus einem bestimmten Kreditvertrag sichern.

---

627 Siehe zum Ganzen *Becker-Eberhard*, Die Forderungsgebundenheit der Sicherungsrechte, S. 429 ff.

628 Siehe zum Begriff der „weiten Sicherungszweckvereinbarung" oben unter § 7 III. 1 b.

629 *Becker-Eberhard*, Die Forderungsgebundenheit der Sicherungsrechte, S. 501.

Unberücksichtigt bleiben soll hier zudem zunächst eine AGB-rechtliche Betrachtungsweise. Diese bleibt dem folgenden Kapitel vorbehalten.[630]

I. Die Änderung des Sicherungszwecks (Forderungsauswechslung)

Die Frage nach Möglichkeiten zur Änderung des Sicherungszwecks umfasst zunächst die Frage nach der Möglichkeit einer Auswechslung der vom Sicherungsrecht originär erfassten Forderung(en), um der Sicherheit fortan neue, von der bisherigen Zweckerklärung nicht erfasste Forderungen unterlegen zu können. Dies wird im Folgenden im Hinblick auf die verschiedenen Sicherungsrechte zu klären sein.

1. Akzessorische Sicherheiten

Im Falle akzessorischer Sicherheiten können andere Forderungen als die ursprünglich gesicherten grundsätzlich nicht durch eine nachträgliche Änderung der Zweckerklärung gesichert werden.[631] Sobald die ursprünglich gesicherte Forderung ausgewechselt wird, erlischt sie und mit ihr aufgrund der Akzessorietät die haftende Sicherheit.[632] Die kreditgewährende Bank verliert in einem solchen Fall das akzessorische Sicherungsrecht insgesamt; eine Sicherung der auszuwechselnden Verbindlichkeit ist nur durch Neubestellung – gegebenenfalls unter Wahrung der bestehenden Rangstellen – möglich.[633] Eine Vereinbarung mit dem Sicherungsgeber, das akzessorische Sicherungsrecht für eine neue Forderung zu verwenden, kann mithin nur eine Neubestellung darstellen.[634] Insbesondere beim Pfandrecht gilt es im Fall einer Forderungsverpfändung dann zu beachten, dass dieses nur mit erneuter Anzeige gegenüber dem Forderungsschuldner wirksam wird (§ 1280 BGB).[635]

Mithin ist bei Bürgschaft und Pfandrecht als akzessorischen Sicherungsrechten bei einer Forderungsauswechslung Vorsicht angezeigt. Damit die ursprünglich gesicherte Verbindlichkeit nicht durch Austausch erlischt und damit das Sicherungsrecht entfällt, wird bei jeglichen Änderungen der gesicherten Forderungen aufgrund der Akzessorietät deren Identität gewahrt bleiben müssen.[636] Zur

630 Siehe zur AGB-rechtlichen Betrachtungsweise ausführlich unten unter § 12 ff.

631 *Brünink*, in: Lwowski/Fischer/Gehrlein, Das Recht der Kreditsicherung, § 3, Rdn. 34.

632 *Fischer*, in: FCH-Sicherheitenkompendium, Rdn. 193; *Rösler/Fischer*, BKR 2006, 50 (56). – Siehe hierzu auch bereits oben unter § 7 II.

633 *Brünink*, in: Lwowski/Fischer/Gehrlein, Das Recht der Kreditsicherung, § 3, Rdn. 34; *Damrau*, in: MükoBGB, § 1204, Rdn. 24.

634 Vgl. *Kiem*, Die Gewährträgerhaftung für öffentliche Kreditinstitute im Stresstest, in: Gedächtnisschrift für Gruson, S. 247 (261).

635 *Rösler/Fischer*, BKR 2006, 50 (56).

636 *Ganter*, in: Schimansky/Bunte/Lwowski, Bankrechts-Handbuch, § 90, Rdn. 112; *Rösler/Fischer*, BKR 2006, 50 (56).

wirksamen Besicherung kommt es mithin zunächst entscheidend darauf an, ob es sich nach der Änderung noch um dieselbe, ursprünglich besicherte Verbindlichkeit handelt oder ob mit der Änderung ein zum Verlust des akzessorischen Sicherungsrechts führender Wechsel in der Identität der ursprünglich gesicherten Verbindlichkeit zu sehen ist.[637] Von einer identitätswahrenden Änderung kann jedenfalls nicht ausgegangen werden, wenn die gesicherte Verbindlichkeit durch eine andere ersetzt oder inhaltlich dergestalt geändert wird, dass dies einer Ersetzung gleichsteht.[638] Wird durch Einigung zwischen (Dritt-)Sicherungsgeber und der kreditgewährenden Bank nachträglich ein vollständiger Austausch der bisher gesicherten Forderung(en) gegen eine oder mehrere neue vereinbart, so wird es sich in aller Regel um eine so grundlegende Umgestaltung des Rechtsverhältnisses handeln, dass von einer identitätswahrenden Fortsetzung des alten Rechtsverhältnisses mit lediglich verändertem Inhalt kaum mehr ausgegangen werden kann.[639]

Dies gilt wegen der aus § 767 Abs. 1 S. 3 BGB und § 1210 Abs. 1 S. 2 BGB hergeleiteten Verbote der Fremddisposition erst recht auch im Falle der Drittbesicherung für eine solche Einigung zwischen der kreditgewährenden Bank und dem Kreditnehmer. Wollen die Kreditvertragsparteien den Vertrag über die Hauptschuld mit Wirkung zulasten des Bürgen bzw. Drittpfandgebers abändern, so muss dies im Bürgschafts- bzw. Drittverpfändungsvertrag originär angelegt sein, damit der Sicherungsgeber den Umfang der Änderung erkennen kann.[640] Von einer solchen Regelung abgesehen kann eine neue Forderung deshalb auch hier nur im Wege einer neuen Sicherheitenbestellung gesichert werden.

2. Nicht akzessorische Sicherheiten

Bei nicht akzessorischen Sicherheiten können die Parteien den Kreis der gesicherten Forderungen grundsätzlich jederzeit – ohne Gefahr für den Bestand der Sicherheit – ändern.[641] Ebenso besteht die Möglichkeit, die Sicherheit nach Erledigung des Sicherungszwecks zu revalutieren, ihr also nach Erlöschen der ursprünglich gesicherten, Forderungen aus einer neuen Kreditgewährung zu unterstellen.[642]

Wie festgestellt, richtet sich der Sicherungszweck auch bei nicht akzessorischen Sicherheiten auf eine hinreichend bestimmte Forderung oder einen hinreichend bestimmten Forderungskreis, denn andernfalls würde es an einem Sicherungsgegenstand fehlen, auf den sich das Sicherungsrecht bezieht.[643] Eine neue Forderung

637 *Fischer*, in: FCH-Sicherheitenkompendium, Rdn. 193.

638 *Ganter*, in: Schimansky/Bunte/Lwowski, Bankrechts-Handbuch, § 90, Rdn. 112.

639 Siehe zum Ganzen *Becker-Eberhard*, Die Forderungsgebundenheit der Sicherungsrechte, S. 440.

640 *Horn*, in: Staudinger, § 765, Rdn. 19.

641 *Brünink*, in: Lwowski/Fischer/Gehrlein, Das Recht der Kreditsicherung, § 3, Rdn. 34; *Rösler/Fischer*, BKR 2006, 50 (56).

642 *Brünink*, in: Lwowski/Fischer/Gehrlein, Das Recht der Kreditsicherung, § 3, Rdn. 34.

643 Siehe hierzu oben unter § 7 II.

kann deshalb von dem bestehenden Sicherungsrecht nur erfasst sein, wenn sie in den Kreis der nach dem Sicherungszweck gesicherten Forderungen fällt. Tut sie das nicht, so kann die Forderungsauswechslung nur durch eine entsprechende Abrede mit dem Sicherungsgeber bewirkt werden, da sonst die Kreditvertragsparteien den Haftungsumfang der Sicherheit beliebig erweitern könnten, indem sie etwa an die Stelle der bisherigen Forderung eine neue, höhere setzen würden.[644] Im Falle der Drittsicherung wäre die Folge, dass die Haftung des Dritten ohne sein Zutun durch die Forderungsauswechslung beliebig erweitert werden könnte. Im Falle der Eigensicherung, bei der die Forderungsauswechslung zwar im Interesse des Sicherungsgebers sein könnte, weil er die Sicherheit zur Besicherung weiterer Forderungen verwenden könnte, würde sich dies hingegen möglicherweise nachteilig gegenüber weiteren Gläubigern auswirken, wenn beispielsweise der Sicherungsgeber sein Recht auf Rückgewähr nach vollständiger Tilgung der bislang gesicherten Forderung(en) an einen weiteren Gläubiger übertragen hätte.[645] Etwas anderes gilt aber dann, wenn der Sicherungsvertrag die Möglichkeit der Auswechslung der Forderung(en), vor allem zum Zwecke der Revalutierung, eigens vorsieht, die Parteien des Sicherungsvertrages von dieser Möglichkeit Gebrauch gemacht haben und das Sicherungsrecht deshalb noch nicht zur Rückabwicklung fällig wird. In diesem Fall würden weitere Sicherungsnehmer nämlich von vornherein ihre „Rück erwerbsposition" nur unter entsprechendem Vorbehalt erwerben und könnten sich deshalb gegen eine Forderungsauswechslung nicht wehren.[646]

Von den Ausnahmen zum Schutz etwaiger weiterer Gläubiger bzw. Sicherungsnehmer einmal abgesehen, ist die Forderungsauswechslung bei den nicht akzessorischen Sicherheiten aber problemlos möglich.[647] Wie der Sicherungszweck durch

---

644 Siehe zum Ganzen *Scherber*, Probleme der fiduziarischen Kreditsicherung durch Dritte, S. 93.

645 *Becker-Eberhard*, Die Forderungsgebundenheit der Sicherungsrechte, S. 441 f.; *Brünink*, in: Lwowski/Fischer/Gehrlein, Das Recht der Kreditsicherung, § 3, Rdn. 34; *Ganter*, in: Schimansky/Bunte/Lwowski, Bankrechts-Handbuch, § 90, Rdn. 113. – Im Falle der Forderungsauswechslung würde der Rückgewähranspruch, sprich das Recht auf Rückabwicklung des Sicherungsverhältnisses, nämlich solange nicht entstehen, bis die ausgewechselte Forderung endgültig erloschen ist und der Dritte als neuer Inhaber des Rückgewähranspruchs müsste solange auf seine Sicherheit verzichten. Weitere Gläubiger müssten in diesem Fall die Forderungsauswechslung deshalb grundsätzlich nicht gegen sich gelten lassen, sondern können vom „erstrangigen" Sicherungsnehmer Rückgewähr der Sicherheit nach den Vorgaben der ursprünglichen Sicherungszweckvereinbarung verlangen. Nach hier vertretener Auffassung sind in einem solchen Fall die für Höchstbetragsbürgschaften geltenden Grundsätze anwendbar (siehe hierzu ausführlich unten unter § 12 I. 1. c.

646 Siehe zum Ganzen *Becker-Eberhard*, Die Forderungsgebundenheit der Sicherungsrechte, S. 441.

647 Etwas anderes soll nach *Knops*, ZIP 2006, 1965 (1969) jedoch bei der Grundschuld gelten, da sich hier aus § 1191 Abs. 1 BGB möglicherweise eine Restriktion des Sicherungsumfangs ergeben könne. In § 1191 Abs. 1 BGB sei nämlich die Rede von

Vereinbarung der Parteien des Sicherungsgeschäfts begründet werden kann, so ist er nämlich auch einer rechtsgeschäftlichen Änderung zugänglich.[648] Sicherungsgeber und Sicherungsnehmer können jederzeit die geltende Sicherungszweckvereinbarung ändern und dem als Sicherheit übertragenen Recht fortan, statt der alten Forderung(en), neue, von der bisherigen Zweckvereinbarung nicht erfasste Forderungen unterlegen.[649] Dies birgt erhebliche Vorteile. Namentlich wird es den Parteien des Sicherungsgeschäfts ermöglicht, der einmal bestellten Sicherheit wechselnde Kredite zu unterlegen bzw. an die Stelle eines getilgten Kredites einen neuen zu setzen.[650]

Die Forderungsauswechslung kann bei nicht akzessorischen Sicherungsrechten mithin durch Änderung des bestehenden, jedoch auch durch Neuabschluss eines Sicherungsvertrages geschehen.[651] Zur Vermeidung von Unklarheiten beim Austausch von Forderungen sollten bei Neuabschluss aber immer sämtliche Forderungen – d.h. die der alten wie auch die der neuen Zweckerklärung – in die neue Zweckerklärung aufgenommen und die ursprünglich vereinbarte Zweckerklärung als erledigt erklärt werden.[652]

3. Praktische Relevanz der Änderung des Sicherungszwecks

Vereinbarungen zur Änderung des Sicherungszwecks, also zur Forderungsauswechslung, werden in der Kreditsicherungspraxis vornehmlich verwendet, um das Sicherungsrecht durch Unterlegen mit neuen Forderungen nach vollständiger Tilgung der bisher von ihm erfassten zu „revalutieren“.[653] Damit sollen den Sicherungsrechten nach Erledigung des originären Sicherungszwecks etwa Forderungen

---

einer „bestimmte(n) Geldsumme“, wodurch der Haftungsumfang von Anfang an betragsmäßig festgelegt werde. Werde die Grundschuld genau in der Höhe bestellt und eingetragen, über die auch der zu sichernde Kreditvertrag geschlossen wurde, werde die Haftung des Grundstücks schon aufgrund des Gesetzes auf diese Verbindlichkeit beschränkt, da jede zusätzliche Verbindlichkeit die „bestimmte Geldsumme“ i.S. des § 1191 Abs. 1 BGB überschreiten würde. Damit werde auch die Zweckerklärung als wesentlicher Teil der Grundschuld genau auf diesen Betrag konkretisiert. Zwar gelte hier, dass – anders als bei einer akzessorischen Sicherung – die gesicherte Verbindlichkeit auch wechseln könne. Sei aber der Betrag der „bestimmte(n) Geldsumme“ erreicht, sei für jede hinausgehende andere Verbindlichkeit kein Raum. Im Ergebnis gelte deshalb, dass dann, wenn der Anlasskredit (unter Einbeziehung von Zinsen und sonstigen Kosten) dem bestimmten Grundschuldbetrag entspricht, nur dieser gesichert sei.

648 *Bülow*, Recht der Kreditsicherheiten, Rdn. 168.

649 *Becker-Eberhard*, Die Forderungsgebundenheit der Sicherungsrechte, S. 441.

650 *Röttger*, Kreditsicherungsrecht, S. 15.

651 Siehe zum Ganzen *Bülow*, Recht der Kreditsicherheiten, Rdn. 168.

652 *Rösler/Fischer*, BKR 2006, 50 (56).

653 *Becker-Eberhard*, Die Forderungsgebundenheit der Sicherungsrechte, S. 441; *Ganter*, in: Schimansky/Bunte/Lwowski, Bankrechts-Handbuch, § 90, Rdn. 113.

aus einer neuen Kreditgewährung untergeschoben werden.[654] Nach den vorherigen Erwägungen ist es aber jedenfalls ohne Zustimmung des Sicherungsgebers sowohl bei akzessorischen als auch bei nicht akzessorischen Sicherungsrechten nicht möglich, nachträglich bewilligte Kredite (neue Fazilitäten) ihrer Haftung zu unterstellen.[655]

Zudem wird es sich insbesondere bei einer Schuldumschaffung (*Novation*)[656] der Hauptschuld, also einer völligen Umwandlung in eine neue Verbindlichkeit unter Aufhebung der ursprünglichen[657], um eine Forderungsauswechslung handeln.[658] Aber auch außerhalb der *Novation* wird, sofern die Hauptschuld inhaltlich so stark verändert wird, dass dies bei wirtschaftlicher, auf das Risiko des Sicherungsgebers abstellender Betrachtungsweise der Ersetzung durch eine andere Forderung gleichkommt, von einer Forderungsauswechslung auszugehen sein.[659]

Für einen Prolongationskredit, der dem Umfang nach sogar mit der ursprünglich vereinbarten Kreditverbindlichkeit übereinstimmte, entschied der BGH[660], dass selbst dieser nicht gesichert ist, sofern es sich dabei um einen neuen, selbständigen Vertrag handelt, der zugleich die ursprüngliche Verbindlichkeit zum Erlöschen bringt.

Auch bei einer Tilgungsaussetzung oder Stundung ist zu überlegen, ob die gesicherte Verbindlichkeit dadurch so verändert wird, dass der Sicherungsgeber dafür mit der ursprünglichen Sicherheit nicht mehr einzustehen hat.[661] Zwar ist wegen des Aufschubs der Tilgungsleistungen in beiden Fällen nicht auszuschließen, dass die Gerichte diese Maßnahmen als Umschuldung qualifizieren könnten, in aller Regel wird jedoch davon auszugehen sein, dass diese Maßnahmen die ursprünglich gesicherte Kreditforderung unberührt lassen[662], mithin ein zum Verlust von akzessorischen Sicherungsrechten führender Wechsel in der Identität der Kreditforderung nicht vorliegt. Allerdings können – nach hier vertretener Auffassung – sowohl eine Tilgungsaussetzung als auch eine Stundung die Verpflichtung des (Dritt-)Sicherungsgebers erweitern und damit sein Risiko erhöhen. Wie sich dies auf den Bestand der jeweiligen Sicherungsrechte auswirkt, gilt es jedoch erst an entsprechender Stelle zu klären.[663]

---

654 *Ganter*, in: Schimansky/Bunte/Lwowski, Bankrechts-Handbuch, § 90, Rdn. 113.
655 *Rösler/Fischer*, BKR 2006, 50 (52).
656 Siehe zur *Novation* ausführlich unten unter § 16 III. 2. a. vii. (1).
657 *Horn*, in: Staudinger, § 767, Rdn. 22.
658 Entgegen einhelliger Rechtsprechung und Lehre vertritt jedoch etwa *Wacke*, DNotZ 2000, 615 (615 ff.) unter Rückgriff auf rechtshistorische Quellen die Auffassung, dass akzessorische Sicherheiten infolge einer *Novation* nicht automatisch und zwangsläufig erlöschen müssen.
659 *Ganter*, in: Schimansky/Bunte/Lwowski, Bankrechts-Handbuch, § 90, Rdn. 112 mwN.
660 BGH, Urteil vom 15.07.1999 – IX ZR 243–98 = NJW 1999, 3195 (3196).
661 Siehe hierzu auch *Rösler/Fischer*, BKR 2006, 50 (55).
662 Siehe hierzu bereits oben unter § 8 V. sowie § 8 III.
663 Siehe hierzu unten unter § 9 III.

Bei den aufgezeigten Änderungsmaßnahmen, die zu einer Auswechslung der ursprünglich gesicherten Kreditverbindlichkeit führen (können), sollten die kreditgewährenden Banken deshalb vorsorglich immer dann, wenn eine Sicherheit mit engem Sicherungszweck vereinbart wurde, diese davon abhängig machen, dass die Sicherheit neu bestellt oder – im Fall von nicht akzessorischen Sicherheiten – ausdrücklich auf die gewandelte Hauptschuld erstreckt wird.[664]

II. Die Erweiterung des Sicherungszwecks (Hereinnahme einer neuen Forderung; Erweiterung des bisherigen Haftungsbereichs)

Im hier zu behandelnden Zusammenhang ist die Frage von Interesse, inwieweit eine oder mehrere bislang von einem Sicherungsrecht noch gar nicht erfasste Forderung(en) nachträglich erstmals durch Erweiterung des Sicherungszwecks in den Sicherungsumfang einbezogen werden können.[665] Davon abzugrenzen ist die Frage nach der Möglichkeit bzw. Wirksamkeit nachträglich eintretender Erweiterungen im Bestand der vom Sicherungszweck bereits erfassten Forderung(en) des jeweiligen Sicherungsrechts.[666]

1. Akzessorische Sicherheiten

Was die Hereinnahme einer gänzlich neuen, vom Sicherungszweck noch nicht erfassten Forderung in den Sicherungsumfang eines akzessorischen Sicherungsrechts betrifft, so folgt nach allen bisher getroffenen Feststellungen, dass das Sicherungsrecht hierfür (in entsprechendem Umfang) neu bestellt werden muss. Da, wie bereits festgestellt[667], akzessorische Sicherungsrechte nur durch Bezugnahme auf die zu sichernde(n) Forderung(en) entstehen können und diese damit den Inhalt des Sicherungsrechts bestimmen, kann die Hereinnahme einer neuen Forderung vom ursprünglichen akzessorischen Sicherungsrecht nämlich schon deshalb nicht erfasst sein. Zudem führt das Hereinnehmen einer neuen Forderung nicht nur – entsprechend der Situation bei der Forderungsauswechslung – zu einer wesentlichen Veränderung, sondern insbesondere auch zu einer inhaltlichen Ausdehnung des betreffenden Sicherungsrechts[668], sprich zu einer betragsmäßigen Erweiterung des Haftungsumfangs. Dies kann bei

664 Vgl. hierzu auch *Richter*, in: Langenbucher/Bliesener/Spindler, Bankrechts-Kommentar, 31. Kap., Rdn. 73; *Wittig*, NZI 1998, 49 (52), die dies am Beispiel der Stundung konkretisieren.
665 Siehe hierzu auch *Becker-Eberhard*, Die Forderungsgebundenheit der Sicherungsrechte, S. 445.
666 Siehe dazu unten unter § 9 III.
667 Vgl. oben unter § 9 I. sowie § 5 III. 2. a. i.
668 *Becker-Eberhard*, Die Forderungsgebundenheit der Sicherungsrechte, S. 445.

der Bürgschaft und in Drittverpfändungsfällen schon wegen 767 Abs. 1 S. 3 BGB und § 1210 Abs. 1 S. 2 nicht zulässig sein.

Aufgrund der Akzessorietät ist eine nachträgliche Erweiterung des engen Sicherungszwecks auf zusätzliche Verbindlichkeiten mithin bei Bürgschaft und Pfandrecht nicht möglich.[669] Als Folge des Akzessorietätsgrundsatzes haften Bürgschaft und Pfand nur für die im Sicherungsvertrag ursprünglich benannte(n) Forderung(en).[670] Die Verpflichtung bleibt damit grundsätzlich (nur) im bisherigen Umfang bestehen.[671] Da rechtlich mit der Erweiterung des Sicherungszwecks durch Hereinnahme einer neuen Forderung eine selbständig zu beurteilende neue Sicherheitenbestellung vorliegt, bedarf es eines neuen Bestellungsaktes, wobei dann – im Falle eines Pfandrechts – der kreditgewährenden Bank auch nur der Rang des Bestellungszeitpunktes verschafft werden kann.[672]

2. Nicht akzessorische Sicherheiten

Bei nicht akzessorischen Sicherheiten kann der Kreis der gesicherten Verbindlichkeiten hingegen von den Sicherungsparteien jederzeit problemlos erweitert werden.[673] Wie bei der Forderungsauswechslung bedarf es hierfür aber ebenfalls einer entsprechenden Abrede.[674] Beschränkungen bestehen erneut[675] nur insoweit, als der Anspruch des Sicherungsgebers auf Rückgewähr der Sicherheit bereits zuvor von ihm zur Sicherung eines weiteren Gläubigers übertragen wurde.[676]

3. Praktische Relevanz der Erweiterung des Sicherungszwecks

Mit der Erweiterung des Sicherungszwecks können etwa die Aufnahme von Forderungen aus einer neuen Kreditgewährung vor Erledigung des originären Sicherungszwecks sowie etwaige Kredite, die erst nach dem Zeitpunkt der Sicherheitenbestellung im Wege der Erweiterung der originären Kreditlinie ausgereicht

---

669 *Wicke*, in: Palandt, BGB, § 1204, Rdn. 10; *Brünink*, in: Lwowski/Fischer/Gehrlein, Das Recht der Kreditsicherung, § 10, Rdn. 55; *Merkel*, in: Schimansky/Bunte/Lwowski, Bankrechts-Handbuch, § 93, Rdn. 218; *Röttger*, Kreditsicherungsrecht, S. 286.

670 *Röttger*, Kreditsicherungsrecht, S. 286.

671 *Habersack*, in: MüKoBGB, § 767, Rdn. 11.

672 *Merkel*, in: Schimansky/Bunte/Lwowski, Bankrechts-Handbuch, § 93, Rdn. 218; *Röttger*, Kreditsicherungsrecht, S. 286.

673 *Becker-Eberhard*, Die Forderungsgebundenheit der Sicherungsrechte, S. 447; *Brünink*, in: Lwowski/Fischer/Gehrlein, Das Recht der Kreditsicherung, § 3, Rdn. 34; *Ganter*, in: Schimansky/Bunte/Lwowski, Bankrechts-Handbuch, § 90, Rdn. 113.

674 Siehe hierzu oben unter § 9 I. 2.

675 Siehe hierzu ausführlich bereits oben unter § 9 I. 2.

676 So auch *Ganter*, in: Schimansky/Bunte/Lwowski, Bankrechts-Handbuch, § 90, Rdn. 113, 626; *Rimmelspacher*, WM 1999, 561 (562).

werden, im Zusammenhang stehen.[677] Ist mit der Aufstockung der Kreditsumme von einem neuen Kreditvertrag auszugehen[678], wird hierin bei intendierter (Mit-) Besicherung ebenfalls eine Erweiterung des Sicherungszwecks zu sehen sein. Zudem gehört hierher insbesondere auch die Aufnahme etwaiger Nebenforderungen der ursprünglich besicherten Hauptforderung.

Sowohl bei Verbindlichkeiten aus später geschlossenen Verträgen als auch bei nachträglichen Vertragserweiterungen sowie Erhöhungen einer Kreditlinie oder des Kreditbetrages sind mithin die für die Erweiterung von Sicherungszweckerklärungen geltenden Grundsätze zu prüfen.

III. Erweiterungen im Bestand der Hauptschuld (Ausdehnung der gesicherten Forderung über den ursprünglichen Umfang hinaus)

Zu prüfen bleibt – in strenger Abgrenzung zum vorherigen Fall der nachträglichen Einbeziehung einer bislang vom Sicherungszweck noch nicht erfassten Forderung –, wie sich eine nachträglich eintretende Erweiterung im Bestand einer nach dem Sicherungszweck vom Sicherungsumfang bereits erfassten Forderung auswirkt. Gemeint sind hiermit insbesondere die Fälle, in denen eine gesicherte Forderung durch Rechtsgeschäft erweitert wird, dadurch jedoch keine neue Verbindlichkeit[679] entsteht.

1. Akzessorische Sicherheiten

Insoweit gilt es erneut zwischen den verschiedenen akzessorischen Sicherungsrechten zu differenzieren, jedoch insbesondere auch danach, ob es sich um Eigen- oder Drittbesicherungsfälle handelt.

a. Pfandrecht

Was das Pfandrecht anbelangt, so können die Parteien grundsätzlich frei bestimmen, in welchem Umfang das für die zu sichernde(n) Forderung(en) bestellte Pfandrecht haften soll.[680] Soweit eine entsprechende Vereinbarung fehlt,

---

677 *Ahnert/Engel/Rohleder*, Handbuch Firmenkreditgeschäft, S. 402.

678 Siehe hierzu oben unter § 8 II.

679 Hinsichtlich der Entstehung einer neuen Verbindlichkeit wird auf die obigen Grundsätze zur Möglichkeit der Änderung des Sicherungszwecks (Forderungsauswechslung) verwiesen, siehe § 9 I.

680 *Damrau*, in: MüKoBGB, § 1210, Rdn. 1; *Wiegand*, in: Staudinger, § 1210, Rdn. 1.

greifen jedoch für die Höhe der Pfandhaftung die in § 1210 BGB aufgestellten Grundsätze.[681] Die Vorschrift ist insoweit dispositiv.[682]

i. Pfandrecht als Eigensicherheit

Nach § 1210 Abs. 1 S. 1 BGB haftet das Pfandrecht für die gesicherte Forderung „in ihrem jeweiligen Bestand". Dies entspricht der vergleichbaren Regelung des Bürgschaftsrechts (§ 767 Abs. 1 S. 1 BGB)[683] sowie dem akzessorischen Charakter des Pfandrechts.[684] Dabei geht das Gesetz in § 1210 Abs. 1 S. 1 BGB jedoch nur von der Verpfändung einer eigenen Sache oder eines eigenen Rechts für eine eigene Schuld aus.[685] Insoweit gilt, „dass der Umfang der Pfandhaftung an den Veränderungen der Hauptverbindlichkeiten in vollem Umfang teilnimmt".[686] Damit kommt dem Verpfänder einerseits eine Verringerung der Forderung, etwa durch teilweise Erfüllung, zugute; andererseits muss er sich aber auch Erweiterungen und sonstige Änderungen der gesicherten Forderung(en) zurechnen lassen.[687] Damit besteht mit § 1210 Abs. 1 S. 1 BGB grundsätzlich auch die Möglichkeit, die gesicherte Forderung durch nachträgliche rechtsgeschäftliche Vereinbarung zu erweitern.[688]

Eine automatische Erstreckung der Haftung findet jedoch auch hier gerade nicht statt, wenn es sich bei der nachträglichen rechtsgeschäftlichen Erweiterung um eine neue, selbständige Forderung handelt, mithin die Identität des ursprünglichen

---

681 *Damrau*, in: MüKoBGB, § 1210, Rdn. 1; Motive zu dem Entwurfe eines Bürgerlichen Gesetzbuches, Bd. 3, Sachenrecht, S. 803.

682 *Bülow*, in: Ring/Grziwotz/Keukenschrijver, BGB, Sachenrecht, § 1210, Rdn. 17; *Habersack*, in: Soergel, § 1210, Rdn. 2; *Wiegand*, in: Staudinger, § 1210, Rdn. 1; Motive zu dem Entwurfe eines Bürgerlichen Gesetzbuches, Bd. 3, Sachenrecht, S. 803.

683 Siehe dazu sogleich unten unter § 9 III. 1. b.

684 *Habersack*, in: Soergel, § 1210, Rdn. 1.

685 Dies ergibt sich bereits aus einem Umkehrschluss aus § 1210 Abs. 1 S. 2 BGB; so auch *Wiegand*, in: Staudinger, § 1210, Rdn. 3.

686 *Wiegand*, in: Staudinger, § 1210, Rdn. 3, bezugnehmend auf Motive zu dem Entwurfe eines Bürgerlichen Gesetzbuches, Bd. 3, Sachenrecht, S. 803.

687 *Habersack*, in: Soergel, § 1210, Rdn. 3.

688 *Bock*, in: Weise/Krauß, Beck'sche Online-Formulare Vertrag, 3.3 (Kontenverpfändung); *Damrau*, in: MüKoBGB, § 1210, Rdn. 2; *Gerber*, in: Lorz/Pfister/Gerber, Beck'sches Formularbuch GmbH-Recht, D.V.1. Verpfändungsvertrag; sowie *Wiegand*, in: Staudinger, § 1210, Rdn. 5, der hierfür folgendes Beispiel anführt: Wird ein Kreditrahmen iHv 10.000 EUR eingeräumt, haften dafür beispielsweise Wertpapiere im Depot der Bank. Wird der Kreditrahmen anschließend auf 15.000 EUR erhöht und ausgeschöpft, haften die Wertpapiere automatisch für diese Schuld iHv 15.000 EUR. – Die Möglichkeit der Erweiterung der gesicherten Forderung(en) durch nachträgliche rechtsgeschäftliche Vereinbarung in Eigensicherungsfällen folgt bereits als *argumentum e contrario* aus § 1210 Abs. 1 S. 2 BGB (so auch *Becker-Eberhard*, Die Forderungsgebundenheit der Sicherungsrechte, S. 492, Fn. 156) sowie erkennbar auch aus dem Willen der Gesetzesverfasser (siehe Motive zu dem Entwurfe eines Bürgerlichen Gesetzbuches, Bd. 3, Sachenrecht, S. 803; *Mugdan*, Bd. 3, Sachenrecht, S. 916).

Kreditverhältnisses nicht erhalten bleibt.[689] Insoweit gelangen nämlich die bereits oben[690] abgehandelten Grundsätze zur Forderungsauswechslung zur Anwendung, wonach eine solche Forderung nur durch eine erneute Pfandbestellung gesichert werden kann. So heißt es hinsichtlich der Möglichkeit rechtsgeschäftlicher Erweiterungen auch in den Materialien zum BGB[691], dass zunächst „zu prüfen sein [werde], ob es sich wirklich [noch] um eine Aenderung einer bestehenden Schuld und nicht etwa um die Kontrahierung einer neuen Schuld handelt". Letzterer Fall sei vom Pfandrecht nämlich nicht automatisch und jedenfalls nicht über § 1210 Abs. 1 S. 1 BGB erfasst.[692]

Schließlich gilt nach zutreffender herrschender Meinung sogar, dass die rechtsgeschäftliche Erweiterung der gesicherten Forderung(en) im Rahmen des § 1210 Abs. 1 S. 1 BGB – sofern es sich eben nicht um eine Neuschuld handelt – die Pfandhaftung auch mit Wirkung gegenüber etwaigen nachfolgenden Pfandgläubigern erweitert.[693] Dies obwohl eine strikte Anwendung des § 1210 Abs. 1 S. 1 BGB dazu führt, dass die gesicherte erstrangige Forderung beliebig erweitert werden kann und rangmäßig nachfolgende dadurch praktisch völlig entwertet werden.[694] Dies sei jedoch hinzunehmen, weil etwaige nachrangige Pfandgläubiger keinen für sie überraschenden Nachteil erleiden. Kennen sie die Belastung des Pfandgegenstandes, so müssten sie nämlich auch mit ihrer Erweiterung rechnen. Kennen sie sie nicht, so seien sie jedenfalls durch § 1208 BGB hinreichend geschützt.[695] Schließlich wiesen auch die Gesetzesverfasser[696] darauf hin, dass der Schutz nachstehender Berechtigter keinen Anlass zur Einschränkung des § 1210 Abs. 1 S. 1 BGB biete.[697]

---

689 *Damrau*, in: MüKoBGB, § 1210, Rdn. 2; *Epp*, in: Schimansky/Bunte/Lwowski, Bankrechts-Handbuch, § 94, Rdn. 336; *Habersack*, in: Soergel, § 1210, Rdn. 3; *Wiegand*, in: Staudinger, § 1210, Rdn. 5.

690 Siehe oben unter § 9 I. 1.

691 *Mugdan*, Bd. 3, Sachenrecht, S. 916.

692 *Becker-Eberhard*, Die Forderungsgebundenheit der Sicherungsrechte, S. 494.

693 *Habersack*, in: Soergel, § 1210, Rdn. 3; *Westermann/Gursky/Eickmann*, Sachenrecht, § 127 III 3, Rdn. 19; *Wiegand*, in: Staudinger, § 1210, Rdn. 6 mwN; dagegen *Enneccerus/Wolff/Raiser*, Sachenrecht, § 162 II, S. 678.

694 *Damrau*, in: MüKoBGB, § 1210, Rdn. 2; *Wiegand*, in: Staudinger, § 1210, Rdn. 6.

695 So etwa *Wiegand*, in: Staudinger, § 1210, Rdn. 6.

696 Motive zu dem Entwurfe eines Bürgerlichen Gesetzbuches, Bd. 3, Sachenrecht, S. 803. – Insoweit wurde ausgeführt: „Daß das Pfandrecht für solche Aenderungen und Erweiterungen auf spätere Verpfändungen zurückzuführen, also späteren Datums ist, als das zuerst begründete Pfandrecht, kann nicht angenommen werden; vielmehr ist davon auszugehen, daß von vornherein für die Forderung in deren künftiger Gestalt hat Pfand bestellt werden sollen."

697 Zurückzuführen ist dies auch darauf, dass der Gesetzgeber augenscheinlich mit dem wirtschaftlichem Bedürfnis nach Mehrfachverpfändungen von beweglichen Sachen und Rechten nicht rechnete (siehe hierzu bereits oben unter Fn. 500, weshalb dem Schutz und Interesse nachrangiger Pfandgläubiger auch kein besonderer Wert

Handelt es sich bei dem persönlichen Schuldner, dem Kreditnehmer, und dem Verpfänder um dieselbe Person, ist im Rahmen des § 1210 Abs. 1 S. 2 BGB mithin nur festzustellen, ob es sich nur um die rechtsgeschäftliche Erweiterung einer bereits von der Pfandhaftung erfassten Forderung handelt oder ob eine neue, selbständige Forderung[698] vorliegt.[699] Handelt es sich um eine neue Schuld, wird auf die oben aufgeführten Grundsätze zur Möglichkeit einer Forderungsauswechslung verwiesen[700], andernfalls ist die Erweiterung der gesicherten Forderung vom Haftungsumfang des Pfandgebers erfasst.

ii. Pfandrecht als Drittsicherheit

Ist der Verpfänder nicht mit dem persönlichen Schuldner, dem Kreditnehmer, identisch, so haftet das Pfandrecht gemäß § 1210 Abs. 1 S. 2 BGB jedoch gerade nicht für rechtsgeschäftliche Erweiterungen der gesicherten Forderung(en), durch die etwa der Betrag der gesicherten Forderung oder das Risiko des Drittverpfänders in sonstiger Weise erhöht wird.[701]

Durch die Vorschrift wird der Umfang der Pfandhaftung hier auf den Zeitpunkt der Verpfändung beschränkt.[702] Der Grund für diese Einschränkung des § 1210 Abs. 1 S. 1 BGB ist – in Übereinstimmung mit den bereits angestellten Überlegungen zu den Besonderheiten bei Drittsicherungen[703] – darin zu sehen, dass Gläubiger und persönlicher Schuldner, bzw. konkret Bank und Kreditnehmer, das mit der Verpfändung übernommene Risiko des Dritten nicht nachträglich und für diesen unvorhersehbar sollen erweitern können.[704] Der Verpfänder muss im Zeitpunkt der Pfandrechtsbestellung vorhersehen können, welches Risiko er im Sicherungsfall zu tragen hat; eine solche Prognose ließe sich nicht treffen, wenn sich die gesicherte Forderung ohne Einflussnahme des Drittverpfänders nachträglich durch Rechtsgeschäft zwischen der Kreditvertragsparteien wirksam erweitern lassen würde. Damit könnten die Kreditvertragsparteien nämlich über den Kopf des Drittverpfänders hinweg über seinen Haftungsumfang disponieren und diesen einem unkalkulierbaren Risiko aussetzen.[705] § 1210 Abs. 1 S. 2 BGB lässt sich damit

beigemessen wurde (hierzu auch *Becker-Eberhard*, Die Forderungsgebundenheit der Sicherungsrechte, S. 495).

698 Siehe zur Abgrenzung bereits oben unter § 8.

699 *Damrau*, in: MüKoBGB, § 1210, Rdn. 2; *Merkel*, in: Schimansky/Bunte/Lwowski, Bankrechts-Handbuch, § 93, Rdn. 224.

700 Siehe hierzu oben unter § 8 I. 1.

701 *Pamp*, in: Nobbe, Kommentar zum Kreditrecht, § 1210, Rdn. 3.

702 *Merkel*, in: Schimansky/Bunte/Lwowski, Bankrechts-Handbuch, § 93, Rdn. 224.

703 Siehe hierzu oben unter § 5 III. 3. b.

704 *Becker-Eberhard*, Die Forderungsgebundenheit der Sicherungsrechte, S. 493 bezugnehmend auf *Wiegand*, in: Staudinger, § 1210, Rdn. 8.

705 Siehe zum Ganzen *Bülow*, in: Ring/Grziwotz/Keukenschrijver, BGB, Sachenrecht, § 1210, Rdn. 16.

gemeinhin als „Verbot der Fremddisposition“ bezeichnen.[706] Ihrem Zweck nach gilt die in § 1210 Abs. 1 S. 2 BGB geregelte Ausnahme eben nur für Rechtsgeschäfte der Kreditvertragsparteien, die die Haftung des Drittverpfänders erweitern würden; dagegen sind nachträgliche Vereinbarungen, die sich gegenüber dem Drittverpfänder vorteilhaft auswirken, gemäß § 1210 Abs. 1 S. 2 BGB für diesen maßgeblich.[707] Des Weiteren setzt § 1210 Abs. 1 S. 2 BGB voraus, dass die rechtsgeschäftliche Erweiterung der gesicherten Forderung(en) auf einer nachträglichen Vereinbarung zwischen den Kreditvertragsparteien beruht, weshalb Erweiterungen, die bereits im ursprünglichen Vertrag zwischen diesen Parteien vorgesehen sind, nicht von § 1210 Abs. 1 S. 2 BGB erfasst werden.[708]

Zu berücksichtigen bleibt schließlich auch, dass § 1210 Abs. 1 S. 2 BGB für das Pfandrecht keinen „Leitbildcharakter“ hat.[709] Bei der Regelung des § 1210 Abs. 1 S. 2 BGB handelt es sich deshalb um eine dispositive.[710] Die aufgezeigte Begrenzung der Dritthaftung für rechtsgeschäftliche Erweiterungen der gesicherten Forderung(en) kann damit grundsätzlich abbedungen werden.[711] Ist der Drittverpfänder gewillt, für die Verbindlichkeiten des Kreditnehmers umfassend einzustehen, lässt sich seine Privatautonomie dahingehend nämlich nicht beschränken.[712] Ob die damit eröffnete Möglichkeit einer Haftungserweiterung in Drittverpfändungsfällen auch unter AGB-rechtlichen Gesichtspunkten standhält, ist hingegen fraglich[713] und soll wegen der Relevanz für die vorliegende Untersuchung im Folgenden noch näher erörtert werden.[714]

b. Bürgschaft

Nachträgliche Erweiterungen der gesicherten Forderung(en) werden durch eine Bürgschaft im selben Umfang erfasst wie von einem für eine fremde Schuld

---

706 So etwa *Habersack*, in: Soergel, § 1210, Rdn. 5.

707 Vgl. hierzu *Gröschler*, in: Soergel, § 767, Rdn. 12, der dies für den Fall der Bürgschaft konkretisiert. Weshalb für Drittverpfändungsfälle etwas anderes gelten sollte, ist nicht ersichtlich.

708 Vgl. hierzu *Horn*, in: Staudinger, § 767, Rdn. 40; *Gröschler*, in: Soergel, § 767, Rdn. 13; *Nobbe*, in: Schimansky/Bunte/Lwowski, Bankrechts-Handbuch, § 91, Rdn. 242, die dies für den Fall der Bürgschaft konkretisieren. Weshalb für Drittverpfändungsfälle etwas anderes gelten sollte, ist nicht ersichtlich.

709 Statt vieler *Merkel*, in: Schimansky/Bunte/Lwowski, Bankrechts-Handbuch, § 93, Rdn. 220. – Etwas anderes gilt jedoch für die Bürgschaft (siehe hierzu sogleich im nächsten Absatz).

710 Siehe bereits oben Fn. 682.

711 *Damrau*, in: MüKoBGB, § 1210, Rdn. 3; *Wiegand*, in: Staudinger, § 1210, Rdn. 8.

712 *Bülow*, in: Ring/Grziwotz/Keukenschrijver, BGB, Sachenrecht, § 1210, Rdn. 17.

713 Siehe etwa *Damrau*, in: MüKoBGB, § 1210, Rdn. 3; *Wiegand*, in: Staudinger, § 1210, Rdn. 8.

714 Siehe hierzu unten unter § 12.

bestellten Pfandrecht.[715] Dies entspricht dem „Interzessionscharakter" des Sicherungsgeschäfts und im Übrigen auch dem Willen der Gesetzesverfasser, die davon ausgegangen sind, dass es bei der Frage nach dem Umfang der Haftung keinen Unterschied machen könne, „ob ein Intercedent nur einen bestimmten Gegenstand seines Vermögens für die fremde Schuld hat haften lassen wollen oder ob er als Bürge mit seinem ganzen Vermögen haftbar werden wollte".[716] Dies ist zunächst insoweit nachvollziehbar, als § 767 Abs. 1 S. 3 BGB mit § 1210 Abs. 1 S. 2 BGB wörtlich gleichlautend ist und es sich bei beiden Sicherungsrechten um akzessorische handelt.[717] Tatsächlich existieren zwischen einer Bürgschaft und einem Drittpfandrecht jedoch entscheidende Unterschiede, da der Bürge mit seinem gesamten Vermögen haftet, während sich die Haftung des Verpfänders auf einen einzelnen Vermögensgegenstand beschränkt. Das damit einhergehende unterschiedliche Schutzbedürfnis darf – und wird[718] – deshalb nicht unberücksichtigt bleiben.

Gemäß der Vorschrift des § 767 Abs. 1 S. 1 BGB ist für die Verpflichtung des Bürgen – dem Akzessorietätsgrundsatz folgend – gleichermaßen[719] der jeweilige Bestand der Hauptverbindlichkeit maßgeblich.[720] Sofern nichts Abweichendes vereinbart ist, erstreckt sich die Bürgschaft damit auf die in der (oder den) gesicherten Forderung(en) „typischerweise angelegten Erweiterungen und inhaltlichen Veränderungen".[721] Der Bürge haftet „für solche Erweiterungen der Hauptschuld, die sich *ex lege* aus dem gesicherten Hauptschuldverhältnis ergeben".[722]

Darüber hinaus gilt auch hier, dass eine vom Hauptschuldner nach Übernahme der Bürgschaft vorgenommene rechtsgeschäftliche Vereinbarung zur Erweiterung im Forderungsbestand die Haftung des Bürgen nicht erweitert.[723] § 767 Abs. 1 S. 3

---

715 *Becker-Eberhard*, Die Forderungsgebundenheit der Sicherungsrechte, S. 495; zum Pfandrecht siehe zuvor unter § 9 III. 1. a. ii.

716 *Becker-Eberhard*, Die Forderungsgebundenheit der Sicherungsrechte, S. 495; *Mugdan*, Bd. 3, Sachenrecht, S. 448 f.

717 So auch *Merkel*, in: Schimansky/Bunte/Lwowski, Bankrechts-Handbuch, § 93, Rdn. 220.

718 Siehe hierzu sogleich zur (Nicht-)Dispositivität des § 767 Abs. 1 S. 3 BGB und des § 1210 Abs. 1 S. 2 BGB.

719 Siehe insoweit bereits oben zu § 1210 Abs. 1 S. 1 BGB.

720 *Rohe*, in: Bamberger/Roth/Hau/Poseck, BeckOK BGB, § 767, Rdn. 1.

721 *Habersack*, in: MüKoBGB, § 767, Rdn. 7.

722 *Horn*, in: Staudinger, § 767, Rdn. 25 bezugnehmend u.a. auf Motive zu dem Entwurfe eines Bürgerlichen Gesetzbuches, Bd. 2, Recht der Schuldverhältnisse, S. 664; *Habersack*, in: MüKoBGB, § 767, Rdn. 7. – § 767 Abs. 1 S. 2 BGB hebt dabei die Folgen von Verschulden oder Verzug und damit die Haftung des Bürgen für Schadensersatzansprüche des Gläubigers gegenüber dem Hauptschuldner aus §§ 280 ff. BGB beispielhaft hervor.

723 *Horn*, in: Staudinger, § 767, Rdn. 36; *Rohe*, in: Bamberger/Roth/Hau/Poseck, BeckOK BGB, § 767, Rdn. 14; siehe auch § 1210 Abs. 1 S. 2 BGB.

BGB normiert damit das für die Bürgschaft ebenfalls maßgebliche „Verbot der Fremddisposition“, welches die Rechtsprechung[724] bei der Bürgschaft aber – im Gegensatz zum Pfandrecht[725] – als „gesetzliche Leitentscheidung“ ansieht.[726] Damit wird wohl den unterschiedlichen Schutzbedürfnissen Rechnung getragen.

§ 767 Abs. 1 S. 3 BGB soll ebenso wie § 1210 Abs. 1 S. 2 BGB verhindern, dass Hauptschuldner und Gläubiger nach Übernahme der Bürgschaft ohne die Einflussnahme des Bürgen über den Umfang seiner Haftung zu seinem Nachteil disponieren. So soll zu einem Ausgleich zwischen dem Interesse des Bürgen an der Überschaubarkeit seines Haftungsrisikos und dem des Gläubigers an einer weitestgehenden Deckung seines Sicherungsbedürfnisses beigetragen werden.[727] Ihrem Zweck nach gilt die in § 767 Abs. 1 S. 3 BGB geregelte Ausnahme – ebenso wie die des § 1210 Abs. 1 S. 2 BGB – aber nur für Rechtsgeschäfte, die die Haftung des Bürgen erweitern würden; dagegen sind nachträgliche Einschränkungen, die sich gegenüber dem Bürgen vorteilhaft auswirken, gemäß § 767 Abs. 1 S. 1 BGB für diesen maßgeblich.[728] Weiter setzt § 767 Abs. 1 S. 3 BGB in seinem Anwendungsbereich ebenfalls voraus, dass die rechtsgeschäftliche Erweiterung der gesicherten Forderung(en) auf einer nachträglichen Vereinbarung zwischen dem Hauptschuldner und dem Gläubiger beruht, weshalb Erweiterungen, die bereits im ursprünglichen Vertrag zwischen diesen Parteien vorgesehen sind, nicht von § 767 Abs. 1 S. 3 BGB erfasst werden.[729]

§ 767 Abs. 1 S. 3 BGB gilt jedoch auch für Höchstbetragsbürgschaften. Der Bürge soll durch das Verbot der Fremddisposition nämlich primär nicht „vor einer nominalen Aufstockung der Bürgschaftsverpflichtung“ geschützt werden, sondern vor der unkalkulierbaren Übernahme der Haftung für zusätzliche Verbindlichkeiten. Auch wenn mit nachträglichen rechtsgeschäftlichen Erweiterungen der Höchstbetrag der Bürgschaft nicht überschritten wird, sind jene Erweiterungen von der Bürgschaft deshalb nicht gedeckt.[730]

---

724 Siehe etwa BGH, Urteil vom 06.04.2000 – IX ZR 2/98 = NJW 2000, 2580 (2582); BGH, Urteil vom 13.11.1997 – IX ZR 289/96 = NJW 1998, 450 (451).

725 § 1210 Abs. 1 S. 2 BGB hat für das Pfandrecht keine Leitbildfunktion, so dass die Vorschrift, sprich das Verbot der Fremddisposition abbedungen werden kann; siehe hierzu bereits oben unter Fn. 709 f.

726 *Gröschler*, in: Soergel, § 767, Rdn. 12; *Horn*, in: Staudinger, § 767, Rdn. 36; *Nobbe*, in: Schimansky/Bunte/Lwowski, Bankrechts-Handbuch, § 91, Rdn. 241.

727 *Horn*, in: Staudinger, § 767, Rdn. 38; *Rohe*, in: Bamberger/Roth/Hau/Poseck, BeckOK BGB, § 767, Rdn. 15.

728 *Gröschler*, in: Soergel, § 767, Rdn. 12.

729 *Gröschler*, in: Soergel, § 767, Rdn. 13; *Horn*, in: Staudinger, § 767, Rdn. 40; *Nobbe*, in: Schimansky/Bunte/Lwowski, Bankrechts-Handbuch, § 91, Rdn. 242.

730 Vgl. zum Ganzen BGH, Urteil vom 15.12.2009 – XI ZR 107/08 = NJW 2010, 1668 (1671, Rdn. 28).

2. Nicht akzessorische Sicherheiten

Die Frage, inwieweit nicht akzessorische Sicherheiten nachträgliche, nach dem Zeitpunkt der Sicherheitenbestellung eintretende Erweiterungen im Bestand der von ihnen erfassten Forderung(en) abdecken, lässt sich aufgrund fehlender gesetzlicher Regelungen allein anhand der konkreten oder gegebenenfalls auszulegenden Sicherungszweckvereinbarung beurteilen. Eine generelle Orientierung an den für akzessorische Sicherheiten geltenden §§ 767 Abs. 1, 1118, 1119, 1210 Abs. 1 BGB scheidet aus, da die für Bürgschaft, Hypothek und Pfandrecht geltenden Bestimmungen – jedenfalls was die Hypothek im Verhältnis zu Bürgschaft und Pfandrecht anbelangt – teilweise Divergenzen aufzeigen und sich gegenüber einem „Anwachsen" der gesicherten Forderung(en) in unterschiedlichem Maße öffnen. Ein einheitliches Leitbild, welches sich als solches auf nicht akzessorische Sicherungsrechte übertragen lassen würde, besteht mithin nicht.

Etwas anderes könnte bei den nicht akzessorischen Drittrealsicherheiten (Grundschuld, Sicherungsabtretung und -übereignung) lediglich für das in §§ 767 Abs. 1 S. 3, 1210 Abs. 1 S. 2 BGB verankerte Verbot der Fremddisposition gelten. Wie bereits aufgezeigt, trägt das Verbot dem Umstand Rechnung, dass ein Bürge oder ein Pfandgeber, der ein Pfandrecht zur Sicherung der Schuld eines Dritten bestellt, sein Risiko vertraglich begrenzt hat, und soll ihn so vor unkalkulierbaren „Reflexwirkungen" aus im Hauptschuldverhältnis getroffenen Abreden bewahren.[731] Das Verbot der Fremddisposition ließe sich damit grundsätzlich zu einem allgemeinen Rechtsgedanken zum Schutz des Drittsicherungsgebers vor unkalkulierbaren Risiken erheben. Seinem Sinngehalt nach ließe sich das Verbot der Fremddisposition nämlich auch auf von Dritten gewährte nicht akzessorische Sicherungsrechte übertragen.[732] Von der höchstrichterlichen Rechtsprechung wird das Verbot der Fremddisposition jedoch nicht als allgemein gültiger Grundsatz anerkannt.[733]

Bei nicht akzessorischen Sicherheiten wird es deshalb also allein darauf ankommen, ob die Sicherungszweckvereinbarung ergibt, dass nachträgliche Erweiterungen im Bestand der gesicherten Forderung(en) vom Sicherungsrecht erfasst sein sollen. Ergibt sich dies aus der Zweckerklärung, so bleibt zu erwähnen, dass insoweit auf die Interessen derjenigen Personen, denen der Sicherungsgeber seine Rechte auf Rückgewähr des Sicherungsrechts möglicherweise weiter übertragen hat, keine Rücksicht zu nehmen ist. Die bewirkte Ausdehnung des Haftungsumfangs beruht hier nämlich gerade nicht auf einer nachträglichen Änderung der Sicherungszweckvereinbarung, sondern die Möglichkeit zur Ausweitung des

---

731 Vgl. *Habersack*, in: MüKoBGB, § 767, Rdn. 10, der dies anhand der Bürgschaft konkretisiert.

732 Siehe zum Ganzen *Becker-Eberhard*, Die Forderungsgebundenheit der Sicherungsrechte, S. 500.

733 Siehe hierzu ausführlich unten unter § 12 III.

Haftungsumfangs des Sicherungsrechts war vielmehr von Anfang an in ihr angelegt, weshalb sie für diejenigen Personen, die den Rückgewähranspruch seitens des Sicherungsgebers erworben oder gepfändet haben, ersichtlich war und ihnen mithin ein Schutzbedürfnis abzusprechen ist.[734]

3. Praktische Relevanz der Erweiterungen im Bestand der Hauptschuld

Praktisch relevant werden die Fälle der Erweiterungen im Bestand der Hauptschuld einerseits dann, wenn eine bereits bestehende und vom Sicherungszweck erfasste Forderung sich nachträglich erweitert, wenn also die gesicherte Forderung beispielsweise „anwachsen" soll, andererseits bei Neuentstehen in der Zweckerklärung genannter Forderungen.[735] Letzterenfalls ist bei den akzessorischen Sicherungsrechten aber zwingend notwendig, dass das Sicherungsrecht die betreffende Forderung nach §§ 1204 Abs. 2, 765 Abs. 2 BGB überhaupt auch für den Fall ihres erst zukünftigen Entstehens sichern sollte, da ihre Erfassung ansonsten mit der „Wirksamkeitsakzessorietät"[736] kollidiert.[737] Hierauf wird sogleich noch näher einzugehen sein.

Im ersten Fall besteht zunächst beim Pfandrecht als Eigensicherungsrecht die Möglichkeit, eine gesicherte Verbindlichkeit durch nachträgliche rechtsgeschäftliche Vereinbarung zu erweitern, sofern dadurch keine neue, selbständige Verbindlichkeit begründet wird, mithin die Identität des ursprünglichen Kreditverhältnisses erhalten bleibt. Zusätzliche Kreditaufnahmen (neue Fazilitäten) sowie Aufstockungen des Kreditbetrages sind damit, da mit ihnen in aller Regel ein neues Kapitalnutzungsrecht, d.h. eine Neuschuld begründet wird, nicht erfasst.[738] Auch nachträgliche Prolongationsentscheidungen sind, sofern es sich – in wohl seltenen Fällen – bei dem Prolongationskredit um einen neuen, in dem vorherigen Kreditverhältnis noch nicht angelegten Vertrag handelt, durch den die ursprüngliche Kreditverbindlichkeit abgelöst und zum Erlöschen gebracht werden würde, nicht erfasst. Ansonsten ist in den Fällen, in denen in einer Laufzeitverlängerung weder ein Austausch noch eine identitätsändernde Maßnahme hinsichtlich der ursprünglichen Kreditverbindlichkeit zu sehen ist, aber davon auszugehen, dass diese vom Haftungsumfang des Verpfänders erfasst sind.[739] Bei Tilgungsaussetzungen, nachträglichen Änderungen der Tilgungsmodalitäten, Stundungen sowie der

734 Siehe zum Ganzen *Becker-Eberhard*, Die Forderungsgebundenheit der Sicherungsrechte, S. 500 f.

735 *Becker-Eberhard*, Die Forderungsgebundenheit der Sicherungsrechte, S. 446, 492, 495.

736 Siehe zu dem von *Medicus* geprägten Begriff der Wirksamkeitsakzessorietät *Medicus*, JuS 1971, 497 (498 ff.).

737 *Becker-Eberhard*, Die Forderungsgebundenheit der Sicherungsrechte, S. 446, 492, 496.

738 Siehe hierzu oben unter § 8 II.

739 Siehe hierzu oben unter § 8 I.

Mehrübernahme von Zinsen ist in der Regel davon auszugehen, dass die Grundlage der durch sie in Bezug genommenen künftigen Forderung grundsätzlich faktisch unverändert bleibt, mithin die Identität der ursprünglichen Forderung gewahrt und keine Neuschuld begründet wird.[740] Es wird sich dabei in der Regel nur um eine „organische Weiterentwicklung" der gesicherten Forderung bzw. „neutrale Rechtsgeschäfte" handeln, die den Pfandgeber von seiner Haftung nicht befreien.[741] Etwas anderes gilt jedoch für eine Umschuldung, sofern es sich dabei um eine Schuldumschaffung (*Novation*) und nicht um eine bloße Schuldänderung handelt.[742] Im Falle von Zinsanpassungsklauseln wird es sich hingegen schon gar nicht um die rechtsgeschäftliche Vereinbarung einer Vertragsänderung, sondern regelmäßig nur um die Ausübung eines Gestaltungsrechts handeln.[743]

In Drittverpfändungsfällen sowie im Bürgschaftsrecht haften die jeweiligen Sicherungsrechte gesetzlich jedoch nicht für eine Erweiterung der gesicherten Forderung(en). Die Kreditvertragsparteien können danach durch nachträgliche rechtsgeschäftliche Vereinbarung den Forderungsbestand nicht zulasten des Drittverpfänders bzw. Bürgen erweitern (§§ 767 Abs. 1 S. 3, 1210 Abs. 1 S. 2 BGB). Eine vom Anwendungsbereich der §§ 767 Abs. 1 S. 3, 1210 Abs. 1 S. 2 BGB erfasste Erweiterung ist etwa in nachträglichen Absprachen der Kreditvertragsparteien zu sehen, die das übernommene Haftungsrisiko der Drittsicherungsgeber in einer Art und Weise beeinträchtigen, die für sie im Zeitpunkt der Sicherheitenbestellung nicht vorhersehbar war.[744] Ob eine Beeinträchtigung gegeben ist, beurteilt sich anhand einer objektiven Abwägung aller im Zeitpunkt der Vertragsänderung in Betracht kommenden Umstände.[745] Bei einer nachträglichen Prolongationsentscheidung sollte vorsichtshalber davon ausgegangen werden, dass darin eine für den Drittsicherungsgeber (zumindest auch) nachteilige rechtsgeschäftliche Vereinbarung zu sehen ist, die von der Einstandspflicht des Sicherungsgebers mithin nicht erfasst ist.[746] In der Tilgungsaussetzung, einer nachträglichen Veränderung der Tilgungsmodalitäten, sowie – nach hier vertretener Auffassung – auch in der Stundung sind grundsätzlich ebenfalls die Rechtsstellung der Sicherungsgeber verschlechternde Maßnahmen zu sehen.[747] Bei einer Umschuldung wird in jedem Einzelfall zu prüfen sein, ob sich die Rechtsstellung des Sicherungsgebers dadurch

740 Siehe hierzu oben unter § 8 III., § 8 IV., § 8 V. und § 8 VII.

741 Siehe hierzu *Lwowski*, in: Schimansky/Bunte/Lwowski, Bankrechts-Handbuch, Anh. zu § 91, Rdn. 6.

742 Siehe hierzu ausführlich unten unter § 16 III. 2. a. vi.

743 Siehe hierzu oben unter § 8 VII.

744 Vgl. hierzu *Horn*, in: Staudinger, § 767, Rdn. 36 sowie *Rohe*, in: Bamberger/Roth/Hau/Poseck, BeckOK BGB, § 767, Rdn. 14, die dies am Beispiel der Bürgschaft konkretisieren.

745 *Nobbe*, in: Schimanky/Bunte/Lwowski, Bankrechts-Handbuch, § 91, Rdn. 242.

746 Siehe hierzu BGH, Urteil vom 03.11.2005 – IX ZR 181/04 = NJW 2005, 228 (230) sowie auch bereits oben unter § 8 I.

747 Siehe hierzu oben unter § 8 III., § 8 IV., und § 8 V.

zu seinem Nachteil verändert.[748] Bei der Mehrübernahme von Zinsen dürfte dies unproblematisch der Fall sein. Im Falle von Zinsanpassungsklauseln wird – wie bereits dargelegt – schon gar nicht von einer rechtsgeschäftlichen Vereinbarung zur Vertragsänderung auszugehen sein.[749]

Wie bereits einleitend erwähnt, werden die Fälle der Erweiterungen im Bestand der Hauptschuld jedoch auch bei Neuentstehen in der Zweckerklärung genannter Forderungen relevant.[750] Vernachlässigt werden darf hier nämlich nicht, dass von § 767 Abs. 1 S. 3 BGB und § 1210 Abs. 1 S. 2 BGB, d.h. dem Verbot der Fremddisposition, die Möglichkeit unberührt bleibt, dass sich ein Bürge oder Drittverpfänder von vornherein für die Zukunft verpflichtet.[751] Praktisch relevant wird dies für den Fall der vorgestellten Zweckerklärung, wonach eine Kreditsicherung der Sicherung aller gegenwärtigen und künftigen Forderungen aus dem „Kreditvertrag vom (...) in seiner jeweils geltenden Fassung, einschließlich aller nachträglichen Ergänzungen, Änderungen oder Erweiterungen (einschließlich Erhöhungen des Darlehensbetrages)" dienen soll.[752] Eine solche Zweckerklärung erfasst künftige, jedoch im ursprünglichen Kreditverhältnis angelegte Verbindlichkeiten, die aufgrund nachträglicher Ergänzungen, Änderungen oder Erweiterungen entstehen. Es handelt sich hierbei im Grunde um eine enge Sicherungszweckvereinbarung.[753] Im Falle einer solchen Vereinbarung können an der Wirksamkeit der engen Zweckerklärung für etwaige nachträgliche Ergänzungen, Änderungen oder Erweiterungen grundsätzlich keine Zweifel bestehen, denn die §§ 767 Abs. 1 S. 3, 1210 Abs. 1 S. 2 BGB schließen nicht grundsätzlich aus, dass eine Bürgschaft bzw. ein Drittpfandrecht etwa für nachträgliche Haftungsverlängerungen oder -erweiterungen wirksam vereinbart werden kann.[754] Vorausgesetzt wird nur, dass die bei der Sicherheitenbestellung noch künftigen Forderungen bereits im Zeitpunkt der Sicherheitenbestellung genau bezeichnet werden – was bei dieser Zweckerklärung jedoch der Fall sein dürfte.[755]

In den zuvor aufgezeigten Fällen der Begründung einer Neuschuld sowie – in Drittsicherungsfällen – einer für den Drittsicherungsgeber nachteiligen nachträglichen rechtsgeschäftlichen Erweiterung der gesicherten Forderung sollte deshalb – unter Einhaltung der erforderlichen Formvorschriften und Wirksamkeitsvoraussetzungen (z.B. § 766 BGB) – eine neue Bürgschaft bzw. ein neues

748 Siehe hierzu ausführlich unten unter § 16 III. 2. a. vi.
749 Siehe hierzu oben unter § 8 VII.
750 *Becker-Eberhard*, Die Forderungsgebundenheit der Sicherungsrechte, S. 446, 492, 495.
751 Vgl. *Bülow*, Recht der Kreditsicherheiten, Rdn. 913, der dies am Beispiel der Bürgschaft konkretisiert.
752 Siehe hierzu oben unter § 7 III. 3. b.
753 Siehe zum Ganzen ebenfalls oben unter § 7 III. 3. b.
754 Vgl. hierzu auch *Fischer*, in: FCH-Sicherheitenkompendium, Rdn. 198; sowie *Rösler/Fischer*, BKR 2006, 50 (54), die dies am Beispiel der Bürgschaft konkretisieren.
755 Siehe hierzu bereits oben unter § 7 III. 3. b.

Pfandrecht bzw. die Erstreckung der bestehenden Sicherungsrechte auf die „gewandelte" Hauptschuld vereinbart werden, es sei denn, mit dem Bürgen bzw. dem Drittpfandgeber ist von Anfang an vereinbart, dass seine Sicherheit auch für etwaige Erweiterungen, Verlängerungen oder Änderungen der gesicherten Verbindlichkeit gelten soll.[756] Für nicht akzessorische Sicherungsrechte gilt das gleiche, sofern sich aus der Sicherungszweckvereinbarung nicht ergibt, dass eine Erweiterung im Bestand der Hauptschuld vom Haftungsumfang des Sicherungsrechts erfasst sein soll. Sie sind dann – sei es durch Neuabschluss oder Änderungsvereinbarung – ausdrücklich auf die Erweiterung im Bestand der Hauptschuld zu erstrecken.

IV. Rechtsfolgen einer unwirksamen Änderung oder Erweiterung des Sicherungszwecks

Zu prüfen bleibt, welche Rechtsfolgen sich daraus ergeben, dass sich etwaige Änderungen, Erweiterungen oder Verlängerungen des Sicherungszwecks als unwirksam erweisen.

Diesbezüglich gilt grundsätzlich, dass, soweit ein Sicherungsgeber die Änderung, Erweiterung oder Verlängerung seiner Haftung nicht hinnehmen muss, es bei seiner Verpflichtung im ursprünglichen Umfang bleibt[757]; er wird nicht etwa in vollem Umfang von seiner Haftung befreit.[758] Auch wenn Änderungen oder Erweiterungen im Falle der akzessorischen Drittbesicherung auf einem i.S. der §§ 767 Abs. 1 S. 3, 1210 Abs. 1 S. 2 BGB von den Kreditvertragsparteien vorgenommenen Rechtsgeschäft beruhen, hat dies allein zur Folge, dass sich die Haftung nicht auf diese für den Bürgen bzw. Drittverpfänder nachteilige Veränderungen oder Erweiterungen erstreckt.[759] Solche nachträglichen rechtsgeschäftlichen Vereinbarungen sind im Hinblick auf die ursprünglich gesicherte Forderung unschädlich; für sie haftet der akzessorische Drittsicherungsgeber grundsätzlich weiter. Dies gilt grundsätzlich auch für die Besicherung im Wege nicht akzessorischer Sicherheiten.[760] Ergibt sich bei nicht akzessorischen Sicherungsrechten nicht aus der Sicherungszweckvereinbarung, dass nachträgliche Erweiterungen, Verlängerungen oder sonstige Änderungen der gesicherten Forderung(en) vom Sicherungsrecht erfasst sein sollen, müssen die Sicherungsgeber die nachträglich geschaffene Rechtslage nicht gegen sich gelten lassen. Sofern sie keine entsprechende Abrede

756 Siehe hierzu auch *Rösler/Fischer*, BKR 2006, 50 (54).

757 Siehe hierzu im Einzelnen ausführlich unten unter § 16 III.

758 Vgl. BGH, Urteil vom 21.05.1980 – VIII ZR 201/79 = NJW 1980, 2412 (2412 f.); *Habersack*, in: MüKoBGB, § 767, Rdn. 11; *Horn*, in: Staudinger, § 767, Rdn. 40; *Nobbe*, in: Schimansky/Bunte/Lwowski, Bankrechts-Handbuch, § 91, Rdn. 243 sowie *Rösler/Fischer*, BKR 2006, 50 (56), die dies anhand der Bürgschaft konkretisieren.

759 BGH, Urteil vom 21.05.1980 – VIII ZR 201/79 = NJW 1980, 2412 (2412 f.).

760 Siehe zur Frage der Übertragbarkeit des Rechtsgrundsatzes des Verbots der Fremddisposition auf nicht akzessorische Sicherheiten oben unter § 9 III. 2.

treffen, um das Sicherungsrecht auf die „gewandelte“ Hauptschuld zu erstrecken, bleibt die Haftung insoweit ebenfalls nur im ursprünglichen Umfang bestehen.

Anders gestaltet sich die Rechtslage jedoch bei akzessorischen Sicherheiten, wenn mit der Abänderung oder Erweiterung der ursprünglichen Verbindlichkeit diese durch eine andere Verbindlichkeit ersetzt oder der Inhalt der gesicherten Verbindlichkeit so sehr geändert wird, dass dies einer Ersetzung gleichkommt, mithin die Identität der ursprünglich gesicherten Forderung nicht gewahrt wird. Wie bereits dargelegt, erlöschen aufgrund der Akzessorietät in diesem Fall nämlich die die ursprüngliche Verbindlichkeit sichernden akzessorischen Sicherungsrechte. Das im Rahmen dieser Untersuchung prominenteste Beispiel stellt hier der Fall dar, dass die nachträgliche rechtsgeschäftliche Abrede zu einer *Novation* führt.[761]

V. Zwischenbefund

Wie bereits festgestellt, beruhen akzessorische wie nicht akzessorische Sicherungsrechte stets auf einer Zweckvereinbarung, die hinsichtlich der zu sichernden Forderung(en) prinzipiell identisch ist und in der Praxis der Kreditsicherung nicht nach der Rechtsnatur des jeweiligen Sicherungsrechts differenziert.[762] Tatsächlich muss, was die Frage nach der „Beständigkeit von Kreditsicherheiten im Wandel der Hauptschuld“ betrifft, jedoch zwischen akzessorischen und nicht akzessorischen Sicherungsrechten sowie danach, ob es sich um Eigen- oder Drittsicherungsfälle handelt, unterschieden werden.

Sind bei akzessorischer Besicherung der Sicherungsgeber und der persönliche Schuldner, d.h. der Kreditnehmer, identisch, wird man zunächst feststellen müssen, ob es sich bei Veränderungen im Forderungsbestand nur um die Erweiterung einer bereits vom Haftungsumfang erfassten Forderung handelt oder ob damit eine neue, selbständige Schuld vorliegt. Man wird sich also fragen müssen, ob es sich nach dem vorzunehmenden „Wandel“ der Hauptschuld noch um dieselbe, ursprünglich gesicherte Kreditverbindlichkeit handelt (identitätswahrende Änderung) oder ob ein zum Verlust des akzessorischen Sicherungsrechts führender Wechsel in der Identität der ursprünglich gesicherten Forderung vorliegt (Identitätsverlust).[763] Akzessorische Sicherungsrechte können nämlich – eben weil sie akzessorisch sind[764] – nicht durch einfache Änderung, Erweiterung oder Verlängerung der

761 Siehe zur *Novation* ausführlich unten unter § 16 III. 2. a. vii. (1).

762 Siehe hierzu auch *Merkel*, in: Schimansky/Bunte/Lwowski, Bankrechts-Handbuch, § 93, Rdn. 218.

763 Vgl. hierzu auch *Fischer*, in: FCH-Sicherheitenkompendium, Rdn. 194, der dies am Beispiel der Bürgschaft konkretisiert.

764 Bei akzessorischen Sicherungsrechten ist die Benennung der zu sichernden Forderung konstitutiver Bestandteil einer jeden Sicherheitenbestellung. Der Bestand einer nach dem Willen der Parteien gesicherten Forderung ist danach Voraussetzung für die Entstehung des akzessorischen Sicherungsrechts. Akzessorische Sicherungsrechte müssen deshalb zur Sicherung einer Forderung oder für die Erfüllung der

Zweckbestimmung zusätzliche oder eine andere Forderung des Kreditgebers und Sicherungsnehmers sichern, sofern diese nicht bereits im Zeitpunkt der Sicherheitenbestellung als künftige Forderung erfasst sind (§§ 1204 Abs. 2, 765 Abs. 2 BGB).[765] Bei den akzessorischen Sicherungsrechten ist eine nachträgliche Änderung, Erweiterung oder Verlängerung des Deckungsbereichs der Sicherheit über den durch die Sicherungszweckerklärung festgelegten Umfang hinaus – sei es durch Ersetzung der gesicherten Forderung(en) oder durch Hinzutreten weiterer bislang nicht gesicherter Forderungen neben die ursprüngliche(n) – deshalb grundsätzlich nur durch Neubestellung der Sicherheit möglich.[766] Etwaige zu wahrende Wirksamkeitsvoraussetzungen und Formvorschriften sind dabei erneut einzuhalten.[767] Im Hinblick auf die dinglichen Sicherungsrechte ergeben sich durch das Erfordernis der Neubestellung nachteilige Konsequenzen. Vorbehaltlich abweichender Vereinbarungen mit im Range nachstehenden Berechtigten kann die kreditgewährende Bank die hinzukommende(n) Forderung(en) nämlich nicht mit demselben (dinglichen) Rang besichern, welcher ihr zur Besicherung der ursprünglichen Forderung(en) zusteht; vielmehr rangiert sie insoweit nach allen inzwischen hinzugetretenen sonstigen am Sicherungsgegenstand berechtigten Gläubigern.[768]

Darüber hinaus bleibt die Haftung des Sicherungsgebers bei akzessorischen Sicherungsrechten von Änderungen der gesicherten Forderung(en) unberührt, soweit die Identität der gesicherten Forderung(en) gewahrt bleibt. Ob dies der Fall ist, misst sich nicht anhand der Identität der Anspruchsgrundlagen, sondern entscheidet sich allein nach wirtschaftlicher Betrachtungsweise.[769] Wird die gesicherte Forderung durch eine andere Forderung ersetzt oder wird der Inhalt der gesicherten Hauptschuld so sehr geändert, dass dies einer Ersetzung der Hauptschuld gleichkommt, erlischt das betroffene akzessorische Sicherungsrecht.[770]

Verbindlichkeit eines Dritten (vgl. §§ 1204 Abs. 1, 765 Abs. 1 BGB), sprich akzessorisch bestellt werden (siehe hierzu bereits oben unter § 7 II.

765 Vgl. *Brünink*, in: Lwowski/Fischer/Gehrlein, Das Recht der Kreditsicherung, § 3, Rdn. 34; *Merkel*, in: Schimansky/Bunte/Lwowski, Bankrechts-Handbuch, § 93, Rdn. 218, die dies anhand des Pfandrechts konkretisieren.

766 *Brünink*, in: Lwowski/Fischer/Gehrlein, Das Recht der Kreditsicherung, § 3, Rdn. 34; *Ganter*, in: Schimansky/Bunte/Lwowski, Bankrechts-Handbuch, § 90, Rdn. 112.

767 *Ganter*, in: Schimansky/Bunte/Lwowski, Bankrechts-Handbuch, § 90, Rdn. 112 sowie *Becker-Eberhard*, Die Forderungsgebundenheit der Sicherungsrechte, S. 446, der dies anhand des § 766 BGB für die Bürgschaft konkretisiert. – Bei der Verpfändung von Geschäftsanteilen ist in diesem Zusammenhang insbesondere auch an ein erneutes Beurkundungserfordernis zu denken (siehe hierzu bereits unter § 1).

768 *Becker-Eberhard*, Die Forderungsgebundenheit der Sicherungsrechte, S. 446.

769 Siehe zum Ganzen *Brünink*, in: Lwowski/Fischer/Gehrlein, Das Recht der Kreditsicherung, § 3, Rdn. 34; *Ganter*, in: Schimansky/Bunte/Lwowski, Bankrechts-Handbuch, § 90, Rdn. 112.

770 Vgl. BGH, Urteil vom 21.05.1980 – VIII ZR 201/79 = NJW 1980, 2412 (2413), der dies am Beispiel der Bürgschaft feststellt.

Handelt es sich bei dem Kreditnehmer und dem Sicherungsgeber *nicht* um dieselbe Person, ist im Rahmen akzessorischer Sicherungsrechte zusätzlich zu beachten, dass durch nachträgliche rechtsgeschäftliche Vereinbarung zwischen dem Kreditnehmer und dem Kreditgeber der Forderungsbestand nicht zu Lasten des Sicherungsgebers erweitert werden darf (§§ 767 Abs. 1 S. 3, 1210 Abs. 1 S. 2 BGB).[771] Bei akzessorischen Drittsicherungsrechten gilt es also bei einem Wandel der Hauptschuld stets zweierlei (Identität der Forderung gewahrt sowie keine nachteilige rechtsgeschäftliche Vereinbarung) zu beachten.[772]

Bei nicht akzessorischen Sicherheiten wird es allein darauf ankommen, ob sich aus der Sicherungszweckvereinbarung ergibt, dass nachträgliche Erweiterungen, Verlängerungen oder sonstige Änderungen der gesicherten Forderung(en) vom Sicherungsrecht erfasst sein sollen oder nicht. Ist dies nicht der Fall, steht es den Parteien jedoch frei, jederzeit eine Änderung des Kreises bzw. des Umfangs der gesicherten Forderungen vorzunehmen. Darüber hinaus können nicht akzessorischen Sicherheiten nach Erledigung des Sicherungszwecks etwa Forderungen aus einer neuen Kreditgewährung unterstellt werden. Man spricht insoweit von einer Revalutierung der Sicherheit. Eine dahingehende Vereinbarung wirkt allerdings nicht gegenüber denjenigen Personen, die den Rückübertragungsanspruch des Sicherungsgebers bereits zuvor gepfändet oder anderweitig erworben[773] haben.[774]

An der unkomplizierten Möglichkeit einer Auswechslung, Neuaufnahme und Änderung von Forderungen zeigt sich der Vorteil nicht akzessorischer Sicherungsrechte deutlich. Damit lassen sich insbesondere auch die aufgezeigten, in der Praxis erkennbaren Tendenzen zur Bestellung nicht akzessorischer Sicherungsrechte erklären.[775] Nicht von Interesse scheint dabei, dass der mit der Akzessorietät bewirkte Automatismus der unmittelbaren Verknüpfung des Sicherungsrechts mit der zu sichernden Forderung gerade auch dem Schutz des aus dem Sicherungsrecht verpflichteten Sicherungsgebers dienlich sein kann.[776] Wo der Gesetzgeber akzessorische Verknüpfung anordnet, stellt er nämlich insbesondere sicher, dass der Sicherungsgeber nicht mehr leisten muss, als nach dem Sicherungszweck

---

771 Vgl. *Merkel*, in: Schimansky/Bunte/Lwowski, Bankrechts-Handbuch, § 93, Rdn. 224, der dies anhand des Pfandrechts konkretisiert.

772 Vgl. hierzu auch *Fischer*, in: FCH-Sicherheitenkompendium, Rdn. 193; *Rösler/Fischer*, BKR 2006, 50 (56), die dies am Beispiel der Bürgschaft konkretisieren.

773 *Ganter*, in: Schimansky/Bunte/Lwowski, Bankrechts-Handbuch, § 90, Rdn. 626.

774 Siehe zum Ganzen *Brünink*, in: Lwowski/Fischer/Gehrlein, Das Recht der Kreditsicherung, § 3, Rdn. 34; *Ganter*, in: Schimansky/Bunte/Lwowski, Bankrechts-Handbuch, § 90, Rdn. 113; *Rimmelspacher*, WM 1999, 561 (562).

775 Siehe hierzu bereits oben unter § 5 III. 2. a. iv.

776 Siehe dazu bereits oben unter § 5 III. 2. a. ii. Während *Medicus*, JuS 1971, 497 (498) in diesem Zusammenhang eine mit der Akzessorietät einhergehende „rechtstechnische Vereinfachung" in den Vordergrund stellt, heben etwa *Habersack*, JZ 1997, 857 (863) und *Pöggeler*, JA 2001, 65 (68 f.) gerade den aus dem Akzessorietätsprinzip resultierenden „Gerechtigkeits- und Schutzgedanken" hervor.

erforderlich ist, und der Sicherungsnehmer auch nur das erhält, was ihm zur Sicherung seiner ganz bestimmten Forderung(en) zusteht.[777] Wie zuvor aufgezeigt, schützt das Akzessorietätsprinzip den Sicherungsgeber auch vor einer nachträglichen Erweiterung seiner Haftung über den mit der Zweckerklärung festgelegten Umfang hinaus, indem Änderungen und Erweiterungen grundsätzlich nur durch Neubestellung des akzessorischen Sicherungsrechts möglich sind. Die weit überwiegende Verwendung der etablierten nicht akzessorischen Sicherungsrechte, namentlich der Sicherungsübereignung, der Sicherungsabtretung und der Grundschuld, zeigt, dass sich die wirtschaftlichen Interessen insbesondere auch der Sicherungsgeber gegenüber ihrem Schutz- und Gerechtigkeitsbedürfnis durchgesetzt zu haben scheinen.[778] Da insbesondere auch in der Akquisitionsfinanzierung akzessorische Sicherheiten wie das Pfandrecht jedoch nicht wegzudenken sind[779], werden die Beteiligten auch mit den Konsequenzen, die die „unflexiblen" akzessorischen Sicherheiten mit sich bringen, leben müssen.

---

777 Siehe dazu bereits oben unter § 5 III. 2. a. ii.

778 Siehe hierzu auch *Schur*, Jura 2005, 361 (368). – So wird etwa die große Flexibilität der Sicherungsgrundschuld (bspw. bei kurzfristigen Kreditaufstockungen) die Vergabe des (Neu-)Kredites häufig erst ermöglichen, sodass insoweit hier gerade auch die wirtschaftlichen Bedürfnisse der Sicherungsgeber tangiert sind.

779 Siehe hierzu oben unter § 5 III. 2. a. iv. (1).

4. Kapitel: Sicherungszweckerklärungen im Spannungsfeld zwischen Vertragsfreiheit und AGB-Kontrolle

Verwenden die Parteien des Sicherungsgeschäfts bei Abschluss des Sicherheitenvertrages Formularverträge oder zumindest einzelne formularmäßige Bedingungen, stellt sich die Frage nach der AGB-rechtlichen Wirksamkeit dieser Verträge bzw. Bedingungen gemäß §§ 305 ff. BGB.[780] Dabei betreffen die hier interessierenden Probleme aber nicht die Sicherheit selbst, sondern vielmehr die Wirksamkeit und Auslegung der Sicherungszweckvereinbarung.[781] Wie sich zeigen wird, können die AGB-Vorschriften der Ausgestaltung von Sicherungszweckvereinbarungen nämlich unüberwindbare Grenzen setzen. Dies insbesondere durch § 305c BGB oder § 307 BGB. Einen Niederschlag findet dies vor allem in der Rechtsprechung zur Zweckerklärung bei Drittsicherheiten (sog. „Anlassrechtsprechung"), auf die im Folgenden noch näher einzugehen sein wird.[782]

An dieser Stelle wird deshalb zu einer im Rahmen der vorgelegten Untersuchung bedeutsamen Frage vorgedrungen. Es soll nämlich untersucht werden, unter welchen Voraussetzungen es sich bei Sicherungsverträgen im Allgemeinen bzw. Sicherungszweckvereinbarungen im Besonderen nicht mehr um AGB-kontrollfreie Individualvereinbarungen, sondern um AGB i.S. des § 305 Abs. 1 S. 1 BGB handelt, um sodann aufzeigen zu können, welche Gestaltungskonstellationen von Sicherungszweckvereinbarungen einer Einbeziehungs- und Inhaltskontrolle der §§ 305 ff. BGB in der Praxis standhalten werden. Dies soll zunächst im Hinblick auf die Verwendung von Standardverträgen und Standardklauseln geprüft und sodann für den Sonderfall der Verwendung von Sicherheitenverträgen von Kanzleien, sog. *Templates*, spezifiziert werden. Bei großvolumigen Fremdkapitalfinanzierungen im Unternehmensbereich (*Mergers & Acquisition*), und damit auch bei den hier interessierenden Akquisitionsfinanzierungen, werden Kredit- wie auch Sicherheitenverträge nämlich in der Regel von den Anwälten der Banken oder der Kreditnehmer bzw. (Dritt-)Sicherheitengeber entworfen. Die Sicherheitenverträge bzw. deren Verhandlung unterliegen dabei gewissen Besonderheiten, die es unter AGB-rechtlichen Gesichtspunkten zu berücksichtigen gilt.[783]

---

780 *Lehmann*, in: Langenbucher/Bliesener/Spindler, Bankrechts-Kommentar, 24. Kap., Rdn. 62; *Otten*, in: Derleder/Knops/Bamberger, Dt. und Europ. Bank- und Kapitalmarktrecht, Bd. 1, § 25, Rdn. 87; *Schmalenbach*, in: Eilers/Rödding/Schmalenbach, Unternehmensfinanzierung, Kap. C., Rdn. 79.

781 Zur Problematik der Bestimmungen in AGB über die Einräumung von Sicherheiten im Allgemeinen siehe ausführlich *Schmidt*, in: Ulmer/Brandner/Hensen, AGB-Recht, Teil 2, (43) Sicherungsklauseln, Rdn. 1 ff.

782 Siehe hierzu unten unter § 12.

783 Vgl. *Ballo*, Die AGB-Kontrolle von Kreditverträgen in der Akquisitionsfinanzierung, S. 31.

§ 10 Schutzzweckbestimmung der AGB-Kontrolle

Bei auftretenden Rechtsunsicherheiten und Auslegungsfragen im Zusammenhang mit der Frage der Anwendbarkeit des AGB-Rechts kann (und wird) insbesondere der Schutzzweck der AGB-rechtlichen Vorschriften zur Aufklärung beitragen und ist deshalb stets als Auslegungsmaßstab heranzuziehen.[784] So betont auch der BGH, dass die „Auslegung eines Gesetzes (...) stets mit Rücksicht auf den mit ihm verfolgten Zweck zu erfolgen“ habe.[785] Auch für die vorzunehmende Untersuchung der Anwendbarkeit des AGB-Rechts auf Sicherheitenverträge bzw. Sicherungszweckvereinbarungen kann und wird sich die Festlegung des Schutzzwecks der AGB-rechtlichen Vorschriften deshalb als hilfreich bzw. erforderlich erweisen. Im Folgenden gilt es deshalb zunächst, den Schutzzweck der §§ 305 ff. BGB festzulegen.

I. Sinn und Zweck der AGB-Kontrolle im Allgemeinen

Verfolgt man dabei die rechtspolitische Debatte der 1970er Jahre zurück, so wurde der Grund für die AGB-rechtliche Vertrags- und Klauselkontrolle weitestgehend als Korrektiv ungleicher Verhandlungsstärken aufgrund typischer Machtgefälle zwischen Vertragspartnern sowie generell im Schutz der schwächeren Vertragspartei gesehen.[786] Diesem Ansatz sind jedoch weder die Gesetzgebung[787] noch der BGH[788] gefolgt. Der BGH hat vielmehr bereits in seiner früheren Rechtsprechung bewusst darauf verzichtet, die AGB-rechtliche Inhaltskontrolle im Einzelfall von einem wirtschaftlichen oder intellektuellen Übergewicht seitens des

784 Die Festlegung des Schutzzwecks des AGB-Rechts wird so insbesondere im Rahmen einer teleologischen Auslegung relevant werden (siehe *Ballo*, Die AGB-Kontrolle von Kreditverträgen in der Akquisitionsfinanzierung, S. 69; *Roloff*, in: Erman, BGB, vor §§ 305-310, Rdn. 3; *Ulmer/Habersack*, in: Ulmer/Brandner/Hensen, AGB-Recht, § 305, Rdn. 5).

785 So etwa BGH, Urteil vom 17.12.2013 – KZR 66/12 = NVwZ 2014, 807 (811).

786 Siehe etwa *Koch*, ZRP 1973, 89 (89 ff.); *Wolf*, JZ 1974, 465 (468 ff.), in Anlehnung an die Urväter des Gedankens *Von Gierke*, Die soziale Aufgabe des Privatrechts, S. 28 f.; *Raiser*, Das Recht der allgemeinen Geschäftsbedingungen, S. 278 ff. – Ausführlich zur Rechtsgeschichte des AGB-Rechts siehe *Hellwege*, Allgemeine Geschäftsbedingungen, S. 19 ff.; *Stoffels*, AGB-Recht, S. 4 ff.

787 Siehe Vorschläge zur Verbesserung des Schutzes der Verbraucher gegenüber Allgemeinen Geschäftsbedingungen, 1. Teilbericht der Arbeitsgruppe beim Bundesminister der Justiz, Bonn, März 1974, S. 35 f.

788 Siehe etwa BGH, Urteil vom 07.07.1976 – IV ZR 229/74 = NJW 1976, 2345 (2346).

AGB-Verwenders oder von der Schutzbedürftigkeit des anderen Vertragspartners abhängig zu machen.[789]

Auch in seiner neueren Rechtsprechung hält der BGH an diesem Grundsatz fest.[790] Aktuell formuliert der BGH[791]: „Das Gesetz zur Regelung des Rechts der allgemeinen Geschäftsbedingungen bezweckt nicht nur einen Schutz des schwächeren Vertragspartners und einen Ausgleich wirtschaftlichen Machtgefälles, sondern will die einseitige Ausnutzung der vom Verwender der Allgemeinen Geschäftsbedingungen in Anspruch genommenen Vertragsgestaltungsfreiheit verhindern. Deshalb kommt es nicht darauf an, ob der Vertragspartner des Verwenders auf Grund seiner Verhandlungsmacht die Möglichkeit gehabt hätte, für ihn günstigere, der Gesetzeslage entsprechende Vereinbarungen zu treffen."

In der Literatur wird zwar noch vereinzelt behauptet, die herrschende Lehre sehe den rechtspolitischen Grund der Gültigkeitskontrolle von AGB immer noch im Schutz der schwächeren Vertragspartei.[792] Der nicht vorhandene Nachweis einschlägiger Fundstellen ist dabei jedoch selbstredend.[793] Vielmehr wird nunmehr auch im Schrifttum[794] nahezu einhellig vertreten, dass das AGB-Recht in erster Linie nicht den Schwächeren schütze, sondern die einseitige Ausnutzung der Vertragsgestaltungsfreiheit durch eine Vertragspartei mittels vorformulierter, den Inhalt des Vertrages prägender Bedingungen verhindert werden soll.

II. Bedeutung für den unternehmerischen Geschäftsverkehr

Kein Grund und damit auch keine Voraussetzung für die Anwendbarkeit des AGB-Rechts ist demnach das Vorhandensein eines „wirtschaftlichen oder intellektuellen Ungleichgewichts" zwischen dem AGB-Verwender und seinem Vertragspartner.[795] Diese Erkenntnis ist insbesondere auch für die hier zu thematisierenden Akquisitionsfinanzierungen von enormer Bedeutung, da hier regelmäßig nicht davon ausgegangen werden kann, dass die gewerblichen Kreditnehmer oder (Dritt-) Sicherheitengeber bzw. die dahinter stehenden Finanzinvestoren den Banken, was

---

789 BGH, Urteil vom 07.07.1976 – IV ZR 229/74 = NJW 1976, 2345 (2346) mwN.

790 BGH, Urteil vom 11.12.2003 – VII ZR 31/03 = NJW 2004, 1454 (1455).

791 BGH, Urteil vom 10.10.2013 – VII ZR 19/12 (Rdn. 27) = NJW 2014, 206 (208).

792 *Kötz*, JuS 2003, 209 (210) mwN. – Zur Darstellung der Gegenpositionen ausführlich *Ulmer/Habersack*, in: Ulmer/Brandner/Hensen, AGB-Recht, § 305, Rdn. 49 ff.

793 Vgl. auch *Ballo*, Die AGB-Kontrolle von Kreditverträgen in der Akquisitionsfinanzierung, S. 66 (Fn. 234).

794 So etwa *Niebling*, AnwaltKommentar AGB-Recht, vor §§ 305-310, Rdn. 6; *Pfeiffer*, in: Wolf/Lindacher/Pfeiffer, AGB-Recht, Einl., Rdn. 1 ff.; *Roloff*, in: Erman, BGB, vor §§ 305-310, Rdn. 2; *Stoffels*, AGB-Recht, Rdn. 89; *Ulmer*, in: Ulmer/Brandner/Hensen, AGB-Recht, Einl., Rdn. 47 f.

795 *Roloff*, in: Erman, BGB, vor §§ 305-310, Rdn. 2.

ihre wirtschaftlichen und intellektuellen Fähigkeiten anbelangt, unterlegen sind. Sie sind vielmehr in der Regel als gleichberechtigte Verhandlungspartner anzusehen. Es gilt daher, sich von dem Gedanken zu lösen, dass geschäftlich erfahrene und wirtschaftlich einflussreiche Unternehmer oder Unternehmen im Rahmen des AGB-Rechts nicht schutzwürdig oder -bedürftig seien.[796] Der Zweck des AGB-Rechts, der primär eben gerade nicht auf den Schutz des Schwächeren abstellt, rechtfertigt es nicht, den unternehmerischen[797] Geschäftsverkehr gänzlich auszublenden.[798] Dass man sich genau damit in weiten Teilen den Bedürfnissen der Praxis verschließt, wird im Verlauf der Untersuchung zu zeigen sein.[799]

---

796 Vgl. hierzu auch *Ballo*, Die AGB-Kontrolle von Kreditverträgen in der Akquisitionsfinanzierung, S. 68; *Ulmer/Habersack*, in: Ulmer/Brandner/Hensen, AGB-Recht, § 305, Rdn. 52.

797 Der Begriff des Kaufmanns wurde aufgrund des Handelsrechtsreformgesetzes vom 22.6.1998 (BGBl. S. 1474 ff.) in § 24 ABGB durch denjenigen des Unternehmers ersetzt.

798 *Niebling*, MDR 2011, 1399 (1399).

799 Siehe dazu unten unter § 11 III.

§ 11 Anwendbarkeit des AGB-Rechts

Da bei der Bestellung von Kreditsicherheiten im Bankalltag regelmäßig Formulare und Mustertexte verwandt werden, gilt es im Folgenden zu prüfen, ob und unter welchen Gesichtspunkten die Voraussetzungen zur Qualifizierung von Sicherheitenverträgen bzw. Sicherungszweckvereinbarungen als AGB i.S. des § 305 Abs. 1 BGB vorliegen. Dies soll zunächst im Hinblick auf die Verwendung von Standardverträgen und Standardklauseln geprüft und sodann für den Sonderfall der Verwendung von Sicherheitenverträgen von Kanzleien, den sog. *Templates*, spezifiziert werden.

I. Verwendung von Standardverträgen und Standardklauseln

1. Die Qualifizierung als AGB i.S. des § 305 Abs. 1 S. 1 BGB

Der Anwendungsbereich der §§ 305 ff. BGB wird durch das Vorliegen von AGB i.S. der Legaldefinition des § 305 Abs. 1 S. 1 BGB eröffnet.[800] Gemäß § 305 Abs. 1 S. 1 BGB sind AGB alle für eine Vielzahl von Verträgen vorformulierten Vertragsbedingungen, die eine Vertragspartei (Verwender) der anderen Vertragspartei bei Abschluss eines Vertrages stellt.

Die einzelnen tatbestandlichen Voraussetzungen des AGB-Begriffs sollen nachfolgend dargestellt und für die Untersuchung relevante Konkretisierungen herausgearbeitet werden.

a. *Vertragsbedingung*

Erste Voraussetzung für die Qualifizierung etwaiger Klauselwerke oder einzelner Klauseln als AGB i.S. des § 305 Abs. 1 S. 1 BGB ist, dass es sich um „Vertragsbedingungen" handelt. Vertragsbedingungen liegen vor, wenn durch eine oder eine Mehrzahl von Klauseln die vertraglichen Beziehungen zwischen dem Verwender und seinem Vertragspartner näher ausformuliert und gestaltet werden sollen.[801] Diese Anforderung ist bei den in Sicherheitenverträgen enthaltenen Klauseln regelmäßig ohne weiteres erfüllt. Der Sicherheitenvertrag enthält nämlich überwiegend Regelungen zur inhaltlichen Ausgestaltung der Rechte und Pflichten der Sicherungsparteien in Bezug auf die jeweilige Sicherheit.[802] Er bestimmt zum

---

800 *Niebling*, AnwaltKommentar AGB-Recht, § 305, Rdn. 1.

801 BGH, Urteil vom 08.03.2005 – XI ZR 154/04 = NJW 2005, 1645 (1646); BGH, Urteil vom 02.07.1987 – III ZR 219/86 = NJW 1987, 2867 (2867).

802 *Röttger*, Kreditsicherungsrecht, S. 20.

einen die Rücksichtnahmen, die den Gläubiger im Schuldverhältnis treffen. Zum anderen folgt aus ihm „die Entstehung, Veränderung und Beendigung von Vertragspflichten im Zeitablauf des Sicherungsverhältnisses".[803] Daneben enthält der Sicherheitenvertrag eben auch die Sicherungszweckvereinbarung, also die Abrede darüber, welche Forderung(en) der Bank gegen ihre(n) Kreditnehmer gesichert werden soll(en).[804] Es handelt sich dabei ebenfalls um eine inhaltliche vertragliche Ausgestaltung, nämlich um die Ausgestaltung des Sicherungsumfangs der betreffenden Sicherheit.

b. Vorformulierung

AGB können ferner nur „vorformulierte" Vertragsbedingungen sein. Das heißt, sie müssen, gleichgültig in welcher Form, zeitlich vor Abschluss des Vertrages aufgestellt worden sein und feststehen, sie dürfen nicht erst bei Vertragsschluss ausgehandelt werden.[805] AGB sind danach auch vorformulierte Textbausteine aus denen, passend für jeden Einzelfall, der Vertragstext zusammengesetzt wird.[806] Im hier interessierenden Kontext ist darüber hinaus wichtig, hervorzuheben, dass unter AGB nicht nur ein Klauselkatalog in seiner Gesamtheit zu verstehen ist, sondern, dass auch einzelne vorformulierte Klauseln in ansonsten individuell ausgehandelten Klauseln AGB sein können.[807] So kann es sich auch in Sicherheitenverträgen bei einzelnen Klauseln um AGB handeln, während andere wiederum individuell ausgehandelt wurden.

Damit wird bei Sicherheitenverträgen die Voraussetzung der „Vorformulierung" wohl in den meisten Fällen bejaht werden können. Das Merkmal der „Vorformulierung" bereitet nämlich grundsätzlich nur bei solchen Klauseln Probleme, die von den Vertragsparteien überhaupt erst anlässlich eines konkreten Vertragsabschlusses formuliert werden.[808] Aus Gründen der Rechtssicherheit ist es in der Bankpraxis jedoch gerade auch bei Verträgen über die Bestellung von Kreditsicherheiten üblich und in der Regel auch zwingend geboten, den betreffenden Vertrag unter Verwendung aktueller, insbesondere rechtlich geprüfter Formulare oder Mustertexte abzuschließen.[809] Dabei kann regelmäßig davon ausgegangen werden, dass

---

803 Siehe zum Ganzen *Bülow*, Recht der Kreditsicherheiten, Rdn. 60.

804 Siehe hierzu bereits oben unter § 7 I.

805 *Basedow*, in: MüKoBGB, § 305, Rdn. 13; *Roloff*, in: Erman, BGB, § 305, Rdn. 9; *Pfeiffer*, in: Wolf/Lindacher/Pfeiffer, AGB-Recht, § 305, Rdn. 14.

806 OLG Frankfurt, Urteil vom 22.11.1990 – 6 U 161/89 = NJW 1991, 1489 (1490).

807 BGH, Urteil vom 26.09.1996 – VII ZR 318/95 = NJW 1997, 135 (135).

808 *Schwab*, AGB-Recht, Rdn. 127.

809 *Bausch*, Die Kreditprüfung bei Kreditinstituten, S. 68; *Röttger*, Kreditsicherungsrecht, S. 23. – Dass es sich bei den AGB der Banken (AGB-Banken/AGB-Sparkassen) mit ihren Pfandklauseln und den Allgemeinen Sicherungsbedingungen, z.B. für die Sicherungsübereignung und für die Sicherungsabtretung (siehe hierzu ausführlich *Brünink*, in: Lwowski/Fischer/Gehrlein, Das Recht der Kreditsicherung, § 3, Rdn. 14; sowie *Hopt*, in; Baumbach/Hopt, HGB, 2.Teil, V. (8) AGB-Banken, Rdn. 1 ff.

die in Rede stehenden Formulare und Mustertexte – zumindest größtenteils – vor Vertragsschluss aufgestellt wurden und nicht erst bei Vertragsabschluss ausgehandelt werden, umgangssprachlich das „Rad“ also im Rahmen einer jeden Sicherheitenbestellung nicht erst „neu erfunden“ wird.

Darüber hinaus ändert es am Charakter des Klauselwerks bzw. der Sicherungszweckvereinbarung als „vorformuliert“ nichts, wenn bei Abschluss des Sicherheitenvertrages Lücken in einem im Übrigen vorformulierten Vertragstext ausgefüllt oder bestimmte Kästchen alternativ angekreuzt werden müssen.[810] Wenn also etwa eine enge Sicherungszweckvereinbarung des gängigen Inhalts[811] „Die Sicherheit dient zur Sicherung aller bestehenden, künftigen und bedingten Forderungen der Bank gegen (...) aus Kreditvertrag vom (...) in Höhe von (...)“ vereinbart wird und zur Konkretisierung bzw. Sicherung einer bestimmten oder alternativ mehrerer genau bestimmter Kreditforderung(en) der Bank gegen ihre(n) Kreditnehmer nur der Kreditnehmer, das Datum des Kreditvertragsschlusses sowie die Höhe der zu sichernden Forderung ergänzt wird, oder der Kreditnehmer sich wahlweise durch Ankreuzen für einen engen oder weiten Sicherungszweck zu entscheiden hat, ändert dies nichts am Charakter der Sicherungszweckvereinbarung als „vorformulierte“ Vertragsbedingung.

Es kann deshalb davon ausgegangen werden, dass der Inhalt der Sicherungsverträge in der Praxis meist durch von den Kreditinstituten „vorformulierte“ Klauseln geprägt sein wird[812] und es sich insbesondere auch bei den für die vorliegende Untersuchung relevanten Sicherungszweckvereinbarungen um Vorformulierungen handelt.

---

mwN) um AGB handelt, dürfte bereits aus der Bezeichnung der jeweiligen Texte hinreichend deutlich werden. Die vorstehend aufgezeigten AGB-Banken etc. gelten aber nur dann, wenn sie vertraglich einbezogen werden. Ohne eine derartige Einbeziehung wären sie nicht anwendbar (siehe *Hopt*, in; Baumbach/Hopt, HGB, 2.Teil, V. (8) AGB-Banken, Rdn. 1; *Kümpel*, in: Kümpel/Wittig, Bank- und Kapitalmarktrecht, Rdn. 2.31 f.). Da die Vereinbarung der Geltung der deutschen AGB-Banken im internationalen Kreditgeschäft selbst bei Beteiligung deutscher Banken und Anwendbarkeit deutschen Rechts eher unüblich ist (siehe hierzu *Wenzel*, Rechtsfragen internationaler Konsortialkreditverträge; *Rosenau*, RIW 1992, 879 (881); anders jedoch *Diem*, Akquisitionsfinanzierungen, § 28, Rdn. 6; sowie etwa die Vertragsmuster in WM 2001, 2355 (2358)), sollen die AGB-Banken etc. für die vorliegende Untersuchung vernachlässigt werden.

810 BGH, Urteil vom 17.03.1993 – VIII ZR 180/92 = NJW 1993, 1651 (1653); *Brünink*, in: Lwowski/Fischer/Gehrlein, Das Recht der Kreditsicherung, § 3, Rdn. 14; *Niebling*, AnwaltKommentar AGB-Recht, § 305, Rdn. 35.

811 Siehe zu den gängigen Formulierungen von Sicherungszweckvereinbarungen oben unter § 7 III.

812 So auch *Brünink*, in: Lwowski/Fischer/Gehrlein, Das Recht der Kreditsicherung, § 3, Rdn. 14.

c. *Vielzahl- und Einmalklauseln*

Ferner muss die Vorformulierung, um als AGB zu gelten, für eine Vielzahl von Verträgen oder Rechtsgeschäften erfolgen. Nach der Rechtsprechung und ganz überwiegender Meinung in der Literatur sind Vertragsbedingungen bereits dann für eine Vielzahl von Verträgen vorformuliert, wenn der Verwender beabsichtigt, sie in mindestens drei Fällen verwenden zu wollen.[813] Dass die vorformulierten Vertragsbedingungen tatsächlich in mehrere Verträge einbezogen werden, ist damit nicht erforderlich.[814] Die §§ 305 ff. BGB sind dann bereits bei der ersten Verwendung anwendbar.[815] Gemeinhin lässt sich das Merkmal der „Vielfachverwendung" bejahen, wenn es sich nicht um eine für den konkreten Vertragsschluss entworfene Regelung handelt, sondern um eine Klausel, die von ihrem Verwender bereits mehrfach gebraucht wurde oder jedenfalls als Grundlage für gleichartige Rechtsverhältnisse entworfen wurde. Bei den von den Kreditinstituten vorformulierten Klauseln wird davon wohl auszugehen sein. Da die Kreditinstitute, wie zuvor festgestellt, aus Gründen der Rechtssicherheit und Praktikabilität Verträge über die Bestellung von Kreditsicherheiten unter Verwendung aktueller, insbesondere rechtlich geprüfter Formulare oder Mustertexte abschließen, kann damit nämlich auch davon ausgegangen werden, dass die dabei verwendeten Klauseln als Grundlage für gleichgeartete Rechtsverhältnisse mit unterschiedlichen Kreditnehmern bzw. (Dritt-)Sicherheitengebern aufgestellt und zur Anwendung gebracht werden sollen. Zudem werden Formulare und Mustertexte gerade dafür entwickelt, dass sich etwaige Akteure ihrer wiederholt bedienen und Vertragsverhandlungen bzw. hier Vertragsabschlüsse zur Sicherheitenbestellung dadurch rationalisiert werden können.[816] Dies gilt insbesondere auch für die hier interessierenden Akquisitionsfinanzierungen, da sich diese in ihrer Strukturen häufig ähneln und oftmals nur die finanzierende Bank oder das Bankenkonsortium sowie die Kreditnehmer bzw. die dahinterstehenden Finanzinvestoren wechseln.

---

813 Eine beabsichtigte Verwendung in mindestens drei Fällen verlangen BGH, Urteil vom 27.09.2001 – VII ZR 388/00 = NJW 2002, 138 (138); *Basedow*, in: MüKoBGB, § 305, Rdn. 18; *Roloff*, in: Erman, BGB, § 305, Rdn. 11; hingegen verlangt *Pfeiffer*, in: Wolf/Lindacher/Pfeiffer, AGB-Recht, § 305, Rdn. 15 lediglich eine beabsichtigte Verwendung in mehreren Fällen.

814 Siehe etwa *Basedow*, in: MüKoBGB, § 305, Rdn. 18; *Pfeiffer*, in: Wolf/Lindacher/Pfeiffer, AGB-Recht, § 305, Rdn. 15; a.A. hingegen *Löwe/Trinkner*, in: Löwe/Graf von Westphalen/Trinkner, Kommentar zum AGB-Gesetz, Bd. 2, §§ 10-30, § 1, Rdn. 8, der eine tatsächliche Verwendung verlangt.

815 *Niebling*, AnwaltKommentar AGB-Recht, § 305, Rdn. 39.

816 Vgl. *Ballo*, Die AGB-Kontrolle von Kreditverträgen in der Akquisitionsfinanzierung, S. 91. – Zur Rationalisierungsfunktion von AGB im Allgemeinen siehe etwa *Stoffels*, AGB-Recht, Rdn. 67; *Ulmer/Habersack*, in: Ulmer/Brandner/Hensen, AGB-Recht, Einl., Rdn. 4.

Gleichgültig ist bei der Frage einer „Vielfachverwendung" hingegen, ob der Verwender selbst oder eine andere Person die AGB verfasst hat.[817] Auch bei von Dritten zur beliebigen Verwendung verfassten und verbreiteten Klauselwerken (z.B. Musterverträge in Formularbüchern) handelt es sich deshalb um AGB, selbst wenn die Vertragspartei, die auf sie zurückgreift, sie ihrerseits nur für einen einzigen Vertrag verwendet.[818] Um AGB handelt es sich also grundsätzlich auch dann, wenn die kreditgewährende Bank bei der Bestellung von Kreditsicherheiten auf Klauseln zurückgreift, die mit einer oder mehreren in Formularbüchern vorgeschlagenen Klauseln übereinstimmen. Dies ist vorliegend von Belang, da insbesondere auch bei Sicherungszweckvereinbarungen weitestgehend gleichlautende Formulierungen verwendet werden.[819] In diesem Zusammenhang werden aber Stimmen laut, wonach das Prinzip, welches die Absicht zur Vielfachverwendung durch einen vom Autor der Klausel(n) verschiedenen Dritten ausreichen lässt, der Praktikabilität wegen und zur Verhinderung einer übermäßigen Beschränkung der Vertragsfreiheit – namentlich im unternehmerischen Verkehr – einer Begrenzung bedürfe.[820] So müsse etwa berücksichtigt werden, dass es für bestimmte Klauselinhalte nur begrenzt Möglichkeiten einer sprachlichen Variation gibt, sodass Übereinstimmungen in der Sprachfassung nicht immer auf eine Mehrfachverwendung hindeuten.

Bedeutung erlangt im hier interessierenden Kontext zudem die Tatsache, dass es sich auch dann um für eine Vielzahl von Verträgen vorformulierte Vertragsbedingungen handeln kann, wenn die Bedingungen nicht gegenüber verschiedenen Vertragsparteien, sondern immer wieder zwischen denselben Personen verwendet werden sollen.[821] Denkbar und auch tatsächlich gebräuchlich ist es nämlich, dass ein Kreditnehmer, der mit einem bestimmten Kreditinstitut bereits erfolgreich eine Finanzierung durchgeführt hat, an dieses Kreditinstitut erneut herantritt und ausdrücklich diejenige Vertragsdokumentation verlangt, welche bereits bei der vorherigen Finanzierung verwandt wurde.[822] Dies spart nämlich Zeit und damit auch Geld, da die bereits finalisierte Dokumentation regelmäßig nur in Feinheiten an die nachfolgende Finanzierung angepasst werden muss. In der Folge kann dies aber eben auch zur Qualifizierung der (wieder-)verwendeten Klauselwerke als AGB führen.[823]

---

817 *Pfeiffer*, in: Wolf/Lindacher/Pfeiffer, AGB-Recht, § 305, Rdn. 15.

818 *Roloff*, in: Erman, BGB, § 305, Rdn. 11 mit Verweis auf BGH, Urteil vom 07.05.1987 – VII ZR 129/86 = NJW 1987, 2373 (2374); BGH, Urteil vom 16.11.1990 – V ZR 217/89 = NJW 1991, 843 (843).

819 Siehe hierzu etwa *Röttger*, Kreditsicherungsrecht, S. 21.

820 So etwa *Kessel*, AnwBl 2012, 293 (294); *Schwenker/Thode*, ZfIR 2005, 635 (635 ff.).

821 BGH, Urteil vom 11.12.2003 – VII ZR 31/03 = NJW 2004, 1454 (1454).

822 Vgl. *Ballo*, Die AGB-Kontrolle von Kreditverträgen in der Akquisitionsfinanzierung, S. 92.

823 Dazu, dass in einem solchen Fall der Verwender auch für den zweiten Vertrag die Beweislast dafür trägt, dass die Voraussetzungen der Annahme einer Individualvereinbarung gegeben waren: *Basedow*, in: MüKoBGB, § 305, Rdn. 53.

Schließlich bleibt festzuhalten, dass einzelne Klauseln dem AGB-Begriff auch dann unterfallen können, wenn sie mit anderen Klauseln in verschiedenen Verträgen unterschiedlich kombiniert werden, inhaltlich aber – und darauf kommt es entscheidend an – im Wesentlichen eine Gleichartigkeit besteht.[824] Relevanz zeigt dies etwa in einem System von Textbausteinen.[825] Dass es sich bei Klauseln, die zwar nicht wörtlich identisch, aber zumindest inhaltlich gleichartig sind, um AGB handeln soll, lässt sich mit dem oben bestimmten Schutzzweck des AGB-Rechts[826], namentlich der Verhinderung einer einseitigen Ausnutzung der Vertragsgestaltungsfreiheit, begründen. Die Verwendung inhaltlich gleichartiger Klauseln ist nämlich gerade Ausdruck für Verhandlungsmacht eines Vertragspartners. Denn sie zeigt, dass der Verwender, ohne Berücksichtigung der tatsächlichen Umstände im Einzelfall, sich durchzusetzen gewillt ist. Unbedeutende Unterschiede von Klauseln in verschiedenen Sicherheitenverträgen bzw. Sicherungszweckvereinbarungen reichen damit grundsätzlich nicht aus, um hier den Charakter als AGB zu verneinen.[827]

d. „Stellen“

Der tatbestandlichen Voraussetzung des „Stellens“ kommt schließlich die Aufgabe zu, diejenige Person zu bestimmen, die als Verwender der AGB auftritt.[828] Eben diese Partei, den Verwender der AGB, sollen dann auch die diversen Rechtsfolgen des AGB-Rechts treffen.[829] Die insbesondere früher weit verbreitete Annahme, das Merkmal des „Stellens“ setze voraus, dass dem Vertragsgegner die Bedingungen einseitig auferlegt und vom Verwender ohne tatsächliche Verhandlungsbereitschaft oder aufgrund eines entsprechenden Machtgefälles einseitig durchgesetzt werden müssten[830], geht dabei fehl. Auch dies wird anhand der erfolgten Bestimmung des Schutzzwecks des AGB-Rechts deutlich.[831] Ebenso wird aus dem *Telos* des AGB-Gesetzes deutlich, dass allein daraus, wer durch die betreffenden Klauseln begünstigt wird, sowie aus dem Inhalt der Klauseln keine Rückschlüsse auf die Verwendereigenschaft gezogen werden können.[832] Ob und vor allem von wem die Vertragsbedingungen „gestellt“ wurden, bestimmt sich vielmehr danach, welcher

---

824 BGH, Urteil vom 03.04.1998 – V ZR 6–97 = NJW 1998, 2600 (2601).
825 *Pfeiffer*, in: Wolf/Lindacher/Pfeiffer, AGB-Recht, § 305, Rdn. 15.
826 Siehe dazu oben unter § 10 I.
827 Siehe zum Ganzen *Pfeiffer*, in: Wolf/Lindacher/Pfeiffer, AGB-Recht, § 305, Rdn. 17.
828 *Basedow*, in: MüKoBGB, § 305, Rdn. 21; *Pfeiffer*, in: Wolf/Lindacher/Pfeiffer, AGB-Recht, § 305, Rdn. 18.
829 *Ulmer/Habersack*, in: Ulmer/Brandner/Hensen, AGB-Recht, § 305, Rdn. 26.
830 So etwa *Lieb*, DNotZ 1989, 274 (291); *Parkowski*, BB 1978, 161 (161 f.); *Von Falkhausen*, BB 1977, 1124 (1127).
831 Siehe dazu erneut oben unter § 10 I.
832 BGH, Urteil vom 04.03.1997 – X ZR 141/95 = NJW 1994, 2043 (2044).

der Vertragsparteien die Vertragsgestaltungsmacht zuzurechnen ist.[833] Maßgeblich hierfür ist wiederum der Schutzzweck des AGB-Rechts, ein einseitiges Ausnutzen der Vertragsgestaltungsfreiheit durch eine Vertragspartei zu verhindern.[834] Regelmäßig ist als „Verwender" damit derjenige anzusehen, von dem das Angebot einer Einbeziehung der AGB in den konkreten Vertrag ausgegangen ist.[835] Jenseits der „formalen Einbeziehungsinitiative" können für die Frage der Zurechnung aber auch noch andere Kriterien maßgebend sein.[836] Dies dürfte auch vorliegend relevant werden. Denn allein anhand einer etwaigen Einbeziehungsinitiative kann eine verallgemeinernde Bestimmung des „Verwenders" hier nicht getroffen werden. Anders als bei der Kreditvertragsdokumentation, bei der in der Regel von einem Stellen der Vertragsbedingungen durch die kreditgewährende(n) Bank(en) auszugehen ist[837], ist es in der kautelarjuristischen Praxis der hier interessierenden Finanzierungen nämlich sowohl üblich, dass die arrangierende(n) Bank(en) einen ersten Entwurf des Sicherheitenvertrages übersenden, als auch, dass dies seitens der Kreditnehmer erfolgt – mit der Folge, dass die darin enthaltenen Regelungen AGB sind, welche, würde man allein auf das Kriterium der Einbeziehungsinitiative abstellen, die Kreditnehmer bzw. (Dritt-)Sicherheitengeber der kreditgewährenden Bank stellen. Die Kreditnehmer bzw. (Dritt-)Sicherheitengeber würden folglich nicht in den Schutzbereich des AGB-Rechts gelangen. Tatsächlich würde seitens der Kreditnehmer bzw. (Dritt-)Sicherheitengeber aber auch in diesem Fall kein Sicherheitenvertrag neu erfunden werden, sondern ein bereits bei vorherigen Transaktionen verwendetes Exemplar oder eine Mustervereinbarung als Grundlage für einen Entwurf herangezogen werden. Die (Dritt-)Sicherheitengeber sind sich nämlich bewusst, dass die Bank(en) keine Sicherheitenverträge akzeptieren würde(n), die von einem Standardexemplar erheblich abweichen. Haben die Sicherheitengeber „in vorauseilendem Gehorsam" die gewöhnlich von Banken bei derartigen Finanzierungen verwendeten Mustersicherheitenverträge ihrem Entwurf zugrunde gelegt, sind dann aber nicht sie, sondern die Banken als „Verwender" i.S.d. § 305 Abs. 1 S. 1 BGB anzusehen.[838] Für einen solchen Fall hat der BGH[839] nämlich klargestellt, dass die im Entwurf des Sicherheitengebers enthaltenen Klauseln nicht das Ergebnis seiner freien Entscheidung seien, sondern vielmehr Folge von dessen Übung, Verträge nur unter Einbeziehung dieser

---

833 BGH, Urteil vom 30.06.1994 – VII ZR 116/93 = NJW 1994, 2825 (2826); *Basedow*, in: MüKoBGB, § 305, Rdn. 21.

834 BGH, Urteil vom 30.06.1994 – VII ZR 116/93 = NJW 1994, 2825 (2826); *Ulmer/Habersack*, in: Ulmer/Brandner/Hensen, AGB-Recht, § 305, Rdn. 26.

835 *Ulmer/Habersack*, in: Ulmer/Brandner/Hensen, AGB-Recht, § 305, Rdn. 27.

836 *Basedow*, in: MüKoBGB, § 305, Rdn. 21, 28.

837 Vgl. hierzu ausführlich *Ballo*, Die AGB-Kontrolle von Kreditverträgen in der Akquisitionsfinanzierung, S. 92; *Diem*, Akquisitionsfinanzierungen, § 28, Rdn. 2a.

838 Vgl. zum Ganzen *Diem*, Akquisitionsfinanzierungen, § 28, Rdn. 2a.

839 BGH, Urteil vom 04.03.1997 – X ZR 141/95 = NJW 1997, 2043 (2044).

Regeln abzuschließen. Ihre Aufnahme in den Vertrag sei daher auch in diesem Falle Ausdruck der von dem Verfasser der Bedingungen ausgehenden Marktmacht, so dass sie allein ihm zuzurechnen seien. Auch ohne ausdrückliches Verlangen habe er durch diese Übung auf die inhaltliche Gestaltung der Vereinbarung Einfluss genommen und so die Einbeziehung der von ihm aufgestellten Vertragsbedingungen in den Vertrag veranlasst. Dies genüge, um ihn auch insoweit als Verwender der Bedingungen erscheinen zu lassen; auf eine eigene Initiative der Einbeziehung komme es in diesem Zusammenhang nicht an.

e. Kein Aushandeln

Selbst wenn die vorstehenden Voraussetzungen an sich erfüllt sind, liegen gemäß § 305 Abs. 1 S. 3 BGB indes keine AGB vor, wenn die Vertragsbedingungen zwischen den Vertragsparteien „im Einzelnen ausgehandelt" worden sind, sog. „Individualabrede" oder „Individualvereinbarung". Da die zuvor aufgezeigten konstitutiven Tatbestandsvoraussetzungen des AGB-Begriffs – mit wenigen Ausnahmen – bei den meisten sowie auch bei den im Rahmen dieser Arbeit zu untersuchenden Vertragsbedingungen nahezu unproblematisch zu bejahen sind[840], ist der Ausnahmeregelung des § 305 Abs. 1 S. 3 BGB bei der Abgrenzung der AGB-Bestimmungen von AGB-kontrollfreien Individualvereinbarungen eine besondere Bedeutung zuzusprechen.[841] Im Folgenden sollen deshalb die Anforderungen der höchstrichterlichen Rechtsprechung sowie das Meinungsbild in der Literatur zum Merkmal des „individuellen Aushandelns" näher dargestellt werden. Wegen ihrer Relevanz für die vorliegende Untersuchung sollen dabei die Auswirkungen der darzustellenden Anforderungen von Rechtsprechung und Literatur auf den unternehmerischen Verkehr besondere Berücksichtigung finden.

i. Anforderungen der Rechtsprechung an das „Aushandeln"

Vom BGH werden in ständiger Rechtsprechung hohe Anforderungen an das Merkmal des „Aushandelns" von Vertragsbedingungen formuliert.[842] Danach setzt

840 *Miethaner*, NJW 2010, 3121 (3121).

841 Statt vieler *Basedow*, in: MüKoBGB, § 305, Rdn. 34 ff.

842 Siehe hierzu insbesondere das Grundsatzurteil des BGH vom 15.12.1976 – IV ZR 197/75 = NJW 1977, 624; sowie ausdrücklich BGH, Urteil vom 09.04.1987 – III ZR 84/86 = NJW 1987, 2011 (2011) mit Verweis auf u.a. BGH, Urteil vom 03.07.1985 – IVa ZR 246/83 = NJW-RR 1986, 54; BGH, Urteil vom 05.05.1986 – II ZR 150/85 = NJW 1986, 2428. Zusammengefasst finden sich die sämtlichen Anforderungen des BGH in seinem Urteil vom 03.11.1999 – VIII ZR 269/98 = NJW 2000, 1110 (1111 f.); bestätigt in BGH, Urteil vom 22.11.2012 – VII ZR 222/12 = NJW 2013, 856 (856); BGH, Urteil vom 14.04.2005 – VII ZR 56/04 = NJW-RR 2005, 1040 (1040 f.).

„Aushandeln“ mehr als „Verhandeln“ voraus.[843] Der AGB-Verwender müsse ernsthaft und eindeutig seine Bereitschaft erklären, über die seinerseits gestellten Vertragsbedingungen zu verhandeln und sie gegebenenfalls zu ändern.[844] Er müsse den „gesetzesfremden Kerngehalt“[845] der Vertragsbedingungen inhaltlich ernsthaft zur Disposition stellen und eine aktive Einflussnahme des Vertragspartners auf die Gestaltung zulassen.[846] Dem Vertragspartner müsse die reale Möglichkeit eingeräumt werden, den Inhalt der Vertragsbedingungen zur Wahrung eigener Interessen zu beeinflussen.[847] Im Hinblick darauf, dass der „Klauselgegner“ die reale Möglichkeit erhalten müsse, den Inhalt der Vertragsbedingungen zu beeinflussen, sei zudem – jedenfalls bei umfangreichen bzw. nicht leicht verständlichen Klauseln – (zusätzliche) Voraussetzung für die Qualifizierung als „ausgehandelt“, dass der Verwender die andere Vertragspartei über den Inhalt und die Tragweite der Klausel(n) im Einzelnen belehrt habe oder sonst wie erkennbar geworden sei, dass der andere Vertragspartner deren Sinn wirklich erfasst habe. Nur so sei auch gewährleistet, dass der Vertragsinhalt, den der vorformulierte Text ergebe, nicht nur vom Verwender, sondern ebenso vom Vertragspartner in seinen rechtsgeschäftlichen Gestaltungswillen aufgenommen worden sei, also als Ausdruck seiner rechtsgeschäftlichen Selbstbestimmung und Selbstverantwortung gewertet werden könne.[848]

Darüber hinaus lässt der BGH erkennen, dass *in praxi* kaum je von einem echten „Aushandeln“ ausgegangen werden könne, wenn sich das Ergebnis des Aushandelns nicht in erkennbaren Änderungen des vorformulierten Vertragstextes niederschlage.[849] Die individuelle Abänderung einer Vertragsklausel stellt deshalb ein starkes Indiz dafür dar, dass die Klausel zwischen den Parteien ausgehandelt

843 BGH, Urteil vom 20.03.2014 – VII ZR 248/13 = NJW 2014, 1725 (1727); BGH, Urteil vom 14.04.2005 – VII ZR 56/04 = NJW-RR 2005, 1040; BGH, Urteil vom 27.03.1991 – IV ZR 90/90 = NJW 1991, 1679.

844 BGH, Urteil vom 03.11.1999 – VIII ZR 269/98 = NJW 2000, 1110 (1111); BGH, Urteil vom 18.05.1983 – VIII ZR 20/82 = NJW 1983, 1603.

845 Gemeint ist damit ein Klauselinhalt, der beispielsweise vom BGB oder HGB abweicht, siehe dazu BGH, Urteil vom 07.03.2013 – VII ZR 162/12 = NJW 2013, 1431 (1432).

846 Siehe etwa BGH, Urteil vom 22.10.2015 – VII ZR 58/14 = NJW-RR 2016, 12 (12); BGH, Urteil vom 20.03.2014 – VII ZR 248/13 = NJW 2014, 1725 (1727); BGH, Urteil vom 05.12.1995 – X ZR 14/93 = NJW-RR 1996, 783 (787); BGH, Urteil vom 27.03.1991 – IV ZR 90/90 = NJW 1991, 1678.

847 Siehe aus der ständigen Rechtsprechung etwa BGH, Urteil vom 03.11.1999 – VIII ZR 269/98 = NJW 2000, 1110 (1111); BGH, Urteil vom 16.07.1998 – VII ZR 9-97 = NJW 1998, 3488 (3489); BGH, Urteil vom 03.04.1998 – V ZR 6-97 = NJW 1998, 2600 (2601).

848 BGH, Urteil vom 19.05.2005 – III ZR 437/04 = NJW 2005, 2543 (2544).

849 BGH, Urteil vom 25.06.1987 – VII ZR 251/86 = NJW 1988, 140 (141); *Roloff*, in: Erman, BGB, § 305, Rdn. 20; *Stoffels*, AGB-Recht, Rdn. 148.

wurde.[850] Ohne erkennbare Änderungen kann ein Vertrag – der höchstrichterlichen Rechtsprechung folgend – allenfalls unter besonderen Umständen als Ergebnis eines „Aushandelns" gewertet werden; nämlich dann, wenn es „nach gründlicher Erörterung" schließlich bei dem gestellten Entwurf bleibe.[851] Dass damit auch geschäftserfahrene Unternehmer bzw. Unternehmen, die trotz unveränderter Übernahme einzelner Klauseln grundsätzlich davon ausgehen, mit dem geschlossenen Vertragswerk insgesamt zu einem sorgfältig ausgehandelten und interessengerechten Ausgleich gelangt zu sein, dem Anwendungsbereich der AGB-Kontrolle unterfallen können, wird noch zu zeigen sein.

Des Weiteren ist klarstellend darauf hinzuweisen, dass die Abänderungsbereitschaft für den jeweiligen in Rede stehenden Vertrag vorliegen muss und nicht aus vergangenen Verhandlungen, beispielsweise im Rahmen einer bereits abgeschlossenen gleichartigen Transaktion, hergeleitet werden kann.[852] Relevant wird dies nämlich für den nicht selten anzutreffenden Fall, dass Entwürfe zu Sicherheitenverträgen auf denen erfolgreich abgeschlossener „Vorgänger-Transaktionen" aufbauen.

ii. Die Folgen der Rechtsprechung für den unternehmerischen Verkehr

§ 305 Abs. 1 S. 3 BGB mit seinen durch die höchstrichterliche Rechtsprechung geprägten strengen Anforderungen gilt nach der Rechtsprechung auch im unternehmerischen Verkehr.[853] Die von der Rechtsprechung aufgestellten Anforderungen für die Annahme eines „individuellen Aushandelns" in Verbindung mit der dem Verwender auferlegten Darlegungs- und Beweislast hinsichtlich größtenteils innerer Tatsachen[854] führen jedoch gerade im unternehmerischen Verkehr dazu,

---

850 *Roloff*, in: Erman, BGB, § 305, Rdn. 20; *Ulmer/Habersack*, in: Ulmer/Brandner/Hensen, AGB-Recht, § 305, Rdn. 63.

851 BGH, Urteil vom 03.11.1999 – VIII ZR 269/98 = NJW 2000, 1110 (1111); BGH, Urteil vom 03.04.1998 – V ZR 6-97 = NJW 1998, 2600 (2601); BGH, Urteil vom 12.05.1992 – XI ZR 258/91 = NJW 1992, 2285 (2285) – allesamt jedoch nur *obiter dicta*; siehe hierzu auch *Roloff*, in: Erman, BGB, § 305, Rdn. 20; *Schlosser*, in: Staudinger, § 305, Rdn. 44.

852 BGH, Urteil vom 08.11.1978 – IV ZR 179/77 = NJW 1979, 367 (368); siehe hierzu auch *Miethaner*, NJW 2010, 3121 (3122); kritisch jedoch *Müller/Griebeler/Pfeil*, BB 2009, 2658 (2660).

853 BGH, Urteil vom 23.01.2003 – VII ZR 210/01 = NJW 2003, 1805 (1807); BGH, Urteil vom 03.11.1999 – VIII ZR 269/98 = NJW 2000, 1110 (1111 f.); BGH, Urteil vom 26.02.1992 – XII ZR 129/90 = NJW 1992, 2283 (2285).

854 Zur Darlegungs- und Beweislast des Verwenders siehe BGH, Urteil vom 16.07.1998 – VII ZR 9–97 = NJW 1998, 3488 (3489); BGH, Urteil vom 03.04.1998 – V ZR 6–97 = NJW 1998, 2600 (2601). – Zu den Problemen der Beweisführung im AGB-Recht sowie insbesondere dazu, dass es sich hier überwiegend um zu beweisende innere Tatsachen handelt, weshalb dieser Beweis im Allgemeinen wohl eher schwerlich zu führen sein dürfte, siehe ausführlich *Berger*, NJW 2001, 2152 (2154); *Ulmer/Habersack*, in: Ulmer/Brandner/Hensen, AGB-Recht, § 305, Rdn. 64 f.

dass im Zweifelsfall ein tatsächliches Aushandeln in den seltensten Fällen nachgewiesen werden kann.[855] Für Unternehmen und ihre Rechtsberater ist der Weg zu einer kontrollfreien Individualvereinbarung deshalb in vielen Fällen kaum noch sichtbar.[856]

Tatsächlich finden sich auch in der Historie des AGB-Rechts kaum höchstrichterliche Entscheidungen, die vom Vorliegen einer AGB-kontrollfreien Individualvereinbarung nach § 305 Abs. 1 S. 3 BGB im Unternehmerverkehr ausgegangen sind.[857] Wie ernst zu nehmen dieser Befund ist, zeigt sich etwa daran, dass nach dem BGH eine AGB-rechtliche Kontrolle sogar für den Fall nicht auszuschließen sein wird, für den die Vertragsparteien einen vorformulierten Vertragstext übereinstimmend lediglich als Vertragsgrundlage verstanden wissen wollen.[858] Denn selbst hier müsste der Verwender eine genaueste Dokumentation der Verhandlungsschritte gewährleisten können, um seiner Beweislast zu genügen und das Risiko zu eliminieren, dass bei einer gerichtlichen Kontrolle später sein ernsthaftes „zur Disposition stellen" in Frage gestellt wird.[859] Im Ergebnis würde nach der Rechtsprechung eine Individualvereinbarung selbst dann nicht vorliegen, wenn geschäftlich erfahrene Vertragspartner übereinstimmend davon ausgehen, dass es sich bei den betroffenen Klauseln um sorgfältig ausgehandelte und interessengerechte Vertragsbedingungen handelt.[860] Die Vertragsparteien müssten – wollen sie den Anforderungen der Rechtsprechung genügen – selbst dann, wenn sie sich von Anfang an über die inhaltliche Ausgestaltung einer Vertragsklausel einig sind, diese dennoch „aushandeln", damit nicht später die Gerichte ein ernsthaftes „zur Disposition stellen" in Zweifel ziehen können.[861] Da sich das „Aushandlungsergebnis" andernfalls nicht im Vertragstext niederschlagen würde, könnte nach dem BGH – wie gezeigt – wohl kaum von einem „Aushandeln" gesprochen werden.[862] Nach den Anforderungen der Rechtsprechung würden die Vertragsparteien also im Ergebnis dazu herausgefordert, in „Scheinverhandlungen" einzutreten.[863]

---

855 Vgl. *Ballo*, Die AGB-Kontrolle von Kreditverträgen in der Akquisitionsfinanzierung, S. 96; *Berger*, NJW 2001, 2152 (2152); *Hensen*, NJW 1987, 1986 (1987); *Miethaner*, NJW 2010, 3121 (3121).

856 *Müller*, NZM 2016, 185 (187); anders jedoch *Kästle*, NZG 2014, 288 (288 ff.).

857 Siehe *Miethaner*, NJW 2010, 3121 (3124), der zugleich eine Auflistung der einschlägigen Ausnahmefälle vornimmt.

858 Siehe hierzu bereits oben unter § 11 I. 1. e. i.

859 Vgl. zum Ganzen *Ballo*, Die AGB-Kontrolle von Kreditverträgen in der Akquisitionsfinanzierung, S. 96.

860 Vgl. *Wenzel*, Rechtsfragen internationaler Konsortialkreditverträge, S. 92.

861 Vgl. hierzu *Ballo*, Die AGB-Kontrolle von Kreditverträgen in der Akquisitionsfinanzierung, S. 97.

862 Siehe hierzu bereits oben unter § 11 I. 1. e. i.

863 Vgl. *Wenzel*, Rechtsfragen internationaler Konsortialkreditverträge, S. 92. – Was es für den Verwender bedeutet, die AGB gegenüber seinem Vertragspartner unter Berücksichtigung der Anforderungen der Rechtsprechung „ernsthaft zur Disposition zu stellen", um ihm die „reale Möglichkeit" einzuräumen, den Inhalt der

Die vom BGH aufgestellten Anforderungen an das Abgrenzungskriterium des § 305 Abs. 1 S. 3 BGB gerieten deshalb zunehmend in die Kritik.[864] Vermehrt werden Stimmen laut, die im Unternehmerverkehr für eine Lockerung der Anforderungen an das Vorliegen von Individualvereinbarungen plädieren.[865] Im Folgenden sollen deshalb das Meinungsbild in der Literatur sowie etwaige Lösungsansätze zur Berücksichtigung der Besonderheiten im unternehmerischen Verkehr dargestellt werden.

iii. Stimmen in der Literatur

(1) „Starre" AGB-Kontrolle – Beibehaltung des Status quo

Ein weiter Teil des Schrifttums folgt der Judikatur des BGH, wonach an das Merkmal des „Aushandelns" strenge Anforderungen zu stellen sind, und verneint bei der Qualifizierung einer Klausel als Individualabrede die Berücksichtigung eines Machtgefälles zwischen dem Verwender und seinem Vertragspartner, also eine differenzierte Anwendung des AGB-Rechts.[866]

(2) Rechtsprechungsänderung – Modifizierung oder Lockerung des Abgrenzungskriteriums im unternehmerischen Verkehr

Ein weiterer Teil des Schrifttums schlägt hingegen eine Lockerung der Anforderungen an Individualvereinbarungen im unternehmerischen Verkehr vor.[867] Im

---

Vertragsbedingungen zur Wahrung eigener Interessen zu beeinflussen, zeigt eindrucksvoll auch *Graf von Westphalen*, in: Aushandeln von Vertragsklauseln – Anmerkung zu BGH vom 08.03.2014 – ZIP 2014, 924, S. 1 (abrufbar unter http://www.beck-shop.de/fachbuch/ zusatzinfos/RAProfDrFriedrichGrafvonWestphalen_Aushandeln_von_Vertragsklauseln.pdf, Abruf vom 6. Januar 2019) in einem anschaulichen Beispiel.

864 Siehe *Miethaner*, NJW 2010, 3121 (3121) sowie nachfolgend ausführlich zum Meinungsbild in der Literatur unter § 11 I. 1. e. iii. (2).

865 So auch *Stoffels*, AGB-Recht, Rdn. 148b.

866 *Graf von Westphalen*, NZM 2016, 369 (369 ff.); *ders.*, NJW 2012, 2243 (2248); *ders.*, ZIP 2007, 149 (150 ff.); *Heinrichs*, NJW 1977, 1505 (1508); *Locher*, JuS 1997, 389 (391); *Roloff*, in: Erman, BGB, § 305, Rdn. 19; *Schwab*, AGB-Recht, Rdn. 137; *Ulmer/Habersack*, in: Ulmer/Brandner/Hensen, AGB-Recht, § 305, Rdn. 8, 45 ff., 52.

867 Mit unterschiedlichen Ausprägungen *Berger*, NJW 2001, 2152 (2153); *ders.*, ZIP 2006, 2149 (2152 f.); *ders.*, NJW 2010, 465 (467 f.); *Grüneberg*, in: Palandt, § 305, Rdn. 22; *Maier-Reimer/Niemeyer*, NJW 2015, 1713 (1716 f.); *Michel/Hilpert*, DB 2000, 2513 (2515); *Miethaner*, NJW 2010, 3121 (3127); *Rabe*, NJW 1987, 1978 (1980); *Schlosser*, in: Staudinger, § 305, Rdn. 36a; *Wenzel*, Rechtsfragen internationaler Konsortialkreditverträge, S. 92 ff.; differenzierend: *Stoffels*, AGB-Recht, Rdn. 148b; siehe hierzu auch die instanzgerichtliche Rechtsprechung des OLG Frankfurt a.M., Urteil vom 27.08.2013 – 11 U 55/12 = BeckRS 2013, 17775, wonach es im Verkehr zwischen Unternehmern zur Anwendung von § 305 Abs. 1 S. 3 BGB genügen soll, „dass

Ergebnis sind sich die Autoren dabei einig, dass die restriktiven Anforderungen der Rechtsprechung den im unternehmerischen Verkehr üblichen Verhandlungsabläufen nicht gerecht werden. In ihren Ansätzen zu Lösungsvorschlägen differieren die Ansichten der Kritiker jedoch teils erheblich.[868]

Größtenteils wird eine Rechtsprechungsänderung des BGH zur AGB-Kontrolle im unternehmerischen Verkehr auf Grundlage des geltenden AGB-Rechts für ausreichend gehalten. Teils wird dabei die Ansicht vertreten, dass die sich aus § 305 Abs. 1 S. 3 BGB ergebenden Anforderungen im unternehmerischen Geschäftsverkehr zwar ebenso maßgeblich seien, dies allerdings nur unter Berücksichtigung der tatsächlichen Geschäftserfahrenheit der Parteien, ihrer Verhandlungsstärke sowie ihrer Geschäfts- und Branchenkenntnis.[869] Andere wiederum streiten für die Aufstellung eines Kriterienkatalogs, um eine praxistaugliche Abgrenzung von Standardklauseln und Individualvereinbarungen zu gewährleisten.[870] Teilweise wird auch dafür plädiert, auf das Erfordernis einer ernsthaften Änderungsbereitschaft des Verwenders zu verzichten.[871]

(3) „Ausstrahlungswirkung" von Individualvereinbarungen

Nach einem weiteren in der Literatur verfolgten Ansatz soll dem Aushandeln einzelner Vertragsbedingungen im Unternehmerverkehr eine „Ausstrahlungswirkung" im Hinblick auf die nicht ausgehandelten Bedingungen zukommen, sodass der Vertrag allein durch das Aushandeln einzelner Vertragsbedingungen im Ganzen als Individualvereinbarung zu qualifizieren sei.[872] Denn es entspreche insbesondere nicht dem Verständnis des schnelllebigen internationalen Wirtschaftsverkehrs, in dem sich ein Aushandeln in der Regel auf die essentiellen Vertragsbedingungen beschränke bzw. konzentriere, die übrigen Klauseln standardisierter Vertragsentwürfe einer AGB-rechtlichen Kontrolle zu unterwerfen.[873]

---

der Verwender dem anderen Teil angemessene Verhandlungsmöglichkeit einräumt und dieser seine Rechte in der konkreten Verhandlungssituation mit zumutbarem Aufwand selbst wahrnehmen kann", worauf früher auch *Grüneberg*, in: Palandt (75. Auflage 2016), § 305, Rdn. 22 verwies.

868 So auch *Stoffels*, in: AGB-Recht, Rdn. 148b.

869 *Grüneberg*, in: Palandt, § 305, Rdn. 22.

870 *Müller/Griebler/Pfeil*, BB 2009, 2658 (2660 ff.).

871 *Wackerbarth*, AcP 200 (2000), 45 (84 f.).

872 *Habersack*, Der Vorbehalt der Individualabrede (§ 305 Abs. 1 S. 3 BGB), in: Festschrift Köhler, S. 209 (209 ff.); *Michel/Hilpert*, DB 2000, 2513 (2514). – Auch nach *Wenzel*, Rechtsfragen internationaler Konsortialkreditverträge, S. 94 soll im Grunde von einer „Ausstrahlungswirkung" ausgegangen werden. Dies gelte einschränkend jedoch nur dann, wenn nach Prüfung des gesamten Klauselwerkes tatsächlich eine bewusste Entscheidung für das Verhandeln einzelner und gegen das Verhandeln der restlichen Klauseln getroffen wurde.

873 So etwa *Michel/Hilpert*, DB 2000, 2513 (2514).

(4) Reform des AGB-Rechts im unternehmerischen Geschäftsverkehr

Andere Teile der Literatur wiederum sind der Auffassung, dass die aufgezeigten Missstände des AGB-Rechts im unternehmerischen Geschäftsverkehr nur mit Hilfe des Gesetzgebers beseitigt werden können.[874]

So wird im Zuge von Reformbestrebungen etwa vorgeschlagen, dass eine Vertragsbedingung im unternehmerischen Verkehr dann als ausgehandelt gelten solle, „wenn die Vertragsparteien über sie im Einzelnen oder im Zusammenhang mit anderen Bestimmungen desselben Vertrags in einer dem Gegenstand des Vertrags und den Umständen des Vertragsschlusses angemessenen Weise verhandelt haben".[875] Entgegen dem jahrzehntelang von der höchstrichterlichen Rechtsprechung verbreiteten Dogma, wonach auch im unternehmerischen Verkehr ein Aushandeln „mehr als Verhandeln" erfordere[876], wird damit zu einer „gesetzlichen Fiktion" geraten. Aufgrund der zu vermutenden Geschäftserfahrenheit sei im unternehmerischen Verkehr ein „Verhandeln" dem „Aushandeln" gerade gleichzusetzen.[877] Im Gegensatz zum Geschäftsverkehr mit Verbrauchern gelte im Geschäftsverkehr zwischen Unternehmern nämlich regelmäßig nicht das für AGB typische *Take it or leave it*-Prinzip, sondern vielmehr gehöre das Verhandeln hier zum alltäglichen Geschäft. Gehe man gleichzeitig von der vermuteten Professionalität der Unternehmer aus, so müsse die Kontrollschwelle im unternehmerischen Geschäftsverkehr höher liegen als in demjenigen unter Verbraucherbeteiligung.[878]

iv. Eigene Stellungnahme

Da die strengen materiellen Anforderungen der Rechtsprechung, nach dem soeben Aufgezeigten, jedenfalls im unternehmerischen Verkehr nicht zu praxisgerechten Lösungen zu führen scheinen und das Schrifttum den strengen Anforderungen, die die Rechtsprechung an das Vorliegen von Individualvereinbarungen formuliert, uneinheitlich gegenübersteht, soll im Folgenden zu der aufgezeigten Problematik Stellung bezogen werden.

---

874 Siehe hierzu im Folgenden ausführlich *Berger*, NJW 2010, 465 (465 ff.) sowie die Beschlüsse, in: Verhandlungen des 69. Deutschen Juristentages in München 2012, Band II/1, Abschnitt I, S. I 90; *Leuschner*, Gutachten für das BMJV vom 30.9.2014 – „AGB-Recht für Verträge zwischen Unternehmen", S. 11 ff. (abrufbar unter http://www.bmjv.de/SharedDocs/Downloads/DE/Fachinformationen/Abschlussbericht-AGB-Forschungsprojekt.pdf?__ blob = publicationFile, Abruf vom 6. Januar 2019).

875 *Berger*, NJW 2010, 465 (467).

876 Siehe hierzu *Berger*, NJW 2010, 465 (467) mit Verweis auf BGH, Urteil vom 23.01.2003 – VII ZR 210/01 = NJW 2003, 1805 (1807).

877 *Berger*, NJW 2010, 465 (467 f.); *ders.*, ZGS 2004, 415 (421 f.); *ders.*, NJW 2000, 2152 (2153 ff.).

878 Zum Ganzen *Berger*, NJW 2010, 465 (467 f.).

(1) Praxisuntauglichkeit der Anforderungen der Rechtsprechung im unternehmerischen Verkehr?

Für den Teil des Schrifttums, der weitestgehend der restriktiven Rechtsprechung des BGH folgt und eine differenzierte Anwendbarkeit des § 305 Abs. 1 S. 3 BGB unter Berücksichtigung etwaiger wirtschaftlicher Gegebenheiten – namentlich der Marktstärke von Unternehmern – ablehnt, streitet *de lege lata* zunächst der Wortlaut (grammatische Auslegung), denn der Gesetzestext differenziert, was die Begriffsbestimmung von AGB anbelangt, nicht nach etwaigen Machtgefällen unter den Vertragspartnern, sei es etwa bei Verbraucherbeteiligung oder – wie vorliegend von Interesse – bei wirtschaftlicher Überlegenheit eines Unternehmers.[879] Dafür, dass die wirtschaftliche Stärke oder die Markterfahrenheit von Unternehmern eine differenzierte Anwendung des AGB-Rechts nicht rechtfertigt, spricht auch der herausgearbeitete Schutzzweck des AGB-Rechts[880] (teleologische Auslegung). Denn danach soll das AGB-Recht allein der Verhinderung einer einseitigen Ausnutzung der Vertragsgestaltungsfreiheit durch eine Vertragspartei zu dienen bestimmt sein. Dass an das Bestehen oder Nichtbestehen eines wirtschaftlichen Machtgefälles anzuknüpfen sei, ist dem Schutzzweck der AGB-rechtlichen Vorschriften originär nicht zu entnehmen.

Nach dem Regierungsentwurf hingegen sollte es Aufgabe des AGB-Gesetzes sein, die „Überlegenheit des AGB-Verwenders (...) auszugleichen, ohne die Privatautonomie mehr als (...) erforderlich einzuengen".[881] Dabei sei der unternehmerische Geschäftsverkehr auf eine „stärkere Elastizität" angewiesen.[882] Obwohl die Gesetzesbegründung keine unmittelbare Gesetzeskraft erlangt, ist auch sie im Rahmen der Auslegung zu berücksichtigen (historische Auslegung).[883] Mit seiner Rechtsprechung setzt sich der BGH jedoch über die Ziele der Regierungsentwürfe und die vom Gesetzgeber geforderte „Elastizität" hinweg.

Darüber hinaus erscheint es als purer Formalismus, im Streben nach einem generalisierenden Schutz vor unangemessen vorformulierten Vertragsklauseln selbst bei geschäftserfahrenen Unternehmern ein individuelles Aushandeln und damit das Vorliegen AGB-kontrollfreier Individualabreden etwa dann bestreiten zu wollen, wenn die Betroffenen selbst übereinstimmend davon ausgegangen sind, bei dem zwischen ihnen geschlossenen Vertragswerk insgesamt zu einem sorgfältig ausgehandelten und interessengerechten Ausgleich gelangt zu sein.[884] Genau

---

879 Siehe *Graf von Westphalen*, NJW 2009, 2977 (2981); *Schlosser*, in: Staudinger, § 305, Rdn. 36a.

880 Siehe hierzu ausführlich oben unter § 10 I.

881 BT-Drucks. 7/3919, S. 13.

882 BT-Drucks. 7/3919, S. 24.

883 So verlangt auch das BVerfG, Beschluss vom 16.12.2014 – 1 BvR 2142/11 = NVwZ 2015, 510 (515 f.), dass bei einer Gesetzesauslegung stets die Entstehungsgeschichte sowie die „prinzipielle Zielsetzung des Gesetzgebers" zu würdigen sei.

884 Siehe hierzu auch *Schlosser*, in: Staudinger, § 305, Rdn. 36a; *Wenzel*, Rechtsfragen internationaler Konsortialkreditverträge, S. 94.

dies ist – wie aufgezeigt – aber nach der BGH-Rechtsprechung der Fall. Kritische Stimmen lassen deshalb verlauten, dass die von der Rechtsprechung aufgestellten und von Teilen der Literatur übernommenen, restriktiven Anforderungen der Rechtswirklichkeit und den im Unternehmerverkehr gewöhnlichen Verhandlungsabläufen damit schlichtweg nicht gerecht werden.[885]

Tatsächlich stellen sich die strengen materiellen Anforderungen für die Annahme eines „Aushandelns" in der unternehmerischen Praxis als außerordentlich problematisch dar.[886] Ohne einer AGB-rechtlichen Kontrolle unterworfen oder zumindest einer diesbezüglichen Gefahr ausgesetzt zu sein, lässt sich im Unternehmerverkehr nämlich kaum noch ein verlässlicher Weg zur Rationalisierung von Vertragsschlüssen finden. Dies gilt nicht zuletzt auch deshalb, weil ein den Anforderungen der Rechtsprechung genügendes „Aushandeln" einen in der Praxis regelmäßig nicht zu gewährleistenden Mehraufwand, insbesondere hinsichtlich der zu Beweiszwecken zu erstellenden Dokumentation über den Ablauf der Vertragsverhandlungen, bedeutet.[887] Dem AGB-Verwender wird es in der Regel nur gelingen, sich der nach §§ 305 ff. BGB indizierten Kontrolle zu entziehen, wenn die in Rede stehende vorformulierte Vertragsbedingung augenscheinlich Änderungen erfahren hat.[888] Es wird sich dabei ein Gesamtbild dahingehend ergeben müssen, dass der Vertragstext des Verwenders „unter Wiederherstellung der gleichberechtigten Einflussnahme beider Vertragsteile auf den schließlich konsentierten Text einer grundlegenden Überarbeitung unterzogen worden" sei.[889] Dabei lässt sich der Nachweis, dass die betreffenden Vertragsbestimmungen i.S. der BGH-Rechtsprechung „ausgehandelt" sind, aber selbst durch die Anfertigung eines Verhandlungsprotokolls nur schwerlich bzw. nicht praxisgerecht führen.[890] Würde ein Verhandlungsprotokoll von einem der beteiligten Vertragspartner geführt, würde die gegnerische Partei die Richtigkeit des Protokolls im Streitfall vermutlich anzweifeln. Würde hingegen ein Verhandlungsprotokoll unter Beteiligung beider Vertragsparteien gefordert, würde sich dadurch der Verhandlungsbedarf duplizieren, da die Parteien zum einen zur Sache und zum anderen zum Verhandlungsprotokoll verhandeln

---

885 So auch *Michel/Hilpert*, DB 2000, 2513 (2515); *Stoffels*, AGB-Recht, Rdn. 148b; *Wenzel*, Rechtsfragen internationaler Konsortialverträge, S. 92.

886 *Berger*, NJW 2001, 2152 (2152); *Hensen*, NJW 1987, 1986 (1987).

887 Siehe zum Ganzen *Miethaner*, NJW 2010, 3121 (3121); *Wenzel*, Rechtsfragen internationaler Konsortialkreditverträge, S. 94. – Zu Fragen im Hinblick auf die Darlegungs- und Beweislast des Aushandelns siehe oben unter Fn. 854.

888 BT-Drucks. 7/3919, S. 17.

889 Siehe hierzu *Kappus*, NJW 2016, 33 (34).

890 So der Vorschlag von *Ball* – selbst langjähriger Vorsitzender Richter am BGH – auf dem 69. Deutschen Juristentag München 2012 (siehe hierzu *Ball*, in: Verhandlungen des 69. Deutschen Juristentages in München 2012, Band II/2, Abschnitt I, S. I 11 (16)); so auch *Graf von Westphalen*, NZM 2016, 369 (375), der der Praxis aus Gründen der Rechtssicherheit zur umfassenden Dokumentation rät.

müssten.[891] Zu erwähnen bleibt in diesem Zusammenhang auch, dass der Versuch einzelner Akteure im Wirtschaftsleben, sich ihrem „Dilemma“ dadurch zu entziehen, dass sie sich zur Darlegung des „Aushandelns“ i.S. des § 305 Abs. 1 S. 3 BGB auf eine individualvertragliche Vereinbarung berufen wollten, nach der über die Vertragsbedingungen „ernsthaft und ausgiebig verhandelt wurde“, vom BGH im Keim erstickt wurde.[892] Dieser Erklärung komme nämlich, so der BGH, keine rechtserhebliche Bedeutung zu, da die §§ 305ff. BGB selbst im unternehmerischen Rechtsverkehr nicht der Disposition der Vertragsparteien unterlägen, sondern zwingendes Recht seien.[893]

Ergänzend zur festgestellten „Praxisuntauglichkeit“ der hohen Anforderungen der BGH-Rechtsprechung an AGB-kontrollfreie Individualabreden gilt im unternehmerischen Verkehr zudem, dass diese Anforderungen nicht der Privatautonomie[894] und dem gesetzlichen Leitbild einer erhöhten Selbstverantwortung von Unternehmern entsprechen, bei denen grundsätzlich – sogar bei etwaiger Disparität in ihrem Verhältnis untereinander – „die Fähigkeit zur privatautonomen Gestaltung ihrer Rechtsverhältnisse“ vorausgesetzt wird.[895] Wird bei Unternehmern eine gewisse Professionalität grundsätzlich unterstellt, so würde dies gleichermaßen rechtfertigen, die „Kontrollschwelle“ im unternehmerischen Geschäftsverkehr höher zu legen.[896] Tatsächlich wird das Ziel des Gesetzgebers, eine einseitige Ausnutzung der Vertragsgestaltungsfreiheit zu verhindern, in einem professionellen Umfeld nämlich in aller Regel besser erreicht als bei Verbraucherbeteiligung. Da es sich bei den Akteuren der hier interessierenden Finanzierungen weitestgehend um Großunternehmen sowie um ihre Verhandlungsmacht wissende Marktteilnehmer handelt, wird gerade auch ihnen gegenüber ein „großzügigeres Normenverständnis“ nicht von der Hand zu weisen sein.[897] Warum § 305 Abs. 1 S. 3 BGB im unternehmerischen Verkehr dennoch gleichermaßen gelten soll wie im Verbraucherverkehr, erschließt sich demnach nicht. Insbesondere leuchtet nicht ein, warum sich der Gedanke einer erhöhten Selbstverantwortung der Unternehmer und ihrer damit einhergehenden geringeren Schutzbedürftigkeit partiell in den AGB-rechtlichen Vorschriften – nämlich im Verzicht auf eine Einbeziehungskontrolle im unternehmerischen Verkehr[898] und in einer Modifikation

891 Zum Ganzen *Müller*, NZM 2016, 185 (187).
892 BGH, Urteil vom 20.3.2014 – VII ZR 248/13 = NJW 2014, 1725 (1725 ff., Rdn. 11 ff.).
893 BGH, Urteil vom 20.3.2014 – VII ZR 248/13 = NJW 2014, 1725 (1728, Rdn. 28).
894 Exemplarisch etwa *Berger*, ZIP 2006, 2149 (2149 ff.).
895 So auch *Berger*, NJW 2001, 2152 (2152 f.); *Pfeiffer*, in: Pfeiffer, Handbuch der Handelsgeschäfte, § 1, Rdn. 8; *Stoffels*, AGB-Recht, Rdn. 148b. – Zur Bedeutung des Charakteristikums der Selbstverantwortlichkeit im Verkehr zwischen Kaufleuten siehe auch *Canaris*, Handelsrecht, § 1, Rdn. 17; *Hopt*, in: Baumbach/Hopt, Einl. vor § 1, Rdn. 4.
896 *Berger*, NJW 2010, 465 (468).
897 Vgl. zum Ganzen auch *Kappus*, NJW 2016, 33 (36).
898 Siehe § 310 Abs. 1 S. 1 BGB.

der Inhaltskontrolle[899] – widerspiegelt, während die von der Rechtsprechung und Teilen der Literatur aufgestellten Anforderungen an das Aushandeln i.S. des § 305 Abs. 1 S. 3 BGB von solchen Erwägungen völlig freigehalten werden.[900]

(2) Ursachenforschung

Obwohl neben den zahlreichen Stimmen in der Literatur auch *Grüneberg* – selbst Beisitzer im „Bankensenat" des BGH – die Auffassung vertritt, die von der höchstrichterlichen Rechtsprechung aufgestellten Anforderungen an das „Aushandeln" i.S. von § 305 Abs. 1 S. 3 BGB sollten im Geschäftsverkehr mit Unternehmern unter Berücksichtigung der der tatsächlichen Geschäftserfahrenheit der Beteiligten, ihrer Verhandlungsstärke sowie ihrer spezifischen Geschäfts- und Branchenkenntnis modifiziert werden[901], spiegelt sich diese Position bisher nicht in der Rechtsprechung des BGH wieder. Auch die Legislative bringt bislang wenig Bewegung in diese Thematik.[902] Weshalb die Entwicklungen hier stagnieren, gilt es zu ergründen.

Es ist insofern zu berücksichtigen, dass die AGB, deren Wirksamkeit der BGH im unternehmerischen Verkehr bislang zu überprüfen hatte, grundsätzlich aus Geschäften des täglichen Lebens stammen (Gewerberaummiete[903], Gebrauchtwagenkauf[904], Neuwagenkauf[905] etc.). Wirtschaftsstreitigkeiten und die damit im Zusammenhang stehenden Vertragswerke, wie im Falle von Unternehmenskäufen etwa die einschlägigen *M&A*-Verträge, sowie sonstige gewerbliche Verträge, an denen nur Großunternehmen oder andere, um ihre Verhandlungsmacht wissende Akteure beteiligt sind, gelangen jedoch selten auf die Tische der BGH-Richter. Hinsichtlich der Interessenlage der Beteiligten, ihrer Schutzbedürftigkeit sowie ihrer unternehmerischen Erfahrenheit unterscheiden sich diese komplexen Wirtschaftsstreitigkeiten grundlegend von den vom BGH zu entscheidenden „Alltagsfällen". Aufgrund des aufgezeigten „strukturellen Defizits des Fallrechts", nämlich

---

899 Siehe § 310 Abs. 1 S. 1, 2 BGB.

900 *Berger*, NJW 2001, 2152 (2153); *Wenzel*, Rechtsfragen internationaler Konsortialkreditverträge, S. 93.

901 Siehe *Grüneberg*, in: Palandt, § 305, Rdn. 22 sowie bereits oben unter § 11 I. 1. e. iii. (2).

902 Zu den genauen Entwicklungen ausführlich etwa *Müller*, NZM 2016, 185 (189 f.). Im Koalitionsvertrag (Koalitionsvertrag zwischen CDU, CSU und SPD vom 7.2.2018, Rdn. 6210 ff.) liest man hierzu bisher nur: „Wir werden das AGB-Recht für Verträge zwischen Unternehmen auf den Prüfstand stellen mit dem Ziel, die Rechtssicherheit für innovative Geschäftsmodelle zu verbessern." Ob bzw. in welchem Umfang hiervon auch die hier behandelte Thematik erfasst sein wird, bleibt abzuwarten.

903 Siehe etwa BGH, Urteil vom 08.10.2008 – XII ZR 84/06 = NJW 2008, 3772 (3772 ff.).

904 Siehe etwa BGH, Versäumnisurteil vom 19.09.2007 – VIII ZR 141/06 = NJW 2007, 3774 (3774 ff.).

905 Siehe etwa BGH, Urteil vom 19.02.1992 – VIII ZR 65/91 = NJW 1992, 1236 (1236 ff.).

der Tatsache, dass der BGH über diese „andersartigen" Fälle bisher schlichtweg nicht zu entscheiden hatte, hat sich der BGH aber wohl bislang nicht dazu veranlasst gesehen, seine aufgestellten restriktiven Anforderungen dahingehend einzuschränken bzw. anzupassen, dass etwa die Größe oder die Schutzbedürftigkeit einer der beteiligten Unternehmer für die Entscheidung über eine AGB-Kontrolle von Belang sein dürften.[906] Großkonzerne wie Daimler oder ThyssenKrupp sind und bleiben damit von den hohen Anforderungen des BGH an Individualabreden bislang ebenso betroffen wie etwa Nagelstudiobetreiber, Tankstellenpächter oder Änderungsschneider.[907] Auch der M&A-Bereich, in dem die Vertragspartner wie kaum in einem anderen Bereich des Wirtschaftslebens auf Augenhöhe und mit einem hohem Maß an rechtlicher Professionalität agieren, bleibt deshalb von rechtlichen Anforderungen bestimmt, die dem Schutz der Verbraucher vor Machtgefällen und rechtlicher Unerfahrenheit zu dienen bestimmt sind.[908] Der Unternehmerverkehr wird vom BGH durchgängig als „einheitliches Gebilde" verstanden.[909]

(3) Folgen: Abkehr vom deutschen Recht und Abwanderung in die Schiedsgerichtsbarkeit

Da der BGH – wie aufgezeigt – nicht differenziert und maßgeblichen Kriterien, wie der Schutzbedürftigkeit oder Größe von betroffenen Unternehmern, keine Bedeutung beimisst, erweist sich das AGB-Recht im Ergebnis „als ein Recht für Verbraucher, Gebrauchtwagenkäufer oder Wohnungsmieter und nicht als ein Recht für Geschäftsleute".[910] Da inländische wie ausländische Investoren sich bei Abschluss ihrer Finanzierungsverträge damit dem ständigen Risiko einer AGB-rechtlichen Unwirksamkeit ausgesetzt sehen, meiden immer mehr Marktteilnehmer das deutsche Recht und suchen Zuflucht in ausländischen Rechtsordnungen – bevorzugt dem angelsächsischem Rechtsraum.[911] Einige Kritiker der BGH-Rechtsprechung[912] sehen mit den aufgestellten hohen Anforderungen für AGB-kontrollfreie Individualvereinbarungen deshalb gar den Rechtsstandort Deutschland gefährdet.

---

906 Zum Ganzen *Berger*, NJW 2010, 465 (466).

907 *Müller*, NZM 2016, 185 (187, 190); *ders.*, LMK 2016, 378241. – Bezug wird damit wohl etwa auf BGH, Urteil vom 18.04.2007 – VIII ZR 117/06 = NJW-RR 2007, 1286 (1286 ff.); sowie BGH, Urteil vom 03.11. 1999 –VIII ZR 269/98 = NJW 2000, 1110 (1110 ff.) genommen.

908 *Kästle*, NZG 2014, 288 (288).

909 *Müller*, NZM 2016, 185 (187); ablehnend: *Graf von Westphalen*, NZM 2016, 369 (373).

910 *Berger*, NJW 2010, 465 (466).

911 *Berger*, NJW 2010, 465 (465); *Brachert/Dietzel*, ZGS 2005, 441 (441); *Müller*, LMK 2016, 378241.

912 Vgl. etwa *Ballo*, Die AGB-Kontrolle von Kreditverträgen in der Akquisitionsfinanzierung, S. 14, 69; *Berger*, NJW 2010, 465 (468); *Brachert/Dietzel*, ZGS 2005, 441 (441 ff.); *Müller*, LMK 2016, 378241; *Rossbach*, in: Kümpel/Wittig, Bank- und Kapitalmarktrecht, Rdn. 11.39.

Die Tatsache, dass die Bedürfnisse großer Teile des Unternehmerverkehrs von den staatlichen Gerichten ignoriert werden, führt zudem dazu, dass auch die deutsche Gerichtsbarkeit gemieden wird.[913] Deutsche Richter beklagen seit geraumer Zeit, dass komplexe, „substanzhaltige" Streitigkeiten im Unternehmensbereich vermehrt von Schiedsgerichten entschieden werden und den staatlichen Gerichten „vorenthalten" bleiben.[914] Der BGH hat sich – wie aufgezeigt – überwiegend nur mit sog. „Alltagsfällen" zu beschäftigen. Die Ausweglosigkeit liegt damit auf der Hand: Eine Rechtsprechungsänderung durch den BGH wäre *de lege lata* zwar möglich, würde aber voraussetzen, dass ihm ein Rechtsstreit im unternehmerischen Bereich zu – beispielsweise – komplexen *M&A*-Transaktionen bzw. Unternehmenskäufen zur Entscheidung vorgelegt wird. Angesichts der über Jahrzehnte eingenommenen Haltung des BGH, die das Tor zur AGB-kontrollfreien Individualvereinbarung, welches die meisten Akteure der unternehmerischen Praxis nur allzu gerne passieren würden, verschließt, werden komplexe Wirtschaftsstreitigkeiten jedoch den Schiedsgerichten vorgelegt. Die Schiedsrichter selbst sehen sich dann aber wiederum mit der nicht praxisgerechten BGH-Rechtsprechung konfrontiert, die sich für diese Fälle ja gerade als „nicht geeignet" und „nicht gemacht" erwiesen hat.[915]

(4) Ausblick

So sehr man die Rechtsprechungsentwicklung aber auch beklagen und kritisieren mag, dass die Vertragsfreiheit, Selbstbestimmung und Selbstverantwortung im unternehmerischen Verkehr immer näher an ihre Grenzen rückt, so wird dies – ohne Änderung der einschlägigen BGH-Rechtsprechung oder eine etwaige Gesetzesreform – jedoch bis auf Weiteres Realität bleiben.[916] Dass einige Kritiker[917] mit den von der Rechtsprechung aufgestellten hohen Anforderungen für AGB-kontrollfreie Individualvereinbarungen jedoch bereits den Rechtsstandort Deutschland gefährdet sehen, dürfte aber dazu führen, dass die Debatte – nicht zuletzt aus politischen Erwägungen heraus – nicht so schnell an Dynamik verlieren wird.

---

913 *Maier-Reimer/Niemeyer*, NJW 2015, 1713 (1718 f.); *Müller*, NZM 2016, 185 (189). – Dies wurde insbesondere auch auf dem Deutschen Juristentag in Hannover 2014 thematisiert; siehe hierzu die Beschlüsse, in: Verhandlungen des 70. Deutschen Juristentages in Hannover 2014, Band II/2, Absch. I, S. 64 ff.

914 *Müller*, LMK 2016, 378241.

915 Zum Ganzen *Berger*, NJW 2010, 465 (466).

916 Dies zeigt insbesondere auch die jüngst ergangene strenge Entscheidung des BGH, Urteil vom 22.10.2015 – VII ZR 58/14 = NZBau 2016, 213 (215 Tz. 25 f.), wonach trotz eines „erheblichen Verhandlungserfolgs" nicht von einer Individualvereinbarung ausgegangen werden soll.

917 Vgl. etwa *Ballo*, Die AGB-Kontrolle von Kreditverträgen in der Akquisitionsfinanzierung, S. 14, 69; *Berger*, NJW 2010, 465 (468); *Rossbach*, in: Kümpel/Wittig, Bank- und Kapitalmarktrecht, Rdn. 11.39.

2. Sonderfall: AGB in notariell beurkundeten Verträgen

Zu berücksichtigen sind abschließend auch etwaige Besonderheiten, die für die Einschaltung eines Notars – wie sie etwa bei der Verpfändung von Geschäftsanteilen oder einer Grundschuldbestellung erforderlich wird – gelten. Dabei gilt insbesondere, dass AGB ihre Qualifizierung als solche nicht dadurch verlieren, dass sie zu Bestandteilen eines notariell beurkundeten Vertrages werden.[918] Das Recht der AGB gilt daher auch dann, wenn der Notar ein Formular zur Sicherheitenbestellung verwendet, welches ihm von einer Partei zur Verfügung gestellt wurde.[919] Zudem macht die Tatsache, dass der Notar die Klauseln verliest sowie die Bedeutung einzelner Klauseln erläutert, diese nicht zu Individualvereinbarungen.[920]

In der für diese Untersuchung relevanten Kreditsicherungspraxis werden die Sicherheitenverträge in der Regel zwischen den Parteien – gegebenenfalls unter Einschaltung ihrer Anwälte[921] – finalisiert und sodann – soweit erforderlich – dem Notar nur zur Prüfung und Beurkundung weitergeleitet bzw. zugänglich gemacht. Nach den soeben getroffenen Feststellungen berührt dieses Prozedere die Qualifizierung der Klauseln als AGB nicht.

II. Sonderfall: Sicherheitenverträge von Kanzleien – Die Verwendung sog. *Templates*

Bei den hier interessierenden Akquisitionsfinanzierungen sowie generell bei großvolumigen Finanzierungen im Unternehmensbereich mandatieren die Banken in der Regel Großkanzleien, die die Erstellung sowie das Verhandeln der Vertragsdokumentation übernehmen.[922] Auch die Rechtsanwälte jener Kanzleien schreiben die einzelnen Finanzierungsverträge dann aber nicht jedes Mal neu, sondern benutzen als Vorlage eine interne Mustervereinbarung, ein sog. *Template*, oder die Dokumentation aus vorherigen Transaktionen, die auf den konkreten Sachverhalt bzw. die konkrete Transaktion angepasst wird. Dies gilt gleichermaßen für die Sicherheitenverträge. Ob und wie sich diese Praxis sowie die Einschaltung von Rechtsanwälten auf die Qualifizierung der Sicherheitenverträge als AGB auswirkt, gilt es im Folgenden darzustellen.

---

918 *Schlosser*, in: Staudinger, § 305, Rdn. 54.

919 BGH, Urteil vom 14.05.1992 – VII ZR 204/90 = NJW 1992, 2160 (2162 f.); BGH, Urteil vom 29.01.1982 – V ZR 82/81 = NJW 1982, 1035 (1035).

920 BGH, Urteil vom 29.01.1982 – V ZR 82/81 = NJW 1982, 1035 (1035).

921 Siehe zur Besonderheit der Einschaltung von Anwälten in den Prozess des Sicherheitenvertragsschlusses unten unter § 11 II.

922 Siehe hierzu etwa *Reudelhuber*, LMA Webinar – Einführung in syndizierte Kredite, S. 15 (Abrufbar unter: http://www.lma.eu.com/application/files/ 3014/6927/7405/Introduction_to_Syndicated_Lending_German.pdf, Abruf vom 6. Januar 2019).

1. Die Klauseln der sog. *Templates* als AGB

Für die Klauseln der *Templates* gelten zunächst generell die bereits getroffenen Feststellungen zur Qualifizierung von Standardverträgen und Standardklauseln als AGB.[923] Nachfolgend sollen deshalb nur etwaige Besonderheiten, die sich im Hinblick auf die Einschaltung von Rechtsanwälten bei der Erstellung von Finanzierungsverträgen ergeben, herausgearbeitet werden.

a. *„Für eine Vielzahl von Verträgen vorformuliert"*

Wie bereits erwähnt, formulieren auch die Rechtsanwälte nach Mandatierung durch die Banken oder Kreditnehmer bzw. (Dritt-)Sicherheitengeber die einzelnen Finanzierungsverträge nicht jedes Mal neu, sondern benutzen – insbesondere auch zur Erstellung der Sicherheitenverträge – eine Mustervereinbarung oder die Dokumentation aus vorherigen Transaktionen als Vorlage, die sodann auf den konkreten Sachverhalt angepasst wird. Dass es sich bei etwaigen Musterverträgen oder -klauseln und damit auch bei den von Kanzleien verwendeten *Templates* um „für eine Vielzahl von Verträgen vorformulierte" Bedingungen handelt, wurde bereits festgestellt.[924] Von Interesse ist im hiesigen Zusammenhang vielmehr die Frage, ob die Anforderungen an „Vielzahlklauseln" auch dann erfüllt sind, wenn zwar die internen Musterverträge der Kanzleien für eine vielfache Verwendung vorformuliert wurden, der tatsächliche Verwender, sprich die die Rechtsanwaltskanzleien mandatierenden Banken oder Kreditnehmer bzw. (Dritt-)Sicherheitengeber, sie aber nur einmalig einsetzen, d.h. ihrem Vertragspartner „stellen". Es kommt nämlich durchaus vor, dass die Banken oder die auf Kreditnehmerseite agierenden Unternehmen eine Kanzlei zur rechtsberatenden Begleitung einer Transaktion nur einmalig mandatieren und etwaige Folgetransaktionen wiederum mit anderen Kanzleien durchführen. In diesem Zusammenhang hat der BGH seine frühere, später zunächst fallen gelassene Rechtsprechung, wonach es sich auch bei von Dritten (hier von Rechtsanwälten) zur beliebigen Verwendung verfassten Klauselwerken (hier den *Templates*) um AGB handeln kann, auch wenn die Vertragsparteien, die auf sie zurückgreifen (hier die mandatierenden Banken oder Kreditnehmer bzw. (Dritt-)Sicherheitengeber), sie ihrerseits nur für einen einzigen Vertrag verwenden, jedoch nunmehr wieder bestätigt.[925] Im Einklang mit der höchstrichterlichen

923 Siehe hierzu oben unter § 11 I.

924 Siehe hierzu oben unter § 11 I. 1. c. sowie BGH, Urteil vom 17.02.2010 – VIII ZR 67/09 = NJW 2010, 1131 (1131); *Habersack/Schürnbrand*, in: Festschrift Canaris, Bd. 1. S. 359 (369).

925 BGH, Beschluss vom 23.06.2005 – VII ZR 277/04 = NJW-Spezial 2005, 502 (502); BGH, Urteil vom 04.05.2000 – VII ZR 53/99 = NJW 2000, 2988 (2989); unter Aufgabe der späteren Rechtsprechung BGH, Urteil vom 13.09.2001 – VII ZR 487/99 = NJW-RR 2002, 13 (14); siehe auch *Graf von Westphalen*, NJW 2006, 2228 (2228); *Roloff*, in: Erman, BGB, § 305, Rdn. 11. – Etwas anderes gelte nach *Ulmer/Habersack*, in: Ulmer/Brandner/Hensen, AGB-Recht, § 305, Rdn. 68, aber für den Fall, in

Rechtsprechung ist es demnach grundsätzlich möglich, dass es sich bei den von Kanzleien entworfenen Sicherheitenverträgen, denen die Bestimmungen der kanzleiinternen *Templates* zugrunde gelegt werden, um AGB handelt, selbst wenn der Vertrag insgesamt nur auf ein individuelles Vertragsverhältnis, d.h. eine konkrete Transaktion, zugeschnitten ist und einmalig gegenüber dem jeweiligen Vertragspartner verwendet wird.[926]

In der Praxis scheint die Bedeutung dieser Aussage aber dadurch geschmälert, dass nach den Grundsätzen der Beweislastverteilung der Begünstigte, d.h. der Vertragspartner des Verwenders, der sich zu seinem Schutz auf die AGB-rechtlichen Vorschriften berufen will, im Streitfall nachzuweisen hätte, dass eine Mehrfachverwendungsabsicht gegeben war.[927] Da es sich hierbei um eine nachzuweisende innere Tatsache handelt, dürfte dieser Nachweis eher schwerlich zu führen sein. Bei bestimmter inhaltlicher Gestaltung geht der BGH, abweichend von diesem Grundsatz, jedoch zugunsten des Vertragspartners des Klauselverwenders davon aus, dass ein Anschein für eine Mehrfachverwendung besteht (sog. Anscheinsbeweis).[928] Eine dementsprechende inhaltliche Gestaltung könne etwa vorliegen, wenn der Vertrag zahlreiche formelhafte Klauseln enthalte und nicht auf die individuelle Vertragssituation abgestimmt sei.[929] Zwar lässt es etwa das OLG Hamburg[930] im Bereich des Bauvertrages zur Widerlegung des Anscheins der Mehrfachverwendung genügen, dass die Parteien im betreffenden Vertrag namentlich genannt werden und dieser Regelungen enthalte, die auf die konkrete Situation, namentlich die Organisation einer Projektdurchführung, abgestimmt seien. Diese instanzgerichtliche Rechtsprechung lässt sich aber nicht praxisgerecht auf die zu untersuchenden Sicherheitenverträge übertragen. Gewiss werden die Vertragsparteien auch in der anwaltlich begleiteten Finanzierungspraxis beispielsweise in der Präambel der Vertragsdokumentation namentlich benannt und die konkrete Transaktion an dieser Stelle auch individuell beschrieben. Daraus lassen sich jedoch

---

dem es sich bei den für eine Mehrfachverwendung bestimmten Vertragsmustern um rein interne Vorlagen handele, die nicht von einem der Vertragspartner oder dessen Rechtsberatern für den Vertragsinhalt herangezogen, sondern von einem mit der Vertragsausarbeitung beauftragten neutralen Dritten aus eigenem Antrieb dem Vertragsentwurf zugrunde gelegt werden. Auch wenn die Parteien auf ein näheres Aushandeln verzichtet haben, reiche dieser Umstand dann nicht aus, um den Einzelvertrag dem AGB-Recht zu unterstellen.

926 Siehe hierzu auch *Uusitalo*, Einbeziehung von AGB im unternehmerischen Geschäftsverkehr, S. 109 mwN.

927 Anders *Uusitalo*, Einbeziehung von AGB im unternehmerischen Geschäftsverkehr, S. 109.

928 BGH, Urteil vom 26.03.2015 – VII ZR 92/14 = NJW 2015, 1952 (1953); BGH, Urteil vom 27.11.2003 – VII ZR 53/03 = NJW 2004, 502 (503); BGH, Urteil vom 14.05.1992 – VII ZR 204/90 = NJW 1992, 2160 (2160).

929 BGH, Urteil vom 27.11.2003 – VII ZR 53/03 = NJW 2004, 502 (503).

930 OLG Hamburg, Urteil vom 12.12.2008 – 1 U 143/07 = BeckRS 2010, 19374

keine zu generalisierenden Rückschlüsse darauf ziehen, dass auch der Vertragsinhalt an sich, d.h. die einzelnen Klauseln sowie etwa auch die hier interessierenden Sicherungszweckvereinbarungen, individuell ausgestaltet wurden. Vielmehr ist mit der in der Praxis gängigen und auch bekannten juristischen Arbeitsweise davon auszugehen, dass auch ein individuell angepasster Vertrag im Kern aus vorgefertigten Klauseln zusammengefügt sein kann.[931] Folgt man der höchstrichterlichen Rechtsprechung, ist es deshalb zumindest nicht auszuschließen, dass es sich auch bei den hier interessierenden Vertragsbestimmungen um Mehrfachklauseln handelt.

b. „Stellen"

Dazu, dass die AGB von ihrem Verwender der anderen Vertragspartei bei Abschluss des Vertrages „gestellt" werden müssen, gilt das bereits oben Gesagte.[932] Um die Bedeutung im hiesigen Zusammenhang hervorzuheben, soll jedoch an dieser Stelle erneut darauf hingewiesen werden, dass der erste Entwurf der Finanzierungsvertragsdokumentation und damit auch der Sicherheitenverträge nicht immer von den Anwälten der Banken entworfen wird, sondern dies gelegentlich auch seitens der ebenfalls anwaltlich vertretenen Kreditnehmer bzw. (Dritt-)Sicherheitengeber erfolgt. Die „Verwender"-Eigenschaft ist damit – zumindest auf den ersten Blick – nicht immer den Banken zuzuschreiben. Auch für letzteren Fall ist jedoch davon auszugehen, dass die Anwälte der Kreditnehmer bzw. (Dritt-)Sicherheitengeber – in dem Bewusstsein, dass die Gegenseite keine Klauseln akzeptieren wird, die von den Standardsicherheitenverträgen, die bei betreffenden Transaktionen üblicherweise verwendet werden, abweichen – die Klauseln der Sicherheitenverträge nicht „neu erfinden", sondern ebenso etwaige *Templates* oder ein bereits bei vorherigen Transaktionen verwendetes Vorstück als Grundlage verwenden werden.[933] Was hier auf den ersten Blick nicht unbedingt ersichtlich wird, ließ der BGH 1997[934] umso deutlicher verlauten: Die arrangierenden Banken sind – so der BGH – nämlich auch dann „Verwender" im Sinne der AGB-Vorschriften, wenn ihre Vertragsgegner im „vorauseilenden Gehorsam" die üblicherweise bei betreffenden Finanzierungen von Banken verwendeten Mustersicherheitenverträge ihrem Entwurf zugrunde legen.[935] Damit wird regelmäßig davon auszugehen sein, dass die betreffenden Klauseln von den Banken „gestellt" werden und diesen damit die Verwendereigenschaft zuzusprechen ist.

---

931 Siehe hierzu auch *Uusitalo*, Einbeziehung von AGB im unternehmerischen Geschäftsverkehr, S. 110.

932 Siehe oben unter § 11 I. 1. d.

933 Siehe hierzu *Diem*, Akquisitionsfinanzierungen, § 28, Rdn. 2a; sowie bereits oben unter § 11 I. 1. d.

934 BGH, Urteil vom 04.03.1997 – X ZR 141/95 = NJW 1997, 2043 (2044).

935 BGH, Urteil vom 04.03.1997 – X ZR 141/95 = NJW 1997, 2043 (2044); siehe hierzu auch *Diem*, Akquisitionsfinanzierungen, § 28, Rdn. 2a.

c. „Aushandeln" – der Ablauf der Vertragsverhandlungen im Rahmen der Sicherheitenbestellung

Vor dem Hintergrund der bereits dargestellten restriktiven Anforderungen der Rechtsprechung zum Merkmal des „Aushandelns" gilt es nunmehr noch den Ablauf der Vertragsverhandlungen bei den hier interessierenden Finanzierungen unter Berücksichtigung der anwaltlichen Beratung ins Blickfeld zu führen.

Nach den bereits dargestellten Anforderungen der Rechtsprechung[936] liegt eine Individualvereinbarung nur dann vor, wenn es zu einem wirklichen Aushandeln gekommen ist, der Vertragstext also inhaltlich ernsthaft zur Disposition gestellt wurde. Der Vertragsgegner des Klauselverwenders muss hierfür die tatsächliche Möglichkeit erhalten haben, den ihm bekannten Inhalt der betreffenden Klauseln zu beeinflussen, was wiederum eine ernsthafte Abänderungsbereitschaft seitens des Verwenders voraussetzt. Eine ernsthafte Abänderungsbereitschaft soll sich regelmäßig erkennbar nur in tatsächlich vorgenommenen Änderungen des Vertragstextes widerspiegeln können. Dabei ist in der hiesigen Finanzierungspraxis unter beiderseitiger Einschaltung von Anwälten im Allgemeinen davon auszugehen, dass die auf etwaigen Musterverträgen oder Vorstücken aus vorherigen Transaktionen basierenden Sicherheitenvertragsentwürfe im Zuge der Verhandlungen zwischen den Banken und den Kreditnehmern bzw. (Dritt-)Sicherheitengebern regelmäßig tatsächlich abgeändert werden.[937] Anzunehmen, dass ein erster Vertragsentwurf im Ganzen von der Gegenseite uneingeschränkt akzeptiert werden würde, würde gar lebensfremd anmuten. Die anwaltliche Beratung würde quasi *ad absurdum* geführt werden, würde man davon ausgehen, ein Aushandeln i.S. des § 305 Abs. 1 S. 3 BGB würde hier nicht stattfinden.[938] Dennoch werden aber auch die anwaltlich vertretenen Vertragsparteien nicht immer über jede einzelne Vertragsbestimmung sprechen, sondern vielmehr einige Klauseln als Standardklauseln billigen und ungeändert in die finale Fassung übernehmen. Obwohl die in den Sicherheitenvertragsentwürfen enthaltenen Klauseln zweifelsohne von den Anwälten der gegnerischen Vertragspartei sorgfältig überprüft worden sein mögen, besteht nämlich oftmals kein Anlass dazu, die vorgeschlagene Formulierung zu modifizieren oder überhaupt zum Gegenstand von Verhandlungen zu machen.[939] Nach der aufgezeigten strengen Rechtsprechung des BGH[940] ändert

---

936 Siehe zu den Anforderungen der Rechtsprechung im Einzelnen bereits oben unter § 11 I. 1. e. sowie zusammenfassend auch *Stoffels*, AGB-Recht, Rdn. 148.

937 So auch *Diem*, Akquisitionsfinanzierungen, § 28, Rdn. 3.

938 Vgl. *Ballo*, Die AGB-Kontrolle von Kreditverträgen in der Akquisitionsfinanzierung, S. 100.

939 Vgl. *Wenzel*, Rechtsfragen internationaler Konsortialkreditverträge, S. 85.

940 Siehe hierzu oben unter § 11 I. 1. e. i. – Anders wäre dies jedoch bei Annahme der von Teilen der Literatur vertretenen „Ausstrahlungswirkung"; siehe hierzu oben unter § 11 I. 1. e. iii. (3).

das Aushandeln einzelner anderer Klauseln dann wiederum nichts daran, dass die „unangetasteten“ Vertragsbestimmungen AGB bleiben.[941]

Davon ist auch bei den Klauseln zur Festlegung des Sicherungszwecks grundsätzlich auszugehen. Diese lauten in der Finanzierungspraxis regelmäßig: „Die Sicherheit dient zur Sicherung aller gegenwärtigen und künftigen (...) Forderungen aus den Finanzierungsverträgen“ (wobei die „Finanzierungsverträge“ dann in der Regel in dem den Vertragsklauseln vorgeschalteten Definitionenkatalog näher definiert werden)[942] – und werden so auch unverändert in die finale Fassung des Sicherheitenvertrages übernommen. Aber auch anderslautende Sicherungszweckvereinbarungen lassen sich in den Sicherheitenverträgen wiederholt vorfinden.[943] Nach der Rechtsprechung kann demnach bei den in den Sicherheitenverträgen enthaltenen Zweckerklärungen nicht ohne weiteres vom Vorliegen einer Individualvereinbarung ausgegangen werden. Zwar können Vertragsklauseln, wie bereits festgestellt, unter besonderen Umständen auch dann zu Individualvereinbarungen werden, wenn sich an ihrem Text nichts geändert hat. Wie bereits aufgezeigt, mahnt der BGH selbst in diesem Zusammenhang – seinen restriktiven Anforderungen an ein individuelles Aushandeln folgend – jedoch an, dass sehr selten von einem echten „Aushandeln“ gesprochen werden könne, wenn sich das Ergebnis des Aushandelns nicht im Vertragstext niedergeschlagen habe.[944] Dafür, dass dies den Bedürfnissen im unternehmerischen Verkehr regelmäßig nicht gerecht wird, weil die Vertragsparteien häufig auch in einem solchen Fall – trotz Nichtaushandelns einzelner Klauseln – insgesamt davon ausgehen, zu einem sorgfältig ausgehandelten und interessengerechten Ausgleich gelangt zu sein, wird auf die obigen Ausführungen verwiesen.[945] In einer neueren Entscheidung[946] führt der BGH zwar aus, dass „unter besonderen Umständen (...) ein Vertrag auch dann als Ergebnis eines ‚Aushandelns‘ gewertet werden“ könne, wenn es – obwohl für der Vertragspartner des Verwenders die tatsächliche Möglichkeit bestand, eine Änderung der Klausel durchzusetzen – „schließlich nach gründlicher Erörterung bei dem gestellten Entwurf“ bleibe. Aufgrund der hiermit verbundenen Beweisschwierigkeiten für den Klauselgegner dürfte dies in der Praxis die Annahme einer „ausgehandelten“ Klausel aber nicht erleichtern.

Für die Zwecke der vorliegenden Untersuchung relevant ist außerdem, dass es sich, nach teilweise in der Literatur vertretener Auffassung, ausnahmsweise dann um eine einer formularmäßigen Vereinbarung vorgehende Individualvereinbarung (mit regelmäßig engem Sicherungszweck)[947] handeln soll, wenn die Bank(en)

---

941 BGH, Urteil vom 06.03.1986 – III ZR 195/84 = NJW 1986, 1803 (1803).
942 Siehe hierzu oben unter § 7 III. 3.
943 Zu den verschiedenen gebräuchlichsten Sicherungszweckvereinbarungen siehe ebenfalls § 7 III. 3.
944 Siehe zum Ganzen oben unter § 11 I. 1. e.
945 Siehe hierzu ebenfalls oben unter § 11 I. 1. e.
946 BGH, Urteil vom 26.03.2015 – VII ZR 92/14 = NJW 2015, 1952 (1953).
947 Siehe zum engen und weiten Sicherungszweck oben unter § 7 III.

und die (Dritt-)Sicherungsgeber die Absicherung einer konkreten Forderung verhandeln.[948] Dies bedeutet, dass – auch wenn „auf dem Papier" formularmäßig ein weiter Sicherungszweck vereinbart wurde – vom Vorliegen bzw. „Vorrang" eines individuell (mündlich) ausgehandelten engen Sicherungszwecks ausgegangen werden soll, weil die Bank(en) mit ihren (Dritt-)Sicherungsgebern eben über die Absicherung einer konkreten Forderung verhandelt hätten. Einschränkend wird dann jedoch darauf verwiesen, dass die Beweislast hierfür regelmäßig den Sicherungsgeber treffe, der im Einzelfall – gegebenenfalls gegen den Anschein einer formularvertraglichen niedergelegten weiten Zweckerklärung – darlegen müsse, dass anlässlich des Abschlusses des Sicherungsvertrages nur die Sicherung einer seinerzeit bestimmten einzelnen Forderung Gegenstand der Verhandlungen gewesen sei.[949] Dies wird auch für die typische Situation bei Vertragsverhandlungen im Rahmen der hier interessierenden Finanzierungen relevant: Auch wenn die Kreditsicherheiten nach dem in der gängigen Vertragsdokumentation üblicherweise formulierten Sicherungszweck zur Sicherung aller gegenwärtigen und künftigen (...) Forderungen aus den „Finanzierungsverträgen", die in der Regel in dem den Vertragsklauseln vorgeschalteten Definitionenkatalog näher definiert werden, dienen sollen, können „Finanzierungsverträge" nach eben diesem Definitionenkatalog herkömmlicherweise auch solche Verträge sein, die von den Finanzierungsparteien nachträglich als solche benannt werden (z.B. Prolongationsvereinbarungen etc.). Es ist dann von einer Sicherungszweckvereinbarung mit weitem Sicherungszweck auszugehen. Für (Dritt-)Sicherungsgeber dürfte es dann schwerlich nachzuweisen sein, dass nur die Absicherung einer konkreten Forderung verhandelt wurde und die Erstreckung auf weitere Forderungen nicht gewollt war.

d. Die Formel des BGH von der „unselbständigen individuellen Ergänzung"

Im Übrigen werden Formularverträge grundsätzlich auch nicht dadurch zu Individualvereinbarungen, dass im Formulartext vorgesehene Lücken schriftlich ausgefüllt werden.[950] Von Bedeutung ist dies im vorliegenden Zusammenhang deshalb, weil nach der gängigen anwaltlichen Arbeitsweise die Vertragsentwürfe häufig zunächst offene Passagen (umgangssprachlich sog. „Blobbs"; [•]) enthalten, die es sodann für den jeweiligen Vertragsschluss, d.h. „transaktionsspezifisch", unter Mitwirkung der Vertragsparteien zu befüllen gilt. So enthalten regelmäßig auch die Klauseln zur Vereinbarung des Sicherungszwecks eine offene Passage, die dazu dienen soll, die gesicherte(n) Forderung(en) zu bezeichnen (beispielsweise

---

948 So etwa *Knops*, ZIP 2006, 1965 (1966).

949 *Otten*, in: Derleder/Knops/Bamberger, Dt. und Europ. Bank- und Kapitalmarktrecht, Bd. 1, § 25, Rdn. 86.

950 BGH, Urteil vom 02.07.1998 – IX ZR 255–97 = NJW 1998, 2815 (2816); siehe hierzu auch *Röttger*, Kreditsicherungsrecht, S. 25.

„Kreditvertrag vom [•] zwischen [•] als Kreditgeber und [•] als Kreditnehmer"). Der BGH[951] hat für diesen Fall entschieden, dass eine Anwendung der AGB-rechtlichen Vorschriften nicht daran scheitere, dass der zu sichernde Kredit oder allgemein die zu sichernde(n) Forderung(en) (im konkreten, vom BGH zu entscheidenden Fall, das Wort „Geschäftskredit") in den vorgedruckten Text der Erklärung eingesetzt werde(n). Vielmehr bilde die vorgenommene Einfügung eine notwendige, unselbständige, nicht individuell ausgehandelte Ergänzung der Klausel und ändere nichts an deren Charakter als vorformulierte Vertragsbestimmung i.S. des § 305 Abs. 1 S. 1 BGB. Der BGH entwickelte in diesem Zusammenhang die Formel von der „unselbständigen individuellen Ergänzung", die den Charakter einer Klausel als AGB nicht in Frage stelle.[952]

Dies ändert freilich nichts an der Tatsache, dass die Frage, ob das Befüllen einer vorhandenen Lücke zur Bezeichnung der gesicherten Forderung(en) im Rahmen der Sicherungszweckvereinbarung am Charakter der Klausel als AGB etwas ändert oder nicht, stets einer Entscheidung im Einzelfall vorbehalten bleiben muss.[953] Aber jedenfalls dann, wenn die Banken bzw. ihre Rechtsanwälte die in den Sicherheitenverträgen offen gelassenen Passagen mit eigenen Formulierungen ergänzen, die sie eigens zur mehrfachen Verwendung ausgearbeitet haben, wird mit der

---

951 BGH, Urteil vom 02.07.1998 – IX ZR 255–97 = NJW 1998, 2815 (2816).

952 BGH, Urteil vom 30.10.1987 – V ZR 174/86 = NJW 1988, 558 (559); BGH, Beschluss vom 05.03.2013 – VIII ZR 137/12 = NJW 2013, 1668 (1668); siehe auch *Schlosser*, in: Staudinger, § 305, Rdn. 42.

953 Die Festlegung des Umfangs der gesicherten Forderung kann dabei entweder von einer der Parteien vorgegeben und vom anderen Teil akzeptiert worden sein (sei es etwa, weil sie von der Sachgerechtigkeit der Klausel überzeugt, oder sei es, weil sie sich der Tragweite der Klausel schlichtweg nicht bewusst ist) oder auch zwischen den Parteien ausgehandelt worden sein. Möglich ist es aber selbstverständlich auch, dass es sich bei der „Einfügung" selbst wiederum um eine Standardformulierung handelt. Dies wird insbesondere anhand der in zahlreichen Formularbüchern und Mustertexten enthaltenen Formulierungen zu engen und weiten Sicherungszweckvereinbarungen deutlich, die nahezu immer gleichlautend sind, siehe hierzu oben unter § 7 III. 1. Für den Fall, dass die Bank ihren Vertragspartner nur zwischen mehreren Varianten auswählen lässt, lässt der BGH verlauten, dass eine AGB-Klausel auch dann vorliege, „wenn der Kunde nur die Wahl zwischen bestimmten, vom Verwender vorgegebenen Alternativen hat. Dabei kann es nicht entscheidend sein, ob der Verwender für jede der Alternativen ein gesondertes Formular benutzt, oder ob er alle Alternativen in einem Formular abdruckt und den Kunden die gewünschte kennzeichnen lässt" (BGH, Urteil vom 03.12.1991 – XI ZR 77/91 = NJW 1992, 503 (504)). Dementsprechend liegt eine Individualabrede auch dann nicht vor, wenn die Bank ihrem Vertragspartner, dem (Dritt-)Sicherungsgeber, im Fall von dessen Widerspruch gegen die „Reichweite" der Klausel zur Festlegung des Sicherungszwecks eine – von ihr ebenfalls in standardisierter Form verwendete – Ersatzformulierung anbietet (siehe *Ulmer/Habersack*, in: Ulmer/Brandner/Hensen, AGB-Recht, § 305, Rdn. 53).

aufgezeigten BGH-Rechtsprechung davon auszugehen sein, dass es sich um AGB handelt.[954]

e. *Beweisbarkeit des „Aushandelns"*

Sollte der Inhalt des Sicherheitenvertrages im Allgemeinen bzw. derjenige von Sicherungszweckvereinbarungen im Besonderen zwischen den Vertragsparteien doch einmal tatsächlich ausgehandelt, d.h. ernsthaft zur Disposition gestellt worden sein, so wird sich dafür der im streitigen Falle zu erbringende Beweis bei Zugrundelegung der gängigen anwaltlichen Arbeitsweise dann aber zumindest leichter führen lassen, als dies bei Vertragsverhandlungen ohne anwaltliche Beratung der Fall sein würde. Im Einklang mit der höchstrichterlichen Rechtsprechung[955] können die Verwender, also hier die Banken[956], nämlich umso leichter nachweisen, dass Vertragsverhandlungen tatsächlich stattgefunden haben und im Zuge dessen der Wortlaut einzelner Klauseln oder des Vertragstextes gestrichen, abgeändert oder ergänzt wurde, je deutlicher sich dies aus dem äußeren Erscheinungsbild der streitgegenständlichen Vertragsurkunde ergibt.[957] Im Rahmen der hier interessierenden Finanzierungspraxis werden im Verlauf der Verhandlungen über Sicherheitenverträge, die sich zusammen mit den Verhandlungen über die anderen Finanzierungsdokumente (insbesondere den Kreditvertrag) nicht selten über mehrere Wochen strecken können, regelmäßig mehrere überarbeitete „Versionen" der originär der Verhandlung zugrundegelegten Sicherheitenvertragsentwürfe zwischen den Anwälten und den Vertragsparteien zirkuliert. Nachdem eine Partei einen ersten Aufschlag an ihren Vertragspartner übersandt hat, fertigen die Anwälte der Gegenseite dann, in Absprache mit ihrer Mandantschaft, einen sog. *Mark-up*, der sämtliche Änderungsvorschläge enthält und die Bedingungen diktiert, die der Gegenseite als wichtig erscheinen.[958] Anhand dieser Dokumentation wird im streitigen Falle der Beweis geführt oder zumindest erleichtert werden können, dass ein Aushandeln der Vertragsbedingungen zwischen den Parteien stattgefunden hat.

Problematisch bleibt aber der Fall, dass der Vertragstext – was in der Praxis häufig vorkommen wird – nach Verhandlung zwischen den Parteien schließlich unverändert übernommen wird, da dies, wie bereits aufgezeigt[959], gemäß dem BGH eher gegen ein den Anforderungen der Rechtsprechung genügendes „Aushandeln"

---

954 Vgl. hierzu auch *Wenzel*, Rechtsfragen internationaler Konsortialkreditverträge, S. 89, der dies am Beispiel von Konsortialkreditverträgen konkretisiert.

955 Siehe hierzu BGH, Urteil vom 26.03.2015 – VII ZR 92/14 = NJW 2015, 1952 (1953), wonach sich eine Abänderungsbereitschaft des Klauselverwenders regelmäßig auch in erkennbaren Änderungen niederschlagen muss, sowie bereits oben unter § 11 II. 1. c.

956 Siehe zur „Verwender"-Eigenschaften der Banken oben unter § 11 I. 1. d.

957 *Basedow*, in: MüKoBGB, § 305, Rdn. 51.

958 Vgl. zum Ganzen auch *Diem*, Akquisitionsfinanzierungen, § 28, Rdn. 3, der dies im Hinblick auf die Kreditvertragsdokumentation konkretisiert.

959 Siehe zu dieser Problematik bereits oben unter § 11 I. 1. e. iv. (1).

spricht. Nur unter besonderen – aber anhand der Vertragsverhandlungsdokumentation eben auch nachzuweisenden – Umständen kann ein solcher Vertrag dennoch als individuell ausgehandelt gewertet werden. Dies – so der BGH – etwa dann, wenn es nach einer „gründlichen Erörterung" bei dem seitens der Bank(en) vorgeschlagenen Vertrags- oder Klauselentwurf bleibt, weil die Gegenpartei des Klauselverwenders von der Sachgerechtigkeit der Klausel überzeugt ist.[960] Da es bei der geforderten „gründlichen Erörterung" jedoch nicht unbedingt zu anhand der Vertragsdokumentation nachweisbaren Streichungen, Änderungen oder Ergänzungen kommen wird, bleibt die Beschwerlichkeit der Beweisbarkeit der von der Rechtsprechung aufgestellten Anforderungen hier bestehen.

f. Sonderfall: Der „Zusatz" zur Erfassung von Prolongationen, Stundungen, Zinsanpassungen etc. als AGB

Häufig enthalten die in der Finanzierungspraxis standardmäßig formulierten Sicherungszweckvereinbarungen einen Zusatz (oder ähnliche Formulierungen), wonach die jeweilige Kreditsicherheit nicht nur zur Sicherung aller gegenwärtigen und künftigen Forderungen der Bank(en) gegen ihre(n) Kreditnehmer aus einem konkreten Kreditvertrag (enger Sicherungszweck) oder der Geschäftsverbindung (weiter Sicherungszweck) dienen soll, sondern darüber hinaus auch alle „nachträglichen Ergänzungen, Änderungen oder Erweiterungen (einschließlich Erhöhungen des Darlehensbetrages)" vom Haftungsumfang der betreffenden Kreditsicherheit erfassen soll. Zudem wird geregelt, dass die betroffene Sicherheit unverändert bestehen bleiben soll, wenn die Laufzeit des Kreditvertrages oder der gesicherten Verbindlichkeiten verlängert oder verkürzt oder der Zinssatz ein- oder mehrmals geändert oder dem Hauptschuldner Stundung gewährt wird.[961]

Mit diesen Zusätzen intendiert die Bank als Sicherheitennehmerin, die Kreditsicherheit im Falle einer Erhöhung des Kreditbetrages, einer Überziehung des Kreditrahmens, einer Verlängerung des Kredites oder eines sonstigen „Wandels der Hauptschuld" auf die daraus resultierenden Forderungen zu erstrecken. Da dieser „Zusatz" – wie festgestellt – in der Finanzierungspraxis regelmäßig zur (klarstellenden) Erweiterung des Haftungsumfangs verwendet wird, ist davon auszugehen, dass es sich auch hierbei grundsätzlich um einen zur wiederkehrenden Verwendung formulierten Vertragstext i.S. des § 305 Abs. 1 S. 1 BGB und damit um AGB handelt. Hinsichtlich des Zusatzes „zuzüglich eventueller Überziehungen", der einer Sicherungszweckvereinbarung angefügt wurde, um etwaige Überziehungen eines vereinbarten Kreditrahmens dem Haftungsumfang der betroffenen Sicherheit zu unterwerfen, hat das OLG München[962] dies in einem Drittbesicherungsfall

960 BGH, Urteil vom 26.03.2015 – VII ZR 92/14 = NJW 2015, 1952 (1953) sowie zum Ganzen auch *Röttger*, Kreditsicherungsrecht, S. 25.

961 Siehe ausführlich zu den gängigen Formulierungen von Sicherungszweckvereinbarungen oben unter § 7 III. 3. c.

962 OLG München, Urteil vom 10.12.1997 – 3 U 3961/97 = BeckRS 1997, 31130443.

ausdrücklich klargestellt und darüber hinaus – in Übereinstimmung mit den skizzierten Grundsätzen des BGH – festgestellt, dass eine etwaige „Vertragsergänzung" nur dann nicht dem AGB-Recht unterfallen würde, wenn der Verwender „unzweideutig und ernsthaft (...) (seine) Verhandlungsbereitschaft erklärt hätte und dann dieser Zusatz ausgehandelt worden wäre". Von einer Individualabrede könne deshalb nur dann ausgegangen werden, wenn die mit dem „Zusatz" intendierte Ausdehnung der Haftung ernsthaft zur Disposition gestellt und dem (Dritt-) Sicherheitengeber Gestaltungsfreiheit zur Wahrung seiner eigenen Interessen eingeräumt worden sei. Dies gilt es entsprechend auf etwaige „Zusätze" zur Erfassung von Prolongationen, Stundungen, Zinsanpassungen etc. zu übertragen.

2. Zwischenbefund

Die Untersuchung der Vorgehensweise bei der Sicherheitenbestellung unter Beteiligung von Rechtsanwälten bei komplexen, großvolumigen Finanzierungen sowie insbesondere auch der Akquisitionsfinanzierung hat gezeigt, dass es in der Bankenpraxis üblich und aus Gründen der Rechtssicherheit grundsätzlich auch zwingend geboten ist, einen Vertrag über die Bestellung von Kreditsicherheiten unter Verwendung aktueller, insbesondere rechtlich geprüfter Formulare oder Mustertexte abzuschließen.[963] Gerade dieser Aspekt wird aber als Hinweis dafür gesehen werden müssen, dass den Vertragsparteien in der Vertragsgestaltung nur wenig Spielraum eingeräumt werden kann. Problematisch ist zudem, dass selbst dann, wenn die in den Sicherheitenvertragsentwürfen enthaltenen Klauseln von Anwälten der gegnerischen Vertragspartei sorgfältig geprüft werden, darüber hinaus oftmals kein Anlass besteht, vorgeschlagene Formulierungen zu modifizieren oder überhaupt zum Gegenstand von Verhandlungen zu machen. Dies gilt insbesondere auch im Hinblick auf die Klauseln zur Vereinbarung des Sicherungszwecks, die – ggfs. mit Ausnahme der Konkretisierung der gesicherte(n) Forderung(en) – regelmäßig einer standardmäßigen Formulierung unterliegen. Diese Vorgehensweise birgt nämlich unweigerlich das Risiko, dass die Klauseln im Streitfall als AGB qualifiziert werden und damit dem Anwendungsbereich einer Einbeziehungs- und Inhaltskontrolle unterfallen.[964] Dem wird jedoch entgegengesetzt, dass dies den „Tod" der anwaltlichen Datenbanken bedeuten würde.[965] Diese würden dann nämlich allesamt AGB enthalten, „deren Wirksamkeit angesichts einer oft extrem restriktiven Rechtsprechung im Bereich des gesamten Vertragsrechts

963 *Bausch*, Die Kreditprüfung bei Kreditinstituten, S. 68; *Röttger*, Kreditsicherungsrecht, S. 23.

964 Vgl. zum Ganzen *Wenzel*, Rechtsfragen internationaler Konsortialkreditverträge, S. 85 f., der dies am Beispiel von Kreditverträgen konkretisiert.

965 *Graf von Westphalen*, NJW 2006, 2228 (2228); siehe hierzu im Ansatz auch bereits oben unter § 11 I. 1. c. sowie *Kessel*, AnwBl 2012, 293 (294); *Schwenker/Thode*, ZfIR 2005, 635 (635 ff.).

mindestens zweifelhaft" sei. Um den Anforderungen der Praxis gerecht zu werden, wird man deshalb an dieser Stelle erneut fordern müssen, die Voraussetzungen für ein Vorliegen von AGB entgegen der langjährigen Rechtsprechungspraxis des BGH neu zu formulieren.[966]

Freilich kann dieser Befund dennoch kein allgemein gültiges Ergebnis darstellen. Vielmehr mag es vorkommen, dass sich die beschriebene übliche Vorgehensweise im Einzelfall anders gestaltet und die betreffenden Klauseln dann nicht zwingend dem Risiko einer Einordung als AGB ausgesetzt sind. Dies schon allein deshalb, weil die Verhandlungsbereitschaft der Banken und das tatsächliche Aushandeln der jeweiligen Klauseln in den Sicherheitenverträgen von der Eigenart der jeweiligen Transaktion und den partizipierenden Vertragsparteien abhängt. Die Frage, ob es sich bei den Klauseln der Sicherheitenverträge bzw. insbesondere den Sicherungszweckvereinbarungen um AGB oder kontrollfreie Individualvereinbarungen handelt, muss deshalb letztlich eine solche des Einzelfalls bleiben. Es gilt deshalb in der Praxis, jede den Umfang des Sicherungszwecks festlegende Vertragsbestimmung in den betreffenden Sicherheitenverträgen einzeln und losgelöst von den übrigen Vertragsklauseln anhand der Vorschrift des § 305 Abs. 1 BGB auf ihren AGB-Charakter hin zu prüfen. In Zweifelsfällen wird in der Praxis aber davon ausgegangen werden müssen, dass alle Vereinbarungen, deren Formulierung mithilfe von Textbausteinen, Vordrucken, (kanzlei-)internen Musterverträgen oder Richtlinien sowie nach bestehender Übung erfolgt, als AGB zu qualifizieren sind und damit den Maßstäben der §§ 305 ff. BGB zu genügen haben.[967] Individuell ausgehandelte Vereinbarungen und damit eine AGB-kontrollfreie Besicherung von Krediten, für die diese Maßstäbe nicht gelten, dürfte es für Unternehmen und ihre Rechtsberater in diesen Fällen wohl kaum geben.[968]

III. Modifikation der AGB-Inhaltskontrolle im unternehmerischen Geschäftsverkehr

Wie zuvor aufgezeigt, haben die persönlichen Eigenschaften des Klauselverwenders oder seines Vertragspartners sowie das (Nicht-)Vorhandensein einer wirtschaftlichen oder intellektuellen Ungleichgewichtslage grundsätzlich keine Bedeutung für die Frage, ob Vertragsbedingungen als AGB oder Individualvereinbarungen zu qualifizieren sind.[969] Die in dieser Untersuchung nahezu durchgängig anzunehmende Unternehmereigenschaft der (Dritt-)Sicherungsgeber wirkt sich damit im Rahmen der AGB-Definition des § 305 Abs. 1 S. 1 BGB nicht aus. Wie bereits aufgezeigt, besteht aber gerade im Unternehmerverkehr ein gesteigertes

966 Siehe hierzu auch *Graf von Westphalen*, NJW 2010, 2254 (2255).

967 *Gaberdiel/Gladenbeck*, Kreditsicherung durch Grundschulden, Rdn. 687.

968 So auch *Gaberdiel/Gladenbeck*, Kreditsicherung durch Grundschulden, Rdn. 687; *Müller*, NZM 2016, 185 (187).

969 Siehe hierzu insbesondere bereits oben unter § 10 I.

Bedürfnis nach Gestaltungsfreiheit und Flexibilität in der Geschäftsabwicklung.[970] In diesem Bereich ist das Schutzbedürfnis des Klauselgegners nicht so sehr ausgeprägt wie etwa unter Verbraucherbeteiligung.[971] Um der unterschiedlichen Schutzbedürftigkeit gerecht zu werden, erfährt das AGB-Recht – wenn schon nicht auf der Abgrenzungsebene zur Individualvereinbarung, so (zumindest) auf der Ebene der Einbeziehungs- und Inhaltskontrolle – bei seiner Anwendung auf den Geschäftsverkehr zwischen Unternehmern etwaige Einschränkungen und Modifikationen.[972] Diese sind deshalb im Folgenden – soweit relevant – darzustellen.

1. Der Maßstab der Angemessenheit

Grundsätzlich gilt für die Inhaltskontrolle von AGB im Verkehr mit Unternehmern der gleiche Maßstab, der auch bei einer Kontrolle im nichtunternehmerischen Verkehr angelegt wird.[973] Es kommt also auch hier nicht entscheidend auf die individuelle Schutzbedürftigkeit des Vertragsgegners des Klauselverwenders an, sondern maßgeblich ist vielmehr erneut auf eine überindividuelle, generalisierende und damit „von den konkreten Umständen des Einzelfalls absehende Betrachtungsweise abzustellen".[974] Dieser Maßstab wird im unternehmerischen Verkehr allerdings insofern modifiziert, als dieser Bereich wegen der typischerweise größeren rechtsgeschäftlichen Erfahrenheit der Beteiligten sowie der besonderen Regelungsbedürfnisse auf flexiblere, den spezifischen Marktverhältnissen angepasste vertragsrechtliche Normen mehr angewiesen ist als der Rechtsverkehr mit Verbrauchern.[975] Dies kann im Ergebnis zur Folge haben, dass identische AGB wegen etwaiger besonderer Bedürfnisse und Interessen im nichtunternehmerischen Verkehr unzulässig sind, während sie unter Unternehmern jedoch als angemessen

---

970 Statt vieler *Basedow*, in: MüKoBGB, § 307, Rdn. 78; *Hopt*, in: Baumbach/Hopt, HGB, Einl. vor § 1, Rdn. 4 f.; *Pfeiffer*, in: Wolf/Lindacher/Pfeiffer, AGB-Recht, § 310 Abs. 1, Rdn. 3.

971 Vgl. BT-Drucks. 7/3919, S. 43; BGH, Urteil vom 06.04.2005 – XII ZR 308/02 = NJW 2005, 2006 (2007); *Berger*, Schiedsgerichtsbarkeit und AGB-Recht, in: Festschrift Westphalen, S. 15; *ders./Kleine*, NJW 2007, 3526 (3527); *Pfeiffer*, in: Wolf/Lindacher/Pfeiffer, AGB-Recht, § 310 Abs. 1, Rdn. 3; *Stoffels*, AGB-Recht, Rdn. 185; *Wellenhofer-Klein*, ZIP 1997, 774 (775).

972 Vgl. *Wenzel*, Rechtsfragen internationaler Konsortialkreditverträge, S. 87.

973 So etwa *Roloff*, in: Erman, BGB, § 307, Rdn. 35; so auch bereits vor Inkrafttreten des AGB-Gesetzes BGH, Urteil vom 07.07.1976 – IV ZR 229/74 = NJW 1976, 2345 (2346).

974 BGH, Urteil vom 06.04.2005 – XII ZR 308/02 = NJW 2005, 2006 (2008); *Fuchs*, in: Ulmer/Brandner/Hensen, AGB-Recht, § 307, Rdn. 372; *Roloff*, in: Erman, BGB, § 307, Rdn. 35; *Grüneberg*, in: Palandt, § 307, Rdn. 39; *Stoffels*, in: AGB-Recht, Rdn. 552.

975 *Fuchs*, in: Ulmer/Brandner/Hensen, AGB-Recht, § 307, Rdn. 372; *Stoffels*, AGB-Recht, Rdn. 552.

erscheinen können.[976] Ferner ist hinsichtlich unternehmerischer Vertragspartner anerkannt, dass etwa die vorhandene Geschäftserfahrenheit, die Besonderheiten der Interessenlage oder die Größe und Funktion des (dahinterstehenden) Unternehmens weitere „gruppenspezifische Abstufungen" rechtfertigen können, die es bei der Klauselkontrolle angemessen zu berücksichtigen gilt.[977] Insoweit lässt sich im Rahmen der Inhaltskontrolle nach § 307 Abs. 1 BGB[978] grundsätzlich auch differenzieren, ob auf Kreditnehmerseite etwa ein Einmannbetrieb oder ein Finanzinvestor agiert.[979]

Der BGH hingegen betont den Ausnahmecharakter der Fälle, in denen im nichtunternehmerischen Verkehr unzulässige Klauseln unter Unternehmern als angemessen erscheinen, da – so die Sichtweise des BGH – grundsätzlich nicht mit zweierlei Maß gemessen werden dürfe.[980] Dies stößt im neueren Schrifttum jedoch ebenfalls zunehmend auf Kritik[981], die sich – so wird man den gemeinsamen Standpunkt umschreiben können – darin äußert, dass damit der Stellenwert der unternehmerischen Vertragsgestaltungsfreiheit in Frage gestellt werde.[982] Insoweit gilt es, die im Rahmen des Merkmals „Aushandeln" geführte Diskussion auch auf die Maßstäbe der Inhaltskontrolle zu erstrecken.[983]

2. Berücksichtigung der Gewohnheiten und Gebräuche im Handelsverkehr

Die vom Gesetzgeber eigens in § 310 Abs. 1 BGB angelegte „Abweichung gegenüber dem allgemeinen Standard" der AGB-Kontrolle erstreckt sich gemäß § 310

---

976 *Fuchs*, in: Ulmer/Brandner/Hensen, AGB-Recht, § 307, Rdn. 372; *Grüneberg*, in: Palandt, § 307, Rdn. 39; *Stoffels*, AGB-Recht, Rdn. 552.

977 *Fuchs*, in: Ulmer/Brandner/Hensen, AGB-Recht, § 307, Rdn. 374; *Stoffels*, AGB-Recht, Rdn. 552 (Fn. 377); vgl. auch *Ballo*, Die AGB-Kontrolle von Kreditverträgen in der Akquisitionsfinanzierung, S. 73.

978 Auf § 310 Abs. 1 S. 2 1. Halbsatz BGB kommt es für die vorliegende Untersuchung nicht an, da insoweit keiner der darin genannten Fälle einschlägig ist.

979 Vgl. *Ballo*, Die AGB-Kontrolle von Kreditverträgen in der Akquisitionsfinanzierung, S. 73.

980 Siehe etwa BGH, Versäumnisurteil vom 19.09.2007 – VIII ZR 141/06 = NJW 2007, 3774 (3775); BGH, Urteil vom 26.06.1997 – I ZR 248/94 = NJW-RR 1997, 1253 (1255); BGH, Urteil vom 03.03.1988 – X ZR 54/86 = NJW 1988, 1785 (1788); siehe hierzu auch *Stoffels*, AGB-Recht, Rdn. 553.

981 *Basedow*, in: MüKoBGB, § 310, Rdn. 24 ff.; *Becker*, JZ 2010, 1098 (1098 ff.); *Berger*, NJW 2010, 465 (465 ff.); *ders.*, ZIP 2006, 2149 (2149 ff.); *ders./Kleine*, BB 2007, 2137 (2137 ff.); *Dauner-Lieb*, AnwBl 2013, 845 (845 ff.); *dies./Axer*, ZIP 2010, 309 (309 ff.); *Fuchs*, in: Ulmer/Brandner/Hensen, AGB-Recht, § 307, Rdn. 373; *Leuschner*, JZ 2010, 875 (875 ff.); *Müller/Griebeler/Pfeil*, BB 2009, 2658 (2658 ff.); *Schlosser*, in: Staudinger, § 310, Rdn. 12.

982 Siehe hierzu *Stoffels*, AGB-Recht, Rdn. 553.

983 Siehe hierzu bereits oben unter § 11 I. 1. e.

Abs. 1 S. 2, 2. Halbsatz BGB auf eine angemessene Berücksichtigung der „im Handelsverkehr geltenden Sitten und Gebräuche".[984] Die Vorschrift wiederholt damit einen Grundsatz, der nach dem HGB ohnehin gilt.[985] Die Handelsgebräuchlichkeit einer im Wirtschaftsverkehr verwendeten Klausel soll dabei deren Wirksamkeit indizieren.[986] Klauseln, die in Verbraucherverträgen gem. § 307 BGB unwirksam wären, können somit im unternehmerischen Verkehr bei Geltung entsprechender Gewohnheiten und Gebräuche im Handelsverkehr als wirksam erachtet werden.[987] Ein Handelsbrauch liegt nach ständiger Rechtsprechung des BGH vor, wenn sich eine im Verkehr der Kaufleute untereinander verpflichtende Regelung herausgebildet hat, „die auf einer gleichmäßigen, einheitlichen und freiwilligen tatsächlichen Übung beruht, die sich innerhalb eines angemessenen Zeitraumes für vergleichbare Geschäftsvorfälle gebildet hat und der eine einheitliche Auffassung der Beteiligten zugrunde liegt".[988]

Fraglich ist damit, ob sich diese Vorschrift auch auf die im Rahmen der hier interessierenden Finanzierungen verwendeten Sicherungszweckvereinbarungen in den jeweiligen Sicherheitenverträgen auswirkt. Wie bereits erwähnt, gelten nämlich auch bei den in den Sicherheitenverträgen der hier behandelten Finanzierungen vereinbarten Sicherungszweckvereinbarungen gewisse Standards in der Formulierung. Doch kann wohl daraus allein kein Handelsbrauch abgeleitet werden, den es gemäß § 310 Abs. 1 S. 2, 2. Halbsatz BGB gesondert zu berücksichtigen gilt. Andernfalls würden AGB-Klauseln nämlich immer dann handelsgebräuchlich i.S. des § 310 Abs. 1 S. 2, 2. Halbsatz BGB, wenn sie sich im Markt als Standard etabliert hätten.[989] Dem lässt sich nicht entgegnen, dass AGB selbst auch einen Handelsbrauch wiedergeben können.[990] Dies setzt aber voraus, dass die niedergelegte Regelung, ohne besonders vereinbart oder empfohlen zu sein, freiwillig befolgt wird.[991] Davon kann indes bei den Vereinbarungen über die Sicherungszweckabreden in den jeweiligen Sicherheitenverträgen nicht ausgegangen werden. Würden die Vertragsparteien nämlich nicht die typischen Formulierungen zur Festlegung des Sicherungszwecks bzw. -umfangs verwenden, ließe sich nicht ohne Weiteres

---

984 *Fuchs*, in: Ulmer/Brandner/Hensen, AGB-Recht, § 307, Rdn. 372.

985 Siehe § 346 HGB sowie *Basedow*, in: MüKoBGB, § 310, Rdn. 17. – Die Frage, inwieweit § 310 Abs. 1 S. 2, 2. Halbsatz BGB neben § 346 HGB eigenständige Bedeutung erlangt, soll hier nicht näher erörtert werden; siehe dazu etwa *Basedow*, in: MüKoBGB, § 310, Rdn. 17 f.; *Pfeiffer*, in: Wolf/Lindacher/Pfeiffer, AGB-Recht, § 310 Abs. 1, Rdn. 24 f.; *Roloff*, in: Erman, BGB, § 310, Rdn. 8.

986 So etwa *Basedow*, in: MüKoBGB, § 310, Rdn. 19.

987 *Pfeiffer*, in: Wolf/Lindacher/Pfeiffer, AGB-Recht, § 310 Abs. 1, Rdn. 25.

988 Siehe etwa BGH, Urteil vom 25.11.1993 – VII ZR 17/93 = NJW 1994, 659 (660) mwN.

989 Vgl. auch *Ballo*, Die AGB-Kontrolle von Kreditverträgen in der Akquisitionsfinanzierung, S. 76, der dies anhand von Kreditverträgen in der Akquisitionsfinanzierung konkretisiert.

990 *Basedow*, in: MüKoBGB, § 310, Rdn. 20; *ders.*, ZHR 150 (1986), 469 (482 ff.).

991 *Basedow*, in: MüKoBGB, § 310, Rdn. 20.

bestimmen, welche Rechte und Pflichten gelten. Dies wird zudem daraus deutlich, dass neben der regelmäßig verwendeten Formulierung durchaus weitere Klauselarten möglich und gebräuchlich sind.[992] Im Ergebnis wird damit bei den Sicherungszweckvereinbarungen im unternehmerischen Verkehr nicht von einem Handelsbrauch i.S. des § 310 Abs. 1 S. 2 2. Halbsatz BGB gesprochen werden können.

3. Geltung des Verbots überraschender Klauseln

Auch auf das Verbot überraschender Klauseln wird es im Rahmen dieser Untersuchung ankommen. Nach der Vorschrift des § 305c Abs. 1 BGB werden Bestimmungen in AGB, die nach den Umständen, insbesondere nach dem äußeren Erscheinungsbild des Vertrages, so ungewöhnlich sind, dass der Vertragspartner des Verwenders mit ihnen nicht zu rechnen braucht, nicht Vertragsbestandteil. Soweit nachfolgend in Rede steht, ob es sich bei den betreffenden Sicherungsklauseln um überraschende Klauseln i.S. des § 305c Abs. 1 BGB handelt, gilt es bereits an dieser Stelle festzustellen, dass überraschende Klauseln gem. § 305c Abs. 1 BGB grundsätzlich auch dann nicht Bestandteil eines Vertrages werden, wenn dieser zwischen Unternehmern geschlossen wird.[993] Dies folgt bereits aus einem Umkehrschluss aus § 310 Abs. 1 BGB.[994] Da es im Rahmen der Beurteilung des Vorliegens einer überraschenden Klausel generell aber nicht auf den Kenntnisstand des einzelnen Vertragspartners, sondern auf die Erkenntnismöglichkeiten des für derartige Verträge zu erwartenden Personenkreises ankommt[995], muss jedoch eine AGB-Klausel, die mit entsprechendem Inhalt im Verbrauchergeschäft überraschend wäre, im Unternehmensverkehr nicht zwingend an § 305c Abs. 1 BGB scheitern.[996] Darauf wird im Folgenden noch vertieft einzugehen sein.[997]

---

992 Siehe hierzu bereits oben unter § 7 III. 1.; vgl. zum Ganzen auch *Ballo*, Die AGB-Kontrolle von Kreditverträgen in der Akquisitionsfinanzierung, S. 76, der dies anhand von Kreditverträgen in der Akquisitionsfinanzierung konkretisiert.

993 BGH, Urteil vom 26.07.2012 – VII ZR 262/11 = NJW-RR 2012, 1261 (1261); *Pfeiffer*, in: Wolf/Lindacher/Pfeiffer, AGB-Recht, § 307, Rdn. 252; *Wenzel*, Rechtsfragen internationaler Konsortialkreditverträge, S. 88.

994 Statt vieler BGH, Urteil vom 26.07.2012 – VII ZR 262/11 = NJW-RR 2012, 1261 (1261).

995 So etwa BGH, Urteil vom 30.10.1987 – V ZR 174/85 = ZIP 1988, 12 (15).

996 Anders etwa *Lindacher/Hau*, in: Wolf/Lindacher/Pfeiffer, AGB-Recht, § 305 c, Rdn. 95, der zwar ebenso bei der Deutung kundenerwartungsrelevanter Individualumstände auf den entsprechenden Kunden- und Verkehrskreis abstellt, aber bestreitet, dass ein Unternehmer aufgrund seiner größeren Geschäftserfahrung stets auch mit Ungewöhnlichem rechnen müsse.

997 Siehe hierzu unten unter § 13.

IV. Vorrang der Individualabrede (§ 305b BGB)

Individuelle Vertragsabreden i.S. des § 305b BGB haben stets Vorrang und machen eine AGB-Kontrolle nach den §§ 305 ff. BGB entbehrlich. Die Vorschrift des § 305b BGB gilt dabei uneingeschränkt auch für den unternehmerischen Geschäftsverkehr.[998] Auch für die vorliegende Untersuchung kann es auf den Vorrang der Individualabrede i.S. des § 305b BGB ankommen. So lassen einige Autoren[999] verlauten, dass ein Vorrang der Individualabrede etwa gegenüber einer Formularklausel über einen weiten Sicherungszweck greife, wenn zwischen der Bank und dem Sicherheitengeber – gleich, ob dieser eine eigene oder eine fremde Schuld besichern will – nur über die Sicherung einer bestimmten Forderung, d.h. einer konkreten Kreditverbindlichkeit, verhandelt worden sei. Im Klartext bedeutet dies, dass die Vereinbarung der Sicherheitenbestellung für eine bestimmte Forderung eine formularmäßige Erweiterung auf alle Forderungen aus einer Geschäftsbeziehung ausschließt.[1000] Wird also zwischen der Bank und dem Sicherungsgeber nur die Besicherung einer konkreten Verbindlichkeit verhandelt, soll es sich nach dieser Auffassung stets um eine Individualabrede mit engem Sicherungszweck handeln, die gegenüber einer formularvertraglichen Vereinbarung den Vorrang genieße.[1001] Selbst für den Fall, dass schriftlich eine formularmäßig weite Zweckerklärung vereinbart worden sei, soll es sich dann also um eine vorrangige mündliche individualvertragliche enge Zweckerklärung handeln.

Nach den Anforderungen des BGH an die Form von Individualabreden ist dieser in der Literatur verfolgte Ansatz zumindest vertretbar, denn insoweit gilt, dass durch eine mündliche Individualvereinbarung sogar das vorher formularmäßig vereinbarte Schriftformerfordernis wieder aufgehoben werden kann.[1002] Individualabreden bedürfen damit keiner speziellen Form und können grundsätzlich auch mündlich getroffen werden. Etwas anderes gilt nur, wenn das Gesetz für die Vereinbarung eine bestimmte Form, etwa die Schriftform, vorschreibt.[1003] Darüber hinaus sei es – nach teilweise vertretener Auffassung – für die Annahme einer der formularvertraglich vereinbarten weiten Zweckerklärung vorgehenden

---

998 Ganz h.M., siehe etwa *Lindacher/Hau*, in: Wolf/Lindacher/Pfeiffer, AGB-Recht, § 305b, Rdn. 1; *Roloff*, in: Erman, BGB, § 305b, Rdn. 16; *Schlosser*, in: Staudinger, § 305b, Rdn. 1; *Ulmer/Schäfer*, in: Ulmer/Brandner/Hensen, AGB-Recht, § 305b, Rdn. 50; siehe auch OLG Köln, Urteil vom 22.12.1989 – 19 U 118/89 = NJW-RR 1990, 1007 (1008).

999 So etwa *Clemente*, ZIP 1985, 193 (193 ff.); *Knops*, ZIP 2006, 1965 (1966); *Wilhelm*, in: 50 Jahre BGH – Festgabe aus der Wissenschaft, 2000, Bd. I, S. 897 (898, 916).

1000 *Wilhelm*, in: 50 Jahre BGH – Festgabe aus der Wissenschaft, 2000, Bd. I, S. 897 (898 f., 913 f.).

1001 *Knops*, ZIP 2006, 1965 (1966); *Otten*, in: Derleder/Knops/Bamberger, Dt. und Europ. Bank- und Kapitalmarktrecht, Bd. 1, § 25, Rdn. 86.

1002 BGH, Urteil vom 17.03.1994 – IX ZR 102/93 = NJW 1994, 1656 (1657).

1003 Siehe zum Ganzen *Röttger*, Kreditsicherungsrecht, S. 25.

Individualvereinbarung nicht einmal notwendig, dass die Parteien im Rahmen ihrer Vertragsverhandlungen ausdrücklich einen strengen Bezug zwischen „Anlasskredit“[1004] und der jeweiligen Sicherheitenbestellung herstellen.[1005] Vielmehr könne eine solche Vereinbarung auch schlüssig getroffen werden[1006] oder sich aus den Umständen des Einzelfalls ergeben und müsse (daher) auch nicht i.S. des § 305 Abs. 1 S. 3 BGB ausgehandelt werden.[1007]

Tatsächlich ist jedoch bereits die Frage, ob die Begrifflichkeit der Individualabrede i.S. des § 305 b BGB im Grundsatz derjenigen der „im Einzelnen ausgehandelt(en)“ Vertragsbedingungen i.S. des § 305 Abs. 1 S. 3 BGB entspricht, streitig.[1008] Vorstehendem kann daher nicht ohne weiteres gefolgt werden. Zudem müsste der (Dritt-)Sicherheitengeber nach allgemeinen Beweisgrundsätzen den Bestand der Individualvereinbarung als eine ihn begünstigende Vorrangregelung vor dem formularmäßigen Klauseltext beweisen.[1009] Konkret müsste der jeweilige Sicherungsgeber also im Einzelfall, gegebenenfalls gegen den Anschein einer formularvertraglich niedergelegten weiten Sicherungszweckerklärung, darlegen, dass nur die Sicherung einer seinerzeit bestimmten einzelnen Forderung anlässlich des Abschlusses des Sicherungsvertrages zum Gegenstand der Verhandlungen gemacht wurde.[1010] Da gerade für die hier interessierenden Finanzierungen, bei denen die Vertragsparteien regelmäßig über die jeweilige Finanzierung hinaus Geschäftsbeziehungen pflegen, nicht ausgeschlossen werden kann, dass die jeweiligen Kreditgeber ihren Vertragspartnern die Ausweitung der Sicherheitenbestellung auf andere Forderungen von vornherein verdeutlichen, dürfte dieser Nachweis regelmäßig wohl eher schwer zu führen sein. Ob von einer vorrangigen Individualvereinbarung, die eine AGB-Prüfung nach den §§ 305 ff. BGB entbehrlich machen würde, auszugehen ist, kann daher nur einer Prüfung im Einzelfall überlassen bleiben und lässt sich hier nicht generalisierend feststellen. Zudem führt

---

1004 Zum Begriff des „Anlasskredites“ siehe ausführlich unten unter § 16 II.

1005 Siehe hierzu sowie auch zum Ganzen *Knops*, ZIP 2006, 1965 (1966).

1006 So auch *Lindacher/Hau*, in: Wolf/Lindacher/Pfeiffer, AGB-Recht, § 305 b, Rdn. 5; *Schlosser*, in: Staudinger, § 305 b, Rdn. 1, 13.

1007 *Knops*, ZIP 2006, 1965 (1966).

1008 Für eine Gleichsetzung der beiden Begriffe etwa *Ulmer/Schäfer*, in: Ulmer/Brandner/Hensen, AGB-Recht, § 305b, Rdn. 10; a.A. *Schlosser*, in: Staudinger, § 305b, Rdn. 12, der unter Individualabrede i.S. von § 305b BGB alles versteht, was i.S. von § 305 Abs. 1 S. 3 BGB ausgehandelt „oder individuell für einen Anlass abgesprochen worden ist“, sowie *Roloff*, in: Erman, BGB, § 305b, Rdn. 4, der den Begriff der Individualvereinbarung i.S. des § 305b BGB ausdrücklich weiter verstanden wissen will als den des § 305 Abs. 1 S. 3 BGB; offen gelassen hingegen von BGH, Urteil vom 10.10.1991 – VII ZR 289/90 = NJW 1992, 1107 (1108).

1009 *Basedow*, in: MüKoBGB, § 305b, Rdn. 9; *Roloff*, in: Erman, BGB, § 305b, Rdn. 15; siehe hierzu auch *Knops*, ZIP 2006, 1965 (1966).

1010 *Otten*, in: Derleder/Knops/Bamberger, Dt. und Europ. Bank- und Kapitalmarktrecht, Bd. 1, § 25, Rdn. 86.

auch der BGH hierzu aus, dass äußere Umstände der Sicherheitenbestellung – wie z.B. deren Anlass – zwar die Erwartungen des Sicherungsgebers beeinflussen und – wenn diese durch eine AGB-Klausel enttäuscht würden – zur Anwendung des § 305c BGB führen könnten, sie könnten aber nicht einseitige Zweckvorstellungen in den Rang einer (individual-)vertraglichen Vereinbarung erheben und dadurch eine AGB-Klausel unterlaufen, in der ausdrücklich etwas anderes geregelt sei. Für eine stillschweigende Vereinbarung der begrenzten Einstandspflicht könne es deshalb nicht genügen, dass die betreffende Sicherheit etwa anlässlich der Zusage, Erweiterung oder Prolongierung eines konkreten Kredites übernommen wurde, wenn die formularmäßige Zweckerklärung alle Verbindlichkeiten aus der bankmäßigen Geschäftsverbindung erfasse.[1011]

V. Zwischenbefund – Auswirkungen für die Kautelarpraxis

Die Abgrenzung der AGB von Individualvereinbarungen ist maßgeblich dafür, ob sich eine Vertragsbedingung nur an den allgemeinen Kontrollmaßstäben der §§ 134, 138, 242 BGB oder an der weit unterhalb dieser Maßstäbe angesiedelten Kontrollschwelle der §§ 305 ff. BGB messen lassen muss.[1012] Umso bedeutsamer ist deshalb der Befund, dass bei Anwendung der Kriterien der Rechtsprechung bei den üblicherweise in den Sicherheitenverträgen verwendeten Klauseln zur Festlegung des Sicherungszwecks nach vorstehend erfolgter Untersuchung regelmäßig vom Vorliegen von AGB auszugehen ist. Die Untersuchung der Vorgehensweise bei der Sicherheitenbestellung im Allgemeinen sowie im Rahmen der hier interessierenden Finanzierungen im Besonderen hat gezeigt, dass es in der Bankenpraxis üblich und aus Gründen der Rechtssicherheit grundsätzlich auch zwingend geboten ist, einen Vertrag über die Bestellung von Kreditsicherheiten unter Verwendung aktueller, insbesondere rechtlich geprüfter Formulare oder Mustertexte abzuschließen. Dem gängigen Prozedere folgend wird hierbei zunächst ein in der Regel von Bankenseite zu erstellender Vertragsentwurf der Gegenseite zugespielt. Bei den hier interessierenden Finanzierungen werden mit der Erstellung der Sicherheitenvertragsentwürfe in aller Regel Anwaltskanzleien oder die jeweiligen Rechtsabteilungen betraut. Leistet man der höchstrichterlichen Rechtsprechung Folge, wird es sich dabei auch dann um AGB handeln, wenn zwar die Musterverträge der Kanzleien für eine vielfache Verwendung vorformuliert wurden, der tatsächliche Verwender, sprich die die Rechtsanwaltskanzlei mandatierende Bank, sie aber nur einmalig einsetzt, d.h. ihrem Vertragspartner

---

1011 Zum Ganzen BGH, Urteil vom 18.05.1999 – IX ZR 108/94 = NJW 1995, 2553 (2554) mwN.

1012 *Berger*, NJW 2010, 465 (467); vgl. auch *Clemente*, Recht der Sicherungsgrundschuld, Rdn. 487.

stellt. Wenn Kanzleien den entworfenen Sicherheitenverträgen ihre *Templates* zugrunde legen, kann es sich also auch dann um AGB handeln, wenn der Vertrag insgesamt nur auf ein individuelles Vertragsverhältnis, d.h. eine konkrete Transaktion, zugeschnitten ist und einmalig gegenüber den (Dritt-)Sicherheitengebern als Vertragspartnern verwendet wird.

In einem nächsten Schritt fordern regelmäßig die Banken als Klauselverwender ihre Vertragspartner auf, die Vertragsentwürfe sorgfältig zu prüfen und entsprechend zu kommentieren. Auch seitens der Kreditnehmer bzw. (Dritt-)Sicherheitengeber werden mit der rechtlichen Kommentierung und Prüfung regelmäßig Rechtsanwälte betraut. Auch wenn die in den Sicherheitenvertragsentwürfen enthaltenen Klauseln dann sorgfältig von den Anwälten der Gegenseite geprüft werden, besteht bei vielen Klauseln nicht immer ein Anlass, die vorgeschlagene Formulierung zu modifizieren oder zum Gegenstand von Verhandlungen zu machen. Nicht selten kommt es deshalb vor, dass die bankenseits vorgeschlagenen Klauseln ungeändert in den finalen Entwurf des Sicherheitenvertrages übernommen werden. Dies ist, wie aufgezeigt, häufig auch bei den Klauseln zur Vereinbarung des Sicherungszwecks der Fall, die – (wenn überhaupt) mit Ausnahme der Konkretisierung der gesicherte(n) Forderung(en) – regelmäßig einer standardmäßigen Formulierung unterliegen und so auch final in die Unterschriftenversion des Sicherheitenvertrages übernommen werden. Hier werden seitens der Rechtsprechung entscheidende Weichen gestellt. Denn obwohl geschäftserfahrene Unternehmer auch bei unveränderter Übernahme einzelner Klauseln grundsätzlich davon ausgehen, mit dem Vertragswerk insgesamt zu einem sorgfältig ausgehandelten und interessengerechten Ausgleich gelangt zu sein, nimmt die Rechtsprechung unter Anwendung ihrer restriktiven Kriterien für alle Klauseln, die nicht selbst Gegenstand eines Aushandelns waren, die Qualifizierung als AGB an.[1013] Auch wenn dies, wie aufgezeigt, weder der Rechtswirklichkeit noch den im Unternehmerverkehr gewöhnlichen Handlungsabläufen gerecht wird, muss dem – trotz hier vertretener anderer Auffassung – aufgrund der (zumindest zum Untersuchungszeitpunkt noch) gefestigten Rechtsprechung gefolgt werden. In der Konsequenz bedeutet dies, dass die im Rahmen der hier interessierenden Finanzierungen in den Sicherheitenverträgen üblicherweise verwendeten Sicherungszweckvereinbarungen auch auf ihre AGB-rechtliche Zulässigkeit hin untersucht werden müssen.

Dass in der Finanzierungspraxis tatsächlich Unsicherheit darüber herrscht, ob die AGB-rechtlichen Vorschriften auf Sicherheitenverträge Anwendung finden, zeigt sich im Übrigen auch darin, dass die beratend tätig werdenden Rechtsanwaltskanzleien bei der Abgabe ihrer *Legal Opinions* mittels Einschränkung (sog. *Qualifications*) regelmäßig keine Verantwortung hinsichtlich der Frage übernehmen, inwiefern die AGB-rechtlichen Vorschriften auf die abgeschlossenen

1013 Vgl. hierzu auch *Wenzel*, Rechtsfragen internationaler Konsortialkreditverträge, S. 95.

Sicherheitenverträge anwendbar sind und wie die Rechtsfolgen einer etwaigen Anwendbarkeit zu bewerten wären.[1014]

So bleibt festzuhalten, dass eine pauschalisierende und allgemein gültige Aussage über die Anwendbarkeit des AGB-Rechts auf die im Rahmen der hier interessierenden Finanzierungen verwendeten Sicherheitenverträge, bzw. die darin enthaltenen Sicherungszweckabreden im Besonderen, nicht getroffen werden kann. Dies schon allein deshalb, weil die Verhandlungsbereitschaft der Banken und das tatsächliche Aushandeln der jeweiligen Klauseln in den Sicherheitenverträgen von der Eigenart der jeweiligen Transaktion und den partizipierenden Vertragsparteien abhängt, so dass die Frage, ob es sich bei den betreffenden Sicherungszweckabreden um AGB oder kontrollfreie Individualvereinbarungen handelt, letztlich eine solche des Einzelfalls bleiben muss.[1015] Es gilt deshalb in der Praxis, jede den Umfang des Sicherungszwecks festlegende Vertragsbestimmung in den betreffenden Sicherheitenverträgen einzeln und losgelöst von den übrigen Vertragsklauseln anhand der Vorschrift des § 305 Abs. 1 BGB auf ihren AGB-Charakter hin zu prüfen.

Die vorstehenden Ausführungen haben jedoch gezeigt, dass von der höchstrichterlichen Rechtsprechung hohe materielle Anforderungen an das Merkmal des „Aushandelns" i.S.d. § 305 Abs. 1 S. 3 BGB gestellt werden, auf das es bei der Abgrenzung der AGB von Individualvereinbarungen regelmäßig entscheidend ankommt. Die Wahrscheinlichkeit, dass Gerichte (einschließlich der Instanzgerichte) im Streitfall zu dem Ergebnis gelangen, dass die betreffenden Vertragsklauseln nicht individuell ausgehandelt worden seien, ist deshalb sehr hoch. Wie aufgezeigt, gelangen deshalb auch wirtschaftlich starke sowie geschäftlich erfahrene Akteure am Finanzmarkt in den Schutzbereich des AGB-Rechts. Obwohl dies zunächst verwundert oder gar lebensfremd anmuten mag bzw. – so einige Kritiker – sogar den Wirtschaftsstandort Deutschland zu gefährden droht, folgt es aus der Entscheidung des Gesetzgebers, die AGB-rechtlichen Vorschriften eben auch auf den unternehmerischen Geschäftsverkehr anzuwenden. Dies legitimiert der Gesetzgeber mit dem Grundgedanken, dass es die Inanspruchnahme einseitiger Vertragsgestaltungsfreiheit auszugleichen gelte – und zwar unabhängig von der individuellen Schutzbedürftigkeit des Vertragspartners. Faktoren wie die intellektuelle Fähigkeit, die wirtschaftlichen Verhältnisse oder etwa die Geschäftserfahrenheit der auf (Dritt-)Sicherheitengeberseite agierenden Marktteilnehmer spielen deshalb für die Anwendbarkeit des AGB-Rechts grundsätzlich keine Rolle.[1016]

1014 Vgl. hierzu auch *Ballo*, Die AGB-Kontrolle von Kreditverträgen in der Akquisitionsfinanzierung, S. 13, 108, der dies am Beispiel von Kreditverträgen in der Akquisitionsfinanzierung konkretisiert.

1015 Wie bereits dargestellt, entscheidet sich die Frage, ob es sich bei den betreffenden Klauseln um AGB oder Individualvereinbarungen handelt, in aller Regel am Merkmal des „Aushandelns" i.S. des § 305 Abs. 1 S. 3 BGB.

1016 Vgl. zum Ganzen auch *Ballo*, Die AGB-Kontrolle von Kreditverträgen in der Akquisitionsfinanzierung, S. 109 ff., sowie *Stoffels*, AGB-Recht, Rdn. 184.

Muss man also vor dem Hintergrund der hohen Anforderungen der Rechtsprechung an das Vorliegen von Individualvereinbarungen sowie den bisherigen Ausführungen davon ausgehen, dass die Vertragsklauseln bzw. die Sicherungszweckabreden in den Sicherheitenverträgen dem Risiko einer Qualifizierung als AGB unterliegen, so sind diese in einem nächsten Schritt einer Einbeziehungs- und Inhaltskontrolle zu unterwerfen. Aufgrund dessen ist die im Folgenden vorzunehmende Behandlung AGB-rechtlicher Gesichtspunkte für die vorliegende Untersuchung unerlässlich.

§ 12 Formularmäßige Sicherungszweckerklärungen bei Drittsicherheiten

Qualifiziert man die Klauseln der Sicherheitenverträge, bzw. die Sicherungszweckvereinbarungen im Besonderen, als AGB, so sind sie in einem nächsten Schritt einer Wirksamkeitskontrolle zu unterziehen. Was die Wirksamkeit anbelangt, so ist dabei insbesondere die Vereinbarung weiter Sicherungszweckerklärungen – abhängig von den jeweiligen Sicherungskonstellationen[1017] – umstritten.[1018] Dies deshalb, weil bei der Sicherheitenbestellung die situativen Umstände häufig nicht auf einen weiten Sicherungszweck gerichtet sind, sondern eine Sicherheit regelmäßig vielmehr aus einem bestimmten Anlass, nämlich zur Besicherung eines bestimmten Kredites bzw. Kreditverhältnisses (Anlasskredit oder Anlassverbindlichkeit), bestellt wird. Wenn die Bestellung der Sicherheit aus einem solchen Anlass heraus erfolgt, ist jedoch insbesondere fraglich, ob die von der Bank mit Vereinbarung einer weiten Zweckerklärung erstrebte „überschießende" Einstandspflicht für darüber hinausgehende Kreditverbindlichkeiten einer AGB-rechtlichen Überprüfung standhält.[1019] Rechtsprechung und Literatur beschäftigen sich mit der Wirksamkeit weiter Sicherungszweckerklärungen seit nunmehr 60 Jahren.[1020] Eine Darstellung der Entwicklungen ist für die vorliegende Untersuchung unerlässlich.

I. Bürgschaft

1. Die weite Sicherungszweckerklärung

In der Formularpraxis der Banken fand zeitweilig die sog. Globalbürgschaft verbreitet Anwendung, mit der die Verbürgung für eine Vielzahl auch künftiger Forderungen beschrieben wird, wobei diese Vielzahl nur durch allgemeine Merkmale zu bestimmen ist, insbesondere als Forderungen aus Geschäftsbeziehungen des Gläubigers mit seinem Hauptschuldner.[1021] Bei einer Globalbürgschaft handelt es sich damit schlichtweg um eine Bürgschaft mit weiter Zweckerklärung. Sie stellt für die Banken eine flexible, vielseitig verwendbare Kreditsicherheit für an ihre

---

1017 Siehe zu den verschiedenen Sicherungskonstellationen oben unter § 7 III. 1.

1018 Statt vieler *Otten*, in: Derleder/Knops/Bamberger, Dt. und Europ. Bank- und Kapitalmarktrecht, Bd. 1, § 25, Rdn. 87.

1019 Siehe zum Ganzen *Bülow*, Recht der Kreditsicherheiten, Rdn. 909.

1020 Siehe hierzu etwa *Nobbe*, BKR 2002, 747 (747); *Schmalenbach*, in: Eilers/Rödding/Schmalenbach, Unternehmensfinanzierung, Kap. C., Rdn. 80.

1021 *Horn*, in: Staudinger, vor §§ 765-778, Rdn. 46.

Kunden ausgereichte Kredite dar, birgt für den Bürgen jedoch oft unabsehbare Risiken.[1022] Die Verwendung weiter Zweckerklärungen bei Bürgschaften führte deshalb schließlich zu einer Reihe von BGH-Urteilen, die sich als sog. „Anlassrechtsprechung" mit der Wirksamkeit jener weiten Sicherungszweckerklärungen beschäftigten.[1023]

a. Anlassrechtsprechung – Ausgangsentscheidung

Dabei zeigte sich die höchstrichterliche Rechtsprechung gegenüber sog. Globalbürgschaften zunächst lange Zeit großzügig.[1024] So erachtete etwa der seinerzeit zuständige VII. Zivilsenat des BGH mit Urteil vom 10. Oktober 1957[1025] eine Verbürgung für alle zukünftigen Ansprüche einer Bank gegen den Hauptschuldner aus deren bankmäßiger Geschäftsverbindung als zulässig. Unwirksam sollte demnach nur die Übernahme einer Bürgschaft für alle nur irgendwie erdenklichen künftigen Verbindlichkeiten des Hauptschuldners ohne jegliche sachliche Begrenzung sein, wobei der BGH den Grund dafür in der mangelnden Bestimmtheit der Verpflichtung, also in einem Verstoß gegen den Bestimmtheitsgrundsatz, sah.

Durch den damals für Streitigkeiten aus Grundschulden zuständigen V. Zivilsenat des BGH ist dann jedoch mit Urteil vom 29. Januar 1982[1026] zu einer weiten Zweckerklärung bei Sicherungsgrundschulden die Ursprungsentscheidung ergangen, auf welcher heute die erwähnte Anlassrechtsprechung beruht. Der BGH hielt darin – gestützt auf § 242 BGB – eine formularmäßige weite Sicherungszweckerklärung, die von einem Dritten anlässlich der Besicherung eines Darlehens aus fremder Geschäftsbeziehung abgegeben worden war, für unwirksam. Zur Begründung führte er aus, dass die künftige Inanspruchnahme eines Drittsicherungsgebers bei weiten Sicherungszweckerklärungen seiner Kenntnis und Einflussnahme völlig entzogen sei. Zudem brauche derjenige, der zur Sicherung eines fremden Darlehens eine Sicherheit zugunsten des Darlehensgebers bestelle, billigerweise nicht damit zu rechnen, dass ohne besondere und mit ihm ausgehandelte Vereinbarung diese der Besicherung aller zukünftigen Forderungen aus laufender Geschäftsverbindung zwischen dem Darlehensschuldner und dem Darlehensgläubiger diene.

1022 *Horn*, in: Staudinger, § 765, Rdn. 44.

1023 BGH, Urteil vom 06.04.2000 – IX ZR 2/98 = NJW 2000, 2580 (2580 ff.); BGH, Urteil vom 28.10.1999 – IX ZR 364/97 = NJW 2000, 658 (658 ff.); BGH, Urteil vom 15.07.1999 – IX ZR 243–98 = NJW 1999, 3195 (3195 ff.); BGH, Urteil vom 13.11.1997 – IX ZR 289/96 = NJW 1998, 450 (450 ff.); BGH, Urteil vom 13.06.1996 – IX ZR 229/95 = NJW 1996, 2369 (2369 ff.).

1024 *Horn*, in: Staudinger, § 765, Rdn. 44.

1025 BGH, Urteil vom 10.10.1957 – VII ZR 419/56 = NJW 1957, 1873 (1873).

1026 BGH, Urteil vom 29.01.1982 – V ZR 82/81 = NJW 1982, 1035 (1035 f.).

Dieser Grundgedanke wurde vom V. Zivilsenat in den temporären Geltungsbereich des AGB-Gesetzes übertragen und dahingehend erweitert, dass eine formularmäßige Sicherungszweckerklärung grundsätzlich überraschend sei, wenn sie den Sicherungszweck über den durch den Anlass des Geschäfts bestimmten Rahmen hinaus in einem nicht zu erwartenden Umfang erweitert.[1027]

b. Anlassrechtsprechung bei Bürgschaften

Die sog. „Anlassrechtsprechung“ zur weiten Zweckerklärung bei Sicherungsgrundschulden wurde erstmals vom XI. Zivilsenat des BGH in seinem Urteil vom 1. Juni 1994[1028] auf eine Bürgschaft für einen Tilgungskredit übertragen und seither dahingehend spezifiziert, dass eine weite Sicherungszweckerklärung überraschend i.S. des § 305c BGB sei, da sich ein Bürge bei einem anlassbezogenen Sicherungsgeschäft für eine bestimmte, der Höhe nach begrenzte Forderung verpflichte, weshalb er nicht mit einer anders lautenden formularvertraglich niedergelegten weiten Zweckerklärung zu rechnen brauche. Zugrunde lag dieser Rechtsprechung ebenfalls die übliche weite Zweckerklärung.

Eine solche weite Sicherungszweckerklärung soll nach dieser Rechtsprechung jedoch auch unwirksam nach § 307 BGB sein, weil sie dem in § 767 Abs. 1 S. 3 BGB niedergeschriebenen Verbot der Fremddisposition unterliege.[1029]

Diese Rechtsprechung, die in der Zwischenzeit einen gewissen Abschluss gefunden hat, wird vom XI. Zivilsenat, seit dem 1. Januar 2001 zuständig für Streitigkeiten aus Bürgschaften, noch heute fortgesetzt.[1030] Die Wirksamkeit weiter Sicherungszweckerklärungen gemessen am Maßstab der §§ 305c Abs. 1, 307 BGB gilt es deshalb im Folgenden näher darzustellen, um eine Arbeitsgrundlage für die Beurteilung der Wirksamkeit weiter Sicherungszweckerklärungen bei Bürgschaften zu schaffen.

1027 BGH, Urteil vom 20.03.2002 – IV ZR 93/01 = NJW 2002, 2710 (2710 f.); BGH, Urteil vom 30.01.2001 – XI ZR 118/00 = NJW 2001, 1417 (1419); BGH, Urteil vom 23.05.2000 – XI ZR 214/99 = NJW 2000, 2675 (2676); BGH, Urteil vom 10.11.1989 – V ZR 201/88 = NJW 1990, 576 (577); BGH, Urteil vom 18.11.1988 – V ZR 75/87 = NJW 1989, 831 (832 f.); BGH, Urteil vom 15.01.1988 – V ZR 183/86 = NJW 1988, 1375 (1377); BGH, Urteil vom 30.10.1987 – V ZR 174/85 = DNotZ 1988, 484 (485 f.); BGH, Urteil vom 20.02.1987 – V ZR 249/85 = NJW 1987, 1885 (1885); siehe hierzu auch *Nobbe*, BKR 2002, 747 (747).

1028 BGH, Urteil vom 01.06.1994 – XI ZR 133/93 = NJW 1994, 2145 (2145 ff.).

1029 Siehe BGH, Urteil vom 18.05.1995 – IX ZR 108/94 = NJW 1995, 2553 (2556); sowie zum Ganzen auch *Otten*, in: Derleder/Knops/Bamberger, Dt. und Europ. Bank- und Kapitalmarktrecht, Bd. 1, § 25, Rdn. 90.

1030 *Nobbe*, BKR 2002, 747 (747).

i. *Die weite Zweckerklärung als überraschende und unangemessen benachteiligende Klausel*

(1) Verstoß gegen § 305c Abs. 1 BGB

Zunächst kann eine weite Bürgschaftszweckerklärung gegen § 305c Abs. 1 BGB verstoßen. Nach dieser Vorschrift sind Bestimmungen in AGB unwirksam, wenn sie so ungewöhnlich sind, dass der Vertragspartner mit ihnen nicht zu rechnen braucht. Nach der aufgezeigten mittlerweile ganz herrschenden Auffassung sowohl in Rechtsprechung[1031] als auch in Literatur[1032] ist eine weite Bürgschaftszweckerklärung dann als überraschende Klausel i.S. des § 305c Abs. 1 BGB anzusehen, wenn die Bürgschaft aus Anlass eines bestimmten, der Höhe nach begrenzten Kredites oder einer bestimmten Kreditlinie (sog. Anlassverbindlichkeit oder Anlasskredit) bestellt wurde. In einem solchen Fall müsse der Bürge nämlich nicht damit rechnen, über die Anlassverbindlichkeit hinaus haften zu müssen.[1033] Vielmehr mache sich der Bürge bei Eingehung der Bürgschaft in der Regel konkrete Vorstellungen über Grund und Höhe seiner potentiellen Haftung. Anlass der Bürgschaftsbestellung sei damit regelmäßig eine oder mehrere konkrete Verbindlichkeit(en) des Hauptschuldners, weshalb der Bürge überrascht werde, wenn er später unter Berufung auf die weite Bürgschaftszweckerklärung für andere zukünftige Verbindlichkeiten in Anspruch genommen werde, die beim Gläubiger erst nach seiner Haftungsübernahme aus der Bürgschaft entstanden sind.[1034] Der Bürge brauche in einem solchen Fall nicht damit zu rechnen, dass die kreditgewährende Bank die Gelegenheit beim Schopfe packe und in der Zweckvereinbarung bestimme, dass die Bürgschaft nicht nur den Kredit sichere, dessen Sicherung Anlass für die Bestellung der Bürgschaft war, sondern darüber hinaus dazu dienen solle, auch alle künftig erst entstehenden Verbindlichkeiten des Gläubigers gegen den Hauptschuldner zu sichern.[1035]

Der Grund der Regelung des § 305c Abs. 1 BGB ist damit im vorliegenden Zusammenhang wohl darin zu sehen, den Vertragspartner des Verwenders einer weiten Zweckerklärung selbst für den Fall, dass ihm die formularmäßige Klausel nicht im Einzelnen zur Kenntnis gelangte, vor solchen Regelungsinhalten zu schützen, mit denen er nach den spezifischen Vertragsverhandlungen nicht rechnen muss. Der Sicherungsvertrag soll selbst unter Einbeziehung formularmäßiger Klauseln dem Inhalt der konkreten Vertragsverhandlungen entsprechen und keine

---

1031 Siehe oben unter § 12 I. 1. b.

1032 Statt vieler *Knops*, in: Derleder/Knops/Bamberger, Dt. und Europ. Bank- und Kapitalmarktrecht, Bd. 1, § 27, Rdn. 23.

1033 Siehe hierzu auch *Hoffmann*, in: Langenbucher/Bliesener/Spindler, Bankrechts-Kommentar, 29. Kap., Rdn. 12.

1034 Siehe zum Ganzen auch *Knops*, in: Derleder/Knops/Bamberger, Dt. und Europ. Bank- und Kapitalmarktrecht, Bd. 1, § 27, Rdn. 23.

1035 *Tiedtke*, ZIP 1994, 1237 (1240).

Abweichungen enthalten, die für den Kreditnehmer so wesentlich sind bzw. wären, dass sie, um wirksamer Bestandteil des Vertrages zu werden, als *essentialia negotii* zum Gegenstand eigener Verhandlungen hätten gemacht werden müssen.[1036]

Der überraschende Charakter formularmäßig weiter Zweckerklärungen kann darüber hinaus auch nicht dadurch in Abrede gestellt werden, dass derartige Klauseln in der Bankpraxis jahrelang weite Verbreitung fanden, d.h. in nahezu jedem Bürgschaftsvertrag zu finden waren.[1037] Das Überraschungsmoment entfällt nur dann, wenn die Bürgschaft nicht anlässlich einer bestimmten Kreditgewährung bestellt worden ist, da sich in diesem Fall die Vorstellung des Bürgen gerade nicht auf eine bestimmte Verbindlichkeit richten konnte.[1038] Dies gilt ebenfalls, wenn der Bürge ohnehin annimmt, er hafte dem Gläubiger global bzw. sich über Grund und Höhe der Haftung keine Gedanken macht.[1039] Die genannten Fälle dürften in der Praxis aber wohl eher selten vorkommen. Einzig relevant dürften die noch aufzuzeigenden Fälle einer intendierten umfänglichen Absicherung sein.[1040]

(2) Verstoß gegen § 307 BGB?

Neben § 305c Abs. 1 BGB kommt ein Verstoß weiter formularmäßiger Bürgschaftszweckerklärungen gegen § 307 BGB in Betracht. Darauf, ob eine Zweckerklärung einer Inhaltskontrolle nach § 307 BGB standhält, wird es aber überhaupt nur dann ankommen, wenn ein Verstoß gegen § 305c Abs. 1 BGB ausnahmsweise nicht vorliegt bzw. geheilt wurde.[1041] Gerade dann hat die Prüfung eines Verstoßes gegen § 307 BGB jedoch eine erhebliche Bedeutung für die Praxis, weil – wie zu zeigen sein wird[1042] – ein Verstoß gegen § 307 BGB, im Gegensatz zu einem solchen nach § 305c Abs. 1 BGB, nicht durch einen individuellen Hinweis auf die Reichweite der Zweckerklärung aufgehoben bzw. geheilt werden kann.[1043] Hierauf wird an späterer Stelle noch einzugehen sein.[1044]

(a) Eröffnung der Inhaltskontrolle

Eine Überprüfung formularmäßig weiter Zweckerklärungen anhand von § 307 BGB setzt zunächst eine Eröffnung der Inhaltskontrolle voraus. Wie § 307 Abs. 3

1036 Siehe zum Ganzen *Otten*, Sicherungsvertrag und Zweckerklärung, Rdn. 851.
1037 *Knops*, in: Derleder/Knops/Bamberger, Dt. und Europ. Bank- und Kapitalmarktrecht, Bd. 1, § 27, Rdn. 23; *Nobbe*, BKR 2002, 747 (749).
1038 BGH, Urteil vom 18.01.1996 – IX ZR 69/95 = NJW 1996, 924 (924).
1039 *Knops*, in: Derleder/Knops/Bamberger, Dt. und Europ. Bank- und Kapitalmarktrecht, Bd. 1, § 27, Rdn. 24.
1040 Siehe hierzu sogleich unten unter § 12 I. 1. b. i. (4).
1041 *Hoffmann*, in: Langenbucher/Bliesener/Spindler, Bankrechts-Kommentar, 29. Kap., § 765, Rdn. 13.
1042 Siehe unten unter § 12 I. 1. b. i. (3).
1043 *Nobbe*, BKR 2002, 747 (750).
1044 Siehe hierzu sogleich ausführlich unter § 12 I. 1. b. i. (3) und § 12 I. 1. b. i. (4).

S. 1 BGB bestimmt, sind auch Bürgschaftserklärungen im Allgemeinen bzw. Bürgschaftszweckerklärungen im Besonderen einer Klauselkontrolle gem. § 307 Abs. 1, 2 BGB zu unterziehen, wenn die von den Banken als Bürgschaftsnehmer vorformulierten Erklärungen von Rechtsvorschriften des Bürgschaftsrechts abweichen oder sie ergänzen.[1045] Eine weite Sicherungszweckerklärung stellt eine solche Abweichung bzw. Ergänzung dar.

Zwar wurde früher[1046] daraus, dass eine Bürgschaft gem. § 765 Abs. 1 BGB nicht nur für eine einzige, sondern auch für mehrere Hauptverbindlichkeiten bestellt werden kann, und zudem in § 765 Abs. 2 BGB eine Bürgschaft für zukünftige Verbindlichkeiten ausdrücklich vorgesehen ist, der Schluss gezogen, dass Globalbürgschaften gem. § 307 Abs. 3 S. 1 BGB nicht kontrollfähig seien, da die Klauseln einen Teil der Leistungsbeschreibung des Bürgen darstellten und Leistungsbeschreibungen nach herrschender Meinung[1047] im Grundsatz einer AGB-Inhaltskontrolle entzogen seien.

Daran hielt der Senat jedoch nicht fest. Zur Begründung für die Eröffnung der Inhaltskontrolle führt der BGH[1048] nunmehr aus, dass vom gesetzlichen Leitbild des § 767 Abs. 1 S. 3 BGB abgewichen werde, wenn sich jemand ohne Beschränkung für die künftigen Verbindlichkeiten eines anderen verbürge. Die weite Bürgschaftsverpflichtung beschreibe nicht lediglich eine Hauptleistungspflicht. Dies träfe nur dann zu, wenn die Zweckerklärung unteilbar wäre. Angesichts der verschiedenen Forderungen, für die hier gebürgt werde, könne davon aber nicht ausgegangen werden. Die Hauptleistung des Bürgen bestehe in der Übernahme der Bürgschaft für die Forderung, deren Sicherung den Anlass für die Eingehung der Bürgschaftsverpflichtung gebildet habe. Die Abrede, dass die Bürgschaft sich auch auf andere – bereits bestehende oder künftig noch entstehende – Verbindlichkeiten des Hauptschuldners erstrecke, stelle eine formularmäßig getroffene Nebenabrede dar, welche die Hauptverpflichtung des Bürgen erweitere. Ob die Haupt- und die Nebenverpflichtung in dem Bürgschaftsvertrag zusammengefasst oder getrennt ausgewiesen werden, sei dabei rein zufällig. Davon dürfe nicht abhängen, ob eine Inhaltskontrolle zulässig sei oder nicht.

Unberücksichtigt blieb bei der vormals vertretenen Auffassung zudem auch, dass es ein wesentlicher Grundgedanke des Bürgschaftsrechts ist, dass für die Festlegung des Umfangs der Einstandspflicht des Bürgen derjenige Zeitpunkt

---

1045 *Bülow*, Recht der Kreditsicherheiten, Rdn. 913.

1046 So die höchstrichterliche Rechtsprechung bis 1995; siehe etwa BGH, Urteil vom 06.12.1984 – IX ZR 115/83 = NJW 1985, 848 (848 ff.); siehe zum Ganzen auch *Bülow*, Recht der Kreditsicherheiten, Rdn. 913; *Horn*, in: Staudinger, § 765, Rdn. 49.

1047 Siehe etwa BGH, Urteil vom 06.02.1985 – VIII ZR 61/84 = NJW 1985, 3013 (3013); *Pfeiffer*, in: Wolf/Lindacher/Pfeiffer, AGB-Recht, § 307, Rdn. 292 ff.

1048 Siehe zur neueren Rechtsprechung des BGH, wonach von einer Eröffnung der Inhaltskontrolle auszugehen ist, etwa BGH, Urteil vom 18.05.1995 – IX ZR 108/94 = NJW 1995, 2553 (2556).

maßgeblich ist, zu dem der Bürgschaftsvertrag geschlossen wurde.[1049] Die Einstandspflicht des Bürgen wird durch nachträgliche Rechtsgeschäfte des Hauptschuldners mit dem Bürgschaftsnehmer gem. § 767 Abs. 1 S. 3 BGB nicht erweitert. Eine Fremddisposition soll so verhindert werden. Eine weite Bürgschaftszweckerklärung, die die Einstandspflicht des Bürgen auf alle zukünftig entstehenden Forderungen aus der geschäftsmäßigen Verbindung erweitert, weicht deshalb – wie noch ausführlich zu zeigen sein wird – von der Vorschrift des § 767 Abs. 1 S. 3 BGB ab und ist auch deshalb gem. § 307 Abs. 1 S. 3 BGB einer Inhaltskontrolle zugänglich.[1050]

(b) Vorliegen einer unangemessenen Benachteiligung

Nachdem die Inhaltskontrolle aus § 307 Abs. 3 S. 1 BGB demnach eröffnet ist, gilt es in einem nächsten Schritt zu untersuchen, ob bzw. unter welchen Voraussetzungen der Bürge entgegen den Geboten von Treu und Glauben unangemessen benachteiligt wird, wenn seine Einstandspflicht über den Anlass seiner Verbürgung hinaus erweitert wird.

(i) Rechtsprechung

Was die Frage nach der Wirksamkeit der Erweiterung einer Haftung aus einer formularmäßigen Bürgschaftszweckerklärung auf alle künftigen Verbindlichkeiten anbelangt, vertritt der BGH inzwischen einen strengen Standpunkt und hält die weite Zweckerklärung – zusätzlich zu § 305c Abs. 1 BGB – für eine unangemessene Benachteiligung.[1051] Dem Bürgen werde nämlich bezüglich zukünftiger Forderungen ein „unkalkulierbares Risiko“ aufgebürdet, denn er könne die nur noch vom Bürgschaftsnehmer und Hauptschuldner abhängige Entwicklung des Haftungsumfangs nicht beeinflussen. Vermag der Bürge nachträgliche Vertragserweiterungen oder die Entstehung neuer Verbindlichkeiten nicht zu verhindern, würde durch die Ausdehnung der Haftung auf alle künftigen Forderungen des Sicherungsnehmers das aus § 767 Abs. 1 S. 3 BGB folgende Verbot der Fremddisposition im wirtschaftlichen Ergebnis umgangen werden. Die formularmäßige Ausdehnung der Bürgenhaftung über die Forderung hinaus, die Anlass der Verbürgung war, auf alle künftigen Verbindlichkeiten des Hauptschuldners sei deshalb mit der gesetzlichen Leitentscheidung des § 767 Abs. 1 S. 3 BGB nicht zu vereinbaren (§ 307 Abs. 2 Nr. 1

1049 Siehe hierzu bereits oben unter § 5 III. 2. a. iii. (2).

1050 Siehe zum Ganzen *Bülow*, Recht der Kreditsicherheiten, Rdn. 913; *Habersack*, in: MüKoBGB, § 765, Rdn. 73; *Horn*, in: Staudinger, § 765, Rdn. 49.

1051 BGH, Urteil vom 15.07.1999 – IX ZR 243–98 = NJW 1999, 3195 (3195); BGH, Urteil vom 13.11.1997 – IX ZR 289/96 = NJW 1998, 450 (451); BGH, Urteil vom 18.01.1996 – IX ZR 69/95 = NJW 1996, 924 (924); BGH, Urteil vom 18.05.1995 – IX ZR 108/94 = NJW 1995, 2553 (2556) (unter Aufgabe der bisherigen abweichenden Rechtsprechung).

BGB); zugleich schränke sie wesentliche Rechte des Bürgen, die sich aus der Natur des Vertrages ergeben, so ein, dass die Erreichung des Vertragszwecks gefährdet sei (§ 307 Abs. 2 Nr. 2 BGB).[1052] Aus beiden Gründen sei deshalb eine unangemessene Benachteiligung des Bürgen anzunehmen.[1053]

Da der Sicherungszweck bei § 307 BGB – anders als bei § 305c Abs. 1 BGB[1054] – rein objektiv zu bestimmen ist[1055], zeigt sich vorstehendes Ergebnis auch unabhängig davon, welche subjektiven Vorstellungen der Bürge sich über die Anlassverbindlichkeit gemacht oder ob er die Bürgschaft überhaupt aus einem bestimmten Anlass übernommen hat.[1056] Auch wenn die Frage, wie sich der objektive Anlass konkret bestimmen lässt, erst an späterer Stelle behandelt werden soll, lässt sich hier bereits generalisierend feststellen, dass Bürgen, denen formularmäßig die Haftung für andere Forderungen auferlegt wird als jene, die objektiv ihre Verbürgung veranlasst haben, in der Regel unangemessen benachteiligt werden.[1057] In diesem zweiten Schritt – der Annahme eines Verstoßes gegen § 307 BGB neben einem solchen aus § 305c Abs. 2 BGB – liegt deshalb auch die eigentliche Bedeutung der Übertragung der „Anlassrechtsprechung“ zur Sicherungsgrundschuld auf das Bürgschaftsrecht, da es hier nun auf die konkreten Vorstellungen des Bürgen bei Unterzeichnung der formularmäßigen weiten Bürgschaftszweckerklärung nicht mehr ankommt.[1058]

§ 307 BGB schließt damit zwar nicht – wie man zunächst annehmen könnte – generell aus, dass eine formularmäßig auf alle Forderungen aus einer Geschäftsverbindung bezogene Bürgschaft auch zukünftige Verbindlichkeiten wirksam erfasst.[1059] Zukünftig entstehende Forderungen lassen sich danach aber nur in engen Grenzen formularmäßig in die Bürgschaft einbeziehen.[1060] Insoweit ist es nach höchstrichterlicher Rechtsprechung erforderlich, dass „der Kreis der Hauptschulden, auf die sich (...) [die] Verpflichtung [des Bürgen] bezieht, nach Grund

1052 Ein Verstoß gegen § 307 Abs. 2 Nr. 2 BGB liegt also deshalb vor, weil bei der Bürgschaft das Verbot der Fremddisposition aus § 767 Abs. 1 S. 3 BGB vertragswesentlich ist.

1053 So etwa BGH, Urteil vom 15.07.1999 – IX ZR 243–98 = NJW 1999, 3195 (3195); BGH, Urteil vom 18.05.1995 – IX ZR 108/94 = NJW 1995, 2553 (2556).

1054 Siehe dazu oben unter § 12 I. 1. b. i. (1).

1055 So etwa BGH, Urteil vom 15.07.1999 – IX ZR 243–98 = NJW 1999, 3195 (3196).

1056 BGH, Urteil vom 15.07.1999 – IX ZR 243–98 = NJW 1999, 3195 (3196); BGH, Urteil vom 18.01.1996 – IX ZR 69/9 = NJW 1996, 924 (924); BGH, Urteil vom 18.05.1995 – IX ZR 108/94 = NJW 1995, 2553 (2556).

1057 So etwa BGH, Urteil vom 13.11.1997 – IX ZR 289/96 = NJW 1998, 450 (451).

1058 Siehe dazu, dass nach der „Anlassrechtsprechung“ zur Sicherungsgrundschuld bei weiten Sicherungszweckerklärungen lediglich von einem Verstoß gegen § 305c Abs. 1 BGB ausgegangen wird, bereits oben unter § 12 I. 1. a. sowie ausführlich auch unten unter § 12 III.

1059 BGH, Urteil vom 13.06.1996 – IX ZR 229/95 = NJW 1996, 2369 (2370).

1060 *Hoffmann*, in: Langenbucher/Bliesener/Spindler, Bankrechts-Kommentar, 29. Kap., Rdn. 13; *Nobbe*, BKR 2002, 747 (752).

und Umfang von Anfang an klar und übersichtlich abgesteckt ist. Der Bürge muß aufgrund der Erklärungen der Bank oder aus eigener Kenntnis wissen, welche nach Gegenstand und Grund individualisierten Forderungen in die Haftung einbezogen werden sollen, damit er genau erkennen kann, welches Risiko er in dieser Hinsicht auf sich nimmt".[1061] Was dies für den vorliegenden Untersuchungsgegenstand konkret bedeutet, gilt es im Folgenden noch genauer darzustellen.[1062]

(ii) Literaturansicht

Die Anlassrechtsprechung zur Bürgschaft fand im Ergebnis auch in der Literatur Zustimmung.[1063] Inhaltlich wurde jedoch teilweise Kritik hinsichtlich des Begründungsansatzes, nämlich des Abstellens auf das in § 767 Abs. 1 S. 3 BGB verkörperte Leitbild des Verbots der Fremddisposition, laut.[1064] So wurde vereinzelt[1065] etwa kritisiert, dass sich der Grundsatz, wonach die Verpflichtung des Bürgen durch ein Rechtsgeschäft, welches der Hauptschuldner nach Übernahme der Bürgschaft mit dem Gläubiger vornimmt, nicht erweitert werden dürfe, bereits aus der strengen Akzessorietät der Bürgschaft selbst ergebe und § 767 Abs. 1 S. 3 BGB insoweit lediglich einen klarstellenden Charakter habe. Eine weite Sicherungsabrede benachteilige den Bürger indes auch dann unangemessen, wenn § 767 Abs. 1 S. 3 BGB bei der Prüfung der Tatbestandsvoraussetzungen des § 307 BGB nicht herangezogen würde, da die seitens des Bürgen übernommene unbegrenzte Haftung unkalkulierbar und uferlos wäre. Da dies aber, wie gesagt, nichts am Ergebnis, nämlich am Vorliegen eines Verstoßes gegen § 307 BGB, ändert, kann ein Streitentscheid an dieser Stelle dahinstehen. Entscheidend wird hierauf aber noch an späterer Stelle einzugehen sein.[1066]

(c) Stellungnahme – Bedeutung für einen Wandel der Hauptschuld

Dem Bürgen wird mit der weiten, „überschießenden" Zweckerklärung ein unkalkulierbares Risiko aufgebürdet, denn er kann die Entstehung und ordnungsgemäße Tilgung neuer Verbindlichkeiten des Kreditnehmers und Hauptschuldners nicht

---

1061 BGH, Urteil vom 13.06.1996 – IX ZR 229/95 = NJW 1996, 2369 (2370); siehe hierzu auch BGH, Urteil vom 02.07.1998 – IX ZR 255–97 = NJW 1998, 2815 (2816): „Eine Haftung für zukünftige Ansprüche kann formularmäßig nur begründet werden, soweit der Bürge bei Erteilung der Bürgschaft weiß, aus welchem Grunde und bis zu welcher Höhe solche Forderungen entstehen werden."

1062 Siehe unten unter § 12 I. 1. b. i. (2) (c).

1063 Siehe etwa *Habersack*, in: MüKoBGB, § 765, Rdn. 73; *Horn*, in: Staudinger, § 765, Rdn. 49; *Otten*, in: Derleder/Knops/Bamberger, Dt. und Europ. Bank- und Kapitalmarktrecht, Bd. 1, § 25, Rdn. 93.

1064 *Otten*, in: Derleder/Knops/Bamberger, Dt. und Europ. Bank- und Kapitalmarktrecht, Bd. 1, § 25, Rdn. 93.

1065 So etwa *Tiedtke*, JZ 1998, 732 (733).

1066 Siehe hierzu unten bei § 12 III.

beeinflussen. Hätte er dafür einzustehen, könnte sich seine Haftung schlimmstenfalls auf ein Vielfaches dessen belaufen, womit er ursprünglich gerechnet hat.[1067] Vor diesen Folgen soll der Bürge bewahrt werden.

Nach den Anforderungen der Rechtsprechung des BGH schließt § 307 BGB, wie bereits aufgezeigt, aber nicht generell aus, dass eine formularmäßig weite Bürgschaftszweckerklärung auch erst zukünftig, d.h. nach dem Zeitpunkt der Sicherheitenbestellung, entstehende Verbindlichkeiten wirksam erfasst. Das berechtigte Interesse des Bürgen, nicht für Forderungen einstehen zu müssen, deren Inhalt und Umfang er bei Erteilung seiner Willenserklärung nicht absehen kann, wird bei der Einbeziehung zukünftiger Verbindlichkeiten aber nur dann gewahrt sein, wenn der Kreis der Hauptschulden, auf die sich seine Verpflichtung bezieht, nach Grund und Umfang schon bei Vertragsschluss hinreichend abgesteckt ist. Der Bürge muss aufgrund der Erklärungen der Bank oder aus eigener Kenntnis wissen, welche nach Gegenstand und Grund individualisierten Forderungen in die Haftung einbezogen werden sollen, damit er genau erkennen kann, worauf sich seine Haftung erstrecken soll.[1068]

Soweit der Bürge bei Erteilung seiner Bürgschaft nicht weiß, aus welchem Grund und bis zu welcher Höhe zukünftige Forderungen entstehen werden, wird sich eine Haftung für solche Verbindlichkeiten formularmäßig wohl kaum begründen lassen.[1069]

(i) Konkretisierung am Beispiel der Zulässigkeit der formularmäßigen Haftung für Kreditprolongationen

Nach den vorstehenden Ausführungen ist deshalb fraglich, ob einer formularmäßigen weiten Bürgschaftszweckerklärung überhaupt noch eine praktische Relevanz zuzusprechen ist.[1070] Insoweit scheint – auch laut einiger Stimmen in der Literatur[1071] – aber wohl die formularmäßige Haftungserstreckung auf Prolongationskredite, durch die individualisiert bezeichnete Forderungen zukünftig abgelöst werden sollen, ein prominentes Beispiel darzustellen.

Was die betreffenden Autoren diesbezüglich an Begründungsansätzen weitestgehend vermissen lassen, liefert der BGH in seinem Urteil vom 15.07.1999[1072].

1067 BGH, Urteil vom 18.05.1995 – IX ZR 108/94 = NJW 1995, 2553 (2556).

1068 Siehe hierzu bereits oben unter § 12 I. 1. b. i. (2) (b) (i) sowie etwa auch BGH, Urteil vom 13.06.1996 – IX ZR 229/95 = NJW 1996, 2369 (2370).

1069 BGH, Urteil vom 02.07.1998 – IX ZR 255–97 = NJW 1998, 2815 (2816); siehe hierzu auch *Knops*, in: Derleder/Knops/Bamberger, Dt. und Europ. Bank- und Kapitalmarktrecht, Bd. 1, § 27, Rdn. 26.

1070 So auch *Hoffmann*, in: Langenbucher/Bliesener/Spindler, Bankrechts-Kommentar, 29. Kap., Rdn. 13.

1071 Siehe etwa *Hoffmann*, in: Langenbucher/Bliesener/Spindler, Bankrechts-Kommentar, 29. Kap., Rdn. 13; *Nobbe*, BKR 2002, 747 (752).

1072 BGH, Urteil vom 15.07.1999 – IX ZR 243 – 98 = NJW 1999, 3195 (3196).

Konkretisierend wird in diesem Urteil ausgeführt, dass es grundsätzlich möglich sei, eine formularmäßige Bürgschaft auf eine Prolongation zu erstrecken, wenn beide Kreditvertragsparteien von vornherein die Absicht hatten, den verbürgten Kredit nach Laufzeitende entsprechend seinem Umfang und Zweck unverändert für einen oder mehrere weitere entsprechende Zeiträume zu prolongieren.[1073] Damit dürften allgemein insbesondere die Fälle gemeint sein, in denen die Laufzeit eines Kredites von den Kreditvertragsparteien aus Zins- und sonstigen Kostengründen zunächst nur kurzfristig vereinbart wurde, der Kredit aus ökonomischer Sicht jedoch mittel- oder langfristig angelegt ist.[1074] Vom BGH[1075] wurden hierfür exemplarisch Kredite angeführt, die zur Vermeidung einer Kapitalunterlegung nach den vom Bundesaufsichtsamt noch zum alten Kapitalunterlegungsrecht erlassenen Grundsätzen für das Kreditwesen von Banken nur mit einer Laufzeit von bis zu einem Jahr gewährt wurden.[1076] Bei jenen Krediten hätten die Kreditvertragsparteien eben häufig nur deshalb eine Laufzeit von bis zu einem Jahr vereinbart, weil nach den damaligen Grundsätzen Kreditzusagen mit einer Bindungszeit von nicht mehr als einem Jahr bei der Bemessung, in welchem Umfang die Kreditinstitute haftendes Eigenkapital bereitstellen mussten, unberücksichtigt blieben und entsprechende Kredite deshalb zinsgünstiger gewährt werden konnten. Die Vertragsparteien seien sich dabei jedoch von vornherein einig gewesen, den Vertrag in Zukunft mehrfach um dieselbe Zeit zu verlängern, also mehrere hintereinander geschaltete Jahresverträge abzuschließen. Zwar würden auch in einem solchen Fall Prolongationen aus der Sicht bei Erteilung der Bürgschaft lediglich zukünftige Forderungen begründen. Deren Inhalt sei in diesem Falle jedoch nach Grund und Umfang von vorneherein genau abgesteckt und das Bürgenrisiko damit gegenständlich eindeutig beschrieben.

Obwohl es sich bei Prolongationen formal gesehen möglicherweise auch in einem solchen Fall um eine neue Kreditgewährung handelt[1077], werden unter solchen Voraussetzungen zukünftige Ansprüche mithin wirksam formularmäßig verbürgt werden können. Eine Prolongation wird bestehende Sicherheiten also jedenfalls dann unberührt lassen, wenn sich die Kreditvertragsparteien von vornherein darin einig waren, den Kredit jeweils periodisch zu verlängern, und die Grundlage für die Prolongation somit bereits im Ursprungsvertrag gelegt wurde.[1078]

1073 So auch BGH, Urteil vom 08.11.2001 – IX ZR 46/99 = NJW-RR 2002, 1130 (1131); siehe hierzu auch *Fischer*, WM 1998, 1705 (1711); *Nobbe*, BKR 2002, 747 (752).

1074 *Lwowski*, in: Schimansky/Bunte/Lwowski, Bankrechts-Handbuch, Anh. zu § 91, Rdn. 5.

1075 BGH, Urteil vom 15.07.1999 – IX ZR 243 – 98 = NJW 1999, 3195 (3196).

1076 Siehe hierzu auch *Fischer*, in: Schimansky/Bunte/Lwowski, Bankrechts-Handbuch, § 129, Rdn. 28 ff.

1077 Siehe hierzu ausführlich unten unter § 16 III. 2.

1078 BGH, Urteil vom 07.10.2002 – II ZR 74/00 = NJW 2003, 61 (62).

Zusammenfassend lässt sich damit festhalten, dass bei einer formularmäßigen weiten Bürgschaftszweckerklärung die Haftung nur dann zulässigerweise auf Kreditprolongationen als zukünftige Verbindlichkeiten erstreckt wird, wenn dies bereits im Zeitpunkt der Sicherheitenbestellung bzw. der Haftungsübernahme von den Kreditvertragsparteien in Betracht gezogen worden war und der Bürge aufgrund einer Erklärung der kreditgebenden Bank oder aus eigener Kenntnis davon weiß bzw. eine dahingehende Vertragsgestaltung für ihn ersichtlich war.[1079] Die bereits im Zeitpunkt der Verbürgung angelegte spätere Prolongation dürfte dann nämlich mit zum Anlass der Verbürgung gerechnet werden.[1080] Dass formularmäßige weite

---

1079 Ob die kreditgebende Bank die Kenntnis dieser Tatsachen etwa dadurch herbeiführen kann, dass sie dem Bürgen den Kreditvertrag mit dem Hauptschuldner zur Kenntnis reicht, bleibt bereits deshalb zweifelhaft, weil eine Prolongationsmöglichkeit von den Banken in der Regel nicht in den Kreditvertrag aufgenommen wird, um nicht den Anschein zu erwecken, dem Kreditnehmer stehe ein Anspruch auf Prolongation zu (*Ganter*, in: Schimansky/Bunte/Lwowski, Bankrechts-Handbuch, § 90, Rdn. 103; *Lwowski*, in: Schimansky/Bunte/Lwowski, Bankrechts-Handbuch, Anh. zu § 91, Rdn. 2; *Samhat*, WM 2016, 962 (965)). In Anbetracht dessen sollte die Bank bei der Bürgschaftsbestellung darauf achten, dass beim Bürgen nicht der Eindruck entsteht, dass die Laufzeit des Kredites zeitlich abschließend, etwa auf ein Jahr, beschränkt sei (*Samhat*, WM 2016, 962 (965); *Fischer*, WM 1998, 1705 (1711) sowie *Lwowski*, in: Schimansky/Bunte/Lwowski, Bankrechts-Handbuch, Anh. zu § 91, Rdn. 2, der zugleich die Aufnahme folgender Einverständniserklärung in das Bürgschaftsformular vorschlägt: „Handelt es sich bei der gesicherten Forderung um einen auf zunächst höchstens ein Jahr befristeten Kontokorrentkredit, der periodisch verlängert werden kann, so bleibt die Bürgschaft im Falle der Verlängerung des Kredits bestehen, sofern dessen Zweck nicht geändert wird“). Sofern sich aus dem konkreten Verwendungszweck des verbürgten Kredites oder den sonstigen, dem Bürgen zur Kenntnis gelangten Begleitumständen ergibt, dass die originär vereinbarte Laufzeit des Kredites den Zeitraum der tatsächlichen Finanzierung nicht abdeckt, dürfte zwar auch der Bürge davon ausgehen müssen, dass eine Prolongation bei Übernahme der Bürgschaft von den Kreditvertragsparteien von Anfang an ins Auge gefasst worden war (*Rösler/Fischer*, BKR 2006, 50 (55)). Zu empfehlen wäre aber dennoch eine – zu Beweiszwecken dokumentierte – Aufklärung des Bürgen, bei der dieser zugleich bestätigt, dass ihm die Möglichkeit zur Verlängerung des besicherten Kredits bekannt ist (*Samhat*, WM 2016, 962 (965)).

1080 *Ganter*, WM 1996, 1705 (1716). – Sofern aus der Vertragsgestaltung oder aufgrund tatsächlicher Kenntnis für den Bürgen ersichtlich war, dass seine auf den Anlass beschränkte Haftung auch einen etwaigen Prolongationskredit erfassen soll, ist es nach Ansicht des BGH, Urteil vom 08.11.2001 – IX ZR 46/99 = NJW-RR 2002, 1130 (1132) rechtlich auch unerheblich, ob der Bürge von der tatsächlichen Prolongation auch Kenntnis erlangt hat. Wenn sich die Bürgschaft von vornherein auf eine Kreditverlängerung erstrecke, müsse der Bürge von einer solchen nämlich ausgehen, solange er keine Nachricht erhalte, dass der Kredit endgültig getilgt worden sei. Ein Kredit kann gemäß der von vornherein vorgesehenen Verlängerungsmöglichkeit demnach auch stillschweigend prolongiert werden (BGH, Urteil vom

Bürgschaftszweckerklärungen, wie zuvor festgestellt, im Grunde unwirksam sind, ändert daran nichts, da die Verpflichtung des Bürgen auch im Falle ihrer Unwirksamkeit – wie noch zu zeigen sein wird – für diejenigen Forderungen bestehen bleibt, die den Anlass zur Übernahme der Haftung gebildet haben.[1081] Hingegen dürfte einer Prolongation die Anlasskonformität eher abzusprechen bzw. die formularmäßige weite Haftung eher kritisch zu beurteilen sein, wenn eine Prolongation von den Beteiligten nicht von Anfang an ins Auge gefasst worden war.[1082] Der BGH[1083] stellt diesbezüglich klar, dass der Bürge bei Begründung neuer Verbindlichkeiten, die bei Erteilung der Bürgschaft noch nicht bestanden haben und damals auch nicht als zukünftige Rechtsgeschäfte in die Verhandlungen, welche der Kreditgewährung vorausgingen, einbezogen wurden, nicht schon deshalb hafte, weil die neuen Vereinbarungen, abgesehen von der Laufzeit, inhaltlich mit den Erstverträgen identisch seien. Um eine Prolongation als verbürgt anzusehen, werden demnach strenge Anforderungen an die Voraussehbarkeit von Inhalt und Umfang gestellt.[1084] Die formularmäßige Haftung des Bürgen für Kreditprolongationen kommt deshalb auch nur dann in Betracht, wenn Inhalt und Zweck des originär besicherten Kredites unverändert bleiben.[1085]

(ii) Aus den Anforderungen an Prolongationskredite abzuleitender generalisierender Maßstab

Bei den zuvor aufgezeigten Prolongationskrediten – d.h. bei Krediten, bei denen die Vertragslaufzeit aus Zins- und sonstigen Kostengründen zunächst nur kurzfristig, etwa auf ein Jahr beschränkt, vereinbart wird, die aus ökonomischer Sicht jedoch mittel- oder langfristig angelegt sind – handelt es sich im Grunde nur um ein Beispiel für die grundsätzliche Zulässigkeit der formularmäßigen Besicherung künftiger Forderungen bzw. Kredite, wenn diese im Zeitpunkt der Bürgschaftsübernahme ausreichend „bestimmt“ sind.[1086] Der formularmäßigen Verbürgung für

---

08.11.2001 – IX ZR 46/99 = NJW-RR 2002, 1130 (1132); so auch *Fischer*, WM 1998, 1705 (1711); *ders.*, WM 2001, 1049 (1053)).

1081 Siehe hierzu unten unter § 16.

1082 BGH, Urteil vom 07.10.2002 – II ZR 74/00 = NJW 2003, 61 (62); BGH, Urteil vom 15.07.1999 – IX ZR 243–98 = NJW 1999, 3195 (3196); *Fischer*, WM 1998, 1705 (1711).

1083 BGH, Urteil vom 15.07.1999 – IX ZR 243 – 98 = NJW 1999, 3195 (3196).

1084 *Lwowski*, in: Schimansky/Bunte/Lwowski, Bankrechts-Handbuch, Anh. zu § 91, Rdn. 2.

1085 Siehe zum Ganzen *Bales*, BKR 2004, 264 (268); *Fischer*, WM 1998, 1705 (1711). – Wurde der Kredit zeitlich begrenzt etwa zur Finanzierung einer konkret bezeichneten Investition gewährt, kann er deshalb nicht zum Nachteil des Bürgen für eine von der konkreten Finanzierung abweichende Maßnahme oder als allgemeiner Geschäftskredit weitergeführt werden.

1086 *Lwowski*, in: Schimansky/Bunte/Lwowski, Bankrechts-Handbuch, Anh. zu § 91, Rdn. 5; *Wagenknecht/Piekenbrock*, in: Hellner/Steuer, Bankrecht und Bankpraxis, Rdn. 4/1061b.

künftige Forderungen wird somit vom BGH nicht für alle Fälle die Wirksamkeit versagt.

Insoweit zeigt sich, dass ein künftiges Sicherungsbedürfnis durchaus Bestandteil des Sicherheitenvertrages und ausnahmsweise noch zum Anlass einer – wie noch zu zeigen sein wird[1087] – insoweit wirksamen formularmäßig bestellten Bürgschaft zu rechnen sein kann.[1088] Vorausgesetzt wird lediglich, dass die künftigen Forderungen bereits im Zeitpunkt der Bürgschaftsübernahme nach Grund und Umfang genau abgesteckt sind und das Bürgenrisiko sich damit gegenständlich eindeutig beschreiben lässt. Voraussetzung für eine Weiterhaftung des Bürgen ist zudem, dass diese Vertragsgestaltung für den Bürgen bei der Übernahme der Bürgschaft ersichtlich war oder er in sonstiger Weise davon Kenntnis erlangte.[1089]

Es lässt sich damit der allgemeine Grundsatz formulieren, dass auch künftige Forderungen Anlasskredit sein können, sofern Entstehungsgrund und Umfang im Zeitpunkt der Bürgschaftsübernahme bekannt sind.[1090]

Ansonsten sind Verbindlichkeiten, die nach dem Zeitpunkt der Sicherheitenbestellung entstehen, von einer formularmäßig vereinbarten weiten Bürgschaftszweckerklärung grundsätzlich nicht erfasst. Dies gilt – dem mit § 307 BGB sowie § 767 Abs. 1 S. 3 BGB intendierten Bürgenschutz folgend – jedenfalls insoweit, als mit etwaigen nachträglichen Änderungen der Hauptschuld bzw. des Anlasskredites, die – auch im Hinblick auf den Umfang – nicht von Anfang an von den Beteiligten beabsichtigt worden sind, das Haftungsrisiko des Bürgen über das bei Abschluss des Bürgschaftsvertrages erkennbare Maß verschärft wird.

Diese hier festgehaltenen Grundsätze gilt es bei der folgenden Betrachtungsweise stets zugrunde zu legen.

(3) „Heilung“ durch individuellen Hinweis?

(a) Ausschaltung des überraschenden Charakters

Wie zuvor aufgezeigt, sind weite Bürgschaftszweckerklärungen, wonach der Bürge neben der Anlassverbindlichkeit auch für alle künftigen Forderungen aus der Geschäftsverbindung zwischen den Kreditvertragsparteien haften soll, grundsätzlich so ungewöhnlich, dass der Bürge mit einer Haftungserweiterung nicht zu rechnen braucht.[1091] Der überraschende Charakter einer weiten Bürgschaftszweckerklärung lässt sich ausnahmsweise jedoch dadurch ausräumen, dass die kreditgewährende Bank im Rahmen der Verhandlungen vor Übernahme der Bürgschaft

---

1087 Siehe hierzu unten unter § 16.

1088 *Rohe*, in: Bamberger/Roth/Hau/Poseck, BeckOK BGB, § 765, Rdn. 35.

1089 Siehe zum Ganzen auch *Wagenknecht/Piekenbrock*, in: Hellner/Steuer, Bankrecht und Bankpraxis, Rdn. 4/1061b.

1090 So auch *Habersack*, in: MüKoBGB; § 765, Rdn. 76.

1091 Siehe hierzu oben unter § 12 I. 1. b. i. (1).

auf die Möglichkeit der Erweiterung des Sicherungszwecks besonders hinweist.[1092] Wird der Bürge auf die Reichweite des Bürgschaftsumfangs seitens des Kreditgläubigers hingewiesen, wird sein Vertrauen darauf, lediglich für die Anlassverbindlichkeit haften zu müssen, nämlich regelmäßig zerstört.[1093] Die Anforderungen, die an einen solchen „heilenden" Hinweis zu stellen sind, sind jedoch streng.

Der BGH lässt insoweit eine zusätzliche, vom Bürgen unterzeichnete Formularerklärung, die auf den weiten Sicherungszweck hinweist, nicht ausreichen.[1094] Auch gegenüber dem Normaldruck stärkere Drucktypen, d.h. sich vom sonstigen Schriftbild abhebende Hinweise, werden wohl in der Regel allein nicht genügen, um den Bürgen hinreichend über die vom Klauselverwender angestrebte Haftungserweiterung ins Bilde zu setzen.[1095] Zwar hat der BGH die Frage nach der Entbehrlichkeit eines individuellen Hinweises bei besonders auffälliger drucktechnischer Hervorhebung der Haftung für alle künftigen Verbindlichkeiten des Hauptschuldners offen gelassen; da auch eine derart gestaltete Klausel oftmals aber keine Gewähr dafür bieten wird, dass sie der Bürge zur Kenntnis nimmt, wird die Entbehrlichkeit hier jedoch grundsätzlich zu verneinen sein.[1096]

Im Ergebnis verstößt die Einbeziehung von Verbindlichkeiten über den Anlasskredit hinaus damit nur dann nicht gegen § 305c Abs. 1 BGB, wenn die Bank dem Bürgen einen individuellen Hinweis erteilt, der sicher stellt, dass dieser sich der vollen Tragweite seiner Erklärung, d.h. in welchem „überschießenden" Maße er sich verpflichtet, bewusst wird.[1097] Zweifelsfrei wird vom Vorliegen eines individuellen Hinweises nur dann ausgegangen werden können, wenn er mündlich erfolgt ist.[1098] Macht die Bank geltend, sie habe im Rahmen der Vertragsverhandlungen ausdrücklich einen bestimmten Haftungsumfang angesprochen, trägt sie für den individuellen Hinweis auf die Reichweite der Bürgschaft die Beweislast.[1099] Zu Beweiszwecken sollte der (individuelle mündliche) Hinweis deshalb schriftlich bestätigt werden. In diesem Zusammenhang wird die Frage, ob eine besonders unterschriebene Bestätigung im Bürgschaftsvertrag zum Zwecke der

---

1092 BGH, Urteil vom 01.06.1994 – XI ZR 133/93 = NJW 1994, 2145 (2146).

1093 *Knops*, in: Derleder/Knops/Bamberger, Dt. und Europ. Bank- und Kapitalmarktrecht, Bd. 1, § 27, Rdn. 24; *Rösler/Fischer*, BKR 2006, 50 (52).

1094 BGH, Urteil vom 04.10.1995 – XI ZR 215/94 = NJW 1996, 191 (191); *Knops*, in: Derleder/Knops/Bamberger, Dt. und Europ. Bank- und Kapitalmarktrecht, Bd. 1, § 27, Rdn. 24; *Nobbe*, BKR 2002, 747 (750).

1095 *Knops*, in: Derleder/Knops/Bamberger, Dt. und Europ. Bank- und Kapitalmarktrecht, Bd. 1, § 27, Rdn. 24.

1096 *Nobbe*, BKR 2002, 747 (750) mit Verweis auf BGH, Urteil vom 01.06.1994 – XI ZR 133/93 = NJW 1994, 2145 (2145); anders etwa *Brünink*, in: Lwowski/Fischer/Gehrlein, Das Recht der Kreditsicherung, § 3, Rdn. 18.

1097 BGH, Urteil vom 04.10.1995 – XI ZR 215/94 = NJW 1996, 191 (191).

1098 So auch *Ganter*, WM 1998, 1705 (1716).

1099 BGH, Urteil vom 01.06.1994 – XI ZR 133/93 = NJW 1994, 2145 (2146); BGH, Urteil vom 10.11.1989 – V ZR 201/88 = NJW 1990, 576 (576).

Beweisführung ausreicht, wohl eher skeptisch zu beurteilen sein. Würde man dies ausreichen lassen, könnte man wohl kaum noch rechtfertigen, weshalb – wie oben dargelegt – die Unterschrift unter eine zusätzliche Formularerklärung, die auf die weite Zweckerklärung hinweist, zur Beseitigung des überraschenden Charakters der Zweckerklärung nicht ausreichen soll.[1100]

Obwohl damit grundsätzlich feststeht, dass eine Überraschung entfällt, wenn der Bürge im Rahmen der Verhandlungen auf die Reichweite seiner Haftung gesondert, nachweisbar und nicht formularmäßig hingewiesen worden ist, finden sich in der Rechtsprechung kaum Beispiele für einen ausreichenden Hinweis. Fast immer wird angenommen, dass der Hinweis nicht ausreichend oder nicht erfolgt ist.[1101] Das formelle Instrumentarium eines individuellen Hinweises erweist sich damit zur Ausräumung des überraschenden Charakters im Ergebnis eher als „stumpfes Schwert".

(b) Ausschaltung der unangemessenen Benachteiligung

Wie bereits dargelegt, ist der Sicherungszweck bei § 307 BGB – anders als bei § 305c Abs. 1 BGB – objektiv zu bestimmen, weshalb es für eine unangemessene Benachteiligung auf die konkreten Vorstellungen des Bürgen bei Unterzeichnung der formularmäßigen weiten Sicherungszweckerklärung in der Regel nicht ankommt.[1102] Dies hat erhebliche praktische Bedeutung, weil ein Verstoß gegen § 307 BGB – im Gegensatz zu einem solchen gegen § 305c BGB – damit nicht durch einen individuellen Hinweis auf die Reichweite der Zweckerklärung ausgeräumt werden kann.[1103] Die Möglichkeit, eine weite formularmäßige Bürgschaftszweckerklärung durch Aufklärung „zu retten" entfällt damit grundsätzlich.[1104]

Abzugrenzen ist die fehlende Möglichkeit zur Heilung einer weiten Sicherungszweckerklärung durch individuellen Hinweis aber freilich von der Möglichkeit, ein künftiges Sicherungsbedürfnis dadurch wirksam zum Bestandteil des Sicherungsvertrages werden zu lassen, dass der Kreis jener zukünftigen Verbindlichkeiten nach Grund und Umfang schon bei Vertragsschluss für den Bürgen hinreichend abgesteckt wird, indem ihm durch Informationen erkennbar gemacht

---

1100 Siehe zum Ganzen *Ganter*, WM 1998, 1705 (1716). – Für nicht ausreichend hält der BGH eine zusätzliche vorformulierte Erklärung etwa in: BGH, Urteil vom 04.10.1995 – XI ZR 215/94 = NJW 1996, 191 (192).

1101 *Hoffmann*, in: Langenbucher/Bliesener/Spindler, Bankrechts-Kommentar, 29. Kap., § 765, Rdn. 12; sowie *Gaberdiel/Gladenbeck*, Kreditsicherung durch Grundschulden, Rdn. 689 zur Grundschuld. – Für Beispiele aus der Rechtsprechung siehe etwa BGH, Urteil vom 24.06.1997 – XI ZR 288/96 = NJW 1997, 2677 (2677 f.); BGH, Urteil vom 09.07.1991 – XI ZR 218/90; BGH, Urteil vom 10.11.1989 – V ZR 201/88 = NJW 1990, 576 (557 f.).

1102 *Fischer*, WM 1998, 1705 (1709).

1103 So etwa *Nobbe*, BKR 2002, 747 (750).

1104 *Röttger*, Kreditsicherungsrecht, S. 35.

wird, worauf sich seine Haftung erstrecken soll.[1105] Während der im Rahmen dieses Abschnitts behandelte „individuelle Hinweis" nämlich nur generell die Möglichkeit einer Ausdehnung der Bürgschaftshaftung auf zukünftige Verbindlichkeiten anspricht, wird im letzteren Fall vorausgesetzt, dass der Bürge – etwa aufgrund einer Erklärung der kreditgebenden Bank – genaue Kenntnis davon erlangt, welche nach Grund und Umfang individualisierten künftigen Forderungen in die Haftung einbezogen werden sollen, und dass er damit von Anfang an erkennen kann, welches Risiko er eingeht. Mit einer solchen Erklärung seitens der Bank werden die bei Bürgschaftsbestellung noch künftigen Forderungen bereits im Zeitpunkt der Verbürgung genau bezeichnet und dürften deshalb regelmäßig bereits zum Anlass der Haftungsübernahme gerechnet werden können, mithin von der Zweckerklärung abgedeckt sein.[1106] Wenn der Bürge jedoch lediglich generell darauf hingewiesen wurde, dass von ihm die Bestellung einer Sicherheit mit weitem Sicherungszweck erwartet wird, ändert dies nichts daran, dass eine nachträgliche Vereinbarung über die Änderung oder Erweiterung seiner Hauptschuld seine Haftung über den ursprünglichen Umfang hinaus in gem. § 307 BGB unzulässiger Weise ausdehnt.

(4) Keine Unwirksamkeit bei intendierter umfänglicher Absicherung

Nachdem zuvor gezeigt wurde, dass eine in Sicherungsverträgen formularmäßig enthaltene Erweiterung der Zweckbestimmung auf alle künftigen Forderungen unter AGB-rechtlichen Gesichtspunkten kritisch zu betrachten ist, darf allerdings nicht unberücksichtigt bleiben, dass von einer „Erweiterung" nur dann gesprochen werden kann, wenn die Kreditsicherheit zunächst nur zum Zwecke der Sicherung eines ganz bestimmten Kredites oder Kreditverhältnisses bestellt werden soll.[1107] Wenn formularmäßig weite Zweckerklärungen ohne einen solchen konkreten Bezug akzeptiert werden, können sie also keinen überraschenden Charakter haben.[1108] So liegt etwa das in § 305c Abs. 1 BGB vorausgesetzte Überraschungsmoment nicht vor, wenn Anlass der Sicherheitenbestellung von Anfang an nicht die Absicherung eines bestimmten Kredites ist, sondern die gegenwärtigen und künftigen Kreditverpflichtungen des Kreditnehmers im Rahmen seines Geschäftsbetriebs und der banküblichen Geschäfte mit der kreditgewährenden Bank gesichert werden sollen, also der Drittsicherungsgeber ohnehin annimmt, global haften zu müssen.[1109]

1105 Siehe hierzu oben § 12 I. 1. b. i. (2) (c).

1106 Siehe hierzu ebenfalls bereits oben unter § 12 I. 1. b. i. (2) (c).

1107 *Schmidt*, in: Ulmer/Brandner/Hensen, AGB-Recht, Teil 2, (43) Sicherungsklauseln, Rdn. 28.

1108 BGH, Urteil vom 05.03.1991 – XI ZR 75/90 = NJW 1991, 1677 (1678); *Hoepner*, BKR 2002, 1025 (1028 f.); *Otten*, Sicherungsvertrag und Zweckerklärung, Rdn. 855.

1109 BGH, Urteil vom 05.03.1991 – XI ZR 75/90 = NJW 1991, 1677 (1678); *Hoffmann*, in: Langenbucher/Bliesener/Spindler, Bankrechts-Kommentar, 29. Kap., § 765, Rdn. 13; *Weber*, ZfIR 1999, 2 (6).

Dabei gilt es zu berücksichtigen, dass im hier interessierenden Finanzierungsgeschäft eine umfängliche Besicherung der gesamten Geschäftsbeziehung eher Gegenstand der Verhandlungen sein kann als etwa im privaten Finanzierungsverkehr.[1110] Dies wird in der Regel allerdings auch nur dann der Fall sein, wenn es dem Sicherungsgeber darauf ankommt, kostengünstige Forderungsauswechslungen und (für den Kreditnehmer) zügige Liquiditätszuweisungen mittels einer Flexibilisierung der Sicherheitenbestellung zu erreichen.[1111] Anhaltspunkte dafür, ob die Absicherung eines konkreten Kreditverhältnisses oder vielmehr eine pauschale Gegenstand der Verhandlungen war, lassen sich zudem in der Regel der schriftlichen Fassung der Sicherungszweckerklärung entnehmen sowie aus dem zeitlichen Zusammenhang zwischen der Sicherheitenbestellung und der Einräumung des zu sichernden Kredites bzw. Kreditverhältnisses. Dabei wird die Benennung eines konkreten Forderungsbetrages in der schriftlichen Zweckerklärung, zu dessen Absicherung die Sicherheitenbestellung dienen soll, regelmäßig für eine konkrete, anlassbezogene Sicherheitenbestellung sprechen.[1112] Wird dennoch eine formularmäßig weite Zweckerklärung in den Sicherungsvertrag aufgenommen, bleibt diese demnach überraschend i.S. des § 305c Abs. 1 BGB. Wenn sich Anlass und unbeschränkter bzw. „überschießender" Sicherungszweck decken, bleibt es jedoch dabei, dass die unbeschränkte Bürgschaft für den Bürgen verbindlich ist.[1113]

ii. Zwischenbefund

Weite Bürgschaftszweckerklärungen verstoßen regelmäßig gegen das in § 767 Abs. 1 S. 3 BGB normierte Verbot der Fremddisposition, sind somit mit wesentlichen Grundgedanken der gesetzlichen Regelung nicht zu vereinbaren (§ 307 Abs. 2 Nr. 1 BGB), schränken die Rechte des Bürgen in einer den Vertragszweck gefährdenden Weise ein (§ 307 Abs. 2 Nr. 2 BGB) und sind zudem überraschend i.S. des § 305c Abs. 1 BGB.[1114]

Haben die Kreditvertragsparteien jedoch von vornherein eine Veränderung oder Erweiterung des Haftungsumfangs bzw. der anlassgebenden Hauptverbindlichkeit gewollt oder zumindest ins Auge gefasst, und kann die Bank im Streitfall darlegen und beweisen, dass der Bürge über eine mögliche Veränderung oder Erweiterung

---

1110 *Benckendorff*, in: Drobnig/Sagel-Grande/Snijders, Neuere Entwicklungen im Recht der persönlichen Kreditsicherheiten, S. 18; *Otten*, Sicherungsvertrag und Zweckerklärung, Rdn. 855. – So werden beispielsweise im Firmenkundenbereich kurzfristige Kredite häufig als b.a.w.-Kredite („bis auf weiteres") vergeben.

1111 *Otten*, Sicherungsvertrag und Zweckerklärung, Rdn. 868.

1112 Siehe zum Ganzen *Otten*, Sicherungsvertrag und Zweckerklärung, Rdn. 856.

1113 *Bülow*, Recht der Kreditsicherheiten, Rdn. 919.

1114 Dies gilt im Grundsatz für Tilgungskredite gleichermaßen wie etwa für Kontokorrentkredite (siehe hierzu bereits oben unter § 12 I. 1. b. i. (2) (b) (i) sowie zusammenfassend zum Ganzen auch *Knops*, in: Derleder/Knops/Bamberger, Dt. und Europ. Bank- und Kapitalmarktrecht, Bd. 1, § 27, Rdn. 22).

der Hauptschuld informiert wurde oder aufgrund der Umstände des Einzelfalls davon Kenntnis hätte haben müssen, ist die spätere Veränderung oder Erweiterung der Hauptschuld für den Bürgen weder überraschend oder unangemessen benachteiligend und mithin von der – insoweit wirksamen – weiten Zweckerklärung abgedeckt. Der spätere „Wandel der Hauptschuld" gilt damit nämlich als bereits im Zeitpunkt der Verbürgung angelegt und wird somit zum Anlass der Verbürgung gerechnet werden können.

Die Haftung für einen „Wandel der Hauptschuld", der nicht von Anfang an von den Kreditvertragsparteien ins Auge gefasst worden war, kann formularmäßig hingegen nur insoweit begründet werden, als sich das Risiko des Bürgen dadurch nicht erhöht. Maßgeblich ist insoweit eine wirtschaftliche Betrachtungsweise. In Zweifelsfällen sollte man sich deshalb immer daran orientieren, ob sich durch einen nicht von Anfang an von den Parteien ins Auge gefassten „Wandel der Hauptschuld" das Risiko des Bürgen zu seinem Nachteil ändert.

Losgelöst von vorstehenden Betrachtungen gilt es darüber hinaus stets zu beachten, dass etwaige Änderungen oder Erweiterungen der Hauptschuld bei der Bürgschaft als akzessorischer Sicherheit indes niemals den Inhalt und den Zweck des Kredites verändern dürfen, die Identität der gesicherten Forderung also stets gewahrt bleiben muss. In diesem Zusammenhang ist jedoch auf die bereits zuvor dargestellten Erwägungen zu verweisen.[1115]

c. *Übertragung der Grundsätze auf sog. Höchstbetragsbürgschaften*

Eine im Rahmen der Kreditsicherung häufig vorkommende Bürgschaftsart ist die Höchstbetragsbürgschaft. Hier muss der Bürge grundsätzlich nicht damit rechnen, über den in der Bürgschaftsurkunde genannten Maximalbetrag hinaus in Anspruch genommen zu werden.[1116]

Für den vorliegenden Zusammenhang ist dabei von Interesse, dass auch bei einer Höchstbetragsbürgschaft Klauseln, die die Haftung auf andere als die Anlassverbindlichkeit erstrecken, überraschend sein und den Bürgen darüber hinaus unangemessen benachteiligen können[1117] – und zwar auch dann, wenn die anderen künftigen Verbindlichkeiten den Höchstbetrag der Bürgschaft nicht überschreiten.[1118] Der BGH[1119] begründet dies damit, dass die gesetzliche Leitentscheidung des § 767 Abs. 1 S. 3 BGB gleichermaßen auch für den Fall der Höchstbetragsbürgschaft gelte (§ 307 Abs. 2 Nr. 1 BGB). Die vertragswesentlichen Rechte eines

1115 Siehe hierzu ausführlich bereits oben im 3. Kapitel.

1116 *Knops*, in: Derleder/Knops/Bamberger, Dt. und Europ. Bank- und Kapitalmarktrecht, Bd. 1, § 27, Rdn. 94.

1117 So etwa BGH, Urteil vom 08.11.2001 – IX ZR 46/99 = NJW-RR 2002, 1130 (1131); BGH, Urteil vom 28.10.1999 – IX ZR 364/97 = NJW 2000, 658 (659).

1118 BGH, Urteil vom 02.07.1998 – IX ZR 255–97 = NJW 1998, 2815 (2815).

1119 BGH, Urteil vom 07.03.1996 – IX ZR 43/95 = NJW 1996, 1470 (1472).

jeden Bürgen werden zudem nicht nur dadurch ausgehöhlt (§ 307 Abs. 2 Nr. 2 BGB), dass der Bürge für einen höheren Betrag hafte, als es dem Anlass seiner Bürgschaftsübernahme entspreche, sondern auch dadurch, dass er für andere als die veranlassten Verbindlichkeiten einzustehen habe. Deren Tilgungsdauer oder zusätzliche Besicherung könne ebenso abweichen wie der Zweck einschließlich des damit verbundenen Ausfallrisikos. Zudem könne sich die Bonität des Hauptschuldners in der Zeit nach Übernahme der Bürgschaft verschlechtern. Das aktuelle Sicherungsbedürfnis bilde deshalb grundsätzlich – auch bei der Höchstbetragsbürgschaft – die Obergrenze der Bürgschaftsverbindlichkeit. Auch der Höchstbetragsbürge muss deshalb nur für diejenigen Forderungen der Bank gegen den Hauptschuldner einstehen, die Anlass der Bürgschaftsübernahme waren.[1120] Soll der Höchstbetragsbürge hingegen für andere künftige Forderungen haften müssen, stellt sich dies zudem für ihn als überraschend i.S. des § 305c Abs. 1 BGB dar, auch wenn sich diese im Rahmen des Höchstbetrages halten.[1121]

Im Ergebnis ist damit festzuhalten, dass eine weite Bürgschaftszweckerklärung auch dann gegen AGB-Recht verstößt, wenn die Bürgschaft durch einen Höchstbetrag summenmäßig begrenzt ist, da mit einer solchen Begrenzung zwar der Umfang der Bürgschaft einschränkt wird, jedoch nicht der Kreis der durch sie besicherten Forderungen und damit nicht die Zweckerklärung.[1122]

Darüber hinaus gilt es zu berücksichtigen, dass die Erweiterung der Höchstbetragsbürgschaft über den Höchstbetrag hinaus auf Nebenforderungen wie etwa Zinsen durch sog. Überschreitungs- und Erhöhungsklauseln ebenso gegen § 307 BGB verstößt und damit unwirksam ist.[1123] Zinsen sowie andere Nebenansprüche können damit nicht hinzugerechnet werden und die Haftung des Höchstbetragsbürgen erhöhen.[1124]

2. Die enge Sicherungszweckerklärung

Die enge Zweckerklärung begrenzt die Haftung des Sicherungsmittels auf eine bestimmte oder alternativ mehrere genau bestimmte Kreditforderung(en).[1125] Etwaige weitere, bestehende oder später hinzutretende Forderungen des Kreditgebers aus in der Sicherungszweckerklärung nicht erwähnten Vertragsverhältnissen werden von der Sicherheit mit enger Zweckerklärung gerade nicht erfasst. Sollen

1120 *Nobbe*, in: Nobbe, Kommentar zum Kreditrecht, § 765 BGB, Rdn. 137.

1121 *Knops*, in: Derleder/Knops/Bamberger, Dt. und Europ. Bank- und Kapitalmarktrecht, Bd. 1, § 27, Rdn. 95.

1122 *Rösler/Fischer*, BKR 2006, 50 (53).

1123 BGH, Urteil vom 18.07.2002 – IX ZR 294/00 = NJW 2002, 3167 (3168 f.) unter Aufgabe der bisherigen Rechtsprechung BGH, Urteil vom 11.06.1980 – VIII ZR 164/79 = NJW 1980, 2131 (2131 ff.).

1124 *Knops*, in: Derleder/Knops/Bamberger, Dt. und Europ. Bank- und Kapitalmarktrecht, Bd. 1, § 27, Rdn. 94.

1125 Siehe hierzu ausführlich oben unter § 7 III. 1. b.

diese vom Haftungsumfang erfasst sein, wäre die Sicherungszweckvereinbarung entsprechend anzupassen.[1126] Mit der engen Sicherungszweckerklärung werden damit grundsätzlich von vornherein nur diejenigen Forderungen gesichert, die den Anlass zu der Zweckerklärung gebildet haben.[1127] Das Risiko des Drittsicherungsgebers zeigt sich damit im Grunde gegenständlich eindeutig beschrieben.

Auch bei der Besicherung eines ganz bestimmten Kredites können jedoch zukünftige oder zusätzliche Forderungen entstehen, welche die Bank gesichert wissen möchte. Vom Wortlaut der engen Zweckerklärung werden deshalb regelmäßig auch derartige zukünftige Forderungen erfasst.[1128] Gemeint sind damit aber – im Gegensatz zu weiten Sicherungszweckerklärungen – nicht künftige Verbindlichkeiten aus etwa künftigen Vertragsverhältnissen zwischen dem Hauptschuldner und der Bank, die nicht den Anlass der Sicherheitenbestellung gebildet haben, sondern vielmehr künftige Forderungen, die sich aus der konkret bezeichneten Kreditforderung selbst ergeben.[1129] Dass es das Gesetz kraft ausdrücklicher Regelung[1130] erlaubt, akzessorische Sicherungsrechte auch für künftige Forderungen zu bestellen, wurde bereits festgestellt.[1131] Für nicht akzessorische Sicherheiten ist dies ohnehin anzunehmen.[1132] Damit können vom Wortlaut der engen Zweckerklärung grundsätzlich derartige zukünftige Forderungen auch tatsächlich wirksam erfasst werden. Soll die Bürgschaft nur für einzelne oder mehrere, in der engen Zweckerklärung konkrete aufgeführte Forderungen haften, ergeben sich AGB-rechtlich deshalb grundsätzlich keine Probleme – auch wenn sich die Haftung eben auch auf aus den konkreten Forderungen resultierende zukünftige Forderungen erstreckt.[1133] Für die Frage, was dies im Einzelnen für den „Wandel der Hauptschuld" bedeutet, kann deshalb auf die obigen generellen Ausführungen zum Sicherungszweck im „Wandel der Hauptschuld" verwiesen werden.[1134]

Danach wird es auch bei formularmäßig engen Bürgschaftszweckerklärungen stets zweierlei zu beachten geben: Zum einen dürfen Änderungen oder

---

1126 Zum Ganzen *Rösler/Fischer*, BKR 2006, 50 (51).

1127 *Federlin*, in: Kümpel/Wittig, Bank- und Kapitalmarktrecht, Rdn. 12.107.

1128 Siehe hierzu ausführlich oben unter § 7 III. 1. b.; sowie *Röttger*, Kreditsicherungsrecht, S. 21. – Der Wortlaut enger Sicherungszweckerklärungen lautet daher regelmäßig wie folgt: „Die Sicherheit dient zur Sicherung aller bestehenden, künftigen und bedingten Forderungen der Bank gegen (...) (Name des Darlehensnehmers) aus Darlehen Vertrag vom (...) in Höhe von (...)."

1129 *Röttger*, Kreditsicherungsrecht, S. 21 nennt diesbezüglich bespielhaft etwa Zinsen für spätere Abrechnungszeiträume oder die schwankende Inanspruchnahme eines Kontokorrentkredits innerhalb einer vereinbarten Kreditlinie.

1130 § 765 Abs. 2 BGB für die Bürgschaft, § 1204 Abs. 2 BGB für das Pfandrecht.

1131 Siehe dazu sowie zur Reichweite des Begriffs der „künftigen Forderung" oben unter § 5 III. 2. a. iii. (2) (a).

1132 Siehe zum Ganzen bereits oben unter § 7 III. 1. b.

1133 So auch *Nobbe*, BKR 2002, 747 (753); *Rösler/Fischer*, BKR 2006, 50 (54).

1134 Siehe hierzu oben im 3. Kapitel.

Erweiterungen der Hauptverbindlichkeit(en) dem Bürgen nicht nachteilig sein, da sie ansonsten dem aus § 767 Abs. 1 S. 3 BGB resultierenden Verbot der Fremddisposition zuwiderlaufen würden. Maßnahmen, die die Rechtsstellung des Bürgen verschlechtern, sind daher auch bei einer formularmäßigen engen Zweckerklärung grundsätzlich nicht wirksam mit verbürgt.[1135] Zum anderen muss aufgrund des akzessorischen Charakters der Bürgschaft bei jeglicher Veränderung oder Erweiterung der mit formularmäßig enger Zweckerklärung gesicherten Forderung(en) deren Identität gewahrt bleiben. Die Frage, ob etwaige Änderungen oder Erweiterungen der Hauptschuld von dem in der engen Sicherungszweckvereinbarung festgelegten Haftungsumfang erfasst sind, ist damit bei der formularmäßigen engen Sicherungszweckvereinbarung weniger eine Frage des AGB-Rechts, als eine der Reichweite des Begriffs „zukünftige Forderung" i.S. des § 765 Abs. 2 BGB bzw. des § 767 Abs. 1 S. 3 BGB sowie des Akzessorietätsprinzips.

Wenn für die weite Bürgschaftszweckerklärung – wie festgestellt[1136] – gilt, dass eine formularmäßige Erweiterung der Haftung des Bürgen für künftige Forderungen nicht schlechterdings ausgeschlossen, sondern grundsätzlich bzw. ausnahmsweise zulässig ist, soweit die zu verbürgenden Forderungen im Zeitpunkt der Bürgschaftsübernahme nach Grund und Umfang genau absehbar sind und das Bürgenrisiko damit gegenständlich eindeutig beschränkt ist, muss dies aber erst recht auch für formularmäßige enge Sicherungszweckerklärungen gelten. Damit ist davon auszugehen, dass eine Änderung bzw. Erweiterung der die Bürgschaftsübernahme veranlassenden Hauptschuld auch der mit enger Zweckerklärung eingegangenen Bürgenhaftung unterfällt, wenn der Bürge mit dieser Änderung bzw. Erweiterung rechnen musste.[1137] Die bereits im Zeitpunkt der Verbürgung von den Kreditvertragsparteien angelegte spätere Änderung oder Erweiterung der Hauptschuld wird dann mit zum Anlass der Verbürgung gerechnet werden können und ist deshalb auch von der formularmäßig engen Bürgschaftszweckerklärung abgedeckt. Voraussetzung ist aber auch hier, dass der Bürge aufgrund Erklärung der Bank oder aus eigener Kenntnis tatsächlich wusste, welche nach Grund und Umfang individualisierten Forderungen in die Haftung einbezogen werden sollen, damit er erkennen kann, welches Haftungsrisiko er eingeht.[1138]

Fraglich ist jedoch, ob vorstehende Erwägungen auch für mit engen Zweckerklärungen kombinierte Prolongationsklauseln etc.[1139] sowie für diejenigen Zweckerklärungen gelten, wonach eine Kreditsicherheit zur Sicherung „aller gegenwärtig bestehenden und zukünftigen (...) Ansprüche aus dem Kreditvertrag vom (...) in seiner jeweils geltenden Fassung, einschließlich aller nachträglichen Ergänzungen, Änderungen oder Erweiterungen (einschließlich Erhöhungen des

1135 *Rösler/Fischer*, BKR 2006, 50 (54).
1136 Siehe hierzu oben bei § 12 I. 1. b. i. (2).
1137 So auch *Rösler/Fischer*, BKR 2006, 50 (54).
1138 Siehe hierzu oben unter § 12 I. 1. b. i. (2).
1139 Siehe hierzu oben unter § 7 III. 3. c.

Kreditbetrages)" dienen soll.[1140] Dies gilt es im Folgenden ausführlich zu untersuchen.

3. Die Besonderheiten bei Prolongations-, Stundungs- und sonstigen eine Änderung der Hauptschuld vorsehenden Klauseln

Wie bereits festgestellt, kann auch ein künftiges Sicherungsbedürfnis unter bestimmten Voraussetzungen formularmäßig Bestandteil des Sicherungsvertrages werden.[1141] Die §§ 305c, 307 BGB schließen nämlich nicht generell aus, dass eine formularmäßige Bürgschaftszweckerklärung auch eine zukünftige Verbindlichkeit wirksam erfasst. Nach höchstrichterlicher Rechtsprechung ist das berechtigte Interesse des Bürgen, nicht für Forderungen einstehen zu müssen, deren Inhalt und Umfang er bei Erteilung seiner Willenserklärung nicht absehen kann, bei zukünftigen Verbindlichkeiten aber nur dann gewahrt, wenn der Kreis der Hauptschulden, auf die sich seine Verpflichtung bezieht, nach Grund und Umfang von Anfang an klar und übersichtlich abgesteckt ist. Der Bürge müsse aufgrund der Erklärungen der Bank oder aus eigener Kenntnis wissen, welche nach Gegenstand und Grund individualisierten Forderungen in die Haftung einbezogen werden sollen, damit er genau erkennen könne, welches Risiko er in dieser Hinsicht auf sich nehme.[1142]

Dies vorausgesetzt, gilt es im Folgenden zu untersuchen, ob im Rahmen der Bürgschaftsbestellung auch formularmäßig vereinbart werden kann, dass die Bürgschaft fortbesteht, wenn der gesicherte Kredit prolongiert, die gesicherte Forderung gestundet oder etwa der Zinssatz geändert wird.[1143] Vor diesem Hintergrund ist insbesondere der Frage nachzugehen, ob die hier in Rede stehenden Klauseln mit Verweis auf die skizzierten Grundsätze zur weiten Zweckerklärung anzugreifen sind[1144], oder ob diese insoweit eigenen Regeln unterliegen. Letzteres könnte insbesondere deshalb anzunehmen sein, weil es sich, wie bereits zu Beginn der Untersuchung festgestellt[1145], bei Sicherungszweckvereinbarungen mit sog. Prolongationsklauseln, Stundungsabreden, Zinsanpassungsklauseln sowie sonstigen eine Änderung der Hauptschuld vorsehenden Klauseln im Grunde um

---

1140 Siehe hierzu oben unter § 7 III. 3. b.

1141 Siehe hierzu oben unter § 12 I. 1. b. i. (2) (c) (i).

1142 Siehe zum Ganzen oben unter § 7 IV. sowie § 12 I. b. i.; BGH, Urteil vom 15.04.1997 – IX ZR 112/96 = NJW 1997, 3230 (3232); BGH, Urteil vom 13.06.1996 – IX ZR 229/95 = NJW 1996, 2369; *Federlin*, in: Kümpel/Wittig, Bank- und Kapitalmarktrecht, Rdn. 12.244; *Rohe*, in: Bamberger/Roth/Hau/Poseck, BeckOK BGB, § 765 BGB, Rdn. 35.

1143 Siehe hierzu etwa *Rohe*, in: Bamberger/Roth/Hau/Poseck, BeckOK BGB, § 765 BGB, Rdn. 35; *Wagenknecht/Piekenbrock*, in: Hellner/Steuer, Bankrecht und Bankpraxis, Rdn. 4/1048a.

1144 Siehe hierzu *Samhat*, WM 2016, 962 (965).

1145 Siehe hierzu oben unter § 7 III. 3. c.

enge Zweckerklärungen handelt. Dies vorausgesetzt gilt es im Folgenden, die Wirksamkeit solcher Klauseln zu überprüfen.

a. Prolongationsklauseln

Nach der höchstrichterlichen Rechtsprechung verstoßen weite Bürgschaftszweckerklärungen nach dem Recht der AGB gegen §§ 305c, 307 BGB, wenn die Bürgschaft anlässlich der Gewährung und zur Sicherung eines ganz bestimmten Kredites gewährt wurde, da der Bürge grundsätzlich nicht davon auszugehen braucht, mit seiner Bürgschaft auch noch für weitere Kredite haften zu müssen, zumal er in der Regel weitere, über den Anlasskredit hinausgehende Kreditgewährungen auch nicht beeinflussen kann.

Damit wird aber nicht gänzlich ausgeschlossen, dass ein künftiges Sicherungsbedürfnis Bestandteil des Sicherungsvertrages sein kann. Das setzt aber voraus, dass der Bürge bereits bei Übernahme der Bürgschaft weiß, aus welchem Grund und bis zu welcher Höhe die zu besichernden künftigen Forderungen entstehen werden. Damit der Bürge sein übernommenes Risiko genau erkennen kann, muss der Kreis dieser künftigen Verbindlichkeiten also von Anfang an nach Grund und Umfang klar und übersichtlich abgesteckt sein.[1146] Die künftigen Verbindlichkeiten werden dann (ausnahmsweise) ebenfalls noch zum Anlass der – insoweit wirksamen – formularmäßig übernommenen Bürgschaft zu zählen sein. Unter diesen Umständen lassen sich – wie bereits gezeigt[1147] – auch Prolongationskredite wirksam in den Haftungsumfang der Bürgschaft einbeziehen, solange sich Inhalt und Zweck des Kredits durch die Prolongation nicht verändern.

i. Mehrwert von Prolongationsklauseln gegenüber weiten Sicherungszweckerklärungen

Da Prolongationskredite – wie bereits gezeigt[1148] – unter bestimmten Voraussetzungen wirksam auch vom Haftungsumfang einer – ansonsten eigentlich unwirksamen – weiten Bürgschaftszweckerklärung erfasst sein können, stellt sich zunächst die Frage, inwieweit etwaigen Prolongationsklauseln überhaupt ein Mehrwert gegenüber weiten Sicherungszweckerklärungen zuzusprechen ist.

Unter den aufgezeigten engen Voraussetzungen erfasst eine weite Zweckerklärung einen sog. Prolongationskredit grundsätzlich nur dann, wenn eine derartige Vertragsgestaltung, bzw. die generelle von den Kreditvertragsparteien ins Auge gefasste Möglichkeit der Kreditprolongation, für den Bürgen von Anfang an ersichtlich war. Dies trifft regelmäßig nur für den Regelfall einer anfänglichen Prolongationsvereinbarung, d.h. für den Fall, dass ein Kredit aus Zins- oder sonstigen

---

1146 Siehe hierzu bereits oben unter § 12 I. 1. b. i. (2) (b).
1147 Siehe hierzu bereits oben unter § 12 I. 1. b. i. (2) (c) (i).
1148 Siehe hierzu oben unter § 12 I. 1. b. i. (2) (c) (i).

Kostengründen (zunächst) nur kurzfristig gewährt wird, er aus ökonomischer Sicht jedoch mittel- oder langfristig angelegt ist, zu.[1149] Die Kreditvertragsparteien haben den Anlasskredit dann in der Regel auf eine Laufzeit von höchstens einem Jahr in der Absicht begrenzt, diese Rechtsbeziehung anschließend durch gleichartige jeweils hintereinander geschaltete Verträge fortzusetzen. Sie waren sich dabei also von vornherein über eine spätere Prolongation des Anlasskredites einig und der Bürge hat in der Regel von einer derartigen Prolongationsmöglichkeit bzw. der möglicherweise bereits im Kreditvertrag angelegten Laufzeitverlängerung Kenntnis.[1150] Der Umfang, in dem Prolongationskredite von – ansonsten eigentlich unwirksamen – formularmäßig weiten Bürgschaftszweckerklärungen erfasst sein können, zeigt sich damit aber eng begrenzt.

Wie gezeigt[1151], lassen sich Prolongationsklauseln bei extensiver Auslegung jedoch nicht nur dahingehend interpretieren, dass nur im ursprünglich vereinbarten Kreditvertrag angelegte künftige Forderungen, die aufgrund einer Verlängerung des ursprünglichen Kredites entstehen, erfasst sein sollen. Prolongationen lassen sich nämlich nicht nur derart gestalten, dass die ursprünglichen Verträge fortgesetzt, also lediglich in ihrer Laufzeit verlängert werden, sondern mit einer Laufzeitverlängerung können vielmehr auch neue Verbindlichkeiten begründet werden, die bei Bestellung der Sicherheit noch nicht bestanden und damals auch noch nicht als zukünftige Rechtsgeschäfte in die Verhandlungen einbezogen worden sind, welche der Kreditgewährung vorausgingen. Es handelt sich dann um neue, in dem vorherigen Kreditverhältnis noch nicht angelegte Forderungen. Wird die ursprüngliche Laufzeit eines Kredites durch Begründung einer neuen Kreditverbindlichkeit verlängert, erlischt in der Regel sogar die originäre Kreditforderung.[1152]

Die Möglichkeit der Vereinbarung wirksamer Prolongationsklauseln hätte somit insbesondere dann einen Mehrwert, wenn die bestellte Bürgschaft bei Kreditprolongationen bestehen bliebe – seien diese von Anfang an von den Kreditvertragsparteien beabsichtigt oder nicht, oder dem Bürgen von Anfang an bekannt oder nicht. Zudem wäre ein Mehrwert etwaiger Prolongationsklauseln gegenüber weiten Sicherungszweckerklärungen insbesondere auch dann zu verbuchen, wenn diese – wirksam – auch solche Kreditverlängerungen erfassen würden, die Inhalt und Zweck des gesicherten Kredits verändern, der Haftungsumfang der Bürgschaft also mittels Prolongationsklausel auch andere, später begründete Verbindlichkeiten im Verhältnis der Bank zum Hauptschuldner erfassen könnte.

1149 Siehe zur anfänglichen Prolongationsvereinbarung ausführlich unten unter § 16 III. 2. a. i. (1).

1150 Siehe zu den Anforderungen, die die Rechtsprechung an eine Kenntnis der Vertragsgestaltung stellt, etwa BGH, Urteil vom 08.11.2001 – IX ZR 46/99 = NJW-RR 2002, 1130 (1131).

1151 Siehe hierzu oben unter § 7 III. 3. c. iii.

1152 Siehe zum Ganzen ausführlich unten unter § 16 III. 2. a. i. (2).

Ein Mehrwert bestünde darüber hinaus aber insbesondere auch dann, wenn etwaige Prolongationsklauseln nicht durch die zur Bürgschaft mit weiter Sicherungszweckerklärung aufgestellten Grundsätze angegriffen werden könnten. Würden die Anforderungen, die die Rechtsprechung an formularmäßige weite Sicherungszweckerklärungen stellt, gleichermaßen für Prolongationsklauseln gelten, wäre der Vorteil, den Prolongationsklauseln – wie soeben aufgezeigt – gegenüber weiten Sicherungszweckerklärungen grundsätzlich erbringen könnten, nämlich auf Null reduziert. Die Frage einer Anwendbarkeit der zur Bürgschaft mit weiter Sicherungszweckerklärung aufgestellten Grundsätze auf Prolongationsklauseln ist deshalb im Folgenden genauer zu untersuchen.

ii. Überblick über Ansichten in der Literatur

Bei der Frage nach der Wirksamkeit etwaiger formularmäßiger Prolongationsklauseln wird, wie bereits eingangs erwähnt, entscheidend, ob bzw. wie sich die im Verlauf der vorliegenden Untersuchung skizzierten Grundsätze zu formularmäßig weiten Bürgschaftszweckerklärungen gegenüber Prolongationsklauseln verhalten. Zwischen Rechtsprechung und Literatur sowie auch in der Literatur selbst scheint diesbezüglich Uneinigkeit zu herrschen. Ob in Bürgschaftszweckerklärungen von vornherein formularmäßig vereinbart werden kann, dass die Bürgschaft fortbesteht, wenn der gesicherte Kredit prolongiert wird, bleibt demnach zweifelhaft. Im Folgenden sollen die verschiedenen Ansichten in Literatur und Rechtsprechung herausgearbeitet werden, um sodann zu einer eigenen Stellungnahme gelangen zu können.

Eine Ansicht[1153] erklärt die Einbeziehung von Prolongationskrediten in den Haftungsumfang der Bürgschaft unter Verweis auf die Grundsätze zur Bürgschaft mit formularmäßig weiter Zweckerklärung gerade dann für wirksam, wenn eine gewollte Weiterhaftung des Bürgen für den Fall einer Kreditverlängerung im Bürgschaftsvertrag ausdrücklich vereinbart worden ist, namentlich eine Prolongationsklausel im Bürgschaftsvertrag enthalten ist. Es wird damit also von der grundsätzlichen Wirksamkeit formularmäßiger Prolongationsklauseln ausgegangen. Begründet wird dies von den Autoren damit, dass der BGH in mehreren Entscheidungen zwar ausgeführt habe, dass er eine formularmäßige Ausdehnung einer Bürgschaft auf künftige Verbindlichkeiten des Hauptschuldners aus der bankmäßigen Geschäftsverbindung grundsätzlich für unwirksam erachte, soweit sie Forderungen aus künftigen Verträgen und nachträglichen Vertragsänderungen betreffe. Die Autoren zeigen – insoweit zu Recht[1154] – sodann aber auf, dass diese Rechtsprechung auf dem Schutzgedanken des § 767 Abs. 1 S. 3 BGB, d.h. dem daraus abgeleiteten Verbot der Fremddisposition, beruhe. Der Bürge solle damit vor einem

1153 Siehe hierzu *Wagenknecht/Piekenbrock*, in: Hellner/Steuer, Bankrecht und Bankpraxis, Rdn. 4/1048a.

1154 Siehe hierzu bereits oben unter § 12 I. 1. b. i. (2) (b) (i).

von ihm nicht zu überschauenden Haftungsrisiko geschützt werden; er solle wissen, wofür er hafte. Daraus resultiere zunächst, dass die verbürgten Forderungen auch bei einer Bürgschaft mit engem Sicherungszweck genau bezeichnet werden müssten. In der Konsequenz sei es damit aber auch möglich, eine gewollte Weiterhaftung des Bürgen für den Fall einer Kreditverlängerung im Kreditvertrag – wirksam – zu vereinbaren, sofern dies von den Parteien des Sicherheitenvertrages ausdrücklich geregelt werde.

Andere[1155] gehen in ihrem Ansatz mit der Rechtsprechung davon aus, dass sich das Risiko des Bürgen durch eine Vertragsverlängerung wesentlich erhöhen könne. Aus diesem Grund müsse bei Prolongationen eine neue Bürgschaft bestellt bzw. die Verlängerung der bestehenden Bürgschaft vereinbart werden, es sei denn, mit dem Bürgen sei von vornherein vereinbart, dass die Bürgschaft auch für eine etwaige Laufzeitverlängerung des verbürgten Kredites gelten solle. Im Falle einer entsprechenden Vereinbarung könne an der Wirksamkeit der engen Bürgschaftszweckerklärung für die neue Laufzeit keine Zweifel bestehen. Denn eine enge Zweckerklärung schließe nicht grundsätzlich aus, dass eine „automatische" Erweiterung der Bürgenhaftung bei Verlängerungen der verbürgten Forderung wirksam vereinbart werden könne. Erforderlich sei lediglich, dass die künftig unter die Bürgschaft fallenden Forderungen bereits bei Übernahme der Bürgschaft genau bezeichnet seien. Eine solche Vereinbarung könne auch formularmäßig wirksam abgeschlossen werden. Im Ergebnis steht diese Auffassung mithin der erstgenannten gleich.

Lieder[1156] verweist darauf, dass enge Zweckerklärungen, die in vollem Umfang an §§ 305 ff. BGB zu messen sind, in diesem Zusammenanhang keinen Bedenken begegnen. Gleiches müsse für mit engen Zweckerklärungen kombinierte Prolongationsklauseln gelten. Eine Begründung lässt er jedoch gänzlich vermissen. Es erfolgt lediglich ein Verweis auf die nun folgende Ansicht.[1157]

Danach[1158] sei es nicht nur ungenau, sondern rechtlich völlig verfehlt, die Prolongationsklausel mit Verweis auf die Grundsätze zur weiten Zweckerklärung anzugreifen, da damit die unterschiedlichen Interessenlagen nicht richtig berücksichtigt würden. Die Grundsätze zur Bürgschaft mit weiter Zweckerklärung dürften nicht auf die Prolongationsklausel angewendet werden, weil diese nicht zur Sicherung aller gegenwärtigen und künftigen Forderungen aus der bankmäßigen Geschäftsbeziehung vereinbart werde. Vielmehr erfasse die Prolongationsklausel ausschließlich künftige, im ursprünglich vereinbarten Kreditvertrag angelegte Forderungen, die aufgrund einer Verlängerung des ursprünglichen Kredits entstehen. Eben weil bei Kreditprolongationen die Grundlage der in Bezug genommenen

---

1155 Siehe hierzu *Rösler/Fischer*, BKR 2006, 50 (54).
1156 Siehe hierzu *Lieder*, in: MüKoBGB, § 1191, Rdn. 40.
1157 Siehe hierzu *Lieder*, in: MüKoBGB, § 1191, Rdn. 40, mit Verweis auf *Samhat*, WM 2016, 962 (965, 967).
1158 Siehe hierzu *Samhat*, WM 2016, 962 (965).

künftigen Verbindlichkeit *de facto* unverändert bleibe, die Forderung ohne Weiteres bestimmbar sei und eine Bürgschaft gem. § 765 Abs. 2 BGB grundsätzlich auch für künftige Verbindlichkeiten bestellt werden dürfe, handele es sich bei der Kreditsicherheit mit Prolongationsklausel um eine solche mit enger Zweckerklärung. Im weiteren Verlauf seiner Untersuchung[1159] zieht der Autor jedoch – unter Verweis auf die auch im Rahmen dieser Untersuchung angesprochene Rechtsprechung des BGH zur Erstreckung einer Anlassbürgschaft mit weiter Zweckerklärung auf Forderungen, die während einer nachträglich vereinbarten Verlängerungszeit des Kredits entstanden sind[1160] – das Fazit, dass eine vereinbarte Prolongationsklausel für den Bürgen weder überraschend noch unangemessen benachteiligend sei, wenn die Kreditparteien von vornherein eine Verlängerung des befristeten Kredits gewollt hätten und im Streitfall die Bank darlegen und beweisen könne, dass der Bürge über eine mögliche Kreditverlängerung informiert wurde oder dies aufgrund der Umstände des Einzelfalls hätte wissen müssen. Damit werden an eine formularmäßige Prolongationsklausel im Ergebnis die gleichen Anforderungen gestellt, die nach der höchstrichterlichen Rechtsprechung auch für die wirksame Erstreckung von Bürgschaften mit weiter Sicherungszweckerklärung auf Prolongationskredite gelten.[1161] Obwohl eine Anwendung der skizzierten Grundsätze zur Drittsicherheit mit formularmäßig weiter Zweckerklärung auf die Prolongationsklausel hier zunächst strikt abgelehnt wird, werden damit genau diese Grundsätze – sogar mit Verweis auf die einschlägige Rechtsprechung – schließlich doch auf die Frage nach der Wirksamkeit formularmäßiger Prolongationsklauseln angewendet. Dies erscheint nicht konsequent und ist im Rahmen der noch vorzunehmenden Stellungnahme[1162] noch näher zu beurteilen.

Im Ergebnis mit dieser Ansicht übereinstimmend gehen weitere Autoren schließlich davon aus, dass eine formularmäßig vereinbarte Haftung für Kreditprolongationen nur dann zulässig sein dürfte, wenn diese von den Beteiligten bereits im Zeitpunkt der Sicherheitenbestellung ins Auge gefasst worden war.[1163] Der Prolongationskredit sei dann nämlich zum Anlasskredit zu rechnen und habe so als künftiges Sicherungsbedürfnis bereits Eingang in den Sicherungszweck gefunden. Sei die Prolongation hingegen nicht von vornherein von den Beteiligten in Betracht gezogen worden, sei die formularmäßige Vereinbarung der Haftung für Kreditprolongationen hingegen skeptisch zu beurteilen, da es sich dann faktisch um einen neuen Kredit handeln würde.

1159 *Samhat*, WM 2016, 962 (966).
1160 Siehe hierzu oben unter § 12 I. 1. b. i. (2) (b) (i).
1161 Siehe hierzu oben unter § 12 I. 1. b. i. (2) (c) (i).
1162 Siehe hierzu unten unter § 12 I. 3. a. iv.
1163 Siehe hierzu *Ganter*, in: Schimansky/Bunte/Lwowski, Bankrechts-Handbuch, § 90, Rdn. 103 sowie auch *Merkel*, in: Schimansky/Bunte/Lwowski, Bankrechts-Handbuch, § 93, Rdn. 226.

iii. Rechtsprechung

Während sich der BGH zur Erstreckung einer Anlassbürgschaft mit formularmäßiger weiter Zweckerklärung auf Forderungen, die während einer nachträglich vereinbarten Verlängerungszeit des Kredits entstanden sind[1164], eindeutig positioniert hat, scheint dies hinsichtlich der Frage der Wirksamkeit etwaiger formularmäßiger Prolongationsabreden bisher nicht der Fall zu sein.

Von Interesse ist in diesem Zusammenhang jedoch, dass der BGH in einem Urteil[1165] aus dem Jahre 1996 davon ausgeht, dass eine formularmäßige Haftungserweiterungsklausel, wonach sich die Haftung des Drittsicherungsgebers formularmäßig auch auf alle „Kreditüberschreitungen bzw. Kontoüberziehungen" erstrecken sollte, nicht nur gegen § 305c Abs. 1 BGB verstößt, sondern auch einer Inhaltskontrolle nach § 307 BGB nicht standhält. Wörtlich führt der BGH hierzu aus, dass er entschieden habe, „(...) daß bei einer Bürgschaft, die aus Anlaß der Gewährung eines bestimmten, betragsmäßig limitierten Kontokorrentkredits geleistet wird, eine AGB-Klausel, mit der die Bürgenhaftung auf alle bestehenden und künftigen Verbindlichkeiten des Hauptschuldners ausgedehnt wird [Anm.: weite Zweckerklärung], grundsätzlich überraschend i.S. des § 3 AGBG [Anm.: jetzt § 305c BGB] ist. § 767 Abs. 1 S. 3 BGB bestimmt nämlich, daß die Bürgenverpflichtung nicht durch spätere Rechtsgeschäfte des Hauptschuldners erweitert werden kann; das Gesetz setzt damit eine summenmäßige Begrenzung der Bürgschaft als selbstverständlich voraus. (...) Hat ein Bürge aber keinen bestimmenden Einfluß auf die Entstehung und ordnungsgemäße Tilgung neuer Schulden (...), so ist die formularmäßige Ausdehnung seiner Haftung auf alle gegenwärtigen und künftigen Verbindlichkeiten mit der gesetzlichen Leitentscheidung des § 767 Abs. 1 S. 3 BGB nicht zu vereinbaren. Sichert die Bürgschaft einen Kontokorrentkredit, so widerspricht es dem Vertragszweck, daß der Bürge auch für neue Kredite eintreten soll, die der Kreditgeber unter Überschreitung der im Zeitpunkt der Verbürgung abgesprochenen Kreditlinie ohne Zutun des Bürgen gewährt." Übernimmt ein Bürge die Haftung für Verbindlichkeiten aus einem Kontokorrentkredit, für den ein bestimmtes Limit vereinbart war, „so widerspricht eine formularmäßige Ausdehnung seiner Haftung auf spätere Kreditüberschreitungen bzw. Kontoüberziehungen dem Verbot der Fremddisposition (...). Das muß jedenfalls dann gelten, wenn sich die Klausel (...) nicht auf eine vorübergehende Kontoüberziehung im banküblichen Rahmen beschränken, sondern ohne Begrenzung Krediterweiterungen in beliebiger Höhe umfassen soll." Dem Bürgen würde damit ein

1164 Siehe hierzu oben unter § 12 I. 1. b. i. (2) (c) (i); sowie BGH, Urteil vom 15.07.1999 – IX ZR 243–98 = NJW 1999, 3195 (3196).

1165 BGH, Urteil vom 07.11.1995 – XI ZR 235/94 = NJW 1996, 249 (249 f.). – Das vorstehende BGH-Urteil bezieht sich zwar auf einen Schuldbeitritt, ist aber auf die Bürgschaft ohne Weiteres anwendbar, da in dem Urteil selbst ausdrücklich die Übertragbarkeit der Rechtsprechung zur Bürgschaft auf den Schuldbeitritt bejaht wird, was damit auch umgekehrt Geltung beansprucht.

unkalkulierbares Haftungsrisiko aufgebürdet, weshalb die formularmäßige Vereinbarung einer solchen Haftungsausdehnung nicht nur gegen § 305c Abs. 1 BGB verstoße, sondern auch einer Inhaltskontrolle nach § 307 BGB nicht standhalten würde.[1166]

Auch wenn der BGH hier nicht über die Wirksamkeit formularmäßiger Prolongationsklauseln, sondern einzig über formularmäßige Haftungserweiterungsklauseln betreffend etwaige Kreditüberschreitungen urteilte, so wird man davon ausgehen können, dass er im Allgemeinen dazu tendieren wird, eine formularmäßige Ausdehnung der Bürgenhaftung auf nachträgliche Rechtsgeschäfte, die dem Verbot der Fremddisposition i.S. des § 767 Abs. 1 S. 3 BGB widersprechen und dem Bürgen ein unkalkulierbares Haftungsrisiko aufbürden, als gegen § 305c Abs. 1 BGB sowie § 307 BGB verstoßend zu betrachten. Mithin wird – bei konsequenter Fortführung der BGH-Rechtsprechung zu formularmäßigen Haftungserweiterungsklauseln – bei Bürgschaften formularmäßig nicht wirksam vereinbart werden können, dass die Bürgschaft fortbestehen soll, wenn der gesicherte Kredit prolongiert wird, sofern von dem Begriff der Prolongation auch solche Prolongationskredite erfasst sein sollen, die eine nachträgliche rechtsgeschäftliche Haftungserweiterung i.S. des § 767 Abs. 1 S. 3 BGB begründen.[1167]

Dies zeigt, dass unabhängig davon, ob die Bürgschaftserklärung eine formularmäßige weite Sicherungszweck-erklärung oder eine formularmäßige Prolongationsklausel enthält, davon auszugehen ist, dass ein Bürge grundsätzlich nicht für Forderungen, die während einer nachträglich vereinbarten Verlängerungszeit des

1166 Siehe hierzu auch OLG München, Urteil vom 10.12.1997 – 3 U 3961/97 = ZIP 1998, 731 (731 f.), das ebenso von einem Verstoß solcher formularmäßigen Haftungserweiterungsklauseln – jedenfalls gegen § 305c – ausgeht: „Die Klägerin [Anm.: die Bank] kann sich nicht darauf berufen, daß wegen des maschinenschriftlichen Zusatzes im Vertragstext ‚zuzüglich eventueller Überziehungen', der nach dem ersten Satz und vor der mit Sicherungszweck überschriebenen Ziffer 1 des Vertragstextes eingefügt worden ist, der Beklagte zu 1) [Anm.: der Bürge] für die unbegrenzte Überziehung des Kontokorrentkredits einzustehen hat. (...) Die mit dem maschinenschriftlichen Zusatz vorgenommene Ausweitung der Haftung entgegen dem übrigen Vertragstext wurde gemäß § 3 AGBG [Anm.: jetzt § 305c BGB] nicht Bestandteil des Bürgschaftsvertrages mit dem Beklagten zu 1). Im Rahmen einer Höchstbetragsbürgschaft ist eine Klausel als überraschend zu werten, die im Gegensatz zum Höchstbetrag zu einer unbeschränkten Haftung des Bürgen führt. Will ein Bürge nur bis zu einer bestimmten Summe haften und weist die Überschrift des Vertrages sowie die Beschreibung der Forderung [Anm.: Bürgschaft wurde zur Sicherung der Forderungen der Klägerin gegen die M. GmbH aus ‚Kontokorrentkredit über 200.000 DM auf Kontokorrentkonto 121' bestellt] auf die Beschränkung hin, so ist eine gegenteilige Klausel, die die Haftung unbegrenzt erweitert, ungewöhnlich und überraschend. Mit ihr muß der Bürge nicht rechnen."

1167 Siehe hierzu ausführlich unten unter § 16 III. 2. a. i. zur Differenzierung zwischen anfänglichen und nachträglichen Prolongationsvereinbarungen.

verbürgten Kredites entstanden sind, haftet. Etwas anderes gilt nur dann, wenn sich die Beteiligten von vornherein über eine Kreditverlängerung einig waren.[1168]

iv. Stellungnahme

Sofern sich die Literatur mit der Wirksamkeit etwaiger formularmäßig vereinbarter Prolongationsklauseln auseinandersetzt, vertreten die Autoren dabei weitestgehend unterschiedliche Ansätze. Aufgrund der unterschiedlichen Anforderungen an die Wirksamkeit und der uneinheitlichen bzw. teils sogar fehlenden Begründungsansätze bleibt mit der Literatur im Ergebnis fraglich, ob in einer Bürgschaftszweckerklärung tatsächlich formularmäßig wirksam vereinbart werden kann, dass die Bürgschaft fortbestehen soll, wenn der von ihr gesicherte Kredit prolongiert wird. Die unterschiedlichen Ansichten im Schrifttum sind nach hier vertretener Auffassung eher als ungenaue Einzelaussagen aufzufassen.

Paradigmatisch dafür, dass mit den Begründungsansätzen in der Literatur die Zweifel an der (Un-)Wirksamkeit formularmäßiger Prolongationsklauseln nicht ausgeräumt werden können, steht die Literaturansicht[1169], die zunächst davon ausgeht, dass es sich bei Kreditsicherheiten mit Prolongationsklauseln um Sicherheiten mit enger Zweckerklärung handele. Dies, da die Grundlage der in Bezug genommenen künftigen Verbindlichkeiten *de facto* unverändert bleibe, die Forderung ohne weiteres bestimmbar sei und eine Sicherheit grundsätzlich auch für künftige Verbindlichkeiten bestellt werden dürfe. Deshalb sei es nicht nur ungenau, sondern rechtlich sogar verfehlt, die Prolongationsklausel mit Verweis auf die Grundsätze zur weiten Zweckerklärung anzugreifen, weil damit die unterschiedlichen Interessenlagen nicht hinreichend berücksichtigt würden. Mit konkretem Bezug zur Bürgschaft wird sodann jedoch darauf verwiesen, dass auch nach dem BGH eine solche einen verlängerten Kredit erfassen könne. In diesem Zusammenhang wird die auch im Rahmen dieser Untersuchung dargelegte Rechtsprechung des BGH[1170] zur Erstreckung einer Anlassbürgschaft mit weiter Zweckerklärung auf Forderungen, die während einer nachträglich vereinbarten Verlängerungszeit des Kredits entstanden sind, zitiert. Nach dem Leitsatz dieses Urteils soll die auf den Anlass beschränkte Haftung des Bürgen einen sog. Prolongationskredit umfassen, wenn „Gläubiger und Hauptschuldner den Anlasskredit auf eine Laufzeit von höchstens einem Jahr in der Absicht begrenzt (haben), diese Rechtsbeziehung anschließend durch gleichartige jeweils hintereinander geschaltete Verträge fortzusetzen“ und diese „Vertragsgestaltung für (...) [den Bürgen] ersichtlich war oder er die Haftung übernommen hat, ohne sich um den Gegenstand der Hauptschuld zu kümmern“.

1168 Siehe hierzu sowie zum Vorstehenden auch BGH, Urteil vom 08.11.2001 – IX ZR 46/99 = NJW-RR 2002, 1130 (1131).

1169 *Samhat*, WM 2016, 962 (965 f.).

1170 BGH, Urteil vom 15.07.1999 – IX ZR 243–98 = NJW 1999, 3195 (3196); siehe hierzu auch oben unter § 12 I. b. i. (2) (b) (i).

Der BGH hatte hier (erneut) nur über den Fall zu entscheiden, dass die Kreditvertragsparteien den Kredit nur wegen des nach altem Kapitalunterlegungsrecht geltenden Grundsatzes aus § 10 KWG auf ein Jahr befristet und vereinbart hatten, dass der Kredit hiernach fortgesetzt werden solle. Dazu führt der BGH aus: „Zwar begründen auch dann spätere Kreditverträge aus der Sicht bei Erteilung der Bürgschaft lediglich zukünftige Forderungen. Deren Inhalt ist in diesem Falle jedoch nach Grund und Umfang von vorneherein genau abgesteckt und das Bürgenrisiko damit gegenständlich eindeutig beschrieben. Unter solchen Voraussetzungen können zukünftige Ansprüche wirksam formularmäßig verbürgt werden."

Im Anschluss an den Verweis auf jene Rechtsprechung wird sodann das Fazit gezogen, dass eine formularmäßig vereinbarte Prolongationsklausel für den Bürgen weder überraschend noch unangemessen benachteiligend sei, wenn die Kreditvertragsparteien von vornherein eine Verlängerung eines befristeten Kredits gewollt hätten und im Streitfall die Bank darlegen und beweisen könne, dass der Bürge über eine mögliche Kreditverlängerung informiert wurde oder dies aufgrund der Umstände des Einzelfalls hätte wissen müssen. Eine im Kreditvertrag angelegte Verlängerungsmöglichkeit dürfte dem Bürgen dann bekannt sein, wenn der Kredit auf längere Zeit angelegt sei, aber zunächst befristet gewährt werde, wie z.B. ein Betriebsmittelkredit. In diesen Fällen sei auch der prolongierte Kredit Anlass der Bürgschaftsübernahme.

Im Ergebnis werden damit an die Wirksamkeit formularmäßiger Prolongationsklauseln – eben sogar unter Verweis auf die einschlägige Rechtsprechung – die gleichen Anforderungen gestellt, wie sie für formularmäßig weite Bürgschaftszweckerklärungen gelten. Da der Autor selbst zunächst darauf hinweist, dass die – auch im Rahmen dieser Untersuchung aufgestellten – Grundsätze zur Drittsicherheit mit weiter Zweckerklärung gerade nicht auf die Prolongationsklausel angewendet werden dürften, erscheint dies im Ergebnis nicht konsequent. Vorstehende Prämisse, d.h. die Forderung nach der Nichtanwendbarkeit jener Grundsätze, fußt laut dieser Ansicht aber auf der Annahme, dass weite Sicherungszweckerklärungen eben zur Sicherung aller gegenwärtigen und künftigen Forderungen aus der bankmäßigen Geschäftsbeziehung vereinbart werden, während Prolongationsklauseln ausschließlich künftige, im ursprünglich vereinbarten Kreditvertrag angelegte Forderungen, die aufgrund einer Verlängerung des ursprünglichen Kredites entstehen, erfassen würden. Die Vergegenwärtigung dieser Annahme ist von essentieller Bedeutung, denn sie zeigt, dass bei diesen Überlegungen nicht davon ausgegangen wird, dass von etwaigen Prolongationsklauseln auch solche Kreditverlängerungen erfasst sein können, die zu einer Veränderung des Inhalts und des Zwecks des Kredites führen, d.h. eine identitätsändernde Wirkung hinsichtlich der originären Kreditforderung haben.[1171] Die Begrifflichkeit der

1171 Wie gezeigt, können mit einer Laufzeitverlängerung auch neue Verbindlichkeiten begründet werden, die bei Bestellung der Sicherheit noch nicht bestanden und damals auch noch nicht als zukünftige Rechtsgeschäfte in die Verhandlungen einbezogen worden waren, welche der Kreditgewährung vorausgingen. Es handelt

„Prolongation" wird demnach durch dieses Verständnis von Prolongationsklauseln inhaltlich nicht vollends ausgeschöpft. „Prolongation" im Rahmen einer Prolongationsklausel kann und sollte aber grundsätzlich ein dehnbarer Begriff sein, damit Prolongationsklauseln gegenüber weiten Sicherungszweckerklärungen den zuvor herausgearbeiteten Mehrwert zu verzeichnen haben.[1172] Erfasst sein können (und sollten – eben um besagten Mehrwert zu entfalten –) von der Begrifflichkeit der „Prolongation" im Rahmen von Prolongationsklauseln grundsätzlich sowohl künftige, im ursprünglich vereinbarten Kreditvertrag aber bereits angelegte, Verbindlichkeiten, die aufgrund einer Verlängerung des ursprünglichen Kredites entstehen, als auch Verbindlichkeiten, die bei Bestellung der Sicherheit noch nicht bestanden und damals auch noch nicht als zukünftige Rechtsgeschäfte in die Verhandlungen einbezogen wurden, welche der Kreditgewährung vorausgingen.[1173]

Die Untersuchung der Wirksamkeit von Prolongationsklauseln durch die benannte Literaturansicht beschränkt sich augenscheinlich jedoch einzig auf den ersten Fall. Denn sie geht davon aus, dass bei Prolongationen „die Grundlage der in Bezug genommenen Verbindlichkeit *de facto* unverändert bleibt". Eine Kreditprolongation stellt würde damit nie eine identitätsändernde Maßnahme hinsichtlich der Hauptforderung darstellen. Beschränkt auf diesen Fall, geht die Ansicht von der Wirksamkeit etwaiger Prolongationsklauseln aus, wenn der Bürge über die von vornherein von den Kreditvertragsparteien gewollte Verlängerung des betreffenden Kredits informiert wurde oder er dies aufgrund der Umstände des Einzelfalls hätte wissen müssen. Damit wird aber deutlich, dass die als wirksam erachteten Prolongationsklauseln in ihrem Wirkungsbereich nicht über formularmäßige weite Sicherungszweckerklärungen hinausgehen. Denn insoweit gilt, dass – wie bereits eingehend erörtert – auch ein künftiges Sicherungsbedürfnis Bestandteil des Sicherungsvertrages und als solches zum Anlass der – insoweit wirksamen – formularmäßigen Bürgschaftszweckerklärung gezählt werden kann, wenn die künftigen Verbindlichkeiten bereits bei Vertragsschluss nach Grund und Umfang klar und übersichtlich umrissen sind und auch der Bürge bei Übernahme der Haftung weiß, aus welchem Grund und bis zu welcher Höhe diese Forderungen entstehen werden. Unter Einhaltung dieser Voraussetzungen können – sofern durch die Prolongation Inhalt und Zweck des Kredits unverändert bleiben – eben auch Prolongationskredite vom Haftungsumfang einer weiten Bürgschaftszweckerklärung erfasst sein. Werden hingegen im Rahmen einer Kreditprolongation neue Verbindlichkeiten begründet, die bei Erteilung der Bürgschaft noch nicht als zukünftige Rechtsgeschäfte in die Verhandlungen, welche der Kreditgewährung vorausgingen, einbezogen worden waren, haftet der Bürge für diese Verbindlichkeiten selbst dann nicht, wenn die neuen Vereinbarungen inhaltlich mit dem

---

sich dann um einen neuen, in dem vorherigen Kreditverhältnis noch nicht angelegten Kreditvertrag; siehe hierzu bereits ausführlich oben unter § 7 III. 3. c. iv.

1172 Siehe hierzu oben unter § 12 I. 3. a. i.

1173 Siehe hierzu bereits oben unter § 7 III. 3. c.

originären Kreditvertrag, abgesehen von beispielsweise der Laufzeit, identisch sind.[1174]

Unabhängig davon, ob in der Bürgschaftszweckerklärung eine formularmäßige Prolongationsklausel enthalten ist oder ein weiter Sicherungszweck vereinbart wurde, wird, wenn ein befristeter Kredit prolongiert wird und es sich dabei nicht (mehr) um den anlassgebenden Kredit handelt, sowohl nach der aufgezeigten Auffassung zur (Un-)Wirksamkeit von Prolongationsklauseln als auch nach der Rechtsprechung des BGH zur Wirksamkeit formularmäßiger weiter Bürgschaftszweckerklärungen zur Sicherung des Prolongationskredits eine neue Bürgschaft hereingenommen werden müssen.[1175] Insoweit besteht bei den Anforderungen an formularmäßige Prolongationsklauseln und weiten Bürgschaftszweckerklärungen ein Gleichlauf.

Nach dieser Analyse wird deutlich, dass sich die aufgezeigte Literaturansicht, nach der augenscheinlich zunächst von der Wirksamkeit etwaiger Prolongationsklauseln in Bürgschaftsverträgen ausgegangen wird, im Ergebnis nicht konträr zur aufgezeigten BGH-Rechtsprechung zur Wirksamkeit etwaiger formularmäßiger Haftungserweiterungsklauseln verhält, die es – wie gezeigt – bei konsequenter Fortführung auch auf formularmäßige Prolongationskredite zu übertragen gilt. Danach haftet ein Bürge für Verbindlichkeiten, die während einer nachträglich vereinbarten Verlängerungszeit des verbürgten Kredites entstanden sind, grundsätzlich nicht, d.h. auch nicht, wenn eine formularmäßige Prolongationsklausel vereinbart wurde. Dem Bürgen würde damit nämlich ein unkalkulierbares Risiko aufgebürdet werden.[1176] Etwas anderes gilt nur dann, wenn sich die Beteiligten von vornherein über eine mögliche Verlängerung der Kreditvertragslaufzeit einig waren. Dies zeigt, dass auch der BGH die skizzierten Grundsätze zur Wirksamkeit formularmäßig weiter Bürgschaftszweckerklärungen im Grunde auf formularmäßige Prolongationsklauseln anwendet.

Dem ist nach hier vertretener Auffassung zuzustimmen. Bei der Verwendung sog. Prolongationsklauseln, d.h. der Abrede, dass eine Bürgschaft bestehen bleiben soll, wenn der Kredit verlängert wird, kann nicht ohne Weiteres davon ausgegangen werden, dass davon ausschließlich im ursprünglich vereinbarten Kreditvertrag angelegte künftige Forderungen, die aufgrund der Verlängerung des ursprünglichen Kredits entstehen, erfasst sein sollen.[1177] Prolongationsklauseln lassen sich vielmehr – zum Nachteil des Bürgen – weitaus umfassender interpretieren. Unter den Begriff der Prolongation können – wie gezeigt[1178] – nämlich

1174 Siehe hierzu bereits oben unter § 12 I. 1. b. i. (2) (c) (i); sowie BGH, Urteil vom 15.07.1999 – IX ZR 243–98 = NJW 1999, 3195 (3196); *Federlin*, in: Kümpel/Wittig, Bank- und Kapitalmarktrecht, Rdn. 12.244.

1175 *Röttger*, Kreditsicherungsrecht, S. 37.

1176 Siehe hierzu bereits oben unter § 12 I. 1. b. i. (2) (b).

1177 So aber *Samhat*, WM 2016, 962 (965).

1178 Siehe hierzu bereits ausführlich oben unter § 7 III. 3. c. iii.

auch Laufzeitverlängerungen gefasst werden, mit denen neue Verbindlichkeiten begründet werden, die bei Bestellung der Bürgschaft noch nicht bestanden und damals auch noch nicht als zukünftiges Rechtsgeschäft in die Verhandlungen einbezogen waren, welche der Kreditgewährung vorausgingen. Dies ist laut BGH aber unabdingbare Voraussetzung für die formularmäßige Erstreckung einer Bürgschaft auf künftige Forderungen.[1179] Vorausgesetzt wird, dass der Bürge bei der Bürgschaftsübernahme weiß, aus welchem Grund und bis zu welcher Höhe die zu sichernden künftigen Verbindlichkeiten entstehen werden. Der Kreis der künftigen Verbindlichkeiten muss nach Grund und Umfang von Anfang an klar und übersichtlich abgesteckt sein, damit der Bürge das zu übernehmende Risiko genau erkennen kann. Allein unter diesen Voraussetzungen kann eine Bürgschaft auch Prolongationskredite mit einbeziehen.[1180] Gründe dafür, warum die vom BGH aufgestellten Grundsätze zur Wirksamkeit weiter Bürgschaftszweckerklärungen auf formularmäßige Prolongationsklauseln, die ebenfalls zukünftige Forderungen betreffen können, die nicht unbedingt nach Grund und Umfang von vornherein bestimmbar sind, nicht anzuwenden sein sollten, sind nach hier vertretener Auffassung nicht ersichtlich. Es besteht sowohl bei weiten Bürgschaftszweckerklärungen als auch bei Prolongationsklauseln die Gefahr, dass der Bürge aus einer solchen Formularklausel nicht erkennen kann, ob und gegebenenfalls welche Ansprüche des Gläubigers gegen den Hauptschuldner bestehen. Würde der Bürge für solche „Ausdehnungen" seiner Verpflichtung einstehen müssen, würde er ein unkalkulierbares Risiko übernehmen.[1181] Der Bürge könnte nicht mehr feststellen, auf welchen Betrag sich seine Verpflichtung beläuft, ohne die Entwicklung der ursprünglich gesicherten Verbindlichkeit des Hauptschuldners in allen Einzelheiten geprüft zu haben.[1182] Während die Anlassforderung für den Bürgen aus dem Zweck des Sicherungsgeschäfts ersichtlich wird, gilt dies für den genauen Umfang der Prolongation nämlich gerade nicht.

Für die Zwecke dieser Untersuchung bleibt damit – nach hier vertretener Auffassung – festzuhalten, dass formularmäßige Prolongationsklauseln, den aufgestellten Grundsätzen zu formularmäßig weiten Bürgschaftszweckerklärungen folgend, grundsätzlich gegen §§ 305c, 307 BGB verstoßen. Eine formularmäßige Haftung für Verlängerungen der Kreditlaufzeit ist damit grundsätzlich unwirksam. Im Allgemeinen ist deshalb davon auszugehen, dass die Bürgschaft für einen befristeten Kredit mit dem vereinbarten Fristablauf dieses Kredits endet. Zur wirksamen Besicherung eines Prolongationskredits wird deshalb grundsätzlich eine neue Bürgschaft bestellt werden müssen.[1183]

1179 Siehe hierzu bereits oben unter § 12 I. 1. b. i. (2) (c) (ii).
1180 Siehe hierzu bereits oben unter § 12 I. 1. b. i. (2) (c) (i).
1181 So auch *Völzmann-Stickelbrock*, Kreditsicherungsrecht, S. 90 f.
1182 BGH, Urteil vom 18.07.2002 – IX ZR 294/00 = NJW 2002, 3167 (3169).
1183 Siehe hierzu auch *Röttger*, Kreditsicherungsrecht, S. 37, 128.

Während sich die generelle Einbeziehung von Laufzeitverlängerungen damit als problematisch erweist, wird im Gleichlauf mit den zu weiten Bürgschaftszweckerklärungen aufgestellten Grundsätzen eine Kreditprolongation aber auch bei Verwendung einer – ansonsten eigentlich unwirksamen – Prolongationsklausel ausnahmsweise dann verbürgt sein, wenn der Bürge die Absicht der Kreditvertragsparteien, den Kreditvertrag zu prolongieren, von Anfang an kennt und die Prolongation des originären Kredites deshalb keine identitätsändernde Maßnahme, d.h. keine Begründung einer neuen Kreditverbindlichkeit, sein wird.[1184] Haben die Kreditvertragsparteien also von vornherein eine Verlängerung des Haftungsumfangs bzw. der anlassgebenden Hauptverbindlichkeit gewollt oder zumindest ins Auge gefasst und kann die Bank im Streitfall darlegen und beweisen, dass der Bürge über einen derart anvisierten „Wandel der Hauptschuld" informiert wurde oder aufgrund der Umstände des Einzelfalls davon hätte Kenntnis haben müssen, ist die spätere Veränderung oder Erweiterung der Hauptschuld für den Bürgen weder überraschend noch unangemessen benachteiligend und mithin von der Prolongationsklausel abgedeckt. Der bereits im Zeitpunkt der Verbürgung angelegte spätere „Wandel der Hauptschuld" wird so nämlich mit zum Anlass der Verbürgung gerechnet werden können. Um die Prolongation als verbürgt anzusehen, sind in einem solchen Fall aber dennoch strenge Anforderungen an die Voraussehbarkeit von Inhalt und Umfang zu stellen, die regelmäßig nur dann erfüllt sein werden, wenn es sich bei dem originären Kredit sowie seiner Prolongation tatsächlich um wirtschaftlich einheitliche Kreditgeschäfte handelt, welche „von vornherein in mehrere zeitlich gestaffelte, nach Grund und Umfang eindeutig bestimmte Einzelverträge hintereinandergeschaltet werden".[1185]

Zusammenfassend lässt sich die Frage nach einer wirksamen formularmäßigen Haftung des Bürgen für Kreditprolongationen bei Verwendung sog. Prolongationsklauseln demnach mit der Frage nach der Anlasskonformität einer Prolongation gleichsetzen. Eine Haftung für Kreditprolongationen und damit für zukünftige Verbindlichkeiten kann formularmäßig mittels – nach hier vertretener Auffassung ansonsten eigentlich unwirksamer – Prolongationsklauseln nur begründet werden, soweit der Bürge bei Erteilung der Bürgschaft weiß, aus welchem Grunde und bis zu welcher Höhe die aus der intendierten Prolongation begründeten Forderungen entstehen werden. Die während der Verlängerungszeit des Kredits entstandenen Forderungen werden dann zum Anlass für die Übernahme der Bürgschaft durch den Beklagten zu rechnen sein. Sind Entstehungszeitpunkt und Umfang im Zeitpunkt der Verbürgung bekannt, können künftige Forderungen nämlich ebenso Anlasskredit sein.[1186] Damit kann im Ergebnis nur unter Berücksichtigung des prolongierten Kredites selbst abschließend beurteilt werden, ob dieser von der

1184 *Bales*, BKR 2004, 264 (267).
1185 *Rohe*, in: Bamberger/Roth/Hau/Poseck, BeckOK BGB, § 765 BGB, Rdn. 35.
1186 Siehe hierzu ausführlich noch unten unter § 16 II.

betreffenden Kreditsicherheit umfasst wird oder nicht.[1187] Insbesondere bei Prolongationen wird in der Praxis vor dem Hintergrund des tatsächlich eingetretenen Sachverhalts im Einzelfall regelmäßig zu klären sein, welche Auswirkungen die rechtsgeschäftliche Änderung auf die übernommene Haftung hat, ob diese von Anfang an ins Auge gefasst wurde oder nicht, und ob der Bürge die Absicht der Kreditvertragsparteien, den Kreditvertrag zu prolongieren, kannte oder eben nicht. Dies gilt gleichermaßen für formularmäßig weite Bürgschaftszweckerklärungen wie für Prolongationsklauseln.

Damit bleibt festzuhalten, dass Prolongationsklauseln in ihrem Wirkungsbereich gegenüber weiten Bürgschaftszweckerklärungen keinen Mehrwert entfalten. Wird von den Parteien bei der Bürgschaftsbestellung ein formularmäßiger weiter Sicherungszweck vereinbart, wonach unter anderem auch alle künftigen Forderungen aus der Geschäftsverbindung der Kreditvertragsparteien erfasst sein sollen, bedarf es der zusätzlichen Vereinbarung einer Prolongationsklausel mithin nicht.[1188] Vereinbaren die Parteien hingegen einen engen Sicherungszweck, der die konkret besicherten Forderungen bzw. Verträge benennt, ist die Aufnahme einer Prolongationsklausel, d.h. die Vereinbarung, dass die Bürgschaft fortbestehen soll, wenn der gesicherte Kredit prolongiert wird, empfehlenswert. Dann ist unter den – wenn auch sehr strengen – Voraussetzungen, dass die Kreditvertragsparteien die Verlängerung des Kredites von Anfang an gewollt haben und der Kreditgeber im Zweifelsfall darlegen und beweisen kann, dass dem Bürgen die Möglichkeit der Kreditverlängerung zur Kenntnis gelangte, jedenfalls in einem solchen Fall auch der prolongierte Kredit Anlass der Bürgschaftsübernahme und die vereinbarte Prolongationsklausel für den Bürgen unter AGB-rechtlichen Gesichtspunkten weder überraschend noch unangemessen benachteiligend.

Um das Risiko einer Fehlbeurteilung bei diesen oft nur schwer zu unterscheidenden Varianten zu eliminieren, bleibt für die Praxis abschließend zu empfehlen, dass bei intendierter Verlängerung der Kreditvertragslaufzeit das Kreditinstitut diese sicherheitshalber von der ausdrücklichen Bestätigung des Bürgen abhängig machen sollte, dass auch der prolongierte Kredit gesichert sein soll.[1189]

b. Stundungsabrede

Auch bei einer formularmäßigen Stundungsabrede ist zu überlegen, ob darin eine unwirksame Erweiterung der Verpflichtung des Bürgen i.S.d. § 767 Abs. 1 S. 3 BGB liegen kann und eine klauselmäßige Ermächtigung der kreditgewährenden Bank

---

1187 So auch *Samhat*, WM 2016, 962 (967); vgl. auch *Kiem*, Die Gewährträgerhaftung für öffentliche Kreditinstitute im Stresstest, in: Gedächtnisschrift für Gruson, S. 247 (259).

1188 So auch *Samhat*, WM 2016, 962 (965).

1189 Siehe hierzu auch *Fischer*, WM 1998, 1705 (1711); *Gaberdiel/Gladenbeck*, Kreditsicherung durch Grundschulden, Rdn. 685.

durch den Bürgen zum Abschluss derartiger Vereinbarungen deshalb gegen § 307 BGB verstößt.

In diesem Zusammenhang gilt es zu berücksichtigen, dass der BGH in einem Urteil aus dem Jahre 2000[1190] betreffend eine formularmäßige Ermächtigung zur Änderung der Tilgungsvereinbarung ausgeführt hat, dass in der Vereinbarung der Kreditvertragsparteien, ein Darlehen nicht mehr in monatlichen Raten, sondern erst am Ende der Darlehenslaufzeit in einer Summe zu tilgen, in der Regel eine unwirksame Erweiterung der Verpflichtung des Bürgen im Sinne von § 767 Abs. 1 S. 3 BGB liege. Eine derartige Abrede vergrößere das Bürgenrisiko erheblich, da sich die Haftung des Bürgen nun nicht mehr kontinuierlich verringere, sondern während der gesamten Laufzeit des Darlehens ständig der Gesamthöhe des Kredits entspreche. Die klauselmäßige Ermächtigung der kreditgewährenden Bank durch den Bürgen zum Abschluss derartiger Vereinbarungen verstoße deshalb gegen § 307 BGB, weil sie mit dem Grundgedanken der gesetzlichen Leitentscheidung des § 767 Abs. 1 S. 3 BGB nicht vereinbar sei. Zugleich schränke eine derartige Klausel wesentliche Rechte des Bürgen in einer den Vertragszweck gefährdenden Weise ein. Sie mache es möglich, den Bürgen mit einem Risiko zu belasten, dessen Umfang allein von dem Handeln Dritter bestimmt werde, und widerspreche deshalb der im Vertragsrecht geltenden Privatautonomie. Der Bürge muss danach – auch wenn die kreditgewährende Bank dazu formularmäßig ermächtigt wurde – eine nachträgliche, ohne seine Beteiligung vereinbarte Tilgungsaussetzung nicht gegen sich gelten lassen.[1191]

Was die Frage einer wirksamen formularmäßigen Stundungsabrede anbelangt, so lässt das genannte Urteil gleichzeitig jedoch die Tendenz erkennen, Stundungen[1192] nicht als eine die Rechtsstellung des Bürgen verschlechternde Maßnahme anzusehen.[1193] Die klauselmäßige Ermächtigung der kreditgewährenden Bank durch den Bürgen zum Abschluss von Vereinbarungen, sprich etwaiger Stundungsabreden, würde demnach nicht gegen § 307 BGB verstoßen. Da eine Stundung dazu führt, dass sich das offene Darlehenskapital während des Stundungszeitraums nicht verringert, die Darlehenslaufzeit sich verlängert und das Risiko des Bürgen – ebenso wie bei vereinbarter Änderung der Tilgungsmodalitäten – sich damit beträchtlich vergrößern kann, erscheint dies jedoch nicht konsequent.[1194] Ebenso wie bei der Änderung von Tilgungsmodalitäten kann auch bei der Vereinbarung einer Stundung im Einzelfall das Risiko des Bürgen dadurch wesentlich erhöht werden, dass die bei Ablauf der ursprünglich vereinbarten Vertragsdauer

1190 BGH, Urteil 06.04.2000 – IX ZR 2/98 = NJW 2000, 2580 (2580 ff.).

1191 *Nobbe*, BKR 2002, 747 (756).

1192 Zum Unterschied zwischen Stundungen und Tilgungsaussetzungen siehe ausführlich unten unter § 16 III. 2. a. v.

1193 So auch *Fischer*, WM 2001, 1049 (1054); *Nobbe*, BKR 2002, 747 (756).

1194 So auch *Nobbe*, BKR 2002, 747 (756). – Siehe hierzu ausführlich auch unten unter § 16 III. 2. a. v.

dem Bürgen gegenüber dem Hauptschuldner zustehenden Regressansprüche später an Wert verlieren.[1195] Maßnahmen, die den Eintritt des Sicherungsfalls und damit die Inanspruchnahme des Bürgen verhindern bzw. verzögern sollen, stellen für den Bürgen eine Benachteiligung i.S. des § 767 Abs. 1 S. 3 BGB dar, da sich sein Risiko dadurch jedenfalls zeitlich verlängert.[1196] Das Argument, eine Stundungsabrede liege auch im Interesse des Bürgen, da er aus der Bürgschaft nicht sofort in Anspruch genommen werde, kann deshalb nicht zwangsläufig überzeugen.[1197] Auch wenn regelmäßig davon auszugehen sein wird, dass sich der Bürge vor dem Hintergrund der Alternative, nämlich der sofortigen Fälligstellung des Kredites und seiner alsbaldigen Inanspruchnahme, im Zweifel für eine Stundung der Hauptverbindlichkeit entscheiden wird, sollte die Entscheidung, ob die Stundung tatsächlich im Interesse des Bürgen liegt, diesem selbst überlassen bleiben.[1198]

Was laut BGH für die Änderung von Tilgungsmodalitäten gilt, sollte nach hier vertretener Auffassung deshalb auch für eine vereinbarte Stundung der Hauptverbindlichkeit gelten – mit der Folge, dass eine klauselmäßige Ermächtigung der kreditgewährenden Bank durch den Bürgen zum Abschluss derartiger Vereinbarungen zu einem Verstoß gegen § 307 BGB führen und sich Stundungsabreden im Ergebnis als unwirksam erweisen würden. Deshalb und gerade auch weil sich der BGH hierzu noch nicht eindeutig positioniert zu haben scheint, sollte der Bürge bei jedem Stundungsfall um seine Zustimmung ersucht werden.

c. *Tilgungsaussetzungsabreden*

Wie soeben schon festgestellt[1199], stellt nach dem BGH eine klauselmäßige Ermächtigung der kreditgewährenden Bank zur Änderung der Tilgungsvereinbarung in aller Regel eine unwirksame Erweiterung der Verpflichtung des Bürgen i.S. von § 767 Abs. 1 S. 3 BGB dar. Mit der Vereinbarung, dass ein Darlehen etwa nicht mehr in monatlichen Raten, sondern erst am Ende der Darlehenslaufzeit in einer Summe zu tilgen ist, vergrößere sich das Bürgenrisiko nämlich erheblich, da sich seine Haftung nunmehr nicht mehr kontinuierlich verringere, sondern während der gesamten Laufzeit des Darlehens ständig der Gesamthöhe des Kredits entspreche. In der klauselmäßigen Ermächtigung der kreditgewährenden Bank durch den Bürgen zum Abschluss derartiger Vereinbarungen sei deshalb ein Verstoß

1195 So BGH, Urteil vom 15.07.1999 – IX ZR 243–98 = NJW 1999, 3195 (3196).

1196 *Rösler/Fischer*, BKR 2006, 50 (54).

1197 *Nobbe*, BKR 2002, 747 (756).

1198 *Nobbe*, BKR 2002, 747 (756). – Siehe hierzu insbesondere auch *Lwowski*, in: Schimansky/Bunte/Lwowski, Bankrechts-Handbuch, 5. Aufl. 2017, Anh. zu § 91, Rdn. 25, wonach mit Rücksicht auf die Entscheidung des BGH-Urteils vom 15.7.1999 – IX ZR 243–98 = NJW 1999, 3195 (3195 ff.) zur für den Bürgen nachteiligen Wirkung der Vereinbarung einer Laufzeitverlängerung die noch in der 2. Auflage im abgedruckten Mustervertrag enthaltene Stundungsklausel gestrichen wurde.

1199 Siehe § 12 I. 3. b.

gegen § 307 BGB zu sehen, weil sie mit dem Grundgedanken der gesetzlichen Leitentscheidung des § 767 Abs. 1 S. 3 BGB nicht vereinbar sei. Zugleich schränke eine derartige Klausel wesentliche Rechte des Bürgen in einer den Vertragszweck gefährdenden Weise ein. Sie mache es möglich, den Bürgen mit einem Risiko zu belasten, dessen Umfang allein von dem Handeln Dritter bestimmt werde, und widerspreche deshalb der im Vertragsrecht geltenden Privatautonomie. Der Bürge muss danach – auch wenn die kreditgewährende Bank dazu formularmäßig ermächtigt wurde – eine nachträgliche, ohne seine Beteiligung vereinbarte Tilgungsaussetzung nicht gegen sich gelten lassen.[1200]

d. *Kreditüberschreitungs- bzw. Kontoüberziehungsklauseln*

Mit dem BGH ist davon auszugehen, dass eine formularmäßige Haftungserweiterungsklausel, wonach sich die Haftung eines Bürgen auch auf alle „Kreditüberschreitungen bzw. Kontoüberziehungen" erstrecken soll, nicht nur gegen § 305c Abs. 1 BGB verstößt, sondern darüber hinaus auch einer Inhaltskontrolle nach § 307 BGB nicht standhält. Insoweit wird auf die oben bereits erfolgten Ausführungen verwiesen.[1201]

e. *Zinsänderungsklausel*

Eindeutig scheint sich – zumindest auf den ersten Blick – die Rechtslage hinsichtlich der Frage zu gestalten, ob bei Bürgschaftsbestellung formularmäßig vereinbart werden kann, dass die Bürgschaft fortbesteht, wenn der Zinssatz geändert wird.

Mit Zinsänderungsklauseln wird man – wie aufgezeigt – zunächst in Form von Zinsanpassungsklauseln und Zinsgleitklauseln in den Kreditverträgen konfrontiert.[1202] In den Sicherheitenverträgen findet man „parallel" dazu ebenfalls sog. Zinsänderungsklauseln, wonach die bestellte Sicherheit unverändert bestehen bleiben soll, wenn der Zinssatz im gesicherten Kreditvertrag ein- oder mehrmals geändert wird.

i. *Rechtsprechung zur Wirksamkeit formularmäßiger Zinsänderungsklauseln*

Der BGH ging in einem Urteil aus dem Jahre 2000[1203] davon aus, dass die streitgegenständliche Zinsanpassungsklausel im betroffenen Kreditvertrag[1204] – insbesondere

1200 *Nobbe*, BKR 2002, 747 (756).
1201 Siehe hierzu oben unter § 12 I. 3. a. iii.
1202 Siehe hierzu oben unter § 8 VII.
1203 BGH, Urteil vom 06.04.2000 – IX ZR 2/98 = NJW 2000, 2580 (2582).
1204 Die Zinsanpassungsklausel sollte nach dem Sachverhalt des Urteils dazu dienen, „den Zinssatz den wechselnden und bei Vertragsschluss meist nicht überschaubaren künftigen Refinanzierungsmöglichkeiten, die maßgeblich durch den von der

unter AGB-rechtlichen Gesichtspunkten – nicht zu beanstanden sei, und führte sodann aus, dass damit auch eine entsprechende Zinsanpassungsklausel im Bürgschaftsvertrag, soweit sie eine Haftung des Bürgen für Erhöhungen von Darlehenszinsen begründe, die von den Kreditvertragsparteien zur Anpassung an geänderte Refinanzierungsmöglichkeiten in sachgerechter Weise vereinbart wurden, diesen nicht entgegen den Geboten von Treu und Glauben unangemessen benachteilige. Eine solche Klausel entspreche vielmehr den typischen Interessen der kreditgewährenden Bank und beeinträchtige die Interessen des Bürgen nicht in unangemessener Weise.

ii. Auswirkungen des Rechtsprechungswandels auf die Wirksamkeit vorformulierter Zinsänderungsklauseln

Als problematisch könnte es sich hier möglicherweise erweisen, dass der BGH zur Wirksamkeit von Zinsänderungsklauseln in formularmäßigen Kreditverträgen Grundsätze entwickelt hatte, die im Zeitpunkt des zitierten BGH-Urteils zur Haftungserstreckung der Bürgschaftsschuld auf Zinsänderungen[1205] Geltung beanspruchten, nach einer Grundsatzentscheidung des BGH aus dem Jahre 2009[1206] jedoch nicht mehr aufrecht zu halten sind.[1207]

Mangels Relevanz für die vorliegende Untersuchung soll die Zulässigkeit von kreditvertraglichen Zinsänderungsklauseln – insbesondere unter AGB-rechtlichen Gesichtspunkten – hier nicht näher erörtert werden.[1208] Fraglich ist hier allein, ob bzw. wie sich der Rechtsprechungswandel hin zu einer restriktiveren Handhabung kreditvertraglicher Zinsänderungsklauseln auf das hier interessierende und bereits zitierte Urteil des BGH aus 2000 zur Haftungserstreckung einer Bürgschaftsschuld auf Zinsänderungen also auf die Frage nach der Wirksamkeit etwaiger vorformulierter Zinsanpassungsklauseln in den Sicherungszweckvereinbarungen der Sicherheitenverträge auswirkt.

Zentralbank festgesetzten, schwankenden Diskontsatz beeinflusst werden, nach oben oder unten in marktkonformer Weise anzupassen".

1205 BGH, Urteil vom 06.04.2000 – IX ZR 2/98 = NJW 2000, 2580 (2582).

1206 BGH, Urteil vom 21.04.2009 – XI ZR 78/08 = NJW 2009, 2051 (2051 ff.) unter ausdrücklicher Aufgabe der Entscheidung des BGH, Urteil vom 06.03.1986 – III ZR 195/84 = NJW 1986, 1803 (1803 ff.).

1207 Statt vieler *Berger*, in: MüKoBGB, § 488, Rdn. 173; *Bunte*, in: Schimansky/Bunte/Lwowski, Bankrechts-Handbuch, § 17, Rdn. 51.

1208 Siehe allgemein zu den AGB-rechtlichen Schranken für kreditvertragliche Zinsanpassungs- und Zinsgleitklauseln etwa *Fuchs*, in: Ulmer/Brandner/Hensen, AGB-Recht, Teil 2, (65) Zinsanpassungsklauseln Rdn. 10 ff.; *Servatius*, in: Langenbucher/Bliesener/Spindler, Bankrechts-Kommentar, 35. Kap., Rdn. 310 ff. sowie aus der Rechtsprechung BGH, Urteil vom 13.04.2010 – XI ZR 197/09 = NJW 2010, 1742 (1742 ff.)); BGH, Urteil vom 21.04.2009 – XI ZR 78/08 = NJW 2009, 2051 (2051 ff.).

Nach dem BGH-Urteil sollte eine darlehensvertragliche Klausel nicht zu beanstanden sein, die dazu diente „den Zinssatz den wechselnden und bei Vertragsschluss meist nicht überschaubaren künftigen Refinanzierungsmöglichkeiten, die maßgeblich durch den von der Zentralbank festgesetzten, schwankenden Diskontsatz beeinflusst werden, nach oben oder unten in marktkonformer Weise anzupassen".[1209] Zur Begründung führte der BGH aus: „Nach höchstrichterlicher Rechtsprechung hält die Zinsklausel eines Darlehensvertrages, die der darlehensgebenden Bank unter den genannten Voraussetzungen ein einseitiges Leistungsbestimmungsrecht nach § 315 BGB einräumt, einer Prüfung nach § 307 BGB stand." Nach der Argumentation des BGH wird dann auch „ein Bürge durch eine solche Zinsanpassungsklausel, soweit sie seine Haftung für Erhöhungen von Darlehenszinsen begründet, die von Gläubiger und Schuldner zur Anpassung an geänderte Refinanzierungsmöglichkeiten in sachgerechter Weise vereinbart werden, nicht entgegen den Geboten von Treu und Glauben unangemessen benachteiligt. Eine solche Klausel entspricht vielmehr den typischen Interessen des Gläubigers und beeinträchtigt die Interessen des Bürgen nicht in unangemessener Weise (...)".

Auch wenn sich – wie gezeigt – die Anforderungen an die Wirksamkeit von Zinsanpassungsklauseln in Darlehensverträgen nach der Grundsatzentscheidung des BGH aus dem Jahre 2009 verschärft haben, so wird aus dem Argumentationsmuster des BGH jedoch deutlich, dass die in Sicherungszweckvereinbarungen enthaltenen vorformulierten Zinsanpassungsklauseln den Bürgen dann nicht unangemessen benachteiligen, wenn sie den allgemeinen Anforderungen entsprechen, die nach – aktueller – höchstrichterlicher Rechtsprechung für AGB-mäßige darlehensvertragliche Zinsklauseln gelten. Wenn die Zinsklausel eines Darlehensvertrages einer AGB-rechtlichen Prüfung standhält, dann wird nämlich davon auszugehen sein, dass ein Bürge durch eine etwaige Zinsanpassungsklausel im betreffenden Bürgschaftsformular, die seine Haftung für Erhöhungen von Darlehenszinsen begründet, die von der kreditgewährenden Bank und dem Hauptschuldner in sachgerechter und vor allem AGB-konformer Weise vereinbart werden, nicht unangemessen benachteiligt wird.

Soweit eine Zinsklausel des Darlehensvertrages den aktuellen Anforderungen der Rechtsprechung standhält, ist deshalb davon auszugehen, dass eine entsprechende Formularklausel, die die Konditionenerhöhung in die Bürgschaft einbezieht, den typischen Interessen der kreditgewährenden Bank entspricht und die Interessen des Bürgen nicht in unangemessener Weise beeinträchtigt. Eine solche Klausel ist als banküblich anzusehen und nach § 307 BGB nicht zu beanstanden.[1210] Dies gilt erst recht, wenn die Konditionenerhöhung für den Bürgen von Anfang an vorhersehbar war, wie dies regelmäßig bei einer begrenzten Zinsbindung oder einer Kreditvereinbarung „bis auf weiteres" der Fall sein wird.[1211]

1209 BGH, Urteil vom 06.04.2000 – IX ZR 2/98 = NJW 2000, 2580 (2582).

1210 Siehe zum Ganzen auch *Bales*, in: Münscher/Rösler/Lang, Praktikerhandbuch Baufinanzierung, S. 401; *Fischer*, WM 2001, 1049 (1053 f.).

1211 *Bales*, in: Münscher/Rösler/Lang, Praktikerhandbuch Baufinanzierung, S. 401.

Festzuhalten bleibt aber auch hier, dass die formularmäßig vereinbarte Möglichkeit einer Erhöhung der Verzinsung durch Vertragsänderung grundsätzlich eine unwirksame Erweiterung der Bürgenverbindlichkeit darstellt. Etwas anderes gilt eben nur dann, wenn die Befugnis zu Konditionsänderungen, also eine Zinsänderungs- bzw. Zinsanpassungsklausel, bereits im ursprünglichen Vertrag, d.h. im Kreditvertrag der kreditgewährenden Bank mit dem Hauptschuldner als einseitiges Leistungsbestimmungsrecht i.S. des § 315 BGB angelegt war. Dann handelt es sich nämlich nicht um eine nachteilige rechtsgeschäftliche Vereinbarung oder Vertragsänderung, sondern allein um die Ausübung eines Gestaltungsrechts.[1212]

f. Zwischenbefund

Die Frage nach der Wirksamkeit von Prolongations-, Stundungs- sowie Zinsanpassungsklauseln ist differenziert zu betrachten. Da sowohl Prolongations- als auch Stundungsklauseln – entgegen dem ersten Anschein – nicht ausschließlich im ursprünglichen Kreditvertrag angelegte Forderungen, die aufgrund einer Verlängerung bzw. Stundung des originären Kredites künftig entstehen, erfassen[1213], sind auf jene Klauseln grundsätzlich die aufgezeigten Grundsätze zu Bürgschaften mit weiten Zweckerklärungen anzuwenden. Dies führt im Falle einer Prolongation dazu, dass diese nur dann von einer vorformulierten Prolongationsklausel erfasst und damit für den Bürgen weder überraschend noch unangemessen benachteiligend ist, wenn die Kreditvertragsparteien von vornherein eine Verlängerung des Kredites anvisiert haben und die kreditgewährende Bank im Streitfall darlegen und beweisen kann, dass der Bürge um die Kreditverlängerung wusste oder wegen der Umstände des Einzelfalls hätte wissen müssen.

Was die Vereinbarung einer formularmäßigen Stundungsabrede anbelangt, so sprechen nach hier vertretener Auffassung die besseren Argumente dafür, die vom BGH skizzierten Anforderungen an eine Änderung von Tilgungsmodalitäten auch für eine vereinbarte Stundung der Hauptverbindlichkeit anzuwenden – mit der Folge, dass eine klauselmäßige Ermächtigung der kreditgewährenden Bank durch den Bürgen zum Abschluss derartiger Vereinbarungen zu einem Verstoß gegen § 307 BGB führen und sich die Stundungsabrede im Ergebnis als unwirksam erweisen würde.

Gleiches gilt auch für Kreditüberschreitungs- bzw. Kontoüberziehungsklauseln.

Eine vorformulierte Haftungserstreckung der Bürgschaftsschuld auf Zinsänderungen (sog. Zinsanpassungsklausel) hält hingegen grundsätzlich einer AGB-rechtlichen Prüfung stand. Dies gilt jedenfalls insoweit, als die Befugnis zur Konditionenanpassung bereits im ursprünglichen Kreditvertrag als einseitiges Leistungsbestimmungsrecht i.S. des § 315 BGB angelegt war.

1212 Vgl. zum Ganzen auch *Kiem*, Die Gewährträgerhaftung für öffentliche Kreditinstitute im Stresstest, in: Gedächtnisschrift für Michael Gruson, S. 247 (259).

1213 So aber *Samhat*, WM 2016, 962 (965).

4. Zusammenfassung – Hinweise für die Praxis

Vereinbaren die Parteien bei der Bürgschaftsbestellung formularmäßig einen weiten Sicherungszweck, der nicht nur alle bestehenden, sondern auch künftige Forderungen der bankmäßigen Geschäftsverbindung erfassen soll, ist Vorsicht geboten. Bedeutung hat dies vor allem auch für die vorliegende Untersuchung, da bei den in der Finanzierungspraxis gebräuchlichen Sicherungszweckvereinbarungen nicht ausgeschlossen werden kann, dass es sich dabei um weite Sicherungszweckvereinbarungen handelt[1214], und zudem – nach hier vertretener Auffassung – auch bei sog. Prolongations- sowie sonstigen eine Änderung der Hauptschuld vorsehenden Klauseln die vorgenannten Grundsätze zu formularmäßigen weiten Sicherungszweckerklärungen grundsätzlich anzuwenden sind.[1215]

Formularmäßig kann eine Haftung für künftige Verbindlichkeiten bei Vereinbarung einer weiten Bürgschaftszweckerklärung nach der Rechtsprechung des BGH nur dann begründet werden, wenn der Bürge bereits bei der Bürgschaftsbestellung weiß, aus welchem Grund und bis zu welcher Höhe solche Forderungen entstehen können. Grundsätzlich verstößt eine weite Bürgschaftszweckerklärung – von Ausnahmen personeller oder sachlicher Natur, auf die später noch einzugehen sein wird, abgesehen – nach gefestigter Rechtsprechung des BGH jedoch gegen § 305c BGB bzw. § 307 BGB. Regelmäßig haftet der Bürge dann nur für diejenigen Verbindlichkeiten, die den Anlass zur Bestellung der Bürgschaft gegeben haben.[1216] Für die kreditgewährende Bank bedeutet dies, dass bei der Übernahme einer Bürgschaft für eine oder mehrere bestimmte Verbindlichkeiten, d.h. etwa aus einem konkret zu bezeichnenden Kreditvertrag, diese die absolute Obergrenze für die Bürgenhaftung bilden.[1217] Vom Haftungsumfang der Bürgschaft umfasst sind damit grundsätzlich nur die zum Zeitpunkt der Übernahme der Bürgschaft existenten Forderungen der kreditgewährenden Bank aus bereits abgeschlossenen Kredit-verträgen.[1218] Von einer – grundsätzlich unwirksamen – weiten Bürgschaftszweckerklärung nicht gesichert sind dagegen regelmäßig nachträgliche Vertragserweiterungen sowie Verträge, die im Zeitpunkt der Bürgschaftsbestellung noch nicht geschlossen waren. Formularmäßig lässt sich eine Haftung für künftige Verbindlichkeiten, wie gesagt, ausnahmsweise nämlich nur dann begründen, wenn der Bürge bereits im Zeitpunkt der Bürgschaftsbestellung weiß, aus welchem Grund und bis zu welcher Höhe solche Forderungen entstehen werden. Um eine künftige Verbindlichkeit damit als verbürgt anzusehen, sind an die Voraussehbarkeit von Inhalt und Umfang strenge Anforderungen zu stellen. Diese werden

---

1214 Siehe hierzu oben unter § 7 III. 3.

1215 Siehe hierzu oben unter § 12 I. 3.

1216 Ausführlich zu den Rechtsfolgen einer unwirksamen Sicherungszweckerklärung siehe unten unter § 16.

1217 *Bales*, in: Münscher/Rösler/Lang, Praktikerhandbuch Baufinanzierung, S. 400.

1218 *Bales*, BKR 2004, 264 (267).

regelmäßig nur für den Fall einer anfänglichen Prolongationsentscheidung erfüllt sein. Zudem wird eine entsprechende Formularklausel, die eine im Kreditvertrag angelegte Zinsanpassung in die Bürgschaft einbezieht, regelmäßig unter den skizzierten Voraussetzungen zulässig sein, da eine solche Anpassung als banküblich anzusehen ist.

Dass nach alledem formularmäßig weite Bürgschaftszweckerklärungen grundsätzlich unwirksam sind und ein „Wandel der Hauptschuld“ – abgesehen von den aufgezeigten Ausnahmen – regelmäßig nicht vom Haftungsumfang des Bürgen erfasst ist, da der Bürge eben nur für diejenigen Verbindlichkeiten haftet, die Anlass der Erteilung der Bürgschaft waren, erscheint auch gerecht. Würde man die Formularabrede zur Vereinbarung eines weiten Bürgschaftszwecks als wirksam erachten, würde sich die kreditgewährende Bank auch für andere (künftige) Forderungen als diejenigen, die Anlass der Erteilung der Bürgschaft waren, eine Sicherheit beschaffen können. Auf diese Sicherheit hätte die Bank jedoch grundsätzlich gar keinen Anspruch und würde für sie vor allem auch keine Gegenleistung erbringen. Für die künftigen Verbindlichkeiten wäre vielmehr, wie dies wohl auch bei Besicherung der Anlassverbindlichkeit regelmäßig der Fall sein wird, die Kreditwürdigkeit des Hauptschuldners erneut zu prüfen und das Sicherungsbedürfnis dann allein an den Ausgang jener Prüfung zu knüpfen. Würde man eine formularmäßige „Globalverpflichtungsklausel“ hingegen als wirksam erachten und damit den Haftungsumfang des Bürgen auch auf einen möglichen „Wandel der Hauptschuld“ ausweiten können, würde sich die kreditgewährende Bank auf Kosten des Bürgen im Regelfall zu Unrecht und ohne nachvollziehbaren Grund bzw. adäquate Gegenleistung „gute Karten“ verschaffen können.[1219] Die kreditgewährende Bank würde in einem solchen Fall ihre Interessen wahrnehmen ohne auf die Belange des Bürgen als ihrem Vertragspartner in angemessener Weise Rücksicht zu nehmen.[1220] Wenn sich die betreffenden Parteien auf eine Kreditgewährung unter Bestellung einer Sicherheit einigen, nehmen beide Verträge nämlich in aller Regel konkret aufeinander Bezug und sind miteinander verknüpft. Es wird nicht ersichtlich, warum die Bank dann verlangen können soll, dass noch gar nicht entstandene Forderungen abgesichert werden.[1221] Dies gilt jedenfalls für den Fall, in dem eine umfängliche Besicherung von den Sicherungsparteien nicht intendiert ist.[1222]

In der Finanzierungspraxis empfiehlt es sich deshalb, Bürgschaften mit engen Zweckerklärungen zu bestellen. Mit der engen Zweckerklärung werden die konkret zu sichernden Forderungen bzw. Verträge ausdrücklich benannt. Entsteht oder soll zugunsten der kreditgewährenden Bank später z.B. eine neue Forderung entstehen und möchten die Sicherungsparteien, dass die bereits bestellte Bürgschaft auch

---

1219 Siehe zum Ganzen *Knops*, in: Derleder/Knops/Bamberger, Dt. und Europ. Bank- und Kapitalmarktrecht, Bd. 1, § 27, Rdn. 34; *ders.*, ZIP 2006, 1965 (1972).

1220 *Tiedtke*, DNotZ 2000, 283 (285).

1221 Siehe zum Ganzen *Knops*, ZIP 2006, 1965 (1966).

1222 Siehe hierzu oben unter § 12 I. 1. b. i. (4).

diese Forderung erfasst, müssen sie die Sicherungszweckvereinbarung entsprechend anpassen. Es bleibt sodann beim engen Sicherungszweck, aber eben ergänzt um eine weitere Forderung.[1223] Alternativ ist von den Parteien eine neue Bürgschaft zu bestellen. Wird von den Parteien dennoch eine formularmäßig weite Bürgschaftszweckerklärung vereinbart oder besteht zumindest die Gefahr, dass sich eine formularmäßig vereinbarte Zweckerklärung – wie aufgezeigt – an den für formularmäßig weite Zweckerklärungen geltenden Grundsätzen messen lassen muss, wird eine nachträgliche Verlängerung, Erweiterung oder sonstige Änderung der Hauptschuld nur unter den aufgezeigten restriktiven Anforderungen des BGH vom Haftungsumfang erfasst sein. Um das Risiko einer Fehlbeurteilung bei diesen oft nur schwer festzustellenden bzw. selten vorliegenden Ausnahmefällen auszuschließen, bleibt für die Praxis zu empfehlen, die Verlängerung, Erweiterung oder sonstige Änderung der Hauptschuld von der ausdrücklichen Bestätigung des Bürgen abhängig zu machen, dass auch diese künftige Verbindlichkeit gesichert sein soll. Alternativ kann auch hier eine neue Bürgschaft bestellt werden.

II. Schuldbeitritt (Mithaftungserklärung)

Aufgrund der mit den akzessorischen Kreditsicherheiten einhergehenden Nachteile weicht die Kreditpraxis, wie bereits dargestellt, auf die Verwendung fiduziarischer Sicherheiten aus.[1224] Im inländischen Kreditgeschäft ist die akzessorische Bürgschaft dabei größtenteils durch das Instrumentarium des Schuldbeitritts abgelöst worden.[1225] Dies wirft freilich die Frage nach der analogen Anwendbarkeit des Bürgschaftsrechts sowie der entsprechenden Rechtsprechung – und damit auch der für das Bürgschaftsrecht geltenden Anlassrechtsprechung – auf.

1. Abgrenzung zur und Gemeinsamkeiten mit der Bürgschaft

Von einem Schuldbeitritt[1226] spricht man bei dem auf eine bestimmte Forderung gegen einen Schuldner (hier den Kreditnehmer) gerichteten Vertrag zwischen dem Gläubiger (hier der Bank) und dem Beitretenden (hier der Drittsicherungsgeber), durch den der Letztgenannte die mit dem Schuldner gleichrangige Haftung für

---

1223 Siehe hierzu auch *Samhat*, WM 2016, 962 (963).

1224 Siehe hierzu oben unter § 5 III. 2. a. iv.

1225 Siehe zum Ganzen *Bülow*, Recht der Kreditsicherheiten, Rdn. 11; *Lehmann*, in Langenbucher/Bliesener/Spindler, Bankrechts-Kommentar, 24. Kap., Rdn. 57; *Renner*, in: Staub, Großkommentar HGB, Band 10/2, 4. Teil, Rdn. 920.

1226 Auch „Mithaftungserklärung", „Schuldmitübernahme" oder „kumulative (bestärkende) Schuldübernahme" genannt; siehe etwa *Habersack*, in: MüKoBGB, vor § 765, Rdn. 10; *Hoffmann*, in: Langenbucher/Bliesener/Spindler, Bankrechts-Kommentar, 29. Kap., C. Schuldbeitritt, Rdn. 1.

dessen Verbindlichkeit übernimmt.[1227] Regelmäßiges Ziel und für diese Untersuchung relevanter Zweck des Schuldbeitritts ist die Sicherung des in dem Vertrag zwischen dem Gläubiger und dem Schuldner begründeten Anspruchs, namentlich des Rückzahlungsanspruchs der Bank aus § 488 Abs. 1 S. 2 BGB.[1228] Der Schuldbeitritt dient damit ebenso wie die Bürgschaft der Kreditsicherung. Bezüglich der gesicherten Forderung besteht zwischen Schuldner und Beitretendem nach h.M. ein Gesamtschuldverhältnis i.S. des § 421 BGB, nicht aber auch eine Gesamtgläubigerschaft, da der Beitretende nur haftet, anders als die ursprüngliche Vertragspartei seinerseits aber keinen Anspruch gegen die kreditgewährende Bank als Gläubiger inne hat.[1229] Der Beitretende übernimmt die Schuld des Kreditnehmers dabei als eigene, selbständige Verbindlichkeit; im Gegensatz zur Bürgschaft ist seine Haftung nicht von der Hauptschuld des Kreditnehmers abhängig.[1230]

Die Bürgschaft unterscheidet sich damit vom Schuldbeitritt insbesondere durch ihre Akzessorietät sowie durch die Anwendung der Bürgenschutzbestimmungen der §§ 765 ff. BGB, die nach herrschender Auffassung in Rechtsprechung und Schrifttum auf die Schuldmitübernahme nicht analog anzuwenden sind.[1231] In wirtschaftlicher Hinsicht ist der Schuldbeitritt aber weitestgehend mit der Bürgschaft vergleichbar.[1232] Im Einzelfall erscheint eine Abgrenzung deshalb häufig schwierig. Nach der Rechtsprechung soll das für die Abgrenzung einer Bürgschaft von einem Schuldbeitritt wichtigste Kriterium ein „eigenes unmittelbares Interesse an der Erfüllung der Schuld" sein, welches eine gleichrangige Verpflichtung mit dem Hauptschuldner nahelegt.[1233] Darüber hinaus liegt nach Ansicht

1227 Siehe etwa *Hoffmann*, in: Langenbucher/Bliesener/Spindler, Bankrechts-Kommentar, 29. Kap., C. Schuldbeitritt, Rdn. 1.

1228 *Bülow*, Recht der Kreditsicherheiten, Rdn. 1589; *Röttger*, Kreditsicherungsrecht, S. 173.

1229 *Hoffmann*, in: Langenbucher/Bliesener/Spindler, Bankrechts-Kommentar, 29. Kap., C. Schuldbeitritt, Rdn. 1; *Horn*, in: Staudinger, vor §§ 765-778, Rdn. 396; anders etwa *Bülow*, Recht der Kreditsicherheiten, Rdn. 1589.

1230 *Röttger*, Kreditsicherungsrecht, S. 173.

1231 BGH, Urteil vom 09.07.2007 – II ZR 30/06 = NJW-RR 2007, 1407 (1408); BGH, Urteil vom 27.04.2004 – XI ZR 49/03 = NJW-RR 2004, 1683 (1684); BGH, Urteil vom 27.03.1972 – VII ZR 31/71 = NJW 1972, 939 (939 f.); *Grigoleit/Herresthal*, Jura 2002, 825 (825 f.); *Gröschler*, in: Soergel, Vor § 765, Rdn. 83; *Grüneberg*, in: Palandt, vor § 414, Rdn. 4; *Horn*, in: Staudinger, vor §§ 765-778, Rdn. 396; für eine analoge Anwendung des Bürgschaftsrechts (insbesondere des § 766 BGB) sowie einen akzessorischen Charakter der Schuldmitübernahme hingegen: *Habersack*, in: MüKoBGB, vor § 765, Rdn. 14, 61; *Hoffmann*, in: Langenbucher/Bliesener/Spindler, Bankrechts-Kommentar, 29. Kap., C. Schuldbeitritt, Rdn. 3; *Schürnbrand*, Der Schuldbeitritt zwischen Gesamtschuld und Akzessorietät, S. 194 ff.

1232 *Hoffmann*, in: Langenbucher/Bliesener/Spindler, Bankrechts-Kommentar, 29. Kap., C. Schuldbeitritt, Rdn. 1.

1233 BGH, Urteil vom 25.09.1968 – VIII ZR 164/66 = NJW 1968, 2332 (2332).

des BGH eine Mithaftung in Abgrenzung zur Kreditnehmereigenschaft immer dann vor, wenn von vermeintlich mehreren Kreditnehmern nicht alle „echte", „gleichberechtigte" Kreditnehmer sind, sondern einzelne für die Kreditverbindlichkeit lediglich mithaften sollen.[1234] Nach der Rechtsprechung des BGH ist „echter Mitdarlehensnehmer" nur, „wer ein eigenes – sachliches und/oder persönliches Interesse – an der Kreditaufnahme hat und als im Wesentlichen gleichberechtigter Partner über die Auszahlung sowie die Verwendung der Darlehensvaluta mitentscheiden darf".[1235]

2. Übertragung der Grundsätze der Anlassrechtsprechung auf den Schuldbeitritt

a. Rechtsprechung

Aufgrund der aufgezeigten Parallelen zur Bürgschaft gilt es für die Zwecke der vorliegenden Untersuchung festzustellen, ob die für die Bürgschaft skizzierten AGB-rechtlichen Grenzen formularmäßig weiter Zweckerklärungen ebenso auf einen formularmäßigen Schuldbeitritt anzuwenden sind.

Der BGH stellt diesbezüglich in einem Urteil über die AGB-rechtliche Wirksamkeit einer Haftungserweiterungsklausel beim Schuldbeitritt klar, dass „eine persönliche Mithaftung, die (...) auf Verlangen des Kreditgebers zu dessen Sicherung von einem Dritten übernommen wird, (...) in ihrer wirtschaftlichen Funktion einer Bürgschaft so nahe [steht], daß auch dem erkennenden Senat eine rechtliche Gleichbehandlung in den hier streitigen Punkten sachgerecht erscheint".[1236] Damit steht nach höchstrichterlicher Rechtsprechung zweifelsfrei fest, dass für eine formularmäßig weite Zweckerklärung, die im Zusammenhang mit einer anlassbezogenen bürgschaftsähnlichen Schuldmitübernahme vereinbart worden ist, dieselben Grundsätze wie für die Bürgschaft gelten. Begründet wird dies insbesondere damit, dass die Schuldmitübernahme zwar nicht gesetzlich geregelt sei, das aus § 767 Abs. 1 S. 3 BGB abzuleitende Verbot der Fremddisposition für sie jedoch ebenso gelte bzw. „vertragswesentlich" sei.[1237]

1234 BGH, Urteil vom 25.01.2005 – XI ZR 325/03 = NJW 2005, 973 (974 f.); BGH, Urteil vom 28.05.2002 – XI ZR 205/01 = NJW 2705 (2705 f.); BGH, Urteil vom 14.11.2000 – XI ZR 248/99 = NJW 2001, 815 (815); *Rösler/Fischer*, BKR 2006, 50 (53).

1235 BGH, Urteil vom 04.12.2001 – XI ZR 56/01 = NJW 2002, 744 (744).

1236 BGH, Urteil vom 07.11.1995 – XI ZR 235/94 = NJW 1996, 249 (249).

1237 BGH, Urteil vom 07.11.1995 – XI ZR 235/94 = NJW 1996, 249 (249); *Otten*, in: Derleder/Knops/Bamberger, Dt. und Europ. Bank- und Kapitalmarktrecht, Bd. 1, § 25, Rdn. 91.

b. *Stellungnahme*

Dies erscheint jedoch insoweit zweifelhaft, als bei der Frage nach der analogen Anwendbarkeit der Bürgenschutzrechte, insbesondere des § 766 BGB, auf das Institut des Schuldbeitritts dies teils mit der Begründung verneint wird, dass etwa der Warnzweck des § 766 BGB hier nicht in gleichem Maße Geltung beanspruchen könne, da der Schuldbeitretende zum einen sein Risiko besser erkennen könne als der Bürge, und er zum anderen ein eigenes Interesse am Kreditgeschäft des „echten" Kreditnehmers habe.[1238] Dies indiziert zwar eine geringere Schutzbedürftigkeit des Beitretenden im Vergleich zum Bürgen und stellt die Anwendung der dem Bürgenschutz dienenden Rechtsprechung auf den Schuldbeitritt in Frage. Unter Berücksichtigung der wirtschaftlichen Austauschbarkeit von Bürgschaft und Schuldbeitritt erscheint eine wesentlich ungleiche Behandlung zur Vermeidung von Wertungswidersprüchen und insbesondere hinsichtlich des erforderlichen Schutzes des Beitretenden im Ergebnis indes nicht angemessen.[1239] Dies führt folgerichtig dazu, die von der höchstrichterlichen Rechtsprechung praktizierte Nichtanwendung der Bürgenschutzvorschriften (insbesondere des § 766 BGB) in Frage zu stellen, was hiermit aufgezeigt, mangels Relevanz für die vorliegende Untersuchung jedoch nicht weiter vertieft werden soll.[1240]

3. Zwischenbefund

Nach höchstrichterlicher Rechtsprechung, der hier gefolgt werden soll, sind die im Rahmen der Untersuchung zur Bürgschaft skizzierten Grundsätze auf den bürgschaftsähnlichen Schuldbeitritt entsprechend anwendbar. Für die Frage der Wirksamkeit bzw. Unwirksamkeit formularmäßig weiter Zweckerklärungen sowie darin enthaltener Prolongationsklauseln etc. bei Schuldbeitritten wird deshalb auf die obigen Ausführungen verwiesen.[1241]

III. Grundschuld

Im Folgenden gilt es, die Grenzen des zulässigen Inhalts formularmäßiger Sicherungszweckerklärungen im Bereich der Grundschuldsicherheit festzulegen. Da eine Grundschuld nunmehr nahezu ausnahmslos zur Sicherung einer oder

---

1238 So etwa *Horn*, in: Staudinger, vor §§ 765-778, Rdn. 399.

1239 Vgl. hierzu *Hoffmann*, in: Langenbucher/Bliesener/Spindler, Bankrechts-Kommentar, 29. Kap., C. Schuldbeitritt, Rdn. 3, der dies am Beispiel der Frage nach einer analogen Anwendung des Bürgschaftsrechts konkretisiert.

1240 Siehe hierzu ausführlich *Habersack*, in: MüKoBGB, vor § 765, Rdn. 11 ff.; *Hoffmann*, in: Langenbucher/Bliesener/Spindler, Bankrechts-Kommentar, 29. Kap., C. Schuldbeitritt, Rdn. 3; *Schürnbrand*, Der Schuldbeitritt zwischen Gesamtschuld und Akzessorietät, S. 52 ff.

1241 Siehe hierzu oben unter § 12.

mehrerer Verbindlichkeiten bestellt wird (Sicherungsgrundschuld i.S. des § 1191 Abs. 1a BGB), wird sich die Untersuchung auf diese Form der Grundschuldbestellung beschränken. Darüber hinaus wird sich die Untersuchung in diesem Abschnitt zudem wiederum auf den Fall beschränken, dass der Kreditnehmer nicht zugleich auch der Sicherungsgeber, d.h. der Besteller der Grundschuld und damit Eigentümer des als Sicherheit dienenden Grundstücks ist.

1. Die weite Sicherungszweckerklärung

a. Anlassrechtsprechung bei nicht akzessorischen Sicherheiten

Wie bereits gezeigt[1242], ist die Ausgangsentscheidung[1243], auf der die Anlassrechtsprechung basiert, zu einer weiten Sicherungszweckerklärung bei Sicherungsgrundschulden ergangen, der nach § 242 BGB die Wirksamkeit versagt wurde. Diese Rechtsprechung wurde – wie ebenfalls bereits gezeigt[1244] – in den temporären Geltungsbereich des AGB-Gesetzes übertragen und im weiteren Verlauf auf weite Bürgschaftszweckerklärungen angewendet sowie dahingehend spezifiziert, dass diese überraschend i.S. des § 305c Abs. 1 BGB seien, weil ein Bürge, der aus Anlass der Sicherung einer bestimmten Forderung eine Bürgschaft übernimmt, nicht damit rechnen müsse, dass er auch für seinem Einflussbereich entzogene zukünftige Verbindlichkeiten des Hauptschuldners einzustehen habe. Zudem soll bei anlassbezogenen Sicherungsgeschäften eine formularmäßig weite Sicherungszweckerklärung den Bürgen auch unangemessen i.S. des § 307 BGB benachteiligen, da sie unter anderem unter Beschränkung wesentlicher Rechte des Bürgen vom gesetzlichen Leitbild des § 767 Abs. 1 S. 3 BGB und dem darin verkörperten Verbot der Fremddisposition abweiche.

Bezüglich weiter Sicherungszweckerklärungen, die von einem Drittsicherungsgeber bei der Bestellung nicht akzessorischer Sicherheiten abgegeben werden, ist der BGH mittlerweile teilweise von seiner originären Auffassung wieder abgerückt.[1245] Dem soll im Folgenden nachgegangen werden.

i. Die weite Zweckerklärung als überraschende und unangemessen benachteiligende Klausel

Auch bei der Drittsicherungsgrundschuld ist Anlass für die Bestellung (bzw. Abtretung)[1246] regelmäßig die Absicht, die Finanzierung eines bestimmten Vorhabens

---

1242 Siehe hierzu oben unter § 12 I. 1. a.

1243 Siehe insoweit BGH, Urteil vom 29.01.1982 – V ZR 82/81 = NJW 1982, 1035 (1035 ff.).

1244 Siehe hierzu oben unter § 12 I. 1. a. sowie § 12 I. 1. b.

1245 *Otten*, in: Derleder/Knops/Bamberger, Dt. und Europ. Bank- und Kapitalmarktrecht, Bd. 1, § 25, Rdn. 92.

1246 Eine Kreditsicherung mittels Grundschulden kann sowohl durch Bestellung als auch durch Abtretung einer bereits bestellten Grundschuld erfolgen. Der

und damit verbunden einen bestimmten Kredit bzw. ein bestimmtes Kreditverhältnis zu besichern, weshalb die Kreditgewährung einerseits und die Bestellung der Grundschuld andererseits dabei in unmittelbarem zeitlichen und sachlichen Zusammenhang zu sehen sind.[1247]

Wenn die Bestellung einer Grundschuld anlässlich der Gewährung eines bestimmten Kredites bzw. Kreditverhältnisses geschieht, wirft dies auch hier die Frage auf, ob dabei die Vereinbarung einer formularmäßigen weiten Zweckerklärung, die darüber hinaus auch künftige Verbindlichkeiten aus der Geschäftsverbindung der Kreditvertragsparteien sichern soll, AGB-rechtlich wirksam ist. Da der BGH seine erste Entscheidung zur Problematik der formularmäßigen Ausweitung des Sicherungszwecks einer Grundschuld aus dem Jahre 1982 – wie erwähnt – noch auf § 242 BGB stützte, war diesbezüglich in der Folgezeit zunächst ungewiss, ob einer weiten Sicherungszweckerklärung als überraschender Klausel i.S. des § 305c BGB und bzw. oder als unangemessen benachteiligende Klausel i.S. des § 307 BGB die Wirksamkeit zu versagen ist.

(1) Verstoß gegen § 305c Abs. 1 BGB?

Sowohl der BGH[1248] als auch die Stimmen in der Literatur[1249] haben hierzu nunmehr ausgeführt, dass eine formularmäßige Vereinbarung, wonach – über die Verbindlichkeit, die Anlass für die Bestellung der Grundschuld war, hinaus – auch alle anderen, d.h. unter anderem auch künftige Verbindlichkeiten eines Dritten gesichert sein sollen, überraschend i.S. des § 305c Abs. 1 BGB ist. Wörtlich lässt der BGH hierzu verlauten: „Eine Bestimmung in AGB, die nach den konkreten Umständen und Verhältnissen, insbesondere nach dem äußeren Erscheinungsbild so ungewöhnlich ist, dass der Vertragspartner mit ihr nicht zu rechnen braucht (§ 3 AGBG [Anm.: jetzt § 305c BGB]), liegt dann vor, wenn ihr ein Überrumpelungseffekt innewohnt. Sie muss eine Regelung enthalten, die von den Erwartungen des Vertragspartners deutlich abweicht und mit der dieser den Umständen nach vernünftigerweise nicht zu rechnen braucht. Die Erwartungen des Vertragspartners werden von allgemeinen und individuellen Begleitumständen bestimmt. Zu ersteren zählen etwa der Grad der Abweichung vom dispositiven Gesetzesrecht sowie die für den Geschäftskreis übliche Gestaltung, zu letzteren der Gang und der

---

Übersichtlichkeit halber soll im Folgenden nur von der Bestellung einer Grundschuld gesprochen werden.

1247 *Gaberdiel/Gladenbeck*, Kreditsicherung durch Grundschulden, Rdn. 685.

1248 BGH, Urteil vom 16.01.2001 – XI ZR 84/00 = NJW 2001, 1416 (1416 f.).

1249 So etwa *Bales*, in: Münscher/Rösler/Lang, Praktikerhandbuch Baufinanzierung, S. 322; *Bülow*, Recht der Kreditsicherheiten, Rdn. 161 f.; *Gaberdiel/Gladenbeck*, Kreditsicherung durch Grundschulden, Rdn. 688; *Röttger*, Kreditsicherungsrecht, S. 31 f.; zur Übertragbarkeit der Anlassrechtsprechung hinsichtlich § 305c Abs. 1 BGB auf alle Drittsicherheiten siehe auch *Rehbein*, Sicherung und Sicherungszweck, in: Festschrift Heinsius, S. 659 (672).

Inhalt der Vertragsverhandlungen sowie der äußere Zuschnitt des Vertrags. Nach diesen Grundsätzen ist die formularmäßige Ausdehnung der dinglichen Haftung des Sicherungsgebers auf alle bestehenden und künftigen Verbindlichkeiten eines Dritten bei Bestellung einer Grundschuld aus Anlass einer bestimmten Kreditaufnahme in aller Regel überraschend i.S. des § 3 AGBG [Anm.: jetzt § 305c BGB]".

Erfolgt die Bestellung einer Grundschuld anlässlich der Besicherung eines bestimmten oder mehrerer bestimmter Kredite, so ist es also regelmäßig überraschend, wenn dabei die dingliche Haftung des Grundschuldbestellers formularmäßig auf künftige Verbindlichkeiten eines mit dem Grundschuldbesteller nicht identischen Kreditnehmers ausgeweitet wird.[1250] Insbesondere liegt die Aufnahme neuer sowie die Erweiterung bestehender Kredite außerhalb des Einflussbereichs des Sicherungsgebers, weshalb er die Tragweite des übernommenen Risikos nur schwerlich wird abschätzen können.[1251] Mit einer derartigen Gestaltung braucht der Sicherungsgeber deshalb nach den gewöhnlichen Begleitumständen bei Abschluss des Sicherungsvertrages und seinen berechtigten Erwartungen nicht zu rechnen.[1252] Bei einer formularmäßig weiten Sicherungszweckerklärung, die fremde Verbindlichkeiten mit einbezieht, liegt daher in aller Regel ein Verstoß gegen § 305c Abs. 1 BGB vor.

(2) Verstoß gegen § 307 Abs. 2 BGB?

Angesichts des beschränkten Schutzes, der durch § 305c Abs. 1 BGB gewährt wird, bedurfte es der Entscheidung der Frage, ob sich eine formularmäßig weite Sicherungszweckerklärung darüber hinaus (wenigstens) noch einer Angemessenheitskontrolle nach § 307 BGB zu unterziehen habe. Für den Fall, dass der Schutz allein über § 305c Abs. 1 BGB zu suchen ist, ist er nämlich bereits dann nicht gewährleistet, wenn die Überraschung – wie auch immer[1253] – ausgeräumt werden könnte, während im Falle der Anwendbarkeit des § 307 BGB die Vereinbarung als

1250 Siehe hierzu auch *Gaberdiel/Gladenbeck*, Kreditsicherung durch Grundschulden, Rdn. 688; sowie insbesondere *Knops*, ZIP 2006, 1965 (1968): „Entspricht die Grundschuldsumme exakt dem Betrag des Darlehens, das Anlass der Grundpfandrechtsbestellung war, spricht alles für eine Überraschung des Kreditnehmers, wenn das Grundstück später nun für andere Forderungen haften soll. Dies kann auch aus der Grundschuldbestellungsurkunde entnommen werden, in der ein über den Anlasskredit gesicherter Forderungskreis ebenfalls in aller Regel nicht genannt wird."

1251 *Bales*, in: Münscher/Rösler/Lang, Praktikerhandbuch Baufinanzierung, S. 322; *Rösler/Fischer*, BKR 2006, 50 (55).

1252 BGH, Urteil vom 20.03.2002 – IV ZR 93/01 = NJW 2002, 2710 (2711); BGH, Urteil vom 30.01.2001 – XI ZR 118/00 = NJW 2001, 1417 (1419); BGH, Urteil vom 12.07.2001 – IX ZR 360/00 = NJW 2001, 3331 (3331); siehe zum Ganzen auch *Bales*, in: Münscher/Rösler/Lang, Praktikerhandbuch Baufinanzierung, S. 322; *Rösler/Fischer*, BKR 2006, 50 (55).

1253 Siehe hierzu unten unter § 12 III. 1. a. i. (3) sowie § 12 III. 1. a. i. (4).

unangemessene Benachteiligung schlechthin unwirksam wäre.[1254] Zu prüfen bleibt also, ob eine formularmäßig weite und anlassferne Sicherungszweckerklärung eine unangemessene Benachteiligung für den Grundschuldbesteller darstellt und damit gem. § 307 BGB unwirksam ist, sodass es anders als nach der Wertung des § 305c Abs. 1 BGB auf dessen Erwartungen bzw. Vorstellungen nicht ankäme.

(a) Rechtsprechung

Obwohl sich die Rechtsprechung zunächst nicht darauf festgelegt hatte, ob sich die Unwirksamkeit der formularmäßigen Ausweitung des Sicherungszwecks einer Grundschuld „nur" aus § 305c Abs. 1 BGB oder darüber hinaus auch aus § 307 BGB ergibt[1255], hat sich der BGH mittlerweile eindeutig dahingehend positioniert, dass § 307 BGB – anders als bei der Bürgschaft[1256] – auf eine formularmäßige Zweckerklärung bei der Grundschuld nicht anzuwenden sei.[1257] Inhalt und Umfang der schuldrechtlichen Zweckbindung einer Grundschuld seien gesetzlich nämlich nicht festgelegt, sondern unterlägen der freien Vereinbarung. Es gäbe – anders als etwa für die Bürgschaft, bei der § 767 Abs. 1 S. 3 BGB Rechtsgeschäfte des Hauptschuldners nach Bürgschaftsübernahme für auf die Bürgschaft einflusslos erklärt und so ein Verbot der Fremddisposition statuiert – kein gesetzliches Leitbild, an dem davon abweichende oder ergänzende Regelungen zu messen wären. Einer Inhaltskontrolle stehe damit bereits § 307 Abs. 3 S. 1 BGB entgegen. Wenn sich der Sicherungszweck der Grundschuld, weil ein Überraschungsmoment – wie auch immer – ausgeräumt werden konnte, auch auf künftige Forderungen gegen einen Drittschuldner beziehe, seien deshalb keine beschränkenden Maßstäbe anwendbar. Dies sei auch gerechtfertigt, da anders als bei der Bürgschaft und dem Schuldbeitritt bei einer Grundschuld nur das Grundstück hafte, welches regelmäßig lediglich einen Bruchteil des Vermögens des Grundschuldbestellers ausmache. Wegen der sich aus dem Sicherungsgut selbst ergebenden Haftungsbeschränkung fehle es deshalb an einem entsprechenden Schutzbedürfnis.

(b) Teile der Literatur

Die Literatur folgt teils der Rechtsprechung des BGH, teils wird aber auch die Anwendung des § 307 BGB befürwortet. Die unterschiedlichen Ansichten sowie

---

1254 Siehe zum Ganzen *Gaberdiel/Gladenbeck*, Kreditsicherung durch Grundschulden, Rdn. 689; *Wilhelm*, in: 50 Jahre BGH – Festgabe aus der Wissenschaft, 2000, Bd. I, S. 897 (906).

1255 Noch offen gelassen in BGH, Urteil vom 12.12.1986 – V ZR 282/85 = NJW 1987, 1636 (1637).

1256 Siehe oben unter § 12 I. 1. b. i. (2).

1257 Siehe etwa BGH, Urteil vom 20.03.2002 – IV ZR 93/01 = NJW 2002, 2710 (2710 f.); BGH, Urteil vom 24.06.1997 – XI ZR 288/96 = NJW 1997, 2677 (2677 f.); BGH, Urteil vom 28.03.1995 – XI ZR 151/94 = NJW 1995, 1674 (1675).

Begründungsansätze sollen im Folgenden dargestellt werden, um sodann zu einer eigenen Stellungnahme gelangen zu können.

(i) Eröffnung der Inhaltskontrolle

Nach einigen Stimmen in der Literatur steht das auf § 307 Abs. 3 S. 1 BGB basierende Argument, wonach Inhalt und Umfang der Grundschuldzweckerklärungen mangels einer der Vorschrift des § 767 Abs. 1 S. 3 BGB entsprechenden Regelung gesetzlich nicht geregelt seien und es deshalb kein gesetzliches Leitbild gäbe, an dem davon abweichende Regelungen zu messen wären, der Inhaltskontrolle nicht entgegen.[1258] Vielmehr unterlägen die betreffenden formularmäßigen Klauseln der Inhaltskontrolle, obwohl der Inhalt des Sicherungsvertrages gesetzlich nicht geregelt sei.[1259]

Nach einer Ansicht bedarf es eines gesetzlichen Leitbildes für die Eröffnung einer Inhaltskontrolle rein dogmatisch nämlich überhaupt nicht, da § 307 Abs. 1 BGB einen eigenständigen, von § 307 Abs. 2 BGB zu unterscheidenden Gerechtigkeitsgehalt habe.[1260] Da nach § 307 Abs. 1 BGB eine Klausel immer dann unwirksam sei, wenn die vom Klauselverwender vorformulierte Bestimmung seinen Vertragspartner in unangemessener Weise benachteilige, komme es insoweit gar nicht darauf an, ob auch die Voraussetzungen von § 307 Abs. 2 BGB vorliegen, mithin eine wesentliche Abweichung von einem gesetzlichen Leitbild gegeben sei. § 307 Abs. 2 BGB stelle nur klar, dass in diesem Falle „im Zweifel" vom Vorliegen einer unangemessenen Benachteiligung i.S. von § 307 Abs. 1 BGB auszugehen sei.[1261]

Nach anderer Ansicht zeigt sich daran, dass auch ein aus dem Sicherungsvertrag herzuleitender Freigabeanspruch nicht durch AGB abdingbar sei, dass die betreffenden formularmäßigen Klauseln einer Inhaltskontrolle unterliegen können,

---

1258 So etwa *Bülow*, Recht der Kreditsicherheiten, Rdn. 163; *Clemente*, Recht der Sicherungsgrundschuld, Rdn. 488; *ders.*, NJW 1983, 6 (6 ff.); *Eickmann*, ZIP 1989, 137 (138); *Knops*, NJW 2015, 3121 (3123); *Joswig*, in: Nobbe, Kommentar zum Kreditrecht, vor §§ 1113-1203 BGB, Rdn. 46; *Konzen*, in: Soergel, § 1191, Rdn. 13; *Lieder*, in: MüKoBGB, § 1191, Rdn. 40 ff.; *Schwab*, AGB-Recht, Rdn. 1627 f.; *Tiedtke*, ZIP 1997, 1949 (1951 f.); *ders.*, DStR 2001, 257 (263 f.); *Weber*, ZfIR 1999, 2 (7); *Wolf*, in: Wolf/Horn/Lindacher, AGB-Gesetz, § 9, Rdn. S 96; a.A.: *Schmitz-Valckenberg*, DNotZ 1996, 492 (496 f.); *ders.*, DNotZ 1989, 613 (615); *Volmer*, WM 1998, 914 (918).

1259 Anders jedoch *Knops*, NJW 2015, 3121 (3123 f.), der ein gesetzliches Leitbild der Begrenzung der Sicherungsgrundschuld auf die Anlassforderung der Legaldefinition des § 1192 Abs. 1a BGB entnehmen will; dagegen: *Heinze*, DNotZ 2016, 255 (256 f.).

1260 *Knops*, NJW 2015, 3121 (3123); *Weber*, ZfIR 1999, 2 (7).

1261 *Weber*, ZfIR 1999, 2 (7) mwN.

obwohl der Inhalt des Sicherungsvertrages gesetzlich nicht geregelt sei.[1262] Zudem treffe das Argument, die Bestimmung der gesicherten Forderung sei als Festlegung der Hauptleistung und damit als kontrollfrei zu behandeln, jedenfalls dann nicht zu, wenn der Sicherungsvertrag bzw. die Verpflichtung zur Besicherung des Kredits durch Bestellung der Grundschuld und deren Sicherungszweck Bestandteil eines anderen, beispielsweise des Darlehensvertrages sei.[1263] Verwiesen wird in diesem Zusammenhang auch auf die neueste Rechtsprechung des BGH, wonach die im Gegenseitigkeitsverhältnis stehenden Hauptleistungspflichten beim Gelddarlehen abschließend in § 488 Abs. 1 BGB geregelt seien und alle anderen – so auch die Sicherungsvereinbarung – damit Nebenleistungen seien, die der AGB-Kontrolle unterlägen.[1264] Jedenfalls sei eine Kontrolle insbesondere auch deshalb gerechtfertigt, weil die Rechtsprechung zur Unangemessenheit weiter Bürgschaftszweckerklärungen auf den Schuldbeitritt erstreckt worden sei, obwohl es auch insoweit an einer mit § 767 Abs. 1 S. 3 BGB vergleichbaren Regelung fehle.[1265]

Aus der Gesamtschau dieser Erwägungen soll sich nach diesen Stimmen der Rechtsliteratur ergeben, dass eine Verneinung der Kontrollfähigkeit weiter Sicherungserklärungen bei Drittgrundschulden nicht hinnehmbar sei.

(ii) Verstoß gegen § 307 Abs. 1, 2 BGB

Wird die grundsätzliche Kontrollfähigkeit weiter Sicherungszweckerklärungen bei Drittgrundschulden bejaht, so werden teilweise sodann die auch zur Bürgschaft entwickelten und bereits skizzierten Begründungsansätze zur Unangemessenheit herangezogen.[1266] Wie bereits bei der Anlassrechtsprechung zu Bürgschaften dargestellt[1267], jedoch als an jener Stelle nicht entscheidungserheblich offen gelassen, gilt es hier erneut zu berücksichtigen, dass in diesem Zusammenhang teils vertreten wird, eine unangemessene Benachteiligung durch formularmäßig weite Zweckerklärungen sei im Bürgschaftsrecht nicht auf § 767 Abs. 1 S. 3 BGB zu stützen.

1262 So etwa *Joswig*, in: Nobbe, Kommentar zum Kreditrecht, vor §§ 1113-1203 BGB, Rdn. 46, mit Verweis auf BGH, Beschluss vom 27.11.1997 – GSZ 1 u. 2/97 = NJW 1998, 671 (672 f.).

1263 So etwa BGH, Urteil vom 16.06.2009 – XI ZR 539/07 = NJW 2009, 2671 (2671 ff.); *Wolfsteiner*, in: Staudinger, vor §§ 1191 ff., Rdn. 58. – Siehe zur Möglichkeit bzw. Üblichkeit, die Verpflichtung zur Besicherung des Kredites sowie den Sicherungszweck in den Kreditvertrag einzubeziehen, etwa *Diem*, Akquisitionsfinanzierungen, § 41, Rdn. 3.

1264 Siehe *Wolfsteiner*, in: Staudinger, vor §§ 1191 ff., Rdn. 58 mit Verweis auf BGH, Urteil vom 13.05.2014 – XI ZR 405/12 = NJW 2014, 2420 (2423) (Rechtsprechungsänderung).

1265 So etwa *Joswig*, in: Nobbe, Kommentar zum Kreditrecht, vor §§ 1113-1203 BGB, Rdn. 46; siehe hierzu auch bereits oben unter § 12 II. 2.

1266 Siehe hierzu oben unter § 12 I. 1. b. i. (2) (b) (ii).

1267 Siehe hierzu oben unter § 12 I. 1. b. i. (2) (c).

Die Rechtsprechung wolle den Bürgen nach § 307 BGB nämlich vordergründig davor schützen, dass er bei Übernahme der Bürgschaft anlässlich einer bestimmten Forderung auch für künftige Forderungen der kreditgewährenden Bank gegen den Hauptschuldner einstehen müsse, auf deren Entstehung und Tilgung er keinen Einfluss habe. Die Rechtsprechung, die dem Bürgenschutz zu dienen bestimmt sei, beruhe damit aber gerade nicht auf der besonderen bürgschaftsrechtlichen Vorschrift des § 767 Abs. 1 S. 3 BGB. Für den Besteller einer Grundschuld könne und dürfe deshalb nichts anderes gelten.[1268]

Gestützt auf den Wortlaut des grundlegenden Urteils aus dem Jahre 1995[1269] geht diese Position *in concreto* davon aus, dass die unangemessene Benachteiligung des Bürgen darin liege, dass ihm mit der weiten Zweckerklärung zugemutet werde, ein unkalkulierbares Risiko zu übernehmen. Wörtlich heißt es in dem Urteil zwar: „Die Entstehung und ordnungsgemäße Tilgung neuer Schulden kann der Bürge nicht beeinflussen. Hat er dafür einzustehen, kann sich seine Haftung unversehens auf ein Vielfaches dessen belaufen, womit er schlimmstenfalls gerechnet hat. Dadurch droht ihm unter Umständen der Ruin. Vor diesen Folgen soll er durch § 767 Abs. 1 S. 3 BGB gerade bewahrt werden. Ohne sein Einverständnis soll er nicht Gefahr laufen, durch unkontrollierbare Maßnahmen Dritter – sprich des Hauptschuldners und des Gläubigers – in eine unübersehbare Haftung zu geraten." Nach den hier darzustellenden Stimmen in der Literatur sei die Treuwidrigkeit damit aber allein darin zu sehen, dass dem Bürgen eine Haftung „untergeschoben" werde, die nicht Inhalt des Vertrages war, den er habe abschließen wollen.[1270] Dies seien – so die hier darzustellende Literaturansicht – jedoch gerade nicht die Gefahren, vor denen § 767 Abs. 1 S. 3 BGB schützen wolle.[1271]

Trotz unterschiedlicher Begründungsansätze zur Funktion des § 767 Abs. 1 S. 3 BGB[1272] gehen diese Ansichten jedenfalls übereinstimmend davon aus, dass die

1268 So etwa *Bülow*, Recht der Kreditsicherheiten, Rdn. 163; *Lieder*, in: MüKoBGB, § 1191, Rdn. 40 ff.; *Otten*, in: Derleder/Knops/Bamberger, Dt. und Europ. Bank- und Kapitalmarktrecht, Bd. 1, § 25, Rdn. 93; *Schmidt*, in: Wolf/Lindacher/Pfeiffer, AGB-Recht, Anh. zu § 310, Rdn. 176; *Schmitz-Valckenberg*, DNotZ 1996, 492 (496); *Knops*, ZIP 2006, 1965 (1971); *Tiedtke*, ZIP 1997, 1949 (1951); *Wilhelm*, in: 50 Jahre BGH – Festgabe aus der Wissenschaft, 2000, Bd. I, S. 897 (908).

1269 BGH, Urteil vom 18.05.1995 – IX ZR 108/94 = NJW 1995, 2553 (2556).

1270 So etwa *Bülow*, Recht der Kreditsicherheiten, Rdn. 163.

1271 So etwa *Otten*, in: Derleder/Knops/Bamberger, Dt. und Europ. Bank- und Kapitalmarktrecht, Bd. 1, § 25, Rdn. 93; *Tiedtke*, JZ 1997, 1949 (1951); *Wilhelm*, in: 50 Jahre BGH – Festgabe aus der Wissenschaft, 2000, Bd. I, S. 897 (910).

1272 Was den Schutzzweck des § 767 Abs. 1 S. 3 BGB anbelangt, so wird teils darauf abgestellt, § 767 Abs. 1 S. 3 BGB betreffe allein die Bürgschaft für eine bestimmte Hauptverbindlichkeit und das Problem, ob Änderungen dieser Hauptverbindlichkeit den Bürgen betreffen. Während nach Satz 2 Änderungen durch Verschulden oder Verzug des Hauptschuldners vom Bürgen zu tragen seien, werde die Verpflichtung des Bürgen nach Satz 3 durch ein nachträgliches Rechtsgeschäft des Hauptschuldners nicht erweitert. Der Grund dafür sei, dass, soweit ein nachträgliches

Anwendung des § 307 BGB und damit eine unangemessene Benachteiligung im Bürgschaftsrecht nicht auf § 767 Abs. 1 S. 3 BGB zu stützen sei. Eine solche sei – eben ohne, dass es eines Rückgriffs auf § 767 Abs. 1 S. 3 BGB bedürfe – allein darin zu sehen, dass der Bürge, der infolge einer weiten Bürgschaftszweckerklärung auch für andere Schulden des Hauptschuldners einzustehen habe, eine unkalkulierbare, uferlose Haftung übernehme. Da es bei anlassbezogenen nicht akzessorischen Drittsicherungsgeschäften gleichermaßen zu einer unkalkulierbaren Haftung des betroffenen Sicherungsgebers kommen könne, wird deshalb im Ergebnis vertreten, dass die Vereinbarung weiter Zweckerklärungen auch bei jenen Sicherungsrechten unangemessen i.S. des § 307 BGB sei.

Zudem geht ein Teil der Rechtsliteratur davon aus, dass eine unangemessene Benachteiligung gem. § 307 Abs. 1 S. 2 BGB auch deshalb anzunehmen sei, weil mit einem formularmäßigen weiten Sicherungszweck einer Grundschuld wesentliche Rechte und Pflichten, die sich aus der Natur des Vertrages ergeben, so

---

Rechtsgeschäft die Hauptschuld ändere, die Hauptschuld nicht mehr mit derjenigen identisch sei, für die sich der Bürge verbürgt habe (zum Ganzen *Wilhelm*, in: 50 Jahre BGH – Festgabe aus der Wissenschaft, 2000, Bd. I, S. 897 (910)). Teils heißt es noch weiter, der Grundsatz, dass eine Bürgenverbindlichkeit nicht nachträglich durch Vereinbarung zwischen dem Schuldner und dem Bürgschaftsnehmer erweitert werden dürfe, ergebe sich bereits aus der strengen Akzessorietät der Bürgschaft. § 767 Abs. 1 S. 3 BGB habe insoweit also eine rein deklaratorische Funktion (*Otten*, in: Derleder/Knops/Bamberger, Dt. und Europ. Bank- und Kapitalmarktrecht, Bd. 1, § 25, Rdn. 93). Auch wird darauf abgestellt, dass mit § 767 Abs. 1 S. 3 BGB lediglich vermieden werden solle, dass aus der Eigenschaft der Bürgschaft als akzessorisches Sicherungsrecht der Schluss gezogen werden könnte, die Erweiterung der verbürgten Forderung bringe zwingend die Erweiterung der Bürgschaft mit sich, weshalb die Haftung des Bürgen nach Abschluss des Bürgschaftsvertrages ohne seinen Willen durch Vertrag des Hauptschuldners mit dem Gläubiger zu seinen Lasten erweitert werden könnte. Bei der Grundschuld hingegen bestehe eine solche Gefahr nicht; im Gegensatz zur Bürgschaft sei sie nicht akzessorisch (*Reinicke/Tiedtke*, Kreditsicherung, Rdn. 1190; *Tiedtke*, ZIP 1997, 1949 (1951)). Manche gehen sogar noch weiter und stellen darauf ab, dass das Verbot der Fremddisposition eine zivilrechtliche Grundentscheidung darstelle und sich keineswegs auf das Bürgschaftsinstitut beschränkt zeige (*Bülow*, Recht der Kreditsicherheiten, Rdn. 161, 163; *Horn*, Globalbürgschaft und Bestimmtheitsgrundsatz, in: Festschrift Merz, S. 217 (224 ff.)). Dass dieser Rechtsgedanke im Grundschuldrecht keinen gesetzlichen Ausdruck gefunden habe, erkläre sich leicht aus dem Verweis auf das Hypothekenrecht in § 1192 Abs. 1, wo die Problematik wenig virulent werde, weil die gesicherte Forderung im Grundbuch und folglich zuvor in der Eintragungsbewilligung des Grundeigentümers zu bezeichnen sei. Die später entstehenden Sicherungsforderungen aus der weiten Sicherungszweckerklärung fänden sich dagegen nicht im Grundbuch (siehe zum Ganzen *Bülow*, Recht der Kreditsicherheiten, Rdn. 163).

eingeschränkt würden, dass die Erreichung des Vertragszwecks gefährdet sei.[1273] Typischer Vertragszweck des Sicherungsvertrags sei nicht nur die Sicherung der Forderungen der Bank, sondern auch die Rückgewähr des Sicherungsguts nach Wegfall des Sicherungszwecks.[1274] Konkret sei eine unangemessene Benachteiligung des Grundschuldbestellers deshalb auch darin zu sehen, dass die Verbindlichkeit des Hauptschuldners, für die er sein Grundstück belastet hatte, getilgt sei und er dennoch mit dem Grundstück weiterhin verhaftet bleibe. Während sich nämlich bei einer anlassbezogenen Sicherung der Sicherungszweck durch den Umfang der konkreten Forderung begrenzt zeige, sei mit einer Haftungserweiterung auf alle zwischen der Bank und dem Kreditnehmer künftig entstehenden Verbindlichkeiten dem Sicherungsnehmer die Geltendmachung des Rückübertragungsanspruchs solange verwehrt, wie aus dem geschäftlichen Verhältnis zwischen Bank und Kreditnehmer noch Verbindlichkeiten entstehen können. Faktisch werde der nach Tilgung grundsätzlich zur Entstehung gelangte Rückübertragungsanspruch damit gegenstandslos.[1275] Eine weite Sicherungszweckerklärung verhindere damit die Verwirklichung des auch seinerseits für Kreditsicherungszwecke einsetzbaren Rückübertragungsanspruchs.[1276] Der wesentliche Schutz des Grundstückseigentümers, der ihm in Form seines Rückgewähranspruchs zustehe, werde, indem die Grundschuld an die Entwicklung der Schulden eines Dritten ausgeliefert werde, damit im Ergebnis ausgehöhlt.[1277]

Schließlich sei auch das Argument der Rechtsprechung, wonach die Grundschuld im Gegensatz zur Bürgschaft sowie auch zum Schuldbeitritt, auf den das Verbot der Fremddisposition entsprechend anzuwenden sei, nur das Grundstück betreffe, das in den meisten Fällen nur einen Bruchteil des Vermögens des Grundschuldbestellers ausmache, damit zu entkräften, dass der Sicherungsgeber einer Grundschuld nur bei vordergründiger Sicht gegen den Verlust weiteren Vermögens geschützt sei. Er könne sich nämlich durchaus dazu genötigt sehen, sein Vermögen einzusetzen, um den Verlust seines Grundstücks aufgrund stetig neu entstehender Forderungen der kreditgewährenden Bank gegen den Hauptschuldner zu vermeiden.[1278]

1273 So etwa *Bülow*, Recht der Kreditsicherheiten, Rdn. 163; *Clemente*, Die Sicherungsgrundschuld in der Bankpraxis, S. 18 ff.; *Knops*, ZIP 2006, 1965 (1971); *Schiffer*, NJW 1988, 2779; *Schmitz-Valckenberg*, DNotZ 1996, 492 (497); *Tiedtke*, ZIP 1997, 1949 (1953); *Wilhelm*, in: 50 Jahre BGH – Festgabe aus der Wissenschaft, 2000, Bd. I, S. 897 (908).

1274 *Bülow*, Recht der Kreditsicherheiten, Rdn. 163; *Schiffer*, NJW 1988, 2779 (2779).

1275 *Bülow*, Recht der Kreditsicherheiten, Rdn. 163; *Otten*, in: Derleder/Knops/Bamberger, Dt. und Europ. Bank- und Kapitalmarktrecht, Bd. 1, § 25, Rdn. 95.

1276 *Bülow*, Recht der Kreditsicherheiten, Rdn. 163.

1277 *Wilhelm*, in: 50 Jahre BGH – Festgabe aus der Wissenschaft, 2000, Bd. I, S. 897 (907 f.).

1278 So etwa *Bülow*, Recht der Kreditsicherheiten, Rdn. 163; *Joswig*, in: Nobbe, Kommentar zum Kreditrecht, vor §§ 1113-1203 BGB, Rdn. 47.

(c) Herrschende Literatur

Ein anderer Teil der Literatur – wenn teils auch ohne Begründung – stimmt der Rechtsprechung des BGH zu weiten Grundschuldzweckerklärungen bei anlassbezogener Drittsicherung jedoch zu.[1279] Sofern seitens der Autoren eine Begründung erfolgt, entspricht diese derjenigen des BGH.

(d) Stellungnahme

Die vorherigen Ausführungen haben gezeigt, dass die zur Bürgschaft skizzierte höchstrichterliche Rechtsprechung keinesfalls unreflektiert auf eine formularmäßig weite Sicherungszweckerklärung bei Drittsicherungsgrundschulden übertragen werden kann. Anders als bei der Bürgschaft kontrolliert der BGH weite Grundschuldzweckerklärungen nur nach § 305c Abs. 1 BGB und nimmt keine Inhaltskontrolle nach § 307 BGB vor. Dies wurde seitens des XI. Zivilsenats mittlerweile mehrfach entschieden.[1280]

Die Auswirkung dieser Entscheidung, eine Differenzierung nach den Ebenen Einbeziehungs- (§ 305c Abs. 1 BGB) und Inhaltskontrolle (§ 307 Abs. 1, Abs. 2 BGB), ist für die Praxis von besonderer Bedeutung. Anders als bei der Wertung nach § 305c BGB käme es bei einer im Rahmen des § 307 BGB vorzunehmenden Beurteilung auf die Erwartungen des Grundstückseigentümers als Vertragspartner des Klauselverwenders, der kreditgewährenden Bank, nämlich nicht an.[1281] Eine „Heilung" der unwirksamen Zweckerklärung durch Aufklärung des Grundschuldbestellers bzw. durch individuellen Hinweis würde damit bei Anwendung des § 307 BGB von vornherein ausscheiden. Bei der vom BGH aufgezeigten Lösung allein über

1279 Siehe hierzu *Otten*, in: Derleder/Knops/Bamberger, Dt. und Europ. Bank- und Kapitalmarktrecht, Bd. 1, § 25, Rdn. 97; *Bales*, in: Münscher/Rösler/Lang, Praktikerhandbuch Baufinanzierung, S. 320 f.; *Herrler*, in: Palandt, § 1191, Rdn. 42; *Rohe*, in: Bamberger/Roth/Hau/Poseck, BeckOK BGB, § 1192, Rdn. 118; *Wagenknecht/Piekenbrock*, in: Hellner/Steuer, Bankrecht und Bankpraxis, Rdn. 4/2323; *Wenzel*, in: Erman, BGB, § 1191, Rdn. 32; *Wilhelm*, in: 50 Jahre BGH – Festgabe aus der Wissenschaft, 2000, Bd. I, S. 897 (910 ff.); sowie *Volmer*, WM 1998, 914 (918 f.), der über einen Vergleich mit der Situation bei der Höchstbetragshypothek, die ein gesetzlich vorgesehenes sowie wirtschaftlich mit der Grundschuld mit weiter Zweckerklärung vergleichbares Institut sei, zum gleichen Ergebnis gelangt; zustimmend ohne Begründung: *Epp*, in: Schimansky/Bunte/Lwowski, Bankrechts-Handbuch, § 94, Rdn. 321 ff.; *Ganter*, in: Schimansky/Bunte/Lwowski, Bankrechts-Handbuch, § 90, Rdn. 106; *Rösler*, WM 1998, 1377 (1379).

1280 Siehe etwa BGH, Urteil vom 30.01.2001 – XI ZR 118/00 = NJW 2001, 1417 (1417 ff.); BGH, Urteil vom 24.06.1997 – XI ZR 288/96 = NJW 1997, 2677 (2677 ff.); BGH, Urteil vom 03.06.1997 – XI ZR 133/96 = NJW 1997, 2320 (2320 ff.); BGH, Urteil vom 06.02.1996 – XI ZR 121/95 = NJW-RR 1996, 673 (673 ff.); BGH, Urteil vom 28.03.1995 – XI ZR 151/94 = NJW 1995, 1674 (1674 ff.).

1281 Siehe hierzu bereits oben unter § 12 I. 1. b. i. (3).

den Überraschungseffekt des § 305c Abs. 1 BGB würde der überraschende Charakter einer weiten Grundschuldzweckerklärung hingegen grundsätzlich bereits dann entfallen können, wenn der Drittsicherungsgeber auf diese – mit den überraschenden Charakter ausschaltender Wirkung – hingewiesen würde.[1282] Auch wird diskutiert, ob eine ordnungsgemäße Belehrung durch den Notar eine Anwendung des § 305c Abs. 1 BGB ausschließe und die Erweiterung des Sicherungszwecks einer Grundschuld damit wirksam mache.[1283] Mancher glaubt darin sogar ein Dilemma der Notare erkennen zu können, die mit dem Erfüllen ihrer Aufklärungspflicht den Grundschuldbesteller dem weiten Sicherungszweck geradezu ausliefern würden. Eine intensive Beratung und Belehrung könne, würde der Grundschuldbesteller nur nach § 305c Abs. 1 BGB geschützt werden, nämlich dazu führen, dass die formularmäßige Erweiterung des Sicherungszwecks einer Grundschuld auf die Verbindlichkeiten eines Dritten wirksam werde.[1284] Die Lösung allein über den Überraschungseffekt des § 305c Abs. 1 BGB kann damit zu unbefriedigenden Ergebnissen führen. Fraglich ist jedoch, ob es dies rechtfertigt, für eine zusätzliche Anwendbarkeit des § 307 BGB zu plädieren.

Dabei scheinen die praktischen Auswirkungen dieser Diskussion dadurch abgeschwächt zu sein, dass der BGH in ständiger Rechtsprechung die Erstreckung einer für einen bestimmten Kredit bestellten Grundschuld über den Anlass des Sicherungsvertrags hinaus auf weitere Verbindlichkeiten eines Dritten mittels weiter Grundschuldzweckerklärung als „grundsätzlich überraschend" wertet.[1285] Obwohl zwar immer wieder darauf verwiesen wird, dass der überraschende Charakter einer formularmäßigen weiten Grundschuldzweckerklärung entfallen könne, wenn etwa im Zuge der Verhandlungen auf die Ausweitung der dinglichen Haftung der Grundschuld hingewiesen worden sei[1286], finden sich in der höchstrichterlichen Rechtsprechung kaum Beispiele für eine ausreichende Information. In nahezu allen Fällen bleibt es bei der Annahme eines Verstoßes gegen § 305c Abs. 1 BGB, da davon ausgegangen wird, dass der erforderliche Hinweis entweder nicht erfolgt oder den Anforderungen nicht entsprechend gewesen sei.[1287] Teilweise wird deshalb sogar unterstellt, der BGH erstrecke, um zu vertretbaren Ergebnissen zu

1282 Siehe hierzu sogleich ausführlich unter § 12 III. 1. a. i. (3).

1283 Siehe hierzu sogleich ausführlich unter § 12 III. 1. a. i. (3).

1284 So etwa *Volmer*, WM 1998, 914 (917); *Wilhelm*, in: 50 Jahre BGH – Festgabe aus der Wissenschaft, 2000, Bd. I, S. 897 (907, 915); *Keim*, MittBayNot 1994, 406 (409).

1285 BGH, Urteil vom 24.06.1997 – XI ZR 288/96 = NJW 1997, 2677 (2677 f.); BGH, Urteil vom 04.10.1995 – XI ZR 215/94 = NJW 1996, 191 (192); BGH, Urteil vom 18.02.1992 – XI ZR 126/91 = NJW 1992, 1822 (1823); siehe hierzu auch *Gaberdiel/Gladenbeck*, Kreditsicherung durch Grundschulden, Rdn. 689; *Wolfsteiner*, in: Staudinger, vor §§ 1191 ff., Rdn. 59.

1286 So etwa BGH, Urteil vom 27.06.1995 – XI ZR 213/94 = NJW-RR 1995, 1257 (1258); BGH, Urteil vom 18.02.1992 – XI ZR 126/91 = NJW 1992, 1822 (1823).

1287 Siehe zum Ganzen *Gaberdiel/Gladenbeck*, Kreditsicherung durch Grundschulden, Rdn. 689.

gelangen, die Überraschung bis hin zu einer „(unwiderlegbaren) Überraschungsfiktion".[1288]

Mag man der vorstehenden Rechtsprechungspraxis eine Tendenz zum Fingieren eines Überraschungseffektes unterstellen oder nicht, so lässt sich nach Auswertung der einschlägigen Entscheidungen aber jedenfalls feststellen, dass der BGH tatsächlich nur in vereinzelten Fällen die Erstreckung einer für einen bestimmten Kredit bestellten Drittgrundschuld auf weitere Verbindlichkeiten des persönlichen Schuldners aufgrund Ausräumung einer Überraschung mittels Hinweises für wirksam erachtet hat.[1289] Eindeutige, in der Praxis umsetzbare Kriterien, welche formellen und inhaltlichen Anforderungen für die Ausräumung des Überraschungsmomentes erforderlich sind, lassen sich der höchstrichterlichen Rechtsprechung jedenfalls nicht entnehmen.[1290] Anhand eines solchen ausweichenden Lösungsweges, durch den formularmäßig weite Grundschuldzweckerklärungen durch die Hintertür eines vermeintlich nicht ordnungsgemäß erfolgten Hinweises für unwirksam erklärt werden, lassen sich aber keine stichhaltigen Ergebnisse generieren. Vielmehr lässt der BGH damit im Grunde ein Bedürfnis nach einer inhaltlichen Kontrolle, wie sie in § 307 BGB vorgesehen ist, erkennen. Weshalb der BGH an einer bloß formalen Kontrolle nach § 305c Abs. 1 BGB festhält, leuchtet deshalb auf den ersten Blick nicht ein.[1291]

Bestellt ein Drittsicherungsgeber der kreditgewährenden Bank eine Grundschuld mit weiter Sicherungszweckerklärung, lassen sich also durchaus gute Gründe finden, die für die Vornahme einer Inhaltskontrolle nach § 307 BGB sprechen. Stellt man sodann mit einem Großteil der Literatur darauf ab, dass eine unangemessene Benachteiligung auch bei formularmäßigen weiten Bürgschaftszweckerklärungen nicht in einem Verstoß gegen § 767 Abs. 1 S. 3 BGB zu sehen sei, sondern darin, dass der Bürge, der infolge der weiten Bürgschaftszweckerklärung auch für andere, künftige Verbindlichkeiten des Hauptschuldners

---

1288 Hiervon spricht etwa *Wolfsteiner*, in: Staudinger, vor §§ 1191 ff., Rdn. 57, 59. – Siehe hierzu aber auch *Volmer*, WM 1998, 914 (916 f.), der sich gegen die vom BGH aufgestellten hohen Anforderungen an eine ausreichende Information ausspricht. – Paradigmatisch für die Annahme einer „Überraschungsfiktion" steht etwa die Tatsache, dass der BGH den überraschenden Charakter einer weiten Grundschuldzweckerklärung sogar dann nicht entfallen lässt, wenn dem Sicherungsgeber neben der Zweckerklärung ein weiteres vorformuliertes Schriftstück zur Unterschrift vorgelegt wird. Vielmehr bedürfe es eines individuellen Hinweises, der die Gewähr dafür biete, dass dem Sicherungsgeber bewusst werde, in welch unbeschränktem Maße er sich verpflichte (BGH, Urteil vom 04.10.1995 – XI ZR 215/94 = NJW 1996, 191 (192)).

1289 *Gaberdiel/Gladenbeck*, Kreditsicherung durch Grundschulden, Rdn. 690; *Wolfsteiner*, in: Staudinger, Vorbem. zu §§ 1191 ff., Rdn. 57.

1290 *Gaberdiel/Gladenbeck*, Kreditsicherung durch Grundschulden, Rdn. 691.

1291 So auch *Schmidt*, in: Ulmer/Brandner/Hensen, AGB-Recht, 2. Teil, (43) Sicherungsklauseln, Rdn. 30; Rdn. 59; *Schmitz-Valckenberg*, DNotZ 1996, 492 (495 f.).

einzustehen habe, ein unkalkulierbares, uferloses Risiko eingehe, so lässt sich durchaus hören, dass die Verwendung weiter Zweckerklärungen auch bei nicht akzessorisches Drittsicherungsrechten wie der Drittgrundschuld unangemessen i.S. des § 307 BGB sei, da es hier gleichermaßen zu einem unkalkulierbaren Haftungsrisiko des Drittsicherungsgebers kommen kann.[1292]

Obwohl nach AGB-rechtlicher Wertung damit die besseren Gründe dafür sprechen mögen, den formularmäßigen Sicherungsumfang von Drittgrundschuldnern einer Inhaltskontrolle nach § 307 BGB zu unterziehen und den Grundschuldbesteller unangemessen benachteiligende Klauseln für unwirksam zu erklären[1293], ändert dies nichts an der Tatsache, dass der BGH seine Rechtsprechung ausdrücklich auf der Grundlage des § 305c Abs. 1 BGB fortsetzt. Ungeachtet der Überzeugungskraft dieser BGH-Rechtsprechung wird es die bislang eindeutige und mehrfach bestätigte Positionierung des BGH für die Praxis rechtfertigen, die weite Grundschuldzweckerklärung weiterhin nur an § 305c Abs. 1 BGB und nicht zusätzlich an § 307 Abs. 1, Abs. 2 BGB zu messen.[1294]

Wenn man nach Gründen dafür sucht, dass die höchstrichterliche Rechtsprechung auf die Unzulänglichkeiten eines alleinigen Abstellens auf § 305c Abs. 1 BGB nicht eingegangen ist und an einer Lösung allein über den Überraschungseffekt festhält, wird man diese – wie bereits angedeutet – vordergründig wohl darin finden, dass es den Banken in der Regel nicht gelingt, die Anwendung des § 305c Abs. 1 BGB durch einen sachgerechten individuellen Hinweis zu entkräften bzw. nachzuweisen, dass ein solcher Hinweis tatsächlich erfolgt ist. Dazu kommt die weit verbreitete Praxis der Kreditwirtschaft, die Sicherungszweckerklärungen nicht mehr in die Grundschuldbestellungsurkunde aufzunehmen, um so eine Ausschaltung des Überraschungseffekts mittels notarieller Belehrung vermeiden zu können.[1295] Darauf ist im Folgenden näher einzugehen.

(3) Ausschaltung der Unwirksamkeit durch Aufklärung?

Obwohl immer wieder darauf verwiesen wird, dass der überraschende Charakter einer formularmäßig weiten Grundschuldzweckerklärung entfalle, wenn im Rahmen der Verhandlungen auf die Erweiterung des Sicherungszwecks der Grundschuld über den Anlasskredit hinaus hingewiesen werde[1296], tut sich der BGH – wie soeben aufgezeigt – schwer damit, die Unwirksamkeit nach § 305c Abs. 1 BGB

1292 So auch *Otten*, in: Derleder/Knops/Bamberger, Dt. und Europ. Bank- und Kapitalmarktrecht, Bd. 1, § 25, Rdn. 93.

1293 So auch *Lieder*, in: MüKoBGB, § 1191, Rdn. 41.

1294 Siehe hierzu auch *Wagenknecht/Piekenbrock*, in: Hellner/Steuer, Bankrecht und Bankpraxis, Rdn. 4/2323.

1295 So auch *Schmitz-Valckenberg*, DNotZ 1996, 492 (495).

1296 Siehe etwa BGH, Urteil vom 24.06.1997 – XI ZR 288/96 = NJW 1997, 2677 (2677); BGH, Urteil vom 27.06.1995 – XI ZR 213/94 = NJW-RR 1995, 1257 (1258); BGH, Urteil vom 28.11.1986 – V ZR 257/85 = NJW 1987, 946 (946 f.).

durch individuellen Hinweis tatsächlich entfallen zu lassen.[1297] Der Grund dafür ist augenscheinlich darin zu sehen, dass mit dem Kriterium des individuellen Hinweises der Bank ein formelles Instrumentarium an die Hand gegeben wird, mit dem sich die wirksame Einbeziehung „überschießender Zweckerklärungen“ potentiell erreichen lässt, die vom BGH nach seiner Grundentscheidung aber gerade für bedenklich gehalten wird.[1298] Der Grundschuldbesteller genießt damit im Vergleich zum Bürgen oder zum Schuldbeitretenden, denen gegenüber sich weite Zweckerklärungen zusätzlich an § 307 BGB messen lassen müssen, weitaus weniger Schutz.[1299]

Da die Anforderungen der höchstrichterlichen Rechtsprechung an eine ausreichende Aufklärung mittels individuellen Hinweises damit sehr hoch sind bzw. sich der Rechtsprechung eindeutige, in der Praxis umsetzbare formelle und inhaltliche Kriterien für die Ausräumung eines überraschenden Charakters nicht oder zumindest kaum entnehmen lassen, lässt sich das formelle Instrumentarium eines individuellen Hinweises nur sehr schwer fassen.[1300] Dies zeigt, dass sich das formelle Instrumentarium eines individuellen Hinweises zur Ausräumung des überraschenden Charakters formularmäßiger weiter Grundschuldzweckerklärungen – wie auch bei Bürgschaftszweckerklärungen – im Ergebnis ebenfalls als „stumpfes Schwert“ erweist.

(4) Ausschaltung des überraschenden Charakters durch Notarbelehrung?

Den von der Rechtsprechung aufgestellten hohen Anforderungen an eine individuelle Belehrung könnte es aber möglicherweise genügen, wenn ein beurkundender Notar den Grundschuldbesteller über die Tragweite einer weiten Zweckerklärung tatsächlich belehrt. Insoweit bedarf es allerdings einer differenzierten Betrachtung. Entscheidend ist, ob die Zweckerklärung in der Grundschuldbestellungsurkunde oder im Sicherungsvertrag enthalten ist.

Ist die weite Sicherungszweckerklärung in der Grundschuldbestellungsurkunde formularmäßig enthalten, würde eine Belehrung durch den beurkundenden Notar nach § 17 Abs. 1 BeurkG über die Tragweite der Haftungsübernahme der beurkundeten Vertragsbestimmung den überraschenden Charakter nehmen.[1301] Ein

---

1297 Siehe hierzu § 12 III. 1. a. i. (2) (d).

1298 *Wilhelm*, in: 50 Jahre BGH – Festgabe aus der Wissenschaft 2000, Bd. 1, S. 897 (904).

1299 Siehe hierzu bereits oben unter § 12 I. 1. b. i. (3).

1300 Siehe hierzu ebenfalls bereits oben unter § 12 I. 1. b. i. (3).

1301 BGH, Urteil vom 05.03.1991 – XI ZR 75/90 = NJW 1991, 1677 (1678); BGH, Urteil vom 18.12.1986 – IX ZR 11/86 = NJW 1987, 904 (906); *Bales*, in: Münscher/Rösler/Lang, Praktikerhandbuch Baufinanzierung, S. 323; *Dieckmann*, in: Hoffmann-Becking/Gebele, Beck'sches Formularbuch Bürgerliches, Handels- und Wirtschaftsrecht, IV. A. 26, Rdn. 12; *Everts*, in: Beck'sches Notar-Handbuch, A. VI. Grundschulden, Rdn. 63; *Reinicke/Tiedtke*, Kreditsicherung, Rdn. 1185; *Rösler/Fischer*, BKR

Vorlesen sowie eine allgemeine Belehrung durch den Notar reichen hingegen nicht aus.[1302] Ist die Zweckbestimmungserklärung nicht in der Grundschuldbestellungsurkunde, sondern separat im Sicherungsvertrag enthalten, unterliegt sie hingegen nicht dem Zwang der notariellen Beurkundung und somit besteht keine Belehrungspflicht nach § 17 Abs. 1 BeurkG.[1303] Der beurkundende Notar hat in einem solchen Fall allenfalls aufgrund seiner allgemeinen Betreuungspflicht auf die Bedeutung einer weiten Grundschuldzweckerklärung hinzuweisen.[1304] Angesichts der Notarbelehrung nach § 17 Abs. 1 BeurkG kann danach bei einer in der notariellen Grundschuldbestellungsurkunde enthaltenen Sicherungszweckvereinbarung kaum von einem Überraschungseffekt nach § 305c Abs. 1 BGB ausgegangen werden, bei in separaten Sicherungsverträgen enthaltenen Zweckerklärungen hingegen schon.[1305]

Man würde deshalb erwarten, dass die Banken, zur Vermeidung eines Überraschungsmomentes i.S. des § 305c, die Sicherungszweckerklärung zusammen mit der Grundschuldbestellungsurkunde beurkunden.[1306] Stattdessen werden in der Praxis der Kreditwirtschaft Sicherungszweckvereinbarungen zur besseren Handhabung aber regelmäßig außerhalb der notariellen Grundschuldbestellungsurkunde separat vereinbart.[1307] Die Praxis bevorzugt insoweit eine Trennung, wonach die zu beurkundende Grundschuldbestellungsurkunde nur noch diejenigen Vereinbarungen enthält, die für die Grundbucheintragung erforderlich sind, während alle anderen Vereinbarungen in einer gesonderten Sicherungszweckerklärung geregelt werden.[1308] Davon, dass sich das Überraschungsmoment weiter Grundschuldzweckerklärungen mittels notarieller Beurkundung ausschalten lässt, kann deshalb weitestgehend nicht ausgegangen werden.

2006, 50 (55). – Ein Beispiel eines möglichen Belehrungsvermerks ist bei *Everts*, in: Beck'sches Notar-Handbuch, A. VI. Grundschulden, Rdn. 59 ff. enthalten.

1302 *Hoepner*, BKR 2002, 1025 (1029).

1303 *Knops*, NJW 2015, 3121 (3123).

1304 Siehe zum Ganzen *Everts*, in: Beck'sches Notar-Handbuch, A. VI. Grundschulden, Rdn. 58.

1305 BGH, Urteil vom 18.12.1986 – IX ZR 11/86 = NJW 1987, 904 (906); *Dieckmann*, in: Hoffmann-Becking/Gebele, Beck'sches Formularbuch Bürgerliches, Handels- und Wirtschaftsrecht, IV. A. 26, Rdn. 12.

1306 *Keim*, MittBayNot 1994, 406 (409).

1307 Siehe etwa das Muster bei *Epp*, in: Schimansky/Bunte/Lwowski, Bankrechts-Handbuch, Anh. 2 zu § 94 Nr. 2; *Wenzel*, in: Hellner/Steuer, Bankrecht und Bankpraxis, Rdn. 4/2406; *Wittig*, in: Hopt, Vertrags- und Formularbuch zum Handels-, Gesellschafts- und Bankrecht, Bankrecht VI. H. 9, Rdn. 11.

1308 *Herrler*, in: Palandt, § 1191, Rdn. 19; *Knops*, NJW 2015, 3121 (3123); *Rösler/Fischer*, BKR 2006, 50 (55 f.); *Obermüller*, BKR 2017, 221 (221); *Schmitz-Valckenberg*, DNotZ 1996, 492 (495).

ii. *Zwischenergebnis*

Soll ein Drittsicherungsgeber über die Verbindlichkeit hinaus, die Anlass für die Bestellung bzw. Abtretung der Grundschuld war, auch für künftige Verbindlichkeiten eines Dritten einstehen, muss sich eine solche weite Grundschuldzweckerklärung laut BGH nicht an einer zur Unwirksamkeit führenden Inhaltskontrolle nach § 307 BGB messen lassen, da Inhalt und Umfang der schuldrechtlichen Sicherungszweckvereinbarung bei der Grundschuld – im Unterschied zu der im Bürgschaftsrecht geltenden Regelung des § 767 Abs. 1 S. 3 BGB – gesetzlich nicht geregelt sind.

Demgegenüber überprüft der BGH „überschießende" Zweckerklärungen in ständiger Rechtsprechung auch im Grundschuldrecht anhand von § 305c Abs. 1 BGB und bejaht in diesem Zusammenhang regelmäßig das Vorliegen einer überraschenden Klausel. Die Vereinbarung eines weiten Sicherungszwecks wird deshalb in Drittsicherungsfällen in der Regel unwirksam sein.[1309]

2. Die enge Sicherungszweckerklärung

Soll eine enge Sicherungszweckerklärung vereinbart werden, mithin die Grundschuld nur für eine einzelne oder mehrere in der Zweckerklärung konkret aufgeführte Forderungen haften, begegnet dies AGB-rechtlich keinen Bedenken.[1310]

Wird eine Grundschuld in der Praxis zur Sicherung der Finanzierung eines bestimmten Vorhabens – wie etwa einer Akquisitionsfinanzierung – bestellt, besteht zwischen der Kreditgewährung und der Sicherheitenbestellung in der Regel ein unmittelbarer zeitlicher und sachlicher Zusammenhang. Diejenige Verbindlichkeit des Kreditnehmers, anlässlich derer die Grundschuld bestellt wird, kann in einem solchen Fall mittels enger Zweckerklärung unbedenklich durch die vom Drittsicherungsgeber zur Verfügung gestellte Grundschuld gesichert werden. Dies gilt auch für den Fall, dass zur Finanzierung des Vorhabens mehrere bestimmte Kredite ausgereicht werden und mittels der Grundschuld gesichert werden sollen.[1311] Insoweit handelt es sich nämlich ebenfalls um die Vereinbarung eines engen Sicherungszwecks.[1312] Etwaige weitere, später hinzutretende Forderungen des Kreditgebers gegen den Kreditnehmer aus in der Sicherungszweckerklärung nicht erwähnten Vertragsverhältnissen werden von einer Sicherheit mit enger Zweckerklärung jedoch gerade nicht erfasst. Sollen diese vom Haftungsumfang erfasst werden, wäre die Sicherungszweckvereinbarung – was bei der Grundschuld als nicht akzessorischem Sicherungsrecht grundsätzlich ohne weiteres

---

1309 Zu den Rechtsfolgen einer unwirksamen Sicherungszweckerklärung siehe unten unter § 16.

1310 So etwa *Gaberdiel/Gladenbeck*, Kreditsicherung durch Grundschulden, Rdn. 685; *Lieder*, in: MüKoBGB, § 1191, Rdn. 40; *Rösler/Fischer*, BKR 2006, 50 (56).

1311 Siehe zum Ganzen *Gaberdiel/Gladenbeck*, Kreditsicherung durch Grundschulden, Rdn. 685.

1312 Siehe hierzu oben unter § 7 III. 1. a.

möglich ist – entsprechend anzupassen. Es handelt sich hierbei jedoch weniger um eine AGB-rechtliche Thematik als um eine solche der Anpassungsfähigkeit von Grundschuldzweckerklärungen im Allgemeinen. Insoweit wird auf die obigen Ausführungen verwiesen.[1313]

3. Besonderheiten bei Prolongations-, Stundungs- und sonstigen eine Änderung der Hauptschuld vorsehenden Klauseln

a. Prolongationsklauseln

Wie bereits festgestellt, wird man – unabhängig davon, ob eine weite Zweckerklärung weiter reicht als eine Prolongationsklausel oder nicht – von der Wirksamkeit einer Prolongationsklausel jedenfalls dann ausgehen können, wenn sie sich an den für das jeweilige Sicherungsrecht skizzierten Anforderungen zu formularmäßig weiten Zweckerklärungen messen lassen kann.[1314]

Da Inhalt und Umfang der schuldrechtlichen Zweckverbindung einer Grundschuld gesetzlich nicht geregelt sind, kontrolliert der BGH weite Grundschuldzweckerklärungen – anders als diejenigen der Bürgschaft – nicht nach § 307 Abs. 1, 2 BGB. Insbesondere findet die Vorschrift des § 767 Abs. 1 S. 3 BGB keine Anwendung. Die formularmäßige Verwendung weiter Grundschuldzweckerklärungen wird damit nach höchstrichterlicher Rechtsprechung, der hier zu folgen ist[1315], keiner Inhaltskontrolle unterzogen. Gleiches muss mithin für Prolongationsklauseln gelten, die möglicherweise enger sind, jedenfalls aber nicht weiter reichen als weite Zweckerklärungen und damit an den gleichen Grundsätzen zu messen sind. Eine formularmäßige Prolongationsklausel wird deshalb einen Sicherungsgeber, der zur Sicherung der Verbindlichkeiten eines Dritten an seinem Grundstück eine Grundschuld bestellt, nicht unangemessen i.S. des § 307 BGB benachteiligen können. Selbst wenn man mit einem weit angelegten Verständnis von Prolongationsklauseln davon ausgeht, dass diese die Sicherheit nicht nur auf eine von Anfang an beabsichtigte Verlängerung des Kredites erstrecken, sondern damit auch andere, später begründete Verbindlichkeiten im Verhältnis der Kreditvertragsparteien erfasst sein sollen[1316], wird die Prolongationsklausel den Drittgrundschuldbesteller nicht unangemessen benachteiligen.

In der Konsequenz müssen sich formularmäßige Prolongationsklauseln aber an § 305c Abs. 1 BGB messen lassen.[1317] Bei einer zur Sicherung der Verbindlichkeiten

1313 Siehe hierzu oben unter § 9.

1314 Siehe hierzu ausführlich oben unter § 12 I. 3. a.

1315 Siehe hierzu ebenfalls oben unter § 12 III. 1. a. i. (2) (d).

1316 Siehe hierzu ausführlich oben unter § 12 I. 3. a.

1317 Etwas anderes gilt freilich nach derjenigen Ansicht, die in der Kreditsicherheit mit Prolongationsklausel eine Sicherheit mit enger Zweckerklärung sieht. Nach dieser

eines Dritten bestellten Grundschuld mit formularmäßig weiter Zweckerklärung bejaht der BGH nämlich regelmäßig das Vorliegen einer überraschenden Klausel nach § 305c Abs. 1 BGB.[1318] Vom Vorliegen eines Überraschungsmomentes wird dabei nur dann nicht ausgegangen, wenn die kreditgewährende Bank den Grundschuldbesteller – den strengen Anforderungen des BGH entsprechend – individuell und eindeutig auf die weite Zweckerklärung hingewiesen hat und die Bank dies auch darlegen und beweisen kann.[1319] Dies gilt es entsprechend auf etwaige Prolongationsklauseln in Grundschuldzweckerklärungen zu übertragen. Zudem wird ein Prolongationskredit bei Vereinbarung einer formularmäßigen Prolongationsklausel im Grundschuldrecht ausnahmsweise vom Sicherungsumfang umfasst, d.h. die formularmäßige Prolongationsklausel nicht überraschend i.S. des § 305c Abs. 1 BGB sein, wenn die Kreditvertragsparteien von Anfang an eine Verlängerung des Kredits ins Auge gefasst haben und der Grundschuldbesteller dies wusste bzw. aufgrund der Umstände des Einzelfalls hätte wissen müssen. Auch hier wird die Prolongation regelmäßig nämlich schon zum Anlasskredit gerechnet werden können. Insoweit besteht zu dem, was für formularmäßige Prolongationsklauseln im Bürgschaftsrecht festgestellt wurde, keine Besonderheit.[1320]

b. Stundungsabreden

Auch bei mit Grundschuldzweckerklärungen kombinierten formularmäßigen Stundungsabreden ist erneut zu überlegen, ob darin eine unwirksame Erweiterung der Verpflichtung des Drittgrundschuldbestellers liegen kann und eine klauselmäßige Ermächtigung der kreditgewährenden Bank durch den Besteller zum Abschluss derartiger Vereinbarungen deshalb gegen § 307 BGB und § 305c Abs. 1 BGB verstößt.

Wie bereits erwähnt, hat der BGH in seinem Urteil zum Bürgschaftsrecht[1321] ausgeführt, dass in der Vereinbarung des Gläubigers und des Hauptschuldners, ein Darlehen nicht mehr in monatlichen Raten, sondern erst am Ende der Darlehenslaufzeit in einer Summe zu tilgen, in der Regel eine unwirksame Erweiterung der Verpflichtung des Bürgen i.S. von § 767 Abs. 1 S. 3 BGB liege und eine klauselmäßige Ermächtigung deshalb gegen § 307 Abs. 2 BGB verstoße. Obwohl eine

---

Ansicht begegnen Prolongationsklauseln ebenso wie enge Sicherungszweck-erklärungen an sich AGB-rechtlich keinen Bedenken (so etwa *Samhat*, WM 2016, 962 (965) sowie *Lieder*, in: MüKoBGB, § 1191, Rdn. 40, der allerdings – ohne dies näher zu begründen – lediglich auf *Samhat* verweist). Dieser Ansicht soll hier jedoch nicht gefolgt werden (siehe hierzu bereits oben unter § 7 III. 3. c. iii. und § 12 I. 3. a. i.

1318 Siehe hierzu oben unter § 12 III. 1. a. i. (1).

1319 Siehe hierzu oben unter § 12 III. 1. a. i. (3).

1320 Siehe hierzu ausführlich oben unter § 12 I. 3. a. iv.

1321 BGH, Urteil vom 06.04.2000 – IX ZR 2/98 = NJW 2000, 2580 (2580 ff.).

derartige Positionierung des BGH bislang nicht zu verzeichnen ist, soll im Bürgschaftsrecht – nach hier vertretener Auffassung – für eine vereinbarte Stundung das gleiche gelten, was laut BGH auch für die Änderungen von Tilgungsmodalitäten gilt, mit der Folge, dass eine klauselmäßige Ermächtigung der kreditgewährenden Bank durch den Bürgen zum Abschluss derartiger Vereinbarungen zu einem Verstoß gegen § 307 BGB führen würde und sich Stundungsabreden im Ergebnis ebenfalls als unwirksam erweisen würden.[1322]

Nach den zuvor aufgezeigten, für das Grundschuldrecht geltenden Grundsätzen, kann dies für mit Grundschuldzweckerklärungen kombinierte formularmäßige Stundungsabreden jedoch keine Geltung beanspruchen. Für weite Zweckerklärungen nimmt der BGH dort nämlich keine Inhaltskontrolle nach § 307 Abs. 1, 2 BGB vor, da Inhalt und Umfang der schuldrechtlichen Zweckbindung bei der Grundschuld nicht geregelt seien, und wendet insbesondere auch § 767 Abs. 1 S. 3 BGB nicht an. Das vom BGH für die Änderung von Tilgungsmodalitäten vorgebrachte und nach hier vertretener Auffassung auf Stundungsabreden zu übertragende Kernargument[1323] lässt sich damit nicht für mit Grundschuldzweckerklärungen kombinierte Stundungsabreden verwenden. Die formularmäßige Stundungsabrede ist aus denselben Gründen, die für eine formularmäßig weite Zweck-erklärung im Grundschulrecht gelten, nicht nach § 307 BGB zu beanstanden.

Auch wenn eine zur Unwirksamkeit führende Inhaltskontrolle nach § 307 BGB damit bei formularmäßigen Stundungsabreden im Grundschuldrecht nicht vorzunehmen ist, müssen sich diese demgegenüber an § 305c Abs. 1 BGB messen lassen. Dies gilt, obwohl das für die Änderung von Tilgungsmodalitäten ergangene und nach hier vertretener Auffassung auf Stundungsabreden zu übertragende Urteil des BGH zum Bürgschaftsrecht keine Aussage über den überraschenden Charakter etwaiger Vereinbarungen enthält. Dies ist nämlich wohl allein darauf zurückzuführen, dass der BGH bereits von einer unangemessenen Benachteiligung i.S. des § 307 BGB ausgegangen ist, weshalb eine Überprüfung anhand von § 305c Abs. 1 BGB obsolet wurde. Indes hat der BGH bei der Überprüfung weiter Zweckerklärungen im Grundschuldrecht – wie bereits ausgeführt – mehrfach betont, dass jene zwar nicht gegen § 307 BGB verstoßen, jedoch häufig an § 305c Abs. 1 BGB scheitern.[1324] Dem bisherigen Argumentationsmuster folgend sind die für formularmäßig weite Zweckerklärungen geltenden und entsprechend skizzierten Grundsätze im jeweiligen Sicherungsrecht entsprechend auf Prolongationsklauseln, Stundungsabreden etc. anzuwenden.[1325] Insoweit wird für die Frage des Vorliegens eines überraschenden Charakters auf die zuvor erfolgten Ausführungen verwiesen.[1326]

1322 Siehe hierzu oben unter § 12 I. 3. b.
1323 Siehe hierzu ebenfalls oben unter § 12 I. 3. b.
1324 Siehe hierzu oben unter § 12 III. 1. a. i. (1).
1325 Siehe hierzu oben unter § 12 I. 3. a. iv.
1326 Siehe hierzu § 12 III. 1. a. i. (1).

c. *Tilgungsaussetzungsabreden*

Wie soeben bereits erneut aufgezeigt, hat der BGH für das Recht der Bürgschaft ausgeführt, dass in der Vereinbarung des Gläubigers und des Hauptschuldners, ein Darlehen nicht mehr in monatlichen Raten, sondern erst am Ende der Darlehenslaufzeit in einer Summe zu tilgen, in der Regel eine unwirksame Erweiterung der Verpflichtung des Bürgen i.S. von § 767 Abs. 1 S. 3 BGB liege und eine klauselmäßige Ermächtigung deshalb gegen § 307 Abs. 2 BGB verstoße.[1327]

Nach den zuvor aufgezeigten, für das Grundschuldrecht geltenden Grundsätzen kann dies hier jedoch keine Geltung beanspruchen. Eine formularmäßige Tilgungsaussetzungsabrede ist aus denselben Gründen, die für eine formularmäßige Stundungsabrede im Grundschuldrecht gelten, nicht nach § 307 BGB zu beanstanden. Insoweit wird auf die vorherigen Ausführungen verwiesen.[1328] Gleiches gilt im Hinblick darauf, dass sich diese aber gleichwohl an § 305c Abs. 1 BGB messen lassen müssen.[1329]

d. *Kreditüberschreitungs- bzw. Kontoüberziehungsklauseln*

Der BGH hat, wie bereits erwähnt, in einem Urteil betreffend einen Schuldbeitritt[1330] ausgeführt, dass eine formularmäßige Haftungserweiterungsklausel, wonach sich die Haftung eines Schuldbeitretenden auch auf alle „Kreditüberschreitungen bzw. Kontoüberziehungen" erstrecken soll, nicht nur gegen § 305c Abs. 1 BGB verstößt, sondern darüber hinaus auch einer Inhaltskontrolle nach § 307 BGB nicht standhält.[1331]

Nach den für das Grundschuldrecht geltenden Grundsätzen kann dies für mit Grundschuldzweckerklärungen kombinierte formularmäßige Kreditüberschreitungs- bzw. Kontoüberziehungsklauseln jedoch keine Geltung beanspruchen. Dies gilt jedenfalls insoweit, als eine formularmäßige Kreditüberschreitungs- bzw. Kontoüberziehungsklausel aus denselben Gründen, die für eine formularmäßig weite Zweckerklärung im Grundschuldrecht gelten, nicht nach § 307 BGB zu beanstanden sein kann. Dem bisherigen Argumentationsmuster folgend sind die für formularmäßig weite Zweckerklärungen geltenden und entsprechend skizzierten Grundsätze nämlich auch hier entsprechend auf jene Klauseln anzuwenden.[1332]

Demgemäß müssen sich formularmäßige Kreditüberschreitungs- bzw. Kontoüberziehungsklauseln aber dennoch auch an § 305c Abs. 1 BGB messen lassen.

1327 Siehe hierzu zuvor unter § 12 III. 3. b. sowie bereits oben unter § 12 I. 3. c.
1328 Siehe hierzu zuvor unter § 12 III. 3. b.
1329 Siehe hierzu ebenfalls zuvor unter § 12 III. 3. b.
1330 BGH, Urteil vom 07.11.1995 – XI ZR 235/94 = NJW 1996, 249 (249 f.).
1331 Siehe hierzu oben unter § 12 I. 3. a. iii.
1332 Siehe hierzu oben unter § 12 I. 3. a. iv.

e. *Zinsänderungsklauseln*

Eindeutiger gestaltet sich erneut die Rechtslage hinsichtlich der Frage, ob bei Grundschuldbestellung formularmäßig vereinbart werden kann, dass diese unverändert bestehen bleiben soll, wenn der Zinssatz ein- oder mehrmals geändert wird.

Insoweit wurde bei der Untersuchung des für die Bürgschaft geltenden Rechts festgestellt, dass eine vorformulierte Haftungserstreckung der Bürgschaftsschuld auf Zinsänderungen grundsätzlich einer AGB-rechtlichen Prüfung standhält. Dies gilt jedenfalls dann, wenn – wie regelmäßig – die Befugnis zu Konditionsänderungen bereits im ursprünglichen Vertrag, d.h. im Kreditvertrag der kreditgewährenden Bank mit dem Hauptschuldner als einseitiges Leistungsbestimmungsrecht i.S. des § 315 BGB angelegt war, da es sich dann nämlich nicht um eine nachteilige rechtsgeschäftliche Vereinbarung oder Vertragsänderung, sondern allein um die Ausübung eines Gestaltungsrechts handelt.[1333]

Da der Grundschuldbesteller in seiner Funktion als Drittrealsicherheitengeber nach von der höchstrichterlichen Rechtsprechung vertretener und hier übernommener Auffassung weit weniger Schutz genießt als ein Bürge als Personalsicherungsgeber[1334], muss die Annahme der AGB-rechtlichen Wirksamkeit vorformulierter Haftungserstreckungen auf Zinsänderungen im Sinne eines „Erst-Recht-Schlusses" (*argumentum a maiore ad minus*) auch für die Grundschuld gelten. Gründe, warum hier etwas anderes gelten sollte, sind jedenfalls nicht ersichtlich.

4. Sonderfall: Übernahme der persönlichen Haftung

Regelmäßig machen die Banken ihre Kreditzusage bei der Sicherung durch Grundschulden davon abhängig, dass der Grundstückseigentümer bzw. (Dritt-)Sicherungsgeber die Grundschuld nicht nur an der bedungenen Rangstelle bestellt und sich insoweit der sofortigen Zwangsvollstreckung unterwirft (§§ 794 Abs. 1 Nr. 5, 800 ZPO), sondern darüber hinaus für die Zahlung eines der Höhe des Grundschuldbetrages entsprechenden Geldbetrages die persönliche Haftung im Wege eines abstrakten Schuldversprechens bzw. Schuldanerkenntnisses (§§ 780, 781 BGB) übernimmt und sich auch insoweit der sofortigen Zwangsvollstreckung unterwirft.[1335] Häufig findet sich hierfür in den banküblichen Formularen für die Bestellung von Grundschulden eine Formularklausel, die die persönliche Haftungsübernahme des dinglichen Schuldners für die Zahlung des Betrags der Grundschuld bzw. für Kapital, Zinsen und Nebenleistungen des Grundpfandrechts

1333 Siehe zum Ganzen oben unter § 12 I. 3. e.
1334 Siehe hierzu oben unter § 12 III. 1. a. (2) (a).
1335 *Dieckmann*, in Hoffmann-Becking/Gebele, Beck'sches Formularbuch Bürgerliches-Handels- und Wirtschaftsrecht, IV. A. 26, Rdn. 12.

vorsieht.[1336] Das abgegebene Schuldversprechen befindet sich in diesem Fall also in einer Urkunde mit der Grundschuld. Aber auch eine gesonderte Vereinbarung der persönlichen Haftungsübernahme ist möglich.[1337]

Für die Zwecke dieser Untersuchung gilt es zunächst das Verhältnis der persönlichen Haftungsübernahme zur Grundschuld zu klären. Sodann ist auch hinsichtlich der Übernahme der persönlichen Haftung die Frage nach der AGB-rechtlichen Wirksamkeit der formularmäßig weiten Zweckerklärung aufzuwerfen. Insoweit soll auch hier zunächst nur der Fall einer persönlichen Haftungsübernahme bei einer Grundschuldbestellung für die Verbindlichkeit(en) eines Dritten beurteilt werden.

a. Die Übernahme der persönlichen Haftung als eine das Grundpfandrecht verstärkende Sicherheit

Die Übernahme der persönlichen Haftung in Form eines abstrakten Schuldversprechens (§ 780 BGB)[1338] bzw. Schuldanerkenntnisses (§ 781 BGB)[1339] ist von der mit der Bestellung einer Grundschuld begründeten dinglichen Haftung zu trennen.[1340] Grundschuld und persönliche Haftungsübernahme stellen grundsätzlich rechtlich jeweils eigenständige und voneinander unabhängige Verpflichtungen dar.[1341] Ebenso wie die Grundschuld hat aber auch die Übernahme der persönlichen Haftung eine Sicherungsfunktion.[1342] Sie steht den kreditgewährenden Banken dabei regelmäßig aber nur alternativ, nicht kumulativ zur Grundschuld zur Verfügung.[1343] Trotz ihrer Funktionen als jeweils selbständiges Sicherungsmittel kann der Gläubiger den Grundschuldbetrag in der Regel insgesamt nur einmal fordern.[1344] Vorbehaltlich einer abweichenden Regelung liegt der Zweck der persönlichen Haftungsübernahme nämlich in der Möglichkeit des Zugriffs auf das

---

1336 *Joswig*, in: Nobbe, Kommentar zum Kreditrecht, vor §§ 1113-1203 BGB, Rdn. 26; *Schmidt*, in: Ulmer/Brandner/Hensen, AGB-Recht, Teil 2, (43) Sicherungsklauseln, Rdn. 33.

1337 So etwa *Rohe*, in: Bamberger/Roth/Hau/Poseck, BeckOK BGB, § 1192, Rdn. 129.

1338 So etwa BGH, Urteil vom 05.04.2005 – XI ZR 167/04 = NJW-RR 2005, 985 (986).

1339 So etwa BGH, Urteil vom 18.12.1986 – IX ZR 11/86 = NJW 1987, 904 (904).

1340 *Joswig*, in: Nobbe, Kommentar zum Kreditrecht, vor §§ 1113-1203 BGB, Rdn. 26.

1341 *Gaberdiel/Gladenbeck*, Kreditsicherung durch Grundschulden, Rdn. 296; *Schoppmeyer*, in: Lwowski/Fischer/Gehrlein, Das Recht der Kreditsicherung, § 15, Rdn. 250.

1342 So etwa BGH, Urteil vom 28.03.2000 – XI ZR 184/99 = NJW-RR 2000, 1358 (1359).

1343 *Gaberdiel/Gladenbeck*, Kreditsicherung durch Grundschulden, Rdn. 296.

1344 BGH, Urteil vom 10.12.1991 – XI ZR 48/91 = NJW 1992, 971 (972); wird vom Sicherungsgeber verlangt, die beiden Sicherheiten in Höhe des Grundschuldbetrages kumulativ nebeneinander zu bestellen und sich in doppelter Höhe der Zwangsvollstreckung zu unterwerfen, muss dies eindeutig zum Ausdruck gebracht werden (BGH, Urteil vom 28.03.2000 – XI ZR 184/99 = NJW-RR 2000, 1358 (1359)).

freie Vermögen des Sicherungsgebers für den Fall, dass eine Befriedigung aus dem Grundpfandrecht ganz oder teilweise unmöglich ist.[1345] Bei der Übernahme der persönlichen Haftung handelt es sich damit um eine das Grundpfandrecht verstärkende Sicherheit, die hingegen nicht zu einer betragsmäßigen Erhöhung bzw. Verdoppelung der Haftungssumme führt.[1346]

Nichtsdestoweniger stehen sich Grundschuld und persönliche Haftungsübernahme aber auch nicht völlig isoliert gegenüber.[1347] Dies folgt bereits aus den banküblichen Formulierungen, wonach die persönliche Haftung „für den Betrag der Grundschuld" oder „für die Zahlung eines Geldbetrags in Höhe des Grundschuldbetrages" übernommen wird.[1348] Es wird also in der Regel ausdrücklich vereinbart, dass das Schuldversprechen zur Sicherung derselben Verbindlichkeit dienen soll wie die Grundschuld selbst. Bei Kreditsicherheiten, die den Gläubigern alternativ zur Verfügung stehen, wird dies jedoch auch nicht anders zu erwarten sein.[1349] Regelmäßig teilt die persönliche Haftungsübernahme also den Sicherungszweck des Grundpfandrechts.[1350] Dies gilt selbst dann, wenn ausnahmsweise eine ausdrückliche Sicherungsabrede für die persönliche Haftungsübernahme fehlt.[1351]

1345 *Joswig*, in: Nobbe, Kommentar zum Kreditrecht, vor §§ 1113-1203 BGB, Rdn. 26.

1346 BGH, Urteil vom 22.06.1999 – XI ZR 256/98 = BeckRS 1999, 30063863; BGH, Urteil vom 02.10.1990 – XI ZR 306/89 = NJW 1991, 286 (287); BGH, Urteil vom 19.09.1986 – V ZR 72/85 = NJW 1987, 319 (320); OLG Hamm, Urteil vom 19.11.1990 – 31 U 85/90 = NJW-RR 1991, 819 (819); *Schmidt*, in: Ulmer/Brandner/Hensen, AGB-Recht, Teil 2, (43) Sicherungsklauseln, Rdn. 33; *Schoppmeyer*, in: Lwowski/Fischer/Gehrlein, Das Recht der Kreditsicherung, § 15, Rdn. 251.

1347 *Schoppmeyer*, in: Lwowski/Fischer/Gehrlein, Das Recht der Kreditsicherung, § 15, Rdn. 251.

1348 *Joswig*, in: Nobbe, Kommentar zum Kreditrecht, vor §§ 1113-1203 BGB, Rdn. 26; *Schoppmeyer*, in: Lwowski/Fischer/Gehrlein, Das Recht der Kreditsicherung, § 15, Rdn. 250; siehe zu weiteren möglichen Formulierungen für derartige Klauseln auch *Dieckmann*, in: Hoffmann-Becking/Gebele, Beck'sches Formularbuch Bürgerliches-Handels- und Wirtschaftsrecht, IV. A. 26, Rdn. 12; *Gaberdiel/Gladenbeck*, Kreditsicherung durch Grundschulden, Anh., S. 617 ff.

1349 Siehe zum Ganzen *Gaberdiel/Gladenbeck*, Kreditsicherung durch Grundschulden, Rdn. 299.

1350 Sofern sich die Übernahme der persönlichen Haftung auf die dinglichen Ansprüche aus dem Grundpfandrecht bezieht, wird die persönliche Haftungsübernahme wohl auch keiner Änderung oder Ergänzung bedürfen, wenn die Grundschuld etwa durch nachträgliche Änderung der Zweckerklärung auch für weitere als die ursprünglich erfassten Forderungen haften soll (so etwa *Joswig*, in: Nobbe, Kommentar zum Kreditrecht, vor §§ 1113-1203, Rdn. 49).

1351 BGH, Urteil vom 16.05.2006 – XI ZR 6/04 = NJW 2006, 2099 (2100); BGH, Urteil vom 05.04.2005 – XI ZR 167/04 = NJW-RR 2005, 985 (986).

b. Die weite Zweckerklärung als überraschende und unangemessen benachteiligende Klausel?

In diesem Zusammenhang ist regelmäßig davon die Rede, dass die in der formularmäßigen persönlichen Haftungsübernahme liegende Erweiterung der Haftung überraschend i.S. des § 305c Abs. 1 BGB oder wegen Verstoßes gegen § 307 BGB jedenfalls unwirksam sein könne.[1352] Auch wenn es auf den ersten Blick so scheint, wird diese Problematik für die vorliegende Untersuchung jedoch wenig virulent. Im Kern geht es bei diesem Aspekt nämlich um die „institutswidrige Erweiterung der Haftung" auf das persönliche Vermögen und nicht um die Reichweite des Sicherungszwecks.[1353] Auch wenn die Frage in Rechtsprechung und Literatur weitestgehend nicht vertieft wird, soll hier, d.h. bei formularmäßiger Einbeziehung von Verbindlichkeiten Dritter im Rahmen persönlicher Haftungsübernahme, der Versuch unternommen werden, der AGB-rechtlichen Wirksamkeit weiter Zweckerklärungen nachzugehen. Dabei wird man sich insbesondere fragen müssen, ob die AGB-rechtliche Wirksamkeit jener Zweckerklärungen nach dem Vorbild der Grundschuld oder dem der Bürgschaft zu beurteilen ist.

Während bei der persönlichen Haftungsübernahme des Hauptschuldners diskutiert wird, ob es sich dabei um ein atypisches Sicherungsrecht eigener Art handelt, gilt es hier zunächst zu berücksichtigen, dass es sich bei einem Sicherungsschuldanerkenntnis eines Dritten zweifelsfrei um eine Personalsicherheit handelt.[1354] Während bei der Bestellung einer Grundschuld für fremde Verbindlichkeiten lediglich ein Vermögensgegenstand dinglich belastet wird, eröffnet die Übernahme der persönlichen Haftung nämlich – ebenso wie etwa eine Bürgschaft – den Zugriff auf freies Vermögen.[1355] Begründet der BGH seine abgeneigte Haltung

---

1352 So etwa *Rohe*, in: Bamberger/Roth/Hau/Poseck, BeckOK BGB, § 1192, Rdn. 126; *Schmidt*, in: Ulmer/Brandner/Hensen, AGB-Recht, Teil 2, (43) Sicherungsklauseln, Rdn. 33; a.A. *Gaberdiel/Gladenbeck*, Kreditsicherung durch Grundschulden, Rdn. 300.

1353 *Rohe*, in: Bamberger/Roth/Hau/Poseck, BeckOK BGB, § 1192, Rdn. 126; siehe hierzu auch BGH, Urteil vom 23.05.2000 – XI ZR 214/99 = NJW 2000, 2675 (2676); BGH, Urteil vom 05.03.1991 – XI ZR 75/90 = NJW 1991, 1677 (1678). – Dass der Unterschied in den Problemkreisen nicht immer ohne Weiteres erkannt wird, wird auch bei *Joswig* deutlich, der zwar aufzeigt, dass sich auch hinsichtlich der persönlichen Haftungsübernahme die Frage der unangemessenen Benachteiligung durch eine weite Zweckerklärung stellen könne, diese jedoch sodann mit Verweis auf eben jenes Urteil des BGH zur institutswidrigen Erweiterung der Haftung zu beantworten versucht (*Joswig*, in: Nobbe, Kommentar zum Kreditrecht, vor §§ 1113-1203 BGB, Rdn. 48, mit Verweis auf BGH, Urteil vom 05.03.1991 – XI ZR 75/90 = NJW 1991, 1677 (1678)).

1354 *Dieckmann*, in Hoffmann-Becking/Gebele, Beck'sches Formularbuch Bürgerliches-Handels- und Wirtschaftsrecht, IV. A. 26, Rdn. 12.

1355 *Schoppmeyer*, in: Lwowski/Fischer/Gehrlein, Das Recht der Kreditsicherung, § 15, Rdn. 256.

zur Übernahme der Rechtsprechung zur Bürgschaft auf das Grundschuldrecht damit, dass die Grundschuld nur das gegenwärtige Vermögen des Sicherungsgebers erfasse, so trifft dies auf die persönliche Haftungsübernahme also gerade nicht zu.[1356] Dies spricht dafür, hier nicht die zum Grundschuldrecht skizzierten Grundsätze anzuwenden, sondern die Rechtsprechung des BGH, die auch bei formularmäßig weiten Bürgschaftszweckerklärungen Geltung beansprucht und aus der – über einen möglichen Verstoß gegen § 305c Abs. 1 BGB hinaus – mit § 767 Abs. 1 S. 3 BGB sowie mit § 307 BGB eine Unwirksamkeit derartiger Klauseln abgeleitet wird.[1357] Teilt die persönliche Haftungsübernahme den Sicherungszweck der Grundschuld, was – wie bereits erörtert – regelmäßig der Fall sein wird, so hat eine möglicherweise AGB-rechtlich wirksame weite Grundschuldzweckerklärung nach hier vertretener Auffassung also noch lange nicht die automatische Wirksamkeit der in der persönlichen Haftungsübernahme enthaltenen Zweckerklärung zur Folge. Da die Übernahme der persönlichen Haftung regelmäßig in der Grundschuldbestellungsurkunde erklärt wird, dürfte dies insbesondere im Hinblick auf die Möglichkeit des Ausschlusses einer AGB-rechtlichen Unwirksamkeit durch notarielle Belehrung relevant werden.[1358] Selbst wenn der überraschende Charakter einer weiten Zweckerklärung danach entfallen würde, müsste sich eine solche Klausel bei Anwendung der im Bürgschaftsrecht geltenden Grundsätze dann nämlich immer noch an § 307 BGB messen lassen. Dies würde jedoch nicht bei Anwendung der für das Grundschuldrecht geltenden Grundsätze gelten.

IV. Pfandrecht an beweglichen Sachen oder an Rechten[1359]

1. Die weite Sicherungszweckerklärung

Auch bei den akzessorischen Drittpfandrechten stellt sich die Frage, ob die Rechtsprechung des BGH zur Bürgschaft mit weitem Sicherungszweck auf diese zu übertragen ist oder ob diese nicht vielmehr nach dem Vorbild der Grundschuld zu beurteilen sind. Danach entscheidet sich, ob weite Sicherungszweckerklärungen bei Pfandrechten „nur“ als überraschende Klauseln – mit der grundsätzlichen

---

1356 Zum Ganzen *Wolfsteiner*, in: Staudinger, vor §§ 1191 ff., Rdn. 204.

1357 Siehe hierzu auch BGH, Urteil vom 07.11.1995 – XI ZR 235/94 = NJW 1996, 249 (249 f.), der die für weite Bürgschaftszweckerklärungen geltenden Grundsätze ausdrücklich für auf den Schuldbeitritt anwendbar erklärt; oben unter § 12 II. 2.; sowie *Wolfsteiner*, in: Staudinger, vor §§ 1191 ff., Rdn. 204.

1358 *Schoppmeyer*, in: Lwowski/Fischer/Gehrlein, Das Recht der Kreditsicherung, § 15, Rdn. 256.

1359 Gem. § 1273 Abs. 2 S. 1 BGB finden auf das Pfandrecht an Rechten die Vorschriften über das Pfandrecht an beweglichen Sachen weitestgehend entsprechende Anwendung. Die pfandrechtliche Besicherung mit Sachen sowie mit Rechten wird deshalb hier gemeinsam abgehandelt und es soll nur an den betreffenden Stellen auf Unterschiede hingewiesen werden.

Möglichkeit einer „Heilung" durch individuellen Hinweis – zu bewerten sind oder sie den Drittverpfänder darüber hinaus auch unangemessen benachteiligen und allein darum unwirksam sind. Insoweit soll sich die Untersuchung hier erneut zunächst nur auf den Fall beschränken, dass es sich bei dem Verpfänder um einen Drittsicherungsgeber handelt.

a. Die weite Zweckerklärung als überraschende und unangemessen benachteiligende Klausel

i. Verstoß gegen § 305c Abs. 1 BGB?

Obwohl der BGH in ständiger Rechtsprechung immer wieder betont, dass bei einer Drittrealsicherheit die formularmäßig weite Sicherungszweckerklärung regelmäßig als überraschende Klausel i.S.d. § 305c Abs. 1 BGB zu qualifizieren sei[1360], fällt auf, dass er in seinen wenigen Entscheidungen zu weiten Zweckerklärungen in Drittverpfändungsverträgen § 305c Abs. 1 BGB entweder mit keinem Wort erwähnt[1361] oder eine Entscheidung über dessen Einschlägigkeit ausdrücklich offen lässt[1362].[1363] Höchstrichterlich scheint diese Frage damit noch nicht abschließend geklärt.

Wenn Kreditnehmer und Sicherungsgeber nicht identisch sind und formularmäßig ein weiter Sicherungszweck vereinbart wird, ist aber nach der höchstrichterlichen Rechtsprechung sowohl zur Bürgschaft als auch zur Grundschuld von einer überraschenden und damit unwirksamen Klausel auszugehen.[1364] Gründe dafür, warum dies bei weiten Sicherungszweckerklärungen in Drittverpfändungsfällen anders sein sollte, sind nicht ersichtlich.[1365] Handelt es sich bei dem Pfandrecht um eine Drittsicherheit, ist eine formularmäßig weite Sicherungszweckvereinbarung mithin unter den oben genannten Umständen gemäß § 305c Abs. 1 BGB überraschend und damit unwirksam.[1366]

ii. Verstoß gegen § 307 Abs. 2 BGB?

Für Pfandrechte an beweglichen Sachen findet sich in § 1210 Abs. 1 BGB eine dem „Modell" des § 767 Abs. 1 S. 3 BGB entsprechende Vorschrift. Danach darf

---

1360 So etwa BGH, Urteil vom 20.03.2002 – IV ZR 93/01 = NJW 2002, 2710 (2710 ff.); BGH, Urteil vom 04.10.1995 – XI ZR 215/94 = NJW 1996, 191 (191 ff.).

1361 BGH, Urteil vom 20.03.2002 – IV ZR 93/01 = NJW-RR 2002, 1130 (1130 ff.).

1362 BGH, Urteil vom 07.10.2002 – II ZR 74/00 = NJW 2003, 61 (62).

1363 Siehe zum Ganzen auch *Samhat*, WM 2016, 962 (967).

1364 Siehe dazu oben unter § 12 I. 1. b. i. (1) sowie § 12 III. 1. a. i. (1).

1365 So etwa auch *Brünink*, in: Lwowski/Fischer/Gehrlein, Das Recht der Kreditsicherung, § 10, Rdn. 58; *Habersack*, in: Soergel, § 1204, Rdn. 22; *Pamp*, in: Nobbe, Kommentar zum Kreditrecht, § 1210, Rdn. 3; *Rösler/Fischer*, BKR 2006, 50 (56); *Röttger*, Kreditsicherungsrecht, S. 35, 286.

1366 Siehe dazu oben unter § 12 I. 1. b. i. (1) sowie § 12 III. 1. a. i. (1).

durch Rechtsgeschäfte, die der Schuldner bzw. der Kreditnehmer nach der Verpfändung vornimmt, die Haftung des Pfandrechts nicht erweitert werden, wenn der Kreditnehmer nicht Eigentümer der Pfandsache bzw. Inhaber der verpfändeten Forderung ist. Zumindest auf den ersten Blick scheint der Sicherungsgeber in Drittverpfändungsfällen damit wie ein Bürge – der stets Drittsicherungsgeber ist (§ 765 Abs. 1 BGB) – geschützt. Ob daraus aber folgt, dass deshalb auch die Regeln über weite Bürgschaftszweckerklärungen – und nicht etwa diejenigen, die zum Grundschuldrecht aufgestellt wurden – anwendbar sind, ist fraglich und gilt es im Folgenden herauszufinden.

(1) Instanzgerichtliche Rechtsprechung und Stimmen in der Literatur

Da § 1210 Abs. 1 S. 2 BGB bei einer Drittverpfändung nach der Pfandrechtsbestellung keine Haftungserweiterung mehr zulässt und damit inhaltlich dem in § 767 Abs. 1 S. 3 BGB normierten Verbot der Fremddisposition entspricht, wird die Auffassung vertreten, dass die Rechtsprechung des BGH zur formularmäßigen Ausdehnung der Bürgenhaftung – und nicht die bei Grundschulden – auf die Fälle der Drittverpfändung zu übertragen sei.[1367] In der Folge wären weite Zweckerklärungen in Drittverpfändungsverträgen nicht nur anhand von § 305c Abs. 1 BGB, sondern darüber hinaus an § 307 BGB zu überprüfen, womit die Möglichkeit einer „Heilung" durch Aufklärung bzw. individuellen Hinweis des Drittsicherungsgebers von vornherein ausscheiden würde.[1368]

(2) Höchstrichterliche Rechtsprechung und weitere Stimmen in der Literatur

Obwohl teilweise der Eindruck entsteht, die Frage, ob formularmäßige weite Zweckerklärungen in Drittverpfändungsverträgen mit Rücksicht auf § 1210 Abs. 1 S. 2 BGB ebenso wie entsprechende Klauseln in Bürgschaftsverträgen gegen § 307 BGB verstoßen, sei höchstrichterlich nicht geklärt[1369], hat der BGH in einem Nichtannahmebeschluss ausdrücklich klargestellt, dass „die weite Zweckerklärung im Verpfändungsvertrag (...) aus denselben Gründen, die für Sicherungsabreden bei der Grundschuld gelten, nicht nach § 9 AGBG [Anm.: jetzt § 307 BGB] zu

1367 LG Bonn, Urteil vom 12.02.1996 – 9 O 541/95 = NJW-RR 1997, 184 (185) mit Anm. *Batereau*, WuB I F 2. – 2.96; ebenso für das AGB-Pfandrecht der Banken OLG Schleswig, Urteil vom 04.05.2006 – 5 U 192/05 = BeckRS 9998, 42168 (aufgehoben durch BGH, Urteil vom 13.03.2007 – XI ZR 383/06 = NJW-Spezial 2007, 269); *Bülow*, Recht der Kreditsicherheiten, Rdn. 482; *Rösler/Fischer*, BKR 2006, 50 (56), früher: *Merkel*, in: Schimansky/Bunte/Lwowski, Bankrechts-Handbuch (2. Auflage 2001), § 93, Rdn. 190.

1368 Siehe hierzu oben unter § 12 I. 1. b. i. (3).

1369 Ausdrücklich offen gelassen etwa in BGH, Urteil vom 07.10.2002 – II ZR 74/00 = NJW 2003, 61 (62).

beanstanden“ ist.[1370] Aus dem BGH-Beschluss selbst wird zwar nicht deutlich, ob es sich bei der streitgegenständlichen Verpfändung um eine Dritt- oder Eigensicherung handelt. Aus dem vorinstanzlichen Urteil ergibt sich jedoch, dass es sich um eine Drittsicherungsgeberin handelte, die ihr Wertpapierdepot mit einer weiten Sicherungszweckerklärung verpfändete.[1371]

Der Auffassung des BGH, dass eine weite Zweckerklärung im Falle einer formularmäßigen Drittverpfändungsvereinbarung den Verpfänder auch dann nicht unangemessen benachteilige, wenn er mit dem Kreditnehmer nicht identisch sei, hat sich auch der überwiegende Teil der Literatur angeschlossen.[1372] Zusammenfassend wird zur Begründung ausgeführt, dass § 1210 Abs. 1 S. 2 BGB, obwohl wörtlich mit § 767 Abs. 1 S. 3 BGB gleichlautend, für das Pfandrecht keinen Leitbildcharakter besitze, da der Verpfänder – im Gegensatz zum Bürgen – ausschließlich mit der verpfändeten Sache und nicht mit seinem ganzen Vermögen hafte.[1373] Zudem handele es sich beim Pfandrecht ebenso um ein dingliches Sicherungsrecht wie bei der Grundschuld, bei der vom BGH die Rechtsprechung nur auf Grundlage von § 305c BGB ausdrücklich fortgesetzt wurde.[1374]

Nach Auffassung des BGH und den überwiegenden Stimmen in der Literatur können formularmäßig weite Sicherungszweckerklärungen in Drittverpfändungsverträgen damit nur als überraschende Klauseln unwirksam sein und benachteiligen den Drittsicherungsgeber mangels Abweichung von einem gesetzlichen Leitbild darüber hinaus nicht unangemessen.

(3) Eigene Stellungnahme

Der Literatur ist insoweit zuzustimmen, als ein Drittverpfänder – anders als ein Bürge – nicht mit seinem gesamten Vermögen, sondern ausschließlich mit der verpfändeten Sache bzw. den verpfändeten Rechten für die Verbindlichkeiten des Kreditnehmers haften muss. Die damit einhergehende geringere Schutzbedürftigkeit des Verpfänders rechtfertigt es, dem § 1210 Abs. 1 S. 2 BGB – anders als § 767 Abs. 1 S. 3 BGB für den Bürgen – keinen gesetzlichen Leitbildcharakter zuzusprechen. Es ließe sich damit durchaus vertreten, die AGB-rechtliche Zulässigkeit

---

1370 BGH, Beschluss vom 04.10.2001 – IX ZR 174/99 = BeckRS 2001, 08570.

1371 Siehe hierzu auch *Samhat*, WM 2016, 962 (967).

1372 So etwa *Damrau*, in: MüKoBGB, § 1210, Rdn. 3; *Ganter*, in: Schimansky/Bunte/Lwowski, Bankrechts-Handbuch, § 90, Rdn. 100; *Habersack*, in: Soergel, § 1204, Rdn. 22; *Merkel*, in: Schimansky/Bunte/Lwowski, Bankrechts-Handbuch, § 93, Rdn. 220, 226; *Pamp*, in: Nobbe, Kommentar zum Kreditrecht, § 1210, Rdn. 3; *Rösler*, WM 1998, 1377 (1379); *Samhat*, WM 2016, 962 (967).

1373 So nicht nur *Ganter*, in: Schimansky/Bunte/Lwowski, Bankrechts-Handbuch, § 90, Rdn. 100; *Merkel*, in: Schimansky/Bunte/Lwowski, Bankrechts-Handbuch, § 93, Rdn. 220, 226; *Rösler*, WM 1998, 1377 (1379); *Samhat*, WM 2016, 962 (966).

1374 Siehe hierzu oben unter § 12 III. 1. a. i. (2) (a).

weiter Zweckerklärungen in Drittverpfändungsverträgen nach dem Vorbild der Grundschuld – und nicht nach dem der Bürgschaft – zu beurteilen. Das Kernargument, weshalb der BGH bei weiten Grundschuldzweckerklärungen keine zur Unwirksamkeit führende Inhaltskontrolle nach § 307 BGB vornimmt, ist nämlich ebenfalls, dass ein Grundschuldbesteller als Realsicherungsgeber – anders als ein Personalsicherungsgeber – eben ausschließlich mit dem Vermögensgegenstand hafte und nicht Gefahr laufe, sein künftiges Vermögen zu verlieren.[1375] So wird auch der BGH zu dem gefundenen Ergebnis gekommen sein, dass „die weite Zweckerklärung in Verpfändungsverträgen (...) aus denselben Gründen, die für Sicherungsabreden bei der Grundschuld gelten, nicht nach § 9 AGBG [Anm.: jetzt § 307 BGB] zu beanstanden" ist.

Obwohl der BGH bei Grundschulden mit weiter Zweckerklärung einer Inhaltskontrolle nach § 307 BGB mehrfach eine Absage erteilte[1376], ließen sich aber vorstehend – insbesondere auch mit der herrschenden Literatur – gute Gründe finden, § 307 BGB doch zur Anwendung zu bringen.[1377] Stellt man mit einem Großteil der Literatur darauf ab, dass ein Drittgrundschuldbesteller bei formularmäßigen weiten Zweckerklärungen gleichermaßen wie ein Bürge unangemessen benachteiligt sei, weil dessen Benachteiligung nicht in einem Verstoß gegen § 767 Abs. 1 S. 3 BGB, sondern darin zu sehen sei, dass der Bürge, der infolge der weiten Bürgschaftszweckerklärung auch für andere, künftige Verbindlichkeiten des Hauptschuldners einzustehen habe, ein unkalkulierbares, uferloses Risiko eingehe, so ließe sich für den Fall der Drittverpfändung durchaus ebenfalls hören, dass die Verwendung weiter Zweckerklärungen unangemessen i.S. des § 307 BGB sei. Denn hier kann es gleichermaßen zu einem unkalkulierbaren Haftungsrisiko des Drittsicherungsgebers kommen. Weshalb die Stimmen in der Literatur hierzu jedoch schweigen, erschließt sich nicht.

Obwohl es – wie auch bei der Grundschuld – nach AGB-rechtlicher Wertung durchaus Gründe geben mag, den Sicherungsumfang bei Drittverpfändungen einer Inhaltskontrolle nach § 307 BGB zu unterziehen und den Sicherungsgeber benachteiligende Klauseln für unwirksam zu erklären, ändert dies nichts an der Tatsache, dass der BGH sich hinsichtlich der Frage einer Anwendbarkeit des § 307 BGB eindeutig positioniert hat. Diese Positionierung rechtfertigt es, die weite Zweckerklärung in Drittverpfändungsverträgen weiterhin nur an § 305c Abs. 1 BGB und nicht zusätzlich an § 307 BGB zu messen. Mit der Rechtsprechung ist damit davon auszugehen, dass der Drittverpfänder, seinem Schutzbedürfnis nach, dem Grundschuldbesteller gleichzustellen ist.

1375 Siehe hierzu oben unter § 12 III. 1. a. i. (2) (a).
1376 Siehe hierzu ebenfalls oben unter § 12 III. 1. a. i. (2) (a).
1377 Siehe hierzu oben unter § 12 III. 1. a. i. (2) (c) und (d).

iii. *Möglichkeit der Erweiterung der Hauptschuld durch formularmäßige Abbedingung des § 1210 Abs. 1 S. 2 BGB*

Ist eine Verpfändung von Sachen oder von Rechten für die Schuld eines anderen vorgenommen, so gilt – wie bereits erwähnt – nach § 1210 Abs. 1 S. 2 BGB grundsätzlich, dass dieser Schuldumfang rechtsgeschäftlich nicht mit der Folge erweitert werden kann, dass das Pfandrecht auch für die Erweiterung haften soll; insoweit bildet § 1210 Abs. 1 S. 2 BGB eine Ausnahme zu § 1210 Abs. 1 S. 1 BGB.[1378] Die Vorschrift des § 1210 Abs. 1 S. 2 BGB ist aber dispositiv.[1379] Sie greift nur, wenn eine andere Vereinbarung fehlt.[1380] Im Verpfändungsvertrag kann mithin unter Abbedingung des § 1210 Abs. 1 S. 2 BGB vereinbart werden, dass das zu bestellende Pfandrecht auch für rechtsgeschäftliche Erweiterungen der Verbindlichkeiten des Kreditnehmers haften soll.[1381] Im hier interessierenden Zusammenhang stellt sich jedoch die Frage, ob § 1210 Abs. 1 S. 2 BGB grundsätzlich auch formularmäßig abbedungen werden kann.

Dabei wird in der Literatur weitestgehend davon ausgegangen, dass in einer formularmäßigen Abbedingung des § 1210 Abs. 1 S. 2 BGB jedenfalls keine unangemessene Benachteiligung des Drittverpfänders i.S.d. § 307 BGB zu sehen ist.[1382] Dies wird erneut damit begründet, dass § 1210 Abs. 1 S. 2 BGB – im Gegensatz zu dem im Bürgschaftsrecht geltenden § 767 Abs. 1 S. 3 BGB – eben keine gesetzliche Leitbildfunktion habe.[1383] Darüber hinaus wird seitens der Literatur zur Begründung auf den bereits zitierten BGH-Beschluss[1384] zur Wirksamkeit formularmäßiger weiter Zweckerklärungen in Drittverpfändungsverträgen verwiesen, in dem der BGH ausdrücklich darauf verweist, dass jene Zweckerklärungen aus denselben Gründen, die für Zweckerklärungen bei Grundschulden gelten, nicht nach § 307 BGB zu beanstanden seien.[1385]

1378 Statt vieler *Damrau*, in: MüKoBGB, § 1210, Rdn. 3.

1379 So etwa *Bülow*, in: Ring/Grziwotz/Keukenschrijver, BGB, Sachenrecht, § 1210, Rdn. 17; *Damrau*, in: MüKoBGB, § 1210, Rdn. 3.

1380 So etwa *Damrau*, in: MüKoBGB, § 1210, Rdn. 1, 3; *Gerber*, in: Lorz/Pfister/Gerber, Beck'sches Formularbuch GmbH-Recht, D.V.1. Verpfändungsvertrag; *Wiegand*, in: Staudinger, § 1210, Rdn. 8.

1381 *Bruhns*, GmbHR 2006, 587 (588); *Damrau*, in: MüKoBGB, § 1210, Rdn. 1, 3; *Gerber*, in: Lorz/Pfister/Gerber, Beck'sches Formularbuch GmbH-Recht, D.V.1. Verpfändungsvertrag.

1382 So etwa *Damrau*, in: MüKoBGB, § 1210, Rdn. 3; *Samhat*, WM 2016, 962 (966); *Wiegand*, in: Staudinger, § 1210, Rdn. 8; a.A. *Bülow*, in: Ring/Grziwotz/Keukenschrijver, BGB, Sachenrecht, § 1210, Rdn. 17, der eine derartige Klausel an den zur weiten Zweckerklärung bei der Bürgschaft aufgestellten Grundsätzen messen will.

1383 So etwa *Ganter*, in: Schimansky/Bunte/Lwowski, Bankrechts-Handbuch, § 90, Rdn. 100; *Merkel*, in: Schimansky/Bunte/Lwowski, Bankrechts-Handbuch, § 93, Rdn. 220, 226; *Rösler*, WM 1998, 1377 (1379); *Samhat*, WM 2016, 962 (966).

1384 BGH, Beschluss vom 04.10.2001 – IX ZR 174/99 = BeckRS 2001, 08570.

1385 So etwa *Samhat*, WM 2016, 962 (966); *Damrau*, in: MüKoBGB, 6. Aufl. 2013, § 1210, Rdn. 3 (in der 7. Aufl. 2017 verweist *Damrau* in § 1210, Rdn. 3, Fn. 4 – wohl

Dies zeigt, dass die Autoren die Frage nach der Wirksamkeit formularmäßig weiter Zweckerklärungen in Drittverpfändungsverträgen mit der Frage einer formularmäßigen Abbedingung des § 1210 Abs. 1 S. 2 BGB gleichsetzen. Eine in Drittverpfändungsverträgen enthaltene Abbedingung des § 1210 Abs. 1 S. 2 BGB bedeutet damit immer gleichermaßen eine Haftungserstreckung des Pfandrechts auf alle künftigen, rechtsgeschäftlich begründeten Forderungen der pfandnehmenden Bank gegen ihren Kreditnehmer, während die Vereinbarung einer weiten Zweckerklärung oder etwa einer Prolongationsklausel etc. folgerichtig wohl auf den Willen zur Abbedingung des § 1210 Abs. 1 S. 2 BGB schließen lassen wird – ohne dass eine solche ausdrücklich zu erfolgen hätte.

Wenn für die Frage einer unangemessenen Benachteiligung bei formularmäßiger Abbedingung des § 1210 Abs. 1 S. 2 BGB auf die Rechtsprechung des BGH zu weiten Zweckerklärungen in Drittverpfändungsverträgen zurückgegriffen wird, so muss dies aber gleichermaßen für die Frage eines Überraschungseffektes nach § 305c Abs. 1 BGB gelten bzw. sind hierfür folgerichtig die gleichen Grundsätze anzuwenden, wie sie eben für jene Zweckerklärungen gelten. Entsprechend den vergleichbaren Grundsätzen zur weiten Zweckerklärung bei Drittverpfändungen kann demzufolge auch eine formularmäßige Abbedingung des § 1210 Abs. 1 S. 2 BGB überraschend i.S. von § 305c Abs. 1 BGB sein.[1386]

Um eine Erstreckung des Pfandrechts auf etwaige zukünftige, an den Schuldner ausgereichte Kredite etc. zu ermöglichen, empfiehlt sich aus der Sicht der pfandnehmenden Bank zur Überwindung der Hürde des § 305c Abs. 1 BGB deshalb eine ausdrückliche, den Anforderungen an eine Individualabrede i.S. des § 305 Abs. 1 BGB entsprechende, Abbedingung des § 1210 Abs. 1 S. 2 BGB. Kann § 1210 Abs. 1 S. 2 BGB – unter Überwindung der von der Rechtsprechung insoweit aufgestellten sehr strengen Anforderungen an eine überraschende Klausel[1387] – von den Sicherungsparteien ausdrücklich ausgeschlossen werden, dürfte für die Parteien nämlich klar sein, dass auch zukünftige Forderungen vom Pfandrecht gedeckt sein sollen.

b. Ausschaltung der Unwirksamkeit durch Aufklärung?

Entsprechend der Rechtsprechung des BGH zur Grundschuld ist auch für die Fälle formularmäßig weiter Zweckerklärungen in Drittverpfändungsverträgen davon auszugehen, dass diese nicht als überraschend i.S. des § 305c Abs. 1 BGB

---

fälschlicherweise – auf das Urteil des BGH vom 07.10.2002 – II ZR 74/00 = NJW 2003, 61 (62 f.), was jedoch insofern keinen Sinn ergibt, als der BGH hier ausdrücklich offen lässt, ob eine weite Zweckerklärung in formularmäßigen Drittverpfändungsverträgen gegen § 307 BGB sowie § 305c Abs. 1 BGB verstößt).

1386 Siehe zu den für weite Zweckerklärungen in Drittverpfändungsverträgen geltenden Grundsätzen betreffend § 305c Abs. 1 BGB oben unter § 12 IV. 1. a. i.

1387 Siehe hierzu oben unter § 12 III. 1. a. i. (3) und § 12 IV. 1. b.

anzusehen sind, wenn der Sicherungsgeber im Rahmen der Verhandlungen auf die Haftungserweiterung individuell hingewiesen worden ist – was den sehr strengen Anforderungen der Rechtsprechung entsprechend regelmäßig jedoch nicht der Fall sein dürfte. Insoweit kann auf die oben zur Grundschuld aufgestellten Grundsätze verwiesen werden.[1388]

c. *Sonderfall: Ausschaltung der Unwirksamkeit durch Notarbelehrung bei Anteilsverpfändung*

Wie bereits zu Beginn dieser Arbeit dargestellt, spielt mit dem ungebrochenen Trend zu fremdfinanzierten Unternehmenstransaktionen die Verpfändung insbesondere von GmbH-Anteilen zur Sicherung der Kreditvergabe durch Banken eine wichtige Rolle. Die Anteilsverpfändung besichert üblicherweise auch Akquisitionsfinanzierungen.[1389] Da ein umfassender Überblick über die wichtigsten Fragestellungen bei der vertraglichen Gestaltung der Anteilsverpfändung den Rahmen dieser Arbeit sprengen würde, soll darauf im Folgenden verzichtet werden. Vernachlässigt werden soll an dieser Stelle jedoch nicht die Besonderheit der bei Verpfändung von GmbH-Anteilen erforderlichen Notarbelehrung bzw. deren Auswirkung auf den überraschenden Charakter formularmäßiger weiter Zweckerklärungen in Anteilsverpfändungsverträgen.

Die dingliche Anteilspfandrechtsbestellung bedarf – wie die Abtretung eines Geschäftsanteils auch – gem. § 15 Abs. 3 GmbHG i.V.m. § 1274 Abs. 1 BGB der notariellen Beurkundung.[1390] Neben dem eigentlichen Akt der Pfandrechtsbestellung erstreckt sich die Beurkundungspflicht dabei auch auf die Bestimmung des Pfandgegenstandes, also auf die Angabe der zu sichernden Forderung.[1391] Im Falle einer grundsätzlich wegen § 305c Abs. 1 BGB unwirksamen weiten Zweckerklärung wird es deshalb den von der Rechtsprechung aufgestellten hohen Anforderungen an eine individuelle Belehrung – und damit den Anforderungen zur Überwindung der Hürde des § 305c Abs. 1 BGB – entsprechen, wenn ein beurkundender Notar den Drittanteilsverpfänder im Zuge dessen über die Tragweite einer weiten Zweckerklärung tatsächlich belehrt. Insoweit wurde bereits im Zusammenhang mit der Grundschuld festgestellt, dass für den Fall, dass eine weite Sicherungszweckerklärung in der Grundschuldbestellungsurkunde formularmäßig enthalten ist, eine nach § 17 Abs. 1 BeurkG erfolgte Belehrung durch den beurkundenden Notar über die Tragweite der Haftungsüberahme der beurkundenden Vertragsbestimmung

1388 Siehe oben unter § 12 III. 1. a. i. (3).

1389 Siehe zum Ganzen bereits oben unter § 5 III. 2. a. iv.

1390 Statt vieler *Verse*, in: Henssler/Strohn, Gesellschaftsrecht, § 15 GmbHG, Rdn. 101.

1391 So etwa *Bruhns*, GmbHR 2006, 587 (588); *Damrau*, in: MüKoBGB, § 1274, Rdn. 55; *Reichert/Weller*, in: MüKoGmbHG, § 15, Rdn. 280; *Reymann*, DNotZ 2005, 425 (426); a.A. *Altmeppen*, in: Roth/Altmeppen, GmbHG, § 15, Rdn. 52.

den überraschenden Charakter nehmen würde.[1392] Insoweit kann für weite Zweckerklärungen in Pfandrechtsbestellungsurkunden nichts anderes gelten.

2. Die enge Zweckerklärung

Soll das Pfandrecht des Drittverpfänders nur für einzelne, in der Zweckerklärung konkret bezeichnete Forderungen haften (enge Zweckerklärung), ergeben sich AGB-rechtlich keine Bedenken.

Ist ein enger Sicherungszweck vereinbart, orientiert sich der Haftungsumfang des Pfandrechts allein an dem zum Zeitpunkt der Pfandrechtsbestellung bestehenden Sicherungsbedürfnis.[1393] Die Haftung ist und bleibt auf die konkret bezeichnete(n) Forderung(en) beschränkt. Sobald die gesicherte Forderung ausgetauscht wird, erlischt die originäre Forderung und infolge des Akzessorietätsgrundsatzes mit ihr das aufgrund enger Zweckerklärung haftende Pfandrecht.[1394] Anders als bei abstrakten Sicherheiten wird das akzessorische Pfandrecht mit enger Zweckerklärung auch nicht durch eine Erweiterung der Zweckbestimmung andere, künftige Forderungen der kreditgewährenden Bank mit gleichem dinglichem Rang absichern können.[1395] Zudem muss beim Pfandrecht aufgrund seines akzessorischen Charakters auch bei jeder Veränderung der gesicherten Forderung deren Identität gewahrt bleiben.[1396] Bei diesen Besonderheiten handelt es sich aber weniger um AGB-rechtliche Problematiken als um solche der Akzessorietät. Bezüglich der speziellen Probleme der Akzessorietät und deren Bedeutung für einen „Wandel der Hauptschuld" wird deshalb auf die obigen Ausführungen verwiesen.[1397]

3. Besonderheiten bei Prolongations-, Stundungs- und sonstigen eine Änderung der Hauptschuld vorsehenden Klauseln

a. Prolongationsklauseln

Eine Prolongationsklausel benachteiligt den Drittverpfänder jedenfalls nicht unangemessen i.S.v. § 307 BGB.[1398] Wie bereits festgestellt, müssen sich die

1392 Siehe hierzu bereits oben unter § 12 III. 1. a. i. (4).

1393 So etwa BGH, Urteil vom 13.11.1997 – IX ZR 289/96 = NJW 1998, 450 (452) für den Fall einer Bürgschaft.

1394 Siehe hierzu ausführlich unten unter § 9 II.; sowie *Rösler/Fischer*, BKR 2006, 50 (56).

1395 Siehe hierzu ausführlich unten unter § 9 II.; sowie *Damrau*, in: MüKoBGB, § 1210, Rdn. 24; *Merkel*, in: Schimansky/Bunte/Lwowski, Bankrechts-Handbuch, § 93, Rdn. 218.

1396 Siehe hierzu ausführlich unten unter § 9 II.; sowie *Rösler/Fischer*, BKR 2006, 50 (56).

1397 Siehe hierzu oben unter § 9.

1398 So auch *Merkel*, in: Schimansky/Bunte/Lwowski, Bankrechts-Handbuch, § 93, Rdn. 226; *Samhat*, WM 2016, 962 (966).

Prolongationsklauseln nämlich an den für das jeweilige Sicherungsrecht aufgestellten Grundsätzen für formularmäßige weite Zweckerklärungen messen lassen.[1399] Formularvertraglich vereinbarte weite Zweckerklärungen in Drittverpfändungsverträgen sind jedoch nach höchstrichterlicher Rechtsprechung – der hier gefolgt werden soll – nicht nach § 307 BGB zu beanstanden.[1400]

Wenn man mit dem Vorstehenden von der Übertragbarkeit der zu weiten Zweckerklärungen in Drittverpfändungsverträgen aufgestellten Grundsätze auf Prolongationsklauseln ausgeht, können jene Klauseln aber überraschend i.S. des § 305c Abs. 1 BGB sein.[1401] Davon, dass sich ein Drittsicherungsgeber mit einer zeitlich beliebigen Verlängerung der für einen zeitlich befristeten Kredit gewährten Sicherheit einverstanden erklärt, kann auch bei einer Drittverpfändung nicht ohne Weiteres ausgegangen werden.[1402] Eine vereinbarte Prolongationsklausel kann deshalb auch für den Verpfänder – entsprechend den für weite Zweckerklärungen skizzierten Grundsätzen – nur dann nicht überraschend sein, wenn von den Kreditparteien eine Verlängerung des befristeten Kredits von Anfang an gewollt war und der Drittsicherungsgeber dies auch wusste oder aufgrund der Umstände hätte wissen müssen.[1403] Wenn zudem die höchstrichterliche Rechtsprechung davon ausgeht, dass formularmäßige weite Zweckerklärungen in Drittverpfändungsverträgen aus denselben Gründen, die für Sicherungsabreden bei der Grundschuld gelten, nicht nach § 307 BGB zu beanstanden sind, ist davon auszugehen, dass – was die Anwendbarkeit des § 305c Abs. 1 BGB anbelangt – für Drittverpfändungen ebenfalls diejenigen Maßstäbe anzuwenden sind, wie sie auch für Drittgrundschulden gelten. Wie für die Bürgschaft, so gilt jedoch gleichermaßen auch für die Grundschuld, dass der überraschende Charakter einer über den Sicherungsanlass hinaus auf künftige Ansprüche der kreditgewährenden Bank gegen ihren Kreditnehmer erweiterten formularmäßigen Zweckerklärung entfällt, wenn ein individueller Hinweis darauf erfolgt ist, der die Gewähr dafür bietet, dass sich der Grundschuldbesteller der vollen Tragweite seiner Erklärung bewusst wird.[1404] Insoweit ist auf die obigen Ausführungen zu verweisen.[1405]

b. Sonstige eine Änderung der Hauptschuld vorsehende Klauseln

Auch bei mit Zweckerklärungen in Drittverpfändungsverträgen kombinierten Stundungs-, Tilgungsaussetzungs-, Kreditüberschreitungs- und Kreditüberziehungsabreden sowie Zinsänderungsklauseln wäre grundsätzlich erneut zu

---

1399 Siehe hierzu oben unter § 12 I. 3. a. iv.
1400 Siehe hierzu oben unter § 12 IV. 1. a. ii. (3).
1401 Siehe zum überraschenden Charakter weiter Zweckerklärungen in Drittverpfändungsverträgen oben unter § 12 IV. 1. a. i.
1402 Vgl. *Epp*, in: Schimansky/Bunte/Lwowski, Bankrechts-Handbuch, § 94, Rdn. 333.
1403 Siehe hierzu bereits oben unter § 12 I. 3. a. iv.
1404 BGH, Urteil vom 04.10.1995 – XI ZR 215/94 = NJW 1996, 191 (191).
1405 Siehe hierzu oben unter § 12 IV. 1. b.

überlegen, ob darin eine unwirksame Erweiterung der Verpflichtung des Drittverpfänders liegen kann und eine klauselmäßige Ermächtigung der kreditgewährenden Bank durch den Drittverpfänder zum Abschluss derartiger Vereinbarungen deshalb einer AGB-rechtlichen Überprüfung nicht stand hält. Da mit den vorstehenden Erwägungen festgestellt wurde, dass für die hier interessierenden Drittverpfändungsfälle diejenigen Maßstäbe anzuwenden sind, wie sie auch für Drittgrundschulden gelten, bedarf es einer erneuten Untersuchung der Besonderheiten jener Klauseln an dieser Stelle jedoch nicht. Insoweit wird auf die obigen Ausführungen zum Grundschuldrecht verwiesen.[1406]

V. Sonstige nicht akzessorische Drittsicherheiten

In Bezug auf weite Sicherungszweckerklärungen, die ein Drittsicherungsgeber bei der Bestellung einer sonstigen nicht akzessorischen Sicherheit (Garantie, Sicherungsübereignung und -abtretung) abgibt, stellt sich die Frage, ob die zur Grundschuld einschlägige Rechtsprechung bzw. die in diesem Zusammenhang skizzierten Grundsätze im Allgemeinen auf nicht akzessorische Drittsicherheiten zu übertragen sind oder ob die jeweiligen Sicherungsrechte insoweit eigenen Regelungen zu unterwerfen sind.

1. Übertragbarkeit der Grundsätze zur Grundschuld auf sonstige nicht akzessorische Sicherheiten?

Bei formularmäßig weiten Zweckerklärungen, die ein Drittsicherungsgeber bei der Bestellung einer Grundschuld abgegeben hat, geht der BGH davon aus, dass eine anlassbezogen abgegebene weite Sicherungszweckerklärung zwar überraschend i.S. des § 305c Abs. 1 BGB sein kann. Im Gegensatz zu den bei der Bestellung von Bürgschaften geltenden Grundsätzen soll eine solche Zweckerklärung hier aber nicht gegen § 307 BGB verstoßen. Eine bei Grundschuldbestellung abgegebene weite Sicherungszweckerklärung benachteilige den Drittsicherungsgeber nämlich nicht unangemessen, weil seine Haftung zum einen durch die Eigenart des Sicherungsmittels an sich begrenzt sei und er mithin niemals sein gesamtes Vermögen verlieren würde. Zum anderen fehle es im Recht der Grundschuld an einer dem § 767 Abs. 1 S. 3 BGB entsprechenden Vorschrift und damit an einem gesetzlichen Leitbild, an dem abweichende oder ergänzende Regelungen zu messen wären.[1407]

1406 Siehe hierzu oben unter § 12 III. 3.

1407 Siehe zum Ganzen bereits oben unter § 12 III. 1. a. i. (2); sowie insbesondere auch BGH, Urteil vom 24.06.1997 – XI ZR 288/96 = NJW 1997, 2677 (2677 ff.).

a. Sicherungsübereignung und Sicherungsabtretung

Entsprechend ist auch zu vertreten, dass die Verwendung weiter Sicherungszweckerklärungen auch bei anlassbezogenen Drittsicherungsgeschäften wie der Sicherungsübereignung und der Sicherungsabtretung zwar überraschend i.S. des § 305c Abs. 1 BGB sein kann, jedoch nicht gegen § 307 BGB verstößt.[1408] Das vom BGH für die Grundschuld angewandte Argumentationsmuster lässt sich nämlich auch auf diese Sicherungsrechte übertragen: Die Haftung der Drittsicherungsgeber ist auch hier durch das jeweilige Sicherungsinstrument an sich begrenzt, da die Sicherungsgeber nur mit einem Vermögensgegenstand, nicht aber mit ihrem gesamten Vermögen haften. Es fehlt also auch hier – der Argumentation des BGH folgend an einem dem Bürgen entsprechenden Schutzbedürfnis. Zudem finden sich weder für die Sicherungsabtretung noch für die Sicherungsübereignung, die *praeter legem* über lange Jahre aus der Praxis der Kreditsicherung entwickelt wurde, gesetzliche Regelungen für deren Anwendung als Kreditsicherungsmittel und damit auch kein gesetzliches Leitbild, das den Haftungsumfang oder die Haftungserweiterung vergleichbar dem im Bürgschaftsrecht geltenden § 767 Abs. 1 S. 3 BGB normiert.[1409]

b. Garantie

Etwas anderes muss dann aber konsequenterweise für das Rechtsinstitut der Garantie gelten. Anders als bei den vorstehenden nicht akzessorischen Sicherungsrechten lässt sich das Argumentationsmuster des BGH hier gerade nicht übertragen. Bei der Garantie als Personalsicherheit wird die Haftung des Drittsicherungsgebers nämlich gerade nicht auf einen bestimmten Vermögensgegenstand beschränkt, sondern der Garant haftet – ebenso wie der Bürge und der Schuldbeitretende – mit seinem gesamten Vermögen. Damit steht hier vielmehr die Frage nach der Übertragung der im Zusammenhang mit weiten Bürgschaftszweckerklärungen skizzierten Grundsätze im Raum. § 767 Abs. 1 S. 3 BGB, auf den es entscheidend ankommt, da von dessen gesetzlichem Leitbildgedanken – nach Auffassung des BGH und der wohl herrschenden Lehre – mit einem weiten Sicherungszweck i.S. des § 307 Abs. 2 Nr. 1 BGB in unangemessener und damit unwirksamer Weise abgewichen wird, ist auf eine Garantie aber jedenfalls nicht direkt anwendbar.

In diesem Zusammenhang gilt es jedoch zu berücksichtigen, dass der BGH auch für den Schuldbeitritt, der nach herkömmlicher Ansicht keine akzessorische Verpflichtung begründet[1410], davon ausgeht, dass dieses Rechtsinstitut in seiner

---

1408 So auch *Kuntz*, AcP 209 (2009), 242 (283); *Reinicke/Tiedtke*, Kreditsicherung, Rdn. 702; *Schanbacher*, in: Derleder/Knops/Bamberger, Dt. und Europ. Bank- und Kapitalmarktrecht, Bd. 1, § 30, Rdn. 5; siehe auch OLG Oldenburg, Urteil vom 03.03.1993 – 4 U 63/92 = WM 1993, 2162 (2165 ff.) zur Sicherungsübereignung.

1409 *Rösler/Fischer*, BKR 2006, 50 (57).

1410 Siehe hierzu oben unter § 12 II. 1.

wirtschaftlichen Funktion der Bürgschaft so nahe steht, dass eine rechtliche Gleichbehandlung in den hier relevanten Punkten sachgerecht erscheine. Der BGH lässt damit erkennen, dass für eine formularmäßig weite Zweckerklärung, die im Zusammenhang mit einem anlassbezogenen bürgschaftsähnlichen Schuldbeitritt vereinbart wird, dieselben Grundsätze gelten wie für formularmäßig weite Bürgschaftszweckerklärungen. Begründet wird dies insbesondere damit, dass die Schuldmitübernahme zwar nicht gesetzlich geregelt sei, das aus § 767 Abs. 1 S. 3 BGB abzuleitende Verbot der Fremddisposition für sie jedoch ebenso gelte bzw. „vertragswesentlich" sei.[1411] Damit lässt sich der generalisierende Maßstab ableiten, dass der BGH für formularmäßig weite Zweckerklärungen, die im Zusammenhang mit einer anlassbezogenen Sicherheitenbestellung vereinbart worden sind, immer dann die für die Bürgschaft geltenden Grundsätze zur Anwendung bringen will, wenn die betroffene Sicherheit im Ergebnis wirtschaftlich einer Bürgschaft vergleichbar ist – was bei der Garantie, die in der Praxis häufig nicht einmal eindeutig von einer Bürgschaft unterscheidbar ist, wohl der Fall sein dürfte. Dem steht auch nicht entgegen, dass sich Bürgschaft und Garantie insbesondere hinsichtlich ihrer Akzessorietät unterscheiden, denn nach der bisherigen Analyse der höchstrichterlichen Rechtsprechung bemisst der BGH die Wirksamkeit formularmäßig vereinbarter Sicherungszweckerklärungen bzw. die Frage, ob diese lediglich einer Einbeziehungskontrolle (§ 305c Abs. 1 BGB) oder darüber hinaus auch einer Inhaltskontrolle (§ 307 BGB) zu unterziehen sind, nicht daran, ob es sich bei dem betroffenen Sicherungsrecht um ein akzessorisches oder ein abstraktes handelt. Entscheidend ist vielmehr, ob dem betroffenen Sicherungsrecht ein „Verbot der Fremddisposition" in Form einer gesetzlichen Leitbildfunktion zuzuordnen ist bzw. ob die Haftung das gesamte Vermögen des Drittsicherungsgebers oder nur einzelne Vermögensgegenstände betrifft.

Grundsätzlich wird deshalb davon ausgegangen werden müssen, dass die im Rahmen der Untersuchung zur Bürgschaft skizzierten Grundsätze auf eine Garantie entsprechend anzuwenden sind. Für die Frage der Wirksamkeit bzw. Unwirksamkeit formularmäßig weiter Zweckerklärungen wird deshalb auf die obigen Ausführungen verwiesen.[1412]

2. Zwischenbefund

Damit werden weite Sicherungszweckerklärungen für die hier interessierende nicht akzessorische Sicherungsübereignung und Sicherungsabtretung ausschließlich daran zu messen sein, ob sie für den Drittsicherheitengeber überraschend i.S. des § 305c Abs. 1 BGB sind. Insoweit sowie hinsichtlich der Besonderheiten, die für Prolongations-, Stundungs- und sonstige eine Änderung der Hauptschuld

---

1411 Siehe hierzu oben unter § 12 II. 2.
1412 Siehe hierzu oben unter § 12 I.

vorsehende Klauseln gelten, wird auf die obigen Ausführungen zur Grundschuld verwiesen.[1413]

Formularmäßig weite Zweckerklärungen in Garantien werden sich hingegen an den für das Bürgschaftsrecht geltenden Grundsätzen messen lassen müssen. Insoweit wird auf die obigen Ausführungen zur Bürgschaft verwiesen.[1414]

VI. Sonderfall: Harte Patronatserklärungen

Wie bereits erwähnt[1415], hat das Interesse der Banken an einer Kreditsicherung in Form von selbständigen Verpflichtungen dazu geführt, dass anstatt der Bürgschaft heute weitestgehend vom Schuldbeitritt Gebrauch gemacht wird.[1416] Aus dem gleichen Grund haben aber auch die sog. (harten) Patronatserklärungen vor allem im Bereich des internationalen Wirtschaftsverkehrs die Bürgschaft verdrängt.[1417] Die Frage, ob und unter welchen Voraussetzungen ein für dieses „atypische Sicherungsrecht"[1418] zu vereinbarender Sicherungszweck einer Klauselkontrolle im Rahmen der §§ 305 ff. BGB standhält, ist deshalb ebenfalls relevant.

1. Die Patronatserklärung als Kreditsicherungsinstrument

Eine Patronatserklärung ist eine Erklärung durch den sog. „Patron", ein Unternehmen, das Schuldner eines Dritten (hier der Bank) ist, wirtschaftlich mit dem Ziel zu unterstützen, die Kreditfähigkeit dieses unterstützten Unternehmens zu verbessern.[1419] Mit einer Patronatserklärung soll insbesondere die gute Bonität des Patrons auf den Schuldner des Dritten übertragen werden.[1420] Hauptsächlich werden Patronatserklärungen im Rahmen von Konzernfinanzierungen durch die Muttergesellschaft abgegeben.[1421] Denkbar sind allerdings auch Fälle, in denen Nicht-Mehrheitsgesellschafter oder sonstige Dritte derartige Erklärungen

1413 Siehe hierzu oben unter § 12 III. 1. a. i. sowie § 12 III. 3.

1414 Siehe hierzu oben unter § 12 I.

1415 Siehe hierzu oben unter § 5 III. 2. a. iv.

1416 *Horn*, in: Staudinger, vor §§ 765-778, Rdn. 3.

1417 *Hoffmann*, in: Langenbucher/Bliesener/Spindler, Bankrechts-Kommentar, Kap. 29, Rdn. 9 f.; *Horn*, in: Staudinger, vor §§ 765-778, Rdn. 3; *Schaffelhuber/Sölch*, in: Münchener Handbuch des Gesellschaftsrechts, Bd. 1, § 31, Rdn. 24.

1418 Zur Patronatserklärung als „atypisches Sicherungsrecht" siehe etwa *Merkel/Tetzlaff*, in: Schimansky/Bunte/Lwowski, Bankrechts-Handbuch, § 98, Rdn. 1.

1419 So oder ähnlich *Fischer*, in: Lwowski/Fischer/Gehrlein, Das Recht der Kreditsicherung, § 9, Rdn. 235; *Habersack*, in: MüKoBGB, vor § 765, Rdn. 49; *Horn*, in: Staudinger, vor §§ 765-778, Rdn. 451; *Merkel/Tetzlaff*, in: Schimansky/Bunte/Lwowski, Bankrechts-Handbuch, § 98, Rdn. 4.

1420 Zum Ganzen *Merkel/Tetzlaff*, in: Schimansky/Bunte/Lwowski, Bankrechts-Handbuch, § 98, Rdn. 4.

1421 BGH, Urteil vom 30.01.1992 – IX ZR 112/91 = NJW 1992, 2093 (2094 f.).

abgeben.[1422] Die Erklärungen können dabei gegenüber dem Unternehmen selbst abgegeben werden (interne Patronatserklärung) oder direkt gegenüber der kreditgewährenden Bank (externe Patronatserklärung).[1423]

In der Praxis wird weiter zwischen „weichen“ und „harten“ Patronatserklärungen unterschieden. Weiche Patronatserklärungen sind rechtlich unverbindlich bzw. enthalten Zusagen ohne Gewährleistungscharakter.[1424] Eine Rechtspflicht wird hier also nicht begründet; die Verletzung einer solchen bloßen „Loyalitätserklärung“ begründet keine Schadensersatzpflicht.[1425] Die harte Patronatserklärung zeichnet sich dadurch aus, dass sich der Patron gegenüber dem Kreditgeber rechtsverbindlich verpflichtet, einen Dritten finanziell so auszustatten, dass dieser seine Verpflichtungen aus dem Kreditverhältnis erfüllen kann („Ausstattungsverpflichtung“).[1426] Letztere hebt sich gegenüber der weichen Patronatserklärung also dadurch hervor, dass sie eine Rechtspflicht des Patron und damit einen „harten“, also einklagbaren Anspruch des Kreditgebers begründet, der wirtschaftlich betrachtet – ähnlich einer Bürgschaft oder Garantie – zu einer echten Besicherung des Kredites führt.[1427] Die harte externe Patronatserklärung kann also als (atypische) Kreditsicherheit verwandt werden.[1428] Die folgenden Ausführungen sollen sich deshalb auch auf dieses Rechtsinstitut beschränken. Weiche Patronatserklärungen, die keine Rechtspflicht begründen, sollen hingegen – angesichts des fehlenden Sicherungswertes – mangels Relevanz für die vorliegende Untersuchung unberücksichtigt bleiben.

2. Übertragbarkeit der Grundsätze zur Bürgschaft?

Wie bereits eingangs erwähnt, zeichnet sich die externe harte Patronatserklärung dadurch aus, dass sich der Patron gegenüber der kreditgewährenden Bank verpflichtet, die Zahlungsfähigkeit des „patronierten Unternehmens“ aufrechtzuerhalten, wodurch im Ergebnis wirtschaftlich eine bürgschafts- bzw. garantieähnliche Haftung begründet wird. Zudem sind auch bei harten externen Patronatserklärungen vertragliche Regelungen möglich, wonach die jeweilige Erklärung entweder als Kreditsicherheit mit engem Sicherungszweck nur bestimmte Verbindlichkeiten der

---

1422 *Merkel/Tetzlaff*, in: Schimansky/Bunte/Lwowski, Bankrechts-Handbuch, § 98, Rdn. 6.

1423 Statt vieler *Habersack*, in: MüKoBGB, Vor § 765, Rdn. 49; *Merkel/Tetzlaff*, in: Schimansky/Bunte/Lwowski, Bankrechts-Handbuch, § 98, Rdn. 4.

1424 *Fischer*, in: Lwowski/Fischer/Gehrlein, Das Recht der Kreditsicherung, § 9, Rdn. 235. – Siehe dazu ausführlich auch noch unten unter § 12 VI. 3.

1425 *Horn*, in: Staudinger, vor §§ 765-778, Rdn. 453.

1426 *Fischer*, in: Lwowski/Fischer/Gehrlein, Das Recht der Kreditsicherung, § 9, Rdn. 235; *Wittig*, WM 2003, 1981 (1983).

1427 *Wittig*, WM 2003, 1981 (1983).

1428 *Merkel/Tetzlaff*, in: Schimansky/Bunte/Lwowski, Bankrechts-Handbuch, § 98, Rdn. 16, 20.

kreditgewährenden Bank oder aber mit weitem Sicherungszweck u.a. auch künftige Verbindlichkeiten aus der Geschäftsverbindung sichern soll.[1429] Insbesondere kann sich auch die gängige Formulierung in Patronatserklärungen „(...) verpflichten wir uns, dafür Sorge zu tragen, dass die (...) gewährten Kredite zurückgeführt werden (...)“ auf im Zeitpunkt der Abgabe der Erklärung des Patrons noch nicht ausgereichte Kredite beziehen.[1430] Erfolgt die Vereinbarung eines solchen weiten Sicherungszwecks formularmäßig, stellt sich die Frage, ob für die Patronatserklärung – aufgrund des ihr zugesprochenen bürgschafts- bzw. garantieähnlichen Charakters – die gleichen Schranken wie für Bürgschaftserklärungen gelten.

Bei formularmäßigen weiten Bürgschaftszweckerklärungen nimmt der BGH in Übereinstimmung mit der herrschenden Meinung einen Verstoß gegen § 307 BGB an, wenn eine anlässlich eines bestimmten Kredites zwischen der Bank und dem Hauptschuldner übernommene Bürgschaft auch auf künftige Verbindlichkeiten des Hauptschuldners aus der Geschäftsverbindung erstreckt wird. Der Bürge habe nämlich ein schutzwürdiges Interesse daran, dass sich aus dem Bürgschaftsvertrag Gegenstand und Umfang des von ihm übernommenen Risikos klar und eindeutig ergeben. Dies folge aus dem in § 767 Abs. 1 S. 3 BGB normierten Verbot der Fremddisposition.[1431]

§ 767 Abs. 1 S. 3 BGB, von dessen gesetzlichem Leitbildgedanken – nach Auffassung des BGH und der wohl herrschenden Lehre – mit der Vereinbarung eines weiten Sicherungszwecks i.S. des § 307 Abs. 2 Nr. 1 BGB in unangemessener und damit unwirksamer Weise abgewichen wird, ist für harte Patronatserklärungen aber nicht direkt und – jedenfalls nach teilweise in der Literatur vertretener Auffassung – auch nicht analog anwendbar.[1432] Das Kammergericht Berlin ging in einem Urteil[1433] deshalb davon aus, dass bei weiten Zweckerklärungen in Patronatserklärungen eine Inhaltskontrolle nach § 307 BGB schon deswegen ausscheide, „weil durch diese gesetzlich nicht geregelte Vereinbarung nicht von Rechtsvorschriften abgewichen wird oder ergänzende Regelungen hierzu vereinbart werden“. Gegen die Übernahme einer Patronatserklärung für künftige Verbindlichkeiten des auszustattenden Unternehmens bestünden deshalb keinerlei Bedenken. Aus denselben Gründen wird wohl auch das OLG München[1434] (durch Versäumnisurteil

---

1429 Für Formulierungsvorschläge zum engen oder weiten Sicherungszweck bei harten Patronatserklärungen siehe etwa *Fischer*, in: Lwowski/Fischer/Gehrlein, Das Recht der Kreditsicherung, § 9, Rdn. 253; *Horn*, in: Staudinger, vor §§ 765-778, Rdn. 454; *Wittig*, WM 2003, 1981 (1987).

1430 *Merkel/Tetzlaff*, in: Schimansky/Bunte/Lwowski, Bankrechts-Handbuch, § 98, Rdn. 29.

1431 Siehe zum Ganzen bereits oben unter § 12 I. 1. b. i. sowie § 12 III. 1. a. i. (2).

1432 *Kulke*, in: Derleder/Knops/Bamberger, Dt. und Europ. Bank- und Kapitalmarktrecht, Bd. 1, § 33, Rdn. 94; *Merkel/Tetzlaff*, in: Schimansky/Bunte/Lwowski, Bankrechts-Handbuch, § 98, Rdn. 29; *Wittig*, WM 2003, 1981 (1984); a.A. etwa *Habersack*, in: MüKoBGB, vor § 765, Rdn. 51 mwN.

1433 KG Berlin, Urteil vom 18.01.2002 – 14 U 3416/00 = WM 2002, 1190 (1191).

1434 OLG München, Urteil vom 21.10.1998 – 7 U 3960/98 = WM 1999, 686 (686 ff.).

ohne Begründung) die Entscheidung des LG München[1435], welches von der Bürgschaft als Leitbild ausging, aufgehoben haben.[1436]

Da aber im Schrifttum die Ähnlichkeit der harten Patronatserklärung mit der Bürgschaft immer wieder betont wird[1437], scheint der Vergleich einer weiten Sicherungszweckerklärung im Rahmen einer Patronatserklärung mit einer solchen bei der Bürgschaft jedoch auch nicht völlig „aus der Luft gegriffen".[1438] Insbesondere hat auch der BGH mittlerweile das Rechtsinstitut der harten Patronatserklärung „als ein der Bürgschaft oder Garantieerklärung vergleichbares Sicherungsmittel angesehen", aus dem der Sicherungsgeber dem Gläubiger „neben dem Schuldner für dieselbe Leistung auf das Ganze" hafte.[1439] Demzufolge wird man die Rechtsprechung des BGH zur Wirksamkeit formularmäßiger weiter Bürgschaftszweckerklärungen auch bei Vereinbarung von Patronatserklärungen nicht ausblenden können.[1440] Vorsorglich wird bei weiten Zweckerklärungen im Rahmen von harten Patronatserklärungen deshalb davon ausgegangen werden müssen, dass hinsichtlich ihrer Wirksamkeit die gleichen Schranken wie für weite Bürgschaftszweckerklärungen gelten.[1441] Insoweit wird auf die obigen Ausführungen verwiesen.[1442]

Für eine Übertragung der im Zusammenhang mit weiten Bürgschaftszweckerklärungen skizzierten Grundsätze auf Patronatserklärungen würde im Übrigen auch die vom BGH vorgebrachte Argumentation hinsichtlich der Übertragbarkeit der zur Bürgschaft aufgestellten Grundsätze auf den bürgschaftsähnlichen Schuldbeitritt sprechen. Der BGH stellte diesbezüglich nämlich klar, dass „eine persönliche Mithaftung, die (...) auf Verlangen des Kreditgebers zu dessen Sicherung von einem Dritten übernommen wird, (...) in ihrer wirtschaftlichen Funktion einer Bürgschaft so nahe (steht), daß auch dem erkennenden Senat eine rechtliche Gleichbehandlung in den hier streitigen Punkten sachgerecht erscheint".[1443] Daraus lässt sich – wie bereits gezeigt[1444] – der generalisierende Maßstab ableiten, dass der BGH für formularmäßig weite Zweckerklärungen, die im Zusammenhang mit einer anlassbezogenen Sicherheitenbestellung vereinbart worden sind, immer dann die für die Bürgschaft geltenden Grundsätze zur Anwendung bringen möchte, wenn die betroffene Sicherheit im Ergebnis wirtschaftlich einer Bürgschaft vergleichbar

---

1435 LG München I, 02.03.1998 – 11 HKO 20623/97 = WM 1998, 1285 (1285 ff.).

1436 Siehe hierzu auch *Merkel/Tetzlaff*, in: Schimansky/Bunte/Lwowski, Bankrechts-Handbuch, § 98, Rdn. 29.

1437 *Wittig*, WM 2003, 1981 (1983); *Kiethe*, ZIP 2005, 646 (652).

1438 *Kulke*, in: Derleder/Knops/Bamberger, Dt. und Europ. Bank- und Kapitalmarktrecht, Bd. 1, § 33, Rdn. 94.

1439 BGH, Urteil vom 08.05.2003 – IX ZR 334/01 = NJW-RR 2003, 1042 (1043).

1440 So auch *Merkel/Tetzlaff*, in: Schimansky/Bunte/Lwowski, Bankrechts-Handbuch, § 98, Rdn. 29.

1441 *Wittig*, WM 2003, 1981 (1983 f.).

1442 Siehe hierzu oben unter § 12 I. 1. b. i.

1443 Siehe hierzu oben unter § 12 II 2.

1444 Siehe hierzu oben unter § 12 V. 1. b.

ist – was bei harten Patronatserklärung, wie soeben aufgezeigt, auch der BGH selbst bestätigt.

3. Einschränkung wegen der besonderen Stellung der Person des Sicherungsgebers

Einschränkungen erfahren die zur Bürgschaft aufgestellten Grundsätze zur Unwirksamkeit weiter Sicherungszweckerklärungen bei der harten Patronatserklärung aber regelmäßig über die Person des Sicherungsgebers.[1445] Wie im Folgenden noch ausführlich darzustellen sein wird, bestehen ausnahmsweise nämlich keine Bedenken gegen die Vereinbarung einer – grundsätzlich unwirksamen – formularmäßig weiten Sicherungszweckerklärung, wenn der Drittsicherungsgeber auf das Verhalten des Kreditnehmers dergestalt Einfluss nehmen kann, dass für ihn ein unkalkulierbares Haftungsrisiko nicht besteht oder etwa für den Drittsicherungsgeber das Engagement für den Kreditnehmer im Vordergrund steht.[1446] Ersteres wird insbesondere bei Mehrheits- oder Alleingesellschaftern der Fall sein, letzteres hingegen bei (Allein-) Geschäftsführern.[1447]

Harte Patronatserklärungen werden in der Kreditsicherungspraxis hauptsächlich in Konzernverhältnissen zugunsten der kreditgewährenden Bank des Tochterunternehmens vergeben.[1448] Ist die Muttergesellschaft Allein- oder Mehrheitsgesellschafter, so können nach obigen Ausführungen gegen die Vereinbarung eines weiten Sicherungszwecks in der Regel aber keine Bedenken bestehen, „denn eine solche Obergesellschaft kann aufgrund ihrer gesellschaftsrechtlichen Einflussmöglichkeiten die Geschäftstätigkeit ihrer kreditnehmenden Tochtergesellschaft so kontrollieren, dass unkalkulierbare Haftungsgefahren auszuschließen sind“.[1449] Darüber hinaus erfolgt die Abgabe harter Patronatserklärungen zu Kreditsicherungszwecken häufig auch durch GmbH-Gesellschafter und Großaktionäre zugunsten ihrer Gesellschaften.[1450] In diesen Fällen wird davon auszugehen sein, dass im Sinne der obigen Ausführungen das Engagement für den Kreditnehmer im Vordergrund stehen dürfte. Bei den meisten harten Patronatserklärungen wird

---

1445 *Kulke*, in: Derleder/Knops/Bamberger, Dt. und Europ. Bank- und Kapitalmarktrecht, Bd. 1, § 33, Rdn. 94.

1446 Siehe dazu unten ausführlich unter § 14.

1447 *Kulke*, in: Derleder/Knops/Bamberger, Dt. und Europ. Bank- und Kapitalmarktrecht, Bd. 1, § 33, Rdn. 94.

1448 Siehe etwa BGH, Urteil vom 30.01.1992 – IX ZR 112/91 = NJW 1992, 2093 (2094 f.); *Fischer*, in: Lwowski/Fischer/Gehrlein, Das Recht der Kreditsicherung, § 9, Rdn. 235; *Wittig*, WM 2003, 1981 (1982).

1449 *Wittig*, WM 2003, 1981 (1984).

1450 *Fischer*, in: Lwowski/Fischer/Gehrlein, Das Recht der Kreditsicherung, § 9, Rdn. 235.

wegen der besonderen Stellung der Person des Sicherungsgebers deshalb kaum je von einem Verstoß gegen §§ 305c Abs. 1, 307 BGB ausgegangen werden können.[1451]

4. Zwischenbefund

Grundsätzlich sind somit die im Rahmen der Untersuchung zur Bürgschaft skizzierten Grundsätze auf die vom BGH als bürgschafts- und garantieähnlich erklärte harte Patronatserklärung entsprechend anzuwenden. Für die Frage der Wirksamkeit bzw. Unwirksamkeit formularmäßig weiter Zweckerklärungen wird deshalb auf die obigen Ausführungen verwiesen.[1452] Eine Einschränkung werden diese Grundsätze bei der harten Patronatserklärung aber regelmäßig über die besondere Stellung des Patrons gegenüber dem „auszustattenden Unternehmen" erfahren.[1453]

VII. Zwischenbefund

Die Untersuchung formularmäßig weiter Zweckerklärungen zeigt, dass die höchstrichterliche Rechtsprechung – jedenfalls was die Fälle der Drittbesicherung anbelangt – unübersichtlich und insbesondere nicht stringent ist. Nach dem bisher gefundenen Ergebnis beantwortet sich die Frage nach der Wirksamkeit formularmäßig vereinbarter Sicherungszweckerklärungen bzw. die Frage, ob diese lediglich einer Einbeziehungskontrolle (§ 305c Abs. 1 BGB) oder darüber hinaus auch einer Inhaltskontrolle (§ 307 BGB) zu unterziehen sind, nicht danach, ob es sich bei dem betroffenen Sicherungsrecht um ein akzessorisches oder ein abstraktes handelt. Entscheidend ist vielmehr, ob dem betroffenen Sicherungsrecht ein „Verbot der Fremddisposition" in Form einer gesetzlichen Leitbildfunktion zuzusprechen ist bzw. ob die Haftung das gesamte Vermögen des Drittsicherungsgebers oder nur einzelne Vermögensgegenstände betrifft. So überträgt der BGH beispielsweise die für formularmäßig weite Zweckerklärungen im Bürgschaftsrecht geltenden Grundsätze auch auf den Schuldbeitritt, obwohl dieser nicht akzessorisch ist, und misst formularmäßig weite Zweckerklärungen hier sowohl an § 305c Abs. 1 BGB als auch an § 307 BGB. Formularmäßig weite Grundschuldzweckerklärungen unterliegen – über § 305c Abs. 1 BGB hinaus – nach Auffassung des BGH hingegen nicht einer zur Unwirksamkeit führenden Inhaltskontrolle nach § 307 BGB, da Inhalt und Umfang der schuldrechtlichen Sicherungszweckvereinbarung bei der Grundschuld – im Unterschied zu der im Bürgschaftsrecht geltenden Regelung des § 767 Abs. 1 S. 3 BGB – gesetzlich nicht geregelt sind. Bei der Überprüfung

---

1451 *Kulke*, in: Derleder/Knops/Bamberger, Dt. und Europ. Bank- und Kapitalmarktrecht, Bd. 1, § 33, Rdn. 94.

1452 Siehe hierzu oben unter § 12.

1453 *Kulke*, in: Derleder/Knops/Bamberger, Dt. und Europ. Bank- und Kapitalmarktrecht, Bd. 1, § 33, Rdn. 94.

anhand der Vorschrift des § 305c Abs. 1 BGB, bei der die grundsätzliche Möglichkeit besteht, den überraschenden Charakter einer formularmäßigen Klausel durch Hinweis bzw. Aufklärung auszuräumen, lässt der BGH dann aber so gut wie keinen dieser Heilungstatbestände ausreichen. In nahezu allen Fällen bleibt es bei der Annahme eines Verstoßes gegen § 305c Abs. 1 BGB, weil davon ausgegangen wird, dass der erforderliche Hinweis entweder nicht erfolgt oder den Anforderungen nicht entsprechend gewesen sei.[1454] Teilweise wird dem BGH deshalb sogar unterstellt, er erstrecke, um zu vertretbaren Ergebnissen zu gelangen, die Überraschung bis hin zu einer „(unwiderlegbaren) Überraschungsfiktion".[1455] Jedenfalls lässt der BGH mit dieser Rechtsprechungspraxis aber ein Bedürfnis nach einer inhaltlichen Kontrolle, wie sie in § 307 BGB vorgesehen ist, im Grunde auch bei der Grundschuld erkennen. Weshalb er an einer bloß formalen Kontrolle nach § 305c Abs. 1 BGB festhält, leuchtet deshalb auf den ersten Blick nicht ein. Beim Pfandrecht hingegen, bei dem ein Verbot der Fremddisposition in Drittverpfändungsfällen mit § 1210 Abs. 1 S. 2 BGB sogar gesetzlich geregelt ist, soll diesem aber wiederum keine gesetzliche Leitbildfunktion zukommen. Insbesondere aufgrund der dadurch für den Rechtsanwender entstehenden Unsicherheiten, drängt sich einerseits die Frage auf, ob das Verbot der Fremddisposition nicht vielmehr zu einem allgemeinen in Drittsicherungsfällen geltenden Grundsatz erhoben werden und sich nicht auf die Bürgschaft und den Schuldbeitritt beschränkt zeigen sollte[1456] und andererseits, ob das Verbot der Fremddisposition überhaupt geeignet ist, in den Fällen, in denen ihm mit dem BGH eine gesetzliche Leitbildfunktion zugesprochen wird, als Maßstab einer Angemessenheitskontrolle formularmäßig weiter Zweckerklärungen zu dienen[1457].

Um Rechtssicherheit zu schaffen, wird jedenfalls bei denjenigen Kreditsicherheiten, bei denen weite Zweckerklärungen neben § 305c Abs. 1 BGB nicht

---

1454 Siehe zum Ganzen *Gaberdiel/Gladenbeck*, Kreditsicherung durch Grundschulden, Rdn. 689.

1455 Siehe hierzu bereits oben unter Fn. 1288.

1456 Dies fordern auch *Horn*, Globalbürgschaft und Bestimmtheitsgrundsatz, in: Festschrift Merz, S. 217 (224 f.); sowie *Bülow*, Recht der Kreditsicherheiten, Rdn. 161, 163; siehe hierzu bereits oben unter Fn. 1272. – Hierfür spricht insbesondere auch, dass mittlerweile die Rechtsprechung für Bürgschaften die Unwirksamkeit des weiten Sicherungszwecks nach § 307 Abs. 2 Nr. 1 BGB bei Klauseln in einem Bürgschaftsformular, die die Haftung des Bürgen auf alle bestehenden Ansprüche des Gläubigers gegen den Hauptschuldner erstreckt, ohne die verbürgten Forderungen näher zu bezeichnen, auch auf den Verstoß gegen § 242 BGB stützt, da der Bürge ein schutzwürdiges typisches Interesse daran habe, dass sich aus dem Bürgschaftsformular Gegenstand und Umfang seines Risikos klar und richtig ergeben (siehe hierzu BGH, Urteil vom 28.10.1999 – IX ZR 364/97 = NJW 2000, 658 (659) sowie auch *Kulke*, in: Derleder/Knops/Bamberger, Dt. und Europ. Bank- und Kapitalmarktrecht, Bd. 1, § 33, Rdn. 94; *Wittig*, WM 2003, 1981 (1984)).

1457 Siehe hierzu auch *Kuntz*, AcP 209 (2009), 242 (283).

zusätzlich noch dem Verdikt der unangemessenen Benachteiligung unterliegen[1458], zu fordern sein, dass der BGH seine strengen Anforderungen an einen gesonderten Hinweis auf die Zweckerklärung lockert. Zum Zwecke der Rechtssicherheit muss es jedenfalls möglich sein, den Sicherungsgeber auf den intendierten weiten Sicherungszweck bzw. einen angestrebten „Wandel der Hauptschuld" wirksam hinzuweisen.[1459] Wenn ein Hinweis erfolgt, wird zum einen nämlich davon ausgegangen werden können, dass eine weite Zweckerklärung gewollt bzw. vom Sicherungsgeber zumindest akzeptiert wurde. Zum anderen ist nicht ersichtlich, warum, wenn die Beteiligten einen weiten Sicherungszweck vereinbaren wollen, dieser dann Gefahr laufen sollte, an den überspitzten Anforderungen an einen wirksamen Hinweis zu scheitern.

1458 Da es im Rahmen des § 307 BGB nicht auf eine subjektive Überraschung, sondern auf die objektive Benachteiligung ankommt, scheidet eine Heilung durch gesonderten Hinweis auf die Zweckerklärung hier generell aus.

1459 Siehe hierzu auch *Weber*, ZfIR 1999, 2 (5).

§ 13 Die Anwendbarkeit der Grundsätze zu weiten Sicherungszweckerklärungen im unternehmerischen Rechtsverkehr

Verwenden die Parteien des Kreditsicherungsgeschäfts bei Abschluss des Sicherungsvertrages eine formularmäßige weite Sicherungszweckerklärung, kann eine solche Vereinbarung – abhängig von der jeweiligen Kreditsicherheit – überraschend i.S. des § 305c Abs. 1 BGB oder auch unangemessen i.S. des § 307 BGB sein.[1460] Fraglich ist jedoch, ob diese Rechtslage im unternehmerischen Geschäftsverkehr, insbesondere wegen der den Unternehmern bei den hier interessierenden Finanzierungen zugesprochenen besonderen Geschäftserfahrenheit, anders zu beurteilen ist.

I. Gewohnheiten und Gebräuche des Handelsverkehrs als Korrektiv

Bei denjenigen Kreditsicherheiten, bei denen weite Zweckerklärungen des Drittsicherungsgebers – neben § 305c Abs. 1 BGB – zusätzlich dem möglichen Verdikt der unangemessenen Benachteiligung unterliegen, würde dies der Fall sein, wenn sich aus den Vorschriften über Handelsgeschäfte (§§ 343 ff. HGB) Gründe ableiten lassen, die es rechtfertigen, eine weite Zweckerklärung im unternehmerischen Geschäftsverkehr als angemessen zu bewerten (§ 310 Abs. 1 S. 2 BGB).[1461] Insoweit hat der BGH inzwischen jedoch ausdrücklich festgestellt, dass jene Zweckerklärungen für Drittsicherungsgeber im unternehmerischen Geschäftsverkehr gleichermaßen ein unabsehbares und nicht beherrschbares Risiko begründen, welches zu einer untragbaren Belastung führen könne.[1462] In einem früheren Urteil[1463] gab der BGH zu erkennen, dass sich aus den Vorschriften über Handelsgeschäfte (§§ 343 ff. HGB) nichts ableiten lasse, was die formularmäßige Verwendung der weiten Zweckerklärung mit ihren auch für den unternehmerischen Drittsicherungsgeber unabsehbaren Folgen rechtfertigen könne.[1464] Der Schutz, den § 307 BGB

1460 Siehe hierzu ausführlich oben unter § 12.

1461 *Fischer*, in: Lwowski/Fischer/Gehrlein, Das Recht der Kreditsicherung, § 9, Rdn. 98.

1462 BGH, Urteil vom 29.03.2001 – IX ZR 20/00 = NJW-RR 2002, 343 (344).

1463 BGH, Urteil vom 24.09.1998 – IX ZR 425–97 = NJW 1998, 3708 (3709).

1464 Insbesondere gehe auch die Vorschrift des § 350 HGB nur davon aus, dass ein Kaufmann mit der Bedeutung der Bürgschaft an sich vertraut sei, nicht jedoch mit der vom gesetzlichen Leitbild des § 767 Abs. 1 S. 3 BGB abweichenden unbegrenzten Globalbürgschaft (BGH, Urteil vom 24.09.1998 – IX ZR 425–97 = NJW 1998, 3708 (3709)).

Drittsicherungsgebern gegen formularmäßig weite Zweckerklärungen gewährt, erstreckt sich demnach auch auf den unternehmerischen Geschäftsverkehr. Der in der gesetzlichen Vorschrift enthaltene Gerechtigkeitsgedanke beansprucht dort gleichermaßen Geltung.[1465] Da der unternehmerische Verkehr hinsichtlich des Haftungsumfangs nicht minder schutzbedürftig ist, genießt er im Ergebnis damit keinen geringeren Schutz.[1466]

Für die Zwecke der Untersuchung bleibt damit festzuhalten, dass der „Maßstab des Anlasses“ Drittsicherungsrechte jenseits der an die Selbstverantwortlichkeit von Drittsicherheitengebern zu stellenden Anforderungen prägt, so dass eine unangemessene Benachteiligung durch anlassferne, weite Zweckerklärungen nach § 307 BGB grundsätzlich auch im unternehmerischen Geschäftsverkehr zu bejahen ist.[1467] Etwas anderes gilt nur dort, wo Drittsicherungsgeber aufgrund einer „besonderen Stellung“ gegenüber dem Kreditnehmer den Umfang der Kreditaufnahme bestimmen oder beeinflussen können. Hierauf wird sogleich noch ausführlich einzugehen sein.[1468]

II. Modifizierung durch individuelle Begleitumstände bei Vertragsschluss

Darüber hinaus gilt es bei der Beurteilung der Wirksamkeit formularmäßig weiter Sicherungszweckvereinbarungen in Drittsicherungsfällen aber noch die Problematik des Überraschungsmoments i.S. des § 305c Abs. 1 BGB zu berücksichtigen. Dabei ist auch hier fraglich, ob eine Verwendung etwaiger Sicherungszweckerklärungen im unternehmerischen Geschäftsverkehr eine andere Beurteilung

---

1465 *Fischer*, in: Lwowski/Fischer/Gehrlein, Das Recht der Kreditsicherung, § 9, Rdn. 98.

1466 *Hoffmann*, in: Langenbucher/Bliesener/Spindler, Bankrechts-Kommentar, 29. Kap., Rdn. 15; *Bülow*, Recht der Kreditsicherheiten, Rdn. 909; *Federlin*, in: Kümpel/Wittig, Bank- und Kapitalmarktrecht, Rdn. 12.108; *Rösler/Fischer*, BKR 2006, 50 (53); *Nobbe*, BKR 2002, 747 (751); *Fischer*, WM 2001, 1049 (1054); *ders.*, WM 1998, 1705 (1710); kritisch hierzu etwa *Joswig*, in: Nobbe, Kommentar zum Kreditrecht, vor §§ 1113-1203 BGB, Rdn. 47; *Edelmann*, BB 1999, 123 (123 f.).

1467 Siehe hierzu auch *Bülow*, Recht der Kreditsicherheiten, Rdn. 909. – Anders, d.h. nicht als unangemessen benachteiligend, zu bewerten sind formularmäßig weite Sicherungszweckerklärungen nur dort, wo die Sicherheitenbestellung zum typischen Geschäftsbetrieb des Unternehmers bzw. Unternehmens gehört (BGH, Urteil vom 29.03.2001 – IX ZR 20/00 = NJW-RR 2002, 343 (344); BGH, Urteil vom 24.09.1998 – IX ZR 425–97 = NJW 1998, 3708 (3709); *Fischer*, in: Lwowski/Fischer/Gehrlein, Das Recht der Kreditsicherung, § 9, Rdn. 98; *ders.*, WM 2001, 1049 (1054); *Nobbe*, BKR 2002, 747 (751); *Rösler/Fischer*, BKR 2006, 50 (57)). Regelmäßig wird dies aber nur bei Banken und etwa im Versicherungsgewerbe der Fall sein (*Fischer*, in: Lwowski/Fischer/Gehrlein, Das Recht der Kreditsicherung, § 9, Rdn. 98; *ders.*, WM 2001, 1049 (1054); *Rösler/Fischer*, BKR 2006, 50 (57); *Nobbe*, BKR 2002, 747 (751)).

1468 Siehe unten unter § 14.

rechtfertigt. Konkret für die Frage eines überraschenden Charakters formularmäßig weiter Zweckerklärungen hat der BGH[1469] jedoch ausgeführt: „Die Vorschrift des § 3 AGBG [Anm.: heute § 305c BGB] gilt im Grundsatz uneingeschränkt auch für Rechtsgeschäfte, die auf Seiten des Kunden Handelsgeschäfte sind. Es geht hier nicht darum, ob die einschlägige Klausel nach heutiger Praxis im Verkehr mit Banken noch allgemein üblich ist und sie deshalb für ein geschäftserfahrenes kaufmännisches Unternehmen nach einem generellen Maßstab nicht ungewöhnlich sein kann. Es ist vielmehr der konkrete individuelle Begleitumstand bei Vertragsabschluß (Anlaß der Sicherheitenbestellung), der diesen generellen Maßstab modifiziert und damit die Ausdehnung des Haftungsumfangs über den Anlaß des Vertrages hinaus als überraschend erscheinen läßt." Insoweit ist davon auszugehen, dass eine Erweiterung der Haftung aus einer formularmäßigen Zweckerklärung, die der Drittsicherungsgeber aus Anlass der Sicherung einer bestimmten Forderung an die Bank abgibt, auf künftige Verbindlichkeiten des Kreditnehmers auch im unternehmerischen Geschäftsverkehr grundsätzlich überraschend ist und damit gegen § 305c Abs. 1 BGB verstoßen kann. Ebenso wie unter Verbraucherbeteiligung kann der Überraschungseffekt einer solchen Zweckerklärung nämlich auch im unternehmerischen Verkehr in einem Widerspruch zwischen der durch den besonderen Anlass der Sicherheitenbestellung zutage getretenen Zweckvorstellung des Drittsicherheitengebers und der davon in einem nicht zu erwartenden Ausmaß abweichenden Reichweite der vorformulierten Zweckerklärung liegen. Auch ein unternehmerischer Drittsicherungsgeber, der anlässlich der Sicherung einer bestimmten Verbindlichkeit eine Sicherheit bestellt, wird nämlich grundsätzlich nicht damit rechnen, für künftige, seiner Einflussnahme entzogene Verbindlichkeiten des Kreditnehmers einstehen zu müssen.

Für die Annahme eines überraschenden Charakters formularmäßig weiter Zweckerklärungen im unternehmerischen Verkehr spricht zudem, dass gerade dort ein frei werdendes Sicherungsmittel oftmals bereits durch Vorausabtretung des Rückübertragungsanspruchs an weitere Gläubiger übertragen wird. Werthaltig ist eine derartige Vorausübertragung für den (Dritt-)Sicherungsgeber aber nur, wenn er auf die ursprünglichen Vertragsverhandlungen vertrauen kann und seinen Rückübertragungsanspruch bezüglich des Sicherungsrechts durch gezielte Rückzahlung des konkret gesicherten Kredites auch realisieren kann. Wäre seine Haftung entgegen der „anlassbezogenen Vertragsverhandlung" dennoch einer weiten Zweckerklärung unterworfen, würde ihm faktisch die Möglichkeit zur Realisierung des Rückübertragungsanspruchs genommen, da eine vollständige Erledigung des Sicherungszwecks nicht in Betracht kommt und sich die Fälligkeit damit immer weiter hinausschiebt. Die Vorausübertragung des Rückübertragungsanspruchs

---

1469 BGH, Urteil vom 10.11.1989 – V ZR 201/88 = NJW 1990, 576 (577). – Zu den allgemeinen Anforderungen, die der BGH an den überraschenden Charakter von AGB-Klauseln formuliert, siehe BGH, Urteil vom 18.05.1995 – IX ZR 108/94 = NJW 1995, 2553 (2554).

würde erheblich an Wert einbüßen. Mit einem solch erheblichen Eingriff in seine „Vermögensdispositionsfreiheit“ wird grundsätzlich selbst ein im Geschäftsverkehr erfahrener Unternehmer nicht rechnen müssen.[1470]

Etwas anderes dürfte nur dann gelten, wenn die Sicherheit „pauschal“, d.h. nicht anlassbezogen und damit auch für künftige Verbindlichkeiten bestellt wurde. Der überraschende Charakter einer formularmäßig weiten Zweckerklärung entfällt nämlich dann, wenn der Drittsicherungsgeber die Sicherheit nicht anlässlich einer bestimmten Kreditgewährung, sei es als Neuvergabe, Verlängerung oder Erhöhung der Kreditlinie etc., gewährt hat, da sich seine Vorstellung dann gerade nicht auf eine oder mehrere bestimmte Verbindlichkeiten richten konnte.[1471] Dies gilt ebenfalls, wenn der Drittsicherungsgeber ohnehin annimmt, er hafte dem Gläubiger global bzw. sich über Grund und Höhe der Haftung keine Gedanken macht.[1472] Dies vorausgesetzt, ist hier einzuräumen, dass im unternehmerischen Finanzierungsgeschäft wohl eher eine umfassende Besicherung der gesamten Geschäftsbeziehung Gegenstand der Vertragsverhandlungen sein kann als dies bei privaten Finanzierungsgeschäften der Fall sein wird.[1473] Die Verwendung formularmäßig weiter Zweckerklärungen würde in diesen Fällen mangels konkreter Zuordnung zur Besicherung einer konkreten Kreditverbindlichkeit ihren überraschenden Charakter verlieren.[1474] Auch im unternehmerischen Verkehr dürften diese Fälle in der Praxis aber wohl kaum der Regelfall sein. Gerade auf betrieblicher Ebene besteht regelmäßig eine Vielzahl von Finanzierungen erheblichen Umfangs mit den unterschiedlichsten Banken bzw. Konsortien. Angesichts dessen wird in der Regel davon auszugehen sein, dass dem Sicherheitengeber an der Weiterverwendung des Sicherungsmittels gelegen sein dürfte, die ihm bei Verwendung einer weiten Zweckerklärung faktisch jedoch gerade unmöglich gemacht würde, weil eine vollständige Erledigung des Sicherungszwecks nicht in Betracht kommt, solange der Sicherungsgeber einen laufenden Geschäftsbetrieb mit dem Verwender der weiten Zweckerklärung unterhält.

III. Zwischenbefund

Es ist deshalb davon auszugehen, dass sich die skizzierten Grundsätze zu formularmäßig weiten Zweckerklärungen bzw. zu §§ 305c Abs. 1, 307 BGB grundsätzlich auch auf den unternehmerischen Geschäftsverkehr und damit auch auf die Fälle der hier interessierenden Finanzierungen erstrecken.

1470 Zum Ganzen *Otten*, Sicherungsvertrag und Zweckerklärung, Rdn. 854 f.

1471 BGH, Urteil vom 18.01.1996 – IX ZR 69/95 = NJW 1996, 924 (924).

1472 *Knops*, in: Derleder/Knops/Bamberger, Dt. und Europ. Bank- und Kapitalmarktrecht, Bd. 1, § 27, Rdn. 24.

1473 Zur Überwindung des überraschenden Charakters weiter Zweckerklärungen bei intendierter Absicherung der gesamten Geschäftsbeziehung siehe oben unter § 12 I. 1. b. i. (4).

1474 Zum Ganzen *Otten*, Sicherungsvertrag und Zweckerklärung, Rdn. 853, 855.

§ 14 Die Anwendbarkeit der Grundsätze zu weiten Sicherungszweckerklärungen bei Gesellschaftersicherheiten

Eine Einschränkung wird der Grundsatz, dass formularmäßige weite Sicherungszweckerklärung in Fällen der Drittbesicherung gegen §§ 305c Abs. 1 BGB bzw. §§ 305c Abs. 1, 307 BGB verstoßen, in einigen Fällen jedoch über die „besondere Stellung" des Drittsicherheitengebers erfahren. Ist ein Drittsicherheitengeber nämlich selbst in der Lage, eine Erweiterung der Verbindlichkeiten durch den Kreditnehmer zu verhindern bzw. zu beeinflussen, bedarf er des Schutzes der §§ 305c Abs. 1, 307 BGB nicht.[1475] Das skizzierte „Verbot der formularmäßigen Erweiterung der Haftung von Drittsicherheitengebern" lässt insoweit – wie im Folgenden zu zeigen sein wird – Ausnahmen zu.

I. Relevanz für die Untersuchung

Eine Analyse typischer syndizierter Kreditfinanzierungen ergibt, dass Personalsicherheiten vor allem in Form von selbständigen Garantieversprechen gewährt werden.[1476] Darüber hinaus kommen im Rahmen der hier interessierenden Transaktionen bzw. Finanzierungen aber auch weitere akzessorische (Bürgschaft) sowie nicht akzessorische (Schuldbeitritt, Patronatserklärung) Personalsicherheiten in Betracht.[1477] Diese werden in der Regel allerdings nie von unabhängigen Dritten gewährt, sondern der Kreis der Garantiegeber beschränkt sich bei der syndizierten Kreditfinanzierung vielmehr grundsätzlich auf abhängige oder übergeordnete Konzern- bzw. Gruppengesellschaften des Kreditnehmers.[1478] Bei den hier interessierenden Finanzierungen hat diese Form der Besicherung insbesondere den Vorteil, dass sie die Kreditgeber von einer isolierten Kredit- bzw. Bonitätsprüfung des Kreditnehmers entbindet und ein Abstellen auf den Konzern bzw. die Gruppe als Ganzes zulässt. Zudem können sich Kreditgeber damit in gewisser Weise auch vor Vermögensverlagerungen innerhalb des Konzerns oder der Gruppe schützen, weil es für sie – etwa aufgrund eines Garantieversprechens – bedeutungslos wird,

---

1475 So etwa *Ganter*, WM 1996, 1705 (1716 f.).

1476 Vgl. etwa *Ballo*, Die AGB-Kontrolle von Kreditverträgen in der Akquisitionsfinanzierung, S. 617, Ziff. 23.

1477 Siehe hierzu bereits oben unter § 5 III. 2. a. iv., sowie *Von Bismarck*, Die Besicherung internationaler Konsortialkredite, § 4, Rdn. 90.

1478 *Bleifeld*, Akzessorische Kreditsicherheiten im Rahmen von syndizierten Krediten, S. 54; *Diem*, Akquisitionsfinanzierungen, § 41, Rdn. 3; *Eberlein*, Besicherung von Gläubigermehrheiten, S. 65.

ob bestimmte Vermögensgegenstände vom Kreditnehmer oder dem konzern- bzw. gruppenangehörigen Drittsicherungsgeber gehalten werden.[1479] Darüber hinaus ist in der Akquisitionsfinanzierung aber auch eine Kreditsicherung durch die Verpfändung von Gesellschaftsanteilen wirtschaftlich relevant. Die Verpfändung von GmbH-Geschäftsanteilen, Aktien oder Beteiligungen an Personenhandelsgesellschaften spielt als durch die Gesellschafter zu stellende Sicherheit für eine Kreditgewährung an die Gesellschaft eine bedeutende Rolle.[1480] Die „besondere Stellung" abhängiger oder übergeordneter Gruppen bzw. Konzerngesellschaften als Drittsicherheitengeber gegenüber den Kreditnehmern führt aber – wie im Folgenden zu zeigen sein wird – auch zu einer Beschränkung der Anforderungen an eine wirksame Besicherung mittels formularmäßig weiter Sicherungszweckerklärungen.

II. Besonderheiten und Rechtsfolgen einer „besonderen gesellschaftsrechtlichen Stellung" von Drittsicherungsgebern

Von dem Grundsatz, dass eine formularmäßig weite Zweckerklärung gegen § 305c Abs. 1 BGB bzw. §§ 305c Abs. 1, 307 BGB verstößt, werden vom BGH aufgrund „besonderer Stellung" der Drittsicherheitengeber Ausnahmen zugelassen. „Werden AGB für verschiedene Arten von Geschäften oder gegenüber verschiedenen Verkehrskreisen verwendet, deren Interessen, Verhältnisse und Schutzbedürfnisse generell unterschiedlich gelagert sind, so ist" – so der BGH[1481] – nämlich eine „Abwägung in den Vertrags- und Fallgruppen vorzunehmen, die durch die am Sachgegenstand ausgerichtete typische Interessenlage gebildet werden; diese Abwägung kann zu gruppentypisch unterschiedlichen Ergebnissen führen."

Was konkret in Drittsicherungsfällen die Erweiterung der Sicherungszweckvereinbarung über den konkreten Anlass der Kreditaufnahme hinaus auf weitere Forderungen der Bank gegen ihren Kreditnehmer anbelangt, so hält der BGH eine solche formularmäßige Abrede ausnahmsweise nicht für unwirksam, wenn der Drittsicherheitengeber und der Schuldner der gesicherten Forderung, der Kreditnehmer, „persönlich und wirtschaftlich so eng verbunden" sind, dass unter die Haftungsübernahme fallende künftige Kreditaufnahmen des Kreditnehmers für den Drittsicherungsgeber „berechenbar und vermeidbar" sind.[1482] Solche Ausnahmen vom Grundsatz der AGB-rechtlichen Unwirksamkeit weiter Sicherungszweckerklärungen bei Drittsicherheiten sind dann anzunehmen, wenn

1479 Zum Ganzen *Eberlein*, Besicherung von Gläubigermehrheiten, S. 65.

1480 Siehe hierzu ausführlich oben unter § 5 III. 2. a. iv. (1).

1481 BGH, Urteil vom 28.10.1999 – IX ZR 364/97 = NJW 2000, 658 (660).

1482 BGH, Urteil vom 27.06.1995 – XI ZR 213/94 = NJW-RR 1995, 1257 (1258); BGH, Urteil vom 01.06.1994 – XI ZR 133/93 = NJW 1994, 2145 (2145); BGH, Urteil vom 18.02.1992 – XI ZR 126/91 = NJW 1992, 1822 (1823); BGH, Urteil vom 20.02.1987 – V ZR 249/85 = NJW 1987, 1885 (1885).

der Drittsicherungsgeber maßgeblichen Einfluss auf Art und Höhe der besicherten Verbindlichkeit, d.h. konkret auf die Aufnahme und Ausweitung der Kreditverbindlichkeit(en) des Kreditnehmers nehmen und damit zugleich über den Umfang seiner Haftung bestimmen kann.[1483] Der Drittsicherheitengeber befindet sich dann nämlich nicht mehr in der für ihn sonst typischen „passiven Rolle". Kraft seines eigenen Handelns wird er in diesen Fällen von einer Ausweitung der gesicherten Kreditverbindlichkeit(en) weder überrascht, noch wird sein Haftungsumfang dadurch fremdbestimmt.[1484] Wenn Drittsicherheitengeber und Kreditnehmer persönlich und wirtschaftlich derart miteinander verbunden sind, dass das Risiko für den Drittsicherheitengeber vorhersehbar und vermeidbar wird, ist darin also eine gruppenspezifische Ausnahme zu sehen. Der Drittsicherungsgeber ist hier weniger schutzwürdig bzw. -bedürftig. Eine formularmäßige weite Sicherungszweckvereinbarung wird deshalb hier ausnahmsweise wirksam vereinbart werden können.

Die vorgenannten Grundsätze wurden vom BGH erstmals hinsichtlich der Besicherung mit Grundschulden aufgestellt.[1485] Der BGH hat sodann aber entschieden, dass diese Grundsätze auch bei formularmäßigen Bürgschaftszweckerklärungen Geltung beanspruchen sollen, denn ein „Bürge ist nicht weniger schutzwürdig als der Besteller einer Sicherungsgrundschuld, zumal der Bürge mit seinem gesamten Vermögen haftet".[1486] Zugunsten solcher Bürgen, die aufgrund ihrer „besonderen Stellung" maßgeblich über die Aufnahme bzw. Ausweitung der Kreditverbindlichkeiten des Hauptschuldners und damit zugleich über den Umfang ihrer Haftung bestimmen können, greift dann weder § 305c Abs. 1 BGB noch § 307 BGB ein.[1487] Aus dieser Argumentation des BGH lässt sich gleichermaßen eine Anwendung der Grundsätze auf die sonstigen für diese Untersuchung relevanten Kreditsicherheiten ableiten, denn die Drittsicherheitengeber der jeweiligen Sicherungsrechte sind – wie gezeigt – allesamt, was ihr Schutzbedürfnis anbelangt, nicht weniger schutzwürdig als der Besteller einer Sicherungsgrundschuld bzw. ein Bürge.[1488] Wenn im Folgenden aufgezeigt wird, welche Drittsicherheitengeber aufgrund ihrer „besonderen Stellung" mit dem Kreditnehmer persönlich und wirtschaftlich derart verbunden sind, dass das Risiko für sie berechenbar und vermeidbar ist,

---

1483 Siehe hierzu etwa BGH, Urteil vom 16.12.1999 – IX ZR 36/98 = NJW 2000, 1179 (1182); BGH, Urteil vom 15.07.1999 – IX ZR 243–98 = NJW 1999, 3195 (3195); *Federlin*, in: Kümpel/Wittig, Bank- und Kapitalmarktrecht, Rdn. 12.109; *Rösler/Fischer*, BKR 2006, 50 (53).

1484 Siehe zum Ganzen *Rösler/Fischer*, BKR 2006, 50 (53).

1485 Siehe etwa BGH, Urteil vom 27.06.1995 – XI ZR 213/94 = NJW-RR 1995, 1257 (1258); BGH, Urteil vom 20.02.1987 – V ZR 249/85 = NJW 1987, 1885 (1885).

1486 BGH, Urteil vom 01.06.1994 – XI ZR 133/93 = NJW 1994, 2145 (2145); siehe auch BGH, Urteil vom 16.12.1999 – IX ZR 36/98 = NJW 2000, 1179 (1181 f.); BGH, Urteil vom 28.10.1999 – IX ZR 364/97 = NJW 2000, 658 (660); BGH, Urteil vom 15.07.1999 – IX ZR 243–98 = NJW 1999, 3195 (3195).

1487 *Ganter*, WM 1996, 1705 (1716 f.); *Nobbe*, BKR 2002, 747 (753).

1488 Siehe hierzu oben unter § 12.

werden die dabei getroffenen Feststellungen deshalb gleichermaßen für alle relevanten Kreditsicherungsrechte gelten.

1. Geschäftsführer des Kreditnehmers

Die von der Rechtsprechung geforderte besondere persönliche und wirtschaftliche Verbundenheit und den damit einhergehenden Einfluss auf Art und Höhe der Verbindlichkeiten des Kreditnehmers haben regelmäßig diejenigen Drittsicherungsgeber, die als Geschäftsführer die Geschäfte des Kreditnehmers leiten.[1489] Im Allgemeinen wird bei der Besicherung von Gesellschaftsverbindlichkeiten durch Geschäftsführer, „wie diesem Personenkreis regelmäßig bekannt ist, nicht die (...) [Sicherung] für eine einzelne ‚Anlassforderung', sondern die Sicherung des Gesamtengagements eines Kreditgebers im Vordergrund stehen".[1490] Geschäftsführer werden von einer formularmäßigen weiten Sicherungszweckerklärung, die die Haftung über den anlassgebenden Kredit hinaus auf weitere Verbindlichkeiten der Bank erstreckt, deshalb in aller Regel nicht i.S. des § 305c Abs. 1 BGB überrascht.[1491] Außerdem werden Geschäftsführer durch eine umfassende Zweckerklärung regelmäßig auch nicht in ihrer schutzwürdigen Belangen unbillig beeinträchtigt, da sie „insoweit nicht schutzwürdig [sind], weil sie regelmäßig Art und Höhe der von ihnen (...) [besicherten] Gesellschaftsverbindlichkeiten beeinflussen und eine Ausdehnung ihres (...) [Risikos] vermeiden können, indem sie vor der Entstehung neuer Gesellschaftsschulden ihre (...) [Kreditsicherheit] rechtzeitig kündigen".[1492]

Diese Rechtsprechung geht hinsichtlich des Geschäftsführers jedoch allein vom Bild eines geschäftsführenden Gesellschafters aus, der die Geschäfte „seiner" Gesellschaft auch tatsächlich führt.[1493] Der Drittsicherungsgeber, der als

---

1489 So etwa BGH, Urteil vom 23.05.2000 – XI ZR 214/99 = NJW 2000, 2675 (2676); BGH, Beschluss vom 24.09.1996 – IX ZR 316/95 = NJW 1996, 3205 (3205).

1490 Zum Ganzen BGH, Urteil vom 28.10.1999 – IX ZR 364/97 = NJW 2000, 658 (660).

1491 BGH, Urteil vom 16.01.2001 – XI ZR 84/00 = NJW 2001, 1416 (1416); BGH, Urteil vom 23.05.2000 – XI ZR 214/99 = NJW 2000, 2675 (2676); BGH, Urteil vom 16.12.1999 – IX ZR 36/98 = NJW 2000, 1179 (1182); BGH, Urteil vom 16.10.1997 – IX ZR 10/97 = NJW 1998, 385 (386); BGH, Urteil vom 18.05.1995 – IX ZR 108/94 = NJW 1995, 2553 (2555).

1492 BGH, Urteil vom 16.12.1999 – IX ZR 36/98 = NJW 2000, 1179 (1182).

1493 *Habersack*, in: MüKoBGB, § 765, Rdn. 75; *Nobbe*, in: Schimansky/Bunte/Lwowski, Bankrechts-Handbuch, § 91, Rdn. 203 f. – Abzustellen ist für die Frage des Vorliegens der erforderlichen gesellschaftsrechtlichen Stellung auf den jeweiligen Zeitpunkt des Abschlusses des Sicherheitenvertrages. Bei denjenigen Geschäftsführern, die eine ausreichende gesellschaftsrechtliche Einflussmöglichkeit haben, wird man sich darüber hinaus möglicherweise fragen müssen, ob sie an der streitigen Erweiterung der Verbindlichkeiten ihrer kreditnehmenden Gesellschaft konkret beteiligt sein müssen oder ob eine abstrakte Einflussmöglichkeit insoweit ausreicht. Nach BGH, Urteil vom 18.02.1992 – XI ZR 126/91 = NJW 1992, 1822 (1323) reichen „etwa vorhandene Möglichkeiten einer tatsächlichen Einflußnahme" nicht

Geschäftsführer die Geschäfte der kreditnehmenden Gesellschaft leitet, hat in der Regel entsprechenden Einfluss auf Art und Höhe der gesicherten Verbindlichkeiten.[1494] Davon ist grundsätzlich auch dann auszugehen, wenn die Gesellschaft, deren Kreditsicherung in Rede steht, mehrere Geschäftsführer hat, denen nach der Satzung Einzelgeschäftsführungsbefugnis sowie Einzelvertretungsbefugnis zukommt.[1495] Entscheidend ist insoweit, dass jeder Geschäftsführer eine Erweiterung der Verbindlichkeiten, für die er die Haftung übernommen hat, im Innenverhältnis von seiner Zustimmung abhängig machen kann.[1496] Anders ist dies grundsätzlich auch dann nicht zu bewerten, wenn nach der internen Geschäftsordnung die Gesellschafterversammlung über die Kreditaufnahme entscheidet, denn auch hier muss diese Entscheidung schließlich vom Geschäftsführer umgesetzt werden.[1497] Aufgrund seiner Weisungsabhängigkeit ist er dazu zwar grundsätzlich verpflichtet, er könnte, wenn er die fremdbestimmte Ausdehnung seines Risikos verhindern will, die von ihm bestellte Sicherheit jedoch kündigen.[1498] Die Lage ist für ihn insoweit „kontrollier- und beherrschbar“.[1499] Gleiches wird damit auch für

---

aus; nach *Ganter*, WM 1996, 1705 (1717) und *Nobbe*, BKR 2002, 747 (753) hingegen dürfte bei ausreichender gesellschaftsrechtlicher Einflussmöglichkeit nicht entscheidend sein, ob der Geschäftsführer an der konkreten streitigen Ausweitung der Hauptverbindlichkeiten beteiligt war. Danach würde der Sicherheit(en) gewährende Geschäftsführer auch dann haften, wenn ein weiterer Geschäftsführer ohne sein Wissen etwa einen weiteren Kredit aufnimmt.

1494 *Federlin*, in: Kümpel/Wittig, Bank- und Kapitalmarktrecht, Rdn. 12.110; *Gaberdiel/Gladenbeck*, Kreditsicherung durch Grundschulden, Rdn. 692.

1495 BGH, Beschluss vom 24.09.1996 – IX ZR 316/95 = NJW 1996, 3205 (3205); *Federlin*, in: Kümpel/Wittig, Bank- und Kapitalmarktrecht, Rdn. 12.110; *Nobbe*, in: Schimansky/Bunte/Lwowski, Bankrechts-Handbuch, § 91, Rdn. 203; a.A. *Ehricke*, WM 2000, 2177 (2180 f.); *Grunewald*, JZ 1999, 145 (146).

1496 BGH, Beschluss vom 24.09.1996 – IX ZR 316/95 = NJW 1996, 3205 (3205); *Federlin*, in: Kümpel/Wittig, Bank- und Kapitalmarktrecht, Rdn. 12.110.

1497 *Federlin*, in: Kümpel/Wittig, Bank- und Kapitalmarktrecht, Rdn. 12.110; *Nobbe*, BKR 2002, 747 (754).

1498 So für die Bürgschaft BGH, Urteil vom 17.03.1994 – IX ZR 102/93 = NJW 1994, 1656 (1657); BGH, Urteil vom 22.05.1986 – IX ZR 108/85 = NJW 1986, 2308 (2309); BGH, Urteil vom 04.07.1985 – IX ZR 135/84 = NJW 1985, 3007 (3008); BGH, Urteil vom 10.06.1985 – III ZR 63/84 = NJW 1986, 252 (253); zum Pfandrecht BGH, Urteil vom 07.10.2002 - II ZR 74/00 = NJW 2003, 61 (61); siehe auch *Derleder*, NJW 1986, 97 (101); *Federlin*, in: Kümpel/Wittig, Bank- und Kapitalmarktrecht, Rdn. 12.110; *Nobbe*, in: Schimansky/Bunte/Lwowski, Bankrechts-Handbuch, § 91, Rdn. 203; *ders.*, BKR 2002, 747 (754); *Rösler/Fischer*, BKR 2006, 50 (53); a.A. etwa *Grunewald*, JZ 1999, 145 (146); zur Kündbarkeit der Sicherungsabrede als Dauerschuldverhältnis im Allgemeinen etwa *Merkel*, in: Schimansky/Bunte/Lwowski, Bankrechts-Handbuch, § 93, Rdn. 218.

1499 BGH, Beschluss vom 24.09.1996 – IX ZR 316/95 = NJW 1996, 3205 (3205); *Federlin*, in: Kümpel/Wittig, Bank- und Kapitalmarktrecht, Rdn. 12.110; *Nobbe*, BKR 2002, 747 (754).

denjenigen Geschäftsführer gelten müssen, der keine oder nur eine Minderheitsbeteiligung besitzt. Dieser wird eine Ausweitung der Kreditverbindlichkeiten der Gesellschaft zwar nicht verhindern können, da er insoweit gegenüber den anderen Gesellschaftern ebenfalls weisungsgebunden ist.[1500] Wenn er die fremdbestimmte Ausdehnung seines Haftungsrisikos verhindern will, kann er aber gleichermaßen auf sein Kündigungsrecht verwiesen werden.[1501]

2. Allein- oder Mehrheitsgesellschafter des Kreditnehmers

Weiter ist eine Ausnahme auch für Allein- und Mehrheitsgesellschafter der kreditnehmenden Gesellschaft zu machen.[1502] Bei künftigen Kreditaufnahmen oder -erweiterungen haben nämlich Allein- oder Mehrheitsgesellschafter – auch wenn sie nicht gleichzeitig Geschäftsführer sind[1503] – grundsätzlich bestimmenden Einfluss auf Art, Höhe sowie Entwicklung der Kreditverbindlichkeit bzw. können ihr Sicherungsrecht vor dem Entstehen der Verbindlichkeit kündigen, um sich dem Risiko einer Haftungserweiterung zu entziehen.[1504] Auch Allein- oder Mehrheitsgesellschafter können deshalb ihr Haftungsrisiko im Sinne der Anforderungen der Rechtsprechung beherrschen und kontrollieren.[1505] Zu Gunsten solcher Sicherheitengeber greift deshalb weder § 305c Abs. 1 BGB noch § 307 BGB ein.[1506]

1500 Siehe § 37 Abs. 1 GmbHG.

1501 Zu den geltenden Besonderheiten für Geschäftsführer, die keine oder nur eine Minderheitsbeteiligung inne haben, siehe ausführlich *Nobbe*, in: Schimansky/Bunte/Lwowski, Bankrechts-Handbuch, § 91, Rdn. 204; *ders.*, BKR 2002, 747 (753 ff.); *Rösler/Fischer*, BKR 2006, 50 (53).

1502 BGH, Urteil vom 18.07.2002 – IX ZR 294/00 = NJW 2002, 3167 (3167 ff.); BGH, Urteil vom 18.09.2001 – IX ZR 183/00 = NJW 2002, 1337 (1339); BGH, Urteil vom 30.09.1999 – IX ZR 287–98 = NJW 1999, 3708 (3709); BGH, Urteil vom 15.07.1999 – IX ZR 243–98 = NJW 1999, 3195 (3195); BGH, Urteil vom 16.10.1997 – IX ZR 10/97 = NJW 1998, 385 (386); BGH, Urteil vom 18.05.1995 – IX ZR 108/94 = NJW 1995, 2553 (2555).

1503 BGH, Urteil vom 15.07.1999 – IX ZR 243–98 = NJW 1999, 3195 (3195).

1504 *Nobbe*, in: Schimansky/Bunte/Lwowski, Bankrechts-Handbuch, § 91, Rdn. 203; *Nobbe*, BKR 2002, 747 (753).

1505 *Federlin*, in: Kümpel/Wittig, Bank- und Kapitalmarktrecht, Rdn. 12.111. – Zu den Anforderungen der Rechtsprechung siehe oben unter § 14.

1506 Für Fragen, ob etwaige Allein- oder Mehrheitsgesellschafter an der konkreten Ausweitung oder Aufnahme der Verbindlichkeiten „ihrer" kreditnehmenden Gesellschaft beteiligt sein müssen oder eine abstrakte Einflussmöglichkeit insoweit ausreicht, wird auf die obigen Ausführungen zu der „besonderen Stellung" von Geschäftsführern (§ 14 II. 1.) verwiesen. Entscheidend sein wird jedoch grundsätzlich die faktische und rechtliche Weisungsmöglichkeit des betroffenen Allein- oder Mehrheitsgesellschafters auf die Geschäftsführung des Kreditnehmers, d.h. „seiner" Gesellschaft, im Rahmen der Gesellschafterversammlung (*Federlin*, in: Kümpel/Wittig, Bank- und Kapitalmarktrecht, Rdn. 12.111).

3. Minderheitsgesellschafter des Kreditnehmers

Anders gestaltet sich die Rechtslage hingegen bei den – eine eigene Fallgruppe bildenden – Minderheitsgesellschaftern. Bei einem Gesellschafter, der weder die Mehrheit der Geschäftsanteile noch die Befugnis zur Geschäftsführung besitzt, ist grundsätzlich davon auszugehen, dass dieser aufgrund seiner „Rechtsbeziehung" zum Kreditnehmer, d.h. „seiner" Gesellschaft, nicht hinreichend davor geschützt ist, dass die von ihm bestellten Kreditsicherheiten auch solche Kreditverbindlichkeiten abdecken, „die ohne oder gegen seinen Willen begründet werden".[1507] Er hat auf die Entstehung oder ordnungsgemäße Tilgung der Kreditverbindlichkeiten der kreditnehmenden Gesellschaft in der Regel keinen maßgeblichen Einfluss.[1508] Eine formularmäßige weite Zweck-erklärung würde es danach ermöglichen, dass sich seine Verpflichtung im Laufe der Zeit in einer Weise erhöhen würde, die er bei Vertragsschluss nicht zu übersehen und später nicht zu steuern vermag. Die für Geschäftsführer sowie Allein- oder Mehrheitsgesellschafter grundsätzlich geltende Ausnahmeregelung ist daher hier zum Schutz des Minderheitsgesellschafters vor einer von ihm nicht steuerbaren Entwicklung seines Haftungsumfangs sowie im Interesse der Rechtsklarheit in ihrem Anwendungsbereich zu begrenzen. Eine Ausnahme will der BGH jedoch dann zulassen, wenn gesellschaftsvertraglich sichergestellt ist, dass Kreditverbindlichkeiten nicht ohne die Zustimmung des (Minderheits-)Gesellschafters begründet oder erweitert werden dürfen, er die Entwicklung seiner Haftung also im Ergebnis doch beeinflussen kann.[1509] Kann ein Gesellschafter, dem nicht die Mehrheit der Geschäftsanteile gehört und der auch nicht die Befugnis zur Geschäftsführung besitzt, aufgrund besonderer Bestimmungen im Gesellschaftsvertrag die Kreditaufnahme oder -erweiterung ausnahmsweise beeinflussen oder gar verhindern, ist er nämlich nicht schutzwürdig.[1510] Dabei muss der betroffene Gesellschafter durch seine konkrete gesellschaftsrechtliche Stellung aber tatsächlich in der Lage sein, sich bei Gesellschafterbeschlüssen, die die Begründung oder Ausweitung der von ihm gesicherten Kreditverbindlichkeiten betreffen, durch entsprechendes Abstimmungsverhalten vor einer Haftungserweiterung zu schützen. Ob er diese Möglichkeit hat, wird davon abhängen, welche Minderheitserfordernisse die Gesellschaftssatzung für Beschlussfassungen

---

1507 BGH, Urteil vom 18.07.2002 – IX ZR 294/00 = NJW 2002, 3167 (3168); BGH, Urteil vom 15.07.1999 – IX ZR 243–98 = NJW 1999, 3195 (3195). – Auch ein Gesellschafter, der zwar die Hälfte der Anteile hält, jedoch von der Geschäftsführung ausgeschlossen ist, wäre im Innenverhältnis rechtlich nicht ausreichend dagegen gesichert, dass die bestehenden Kreditverbindlichkeiten ohne oder gegen seinen Willen erweitert werden (siehe hierzu ebenfalls BGH, Urteil vom 15.07.1999 – IX ZR 243–98 = NJW 1999, 3195 (3195 f.)).

1508 BGH, Urteil vom 15.07.1999 – IX ZR 243–98 = NJW 1999, 3195 (3195); BGH, Urteil vom 07.11.1995 – XI ZR 235/94 = NJW 1996, 249 (249).

1509 Zum Ganzen BGH, Urteil vom 15.07.1999 – IX ZR 243–98 = NJW 1999, 3195 (3195).

1510 *Nobbe*, BKR 2002, 747 (754).

der Gesellschafter über Kreditaufnahmen oder -erhöhungen vorsieht.[1511] Die kreditgewährende Bank trifft insoweit die Obliegenheit, vor der Formulierung einer weiten Zweckerklärung die satzungsmäßigen Befugnisse des kreditsichernden Gesellschafters zu prüfen. Die Gesellschaftern allgemein zustehenden Informationsrechts sowie eine Sperrminorität bieten dabei jedoch keine hinreichenden Einflussmöglichkeiten, um sich davor zu schützen, dass sich eine bestellte Sicherheit auf später begründete oder erweiterte Kreditverbindlichkeiten erstreckt.[1512]

4. Komplementär oder Vollhafter einer kreditnehmenden KG oder oHG

Was für Geschäftsführer sowie Allein- und Mehrheitsgesellschafter gilt, dürfte entsprechend auch für die Sicherung der Kreditverbindlichkeiten einer KG oder oHG gelten, wenn der Sicherungsgeber alleiniger Komplementär bzw. Vollhafter und Mehrheitsgesellschafter der KG bzw. oHG ist.[1513] Insoweit wird auf die obigen Ausführungen verwiesen.[1514]

5. Kommanditist des Kreditnehmers

Wie grundsätzlich für Minderheitsgesellschafter festgestellt, so gilt auch für Kommanditisten, deren Stellung innerhalb der Gesellschaft derjenigen des gesetzlichen Leitbildes entspricht, dass ihnen gegenüber von der Unzulässigkeit einer formularmäßigen weiten Sicherungszweckerklärung grundsätzlich keine Ausnahme zu machen ist.[1515] Ihre Rechtsbeziehung zur kreditnehmenden Gesellschaft schützt sie grundsätzlich nicht hinreichend davor, dass eine von ihnen bestellte Sicherheit auch Kreditverbindlichkeiten abdeckt, die ohne oder gegen ihren Willen begründet oder erweitert werden.[1516] Sie haben auf die Begründung oder Erweiterung der Kreditverbindlichkeiten „ihrer" Gesellschaft in der Regel keinen maßgeblichen Einfluss und regelmäßig auch keine Möglichkeit, das Risiko einer Kreditaufnahme oder -erweiterung durch die Geschäftsführung rechtzeitig zu erkennen und so eine Haftung für etwa einen zusätzlichen Kredit oder eine Krediterweiterung zu vermeiden.[1517] Ist gesellschaftsvertraglich hingegen sichergestellt, dass

---

1511 Zum Ganzen *Gaberdiel/Gladenbeck*, Kreditsicherung durch Grundschulden, Rdn. 692; *Rösler/Fischer*, BKR 2006, 50 (53).

1512 Zum Ganzen BGH, Urteil vom 15.07.1999 – IX ZR 243–98 = NJW 1999, 3195 (3195).

1513 So auch *Gaberdiel/Gladenbeck*, Kreditsicherung durch Grundschulden, Rdn. 692.

1514 Siehe hierzu oben unter § 14 II. 1. sowie § 14 II. 2.

1515 BGH, Urteil vom 18.05.1995 – IX ZR 108/94 = NJW 1995, 2553 (2555); *Federlin*, in: Kümpel/Wittig, Bank- und Kapitalmarktrecht, Rdn. 12.111; *Ganter*, WM 1996, 1705 (1717); *Nobbe*, BKR 2002, 747 (754); *Rösler/Fischer*, BKR 2006, 50 (53).

1516 *Nobbe*, BKR 2002, 747 (754).

1517 BGH, Urteil vom 18.05.1995 – IX ZR 108/94 = NJW 1995, 2553 (2555); *Ganter*, WM 1996, 1705 (1717); *Nobbe*, BKR 2002, 747 (754).

Kreditverbindlichkeiten nicht ohne die Zustimmung des Kommanditisten begründet oder erweitert werden dürfen, gilt natürlich etwas anderes. Insoweit wird auf die obigen Ausführungen verwiesen.[1518]

6. Sog. *Upstream*-Sicherheiten

Vom Grundsatz der Unzulässigkeit formularmäßig weiter Sicherungszweckerklärungen ist auch für den Fall sog. *Upstream*-Sicherheiten, d.h. wenn Gesellschaftsvermögen als Sicherheit für einen von einem Gesellschafter aufgenommenen Kredit verwendet wird[1519], keine Ausnahme zu machen.[1520] Es fehlt an der vom BGH geforderten besonderen „persönlichen und wirtschaftlichen Verbundenheit", die eine Erweiterung des Sicherungszwecks über den Anlass für die Sicherheitenbestellung hinaus auf künftige Kreditverbindlichkeiten rechtfertigen würde.[1521] Bestellt eine Gesellschaft für Verbindlichkeiten ihres Gesellschafters eine Sicherheit mit formularmäßig weiter Zweckerklärung, so zieht die dadurch bewirkte umfassende Haftung ein nicht beherrschbares Risiko nach sich, da die Gesellschaft grundsätzlich nicht in der Lage sein wird, die Entschließungen des Gesellschafters nach ihrem Willen und Interesse zu steuern. Eine Gesellschaft hat keine rechtliche Handhabe, darauf Einfluss zu nehmen, welche Verbindlichkeiten ihr Gesellschafter außerhalb ihres Geschäftsbetriebes – sei es privat oder zu gewerblichen Zwecken – begründet. Unter die Haftung fallende künftige Kreditaufnahmen des Gesellschafters sind für sie deshalb nicht „berechenbar und vermeidbar".[1522]

III. Zwischenbefund

Vom Grundsatz der Unzulässigkeit umfassender formularmäßiger Zweckerklärungen werden Ausnahmen dann zugelassen, wenn der Drittsicherungsgeber aufgrund seiner „besonderen gesellschaftsrechtlichen Stellung" gegenüber dem Kreditnehmer den Umfang der Kreditaufnahme bzw. -erweiterung bestimmen oder beeinflussen kann. Zum Schutze der Drittsicherungsgeber vor einer von ihnen nicht steuerbaren Ausweitung ihres Haftungsumfangs sowie aus Gründen

1518 Siehe hierzu oben unter § 14 II. 3.

1519 *Liebscher*, in: MüKoGmbHG, § 13, Anhang, Rdn. 622.

1520 *Gaberdiel/Gladenbeck*, Kreditsicherung durch Grundschulden, Rdn. 692; *Nobbe*, in: Schimansky/Bunte/Lwowski, Bankrechts-Handbuch, § 91, Rdn. 201; *ders.*, BKR 2002, 747 (751).

1521 Hierzu sowie zum Folgenden BGH, Urteil vom 18.07.2002 – IX ZR 294/00 = NJW 2002, 3167 (3168).

1522 Zu den Anforderungen der „Berechenbarkeit und Vermeidbarkeit" BGH, Urteil vom 27.06.1995 – XI ZR 213/94 = NJW-RR 1995, 1257 (1258); BGH, Urteil vom 01.06.1994 – XI ZR 133/93 = NJW 1994, 2145 (2145); BGH, Urteil vom 18.02.1992 – XI ZR 126/91 = NJW 1992, 1822 (1823); BGH, Urteil vom 20.02.1987 – V ZR 249/85 = NJW 1987, 1885 (1885).

der Rechtssicherheit ist dieser Ausnahmetatbestand jedoch eng zu begrenzen. Er greift daher nur dort ein, wo ein Drittsicherungsgeber aufgrund der ihm in der Rechtsbeziehung zum Kreditnehmer zustehenden Befugnisse auch tatsächlich hinreichend davor geschützt ist, dass seine Kreditsicherheit Forderungen deckt, die ohne oder gegen seinen Willen begründet werden.[1523]

1523 Siehe zum Ganzen auch BGH, Urteil vom 18.07.2002 – IX ZR 294/00 = NJW 2002, 3167 (3168).

§ 15 Formularmäßige Sicherungszweckerklärungen bei Eigensicherheiten

Bei Eigensicherungsgeschäften, d.h. bei Personenidentität von persönlichem Schuldner und Sicherungsgeber, ergeben sich – wie angedeutet[1524] – Unterschiede zu den bereits aufgezeigten Drittsicherungsfällen, weshalb diese Situation und die AGB-rechtliche Wirksamkeit formularmäßig weiter Sicherungszweckerklärungen im Folgenden gesondert betrachtet werden sollen.

I. Rechtsprechung

Nach Auffassung des BGH sollen formularmäßig weite Zweckerklärungen bei Eigensicherungsfällen weder überraschend i.S. des § 305c Abs. 1 BGB noch unangemessen benachteiligend i.S. des § 307 BGB sein.[1525] In seinen Einzelentscheidungen liefert der BGH dafür unterschiedliche Begründungsansätze.[1526] Dabei stellt er neuerdings darauf ab, dass das mit einer umfassenden Erstreckung der Haftung verbundene Risiko für den Eigensicherungsgeber, der die Aufnahme sowie Erweiterung seiner Verbindlichkeiten selbst steuern könne, im Hinblick auf die Zukunft vermeidbar sei.[1527] Die formularmäßige Zweckausdehnung in Eigensicherungsfällen sei zudem weder unbillig noch überraschend, weil die Ausnutzung des Sicherungsrechts für spätere Kreditgeschäfte auch dem eigenen Interesse des Eigensicherungsgebers diene und er es darüber hinaus in der Hand habe, ob er weitere Verbindlichkeiten eingehe.[1528] Früher berief sich der BGH zudem darauf, dass eine Zweckausdehnung auf künftige Verbindlichkeiten in der Kreditsicherungspraxis seit langem üblich sei. Ein Eigensicherungsgeber müsse deshalb mit einer

---

1524 Siehe oben unter § 5 III. 3. b.

1525 BGH, Urteil vom 05.04.2005 – XI ZR 167/04 = NJW-RR 2005, 985 (986); BGH, Urteil vom 20.03.2002 – IV ZR 93/01 = NJW 2002, 2710 (2710); BGH, Urteil vom 16.01.2001 – XI ZR 84/00 = NJW 2001, 1416 (1416 f.); BGH, Urteil vom 23.05.2000 – XI ZR 214/99 = NJW 2000, 2675 (2676); BGH, Urteil vom 03.06.1997 – XI ZR 133/96 = NJW 1997, 2320 (2321 f.); BGH, Urteil vom 18.11.1988 – V ZR 75/87 = NJW 1989, 831 (833); BGH, Urteil vom 08.05.1987 – V ZR 89/86 = NJW 1987, 2228 (2228); BGH, Urteil vom 17.12.1980 – VIII ZR 307/79 = NJW 1981, 756 (756).

1526 *Otten*, in: Derleder/Knops/Bamberger, Dt. und Europ. Bank- und Kapitalmarktrecht, Bd. 1, § 25, Rdn. 98.

1527 BGH, Urteil vom 23.05.2000 – XI ZR 214/99 = NJW 2000, 2675 (2676); BGH, Urteil vom 03.06.1997 – XI ZR 133/96 = NJW 1997, 2320 (2321 f.).

1528 BGH, Urteil vom 18.11.1988 – V ZR 75/87 = NJW 1989, 831 (833); BGH, Urteil vom 08.05.1987 – V ZR 89/86 = NJW 1987, 2228 (2228).

solchen Klausel rechnen.[1529] Eine Erstreckung der Sicherheit der Bank auf alle Forderungen gegen den Kreditnehmer könne im Allgemeinen auch deshalb nicht unbillig oder überraschend sein, weil die Sicherheit das Kreditverhältnis in der Regel insgesamt absichern solle, auch wenn die Erstreckung auf formularmäßig verwendeten Klauseln beruhe.[1530]

II. Stimmen in der Literatur

1. Zustimmung zur Rechtsprechung

Auch in der Literatur wird überwiegend davon ausgegangen, dass bei Identität von Kreditnehmer und Sicherungsgeber keine Vorbehalte gegen formularmäßige weite Sicherungszweckerklärungen aufgrund AGB-rechtlicher Vorschriften bestehen.[1531]

2. Ablehnung der Rechtsprechung

Andere Autoren üben daran allerdings deutliche Kritik, indem sie eine Differenzierung zwischen Eigen- und Fremdsicherung grundsätzlich ablehnen.[1532]

Was die Beurteilung formularmäßig weiter Zweckerklärungen in Eigensicherungsfällen nach § 305c Abs. 1 BGB anbelangt, so sei zunächst ausschließlich die Frage relevant, ob der Sicherungsgeber nach dem Zweck der Bestellung der Kreditsicherheit mit einer solchen Klausel zu rechnen brauche. Keine Rolle spiele es dabei, ob die Sicherheit zur Sicherung einer eigenen oder fremden Schuld bestellt worden sei.[1533] Der BGH hingegen lege bei Eigensicherungsfällen „generalisierende Maßstäbe" an, die den Anforderungen des § 305c Abs. 1 BGB widersprächen. Wenn in Drittsicherungsfällen konkrete Umstände wie eine anlassbezogene Kreditsicherung geeignet seien, übliche Gestaltungsmöglichkeiten zu verdrängen, und eine entsprechende formularmäßige Haftungserweiterung für den Drittsicherungsgeber

---

1529 BGH, Urteil vom 08.05.1987 – V ZR 89/86 = NJW 1987, 2228 (2228).

1530 BGH, Urteil vom 17.12.1980 – VIII ZR 307/79 = NJW 1981, 756 (756).

1531 *Bales*, in: Münscher/Rösler/Lang, Praktikerhandbuch Baufinanzierung, S. 321; *Herrler*, in: Palandt, § 1191, Rdn. 42; *Baur/Stürner*, Sachenrecht, § 45 II.1.a), Rdn. 14; *Clemente*, Recht der Sicherungsgrundschuld, Rdn. 368; *Epp*, in: Schimansky/Bunte/Lwowski, Bankrechts-Handbuch, § 94, Rdn. 320; *Hoepner*, BKR 2002, 1025 (1027); *Lieder*, in: MüKoBGB, § 1191, Rdn. 46; *Reinicke/Tiedtke*, Kreditsicherung, Rdn. 986; *Rösler/Fischer*, BKR 2006, 50 (55); *Wenzel*, in: Erman, BGB, § 1191, Rdn. 15 ff.; *Wolfsteiner*, in: Staudinger, vor §§ 1191, Rdn. 63.

1532 *Derleder*, in: Derleder/Knops/Bamberger, Dt. und Europ. Bank- und Kapitalmarktrecht, Bd. 1, § 26, Rdn. 17; *Knops*, ZIP 2006, 1965 (1967); *ders.*, ZfIR 1998, 577 (585); *Otten*, in: Derleder/Knops/Bamberger, Dt. und Europ. Bank- und Kapitalmarktrecht, Bd. 1, § 25, Rdn. 99 ff.; *dies.*, Sicherungsvertrag und Zweckerklärung, Rdn. 852 ff.; *Weber*, ZfIR 1999, 2 (2 ff.); früher: *Clemente*, ZIP 1985, 193 (197).

1533 Zum Ganzen *Knops*, ZIP 2006, 1965 (1967).

eine überraschende Klausel i.S. des § 305c Abs. 1 BGB darstellt, müssten dieselben Grundsätze auch für die Fälle der Eigensicherung gelten.[1534] Der im Rahmen des § 305c Abs. 1 BGB zu überprüfende Überraschungseffekt sei zudem allein nach den Umständen des konkreten Vertragsschlusses zu beurteilen.[1535] Der „Umstand des Vertragsschlusses“ entspreche dabei in erster Linie dem Erwartungshorizont der Vertragspartei, wie er sich bei der konkreten Vertragsverhandlung darstelle.[1536] Sei im Rahmen dessen die Ausweitung des Sicherungszwecks über den begehrten Kredit hinaus nicht Verhandlungsgegenstand gewesen, so sei und bleibe eine weite Sicherungszweckbestimmung auch in Eigensicherungsfällen überraschend, da der Eigensicherungsgeber eben nicht damit rechnen müsse, dass weitere Verbindlichkeiten in die Zweckerklärung seines Sicherungsrechts einbezogen werden.[1537] In einem solchen Fall werde ein Eigensicherungsgeber von einer „überschießenden“ Zweckerklärung nicht weniger überrascht, als dies bei einem Drittsicherungsgeber der Fall wäre.[1538]

Zudem wird die Argumentation des BGH, wonach eine formularmäßig weite Zweckerklärung in Eigensicherungsfällen schon allein deshalb nicht überraschend sein könne, weil ja weiterhin allein der Eigensicherungsgeber den Schuldenstand beeinflussen könne, beanstandet.[1539] Der BGH ziehe damit zur Begründung des fehlenden Überraschungseffekts jener streitigen Klauseln genau die Kriterien heran, die den Maßstab für die Prüfung der Unangemessenheit i.S. des § 307 BGB bildeten. Dogmatisch seien diese beiden Prüfungsschritte jedoch streng voneinander zu trennen, da auch eine Klausel, die inhaltlich nicht unangemessen sei, überraschend sein könne, und umgekehrt.[1540] Der BGH hingegen vermenge hier die Frage des überraschenden Charakters der fraglichen Klauseln mit derjenigen einer unangemessenen Benachteiligung.[1541]

Über diesen eher systematischen Einwand hinaus findet vor allem auch die Begründung des BGH Beanstandung, formularmäßig weite Zweckerklärungen seien in Eigensicherungsfällen auch bereits deshalb nicht überraschend i.S. des § 305c Abs. 1 BGB, weil eine Zweckausdehnung auf künftige Verbindlichkeiten in

---

1534 Zum Ganzen *Otten*, Sicherungsvertrag und Zweckerklärung, Rdn. 848.

1535 *Otten*, in: Derleder/Knops/Bamberger, Dt. und Europ. Bank- und Kapitalmarktrecht, Bd. 1, § 25, Rdn. 99; *Weber*, ZfIR 1999, 2 (4).

1536 *Weber*, ZfIR 1999, 2 (4).

1537 *Knops*, ZIP 2006, 1965 (1967); *ders.*, ZfIR 1998, 577 (583 f.); *Otten*, in: Derleder/Knops/Bamberger, Dt. und Europ. Bank- und Kapitalmarktrecht, § 25, Rdn. 99; *Volmer*, WM 1998, 914; *Weber*, ZfIR 1999, 2 (4).

1538 *Eickmann*, ZIP 1989, 137 (139).

1539 Siehe hierzu BGH, Urteil vom 03.06.1997 – XI ZR 133/96 = NJW 1997, 2320 (2322); BGH, Urteil vom 08.05.1987 – V ZR 89/86 = NJW 1987, 2228 (2228) sowie bereits oben unter § 15 I.

1540 Siehe zum Ganzen *Knops*, ZIP 2006, 1965 (1967); *Weber*, ZfIR 1999, 2 (4).

1541 *Weber*, ZfIR 1999, 2 (4).

der Kreditsicherungspraxis „seit langem üblich" sei.[1542] Die „generelle Üblichkeit" solcher Klauseln – so die Kritiker – sei jedoch gerade nicht maßgeblich.[1543] Denn es gehe bei der nach § 305c Abs. 1 BGB vorzunehmenden Überprüfung gerade nicht darum, ob die fragliche Klausel generell üblich und deshalb für einen in solchen Geschäften erfahrenen Unternehmer nach einem generalisierenden Maßstab nicht ungewöhnlich sei. Entscheidend sei vielmehr der diese generalisierende Sichtweise verdrängende und überlagernde individuelle Begleitumstand der konkreten Kreditgewährung als Anlass der Sicherheitenbestellung, der jeden verallgemeinernden Maßstab modifiziere und die Ausweitung des Umfangs der Haftung über die Anlassverbindlichkeit hinaus als überraschend erscheinen lasse.[1544]

Auch eine Überprüfung formularmäßig weiter Zweckerklärungen nach § 307 BGB ergebe – so die Kritiker – keine Unterschiede zu den im Rahmen der Überprüfung der Drittsicherungsfälle gewonnenen Ergebnissen.[1545] Zwar könne anders als in Drittsicherungsfällen eine weite Zweckerklärung bei Eigensicherungsgebern zunächst nicht mit dem Verbot der Fremddisposition kollidieren, da es Eigensicherungsgeber selbst in der Hand hätten, ihre zukünftigen Verbindlichkeiten zu bestimmen und damit den Haftungsumfang des Sicherungsmittels zu beeinflussen.[1546] Zu berücksichtigen sei aber, dass diejenigen Eigensicherungsgeber, die Kreditsicherheiten aus einem bestimmten Anlass gewährt haben, durch die Vereinbarung eines weiten Sicherungszwecks ebenso i.S. des § 307 BGB unangemessen benachteiligt werden können, weil mit einer solchen Klausel der aus dem Sicherungsvertrag resultierende Rückübertragungsanspruch von seiner Anlassgebundenheit losgelöst und auf einen künftigen, nicht genau bestimmbaren Zeitpunkt verlagert werde.[1547] Dies habe zur Folge, dass der Eigensicherungsgeber bei Bestellung der Sicherheit sein künftiges Vermögen in Gestalt der zu erwartenden Freigabeansprüche preisgäbe.[1548] Auch wenn der Eigensicherungsgeber seine

---

1542 Siehe hierzu BGH, Urteil vom 08.05.1987 – V ZR 89/86 = NJW 1987, 2228 (2228) sowie bereits oben unter § 15.

1543 *Otten*, in: Derleder/Knops/Bamberger, Dt. und Europ. Bank- und Kapitalmarktrecht, § 25, Rdn. 99; *dies.*, Sicherungsvertrag und Zweckerklärung, Rdn. 848; *Knops*, ZIP 2006, 1965 (1967); *Weber*, ZfIR 1999, 2 (5).

1544 *Knops*, ZIP 2006, 1965 (1967); *Otten*, in: Derleder/Knops/Bamberger, Dt. und Europ. Bank- und Kapitalmarktrecht, § 25, Rdn. 99; *Weber*, ZfIR 1999, 2 (4), mit Verweis auf BGH, Urteil vom 10.11.1989 – V ZR 201/88 = NJW 1990, 576 (577).

1545 *Derleder*, in: Derleder/Knops/Bamberger, Dt. und Europ. Bank- und Kapitalmarktrecht, Bd. 1, § 26, Rdn. 17; *Knops*, ZIP 2006, 1965 (1971 ff.); *ders.*, ZfIR 1998, 577 (585 ff.); *Otten*, in: Derleder/Knops/Bamberger, Dt. und Europ. Bank- und Kapitalmarktrecht, Bd. 1, § 25, Rdn. 100; *dies.*, Sicherungsvertrag und Zweckerklärung, Rdn. 859 ff.; *Weber*, ZfIR 1999, 2 (4 ff.).

1546 *Otten*, Sicherungsvertrag und Zweckerklärung, Rdn. 861.

1547 *Knops*, ZIP 2006, 1965 (1971); *Otten*, Sicherungsvertrag und Zweckerklärung, Rdn. 859.

1548 Zum Ganzen *Knops*, ZIP 2006, 1965 (1971).

Kreditsicherheit anlassbezogen bestellt, werde ihm infolge der Verwendung einer weiten Zweckerklärung durch die anfängliche Unterlegung der Sicherheit mit weiteren, ganz anderen Verbindlichkeiten, die Weiterverwendung des Sicherungsmittels faktisch unmöglich gemacht.[1549]

Eine unangemessene Benachteiligung i.S. des § 307 BGB ergebe sich zudem daraus, dass der Eigensicherungsgeber für die aus der mit Vereinbarung einer weiten Zweckerklärung resultierende Absicherung zusätzlicher Verbindlichkeiten bzw. Kredite keine Gegenleistung erhalte.[1550] Dadurch ergebe sich ein erhebliches Äquivalenzproblem. In Zeiten risikogesteuerter Kreditvergabe und Zinsanpassung sei es nämlich üblich und angemessen, die Konditionen bei der Kreditvergabe von der Art bzw. Werthaltigkeit der bestellten Sicherheit abhängig zu machen.[1551] Je besser die Bonität des Sicherungsgebers und je werthaltiger die von ihm gestellten Sicherheiten seien, desto niedriger sei seine Zinsbelastung.[1552] Ein aufgrund der Vereinbarung einer weiten Zweckerklärung auch für zusätzliche Kredite haftendes Sicherungsmittel gebe dem Kreditgeber und Sicherungsnehmer lediglich zusätzliche Sicherheit, wirke sich aber umgekehrt nicht in den Konditionen der übrigen Kredite etc. aus.[1553] Kontokorrentzinsen, Überziehungszinsen und andere Verpflichtungen des Kreditnehmers behielten ihr übliches Niveau.[1554]

3. Eigene Stellungnahme

Für die Frage der Wirksamkeit formularmäßiger weiter Zweckerklärungen ist mit dem BGH nach dem Verhältnis von Sicherungsgeber und Kreditnehmer zu unterscheiden. Zur Sicherung eigener Verbindlichkeiten, d.h. bei Personenidentität von Sicherungsgeber und Schuldner der zu sichernden Forderung, sind nach der Rechtsprechung des BGH weite Zweckerklärungen wirksam.[1555] Den

---

1549 *Knops*, ZIP 2006, 1965 (1971); *Otten*, Sicherungsvertrag und Zweckerklärung, Rdn. 860. – Unerheblich sei dabei auch, ob der Eigenscherungsgeber aus privater oder unternehmerischer Motivation heraus handele, denn gerade auch im unternehmerischen Bereich bestünden in der Regel eine Vielzahl von Finanzierungen und Dispositionsrahmen, weshalb eine vollständige endgültige Erledigung des Sicherungszwecks regelmäßig nicht ohne Weiteres in Betracht komme.

1550 *Knops*, ZIP 2006, 1965 (1972); *ders.*, ZfIR 1998, 577 (585); *Otten*, in: Derleder/Knops/Bamberger, Dt. und Europ. Bank- und Kapitalmarktrecht, Bd. 1, § 25, Rdn. 100; *dies.*, Sicherungsvertrag und Zweckerklärung, Rdn. 852; *Weber*, ZfIR 1999, 2 (5).

1551 Zum Ganzen *Knops*, ZIP 2006, 1965 (1972).

1552 *Knops*, ZIP 2006, 1965 (1972); *Otten*, Sicherungsvertrag und Zweckerklärung, Rdn. 865.

1553 *Otten*, in: Derleder/Knops/Bamberger, Dt. und Europ. Bank- und Kapitalmarktrecht, Bd. 1, § 25, Rdn. 100; *dies.*, Sicherungsvertrag und Zweckerklärung, Rdn. 865 f.

1554 *Derleder*, in: Derleder/Knops/Bamberger, Dt. und Europ. Bank- und Kapitalmarktrecht, Bd. 1, § 26, Rdn. 17; *Knops*, ZIP 2006, 1965 (1972).

1555 So etwa BGH, Urteil vom 23.05.2000 – XI ZR 214/99 = NJW 2000, 2675 (2676).

grundsätzlichen Unterschied zwischen der Unwirksamkeit der Einbeziehung künftiger fremder Verbindlichkeiten und der Wirksamkeit der Einbeziehung künftiger eigener Verbindlichkeiten versucht der BGH in erster Linie nach dem Grundgedanken auszudifferenzieren, dass die Einbeziehung von Drittverbindlichkeiten wegen der Unsteuerbarkeit und Unabsehbarkeit der Kreditentwicklung im Verhältnis zu Dritten nicht zumutbar sei.[1556] Bei einer Eigensicherung habe der Sicherungsgeber die Eingehung weiterer Verbindlichkeiten bzw. Kredite hingegen selbst in der Hand. An dieser Rechtsprechung des BGH wird vereinzelt jedoch, wie dargestellt, deutliche Kritik geäußert, indem eine Differenzierung zwischen Eigen- und Drittsicherungsfällen abgelehnt wird.

Nach hier vertretener Auffassung kann bei konsequenter Fortführung der skizzierten Grundsätze des BGH zur Wirksamkeit formularmäßig weiter Zweckvereinbarungen in Drittsicherungsfällen in Eigensicherungsfällen jedenfalls nicht die Unwirksamkeit solcher Vereinbarungen wegen unangemessener Benachteiligung i.S. des § 307 BGB in Frage stehen. Die Überprüfung formularmäßig weiter Zweckerklärungen in Drittsicherungsfällen anhand der Rechtsprechung des BGH hat ergeben, dass eine zur Unwirksamkeit führende unangemessene Benachteiligung bei Drittsicherheiten nur dann anzunehmen ist, wenn eine gesetzliche Regelung Inhalt und Umfang der schuldrechtlichen Zweckbindung des betreffenden Sicherungsmittels normiert, mithin ein Verbot der Fremddisposition mit gesetzlichem Leitbildcharakter besteht. Unabhängig von der dogmatischen Herleitung ist also jedenfalls relevant, ob durch das Recht des jeweiligen Drittsicherungsmittels ein gesetzliches Leitbild des auf einen konkreten Anlass beschränkten Sicherungsmittels geprägt wird.[1557] Der BGH bejaht insoweit beispielsweise eine Unwirksamkeit wegen unangemessener Benachteiligung i.S. des § 307 BGB für den Bürgen, für den das Verbot der Fremddisposition in § 767 Abs. 1 S. 3 BGB normiert ist, nicht aber etwa für den Drittverpfänder, für den mit § 1210 Abs. 1 S. 2 BGB zwar eine dem § 767 Abs. 1 S. 3 BGB entsprechende Regelung existiert, diese aber keinen Leitbildcharakter habe.[1558] Nach dem BGH ist der für eine Unangemessenheitsbeurteilung maßgebliche Aspekt damit im „Schutz vor Fremddisposition" zu sehen.[1559] Hierin liegt auch der entscheidende inhaltliche Unterschied zwischen weiten Sicherungszweckerklärungen bei Drittsicherheiten einerseits und bei Eigensicherheiten andererseits. Bei einer Eigensicherung fehlt es an der „Gefahr einer Fremddisposition" über den Haftungsumfang. Zwar handelt es sich bei weiten Sicherungszweckerklärungen in Eigensicherungsfällen auch um die Besicherung künftiger, aber eben dem Sicherungsgeber eigener Forderungen, deren Umfang daher allein von seinem Willen und Handeln gesteuert wird.[1560] Eigensicherungsgeber unterliegen keiner

1556 Siehe hierzu auch *Wilhelm*, in: 50 Jahre BGH – Festgabe aus der Wissenschaft, 2000, Bd. I, S. 897 (903).

1557 Siehe hierzu *Heinze*, DNotZ 2016, 255 (257).

1558 Siehe zum Ganzen ausführlich oben unter § 12.

1559 Siehe hierzu auch *Weber*, ZfIR 1999, 2 (8).

1560 So auch *Weber*, ZfIR 1999, 2 (8).

Fremddisposition, weil sie als Kreditnehmer an der Begründung neuer sowie der Ausweitung bestehender Kreditverbindlichkeiten mitwirken.[1561] Der Grundgedanke eines „Schutzes vor Fremddisposition", der es nach der Rechtsprechung des BGH rechtfertigt, eine Unwirksamkeit formularmäßig weiter Zweckerklärungen in den einschlägigen Drittsicherungsfällen anzunehmen, führt bei konsequenter Betrachtung im Umkehrschluss also dazu, dass in Eigensicherungsfällen von einer unangemessen benachteiligenden Wirkung gerade nicht ausgegangen werden kann. Wenn und weil der Eigensicherungsgeber das Risiko selbst beherrscht bzw. des „Schutzes vor Fremddisposition" nicht bedarf, ist darin in der Konsequenz der ausschlaggebende Grund zu sehen, weshalb – wie dies auch der BGH tut – zur Sicherung eigener Verbindlichkeiten von der Wirksamkeit formularmäßig weiter Zweckerklärungen auszugehen ist. Lassen sich nach dem BGH selbst bei denjenigen Sicherungsrechten, die von einem Dritten bestellt werden, denen aber kein Fremddispositionsverbot als gesetzliche Leitbildfunktion innewohnt, keine Argumente für eine Unangemessenheit weiter Zweckerklärungen gem. § 307 BGB gewinnen, so muss dies – den Kritikern zum Trotz – erst recht auch für derartige Klauseln in Eigensicherungsfällen angenommen werden, bei denen eine Gefahr der Fremddisposition über den Haftungsumfang gar nicht besteht.

Bezüglich der Frage eines überraschenden Charakters weiter Zweckerklärungen in Eigensicherungsfällen ist dem BGH jedoch bereits darin zu widersprechen, dass er derartigen Klauseln generell einen Überraschungseffekt i.S. des § 305c Abs. 1 BGB abspricht, nur weil Eigensicherungsgeber den Haftungsumfang ihrer Sicherungsrechte selbst steuern könnten. Wie von den Kritikern zu Recht festgestellt, trifft diese Argumentation nicht die Frage eines überraschenden Charakters i.S. des § 305c Abs. 1 BGB, sondern kann – und wurde auch hier – allein zur Begründung des Vorliegens oder Nichtvorliegens einer unangemessen benachteiligenden Wirkung jener Klauseln herangezogen (werden). Der BGH hingegen legt damit für die Beurteilung weiter Zweckerklärungen bei Eigensicherungsgeschäften Wertungsmaßstäbe an, die den Anforderungen des § 305c Abs. 1 BGB nicht gerecht werden. Darüber hinaus ist nicht ersichtlich, weshalb bei Drittsicherungsgeschäften eine anlassbezogene Kreditsicherung geeignet sein soll, eine entsprechende formularmäßige Haftungserweiterung als überraschend i.S. des § 305c Abs. 1 BGB erscheinen zu lassen, während dies für Eigensicherungsgeber nicht gelten soll. Eine über den konkreten Anlasskredit hinausgehende Zweckvereinbarung kann für den Eigensicherungsgeber gleichermaßen überraschend sein wie für den Drittsicherungsgeber. Besonders deutlich wird dies, wenn man sich den Hintergrund der Regelung des § 305c Abs. 1 BGB vergegenwärtigt, der darin zu sehen ist, dass der Vertragspartner des Klauselverwenders vor solchen Regelungen geschützt werden soll, mit denen er unter Berücksichtigung der spezifischen Umstände der Vertragsverhandlungen nicht zu rechnen hat. Der Vertrag soll, selbst unter Einbeziehung der formularmäßigen Klauseln, mit dem Inhalt der

1561 *Samhat*, WM 2016, 962 (965).

Vertragsverhandlungen übereinstimmen und keine Regelungen beinhalten, die für den Sicherungsgeber so wesentlich sind, dass sie aus seiner Sicht als *essentialia negotii* zum Gegenstand eigener Verhandlungen hätten gemacht werden müssen, um wirksamer Vertragsbestandteil zu werden.[1562] Darüber hinaus kann mit dem BGH bei Eigensicherungen auch nicht generell davon ausgegangen werden, dass eine Ausnutzung des Sicherungsrechts für künftige Verbindlichkeiten bzw. Kredite stets im Interesse des Sicherungsgebers liegt. Unterliegt das Eigensicherungsrecht entgegen anlassbezogener Vertragsverhandlungen nämlich dennoch einer weiten Zweckerklärung, so wird beispielsweise dem Eigensicherungsgeber die Realisierung seines Rückübertragungsanspruchs, den er möglicherweise bereits vorweg an andere Kreditgeber übertragen hat, faktisch vereitelt. Mit einem derartigen Eingriff in seine Vermögensdispositionsfreiheit wird selbst ein geschäfts- bzw. wirtschaftlich erfahrener Vertragspartner nicht rechnen müssen.[1563] Etwas anderes dürfte nur dann gelten, wenn Verhandlungsgegenstand nicht die Besicherung eines konkreten Kreditverhältnisses, sondern – wie bei Finanzierungen im unternehmerischen Bereich nicht unüblich – „pauschal" eine umfängliche Besicherung der gesamten Geschäftsbeziehung war. Mangels konkreter „anlassbezogener" Zuordnung zu einer bestimmten Verbindlichkeit verliert die weite Zweckerklärung in diesen Fällen nämlich ihren überraschenden Charakter.[1564] Ob bzw. dass ein solches weitergehendes Interesse des Eigensicherungsgebers an einer weiten Zweckerklärung besteht, etwa weil er eine kostengünstige Forderungsauswechslung und zügige Liquiditätszuweisung erreichen möchte, wird man jedoch im Einzelfall konkret erwägen müssen. Im unternehmerischen Verkehr generell vom Begehren einer „Flexibilisierung der Sicherheitenbestellung" auszugehen und damit weiten Zweckerklärungen in Eigensicherungsfällen einen überraschenden Charakter absprechen zu wollen, geht hingegen nicht an.

Entgegen dem BGH, der zur Sicherung eigener Verbindlichkeiten davon ausgeht, dass weite Sicherungszweckvereinbarungen im Regelfall weder als unangemessen noch als überraschend einzustufen sind, ist nach hier vertretener Auffassung bei weiten Zweckerklärungen in Eigensicherungsfällen also streng zwischen den Ebenen Einbeziehungs- und Inhaltskontrolle, konkret also zwischen § 307 BGB und § 305c Abs. 1 BGB, zu unterscheiden. Obwohl dabei nach hier vertretener Auffassung durchaus Gründe dafür sprechen mögen, den Sicherungsumfang weiter Zweckerklärungen in Eigensicherungsfällen einer Kontrolle nach § 305c Abs. 1 BGB zu unterziehen und die den Eigensicherungsgeber überraschenden Klauseln nicht in den Sicherungsvertrag einzubeziehen, ändert dies aber nichts an der Tatsache, dass – mangels entgegenstehender Anhaltspunkte – davon auszugehen sein wird, dass der BGH an seiner bisherigen Rechtsprechung festhalten wird. Ungeachtet der Überzeugungskraft dieser Rechtsprechung wird es die bislang eindeutige

1562 Zum Ganzen *Otten*, Sicherungsvertrag und Zweckerklärung, Rdn. 851.
1563 Siehe hierzu oben unter § 13.
1564 Siehe hierzu bereits oben unter § 12 I. 1. b. i. (4).

und mehrfach bestätigte Positionierung des BGH für die Praxis rechtfertigen, weite Sicherungszweckerklärungen in Eigensicherungsfällen weiterhin weder an § 307 Abs. 1, 2 BGB noch an § 305c Abs. 1 BGB zu messen. Mit der höchstrichterlichen Rechtsprechung ist deshalb im Ergebnis davon auszugehen, dass Eigensicherungsgeber nicht den gleichen Schutz genießen wie Drittsicherungsgeber.

4. Die Besonderheiten bei Prolongations-, Stundungs- und sonstigen eine Änderung der Hauptschuld vorsehenden Klauseln

Wie bereits festgestellt, müssen sich Klauseln, die eine Änderung der Hauptschuld vorsehen, sofern sie formularmäßig vereinbart werden, grundsätzlich an den für das jeweilige Sicherungsrecht aufgestellten Grundsätzen für formularmäßige weite Zweckerklärungen messen lassen.[1565] Wenn mit der höchstrichterlichen Rechtsprechung bei Eigensicherheiten von der Wirksamkeit formularmäßig weiter Zweckerklärungen auszugehen ist, dann muss dies also erst recht auch dann gelten, wenn der Eigensicherungsgeber eine Sicherheit mit Prolongations-, Stundungs- oder sonstigen eine Änderung der Hauptschuld vorsehenden Klauseln bestellt. Bei sämtlichen Formen von Eigensicherheiten ist deshalb von der Wirksamkeit einer formularmäßigen Erstreckung auf solche Klauseln auszugehen.[1566]

Da die Parteien in Eigensicherungsfällen wirksam einen weiten Sicherungszweck formularmäßig vereinbaren können, der alle künftigen Forderungen aus der bankmäßigen Geschäftsverbindung erfasst, also etwa auch Kreditforderungen, die der Kreditnehmer und Eigensicherungsgeber erst Jahre nach der Sicherheitenbestellung eingehen wird, ist jedoch zu berücksichtigen, dass für einen solchen Fall die zusätzliche Vereinbarung von Prolongationsklauseln etc. ohnehin entbehrlich ist.[1567]

III. Zwischenbefund

Mit dem BGH ist nach dem Verhältnis von Kreditnehmer und Sicherungsgeber, d.h. zwischen Eigen- und Drittsicherungsfällen, zu unterscheiden. In

1565 Siehe hierzu oben unter § 12 I. 3. a. iv.

1566 Davon ging augenscheinlich auch das OLG Köln, Urteil vom 13.08.2010 – 20 U 94/09 = BeckRS 2012, 05447 aus, als es sich nicht daran störte, dass ein Kreditnehmer zur Sicherung seiner eigenen Kreditverbindlichkeiten eine Sicherungsabtretung mit folgendem Sicherungszweck erklärte: „Durch diesen Vertrag werden die bestehenden und künftigen – auch bedingten und befristeten – Ansprüche gesichert, die der Bank aus der Gewährung des vorgenannten Kredits/Darlehens in Höhe des Auszahlungsbetrages von (...) gegen den Kreditnehmer zustehen. Das gilt auch im Fall der Prolongation (Laufzeitverlängerung) und Umschuldung des Kredites/Darlehens."

1567 So auch *Samhat*, WM 2016, 961 (964).

Eigensicherungsfällen bestehen nach höchstrichterlicher Rechtsprechung gegen die Vereinbarung formularmäßig weiter Zweckerklärungen aufgrund der AGB-rechtlichen Wertungen des BGB keine Vorbehalte. Die einzelnen Eigensicherungsrechte weisen dabei keine durch die jeweilige Eigenart des Sicherungsrechts geprägten Besonderheiten auf.

Da in Eigensicherungsfällen eine weite Zweckerklärung zulässig ist, bestehen aus diesem Grund auch keine Bedenken gegen mit Zweckerklärungen kombinierte Prolongationsklauseln etc. Es gilt jedoch die Besonderheit, dass aufgrund der Möglichkeit zur wirksamen Bestellung von Eigensicherheiten mit weiten Sicherungszweckerklärungen die Vereinbarung solcher Klauseln im Grunde gar nicht erforderlich ist.

§ 16 Rechtsfolgen einer unwirksamen formularmäßigen Sicherungszweckerklärung

Scheitert die Einbeziehung oder Wirksamkeit einer formularmäßig weiten Sicherungszweckerklärung an § 305c Abs. 1 BGB oder § 307 BGB, stellt sich die Frage, für welche Verbindlichkeit(en) bzw. in welchem Umfang der Sicherungsgeber noch einzustehen hat. Dies gilt es im Folgenden zunächst allgemein zu klären und sodann im Hinblick auf etwaige Besonderheiten im Einzelfall, d.h. auf die für diese Untersuchung relevanten Änderungen einer Hauptschuld, zu konkretisieren.

I. Beschränkung der Haftung auf den Anlasskredit

1. Rechtsprechung

Das Scheitern der Einbeziehung einer formularmäßig weiten Zweckerklärung an § 305c Abs. 1 BGB oder die Unwirksamkeit wegen § 307 BGB führt nach höchstrichterlicher Rechtsprechung in der Regel nicht zur Unwirksamkeit der Klausel schlechthin und damit zur Nichtigkeit der Zweckerklärung bzw. der Unwirksamkeit des Sicherungsrechts insgesamt. Das Scheitern der Einbeziehung bzw. die Unwirksamkeit der weiten Zweckerklärung führt zwar dazu, dass die Haftung des Drittsicherungsgebers nicht erweitert werden kann. Dennoch sollen aber diejenigen Verbindlichkeiten als weiterhin gesichert angesehen werden, die den Anlass zur Bestellung des Sicherungsrechts bildeten.[1568]

Diese zunächst aus § 306 Abs. 1 BGB hergeleitete Rechtsprechung beschränkte sich nicht nur auf den Fall, in dem die formularmäßige Zweckerklärung ihrem Wortlaut nach aus sich selbst heraus verständlich und sinnvoll in einen inhaltlich zulässigen und in einen nicht zulässigen Regelungsteil trennbar ist, wie etwa bei einer Aufspaltung in die Haftungsübernahme für die Anlassverbindlichkeit einerseits und aller weiteren vorhandenen, gegenwärtigen wie auch künftigen Forderungen andererseits.[1569] Vielmehr sollte dies auch dann gelten, wenn eine

---

1568 BGH, Urteil vom 15.01.2002 – XI ZR 98/01 = NJW 2002, 956 (957); BGH, Urteil vom 12.07.2001 – IX ZR 358/00 = NJW 2001, 3327 (3328); BGH, Urteil vom 06.04.2000 – IX ZR 2/98 = NJW 2000, 2580 (2581); BGH, Urteil vom 02.03.2000 – IX ZR 328/98 = NJW 2000, 1566 (1567); BGH, Urteil vom 30.09.1999 – IX ZR 287–98 = NJW 1999, 3708 (3709); BGH, Urteil vom 18.05.1995 – IX ZR 108/94 = NJW 1995, 2553 (2556).

1569 Zur rechtlichen Unbedenklichkeit der Aufrechterhaltung des zulässigen Teils in einem solchen Fall siehe BGH, Urteil vom 18.11.1988 – V ZR 75/87 = NJW 1989, 831 (833 sub 2b); BGH, Urteil vom 31.10.1984 – VIII ZR 226/83 = NJW 1985, 320 (326); BGH, Urteil vom 28.05.1984 – III ZR 63/83 = NJW 1984, 2816 (2817); BGH,

„einwandfreie Fassung der Klausel nicht durch Weglassen einzelner Teile, sondern nur durch eine Umformulierung erreicht werden“ kann.[1570] Von einem Verstoß gegen das Verbot der geltungserhaltenden Reduktion ist der BGH damals nicht ausgegangen, da die Umformulierung der Zweckerklärung nicht dazu diene, die Benachteiligung des Klauselgegners auf das gerade noch zulässige Maß zu reduzieren, sondern im Gegenteil dazu dienen solle, dass der Vertrag genau den Leistungsinhalt behalte, der den Vorstellungen des Sicherungsgebers bei der Bestellung der Sicherheit entsprochen habe, so dass dessen Interessen voll berücksichtigt werden könnten.[1571]

In der neueren Rechtsprechung wird das Problem dagegen als ein Fall der ergänzenden Vertragsauslegung behandelt.[1572] Am Ergebnis hat sich damit nichts geändert. Die Rechtsprechung bedient sich der ergänzenden Vertragsauslegung, da sich die mit dem Wegfall einer nach § 307 BGB unwirksamen Klausel entstehende Lücke nicht durch dispositives Gesetzesrecht füllen lasse und dies zu einem Ergebnis führe, das den beiderseitigen Interessen nicht in vertretbarer Weise Rechnung tragen würde. Es wäre unbillig und widerspräche der Zielsetzung des AGB-Rechts, dem Klauselgegner einen Vorteil zu belassen, der das Vertragsgefüge völlig einseitig zu seinen Gunsten verschiebe. Ein schutzwürdiges Interesse des (Dritt-)Sicherungsgebers, wegen einer zu weit gefassten Haftungserklärung ganz von seiner Verpflichtung frei zu werden, sei nicht anzuerkennen. An die Stelle der unwirksamen Klausel habe deshalb die Gestaltungsmöglichkeit zu treten, die die Parteien bei sachgerechter Abwägung der beiderseitigen Interessen gewählt hätten, wenn ihnen die Unwirksamkeit der Geschäftsbedingung bekannt gewesen wäre.[1573] Im Ergebnis bedeute dies, dass sich die Haftung des Sicherungsgebers auf die Verbindlichkeit(en) beschränke, die den Anlass für die Verpflichtung bildete(n).[1574] Es sei im Wege der ergänzenden Vertragsauslegung also zu ermitteln, was die Sicherungsparteien bei Vereinbarung der Sicherheit konkret hätten besichern

Urteil vom 07.10.1981 – VIII ZR 214/80 = NJW 1982, 178 (181); siehe ferner BGH, Urteil vom 07.11.1995 – XI ZR 235/94 = NJW 1995, 249 (249 f.) zur sprachlichen Teilbarkeit einer Zweckerklärung mit dem Zusatz „zzgl. Kreditüberschreitungen bzw. Kontoüberziehungen“.

1570 So erstmals BGH, Urteil vom 18.05.1995 – IX ZR 108/94 = NJW 1995, 2553 (2557); siehe auch BGH, Urteil vom 15.04.1997 – IX ZR 112/96 = NJW 1997, 3230 (3232); sowie auch *Hoepner*, BKR 2002, 1025 (1029); *Nobbe*, BKR 2002, 747 (756).

1571 BGH, Urteil vom 18.05.1995 – IX ZR 108/94 = NJW 1995, 2553 (2557).

1572 So erstmals BGH, Urteil vom 13.11.1997 – IX ZR 29/96 = NJW 1998, 450 (451); siehe auch BGH, Urteil vom 04.07.2002 – VII ZR 502/99 = NJW 2002, 3098 (3099); BGH, Urteil vom 06.04.2000 – IX ZR 2/98 = NJW 2000, 2580 (2581); BGH, Urteil vom 28.10.1999 – IX ZR 364/97 = NJW 2000, 658 (660).

1573 Zum Ganzen BGH, Urteil vom 13.11.1997 – IX ZR 289/96 = NJW 1998, 450 (451).

1574 BGH, Urteil vom 13.11.1997 – IX ZR 289/96 = NJW 1998, 450 (451 f.).

wollen, wenn sie eine wirksame enge Sicherungszweckvereinbarung gewählt hätten.[1575]

2. Kritische Stimmen in der Literatur

Die vom BGH zunächst vertretene Auffassung, wonach weite Zweckerklärungen in einen inhaltlich zulässigen und in einen unzulässigen Regelungsteil teilbar sein sollten und die Verpflichtung damit nur für die Verbindlichkeit(en) bestehen bleiben sollte, die den Anlass zur Übernahme der Haftung bildete(n), wurde im Schrifttum verbreitet angegriffen, weil es an der von der Rechtsprechung grundsätzlich verlangten sprachlichen Teilbarkeit der Klausel fehle und sie wird vom BGH selbst nunmehr nicht mehr als Begründung herangezogen.[1576] Jedoch hat auch die seither erfolgte Begründung einer teilweisen Aufrechterhaltung im Wege der ergänzenden Vertragsauslegung Kritik erfahren. Die rechtsdogmatisch völlig unterschiedlichen Begründungsansätze zeigten nämlich, wie unsicher sich der BGH in der Begründung der Legitimation einer Durchbrechung des bis dato allgemein anerkannten und nicht in Frage gestellten Verbotes der geltungserhaltenden Reduktion sei.[1577] Die Heranziehung der ergänzenden Vertragsauslegung sei der Versuch des BGH zu verschleiern, dass es sich überhaupt um die Hinwegsetzung über das auch von ihm anerkannte Verbot der geltungserhaltenden Reduktion handele. Die Grundsätze der ergänzenden Vertragsauslegung seien im Rahmen des § 306 Abs. 2 BGB nicht anwendbar. Entgegen der Auffassung des BGH müssten die „gesetzlichen Vorschriften", die nach § 306 Abs. 2 BGB bei Unwirksamkeit einer Vertragsbestimmung eingreifen, einen sachlichen Regelungsinhalt haben.[1578] Der Forderungskreis der jeweiligen Sicherungsrechte werde durch das Gesetz selbst jedoch nicht annähernd bestimmt. Es verbiete lediglich in Einzelfällen die Ausweitung der Haftung durch Fremddisposition. Mithin bleibe bei Unwirksamkeit weiter Zweckerklärungen keine Forderung vorhanden, die nach dem Sicherungsvertrag zu sichern wäre.[1579]

Dagegen lasse sich auch nicht anführen, der Drittsicherungsgeber und Klauselgegner hätte kein schutzwürdiges Interesse, wegen einer unwirksam weiten Zweckerklärung von seiner Haftung komplett frei zu werden. Die Rechtsprechung versuche hiermit aus ihrer Sicht ungerechtfertigte Vorteile des Sicherungsgebers zu vermeiden, obwohl diese Rechtsfolge und die mit ihr einhergehende

---

1575 *Rösler/Fischer*, BKR 2006, 50 (51).

1576 Siehe BGH, Urteil vom 13.11.1997 – IX ZR 29/96 = NJW 1998, 450 (451) selbst zu den kritischen Stimmen; sowie *Fischer*, WM 1998, 1705 (1710); *Knops*, in: Derleder/Knops/Bamberger, Dt. und Europ. Bank- und Kapitalmarktrecht, Bd. 1, § 27, Rdn. 31; *Schmitz-Herscheid*, ZIP 1997, 1140 (1140 f.).

1577 *Knops*, in: Derleder/Knops/Bamberger, Dt. und Europ. Bank- und Kapitalmarktrecht, Bd. 1, § 27, Rdn. 31.

1578 Zum Ganzen *Tiedtke*, NJW 2003, 1359 (1364); *ders.*, NJW 2001, 1015 (1017).

1579 Zum Ganzen *Knops*, in: Derleder/Knops/Bamberger, Dt. und Europ. Bank- und Kapitalmarktrecht, Bd. 1, § 27, Rdn. 31.

abschreckende Wirkung der Unwirksamkeitsfolge gerade das vom Gesetzgeber intendierte Regelungsziel der AGB-Kontrolle sei.[1580] Eine Reduktion bzw. teilweise Aufrechterhaltung unwirksamer Zweckerklärungen für die Verbindlichkeiten, die den Anlass zur Übernahme der Haftung bildeten, widerspräche dem erklärten Ziel der AGB-Kontrolle, auf einen von vornherein angemessenen Inhalt der in der Praxis verwendeten Klauseln hinzuwirken.[1581] Gebe die kreditgewährende Bank als Sicherungsnehmerin einen formularmäßigen weiten Sicherungszweck vor, könne sie sich bei deren Unwirksamkeit nicht darauf berufen, es sei nun wenigstens die Forderung vom Sicherungsumfang umfasst, die Anlass für die Sicherheitenbestellung war. Könnte sich die Sicherungsnehmerin immer auf die für sie günstige und gerade noch zulässige Regelung berufen, würde sie für ihre unwirksame Klausel am Ende sogar noch belohnt werden.[1582]

Im Falle der Unwirksamkeit weiter Zweckerklärungen ist nach den Kritikern daher weder eine geltungserhaltende Reduktion noch eine „geltungserhaltende Auslegung“[1583] zur Begründung einer Aufrechterhaltung der Anlassverbindlichkeit(en) methodisch haltbar – mit der Folge, dass es bei der Unwirksamkeit der betroffenen Zweckerklärung schlechthin bleiben und der Sicherungsgeber von seiner Haftung ganz frei werden würde.[1584]

3. Stellungnahme

Nach § 305c Abs. 1 BGB werden überraschende Klauseln nicht Vertragsbestandteil. Unangemessen benachteiligende Klauseln sind gem. § 307 Abs. 1 S. 1 BGB unwirksam. Soweit einzelne Bestimmungen nicht Vertragsbestandteil geworden oder unwirksam sind, richtet sich der Inhalt eines Vertrages gem. § 306 Abs. 2 BGB nach den gesetzlichen Vorschriften. Den maßgeblichen Haftungsumfang bzw. Forderungskreis etwaiger Sicherungsrechte bestimmt das Gesetz selbst jedoch nicht, sondern es verbietet – wenn überhaupt – nur die Ausweitung der Haftung

---

1580 *Lieder*, in: MüKoBGB, § 1191, Rdn. 52; zum „abschreckenden Charakter der Unwirksamkeitsfolge“ siehe auch *Grüneberg*, in: Palandt, § 306, Rdn. 6; *Lindacher/Hau*, in: Wolf/Lindacher/Pfeiffer, AGB-Recht, § 306, Rdn. 26 ff.; *Schmidt*, in: Ulmer/Brandner/Hensen, AGB-Recht, § 306, Rdn. 14.

1581 *Schmidt*, in: Ulmer/Brandner/Hensen, AGB-Recht, § 306, Rdn. 14.

1582 *Knops*, in: Derleder/Knops/Bamberger, Dt. und Europ. Bank- und Kapitalmarktrecht, Bd. 1, § 27, Rdn. 32.

1583 Den Begriff der geltungserhaltenden Auslegung prägend: *Basedow*, in: MüKoBGB, § 306, Rdn. 16.

1584 *Lieder*, in: MüKoBGB, § 1191, Rdn. 52; *Lindacher/Hau*, in: Wolf/Lindacher/Pfeiffer, AGB-Recht, § 306, Rdn. 31; *Schmidt*, in: Ulmer/Brandner/Hensen, AGB-Recht, § 306, Rdn. 14; *Wolfsteiner*, in: Staudinger, vor §§ 1191 ff., Rdn. 60; einschränkend für den Fall, dass kein individueller Hinweis des Sicherungsnehmers auf den eigentlichen Anlass der Sicherheitenbestellung erfolgt *Knops*, in: Derleder/Knops/Bamberger, Dt. und Europ. Bank- und Kapitalmarktrecht, Bd. 1, § 27, Rdn. 32.

durch Fremddisposition. Eine Substitution durch (nicht vorhandene) gesetzliche Regelungen i.S. des § 306 Abs. 2 BGB scheint damit nicht möglich. Nach Feststellung der Unwirksamkeit einer weiten Sicherungszweckerklärung wäre mithin grundsätzlich keine Forderung vorhanden, die nach dem Sicherungsvertrag zu sichern wäre. Dabei sollte es nach aufgezeigter Ansicht der Kritiker auch verbleiben. Die Rechtsprechung sowie weite Teile der Literatur „privilegieren" den Sicherungsnehmer jedoch durch eine „geltungserhaltende Vertragsauslegung" der Zweckerklärung auf den Inhalt, der nicht unangemessen benachteiligend bzw. überraschend gewesen wäre, mit der Begründung, dem Drittsicherungsgeber würde andernfalls ein Vorteil belassen, der das Vertragsgefüge völlig einseitig zu seinen Gunsten verschiebe. Bei Unwirksamkeit der formularmäßig weiten Zweckerklärung soll der Drittsicherungsgeber deshalb trotz Unwirksamkeit der Klausel und nichtvorhandener Regeln des dispositiven Rechts für die Verbindlichkeiten haften, die den Anlass zur Übernahme der Haftung bildeten.

Nach hier vertretener Auffassung ist es durchaus nachvollziehbar und auch methodisch haltbar, dass die Rechtsprechung versucht, ungerechtfertigte Vorteile des Drittsicherungsgebers zu vermeiden, indem sie die Anlassrechtsprechung zur teilweisen „Rettung" des Sicherungsrechts heranzieht. Um das Verbot der geltungserhaltenden Reduktion, welches untersagt, einzelne unwirksame Bestimmungen auf ihren – gegebenenfalls gerade noch zulässigen – Inhalt zurückzuführen[1585], abzumildern, haben Rechtsprechung und herrschende Lehre mittlerweile allerlei Hintertürchen geöffnet.[1586] Allgemein anerkannt ist dabei mittlerweile auch, dass die durch den Wegfall einer formularmäßigen Klausel entstandene Lücke unter besonderen Voraussetzungen durch eine ergänzende Vertragsauslegung geschlossen werden kann.[1587] Dass § 306 Abs. 2 BGB eine ergänzende Vertragsauslegung nicht ausdrücklich vorsieht, sei unschädlich, da die ergänzende Vertragsauslegung ein anerkanntes Rechtsinstitut der allgemeinen Rechtsgeschäftslehre darstelle und als solches keiner gesonderten Geltungsanordnung durch die §§ 305 ff.

1585 So etwa *Schmidt*, in: Ulmer/Brandner/Hensen, AGB-Recht, § 306, Rdn. 14.

1586 *Basedow*, in: MüKoBGB, § 306, Rdn. 20.

1587 Grundlegend zur Bejahung der ergänzenden Vertragsauslegung das sog. Tiefpreisklausel-Urteil des BGH, Urteil vom 01.02.1984 – VIII ZR 54/83 = NJW 1984, 1177 ff.; seitdem h.M., siehe nur BGH, Urteil vom 17.11.2016 – VII ZR 6/16 = NJW 2017, 662 (664 Rdn. 32); BGH, Urteil vom 06.04.2016 – VIII ZR 211/10 = NJW 2016, 3593 (3595 Rdn. 28); BGH, Urteil vom 28.10.2015 – VIII ZR 158/11 = NJW 2016, 1718 (1725 Rdn. 66); BGH, Urteil vom 14.03.2012 – VIII ZR 113/11 = NJW 2012, 1866 (1866 f.); BGH, Urteil vom 18.07.2007 – VIII ZR 227/06 = NJW-RR 2007, 1697 (1698 ff.); BGH, Urteil vom 22.12.2003 – VIII ZR 90/02 = NJW-RR 2004, 262 (262 f.); in der Literatur etwa *Lindacher/Hau*, in: Wolf/Lindacher/Pfeiffer, AGB-Recht, § 306, Rdn. 15; *Schmidt*, in: Ulmer/Brandner/Hensen, AGB-Recht, § 306, Rdn. 34 ff.; kritisch hingegen *Schwab*, AGB-Recht, Rdn. 694 ff. mwN.

BGB bedürfe.[1588] Zudem ist auch der Entstehungsgeschichte des § 306 Abs. 2 BGB (früher: § 6 Abs. 2 AGBG) zu entnehmen, dass das Recht der AGB eine ergänzende Vertragsauslegung nicht für unzulässig hält. Die im Regierungsentwurf vorgesehene Fassung sah nämlich vor, dass sich der Inhalt des Vertrages bei Wegfall einer AGB-Klausel „in Ermangelung" gesetzlicher Vorschriften, die eine entstandene Lücke füllen könnten, „nach der Natur des Vertrages" richtet.[1589] Der Rechtsausschuss hielt die Gesetz gewordene Fassung jedoch für ausreichend, da sich die Zulässigkeit einer ergänzenden Vertragsauslegung in Ermangelung gesetzlicher Vorschriften ohnehin schon aus §§ 157, 133 BGB ergebe.[1590]

Zwar bedient sich die Rechtsprechung in den Fällen, in denen mit Wegfall einer AGB-Klausel eine nicht durch dispositives Gesetzesrecht ausfüllbare Lücke entsteht, der ergänzenden Vertragsauslegung, dies jedoch nur unter der Voraussetzung, dass die ersatzlose Streichung einer AGB-Klausel keine angemessene, den typischen Interessen des AGB-Verwenders und seines Vertragspartners Rechnung tragende Lösung bietet, die aufgetretene Lücke also zu einem Ergebnis führt, das den beiderseitigen Interessen nicht mehr in vertretbarer Weise Rechnung trägt, sondern das Vertragsgefüge völlig einseitig zu Gunsten des Vertragspartners des Verwenders verschiebt.[1591] Diese Voraussetzungen sind auch im Fall einer formularmäßigen Erklärung über einen weiten Sicherungszweck erfüllt. Wird der Sicherungszweck eines Drittsicherungsrechts über den eigentlichen Anlass der Kreditsicherung hinaus in uferloser Weise auch auf alle künftigen Forderungen der kreditgewährenden Bank gegen ihren Kreditnehmer ausgedehnt, so ist eine solche Klausel zwar überraschend i.S. des § 305c Abs. 1 BGB und – nach der Eigenart des Sicherungsrechts – möglicherweise auch unangemessen benachteiligend i.S. des § 307 BGB, gleichwohl wäre eine „Totalunwirksamkeit" des Sicherungsrechts, womit die unwirksame Zweckerklärung gänzlich entfallen würde, keine angemessene, den typischen Interessen der Sicherungsparteien Rechnung tragende Lösung. Ein schutzwürdiges Interesse des Drittsicherungsgebers, aufgrund einer unwirksamen formularmäßig weiten Zweckerklärung von seiner Verpflichtung vollständig frei zu werden, ist nicht zu erkennen.[1592] Bei der Bestellung der Kreditsicherheit wird der Sicherungsgeber nämlich regelmäßig an irgendeinen summenmäßigen Sicherungszweck gedacht haben. Die gegenläufigen Interessen

---

1588 So etwa *Schmidt*, in: Bamberger/Roth/Hau/Poseck, BeckOK BGB, § 306, Rdn. 12; *Stoffels*, AGB-Recht, § 20, Rdn. 613.

1589 BT-Drucks. 7/3919, S. 4.

1590 BT-Drucks. 7/5422, S. 5; darauf weisen auch *Basedow*, in: MüKoBGB, § 306, Rdn. 12; sowie *Stoffels*, AGB-Recht, § 20, Rdn. 613 hin.

1591 Siehe zu diesen Voraussetzungen etwa BGH, Urteil vom 21.10.2009 – VIII ZR 286/07 = NJW 2010, 298 (302); BGH, Urteil vom 03.11.1999 – VIII ZR 269/98 = NJW 2000, 1110 (1114).

1592 So auch *Nobbe*, BKR 2002, 747 (757), der dies hinsichtlich der Bürgschaft konkretisiert.

von Sicherungsnehmer und Sicherungsgeber lassen sich daher am ehesten berücksichtigen, wenn man sich an dem Vorgang orientiert, der Anlass für die Bestellung der Sicherheit bzw. Übernahme der Haftung war. Diesen zu kennen, wird man von einem Sicherungsgeber regelmäßig verlangen können, zumal er seine Haftung typischerweise ganz unabhängig von der vereinbarten Zweckerklärung mit der parallel laufenden Kreditgewährung in Verbindung bringen wird.[1593] Die „geltungserhaltende Auslegung" einer unzulässigen formularmäßig weiten Zweckerklärung in dem Sinne, dass der Sicherungsgeber trotz Unwirksamkeit der Klausel jedenfalls für diejenigen Verbindlichkeiten haftet, die den Anlass zur Übernahme der Haftung bildeten, wird deshalb dazu führen, dass der Sicherungsvertrag denjenigen Leistungsinhalt behält, der den Vorstellungen des Sicherungsgebers bei der Bestellung des Sicherungsrechts entsprach, sodass von einer angemessenen Berücksichtigung seiner Interessen ausgegangen werden kann.[1594] Eine „überschießende" Rechtsfolge zu Lasten des Klauselverwenders und Sicherungsnehmers, die als Kehrseite dem Klauselgegner und Sicherungsgeber einen unverhofften und ungerechtfertigten Gewinn verschaffen würde, ist hingegen mit dem Schutzzweck des AGB-Rechts nicht zu vereinbaren.[1595]

In diesem Begründungsansatz ist zugleich – wie der BGH[1596] richtig erkannte – der entscheidende Unterschied zwischen der verbotenen geltungserhaltenden Reduktion und einer – jedenfalls nach BGH und herrschender Meinung zulässigen – „geltungserhaltenden Auslegung" zu sehen: „Während bei der geltungserhaltenden Reduktion nach der Grenze des am Maßstab der §§ 307 bis 309 BGB „gerade noch zulässigen" gesucht wird, erstrebt die ergänzende Vertragsauslegung einen beiden Seiten so weit als möglich gerecht werdenden Ausgleich".[1597] Entgegen der Ansicht der Kritiker, wonach es sich bei der ergänzenden Vertragsauslegung um den Versuch einer Verschleierung des Hinwegsetzens über das Verbot der geltungserhaltenden Reduktion handele, gibt der BGH zu erkennen, dass im Wege der ergänzenden Vertragsauslegung gerade nicht so verfahren werden dürfte, dass die beanstandete Klausel nur soweit abgemildert und „entschärft" wird, dass sie „gerade noch tragbar" erscheine. Ziel der ergänzenden Vertragsauslegung sei nicht, eine Fassung der beanstandeten Klausel zu finden, die einerseits für den Verwender möglichst günstig, andererseits gerade noch rechtlich zulässig sei, sondern die Interessen der auf beiden Seiten typischerweise beteiligten Vertragspartner zu berücksichtigen.[1598] Damit bestünde auch nicht die Gefahr, dass der

---

1593 So auch *Bydlinski*, WM 1992, 1301 (1306).

1594 BGH, Urteil vom 18.05.1995 – IX ZR 108/94 = NJW 1995, 2553 (2557).

1595 BGH, Urteil vom 13.11.1997 – IX ZR 289/96 = NJW 1998, 450 (451); siehe auch BGH, Urteil vom 22.02.2002 – V ZR 26/01 = NJW-RR 2002, 1136 (1137); *Basedow*, in: MüKoBGB, § 306, Rdn. 28; *Grüneberg*, in: Palandt, § 306, Rdn. 13; *Schlosser*, in: Staudinger, § 306, Rdn. 13.

1596 Siehe hierzu die nachfolgend zitierte Fundstelle.

1597 BGH, Urteil vom 01.02.1984 – VIII ZR 54/83 = NJW 1984, 1177 (1179).

1598 BGH, Urteil vom 10.01.1974 – VII ZR 28/72 = NJW 1974, 551 (553).

Verwender eine unangemessene Klausel in seine AGB aufnimmt, in der Hoffnung, dass die Klausel vom Gericht auf jene Fassung zurückgestutzt wird, die für den Klauselgegner zwar so günstig wie nötig, aber eben auch für den Verwender so günstig wie möglich ist.[1599] Entgegen der Ansicht der Kritiker verträgt sich die eine Aufrechterhaltung der Anlassforderung befürwortende Ansicht also durchaus mit dem Ziel des AGB-Rechts, auf einen von vornherein angemessenen Inhalt der in der Praxis verwendeten AGB hinzuwirken.

II. Bestimmung der Anlassverbindlichkeit

Sofern formularmäßig weite Sicherungszweckerklärungen als überraschende Klausel unwirksam sind oder – je nach der Eigenart des Sicherungsrechts – den Drittsicherungsgeber aufgrund der Abweichung von einem gesetzlichen Leitbild unangemessen benachteiligen und allein darum unwirksam sind, wird also die Anlassrechtsprechung zur jedenfalls teilweisen „Rettung" des Sicherungsrechts herangezogen werden können.[1600] Welche Verbindlichkeiten danach nach Scheitern der Einbeziehung bzw. Feststellung der Unwirksamkeit der weiten Sicherungszweckerklärung genau als maßgeblicher Haftungsumfang aufrechterhalten werden können, gilt es im Folgenden festzustellen.

1. Aktuelles Sicherungsbedürfnis

Bei Fortführung der Anlassrechtsprechung in der aufgezeigten Weise hat das Scheitern der Einbeziehung oder Wirksamkeit einer formularmäßig weiten Zweckerklärung an §§ 305c Abs. 1, 307 BGB – wie aufgezeigt – nicht die Unwirksamkeit des Sicherungsrechts insgesamt zur Folge, sondern vielmehr führt dies lediglich zu einer Beschränkung der Haftung auf die Verbindlichkeit(en), die Anlass für die Bestellung der Sicherheit war(en) und zwar mit dem Inhalt, den sie bei Übernahme der Sicherheit hatte(n).[1601] Als „anlassgebend" in diesem Sinne werden von der höchstrichterlichen Rechtsprechung also diejenigen Verbindlichkeiten bezeichnet, die Anlass für die Vereinbarung der Zweckerklärung waren.[1602] Welche Verbindlichkeiten Anlass für die Sicherheitenbestellung waren, ist hingegen grundsätzlich objektiv nach dem aktuellen Sicherungsbedürfnis der kreditgewährenden Bank zu

1599 *Basedow*, in: MüKoBGB, § 306, Rdn. 28.

1600 So auch *Rösler/Fischer*, BKR 2006, 50 (56).

1601 BGH, Urteil vom 15.07.1999 – IX ZR 243–98 = NJW 1999, 3195 (3196); siehe auch LG Bonn, Urteil vom 12.02.1996 – 9 O 541/95 = NJW-RR 1997, 184 (185); *Knops*, in: Derleder/Knops/Bamberger, Dt. und Europ. Bank- und Kapitalmarktrecht, Bd. 1, § 27, Rdn. 31; *Nobbe*, BKR 2002, 747 (756).

1602 BGH, Urteil vom 28.10.1999 – IX ZR 364/97 = NJW 2000, 658 (660); BGH, Urteil vom 15.04.1997 – IX ZR 112/96 = NJW 1997, 3230 (3232); BGH, Urteil vom 04.10.1995 – XI ZR 215/94 = NJW 1996, 191 (193); siehe auch *Joswig*, in: Nobbe, Kommentar zum Kreditrecht, vor §§ 1113-1203, Rdn. 40.

bestimmen.[1603] Die Haftung des Sicherungsgebers ist im Wege der ergänzenden Vertragsauslegung also auf das bei Sicherheitenbestellung erkennbare und damit den Anlass für die Haftungsübernahme bildende Sicherungsinteresse der kreditgewährenden Bank zu begrenzen.[1604] Dies sind regelmäßig genau die Kredite, Erhöhungen etc., die bei der Sicherheitenbestellung bereits bestanden bzw. eingeräumt werden sollten, deren Gewährung also Anlass für die Hereinnahme der Sicherheit war.[1605] Gesichert sind damit also grundsätzlich nur die zum Zeitpunkt der Haftungsübernahme existenten Forderungen der Bank aus bereits geschlossenen Verträgen.[1606] Konkret bedeutet dies für die kreditgewährende Bank: Wird die Kreditsicherheit für eine bestimmte Verbindlichkeit, d.h. für einen konkret zu bezeichnenden Kreditvertrag, bestellt, bildet dieser die Obergrenze der Haftung des Sicherungsgebers.[1607]

Anders als bei § 305c Abs. 1 BGB, der vorwiegend auf die subjektiven Zweckvorstellungen der Parteien abstellt, dürfte der Anlass der Sicherheitenbestellung allerdings im Rahmen des § 307 BGB – und damit nur bei denjenigen Sicherungsrechten, denen das Verbot der Fremddisposition als gesetzliche Leitbildfunktion innewohnt – in erster Linie objektiv zu verstehen sein.[1608] Bei objektiver Bestimmung der Anlassverbindlichkeit setzt eine unangemessene Benachteiligung i.S. des § 307 BGB nicht einmal voraus, dass der Sicherungsgeber bei der Bestellung der Sicherheit einen – auch der Höhe nach – bestimmten Kredit vor Augen hat.[1609] Übernimmt der Sicherungsgeber die Haftung pauschal und unreflektiert, etwa weil er sich über die Verbindlichkeiten, die besichert werden sollen, keine Gedanken macht, ihm also nicht bekannt ist, welche konkreten Forderungen der kreditgewährenden Bank im Zusammenhang mit der Sicherheitenbestellung gegen den Kreditnehmer als Hauptschuldner entstanden sind, ist der Anlasskredit damit ebenfalls objektiv nach dem damaligen Sicherungsbedürfnis der kreditgewährenden Bank zu bestimmen.[1610] Auch dann also, wenn eine Sicherheitenbestellung

---

1603 BGH, Urteil vom 18.05.1995 – IX ZR 108/94 = NJW 1995, 2553 (2556); OLG Köln, Urteil vom 30.01.2002 – 13 U 93/01 = ZIP 2002, 84 (845); *Knops*, in: Derleder/Knops/Bamberger, Dt. und Europ. Bank- und Kapitalmarktrecht, Bd. 1, § 27, Rdn. 33; *Sprau*, in: Palandt, § 765, Rdn. 20.

1604 *Habersack*, in: MüKoBGB, § 765, Rdn. 76.

1605 *Rösler/Fischer*, BKR 2006, 50 (51) mit Verweis auf BGH, Urteil vom 18.05.1995 – IX ZR 108/94 = NJW 1995, 2553 (2556).

1606 *Bales*, BKR 2004, 264 (267).

1607 *Lwowski*, in: Schimansky/Bunte/Lwowski, Bankrechts-Handbuch, Anh. zu § 91, Rdn. 4.

1608 Siehe auch BGH, Urteil vom 18.05.1995 – IX ZR 108/94 = NJW 1995, 2553 (2556).

1609 So ebenfalls BGH, Urteil vom 18.05.1995 – IX ZR 108/94 = NJW 1995, 2553 (2556); siehe auch *Lwowski*, in: Schimansky/Bunte/Lwowski, Bankrechts-Handbuch, Anh. zu § 91, Rdn. 2.

1610 So etwa BGH, Urteil vom 15.07.1999 – IX ZR 243–98 = NJW 1999, 3195 (3196); BGH, Urteil vom 18.01.1996 – IX ZR 69/95 = NJW 1996, 924 (925); BGH, Urteil vom 18.05.1995 – IX ZR 108/94 = NJW 1995, 2553 (2556).

nicht aus Anlass bestimmter Verbindlichkeiten begründet wurde, kann der Sicherungsgeber formularmäßig nicht über das aktuelle Sicherungsbedürfnis der Bank hinaus haften, sondern dieses bildet auch in solchen Fällen stets die Obergrenze der Haftung.[1611]

Im Rahmen des § 305c Abs. 1 BGB ist für die Frage der Aufrechterhaltung einer unwirksamen Zweckerklärung im Wege der ergänzenden Vertragsauslegung vorwiegend auf die subjektiven Zweckvorstellungen der Parteien abzustellen.[1612] Ist eine weite Zweckerklärung wegen eines Verstoßes gegen § 305c Abs. 1 BGB unwirksam, so gilt im Wege der ergänzenden Vertragsauslegung ebenfalls eine enge Zweckerklärung als vereinbart, nach der nur diejenige(n) Verbindlichkeit(en) gesichert werden soll, deren Gewährung Anlass der Vereinbarung war.[1613] Der Haftungsumfang orientiert sich auch hier am aktuellen Sicherungsbedürfnis.[1614] Anders als im Rahmen des § 307 BGB ist der Anlass hier aber nicht objektiv zu bestimmen, sondern es kommt eben auf die subjektiven Zweckvorstellungen an. Dies wirkt sich insbesondere dann aus, wenn der Sicherungsgeber pauschal und unreflektiert, d.h. nicht anlässlich einer konkreten Kreditgewährung, für die Verbindlichkeiten des Kreditnehmers einstehen will. Bei denjenigen Zweckerklärungen, die sich an § 307 BGB messen lassen müssen, wird ein Drittsicherungsgeber auch dann, wenn er sich über die Verbindlichkeiten, die er besichern soll, keine Gedanken macht, unangemessen benachteiligt, wenn ihm angesonnen wird, für andere Verbindlichkeiten als jene, die objektiv Anlass der Sicherheitenbestellung waren, einzustehen. (Objektiver) Anlass ist – wie bereits erwähnt – das aktuelle Sicherungsbedürfnis des Gläubigers, der kreditgewährenden Bank.[1615] Muss sich eine formularmäßig weite Zweckerklärung jedoch „nur“ an § 305c Abs. 1 BGB messen lassen, und wird die Sicherheit nicht anlässlich einer bestimmten Kreditgewährung, sei es als Neuvergabe, Verlängerung oder Erhöhung der Kreditlinie, erteilt oder hat der Sicherungsgeber keine konkrete Vorstellung von der Höhe der Verpflichtung und sich somit „blindlings“ verpflichten wollen bzw. ohnehin

1611 BGH, Urteil vom 18.01.1996 – IX ZR 69/95 = NJW 1996, 924 (925); siehe auch *Bales*, BKR 2004, 264 (267); *Lwowski*, in: Schimansky/Bunte/Lwowski, Bankrechts-Handbuch, Anh. zu § 91, Rdn. 3.

1612 BGH, Urteil vom 18.05.1995 – IX ZR 108/94 = NJW 1995, 2553 (2556).

1613 BGH, Urteil vom 04.10.1995 – XI ZR 215/94 = NJW 1996, 191 (193) zur Grundschuld; LG Bonn, Urteil vom 12.02.1996 – 9 O 541/95 = NJW-RR 1997, 184 (185) zur Verpfändung; siehe auch *Derleder*, in: Derleder/Knops/Bamberger, Dt. und Europ. Bank- und Kapitalmarktrecht, Bd. 1, § 26, Rdn. 19; *Joswig*, in: Nobbe, Kommentar zum Kreditrecht, vor §§ 1113-1203, Rdn. 40 zur Grundschuld; sowie *Fischer*, WM 2001, 1049 (1053); *Röttger*, Kreditsicherungsrecht, S. 37, die zur Feststellung der Anlassverbindlichkeit(en) subjektiv darauf abstellen, welche Forderungen sich der Sicherungsgeber bei Übernahme der Haftung als zu sichernde Verbindlichkeit(en) vorstellt.

1614 *Merkel*, in: Schimansky/Bunte/Lwowski, Bankrechts-Handbuch, § 93, Rdn. 226.

1615 Zum Ganzen BGH, Urteil vom 18.05.1995 – IX ZR 108/94 = NJW 1995, 2553 (2556).

angenommen, global haften zu müssen, fehlt es jedoch bereits am überraschenden Charakter einer weiten Zweckerklärung.[1616] Einer „geltungserhaltenden Vertragsauslegung" bedarf es in diesem Fall also nicht. Nach der subjektiven Zweckvorstellung des Sicherungsgebers bestand eine Anlassverbindlichkeit nicht. Die formularmäßig weite Zweckerklärung wird in diesem Fall deshalb wirksam in den Sicherungsvertrag einbezogen.

2. Künftiges Sicherungsbedürfnis

Ausnahmsweise können nach den bisherigen Erwägungen aber auch künftige Forderungen Anlasskredit bzw. Anlassverbindlichkeit sein, sofern ihr Entstehungsgrund und ihr Umfang im Zeitpunkt der Bestellung der Sicherheit bekannt sind.[1617] Betroffen hiervon können sowohl Verträge sein, die im Zeitpunkt der Sicherheitenbestellung noch nicht geschlossen waren, als auch nachträgliche Vertragserweiterungen sowie spätere Erhöhungen einer Kreditlinie etc.[1618] Zwar begründen etwa später nachgeschaltete Kreditverträge sowie nachträgliche Vertragsänderungen aus der Sichtweise bei Sicherheitenbestellung lediglich künftige Forderungen, sodass sie nach vorstehenden Erwägungen grundsätzlich nicht vom Haftungsumfang eines Sicherungsrechts mit unwirksamer formularmäßig weiter Zweckerklärung umfasst sind. Deren Inhalt gilt jedoch, wenn das Kreditverhältnis dem Sicherungsgeber rechtzeitig erläutert wurde oder er anderweitig davon Kenntnis erlangte, als von vornherein inhaltlich abgesteckt und das Risiko des Sicherungsgebers damit als genau beschrieben, so dass sie als Anlassverbindlichkeit zu werten sind.[1619]

Damit wird deutlich, dass auch ein künftiges Sicherungsbedürfnis Bestandteil des Sicherungsvertrages und als solches ausnahmsweise ebenfalls noch zum Anlass des – insoweit wirksam – formularmäßig bestellten Sicherungsrechts zu zählen sein kann.[1620] Bei den folgenden Erwägungen gilt es also stets zu berücksichtigen,

---

1616 BGH, Urteil vom 18.01.1996 - IX ZR 69/95 = NJW 1996, 924 (924); BGH, Urteil vom 18.05.1995 – IX ZR 108/94 = NJW 1995, 2553 (2555); siehe auch *Hoffmann*, in: Langenbucher/Bliesener/Spindler, Bankrechts-Kommentar, 29. Kap., § 765, Rdn. 12 f.; *Knops*, in: Derleder/Knops/Bamberger, Dt. und Europ. Bank- und Kapitalmarktrecht, Bd. 1, § 27, Rdn. 24.

1617 Siehe etwa BGH, Urteil vom 15.07.1999 – IX ZR 243–98 = NJW 1999, 3195 (3196) zu einem von vornherein in Aussicht genommenen Prolongationskredit; sowie BGH, Urteil vom 13.06.1996 – IX ZR 229/95 = NJW 1996, 2369 (2370), wo ganz allgemein auf die entsprechende Kenntnis des Sicherungsgebers (hier: Bürgen) hinsichtlich des Umfangs seiner Verpflichtung abgestellt wird; siehe hierzu auch *Habersack*, in: MüKoBGB, § 765, Rdn. 76 sowie bereits oben unter § 12 I. b. (2) (c) (ii).

1618 BGH, Urteil vom 18.01.1996 – IX ZR 69/95 = NJW 1996, 924 (925).

1619 Siehe hierzu bereits ausführlich oben unter § 12 I. b. i. (2) (c) (ii).

1620 So auch *Rohe*, in: Bamberger/Roth/Hau/Poseck, BeckOK BGB, § 765, Rdn. 35 zur Bürgschaft.

dass die aus der gescheiterten Einbeziehung bzw. der Unwirksamkeit der weiten Zweckerklärung folgende Beschränkung der Sicherheit auf den Anlasskredit eine formularmäßige Haftung für zukünftige Verbindlichkeiten nicht generell ausschließt, sofern diese nach Grund und Umfang schon bei Vertragsschluss für den Drittsicherungsgeber erkennbar sind.[1621]

III. Die Bedeutung der ergänzenden Vertragsauslegung im Einzelnen

Obwohl sich die Anlassverbindlichkeit mit dem Vorstehenden abstrakt bestimmen lässt, kann es in der Praxis im Einzelfall jedoch erhebliche Schwierigkeiten bereiten, den Anlasskredit seinem Gegenstand und Umfang nach genau zu bestimmen. Mit dieser Frage bzw. zahlreichen Einzelfällen hat sich auch die höchstrichterliche Rechtsprechung in mehreren Entscheidungen beschäftigt.[1622] Im Folgenden soll deshalb in den Grenzen der für die Untersuchung relevanten Fälle der Frage nachgegangen werden, wann es sich bei einem „Wandel der Hauptschuld“ im Einzelfall noch um eine vom Haftungsumfang des jeweiligen Sicherungsrechts erfasste Anlassverbindlichkeit handelt und wann nicht, um sodann feststellen zu können, ob in der Praxis damit die Haftung des Sicherungsgebers erlischt, unverändert fortbesteht oder sich auf die Verbindlichkeiten in ihrer nunmehr geänderten Form erstreckt.

1. Festlegung des Prüfungsmaßstabs

Da es – wie gesagt – in der Regel erhebliche Schwierigkeiten bereiten kann, den Anlasskredit seinem Gegenstand und Umfang nach genau zu bestimmen, soll hierfür an dieser Stelle zunächst ein aus den bisherigen Erwägungen abgeleiteter, auf die konkreten Einzelfälle anzuwendender abstrakter Prüfungsmaßstab festgelegt werden: (1) Da sich die Verbindlichkeit eines Sicherungsrechts gemäß der Anlassrechtsprechung am konkreten Anlass der Sicherheitenbestellung orientiert, ist bei einer Erweiterung auf zukünftige Verbindlichkeiten zunächst immer nach der „Anlasskonformität“ zu fragen. (2) Entscheidend orientiert sich die BGH-Rechtsprechung nach den bisherigen Feststellungen bei unwirksamen formularmäßigen Zweckerklärungen für die Frage der Bestimmung der Anlassverbindlichkeit am aktuellen, d.h. zum Zeitpunkt der Sicherheitenbestellung („Stichtag“) bestehenden, Sicherungsbedürfnis der kreditgewährenden Bank. Im Wege der ergänzenden Vertragsauslegung wird dafür zu ermitteln sein, was die Sicherungsparteien bei Vereinbarung der Sicherheit konkret hätten besichern wollen, wenn sie eine wirksame enge Zweckerklärung gewählt hätten.[1623] Im Wege der ergänzenden

1621 BGH, Urteil vom 29.03.2001 – IX ZR 20/00 = NJW-RR 2002, 343 (344).
1622 So auch *Fischer*, WM 2001, 1049 (1053).
1623 *Rösler/Fischer*, BKR 2006, 50 (51).

Vertragsauslegung wird damit an die Stelle der unwirksamen Zweckerklärung diejenige Gestaltungsmöglichkeit zu treten haben, die die Parteien bei sachgerechter Abwägung ihrer Interessen gewählt hätten, wenn ihnen das Scheitern der Einbeziehung bzw. die Unwirksamkeit der Klausel bekannt gewesen wäre.[1624] Konkret sind damit regelmäßig nur diejenigen (Kredit-)Verbindlichkeiten besichert, die bei Vereinbarung der Kreditsicherheit bereits bestanden bzw. eingeräumt werden sollten, deren Bewilligung also die Hereinnahme der Sicherheit veranlasste.[1625] Daraus folgt, dass eine Haftung für Verlängerungen, Erhöhungen oder sonstige Änderungen der Kreditverbindlichkeit(en), die nicht von Anfang an – auch hinsichtlich ihres Umfangs – von den Kreditvertragsparteien ins Auge gefasst worden sind, grundsätzlich nur insoweit formularmäßig vereinbart werden kann, als sich das Risiko des Drittsicherungsgebers durch diesen „Wandel der Hauptschuld" nicht erhöht.[1626] Ist als Folge der Anlassrechtsprechung bei Nichteinbeziehung oder Unwirksamkeit einer weiten Zweckerklärung die Haftung auf die Verbindlichkeit(en) zu beschränken, die den Anlass für die Verpflichtung bildete(n), wird man sich bei der Frage, ob eine „gewandelte Hauptschuld" vom Gegenstand und Umfang der Anlassverbindlichkeit umfasst ist, in Zweifelsfällen also daran orientieren können, ob sich dadurch die Rechtsstellung des Drittsicherungsgebers verschlechterte und damit nicht mehr dem damaligen Sicherungsbedürfnis entspricht.[1627] (3) Maßgeblich ist hierbei eine wirtschaftliche Betrachtungsweise.[1628] (4) In einem letzten Schritt ist sodann zu überprüfen, ob ein „Wandel der Hauptschuld" nicht ausnahmsweise doch von einer – grundsätzlich unwirksamen – weiten Zweckerklärung erfasst ist, weil der Kreis der – aus der Sicht bei Sicherheitenbestellung – künftigen Verbindlichkeit(en) nach Grund und Umfang von Anfang an klar und übersichtlich abgesteckt war, das Risiko des Sicherungsgebers damit als von vornherein genau beschrieben gilt und all jene Verbindlichkeiten deshalb ebenfalls als Anlassverbindlichkeit zu werten sind.

2. Konkrete Einzelfälle eines „Wandels der Hauptschuld"

Im Folgenden sind die im Rahmen der Akquisitionsfinanzierung relevant werdenden Einzelfälle eines „Wandels der Hauptschuld" daraufhin zu untersuchen, ob sie

1624 So etwa BGH, Urteil vom 13.11.1997 – IX ZR 289/96 = NJW 1998, 450 (451); BGH, Urteil vom 04.10.1995 – XI ZR 215/94 = NJW 1996, 191 (193); siehe auch *Fischer*, WM 1998, 1705 (1710); *Nobbe*, BKR 2002, 747 (755); *Rösler/Fischer*, BKR 2006, 50 (51).

1625 BGH, Urteil vom 15.07.1999 – IX ZR 243–98 = NJW 1999, 3195 (3196); BGH, Urteil vom 18.05.1995 – IX ZR 108/94 = NJW 1995, 2553 (2556); siehe auch LG Bonn, Urteil vom 12.02.1996 – 9 O 541/95 = NJW-RR 1997, 184 (185); *Rösler/Fischer*, BKR 2006, 50 (51).

1626 *Ganter*, in: Schimansky/Bunte/Lwowski, Bankrechts-Handbuch, § 90, Rdn. 103.

1627 *Merkel*, in: Schimansky/Bunte/Lwowski, Bankrechts-Handbuch, § 93, Rdn. 226; *Ganter*, WM 1996, 1705 (1716); *Nobbe*, BKR 2002, 747 (758).

1628 *Ganter*, in: Schimansky/Bunte/Lwowski, Bankrechts-Handbuch, § 90, Rdn. 103.

bei Scheitern der Einbeziehung oder Wirksamkeit einer formularmäßig weiten Zweckerklärung an §§ 305c Abs. 1, 307 BGB nach ergänzender Vertragsauslegung vom Sicherungsumfang des (Dritt-)Sicherungsgebers erfasst sind oder nicht.

Wie bereits eingangs festgestellt[1629], sind entsprechend der oft weiten Zweckbestimmung der Akquisitionsfinanzierung bei dieser Finanzierungsform in aller Regel sowohl Terminkreditlinien (*Term Loan Facilities*) als auch revolvierende Kreditlinien (*Revoling Credit Facilities*) vorgesehen. Bei den Terminkreditlinien wird ihrerseits wieder unterschieden zwischen amortisierenden Kreditlinien (sog. Tilgungskredit, *Amortising Loan*) und länger laufenden endfälligen Kreditlinien, bei denen der Betrag erst am Ende der Laufzeit (sog. Endfälligkeitstag, *Bullet Repayment*) zurückzuzahlen ist. Zwischen diesen unterschiedlichen Kreditarten gilt es im Folgenden bei der Untersuchung der möglichen Formen eines „Wandels der Hauptschuld" auf ihre Anlasskonformität hin zu differenzieren.

*a. Tilgungskredit (*Amortising Loan*)*

Obwohl Tilgungskredite nicht ganz so häufig von Prolongationen betroffen sind wie etwa endfällige Kredite, da eine regelmäßige Tilgung bereits während der Laufzeit des Kredites und nicht erst am Ende in einer Summe erfolgt, sind solche auch hier nicht auszuschließen. Durch ein Aufschieben fälliger Tilgungsraten gilt der Kredit jedoch zunächst als gestundet. Zu einer Prolongation kommt es hingegen, wenn die Stundung später nicht mehr aufgeholt werden kann und infolgedessen im Tilgungsplan eine Verlängerung der Laufzeit eintritt. Darüber hinaus kann es jedoch auch zu nachträglichen Krediterweiterungen, Tilgungsaussetzungen sowie (üblichen) Zinsänderungen und -anpassungen kommen. Die möglichen Formen eines „Wandels der Hauptschuld" sind im Folgenden für den Tilgungskredit auf ihre Anlasskonformität hin zu untersuchen.

Dabei geht die Rechtsprechung bei Kreditsicherheiten mit weiter Sicherungszweckerklärung, die von einem Drittsicherungsgeber anlässlich eines Tilgungskredites gewährt werden, dahin, dass nach „geltungserhaltender Vertragsauslegung" nur der im Zeitpunkt der Sicherheitenbestellung offene Kreditbetrag besichert ist.[1630] Dem ist zuzustimmen. Bei Bereitstellung eines Tilgungskredites zugunsten des Kreditnehmers wird sich der Drittsicherungsgeber nämlich regelmäßig allein diesen als zu sichernde Hauptschuld und damit als Anlasskredit vorgestellt haben. Der Tilgungskredit als bestimmter, der Höhe nach begrenzter Kredit wird deshalb – mit seinem Inhalt, den er bei Übernahme der Sicherheit

1629 Siehe hierzu oben unter § 4.

1630 BGH, Urteil vom 18.05.1995 – IX ZR 108/94 = NJW 1995, 2553 (255); siehe dazu auch *Habersack*, in: MüKoBGB, § 765, Rdn. 76; *Horn*, Globalbürgschaft und Bestimmtheitsgrundsatz, in: Festschrift Merz, S. 217 (222); *Knops*, in: Derleder/Knops/Bamberger, Dt. und Europ. Bank- und Kapitalmarktrecht, Bd. 1, § 27, Rdn. 33; *Nobbe*, BKR 2002, 747 (756); *Tiedtke*, ZIP 1994, 1237 (1240 f.).

hatte – nach dem aktuellen Sicherungsbedürfnis grundsätzlich die Obergrenze der Haftung festlegen.

i. Verlängerung der Kreditlaufzeit – Prolongation

Zu prüfen bleibt, ob es sich bei der rechtsgeschäftlichen Änderung der Laufzeit einer Kreditverbindlichkeit, d.h. einer Prolongation, um eine haftungserweiternde, d.h. eine die Rechtsstellung des Drittsicherungsgebers verschlechternde Abrede handelt, mit der Folge, dass etwaige laufzeitverlängernden Änderungen nicht als „anlasskonform" zu betrachten sind und mithin formularmäßig grundsätzlich nicht abgedeckt werden können.

(1) Anfängliche Prolongationsentscheidung

(a) Einjahresfazilitäten zur Befreiung von Eigenkapitalunterlegungspflicht

Es wurde bereits darauf hingewiesen, dass nach dem altem Kapitalunterlegungsrecht Kreditlinien mit einer Laufzeit von bis zu einem Jahr von einer Kapitalunterlegungspflicht vollständig befreit waren.[1631] Weil Einjahresfazilitäten aufgrund der völligen Befreiung von der Kapitalunterlegungspflicht besonders zins- und kostengünstig gewährt werden konnten, wurden in der Bankpraxis regelmäßig Prolongationen gewählt. Dementsprechend wurden die Kredite, obwohl sie auf längere Dauer angelegt waren, für nur ein Jahr zugesagt, später jedoch in der gleichen Höhe jeweils um ein weiteres Jahr verlängert.[1632] Die Kreditvertragsparteien waren sich dabei von vornherein – wenn auch ohne Rechtsbindungswillen – einig, den Kreditvertrag zukünftig mehrfach um denselben Zeitraum zu verlängern, d.h. mehrere hintereinander geschaltete Jahresverträge zu schließen („anfängliche Prolongationsentscheidung").[1633]

Während es sich bei Prolongationen rein formal in der Regel um eine neue Kreditgewährung handelt,[1634] sind diese konkreten Prolongationsfälle wirtschaftlich gesehen – worauf es bei der Frage nach der Bestimmung des Anlasskredits ankommt – jedoch keine neuen Verbindlichkeiten in selbständigen Verträgen, sondern es wird ein einheitliches Kreditgeschäft von vornherein in mehrere zeitlich gestaffelte, jedoch nach Grund und Umfang genau bestimmte Einzelverträge aufgeteilt.[1635] Haben die Kreditvertragsparteien eine Prolongation – wie in diesem

1631 Siehe oben unter § 8 I.

1632 Zum Ganzen etwa BGH, Urteil vom 15.07.1999 – IX ZR 243–98 = NJW 1999, 3195 (3196); *Bales*, BKR 2004, 264 (268); *Fischer*, WM 2001, 1049 (1053); *Ganter*, WM 1996, 1705 (1716); *Schröter*, WM 2000, 16 (17); sowie bereits ausführlich oben unter § 12 I. 3. a.

1633 *Fischer*, WM 2001, 1049 (1053).

1634 Siehe hierzu sogleich ausführlich unter § 16 III. 2. a. i. (2).

1635 *Rohe*, in: Bamberger/Roth/Hau/Poseck, BeckOK BGB, § 765, Rdn. 35.

Fall – bereits bei Abschluss des Kreditvertrages beabsichtigt, ist nach der Rechtsprechung lediglich von einer Schuldänderung, d.h. einer bloßen Abänderung des fortbestehenden ursprünglichen Kreditvertrages auszugehen.[1636] Von einer unter Umständen zum Erlöschen der Sicherheit führenden Novation wird bei anfänglichen Prolongationsentscheidungen grundsätzlich jedenfalls nicht ausgegangen.[1637] Zwar begründen die späteren Kreditverträge auch bei Annahme einer rein schuldändernden Wirkung einer Prolongation aus der Sicht des Drittsicherungsgebers zum Zeitpunkt der Sicherheitenbestellung lediglich künftige Verbindlichkeiten.[1638] Wird das Kreditverhältnis dem Drittsicherungsgeber rechtzeitig erläutert oder war für ihn aus den vorausgegangenen Verhandlungen oder den ihm zugänglich gemachten Unterlagen ersichtlich, dass die Kreditvertragsparteien eine in der dargestellten Weise gestaltete Prolongation vorgesehen haben, wird der Inhalt des Kreditverhältnisses jedoch von vornherein nach Grund und Umfang genau abgesteckt und das Risiko des Drittsicherungsgebers damit gegenständlich eindeutig beschrieben sein, so dass auch diese Verbindlichkeiten zum Anlass der Sicherheitenbestellung gerechnet werden können.[1639]

Auch wenn die Vorschriften zur Kapitalunterlegungspflicht mittlerweile umfassende Änderungen und Ergänzungen erfahren haben, so ist die BGH-Rechtsprechung zu diesen (damals) typischen Prolongationsfällen doch wegweisend für die

---

1636 BGH, Urteil vom 07.10.2002 – II ZR 74/00 = NJW 2003, 61 (62); BGH, Urteil vom 08.11.2001 – IX ZR 46/99 = NJW-RR 2002, 1130 (1131 f.); BGH, Urteil vom 15.07.1999 – IX ZR 243–98 = NJW 1999, 3195 (3196); siehe hierzu auch *Nobbe*, in: Schimansky/Bunte/Lwowski, Bankrechts-Handbuch, § 91, Rdn. 255.

1637 Siehe zur Frage des Vorliegens einer Novation bei anfänglichen bzw. nachträglichen Prolongationsvereinbarungen ausführlich unten unter § 16 III. 2. a. vi. (1).

1638 So etwa BGH, Urteil vom 15.07.1999 – IX ZR 243–98 = NJW 1999, 3195 (3196) zur Bürgschaft.

1639 Siehe hierzu ausführlich bereits zuvor unter § 16 II.; sowie BGH, Urteil vom 15.07.1999 – IX ZR 243–98 = NJW 1999, 3195 (3196) zum von vornherein in Aussicht genommenen Prolongationskredit, und BGH, Urteil vom 13.06.1996 – IX ZR 229/95 = NJW 1996, 2369 (2370), wo jedoch ganz allgemein auf die entsprechende Kenntnis des Sicherungsgebers hinsichtlich des Umfangs seiner Verpflichtung abgestellt wird; siehe auch *Fischer*, in: Lwowski/Fischer/Gehrlein, Das Recht der Kreditsicherung, § 9, Rdn. 96; *ders.*, WM 2001, 1049 (1053). – Selbst wenn der Anlass der Sicherheitenbestellung rein objektiv zu bestimmen ist, weil der Drittsicherungsgeber die Haftung übernommen hat, ohne sich um den Gegenstand der der zu sichernden Forderungen zu kümmern, umfasst seine Verpflichtung auch den sog. Prolongationskredit, sofern die Kreditvertragsparteien eine solche Gestaltung ihrer Rechtsbeziehungen von Anfang an gewollt hatten und der Prolongationskredit damit vom aktuellen Sicherungsbedürfnis umfasst ist; siehe ebenfalls BGH, Urteil vom 15.07.1999 – IX ZR 243–98 = NJW 1999, 3195 (3196); sowie *Fischer*, WM 2001, 1049 (1053).

grundsätzliche Einordnung von Prolongationen als Anlasskredit.[1640] Es lässt sich daraus nämlich die generalisierende Annahme ableiten, dass die aus der Unwirksamkeit der weiten Zweckerklärung folgende Beschränkung der Sicherheit auf den Anlasskredit eine formularmäßige Haftung für zukünftige Forderungen nicht ausschließt, sofern diese schon bei Vertragsschluss für den Drittsicherungsgeber nach Grund und Umfang klar erkennbar war.[1641] Eine Prolongation kann also dann als Anlasskredit gewertet werden, wenn die Kreditvertragsparteien von vornherein eine Verlängerung der Laufzeit ins Auge gefasst haben, d.h. die Grundlage für die Prolongation bereits im Ursprungsvertrag gelegt wurde.[1642] Unter diesen Voraussetzungen können im Zeitpunkt der Sicherheitenbestellung angelegte spätere Prolongationen formularmäßig grundsätzlich mit abgedeckt werden.

(b) Konkludentes anfängliches Prolongationsbegehren

Aus den vorherigen Erwägungen ergibt sich, dass auch künftige Forderungen den Anlass einer Sicherheitenbestellung bilden können, wenn für den Sicherheitengeber ersichtlich war, dass sich die Sicherung auch auf diese künftigen Forderungen erstrecken soll. Dies wird insbesondere dann der Fall sein, wenn die Kreditlaufzeit aus Zins- und Kostengründen zunächst nur kurzfristig vereinbart wird, das Kreditverhältnis aus ökonomischer Sicht aber mittel- oder langfristig angelegt ist. Voraussehbar kann für den Drittsicherungsgeber ausnahmsweise aber auch die Prolongation eines länger als ein Jahr laufenden Kredites sein.[1643]

Über die (damals) typischen Prolongationsfälle hinaus, bei denen die Laufzeit aus Rücksicht auf § 10 KWG a.F. zunächst nur auf ein Jahr bemessen wurde, hat der BGH eine Prolongation nämlich etwa auch dann als von den Parteien des gesicherten Kreditvertrages von Anfang an ins Auge gefasst angesehen, wenn sich aus der Kreditvereinbarung (bzw. durch deren Auslegung) ergibt, dass sich die Vertragspartner schon bei Vertragsschluss darüber geeinigt haben, das Kreditverhältnis solange fortzusetzen, bis die im Kreditvertrag vorgesehene Tilgung aus dem zu finanzierenden Projekt erfolgen konnte. Die bereits in der Krediturkunde angelegte Laufzeitverlängerung würde sich dabei bereits aus der Laufzeitklausel in Verbindung mit der Tilgungsabrede für den Drittsicherungsgeber erkennbar ergeben.[1644] Aus diesem Grund und mit Rücksicht darauf, dass die gestellte Sicherheit des Drittsicherungsgebers in der Krediturkunde als Sicherheit erwähnt wurde, sowie aus der Tatsache, dass der Drittsicherungsgeber gewusst habe, dass das zu

1640 Siehe insbesondere BGH, Urteil vom 15.07.1999 – IX ZR 243–98 = NJW 1999, 3195 (3196).
1641 Siehe etwa BGH, Urteil vom 29.03.2001 – IX ZR 20/00 = NJW-RR 2002, 343 (344).
1642 So auch *Bales*, BKR 2004, 264 (268).
1643 Zum Ganzen *Lwowski*, in: Schimansky/Bunte/Lwowski, Bankrechts-Handbuch, Anh. zu § 91, Rdn. 5.
1644 Zum Ganzen BGH, Urteil vom 08.11.2001 – IX ZR 46/99 = NJW-RR 2002, 1130 (1131 f.).

finanzierende Projekt Zeit brauche, hat der BGH geschlossen, dass die spätere Prolongation mit zum Anlass der Sicherheitenbestellung gerechnet werden könne. Die aus der laufzeitverlängernden Änderung resultierenden künftigen Forderungen seien nämlich nach Grund und Umfang von vornherein abgesteckt gewesen, sodass das Risiko des Drittsicherungsgebers eindeutig umrissen war. Es sei deshalb auch unerheblich, ob der Drittsicherungsgeber von der tatsächlichen Prolongation gewusst habe.[1645] Er habe, solange er nicht über die Tilgung des Kredites aus dem zu finanzierenden Projekt informiert worden sei, mit – gegebenenfalls auch stillschweigenden – Prolongationen zu rechnen.[1646]

Obwohl der Betrag der Hauptschuld für den Drittsicherungsgeber im Zeitpunkt der Bestellung seiner Sicherheit noch nicht abschließend feststand, scheint für den BGH hier der Sicherungszweck eindeutig und der Drittsicherungsgeber dadurch hinreichend geschützt, dass ein bestimmter Lebenssachverhalt vorliegt, aus dem er den Umfang der zu sichernden Verbindlichkeit und damit sein maximales Risiko einigermaßen sicher abschätzen kann.[1647] Damit dürfte der Drittsicherungsgeber, sofern sich aus dem Verwendungszweck des Kredites oder sonstigen, für ihn ersichtlichen Begleitumständen ergibt, dass die ursprünglich vereinbarte Kreditlaufzeit den Zeitraum der tatsächlichen Finanzierung nicht abdeckt, mit einer Prolongation rechnen müssen und diese wird deshalb auch zum Anlasskredit zu zählen sein.[1648]

(c) Verlängerungsoption (*Extension Option*)

Häufig enthalten die *LMA*-Kreditvertragsmuster sog. Verlängerungsoptionen (*Extension Options*), durch welche dem Kreditnehmer im ursprünglichen Kreditvertrag die Möglichkeit eingeräumt wird, die Laufzeit des Kredites zu gleichen oder vorher vereinbarten Konditionen zu verlängern.[1649] Bei der Ausgestaltung der

---

1645 BGH, Urteil vom 08.11.2001 – IX ZR 46/99 = NJW-RR 2002, 1130 (1132).

1646 BGH, Urteil vom 08.11.2001 – IX ZR 46/99 = NJW-RR 2002, 1130 (1132); *Nobbe*, BKR 2002, 747 (752). Werden im Firmenkundenbereich kurzfristige Kredite als b.a.w.-Kredite („bis auf weiteres") vergeben, dürfte ein Prolongationsproblem damit ebenfalls nicht bestehen (siehe hierzu auch *Benckendorff*, in: Drobnig/Sagel-Grande/Snijders, Neuere Entwicklungen im Recht der persönlichen Kreditsicherheiten, S. 18).

1647 Siehe hierzu auch *Horn*, Globalbürgschaft und Bestimmtheitsgrundsatz, in: Festschrift Merz, S. 217 (222).

1648 *Rösler/Fischer*, BKR 2006, 50 (54).

1649 Ernst & Young GmbH Wirtschaftsprüfungsgesellschaft („EY") – Konsortialkredite im aktuellen Marktumfeld: Aufbau und Strukturen, BVK-Fachforum Berlin vom 05.11.2015, S. 11 (abrufbar unter: http://www.bvkap.de/sites/default/files/news/20151106_bvk_folien_konsortialkredit_ey.pdf, Abruf vom 6. Januar 2019); *Walgenbach*, in: Langenbucher/Bliesener/Spindler, Bankrechts-Kommentar, 16. Kap., VI. Laufzeit/Rückzahlung, Rdn. 85.

Optionen zur Laufzeitverlängerung sind zahlreiche Möglichkeiten denkbar. Am gebräuchlichsten sind dabei Gestaltungen, bei denen die Verlängerung der Laufzeit von der Zustimmung der Bank (bzw. im Fall einer Konsortialfinanzierung von der Zustimmung jeder einzelnen Bank) abhängt.[1650] Die Verlängerungsoption kann üblicherweise zweimalig, jeweils für ein weiteres Jahr, ausgeübt werden, so dass sich die ursprüngliche Laufzeit des Kredites insgesamt um zwei Jahre verlängert.[1651] Diese Ausgestaltung bringt für den Kreditnehmer den Vorteil, dass bei den Banken der Kreditentscheidungsprozess bezüglich der Verlängerung in zeitlicher Nähe zum anfänglichen Kreditgenehmigungsprozess vorgenommen wird, was für den Kreditnehmer wiederum Finanzierungs- und Planungssicherheit bewirkt.[1652]

Mit Aufnahme der Verlängerungsoption wurde die Grundlage für die Prolongation hier bereits im Ursprungsvertrag gelegt. Wird das Kreditverhältnis dem Drittsicherungsgeber rechtzeitig erläutert oder war für ihn aus den vorausgegangenen Verhandlungen oder den ihm zugänglich gemachten Unterlagen ersichtlich, dass die Kreditvertragsparteien eine in der dargestellten Weise gestaltete Prolongation vorgesehen haben, wird der Inhalt des Kreditverhältnisses also von vornherein nach Grund und Umfang genau abgesteckt und das Risiko des Drittsicherungsgebers damit gegenständlich eindeutig beschrieben.[1653] Unter diesen Voraussetzungen handelt es sich bei der nach Ausübung einer Option erfolgten Prolongation noch um den anlassgebenden Kredit, sodass diese vom – insoweit wirksamen – formularmäßigen Sicherungszweck erfasst ist. Daran wird die Tatsache nichts ändern, dass es sich bei der nach Ausübung der Verlängerungsoption erfolgten

---

1650 *Walgenbach*, in: Langenbucher/Bliesener/Spindler, Bankrechts-Kommentar, 16. Kap., VI. Laufzeit/Rückzahlung, Rdn. 85.

1651 EY– Konsortialkredite im aktuellen Marktumfeld: Aufbau und Strukturen, BVK-Fachforum Berlin vom 05.11.2015, S. 11 (abrufbar unter: http://www.bvkap.de/sites/default/files/news/20151106_bvk_folien_konsortialkredit_ey.pdf, Abruf vom 6. Januar 2019); sowie *Walgenbach*, in: Langenbucher/Bliesener/Spindler, Bankrechts-Kommentar, 16. Kap., VI. Laufzeit/Rückzahlung, Rdn. 85 (Fn. 428), der in diesem Zusammenhang auf die sog. 3+1+1- oder 5+1+1-Gestaltungen hinweist, je nachdem, ob die ursprüngliche Laufzeit drei oder fünf Jahre beträgt.

1652 *Walgenbach*, in: Langenbucher/Bliesener/Spindler, Bankrechts-Kommentar, 16. Kap., VI. Laufzeit/Rückzahlung, Rdn. 85.

1653 Zu den sich in diesem Zusammenhang ergebenden Beweisfragen siehe sogleich unten unter § 17; zum Ganzen siehe bereits oben unter § 16 III. 2. a. i. (1) (a). – Selbst wenn der Anlass der Sicherheitenbestellung rein objektiv zu bestimmen ist, weil der Drittsicherungsgeber die Haftung übernommen hat, ohne sich um den Gegenstand der zu sichernden Forderungen zu kümmern, umfasst seine Verpflichtung auch den sog. Prolongationskredit, da die Kreditvertragsparteien eine solche Gestaltung ihrer Rechtsbeziehungen von Anfang an gewollt hatten und der Prolongationskredit damit vom aktuellen Sicherungsbedürfnis umfasst ist (siehe BGH, Urteil vom 15.07.1999 – IX ZR 243–98 = NJW 1999, 3195 (3196); sowie *Fischer*, WM 2001, 1049 (1053)).

Zustimmung der Banken zum Verlängerungswunsch des Kreditnehmers formal um eine neue Kreditentscheidung handeln dürfte. Wirtschaftlich betrachtet dürfte in der Ausübung sog. *Extension Options* nämlich – wie im Fall der Einjahresfazilitäten[1654] – nicht eine Begründung neuer Verbindlichkeiten in selbständigen Verträgen, sondern ein einheitliches Kreditgeschäft zu sehen sein. Es ist damit lediglich von einer Schuldänderung, d.h. einer bloßen Abänderung des fortbestehenden ursprünglichen Kreditvertrages aufgrund der laufzeitverlängernden Änderungen auszugehen.

(d) Vorzeitige Verlängerung der Laufzeit (*Forward Start Facility*)

Ein weiteres Konzept, welches auf eine (vorzeitige) Verlängerung der Laufzeit abzielt, stellt die Aufnahme einer neuen Kreditfazilität dar, deren Bereitstellung deutlich vor dem Laufzeitende des ursprünglichen Kredites vereinbart wird, die aber erst zu deren Laufzeitende in Anspruch genommen werden soll (sog. F*orward Start Facility*).[1655] Diese Vorgehensweise kann bereits im ursprünglichen Kreditvertrag als Option enthalten sein. Bei Konsortialfinanzierungen kann sich der Kreditnehmer damit bereits lange vor Ablauf der Laufzeit des ursprünglichen Kredites Finanzierungssicherheit verschaffen, während er gleichzeitig diejenigen Kreditgeber, die sich an der F*orward Start Facility* nicht beteiligen wollen, für die restliche Laufzeit des ursprünglichen Kredites in der Pflicht behält.[1656]

Für den Fall, dass die Möglichkeit einer F*orward Start Facility* als Option im ursprünglichen Kreditvertrag ausgestaltet ist, kann davon ausgegangen werden, dass die Kreditvertragsparteien die Möglichkeit einer vorzeitigen Verlängerung der Laufzeit von vornherein in Betracht gezogen haben. Wird das Kreditverhältnis dem Drittsicherungsgeber rechtzeitig erläutert oder war für ihn aus den vorausgegangenen Verhandlungen oder den ihm zugänglich gemachten Unterlagen ersichtlich, dass die Kreditvertragsparteien eine in der dargestellten Weise gestaltete vorzeitige Verlängerung der Laufzeit vorgesehen haben, wird der Inhalt der vom Drittsicherungsgeber zu besichernden Verbindlichkeiten damit ebenfalls gegenständlich eindeutig beschrieben sein.[1657]

1654 Siehe hierzu oben unter § 16 III. 2. a. i. (1) (a).

1655 *Walgenbach*, in: Langenbucher/Bliesener/Spindler, Bankrechts-Kommentar, 16. Kap., VI. Laufzeit/Rückzahlung, Rdn. 85a.

1656 Vorteilhaft zeigt sich dies etwa dann, wenn der ursprüngliche Kredit, verglichen mit dem aktuellen Marktumfeld, günstigeren Konditionen unterliegt (siehe *Walgenbach*, in: Langenbucher/Bliesener/Spindler, Bankrechts-Kommentar, 16. Kap., VI. Laufzeit/Rückzahlung, Rdn. 85a).

1657 Zum Ganzen BGH, Urteil vom 15.07.1999 – IX ZR 243–98 = NJW 1999, 3195 (3196); siehe auch *Fischer*, in: Lwowski/Fischer/Gehrlein, Das Recht der Kreditsicherung, § 9, Rdn. 96; *ders.*, WM 2001, 1049 (1053). – Selbst wenn der Anlass der Sicherheitenbestellung rein objektiv zu bestimmen ist, weil der Drittsicherungsgeber die Haftung übernommen hat, ohne sich um den Gegenstand der zu sichernden Forderungen zu kümmern, umfasst seine Verpflichtung auch den sog.

Juristisch gesehen wird in diesem Fall der ursprüngliche Kreditvertrag jedoch wohl nicht prolongiert, sondern mit Abschluss der *Forward Start Facility* wird ein neuer Kreditvertrag – möglicherweise sogar mit teilweise anderen Kreditgebern – geschlossen.[1658] Werden mit den laufzeitverlängernden Änderungen neue Verbindlichkeiten begründet, die bei Bestellung der Sicherheit noch nicht bestanden, haftet der Drittsicherungsgeber nicht schon deshalb, weil die neue Vereinbarung inhaltlich mit dem ursprünglichen Kreditvertrag identisch ist.[1659] Wird die ursprüngliche Laufzeit eines Kredites verlängert und erfolgt dies durch einen neuen Kreditvertrag, erlischt vielmehr – insbesondere da die *Forward Start Facility* erst nach vollständiger Rückführung der ursprünglichen Fazilität in Anspruch genommen werden kann – die originäre Kreditforderung und damit – so jedenfalls im Falle der akzessorischen Sicherungsrechte[1660] – auch die Haftung des Drittsicherungsgebers.[1661] Hierbei handelt es sich jedoch nicht um eine Frage des AGB-Rechts, sondern um eine solche der Akzessorietät, sodass hierfür auf die obigen Ausführungen verwiesen wird.[1662]

(2) Nachträgliche Prolongationsentscheidung

Zu prüfen bleibt, wie sich die Rechtslage bei von den Kreditvertragsparteien nachträglich getroffenen Prolongationsentscheidungen darstellt.

Wie bereits festgestellt, können künftige Verbindlichkeiten nur dann Bestandteil des Sicherungsvertrags und als solche ausnahmsweise noch zum Anlass der formularmäßig bestellten Sicherheit zu zählen sein, wenn die künftigen Verbindlichkeiten bereits bei Vertragsschluss nach Grund und Umfang klar und übersichtlich umrissen sind. Die Entscheidung, die Laufzeit des ursprünglichen Kreditvertrages nachträglich zu verlängern, ist demnach für den Drittsicherungsgeber grundsätzlich nicht verbindlich.[1663] Etwas anderes könnte aber gelten, wenn die nachträglichen laufzeitverlängernden Änderungen sich auf die Rechtsstellung

---

Prolongationskredit, sofern die Kreditvertragsparteien eine solche Gestaltung ihrer Rechtsbeziehungen von Anfang an gewollt hatten und der Prolongationskredit damit vom aktuellen Sicherungsbedürfnis umfasst ist (siehe ebenfalls BGH, Urteil vom 15.07.1999 – IX ZR 243–98 = NJW 1999, 3195 (3196); sowie *Fischer*, WM 2001, 1049 (1053)).

1658 Siehe zur Möglichkeit des Ausscheidens bzw. der Auswechslung von Kreditgebern etwa *Walgenbach*, in: Langenbucher/Bliesener/Spindler, Bankrechts-Kommentar, 16. Kap., VI. Laufzeit/Rückzahlung, Rdn. 85a.

1659 BGH, Urteil vom 15.07.1999 – IX ZR 243–98 = NJW 1999, 3195 (3196).

1660 Siehe hierzu ausführlich oben unter § 9 II. 1.

1661 BGH, Urteil vom 07.10.2002 - II ZR 74/00 = NJW 2003, 61 (62); siehe hierzu auch *Benckendorff*, in: Drobnig/Sagel-Grande/Snijders, Neuere Entwicklungen im Recht der persönlichen Kreditsicherheiten, S. 17.

1662 Siehe hierzu ausführlich oben unter § 9 I. 1.

1663 BGH, Urteil vom 18.07.2002 – IX ZR 294/00 = NJW 1999, 3167 (3168); so auch *Rohe*, in: Bamberger/Roth/Hau/Poseck, BeckOK BGB, § 765, Rdn. 35.

des Drittsicherungsgebers nicht nachteilig auswirken, sein Risiko also nicht erhöht würde. Davon kann hier aber ebenfalls nicht ausgegangen werden. Jenseits der zuvor erörterten, von Anfang an vorgesehenen Prolongationen zeigen sich Laufzeitverlängerungen nämlich als problematisch. Vereinbaren die Kreditvertragsparteien nachträglich eine Verlängerung der Laufzeit, kann dies zwar unter Umständen für den Drittsicherungsgeber günstige Wirkungen haben, da durch die Änderung der Laufzeit seine alsbaldige Inanspruchnahme vermieden wird.[1664] Eine laufzeitverlängernde Änderung bringt für den Drittsicherungsgeber aber nicht ohne weiteres einen wirtschaftlichen Vorteil.[1665] So könnte sich beispielsweise im Falle einer Bürgschaft das Risiko des Bürgen dadurch wesentlich erhöhen, dass die bei Ablauf der ursprünglich vereinbarten Kreditvertragslaufzeit aus §§ 774 Abs. 1, 769 BGB resultierenden Regressmöglichkeiten später wesentlich an Wert verlieren.[1666] Der Bürge kann, sofern er keine Zeitbürgschaft bestellt hat, solche mit der Laufzeitverlängerung der gesicherten Hauptschuld verbundenen Nachteile regelmäßig nicht vermeiden.[1667] Eine Prolongation dürfte aber gleichermaßen für sonstige Drittsicherungsgeber nachteilig sein. Mit einer nachträglich vereinbarten Prolongation wird sich das Risiko des Drittsicherungsgebers nämlich beträchtlich vergrößern, da die Haftung nunmehr während der gesamten Verlängerungszeit – regelmäßig sogar in voller Höhe[1668] – bestehen bleibt. Auch dürfte bei einer Laufzeitverlängerung das Ausfallrisiko zum Nachteil des Drittsicherungsgebers von der ursprünglich besicherten Verbindlichkeit abweichen. Dass eine nachträglich vereinbarte Prolongation eine Risikoerhöhung des Drittsicherungsgebers mit sich bringt, wird auch durch bankenaufsichtsrechtliche Wertungen deutlich. Denn für Zwecke der MaRisk[1669] gilt eine Prolongation, da sich risikorelevante Sachverhalte ändern, als neue Kreditentscheidung. Dem Prolongationsbegehren des Kreditnehmers kann deshalb nicht ohne eine erneute Kreditwürdigkeitsprüfung seitens der kreditgewährenden Banken abgeholfen werden. Wenn für die Kreditinstitute die Prolongation eine Änderung risikorelevanter Sachverhalte darstellt, dann muss

---

1664 So etwa *Fischer*, WM 2001, 1049 (1053).

1665 BGH, Urteil vom 15.07.1999 – IX ZR 243–98 = NJW 1999, 3195 (3196).

1666 BGH, Urteil vom 15.07.1999 – IX ZR 243–98 = NJW 1999, 3195 (3196); *Fischer*, WM 2001, 1049 (1053); *Rösler/Fischer*, BKR 2006, 50 (54).

1667 Zum Ganzen BGH, Urteil vom 15.07.1999 – IX ZR 243–98 = NJW 1999, 3195 (3196); so auch *Fischer*, WM 2001, 1049 (1053).

1668 Da bei Tilgungskrediten eine Tilgung bereits während der Laufzeit des Kredites regelmäßig erfolgt, kommt es bei diesen seltener zu einer Prolongation als bei endfälligen Krediten. Eine Laufzeitverlängerung hat deshalb i.d.R zur Folge, dass die Haftung während der gesamten Verlängerungszeit in gesamter Höhe bestehen bleibt.

1669 Mindestanforderungen an das Risikomanagement (MaRisk) (AT 2.3) – in ihrer Fassung vom 14.12.2012 (abrufbar unter www.bafin.de, Abruf vom 6. Januar 2019); siehe hierzu auch Braun, in: Boos/Fischer/Schulte-Mattler, KWG, CRR-VO, Bd. 1, § 25a KWG, Rdn. 119.

dies aber gleichermaßen für den Drittsicherungsgeber gelten. Dies insbesondere dann, wenn eine Prolongation deshalb gewährt wird, weil der Kredit zur ursprünglichen Fälligkeit vom Kreditnehmer nicht zurückgezahlt werden kann. Die Bonität des Kreditnehmers wird sich dann nämlich – im Vergleich zum Zeitpunkt der Sicherheitenbestellung – regelmäßig verschlechtert haben, so dass sich dadurch das Risiko einer Inanspruchnahme des Drittsicherungsgebers zunehmend erhöht. Vereinbart der Kreditnehmer nachträglich mit der kreditgewährenden Bank eine Verlängerung der Kreditvertragslaufzeit, so ist eine solche Änderung schon deshalb, weil sie sich im Einzelfall für den Drittsicherungsgeber nachteilig auswirken kann, vom Gegenstand und Umfang des Anlasskredits nicht gedeckt.[1670]

Zudem handelt es sich bei einer nachträglichen Prolongation in der Regel auch (formal) um eine neue Kreditgewährung.[1671] Juristisch gesehen wird zudem in der Praxis häufig gar nicht prolongiert, sondern ein neuer Kreditvertrag geschlossen.[1672] Werden mit den laufzeitverlängernden Änderungen jedoch neue Verbindlichkeiten begründet, die bei Bestellung der Sicherheit noch nicht bestanden und damals auch noch nicht als zukünftige Rechtsgeschäfte in die Verhandlungen einbezogen worden waren, welche der Kreditgewährung vorausgingen, haftet der Drittsicherungsgeber – wie bereits festgestellt – auch nicht bereits deshalb, weil die neue Vereinbarung inhaltlich mit dem ursprünglichen Kreditvertrag – abgesehen von der Laufzeit – identisch ist.[1673] Wird die ursprüngliche Laufzeit eines Kredites verlängert und erfolgt dies durch einen neuen Kreditvertrag, erlischt vielmehr in der Regel die originäre Kreditforderung und damit – so jedenfalls im Falle der akzessorischen Sicherungsrechte[1674] – auch die Haftung des Drittsicherungsgebers.[1675] Sollten die laufzeitverlängernden Änderungen derart gestaltet sein, dass die ursprünglichen Verträge fortgesetzt werden, sind die Rechtsfolgen für den Drittsicherungsgeber jedoch ebenfalls unverbindlich, da sich die Prolongation – ungeachtet ihrer formalen Ausgestaltung – für den Drittsicherungsgeber im Einzelfall, wie gesagt, nachteilig auswirken kann.[1676]

1670 *Fischer*, in: Lwowski/Fischer/Gehrlein, Das Recht der Kreditsicherung, § 9, Rdn. 96; *ders.*, WM 2001, 1049 (1053).

1671 BGH, Urteil vom 15.07.1999 – IX ZR 243–98 = NJW 1999, 3195 (3196) zur Bürgschaft; BGH, Urteil vom 07.10.2002 – II ZR 74/00 = NJW 2003, 61 (62) zum Pfandrecht; *Gaberdiel/Gladenbeck*, Kreditsicherung durch Grundschulden, Rdn. 685; *Ganter*, in: Schimansky/Bunte/Lwowski, Bankrechts-Handbuch, § 90, Rdn. 103; *ders.*, WM 1996, 1705 (1716); *Merkel*, in: Schimansky/Bunte/Lwowski, Bankrechts-Handbuch, § 93, Rdn. 226.

1672 *Lwowski*, in: Schimansky/Bunte/Lwowski, Bankrechts-Handbuch, Anh. zu § 91, Rdn. 5; *ders.*, in: Schimansky/Bunte/Lwowski, Bankrechts-Handbuch, § 91, Rdn. 255.

1673 BGH, Urteil vom 15.07.1999 – IX ZR 243–98 = NJW 1999, 3195 (3196).

1674 Siehe hierzu ausführlich oben unter § 9 II. 1.

1675 BGH, Urteil vom 07.10.2002 – II ZR 74/00 = NJW 2003, 61 (62) zum Pfandrecht; siehe hierzu auch *Benckendorff*, in: Drobnig/Sagel-Grande/Snijders, Neuere Entwicklungen im Recht der persönlichen Kreditsicherheiten, S. 17.

1676 BGH, Urteil vom 15.07.1999 – IX ZR 243–98 = NJW 1999, 3195 (3196) zur Bürgschaft.

Ohne entsprechende Ergänzung seiner Willenserklärung haftet der nicht in die Vertragsänderung einbezogene Drittsicherungsgeber deshalb grundsätzlich nicht für Verbindlichkeiten, die während einer nachträglich vereinbarten Verlängerungszeit entstanden sind.[1677] Betroffen sind hiervon alle Verbindlichkeiten, durch die sich der am ursprünglich vereinbarten Schlusstag begründete Anspruch aus der Anlassverbindlichkeit später erhöht hat, also insbesondere die vertraglichen Zinsen.[1678] Bedeutung gewinnt dies vor allem dann, wenn der besicherte Kredit zum Zeitpunkt des zunächst vereinbarten Vertragsendes nicht voll valutiert war. In diesem Fall kommt es entscheidend darauf an, welche Forderungen der kreditgewährenden Bank gegen ihren Kreditnehmer aus dem Anlasskredit begründet waren und in welcher Höhe diese Ansprüche jetzt noch fortbestehen.[1679]

(3) Sonderfall: Konditionenanpassung im Rahmen unechter Abschnittsfinanzierungen

Unproblematisch stellt sich bei geltungserhaltender Auslegung einer unwirksamen formularmäßigen Zweckerklärung jedoch die Haftung für unechte Abschnittsfinanzierungen dar. Bei einer unechten Abschnittsfinanzierung wird der zwischen den Kreditvertragsparteien vereinbarte Zinssatz für eine bestimmte Zeitspanne festgeschrieben und eine Rückzahlung des Kredites vor Ablauf dieser Frist ausgeschlossen. Die kreditgewährenden Banken erklären sich jedoch einverstanden, den Kredit auch nach Ablauf des Festschreibungszeitraums für weitere Zeitabschnitte zu gewähren und behalten sich lediglich vor, die Konditionen entsprechend der Marktentwicklung anzupassen.[1680]Anders als bei einer Prolongation nach Ablauf der Gesamtlaufzeit wird dem Kreditnehmer hier für den folgenden Zeitabschnitt kein neues Kapitalnutzungsrecht gewährt. Geändert werden nach Ablauf der Zinsbindungsfrist für die Zukunft lediglich die Konditionen der Kapitalnutzung im Rahmen des ursprünglichen Kreditvertrages und das ursprüngliche Kapitalnutzungsrecht wird zu veränderten Kreditbedingungen fortgesetzt.[1681] Da

1677 Zur Bürgschaft BGH, Urteil vom 18.07.2002 – IX ZR 294/00 = NJW 2002, 3167 (3168); BGH, Urteil vom 08.11.2001 – IX ZR 46/99 = NJW-RR 2002, 1130 (1131); BGH, Urteil vom 15.07.1999 – IX ZR 243–98 = NJW 1999, 3195 (3195); *Fischer*, in: Lwowski/Fischer/Gehrlein, Das Recht der Kreditsicherung, § 9, Rdn. 96; *ders.*, WM 2001, 1049 (1053); *ders.*, WM 1998, 1705 (1711); zum Pfandrecht BGH, Urteil vom 07.10.2002 – II ZR 74/00 = NJW 2003, 61 (62); zur Grundschuld *Gaberdiel/ Gladenbeck*, Kreditsicherung durch Grundschulden, Rdn. 685.

1678 BGH, Urteil vom 15.07.1999 – IX ZR 243–98 = NJW 1999, 3195 (3196) zur Bürgschaft; siehe hierzu auch *Fischer*, in: Lwowski/Fischer/Gehrlein, Das Recht der Kreditsicherung, § 9, Rdn. 96; *ders.*, WM 2001, 1049 (1053).

1679 BGH, Urteil vom 15.07.1999 – IX ZR 243–98 = NJW 1999, 3195 (3196) zur Bürgschaft.

1680 Siehe zum Ganzen *Ganter*, Schimansky/Bunte/Lwowski, Bankrechts-Handbuch, § 90, Rdn. 103.

1681 Siehe zum Ganzen BGH, Urteil vom 28.05.2013 – XI ZR 6/12 = BKR 2013, 326 (329 Rdn. 22); BGH, Urteil vom 07.10.1997 – XI ZR 233/96 = NJW 1998, 602 (603).

sich die kreditgewährende Bank hier mit der Prolongation unter Vorbehalt der Konditionenanpassung von Anfang an einverstanden erklärt hat, sind die neuen, den Marktverhältnissen angepassten Konditionen auch zum Anlass der Sicherheitenbestellung zu rechnen.[1682]

(4) Zwischenbefund

Bei einer rechtsgeschäftlichen Verlängerung der Laufzeit einer Kreditverbindlichkeit handelt es sich grundsätzlich um eine für den Drittsicherungsgeber haftungserweiternde Vereinbarung, die es jedoch stets vor dem Hintergrund des tatsächlich eingetretenen Sachverhalts im Einzelfall zu prüfen gilt: Wird ein befristeter Kredit verlängert, so dürfte auch der Prolongationskredit wirksam gesichert sein, sofern die Kreditvertragsparteien von Anfang an eine (mehrfache) Verlängerung beabsichtigt hatten. Die bereits im Zeitpunkt der Sicherheitenbestellung angelegte spätere Prolongation dürfte dann zu deren Anlass gerechnet werden können. Dagegen dürfte die bei Ablauf der Laufzeit gewährte Verlängerung eines Kredites, die von den Kreditvertragsparteien nicht bereits im Zeitpunkt der Haftungsübernahme ins Auge gefasst worden war, selbst bei Beibehaltung der übrigen Kreditbedingungen nicht zum Anlass der Sicherheitenbestellung gerechnet werden können und mithin nicht von der – insoweit wirksamen – Sicherungszweckerklärung abgedeckt sein. Der Sache nach handelt es sich hier (formal) grundsätzlich um einen neuen Kredit.[1683] Um bei dieser in der Praxis nicht immer leicht vorzunehmenden Differenzierung zwischen einer wirksam zu besichernden anfänglichen und einer unzulässigen nachträglichen Prolongationsentscheidung nicht dem Risiko einer Fehlbeurteilung und der Folge einer unwirksamen Besicherung ausgesetzt zu sein, empfiehlt es sich jedoch, die Prolongation eines gesicherten Kredites sicherheitshalber von der ausdrücklichen Bestätigung des Drittsicherungsgebers abhängig zu machen bzw. eine neue Sicherheit hereinzunehmen.[1684]

ii. Krediterweiterungen

In der Praxis wird bei Verlängerungen der Kreditvertragslaufzeit teilweise von Krediterweiterungen gesprochen, und umgekehrt werden Änderungen hinsichtlich des Kreditbetrages häufig als Prolongation verstanden. Klarstellend sollen für die Zwecke dieser Untersuchung vom Begriff der Krediterweiterung aber nur die Aufstockung des Kreditbetrages sowie zusätzliche Kreditaufnahmen verstanden

1682 *Ganter*, in: Schimansky/Bunte/Lwowski, Bankrechts-Handbuch, § 90, Rdn. 103.

1683 So bzw. zum Ganzen auch *Gaberdiel/Gladenbeck*, Kreditsicherung durch Grundschulden, Rdn. 685; *Ganter*, in: Schimansky/Bunte/Lwowski, Bankrechts-Handbuch, § 90, Rdn. 103.

1684 Siehe hierzu auch *Gaberdiel/Gladenbeck*, Kreditsicherung durch Grundschulden, Rdn. 685; *Röttger*, Kreditsicherungsrecht, S. 37.

werden.[1685] Der Begriff der Prolongation soll sich – wie bereits erörtert – hingegen auf laufzeitverlängernde Änderungen des Kreditvertrages beschränken. Änderungen des Kreditbetrages sind somit, solange sie keine Laufzeitverlängerung zur Folge haben, keine Prolongationen.

(1) Nachträgliche Krediterweiterungen

Bei einer zusätzlichen Kreditaufnahme wird man zweifelsfrei, im Falle der Aufstockung des Kreditbetrages jedoch ebenfalls von der Begründung einer neuen Kreditverbindlichkeit ausgehen müssen.[1686] Sowohl bei zusätzlichen Kreditaufnahmen als auch bei anfänglich nicht vereinbarten Erhöhungen dürfte grundsätzlich nicht davon auszugehen sein, dass diese vom damaligen Sicherungsbedürfnis der kreditgewährenden Bank erfasst waren. Mit einer Krediterweiterung ändert sich zudem die Rechtsstellung des Drittsicherungsgebers zu seinem Nachteil. Ein Drittsicherungsgeber haftet bei unwirksamer formularmäßiger Zweckerklärung deshalb grundsätzlich nicht für nachträgliche Krediterweiterungen.[1687] Nach der Anlassrechtsprechung sind aber weder zusätzliche Kreditaufnahmen noch nachträgliche Krediterweiterungen schädlich für die ursprünglich besicherte Kreditverbindlichkeit; für diese Verbindlichkeit haftet der Drittsicherungsgeber – mit dem Inhalt, den sie bei Übernahme der Sicherheit hatte – weiter.[1688]

(2) Nicht fest zugesagte Kreditlinien (*Accordion Option*)

Bei der Akquisitionsfinanzierung wird häufig bereits zu Beginn für weitere, nach Durchführung der Akquisition vorgesehene Maßnahmen durch zusätzliche Kreditlinien (in der Regel in Form von Terminkrediten) Vorsorge getroffen.[1689] Dem wird insbesondere durch Aufnahme sog. *Accordion Options* in den Kreditvertrag Rechnung getragen. Bei dem hier zu untersuchenden Konzept handelt es sich um eine Option, deren Aufnahme in den Kreditvertrag der Kreditnehmer bereits zu Beginn der Finanzierungsverhandlungen verlangen kann, und die es ihm unter der Voraussetzung, dass kein Kündigungsgrund vorliegt, erlaubt, den ursprünglich vereinbarten Kreditbetrag zu erhöhen (sog. *Accordion Option*; häufig

---

1685 Siehe hierzu auch *Feldhusen*, BKR 2016, 441 (450), die ebenso davon ausgeht, dass eine Erhöhung des Nettokreditbetrages i.d.R. nicht automatisch mit einer Prolongation des Kreditvertrages verbunden ist; so differenzierend auch *Auerbach*, Banken- und Wertpapieraufsicht, Teil B, Rdn. 431.

1686 *Merkel*, in: Schimansky/Bunte/Lwowski, Bankrechts-Handbuch, § 93, Rdn. 227.

1687 *Merkel*, in: Schimansky/Bunte/Lwowski, Bankrechts-Handbuch, § 93, Rdn. 227; *Nobbe*, BKR 2002, 747 (756); *Rösler/Fischer*, BKR 2006, 50 (54).

1688 *Rösler/Fischer*, BKR 2006, 50 (54).

1689 *Knepper*, in: Meyer-Sparenberg/Jäckle, Beck'sches M&A-Handbuch, § 15, Rdn. 1.

auch als *Add-On Facility* bzw. *Non-Committed Facility* bezeichnet[1690]).[1691] Hierfür wird bereits im ursprünglichen Kreditvertrag eine zusätzliche Fazilität (etwa für Akquisitionen und Investitionen) vorgesehen, jedoch ohne „Obligo" der beteiligten Kreditgeber.[1692] Eine Zusage zu seinem „Erweiterungswunsch" erhält der Kreditnehmer regelmäßig erst im Zeitpunkt der Anfrage.[1693] Die *Accordion Option* beschreibt mithin eine bereits im Zeitpunkt der Sicherheitenbestellung angelegte Möglichkeit zur späteren Krediterweiterung. Bei Ausübung der *Accordion Option* wird dem Kreditverhältnis dann eine weitere Tranche hinzugefügt. Die Bedingungen für die Erhöhung sowie deren Konditionen entsprechen denjenigen des Ursprungskreditvertrages und werden regelmäßig bereits bei Abschluss dieses Vertrages geregelt.[1694] Das Konzept der *Accordion Options* wird in der Regel bei Akquisitionsfinanzierungen, jedoch auch bei Expansionsfinanzierungen sowie einer Erhöhung des Umlaufvermögens (*Working Capital*) verwendet, also in Fällen, in denen vorauszusehen ist, dass sich der Fremdkapitalbedarf möglicherweise erhöhen wird.[1695]

Wie zuvor bereits festgestellt, handelt es sich bei Aufstockungen des Kreditbetrages sowohl in Form von neuen Kreditverträgen als auch in Form von nachträglichen Vertragserweiterungen grundsätzlich nicht mehr um den anlassgebenden Kredit. Im Vergleich zu den zuvor dargestellten nachträglichen Krediterweiterungen besteht hier jedoch die Besonderheit, dass es sich bei der *Accordion Option* um

---

1690 Siehe *Jetter/Frost/Müller-Deku/Jörgens*, in: Eilers/Koffka/Mackensen, Private Equity, Kap. V, Rdn. 36; *Knepper*, in: Meyer-Sparenberg/Jäckle, Beck'sches M&A-Handbuch, § 15, Rdn. 8.

1691 Siehe Definition der „Accordion Features" der LMA; ins Deutsche übersetzt aus den „Glossary of Terms" der LMA (abrufbar unter: http://www.lma.eu.com/news-publications/glossary-terms, Abruf vom 6. Januar 2019).

1692 *Knepper*, in: Meyer-Sparenberg/Jäckle, Beck'sches M&A-Handbuch, § 15, Rdn. 8; *Zulawski*, in: Diem/Jahn, Acquisition Finance Agreements in Germany, II.4., Rdn. 3.

1693 Siehe EY – Konsortialkredite im aktuellen Marktumfeld: Aufbau und Strukturen, BVK-Fachforum Berlin vom 05.11.2015, S. 11 (abrufbar unter: http://www.bvkap.de/sites/default/files/news/20151106_bvk_folien_konsortialkredit_ey.pdf, Abruf vom 6. Januar 2019).

1694 Siehe EY – Konsortialkredite im aktuellen Marktumfeld: Aufbau und Strukturen, BVK-Fachforum Berlin vom 05.11.2015, S. 11 (abrufbar unter: http://www.bvkap.de/sites/default/files/news/20151106_bvk_folien_konsortialkredit_ey.pdf, Abruf vom 6. januar 2019); sowie Definition der „Accordion Features" aus den „Glossary of Terms" der LMA (abrufbar unter: http://www.lma.eu.com/news-publications/glossary-terms, Abruf vom 6. Januar 2019).

1695 Siehe ebenfalls EY – Konsortialkredite im aktuellen Marktumfeld: Aufbau und Strukturen, BVK-Fachforum Berlin vom 05.11.2015, S. 11 (abrufbar unter: http://www.bvkap.de/sites/default/files/news/20151106_bvk_folien_konsortialkredit_ey.pdf, Abruf vom 6. Januar 2019); sowie Definition der „Accordion Features" aus den „Glossary of Terms" der LMA (abrufbar unter: http://www.lma.eu.com/news-publications/glossary-terms, Abruf vom 6. Januar 2019).

die Möglichkeit einer Krediterweiterung handelt, die von den Parteien des gesicherten Kreditvertrages von Anfang an vorgesehen war. Denn aus der Aufnahme der Option in die Kreditvereinbarung ergibt sich, dass sich die Kreditvertragspartner schon bei Vertragsschluss einig waren, den Kreditbetrag möglicherweise zu erweitern. Aus diesem Grund dürfte davon auszugehen sein, dass die mit Aufnahme der *Accordion Option* von Anfang an vorgesehene Möglichkeit, den Kreditbetrag zu erhöhen, mit zum Anlass der Sicherheitenbestellung zu rechnen ist. Die aus der bereits im Zeitpunkt der Sicherheitenbestellung angelegten späteren Krediterweiterung resultierenden künftigen Forderungen dürften nämlich nach Grund und Umfang von vornherein abgesteckt gewesen sein, sodass sich das Risiko des Drittsicherungsgebers als eindeutig umrissen zeigen dürfte. Daran dürfte sich auch dann nichts ändern, wenn der Betrag der zu sichernden Forderung für den Drittsicherungsgeber im Zeitpunkt der Bestellung seiner Sicherheit noch nicht abschließend feststand. Im Zusammenhang mit einem „konkludenten anfänglichen Prolongationsbegehren“[1696] scheint es für den BGH nämlich ebenfalls ausreichend, dass ein bestimmter Lebenssachverhalt und Rechtsgrund vorliege, aus dem der Drittsicherungsgeber den Umfang der zu sichernden Verbindlichkeiten und damit sein maximales Risiko einigermaßen sicher abschätzen könne.

Der Kreditnehmer hat damit zwar bei *Accordion Options* keine Finanzierungssicherheit, da die Gewährung der nicht fest zugesagten Kreditlinie bei Ausübung der Option noch von der Zustimmung der zu gegebener Zeit bestehenden oder zusätzlichen Kreditgeber abhängt.[1697] *Accordion Options* führen aber immerhin dazu, dass die etwaigen zusätzlichen Verbindlichkeiten in dem jeweils vorgesehenen Rahmen von vornherein zulässig und wirksam in die entsprechende Besicherung mit einbezogen werden können.

iii. Neue Fazilitäten

Aus den aufgezeigten Gründen ist es auch grundsätzlich nicht möglich, nachträglich bewilligte Kredite bzw. neue Fazilitäten der Haftung des Bürgen ohne seine Zustimmung zu unterstellen.[1698] Ebenso haftet der Bürge nicht, wenn zwischen Kreditgeber und Hauptschuldner das bisherige Vertragsverhältnis endet und eine neue Kontobeziehung begründet wird.[1699]

iv. Tilgungsaussetzung

Bei vielen Krediten wird aus unterschiedlichen Gründen die Tilgung für einen bestimmten Zeitraum ausgesetzt und nur die Zinsen werden regelmäßig weitergezahlt.[1700] Vereinbaren die Kreditvertragsparteien ohne Beteiligung des

---

1696 Siehe hierzu oben unter § 16 III. 2. a. i. (1) (b).
1697 *Knepper*, in: Meyer-Sparenberg/Jäckle, Beck'sches M&A-Handbuch, § 15, Rdn. 8.
1698 So auch *Nobbe*, BKR 2002, 50 (52).
1699 Siehe etwa BGH, Urteil vom 18.05.1995 – IX ZR 108/94 = NJW 1995, 2553 (2556).
1700 *Rösler*, BKR 2001, 125 (125).

Drittsicherungsgebers eine Tilgungsaussetzung – etwa in der Form, dass die Tilgungsvereinbarung von einer monatlichen Ratenzahlung auf eine Tilgung am Ende der Kreditlaufzeit umgestellt wird – liegt darin jedoch nach Ansicht des BGH in der Regel eine unwirksame Erweiterung der Verpflichtung des Drittsicherungsgebers.[1701] Eine solche Vereinbarung vergrößert das Risiko des Drittsicherungsgebers erheblich, weil sie bewirkt, dass sich der Kreditbetrag nicht mehr kontinuierlich verringert und sich die Laufzeit des Kredites möglicherweise verlängert. Die Haftung des Drittsicherungsgebers bleibt nunmehr während der gesamten Laufzeit in voller Höhe weiter bestehen.[1702] Zudem ist der Kredit damit für die gesamte Laufzeit vollständig zu verzinsen.[1703] Regelmäßig dürfte bei einer Tilgungsaussetzung aber auch das Ausfallrisiko zum Nachteil des Drittsicherungsgebers von der ursprünglich besicherten Verbindlichkeit abweichen. Tilgungsaussetzungen sind deshalb bei „geltungserhaltender Auslegung“ einer unwirksamen formularmäßig weiten Sicherungszweckerklärung nicht vom Haftungsumfang des Drittsicherungsgebers erfasst.

Bleibt der Haftungsumfang des Drittsicherungsgebers von der ohne seine Beteiligung getroffenen Vereinbarung einer Tilgungsaussetzung unberührt, so ist jedoch zu prüfen, wie sich der Kredit ohne die Änderung tatsächlich entwickelt hätte. Diese Sachlage gilt es sodann mit dem tatsächlich eingetretenen Sachstand zu vergleichen.[1704] Die aus der Vereinbarung einer Tilgungsaussetzung resultierenden Rechtsfolgen sind daher stets vor dem Hintergrund des tatsächlichen Sachverhalts im Einzelfall zu prüfen.

Im Rahmen der Prüfung, wie sich der Kredit entwickelt hätte, wenn es bei der ursprünglichen Tilgungsvereinbarung geblieben wäre, ist es laut BGH von Bedeutung, ob der Kreditnehmer in der Lage gewesen wäre, die im Kreditvertrag ursprünglich vorgesehenen Tilgungsleistungen weiter ganz oder teilweise zu erbringen. Träfe dies nicht zu, wäre eine durch die Tilgungsaussetzung herbeigeführte Verschlechterung der Rechtslage des Drittsicherungsgebers jedenfalls insoweit zu verneinen, als dieser bei der Inanspruchnahme zum jeweiligen Fälligkeitszeitpunkt die kreditgewährende Bank hätte befriedigen müssen, ohne gegen den Kreditnehmer bestehende Rückgriffsansprüche durchsetzen zu können.[1705] War der Kreditnehmer zum ursprünglich vereinbarten Fälligkeitszeitpunkt ganz

---

1701 BGH, Urteil vom 06.04.2000 – IX ZR 2/98 = NJW 2000, 2580 (2582) zur Bürgschaft; siehe hierzu auch *Benckendorff*, in: Drobnig/Sagel-Grande/Snijders, Neuere Entwicklungen im Recht der persönlichen Kreditsicherheiten, S. 17; *Fischer*, WM 2001, 1049 (1054); *Nobbe*, BKR 2002, 747 (756); *Rösler/Fischer*, BKR 2006, 50 (55).

1702 Zum Ganzen BGH, Urteil vom 06.04.2000 – IX ZR 2/98 = NJW 2000, 2580 (2582); *Fischer*, WM 2001, 1049 (1054); *Nobbe*, BKR 2002, 747 (756); *Rösler/Fischer*, BKR 2006, 50 (55); *ders.*, BKR 2001, 125 (127).

1703 *Rösler*, BKR 2001, 125 (127).

1704 Zum Ganzen BGH, Urteil vom 06.04.2000 – IX ZR 2/98 = NJW 2000, 2580 (2582).

1705 Siehe zum Ganzen BGH, Urteil vom 06.04.2000 – IX ZR 2/98 = NJW 2000, 2580 (2583).

oder teilweise nicht im Stande, die Tilgungsraten zu erbringen, hätte sich auch der Kreditbetrag, wie im Falle der Tilgungsaussetzung, nicht mehr kontinuierlich vermindert. Es würde insoweit keinen Unterschied machen, ob der Kreditnehmer seine Tilgungsraten nicht zu den vorgesehenen Fälligkeitszeitpunkten oder erst am Ende der Laufzeit des Kredites nicht zu erbringen in der Lage ist. Deshalb dürfte zumindest bei diesen Gegebenheiten nicht von einer Verschlechterung der Rechtsstellung des Drittsicherungsgebers ausgegangen werden können.

v. Änderung der Tilgungsmodalitäten

Wenn bei einem Kreditverhältnis die Tilgungs- bzw. Rückzahlungsmodalitäten geändert werden, kommt es im Einzelfall darauf an, ob sich etwaige Änderungen für den Drittsicherungsgeber nachteilig auswirken oder nicht. Verschlechterungen berühren danach seine Rechtsstellung nicht; eine Erstreckung seiner Sicherheitsleistung erfolgt nicht. Verbesserungen wirken sich dagegen zu seinen Gunsten aus und sind deshalb unproblematisch.[1706] Es wird deshalb auch hier zu prüfen sein, wie sich der Kredit entwickelt hätte, wenn es bei der ursprünglichen Tilgungsregelung des Kreditvertrags geblieben wäre.[1707] Dabei ist beispielsweise die nachträgliche Vereinbarung monatlicher Tilgungsraten bei Umwandlung eines Kontokorrentkredits in einen niedriger verzinslichen Tilgungskredit nicht als für den Drittsicherungsgeber nachteilig anzusehen, wenn der Kreditbetrag dadurch nicht höher wird.[1708]

vi. Stundung

Vorsicht geboten ist auch bei einer Stundung der gesicherten Kreditverbindlichkeit ohne Zustimmung des Drittsicherungsgebers.

Zunächst wird eine Stundung nicht immer leicht von einer Änderung der Tilgungsmodalitäten bzw. Aussetzung der Tilgung zu unterscheiden sein, da diese Vertragsänderungen, weil die Tilgungsraten nicht zu den ursprünglich vorgesehenen Fälligkeitszeitpunkten, sondern erst am Ende der Laufzeit des Kredites zu zahlen sind, im Ergebnis einer Stundung nahe kommen. Unter einer Stundung wird bei einem Kredit mit regelmäßiger Tilgung in erster Linie jedoch nur „ein kurzfristiges Hinausschieben der Fälligkeit einer oder mehrerer Raten bei grundsätzlicher Beibehaltung der monatlichen Tilgungsverpflichtung“ verstanden.[1709] Eine Stundung lässt die gestundete Kreditforderung mithin unberührt und schiebt

1706 Zum Ganzen *Lwowski*, in: Schimansky/Bunte/Lwowski, Bankrechts-Handbuch, Anhang zu § 91, Rdn. 256; *Nobbe*, BKR 2002, 747 (756 f.); *Rösler/Fischer*, BKR 2006, 50 (55).

1707 Siehe hierzu bereits zuvor unter § 16 III. 2. a. iii.

1708 *Nobbe*, BKR 2002, 747 (757).

1709 Zum Ganzen BGH, Urteil vom 06.04.2000 – IX ZR 2/98 = NJW 2000, 2580 (2582).

lediglich ihre Fälligkeit auf.[1710] Wird die zu stundende Kreditforderung durch ein Drittsicherungsrecht gesichert, können sich aber dennoch Probleme ergeben. Da die Stundung von Zins- und Tilgungsraten in der Regel der Vermeidung bzw. Beseitigung von Insolvenzgründen bei einem Kreditnehmer oder der kurzzeitigen Überbrückung der Zeit bis zu einer Sanierung dient, stellen Stundungen regelmäßig keine von vornherein geplanten Änderungen des Kreditverhältnisses dar.[1711] Wenn die Kreditvertragsparteien eine Stundung nicht von vornherein ins Auge gefasst haben, kann auch nicht davon ausgegangen werden, dass die Grundlage dafür bereits im Ursprungsvertrag gelegt wurde. Die aus der gestundeten Kreditverbindlichkeit resultierenden Verbindlichkeiten können also nicht bereits deshalb mit zum Anlasskredit gerechnet werden, weil sie schon bei Vertragsschluss für den Drittsicherungsgeber nach Grund und Umfang erkennbar gewesen wären.

Die aus dem Scheitern der Einbeziehung bzw. der Unwirksamkeit der weiten Zweckerklärung folgende Beschränkung der Sicherheit auf den Anlasskredit wird eine formularmäßige Haftung für die aus einer Stundung der Kreditverbindlichkeit resultierenden Forderungen auch nicht deshalb ausschließen, weil sich durch die Stundung die Rechtsstellung des Sicherungsgebers nicht zu seinem Nachteil verändert. In diesem Zusammenhang neigt der BGH zwar dazu, Stundungen i.S. eines kurzfristigen Hinausschiebens der Fälligkeit bei grundsätzlicher Beibehaltung der ursprünglich vereinbarten Tilgungsmodalitäten wohl nicht als Rechtsstellung des Drittsicherungsgebers verschlechternde Vereinbarung anzusehen.[1712] Dem kann nach hier vertretener Auffassung jedoch nicht gefolgt werden. Ebenso wie eine Tilgungsaussetzung – bei der der BGH von einer Verschlechterung der Rechtsstellung des Drittsicherungsgebers ausgeht – führt nämlich auch eine Stundung regelmäßig dazu, dass sich der offene Kreditbetrag während des Zeitraums der Stundung nicht verringert und sich die Laufzeit des Kredites möglicherweise verlängert.[1713] Eine solche Maßnahme will zwar den Eintritt des Sicherungsfalls und mithin die Inanspruchnahme des Drittsicherungsgebers verhindern, stellt aber konsequenterweise für den Drittsicherungsgeber ebenso eine Benachteiligung dar, weil sich sein Haftungsrisiko – unter gleichzeitiger Erhöhung des Ausfallrisikos des Kreditnehmers – dadurch zeitlich verlängert.[1714] Zudem wird nicht vollständig ausgeschlossen werden können, dass Gerichte eine Stundung wegen des Aufschubs der Tilgungsverpflichtung als Umschuldung qualifizieren.[1715] Unter

1710 *Fischer*, WM 1998, 1705 (1711); *Rösler/Fischer*, BKR 2006, 50 (54); *Wittig*, NZI 1998, 49 (51).

1711 *Braun*, in: Boos/Fischer/Schulte-Mattler, KWG, CRR-VO, Bd. 1, § 25a, Rdn. 119; *Wittig*, NZI 1998, 49 (51).

1712 BGH, Urteil vom 06.04.2000 – IX ZR 2/98 = NJW 2000, 2580 (2582 f.); siehe auch *Fischer*, WM 2001, 1049 (1054); *Nobbe*, BKR 2002, 747 (756).

1713 Siehe zum Ganzen ausführlich bereits oben unter § 12 I. 3. b.

1714 *Rösler/Fischer*, BKR 2006, 50 (54).

1715 *Richter*, in: Langenbucher/Bliesener/Spindler, Bankrechts-Kommentar, 31. Kap., Rdn. 73; *Wittig*, NZI 1998, 49 (51 f.).

Umständen würde das Drittsicherungsrecht in der Folge den gestundeten Kredit nicht mehr sichern.[1716]

Mit dem Vorstehenden sowie aufgrund der Tatsache, dass sich der BGH hierzu jedenfalls noch nicht eindeutig positioniert zu haben scheint[1717], ist deshalb davon auszugehen, dass Stundungen bei „geltungserhaltender Auslegung“ unwirksamer weiter Zweckerklärungen grundsätzlich nicht (mit-)besichert sind. Die kreditgewährende Bank wird den Drittsicherungsgeber insoweit in Anspruch nehmen können, als er ohne die nachträgliche Stundung der Kreditverbindlichkeit zur Leistung verpflichtet gewesen wäre.[1718]

Der Bank bleibt deshalb zu empfehlen, vorsorglich immer dann, wenn der zu stundende Kredit mit einer formularmäßig weiten Zweckerklärung besichert ist, die Stundung davon abhängig zu machen, dass das Drittsicherungsrecht neu bestellt bzw. ausdrücklich auf den zu stundenden Kredit erstreckt wird.[1719] Wird der Drittsicherungsgeber im Stundungsfall um Zustimmung ersucht, wird vor dem Hintergrund der Alternative (Fälligstellung des Kredites sowie seinerseitige sofortige Inanspruchnahme) aber wohl regelmäßig davon auszugehen sein, dass er diese auch erteilen wird.[1720] Die Entscheidung, ob die Stundung auch tatsächlich seinem Interesse entspricht, würde dann aber jedenfalls dem Drittsicherungsgeber selbst überlassen werden.[1721]

vii. Umschuldung

Wird ein gesicherter Kredit umgeschuldet[1722], so kann dies – je nach den Umständen des Einzelfalls – eine bloße Abänderung des bestehen bleibenden ursprünglichen Schuldverhältnisses (Schuldänderung) oder die Begründung eines neuen Schuldverhältnisses (Schuldumschaffung, *Novation*) zur Folge haben.[1723] Zur Abgrenzung wird in der Regel im Einzelfall zu prüfen sein, ob der ursprüngliche Kreditvertrag mit der Umschuldung tatsächlich in einem solchen Umfang Modifizierungen

1716 Zu den mit einer Umschuldung verbundenen Rechtsfolgen siehe sogleich ausführlich unter § 16 III. 2. a. vi.

1717 Siehe hierzu ebenfalls bereits oben unter § 12 I. 3. b.

1718 *Habersack*, in: MüKoBGB, § 765, Rdn. 13.

1719 So auch *Richter*, in: Langenbucher/Bliesener/Spindler, Bankrechts-Kommentar, 31. Kap., Rdn. 73; *Wittig*, NZI 1998, 49 (52).

1720 *Rösler/Fischer*, BKR 2006, 50 (54).

1721 *Nobbe*, BKR 2002, 747 (756).

1722 Eine Umschuldung erfolgt in den meisten Fällen aus dem Interesse des Kreditnehmers heraus, sich über den Zinsbindungszeitraum des abzulösenden Kredites hinaus günstigere Konditionen zu sichern (siehe *Krepold*, in: Langenbucher/Bliesener/Spindler, Bankrechts-Kommentar, 14. Kap., Rdn, 147).

1723 *Bales*, BKR 2004, 264 (268); *Gaberdiel/Gladenbeck*, Kreditsicherung durch Grundschulden, Rdn. 685; *Nobbe*, in: Schimansky/Bunte/Lwowski, Bankrechts-Handbuch, § 91, Rdn. 255; *Rösler/Fischer*, BKR 2006, 50 (54).

erfährt, dass dadurch die Identität der ursprünglichen Forderung verloren geht.[1724] Anzunehmen ist dies, wenn durch die nachträgliche, rechtsgeschäftliche – jedenfalls schuldändernde – Vereinbarung für den Drittsicherungsgeber grundlegende Voraussetzungen seiner übernommenen Haftung entfallen.[1725]

Im Folgenden gilt es, die Konzepte der *Novation* sowie der Schuldänderung näher darzustellen. Sodann sollen einige denkbare Formen der Umschuldung auf ihren Charakter als *Novation* oder bloße Schuldänderung sowie daraufhin untersucht werden, ob mit ihnen die Haftung des Drittsicherungsgebers erlischt, unverändert fortbesteht oder sich auf die Verbindlichkeiten in ihrer nunmehr geänderten Form erstreckt.

(1) Schuldumschaffung (*Novation*)

Bei novierenden Umschuldungskrediten wird, wie eingangs erwähnt, die bestehende Verbindlichkeit, d.h. die Anlassverbindlichkeit, durch eine neue ersetzt. Eine *Novation* kann aber auch dann vorliegen, wenn der Anlasskredit durch Zusatzvereinbarungen in einem solchen Umfang Modifizierungen erfährt, dass dadurch – bei einer wirtschaftlichen, auf das Risiko des Drittsicherungsgebers abstellenden Betrachtungsweise – die Identität der ursprünglichen Kreditverbindlichkeit nicht mehr gewahrt wird.[1726]

Inwieweit eine solche „Forderungsauswechslung“ die Haftung des Drittsicherungsgebers berührt, hängt zunächst maßgeblich von der Rechtsnatur des Sicherungsrechts ab. Bei einem akzessorischen Sicherungsrecht erlischt mit der Auswechslung der gesicherten Verbindlichkeit grundsätzlich auch das Sicherungsrecht.[1727] Mit der Schuldumschaffung gilt der ursprüngliche Kredit regelmäßig als getilgt und der Drittsicherungsgeber wird von seiner Haftung befreit.[1728] Wenn eine *Novation* stattfindet oder die Anlassverbindlichkeit in einer der Ersetzung gleichkommenden Weise geändert wird, wird also im Falle akzessorischer Sicherheiten regelmäßig die Haftung des Drittsicherungsgebers entfallen[1729] – soweit die aufgrund der *Novation* entstehende (aus Sicht bei Bestellung der Sicherheit) künftige

---

1724 *Rösler/Fischer*, BKR 2006, 50 (54).

1725 Vgl. *Kiem*, Die Gewährträgerhaftung für öffentliche Kreditinstitute im Stresstest, in: Gedächtnisschrift für Michael Gruson, S. 247 (259).

1726 *Rösler/Fischer*, BKR 2006, 50 (54).

1727 Siehe hierzu oben ausführlich unter § 9 I. 1.

1728 BGH, Urteil vom 18.05.1995 – IX ZR 108/94 = NJW 1995, 2553 (2554 ff.); *Bales*, BKR 2004, 264 (268).

1729 Wo genau die Grenze zwischen einer noch identitätserhaltenden Änderung (akzessorisches Sicherungsrecht bleibt bestehen) und einem Identitätsverlust der ursprünglichen Verbindlichkeit (akzessorisches Sicherungsrecht erlischt) liegt, ist weniger eine Frage der Anlasskonformität als eine solche der Akzessorietät, weshalb hierfür auf die diesbezüglichen Ausführungen verwiesen wird (siehe hierzu oben unter § 9 I. 1.

Forderung nicht ausnahmsweise vom formularmäßig weiten Sicherungszweck erfasst ist.[1730] Insoweit stellt sich die Frage der Anlasskonformität.

Eine *Novation* dürfte bestehende akzessorische Drittsicherungsrechte ausnahmsweise nämlich dann unberührt lassen, wenn die Parteien – sowohl des Kreditvertrages als auch des Sicherungsvertrages – sich von vornherein einig waren, die Sicherheiten auch im Falle einer novierenden Umschuldung bestehen zu lassen und somit die Grundlage zur Besicherung der Novation bereits im Zeitpunkt der Sicherheitenbestellung gelegt haben, die Novation sich mithin anlasskonform zeigt. Insoweit steht auch der Akzessorietätsgrundsatz der Besicherung novierender Änderungen nicht entgegen, da dieser die Sicherung künftiger Verbindlichkeiten nicht *per se* ausschließt.[1731] Für die Frage der wirksamen (Mit-)Besicherung etwaiger *Novationen* kommt es also entscheidend darauf an, ob die Parteien diese zum Gegenstand der Verhandlungen des Ursprungsvertrages gemacht haben und der Drittsicherungsgeber hiervon Kenntnis erlangte.[1732] Findet später eine novierende Schuldumschaffung statt, werden dann zwar neue Verbindlichkeiten begründet, die bei Bestellung der Sicherheit noch nicht bestanden, sie wurden jedoch damals als künftige Rechtsgeschäfte in die Verhandlungen, welche der Kreditgewährung vorausgingen, einbezogen. Da eine Umschuldung in den meisten Fällen zudem aus dem Interesse des Kreditnehmers heraus erfolgt, sich über den Zinsbindungszeitraum des abzulösenden Kredites hinaus günstigere Konditionen zu sichern,[1733] dürfte die Schuldumschaffung regelmäßig auch das Risiko des Drittsicherungsgebers minimieren.

Anders gestaltet sich die Rechtslage jedoch generell bei nicht akzessorischen Sicherungsrechten. Ein Austausch der einem nicht akzessorischen Sicherungsrecht zugrunde liegenden Forderung führt nicht automatisch zum Erlöschen des Sicherungsrechts.[1734] Bei nicht akzessorischen Sicherungsrechten stellt sich für schuldumschaffende Änderungen mithin primär die Frage der Anlasskonformität jener Änderungen, wobei insbesondere zu fragen sein wird, ob sich das Risiko des Drittsicherungsgebers damit erhöht. Verbesserungen des Risikos, die sich ja zu seinen Gunsten auswirken, lassen die Sicherheit unberührt, auf eine Verschlechterung des Risikos erstreckt sie sich jedoch nicht.[1735] Im letzteren Fall wird der

---

1730 BGH, Urteil vom 18.05.1995 – IX ZR 108/94 = NJW 1995, 2553 (2554 ff.); *Bales*, BKR 2004, 264 (268).

1731 Siehe hierzu oben unter § 5 III. 2. a. iii. (2).

1732 So auch BGH, Urteil vom 07.10.2002 – II ZR 74/00 = NJW 2003, 61 (62), der bei einer Prolongation nicht von einer „bankinternen Umschuldung“, sondern von einer neuen Kreditentscheidung ausging, die bestehenden Sicherheiten davon jedoch für den Fall unberührt bleiben ließ, dass die Kreditvertragsparteien sich von vornherein einig waren, diesen im Wege der dargestellten Prolongation zu verlängern.

1733 *Krepold*, in: Langenbucher/Bliesener/Spindler, Bankrechts-Kommentar, 14. Kap., Rdn. 147.

1734 Siehe hierzu ausführlich oben unter § 9 I. 2.

1735 BGH, Urteil vom 06.04.2000 – IX ZR 2/98 = NJW 2000, 2580 (2581 ff.); BGH, Urteil vom 30.09.1999 – IX ZR 287–98 = NJW 1999, 3708 (3709); siehe hierzu auch *Fischer*,

novierende Umschuldungskredit also nicht mehr zum Anlasskredit gerechnet werden können. Obwohl die *Novation* hier also nicht das Erlöschen des Drittsicherungsrechts zur Folge hat, wird sie in diesem Fall bei „geltungserhaltender Auslegung" einer formularmäßig weiten Zweckerklärung nicht vom Haftungsumfang des Drittsicherungsgebers erfasst.

Ob von den Parteien des Kreditvertrages aber tatsächlich eine *Novation* oder lediglich eine Vertragsänderung gewollt war, ist durch Auslegung der getroffenen Vereinbarung zu ermitteln. Wegen der weitreichenden Folgen einer *Novation*, insbesondere dem Verlust akzessorischer Sicherheiten, muss ein dahingehender Vertragswille, das alte Schuldverhältnis aufzuheben und durch ein neu begründetes zu ersetzen, jedoch deutlich erkennbar zum Ausdruck kommen. Im Zweifel ist von einer bloßen Vertragsänderung auszugehen.[1736] Die Fälle, in denen tatsächlich eine *Novation* vorliegt, sind in der Praxis deshalb selten.[1737] Eine Ausnahme hiervon ist jedoch für die Fälle zu machen, in denen von der Novation als Übertragungsmittel einer Syndizierung Gebrauch gemacht wird.[1738]

(2) Schuldänderung

Erfolgt zum Zwecke der Umschuldung lediglich eine Vertragsänderung, weil bei fortlaufendem Kapitalnutzungsrecht des Kreditnehmers nur die Kreditbedingungen

---

in: Lwowski/Fischer/Gehrlein, Das Recht der Kreditsicherung, § 9, Rdn. 97; *ders.*, WM 2001, 1049 (1053).

1736 Zum Ganzen BGH, Urteil vom 08.03.2012 – IX ZR 51/11 = NJW 2012, 2099 (2101 Fn. 22); BGH, Urteil vom 26.10.2010 – XI ZR 367/07 = NJW-RR 2011, 403 (405 Fn. 28); BGH, Urteil vom 07.03.2002 – III ZR 73/01 = NJW 2002, 1503 (1504); BGH, Urteil vom 08.11.2001 – IX ZR 46/99 = NJW-RR 2002, 1130 (1131); BGH, Urteil vom 06.04.2000 – IX ZR 2/98 = NJW 2000, 2580 (2581); BGH, Urteil vom 30.09.1999 – IX ZR 287–98 = NJW 1999, 3708 (3709); BGH, Urteil vom 14.11.1985 – III ZR 80/84 = NJW 1986, 1490 (1491).

1737 So ging etwa der BGH in seinem Urteil vom 07.10.2002 – II ZR 74/00 = NJW 2003, 61 (62) bei einer Kreditprolongation von einer neuen Kreditentscheidung und nicht von einer „bankinternen Umschuldung" i.S. einer bloßen Vertragsänderung aus, wenn es sich bei dem Prolongationskredit „um einen neuen, in dem vorherigen Kreditverhältnis noch nicht angelegten Vertrag handelte, durch den die Altverbindlichkeiten abgelöst und zum Erlöschen gebracht wurden"; etwas anderes soll aber dann gelten, wenn die Prolongation von den Parteien von vornherein ins Auge gefasst wurde (siehe hierzu sogleich unten unter § 16 III. 2. a. vii. (2)). Nach BGH, Urteil vom 18.05.1995 – IX ZR 108/94 = NJW 1995, 2553 (2556) ist auch für den Fall, dass eine bisherige Kontobeziehung endet und eine neue begründet wird, von einer Umschuldung auszugehen. Daran ändere sich auch dann nichts, wenn sich diese innerhalb der gleichen Geschäftsverbindung vollziehe.

1738 Siehe hierzu sowie zu den Auswirkungen einer im Rahmen syndizierter Kredite gebräuchlichen *Novation* ausführlich etwa *Bleifeld*, Akzessoriche Kreditsicherheiten im Rahmen von syndizierten Krediten, S. 25 ff.

angepasst werden, lässt diese Änderung das Bestehen der ursprünglichen Kreditverbindlichkeit unberührt.[1739] Im Gegensatz zur novierenden Schuldumschaffung, bei der die bestehende (Anlass-)Verbindlichkeit durch eine neue Verbindlichkeit ersetzt wird, handelt es sich bei einer Schuldänderung, wie eingangs bereits erwähnt, nämlich um eine bloße Abänderung des bestehen bleibenden ursprünglichen Schuldverhältnisses.[1740] Während eine Novation bei akzessorischen Sicherheiten zum Erlöschen der Sicherungsrechte führt, bleibt im Falle einer Schuldänderung i.S. einer bloßen Vertragsänderung das Sicherungsrecht deshalb – solange die gesicherte Kreditverbindlichkeit aufgrund der Änderungen nicht in einem solchen Umfang geändert wird, dass dadurch die Identität der ursprünglichen Verbindlichkeit verloren geht – grundsätzlich auch im bisherigen Umfang bestehen.[1741]

Für die Frage, ob eine nachträgliche Schuldänderung von dem nach geltungserhaltender Auslegung bestehen bleibenden Haftungsumfang des Drittsicherungsgebers erfasst ist, kommt es hier entscheidend darauf an, ob in der Schuldänderung lediglich eine Vertragsänderung zu sehen ist, die den Drittsicherungsgeber nicht zusätzlich belastet.[1742]

(3) Einzelfälle

Nach den vorherigen Erwägungen sind nun einige denkbare Formen der Umschuldung auf ihren Charakter als *Novation* oder bloße Schuldänderung sowie daraufhin zu untersuchen, ob mit ihnen die Haftung des Drittsicherungsgebers erlischt, unverändert fortbesteht oder sich auf die Verbindlichkeiten in ihrer nunmehr geänderten Form erstreckt.

Für den Fall von Kreditprolongationen geht der BGH grundsätzlich davon aus, dass diese nicht stets den Regeln einer „bankinternen Umschuldung“ folgen, sondern an sich eine neue Kreditentscheidung bedeuten.[1743] Für Verbindlichkeiten aus

---

1739 BGH, Urteil vom 26.10.2010 – XI ZR 367/07 = NJW-RR 2011, 403 (405 Fn. 28).

1740 BGH, Urteil vom 21.05.1980 – VIII ZR 201/79 = NJW 1980, 2412 (2412 f.); OLG Hamm, Urteil vom 18.12.1991 – 11 U 119/91 = NJW-RR 1992, 815 (816); siehe etwa auch *Nobbe*, in: Schimansky/Bunte/Lwowski, Bankrechts-Handbuch, § 91, Rdn. 255; *Rösler/Fischer*, BKR 2006, 50 (54). – Etwas anderes gilt deshalb nur dann, wenn die gesicherte Verbindlichkeit in einem solchen Umfang geändert wird, dass dadurch die Identität der ursprünglichen Forderung verloren geht.

1741 BGH, Urteil vom 21.05.1980 – VIII ZR 201/79 = NJW 1980, 2412 (2412 f.); OLG Hamm, Urteil vom 18.12.1991 – 11 U 119/91 = NJW-RR 1992, 815 (816); siehe etwa auch *Nobbe*, in: Schimansky/Bunte/Lwowski, Bankrechts-Handbuch, § 91, Rdn. 255; *Rösler/Fischer*, BKR 2006, 50 (54).

1742 BGH, Urteil vom 06.04.2000 – IX ZR 2/98 = NJW 2000, 2580 (2581 ff.); BGH, Urteil vom 30.09.1999 – IX ZR 287–98 = NJW 1999, 3708 (3709); siehe hierzu auch *Fischer*, in: Lwowski/Fischer/Gehrlein, Das Recht der Kreditsicherung, § 9, Rdn. 97; *ders.*, WM 2001, 1049 (1053).

1743 BGH, Urteil vom 07.10.2002 – II ZR 74/00 = NJW 2003, 61 (62).

einer neuen Kontobeziehung nach Beendigung der alten haftet ein Drittsicherungsgeber aufgrund einer formularmäßigen weiten Sicherungszweckerklärung jedoch nicht; daran ändert sich auch nichts, wenn sich dies innerhalb der gleichen Geschäftsverbindung vollzieht.[1744] Von einer *Novation* ist aber dann nicht auszugehen, wenn die Parteien des Kreditvertrages es von vornherein ins Auge gefasst haben, diesen zu verlängern, die Grundlage für die Prolongation also bereits im Ursprungsvertrag gelegt wurde.[1745] In diesem Fall geht die Rechtsprechung von einer Schuldänderung, d.h. einer bloßen Abänderung des fortbestehenden ursprünglichen Kreditvertrages, aus. Dem ist zuzustimmen, da es sich dann, wenn die Parteien des Kreditvertrages die Prolongation bereits bei Abschluss dieses Vertrages beabsichtigt haben, wirtschaftlich gesehen nicht um neue Verbindlichkeiten in selbständigen Verträgen handelt, sondern ein einheitliches Kreditgeschäft von vornherein in mehrere zeitlich gestaffelte Einzelverträge hintereinandergeschaltet wird.[1746] Dass in diesem Fall der Prolongationskredit auch zum Anlasskredit zu rechnen ist, wurde bereits festgestellt.[1747]

Des Weiteren liegt im Zweifel ein Fall der bloßen Schuldänderung vor, wenn ein Kontokorrentkredit (unter Verwendung eines neuen Kontos) in ein Darlehen umgewandelt wird.[1748] Problematisch kann jedoch die Umwandlung eines Kredites, z.B. vom Kontokorrentkredit in ein Tilgungsdarlehen, sein. Ist darin eine im Wege der Schuldumschaffung begründete neue Verbindlichkeit zu sehen, würde der Anlasskredit erlöschen. Rein wirtschaftlich gesehen handelt es sich hier grundsätzlich aber ebenfalls um den Anlasskredit.[1749] In der Umschuldung ist hier im Zweifel nur eine Vertragsänderung zu sehen.[1750] Wird die aus dem Kontokorrent

---

1744 BGH, Urteil vom 18.05.1995 – IX ZR 108/94 = NJW 1995, 2553 (2556); siehe hierzu auch *Nobbe*, BKR 2002, 747 (756).

1745 BGH, Urteil vom 07.10.2002 – II ZR 74/00 = NJW 2003, 61 (62); BGH, Urteil vom 08.11.2001 – IX ZR 46/99 = NJW-RR 2002, 1130 (1131 f.); BGH, Urteil vom 15.07.1999 – IX ZR 243–98 = NJW 1999, 3195 (3196); siehe hierzu auch *Nobbe*, in: Schimansky/Bunte/Lwowski, Bankrechts-Handbuch, § 91, Rdn. 255.

1746 Siehe hierzu bereits oben unter § 16 III. 2. a. i. (1) (a).

1747 Siehe hierzu bereits oben unter § 12 I. 3. a.

1748 BGH, Urteil vom 30.09.1999 – IX ZR 287–98 = NJW 1999, 3708 (3709); *Gaberdiel/Gladenbeck*, Kreditsicherung durch Grundschulden, Rdn. 685; *Horn*, in: Staudinger, vor §§ 765-778, Rdn. 51; *Lwowski*, in: Schimansky/Bunte/Lwowski, Bankrechts-Handbuch, Anh. zu § 91, Rdn. 7; *Nobbe*, in: Schimansky/Bunte/Lwowski, Bankrechts-Handbuch, § 91, Rdn. 256; siehe aber OLG Karlsruhe, Urteil vom 10.11.1987 – 18 U 56/87 = NJW-RR 1988, 1191 (1194 ff.).

1749 *Bales*, in: Münscher/Rösler/Lang, Praktikerhandbuch Baufinanzierung, S. 402; *ders.*, BKR 2004, 264 (268); *Lwowski*, in: Schimansky/Bunte/Lwowski, Bankrechts-Handbuch, Anh. zu § 91, Rdn. 7.

1750 OLG Köln, Urteil vom 18.12.1998 – 3 U 9/98 = BB 1999, 710 (711); *Fischer*, in: Lwowski/Fischer/Gehrlein, Das Recht der Kreditsicherung, § 9, Rdn. 97; *ders.*, WM 2001, 1049 (1053).

entstandene Schuld etwaigen neuen Verhältnissen angepasst, gilt es aber dennoch für jeden Einzelfall zu prüfen, ob die Rechtsstellung des Drittsicherungsgebers hiermit eine nachteilige Veränderung erfährt. Soll der Tilgungskredit etwa dafür verwendet werden, die Kontokorrentforderung auszugleichen, und ist die neue, niedriger verzinsliche Kreditverbindlichkeit weniger belastend als die alte, ist die Umschuldung für den Drittsicherungsgeber nicht etwa schon deshalb als nachteilig anzusehen, weil der Kreditnehmer den neuen Kredit nunmehr in monatlichen Raten zurückzuzahlen hat. Diese Verpflichtung belastet den Kreditnehmer weniger als die vollständige Rückführung des Kontokorrentkredites, die er ohne die Umschuldung aufgrund einer dann etwa erfolgten Kündigung des Kontokorrentkredits vornehmen müsste.[1751] Die Vereinbarung monatlicher Tilgungsraten bei Umwandlung eines Kontokorrentkredits in einen niedriger verzinslichen Tilgungskredit ist damit, solange der Kreditbetrag nicht höher ist, grundsätzlich auch für den Drittsicherungsgeber nicht als nachteilig anzusehen.[1752]

Wird umgekehrt ein gesicherter Kredit mit Hilfe eines Kontokorrentkredits derselben Bank getilgt bzw. im Allgemeinen ein Darlehen bzw. Darlehensrest in ein Kontokorrent eingestellt, wird ebenfalls in der Regel von einer bloßen Schuldänderung auszugehen sein.[1753] Darüber hinaus bedeutet auch eine „buchungstechnische Zusammenfassung“ zweier über unterschiedliche Konten abgewickelter Kontokorrentkredite, für die jeweils eine Sicherheit besteht, auf einem Konto im Zweifel lediglich eine Schuldänderung.[1754]

Etwas anderes gilt hingegen ausnahmsweise bei Kontokorrentkrediten[1755], bei denen grundsätzlich jeder Rechnungsabschluss eine *Novation* bewirkt, also den Untergang der in das Kontokorrent eingestellten Einzelforderungen herbeiführt, an deren Stelle dann die anerkannte Saldoforderung tritt. Da mit der Sicherheitenbestellung für einen Kontokorrentkredit sämtliche damit verbundenen Forderungen und damit auch die künftigen Kontokorrentsalden abgesichert sind, ändert dies aber nichts an der Weiterhaftung des Drittsicherungsgebers.[1756] Dabei führt auch

1751 Zum Ganzen *Fischer*, WM 2001, 1049 (1053).

1752 *Nobbe*, BKR 2002, 747 (757).

1753 So etwa *Gaberdiel/Gladenbeck*, Kreditsicherung durch Grundschulden, Rdn. 685; *Nobbe*, in: Schimansky/ Bunte/Lwowski, Bankrechts-Handbuch, § 91, Rdn. 250; a.A. jedoch OLG Karlsruhe, Urteil vom 10.11.1987 – 18 U 56/87 = NJW-RR 1988, 1194 (1194 ff.). – Geht man von einer bloßen Schuldänderung aus, wird die für den Kredit bestellte Sicherheit in Höhe des in das Kontokorrent übernommenen Kreditbetrages, höchstens jedoch in Höhe des geringsten künftigen Kontokorrentsaldos, weiterhaften; siehe *Gaberdiel/Gladenbeck*, Kreditsicherung durch Grundschulden, Rdn. 685.

1754 OLG Hamm, Beschluss vom 24.05.1985 – 11 W 51/85 = WM 1985, 1223 (1223 f.); *Horn*, in: Staudinger, § 767, Rdn. 22; *Nobbe*, in: Schimansky/Bunte/Lwowski, Bankrechts-Handbuch, § 91, Rdn. 250.

1755 Siehe zu Kontokorrentkrediten sogleich ausführlich unten unter § 16 III. 2. c. i.

1756 Siehe zum Ganzen *Wagenknecht/Piekenbrock*, in: Hellner/Steuer, Bankrecht und Bankpraxis, Rdn. 4/1047b.

im Falle akzessorischer Sicherheiten die vorübergehende Rückzahlung des Kontokorrentkredits grundsätzlich nicht zum Erlöschen des betroffenen Sicherungsrechts, sofern der besicherte Kredit dem Kreditnehmer als Kreditrahmen zur Verfügung gestellt worden ist; vielmehr bleibt das akzessorische Sicherungsrecht solange bestehen, bis sich der verbürgte Kontokorrentkredit endgültig erledigt hat. Dennoch sollte in der Praxis zwecks Vermeidung späterer Diskussionen mit dem akzessorischen Drittsicherungsgeber ausdrücklich klargestellt werden, dass die Inanspruchnahme einer erneuten Kontokorrentlinie vom originären Sicherungsrecht erfasst sein soll.[1757]

(4) Zwischenbefund

Wird ein Kredit umgeschuldet, kann dies – nach den Umständen des Einzelfalls – die Begründung eines neuen Schuldverhältnisses (Schuldumschaffung, *Novation*) oder eine bloße, die ursprüngliche Kreditverbindlichkeit bestehen lassende Vertragsänderung (Schuldänderung) sein.

Ist eine weite formularmäßige Sicherungszweckerklärung unwirksam bzw. scheitert ihre Einbeziehung, wird der Drittsicherungsgeber bei einer Umschuldung im Falle eines akzessorischen Sicherungsrechts nicht gemäß einer ergänzenden Vertragsauslegung haften, wenn es sich bei der Vereinbarung zwischen den Kreditvertragsparteien um eine *Novation* oder um eine seine Rechtsstellung verschlechternde Schuldänderung handelt. Im ersteren Fall entsteht eine neue Verbindlichkeit, die – jedenfalls bei akzessorischen Sicherungsrechten – die Haftung zum Erlöschen bringt.[1758] Im Falle einer bloßen Schuldabänderung, die mit einer Haftungserweiterung verbunden ist, bleibt die Verpflichtung des Drittsicherungsgebers jedenfalls im bisherigen Umfang bestehen. Im Falle eines nicht akzessorischen Sicherungsrechts wird die Frage nach einer Haftungserstreckung bei beiden Varianten davon abhängen, ob dadurch die Rechtsstellung des Drittsicherungsgebers verschlechtert wird.

Die Grenzen zwischen einer noch identitätserhaltenden Änderung (Schuldänderung) und einem Identitätsverlust der ursprünglichen Verbindlichkeit (*Novation*) sind im Falle der Umschuldung jedoch nicht immer leicht zu ziehen. Wegen

---

1757 Siehe zum Ganzen *Schmalenbach*, in: Eilers/Rödding/Schmalenbach, Unternehmensfinanzierung, Kap. C., Rdn. 81; *Wagenknecht/Piekenbrock*, in: Hellner/Steuer, Bankrecht und Bankpraxis, Rdn. 4/1048a. – Etwaige klarstellende Formulierungen im Bürgschaftsvertrag lauten häufig wie folgt: „Handelt es sich bei dem verbürgten Kredit um einen solchen in laufender Rechnung (Kontokorrentkredit), so erlischt die Bürgschaft nicht, wenn der Hauptschuldner die durch die Bürgschaft gesicherten Ansprüche vorübergehend zurückführt."

1758 Kein Problem besteht etwa, wenn eine wirksame weite Zweckerklärung vereinbart wird, da in diesem Fall die Forderung auch dann gesichert wird, wenn sie „neu" ist. Dies wird nach dem bisherigen Ergebnis aber regelmäßig nur bei Individualvereinbarungen oder bei Identität von Kreditnehmer und Sicherungsgeber der Fall sein.

der mit Annahme einer *Novation* verbundenen einschneidenden Folgen, insbesondere dem Wegfall akzessorischer Sicherheiten, ist in Zweifelsfällen nur von einer Vertragsänderung auszugehen. Es zeigt sich damit aber, dass im Einzelfall bei einer anvisierten Umschuldung erhebliche Unsicherheiten entstehen können, wenn mit dem Drittsicherungsgeber keine klaren Absprachen getroffen werden.[1759] Um bei den nicht leicht zu unterscheidenden Varianten der Schuldumschaffung und der Schuldänderung das Risiko einer Fehlbeurteilung mit den einschlägigen Rechtsfolgen zu vermeiden, ist den kreditgewährenden Banken zu empfehlen, die Umschuldung eines gesicherten Kredites vorsichtshalber von der ausdrücklichen Bestätigung des Drittsicherungsgebers, dass sich sein Haftungsumfang auch auf die umgeschuldete Verbindlichkeit erstrecken soll, abhängig zu machen.[1760]

viii. Zinssatz- und Zinsartänderungen

Ist eine formularmäßig weite Sicherungszweckerklärung unwirksam bzw. scheitert ihre Einbeziehung, können aufgrund einer ergänzenden Vertragsauslegung Drittsicherungsrechte grundsätzlich auch Zinsanpassungen erfassen.[1761] Der Haftungsumfang orientiert sich auch hier am aktuellen Sicherungsbedürfnis im Zeitpunkt der Sicherheitenbestellung, weshalb insbesondere zu fragen ist, ob sich die Rechtsstellung des Drittsicherungsgebers durch die Zinsänderung zu seinem Nachteil verändert.

Dies ist von vornherein für solche Zinsänderungen zu verneinen, die kreditvertraglich vorbehalten sind.[1762] Zwar stellt die Erhöhung einer Verzinsung durch Vertragsänderung für sich betrachtet eine – grundsätzlich nicht vom Haftungsumfang des Drittsicherungsgebers gedeckte – Erweiterung der Kreditverbindlichkeit dar. Die Rechtslage gestaltet sich jedoch anders, wenn die Konditionenerhöhung – was regelmäßig der Fall sein wird – von Anfang an vorgesehen bzw. vorhersehbar war (z.B. aufgrund einer begrenzten Zinsbindung oder einer Kreditvereinbarung b.a.w.).[1763] Unproblematisch stellt sich deshalb insbesondere der Fall dar, dass die Befugnis zur Konditionenänderung (etwa im Rahmen einer Zinsänderungsklausel im Kreditvertrag[1764], die von den Kreditvertragsparteien zur Anpassung

1759 *Nobbe*, in: Schimansky/Bunte/Lwowski, Bankrechts-Handbuch, § 91, Rdn. 250.
1760 So etwa auch *Gaberdiel/Gladenbeck*, Kreditsicherung durch Grundschulden, Rdn. 685 mwN.
1761 *Fischer*, WM 1998, 1705 (1711).
1762 *Fischer*, WM 1998, 1705 (1711).
1763 *Bales*, in: Münscher/Rösler/Lang, Praktikerhandbuch Baufinanzierung, S. 401.
1764 Nach der Rechtsprechung des BGH sind Zinsklauseln in Kreditverträgen, die der kreditgewährenden Bank dazu dienen, den Zinssatz wechselnden und bei Vertragsschluss meist nicht überschaubaren Refinanzierungsmöglichkeiten anzupassen und ihr diesbezüglich ein einseitiges Leistungsbestimmungsrecht nach § 315 BGB einräumen, grundsätzlich wirksam und halten auch einer AGB-rechtlichen Kontrolle stand (siehe hierzu BGH, Urteil vom 06.04.2000 – IX ZR 2/98 = NJW 2000, 2580 (2582) mwN; zu Zinsklauseln in Drittsicherungsverträgen siehe sogleich).

an geänderte Refinanzierungsmöglichkeiten in sachgerechter Weise vereinbart wurde) bereits im ursprünglichen Vertrag als einseitiges Leistungsbestimmungsrecht nach § 315 BGB angelegt war. Etwaige nach Ablauf von Zinsbindungsfristen (die nicht mit der Gesamtlaufzeit des Kreditvertrages übereinstimmen) erfolgende Zinsanpassungen können dabei als Bestandteil des Anlasskreditvertrages angesehen werden, die vor Kreditvergabe mitgeprüft wurden.[1765] Sind dem Drittsicherungsgeber die Bedingungen des Anlasskreditvertrages mit Einschluss der vereinbarten Zinshöhe und ihrer zeitlichen Festschreibung bekannt, wird er deshalb mit einer Zinsanpassung rechnen müssen, sobald die ursprüngliche Bindung entfällt.[1766]

Zudem gilt, dass sich bei Zinsartänderungen (variabel, festverzinslich) oder Zinssatzänderungen der Charakter eines Kredites grundsätzlich nicht ändert, da bei fortlaufendem Kapitalnutzungsrecht des Kreditnehmers nur die Konditionen angepasst werden.[1767] Dass Änderungen der Zinsart sowie der Zinshöhe den Bestand des Schuldverhältnisses unberührt lassen, unterliegt damit von vornherein keinem Zweifel.[1768]

Schließlich ist auch zu berücksichtigen, dass es auf vorstehende Erwägungen nicht ankommt, wenn das betroffene Drittsicherungsrecht selbst eine formularmäßige Zinsanpassungsklausel enthält. Eine formularmäßige Klausel, die dazu dient, Konditionenerhöhungen bzw. -anpassungen in den Haftungsumfang des Drittsicherungsrechts einzubeziehen, ist – wie festgestellt[1769] – zulässig. Ist eine weite Sicherungszweckerklärung unwirksam, kommt es bei Vereinbarung einer wirksamen Zinsanpassungsklausel im Sicherungsvertrag zur Erstreckung der Drittsicherheit auf die Zinsänderungen deshalb nicht auf eine ergänzende Vertragsauslegung an. Aufgrund der wirksamen Zinsanpassungsklausel würde sich die Haftung des Drittsicherungsgebers ohnehin auf etwaige Zinsanpassungen erstrecken.

b. Endfällige Kreditlinien (Bullet Repayment)

Wie bereits einleitend erwähnt, sind bei der Akquisitionsfinanzierung insbesondere auch sog. endfällige Kreditlinien vorgesehen, die nach Ablauf einer Frist in

1765 Es handelt sich deshalb bei etwaigen Zinsanpassungen auch nicht um eine gesonderte Kreditentscheidung i.S. der MaRisk; siehe hierzu *Braun*, in: Boos/Fischer/Schulte-Mattler, KWG, CRR-VO, Bd. 1, § 25a, Rdn. 119.

1766 BGH, Urteil vom 06.04.2000 – IX ZR 2/98 = NJW 2000, 2580 (2582); siehe auch *Fischer*, WM 2001, 1049 (1054).

1767 *Merkel*, in: Schimansky/Bunte/Lwowski, Bankrechts-Handbuch, § 93, Rdn. 226.

1768 BGH, Urteil vom 06.04.2000 – IX ZR 2/98 = NJW 2000, 2580 (2581); siehe hierzu auch BGH, Urteil vom 07.10.2002 – II ZR 74/00 = NJW 2003, 61 (62); BGH, Urteil vom 07.10.1997 – XI ZR 233/96 = NJW 1998, 602 (603).

1769 Siehe zur Wirksamkeit formularmäßiger Zinsanpassungsklauseln bereits ausführlich oben unter § 12 I. 3. e.

einer Summe zurückzuzahlen sind. Während etwa die vorstehend untersuchten Tilgungskredite nicht ganz so häufig von Prolongationen betroffen sind, da eine regelmäßige Tilgung bereits während der Laufzeit und nicht erst am Ende erfolgt, wird eine solche hier eher vorkommen, da sich der Kreditnehmer bei der für endfällige Terminkreditlinien charakteristischen *en bloc*-Zahlung am Endfälligkeitsdatum einer hohen Liquiditätsbelastung ausgesetzt sieht. Darüber hinaus kann es bei endfälligen Kreditlinien jedoch auch zu nachträglichen Krediterweiterungen, Stundungen sowie Zinsanpassungen bzw. Zinsänderungen etc. kommen.

Für die möglichen Formen eines „Wandels der Hauptschuld" bzw. die Untersuchung auf ihre Anlasskonformität hin, gelten gegenüber den zum Tilgungskredit getroffenen Feststellungen für endfällige Kreditlinien jedoch keine Besonderheiten. Es wird insoweit auf die obigen Ausführungen verwiesen.[1770]

c. *Revolvierende Kreditlinien* (Revolving Credit Facility)

Es bleibt zu prüfen, ob sich an der Beurteilung etwas Wesentliches ändert, wenn der Kredit, der den konkreten Anlass für die Sicherheitenbestellung bildet, als revolvierende Kreditlinie gewährt wird. Eine Herauslegung von Krediten als revolvierende Kreditlinien erfolgt – insbesondere auch bei der Akquisitionsfinanzierung – wenn und weil ein im Zeitablauf variierender Finanzierungsbedarf vorliegt oder die tatsächlichen Erfordernisse der Inanspruchnahme im Zeitpunkt der Kreditgewährung nicht prognostizierbar sind.[1771] Die Gefahr, dass der Drittsicherungsgeber für Haftungserweiterungen einstehen soll, die für ihn nicht von vornherein nach Grund und Umfang vorhersehbar waren, ist hier deshalb besonders groß.

Bei der Vereinbarung einer revolvierenden Kreditlinie kann der Kreditnehmer auf der Grundlage eines Krediteröffnungsvertrages durch Abruf Kredite mit kurzer Laufzeit in Anspruch nehmen.[1772] Inanspruchnahmen unter revolvierenden Kreditlinien sind bei der – für Akquisitionsfinanzierungen üblichen – variablen Verzinsung auf Basis der Refinanzierungskosten (EURIBOR/LIBOR) grundsätzlich jeweils zum Ende einer jeden Zinsperiode (*Interest Period*) zur Rückzahlung fällig.[1773] Da prinzipiell eine Inanspruchnahme der Kreditlinie bis zum Ende der Gesamtlaufzeit erfolgen kann, eröffnet dies dem Kreditnehmer die Möglichkeit, den Kredit nach Rückzahlung einer Ziehung erneut jeweils zu den Konditionen der neu beginnenden Zinsperiode in Anspruch zu nehmen.[1774] Dies gilt – sogar ohne (sonst)

1770 Siehe hierzu oben unter § 16 III. 2.

1771 *Decker*, Internationale Projektfinanzierung, S. 210.

1772 *Renner*, in: Staub, Großkommentar HGB, Band 10/2, 4. Teil, Rdn. 372.

1773 *Castor/Walgenbach*, in: Langenbucher/Bliesener/Spindler, Bankrechts-Kommentar, 16. Kap., Rdn. 80; *Knepper*, in: Meyer-Sparenberg/Jäckle, M&A-Handbuch, § 15, Rdn. 14; *Renner*, in: Staub, Großkommentar HGB, Band 10/2, 4. Teil, Rdn. 372.

1774 *Castor/Walgenbach*, in: Langenbucher/Bliesener/Spindler, Bankrechts-Kommentar, 16. Kap., Rdn. 80; *Hopt*, in: Baumbach/Hopt, HGB, (7) Bankgeschäfte, Rdn. G20;

erforderliche Vereinbarung – ebenso beim Kontokorrentkredit.[1775] Aufgrund der bestehenden Artverwandtschaft des revolvierenden Kredites mit dem Kontokorrentkredit sollen im Folgenden die vom BGH sowie der Literatur vorgenommenen Ausführungen zu den Problemfällen der Anlasskonformität bei Kontokorrentkrediten dargestellt und sodann deren Übertragbarkeit auf revolvierende Kreditlinien festgestellt werden.

i. Geltende Grundsätze zum limitierten Kontokorrentkredit

Kontokorrentkredite werden in der Praxis häufig durch das sog. Kreditlimit (auch Kreditlinie genannt) begrenzt.[1776] Auch bei der Besicherung eines limitierten Kontokorrentkredites stellt sich die Frage der Anlasskonformität, wenn der Drittsicherungsgeber trotz betragsmäßiger Begrenzung auch für künftige Verbindlichkeiten des Hauptschuldners gegenüber der Bank aus der beiderseitigen Geschäftsbeziehung einstehen soll. Fragen bzgl. des Haftungsumfangs eines Drittsicherungsgebers werden sich insbesondere dann ergeben, wenn dieser über die im Zeitpunkt der Sicherheitenbestellung bestehende Kreditlinie hinaus für die Verbindlichkeiten des Kreditnehmers einstehen soll, d.h. für Verbindlichkeiten durch spätere Erhöhungen der Kreditlinie weit über den ursprünglichen Rahmen der Kreditgewährung hinaus.

Der BGH hat hierzu ausgeführt, dass es zwar in der Natur eines Kontokorrentkredites liege, dass die künftige Höhe der Kreditverbindlichkeit erst durch Rechnungsabschlüsse zu bestimmen sei. Der Sicherungsgeber, der einen derartigen Kredit besichere, wisse also, dass er für zukünftige Forderungen einzustehen habe. Durch die Kreditlinie bzw. das Kreditlimit habe die kreditgewährende Bank ihr Risiko – nicht anders als bei einem in gleicher Höhe bereitgestellten Tilgungskredit – jedoch auf einen bestimmten Betrag begrenzt. Über diesen Betrag hinaus stehe dem Kreditnehmer kein Kreditgewährungsanspruch zu.[1777] Ein Dritter, der anlässlich der Gewährung eines der Höhe nach begrenzten Kontokorrentkredites eine Sicherheit bestellt, brauche deshalb auch nicht damit zu rechnen, dass er über die im Zeitpunkt der Sicherheitenbestellung bestehende Kreditlinie hinaus für Verbindlichkeiten des Kreditnehmers einzustehen habe.[1778] Es könne unmöglich von ihm verlangt werden, eine spätere Erhöhung der Kreditlinie ins Auge zu fassen und davon auszugehen, dass er über die ursprünglich vereinbarte Kreditlinie

---

Renner, in: Staub, Großkommentar HGB, Band 10/2, 4. Teil, Rdn. 372; *Wunderlich*, in Schimansky/Bunte/Lwowski, Bankrechts-Handbuch, § 75, Rdn. 29.

1775 *Wunderlich*, in Schimansky/Bunte/Lwowski, Bankrechts-Handbuch, § 75, Rdn. 29.

1776 BGH, Urteil vom 18.05.1995 – IX ZR 108/94 = NJW 1995, 2553 (2555); *Horn*, in: Staudinger, vor §§ 765-778, Rdn. 51.

1777 Zum Ganzen BGH, Urteil vom 18.05.1995 – IX ZR 108/94 = NJW 1995, 2553 (2555).

1778 BGH, Urteil vom 18.05.1995 – IX ZR 108/94 = NJW 1995, 2553 (2555); siehe hierzu auch *Tiedtke*, ZIP 1994, 1237 (1241).

hinaus unbegrenzt in Anspruch genommen wird, obwohl davon in den zu seiner Kenntnis gebrachten Kreditvertragsverhandlungen nie die Rede gewesen sei.[1779]

Die Rechtslage ist hier mit derjenigen vergleichbar, die bestünde, wenn der Kreditgeber dem Kreditnehmer einen bestimmten durch den Drittsicherungsgeber gesicherten und später einen weiteren Kredit gewährt.[1780] Der Drittsicherungsgeber müsste in diesem Fall bei „geltungserhaltender Auslegung" einer „überschießenden" Zweckerklärung nicht für den zweiten Kredit einstehen.[1781] Wird die bei Abschluss des Kontokorrentkreditvertrages festgelegte Kreditlinie überschritten, kann deshalb nichts anderes gelten.[1782] Ohne eine Vereinbarung mit dem Drittsicherungsgeber hierüber wird der Kredit deshalb nicht über die ursprünglich vereinbarte Kreditlinie hinaus gesichert.

Überziehungen eines bei Haftungsübernahme limitierten Kontokorrentkredites lassen sich formularmäßig mit einer weiten Zweckerklärung deshalb grundsätzlich nicht abdecken.[1783] Gleichwohl entfällt die Zweckerklärung damit aber auch hier nicht vollständig. Die Verbindlichkeit des Drittsicherungsrechts misst sich in der Folge vielmehr hier ebenso am konkreten Anlass der Sicherheitenbestellung.[1784] Dabei ist bei einem Drittsicherungsrecht mit formularmäßig weiter Zweckerklärung aus Anlass eines Kontokorrentkredits nach ergänzender Vertragsauslegung – anders als bei einem Tilgungskredit – nicht der im Zeitpunkt der Sicherheitenbestellung bestehende Debetsaldo maßgeblich, sondern das vereinbarte Kreditlimit.[1785]

Wurde das Drittsicherungsrecht aus Anlass eines Kontokorrentkredits mit Kreditlinie bestellt, können also auch zukünftige Kredite Anlass der Sicherheitenbestellung sein, aber eben nur innerhalb des Ausschöpfungsrahmens.[1786] Eine in einer formularmäßig weiten Zweckerklärung niedergelegte Einstandspflicht für

---

1779 *Tiedtke*, ZIP 1994, 1237 (1241).

1780 *Nobbe*, BKR 2002, 747 (757); *Tiedtke*, ZIP 1994, 1237 (1241).

1781 Vgl. hierzu insbesondere die Grundsätze zur Umschuldung oben unter § 16 III. 2. a. vi.

1782 *Nobbe*, BKR 2002, 747 (757); *Tiedtke*, ZIP 1994, 1237 (1241).

1783 So etwa auch BGH, Urteil vom 20.02.2014 – IX ZR 164/13 = NJW 2014, 1737 (1739); BGH, Urteil vom 18.05.1995 – IX ZR 108/94 = NJW 1995, 2553 (2555); siehe hierzu auch *Ganter*, in: Schimansky/Bunte/Lwowski, Bankrechts-Handbuch, § 90, Rdn. 103.

1784 *Bülow*, Recht der Kreditsicherheiten, Rdn. 919.

1785 BGH, Urteil vom 29.03.2001 – IX ZR 20/00 = NJW-RR 2002, 343 (344 f.); BGH, Urteil vom 06.04.2000 – IX ZR 2/98 = NJW 2000, 2580 (2581 f.); BGH, Urteil vom 02.07.1998 – IX ZR 255–97 = NJW 1998, 2815 (2816); BGH, Urteil vom 18.05.1995 – IX ZR 108/94 = NJW 1995, 2553 (2556); siehe auch *Basedow*, in: MüKoBGB, § 306, Rdn. 26; *Horn*, in: Staudinger, vor §§ 765–778, Rdn. 51; *Nobbe*, BKR 2002, 747 (757); *Schmalenbach*, in: Eilers/Rödding/Schmalenbach, Unternehmensfinanzierung, Kap. C., Rdn. 81.

1786 *Bülow*, Recht der Kreditsicherheiten, Rdn. 919.

darüber hinausgehende Kredite – d.h. aufgrund einer Erhöhung des Kreditlimits – ist mithin unwirksam.

ii. Übertragbarkeit der Grundsätze auf revolvierende Kreditlinien

Bei der Besicherung limitierter Kontokorrentkredite wurde die Besonderheit festgestellt, dass der Drittsicherungsgeber weiß, dass er auch für künftige Forderungen einzustehen hat. Es liegt nämlich in der Natur des Kontokorrentkredites, dass die Höhe der Hauptschuld jeweils erst durch die Rechnungsabschlüsse bestimmt wird. Die gesicherte Hauptforderung hat je nach Inanspruchnahme des Kredits damit einen wechselnden Umfang.[1787] War Anlass einer Sicherheitenbestellung ein limitierter Kontokorrentkredit, können deshalb unproblematisch auch zukünftige Kredite Anlass der Sicherheitenbestellung sein. Dies jedoch nur innerhalb des Ausschöpfungsrahmens, d.h. der bei Haftungsübernahme bestehenden Kreditlinie.[1788] Für spätere Erhöhungen der Kreditlinie hat ein Drittsicherungsgeber nach „geltungserhaltender Auslegung" seiner unwirksamen Zweckerklärungen mithin nicht einzustehen.

An dieser Beurteilung kann sich nichts Wesentliches ändern, wenn der Kredit, der den konkreten Anlass für die Sicherheitenbestellung bildet, als revolvierende Kreditlinie gewährt wird. Bei einer revolvierenden Kreditlinie kann der Kreditnehmer die Mittel ebenfalls bis zu einem im Voraus genehmigten Kreditlimit nutzen und der verfügbare Kreditbetrag kann sich mit Aufnahme und Rückzahlung von Krediten erhöhen bzw. verringern.[1789] Die gesicherte Hauptforderung hat damit im Rahmen einer revolvierenden Kreditlinie – ebenso wie die eines Kontokorrentkredites – je nach Inanspruchnahme des Kredits einen wechselnden Umfang und setzt sich aus einer Vielzahl einzelner Geschäftsvorfälle zusammen. Ein Drittsicherungsgeber, der eine revolvierende Kreditlinie besichert, weiß daher ebenfalls, dass er auch für künftige Forderungen bis zur Höhe der Kreditlinie einzustehen hat. Ist Anlass für die Bestellung einer Drittsicherheit mit einer unwirksamen formularmäßigen Zweckerklärung eine revolvierende Kreditlinie, sind deshalb ebenso auch zukünftige Kredite Anlass der Sicherheitenbestellung; jedoch ebenfalls nur innerhalb des Ausschöpfungsrahmens, d.h. der anfänglich vereinbarten Kreditlinie. Die in einer formularmäßig weiten Zweckerklärung niedergelegte Einstandspflicht für darüber hinausgehende Kredite – d.h. eine Erhöhung des Kreditlimits – bleibt unwirksam.

1787 *Horn*, in: Staudinger, vor §§ 765–778, Rdn. 50.

1788 *Bülow*, Recht der Kreditsicherheiten, Rdn. 919.

1789 Siehe hierzu Deutsche Bundesbank, Ausgewählte Stichworte der Statistik, „Revolvierende Kredite" (abrufbar unter: https://www.bundesbank.de/Navigation/DE/Statistiken/Ausgewaehlte_Stichworte/_functions/glossar.html?lv2=21166&lv3=62912, Abruf vom 6. Januar 2019).

iii. Sonderfall: sog. Rollover-Kredite

Einen Sonderfall stellen die sog. *Rollover*-Kredite bzw. die Fälle eines sog. *Cashless Rollover* dar. Wie bereits erwähnt, kennzeichnet sich eine revolvierende Kreditlinie dadurch, dass jeder Kredit am Ende seiner Zinsperiode zurückzuzahlen ist. Mit einer Rückzahlung unter einer revolvierenden Kreditlinie vermindert sich jedoch nicht die für Ziehungen verfügbare Kreditzusage; die Kreditlinie kann prinzipiell bis zum Ende der Gesamtlaufzeit in Anspruch genommen werden.[1790] Dem Kreditnehmer wird damit die Möglichkeit eröffnet, die Kreditlinie nach Rückzahlung durch eine neue Ziehung (*Rollover*) erneut in Anspruch nehmen zu können.[1791] Sofern sich die neue Inanspruchnahme an die Rückzahlung der Ziehung unmittelbar anschließt, mit anderen Worten „nahtlos" erfolgt, und es sich bei der Rückzahlung sowie der erneuten Inanspruchnahme der Höhe nach um den gleichen Betrag handelt, sieht die Standardformulierung der *LMA*[1792] eine Verrechnung des Anspruchs der Banken auf Tilgung mit dem Anspruch des Kreditnehmers auf Auszahlung der erneuten Ziehung vor.[1793] Auf ein Hin- und Herzahlen kann hier verzichtet werden (*Cashless Rollover*).[1794] Die Verlängerung der Zinsfestschreibungsperiode ohne tatsächliche Rückzahlung und erneute Ziehung, also das sog. *Cashless Rollover*, hat sich mittlerweile als Marktstandard etabliert.[1795]

Mit der Möglichkeit des *Rollover* lässt sich bei einer revolvierenden Kreditlinie faktisch ein Terminkredit „synthetisieren".[1796] Rechtlich gesehen liegt bei einer revolvierenden Kreditlinie zu den *Rollover*-Terminen jedoch eine Neuinanspruchnahme vor.[1797] Die sog. *Rollover*-Kredite sind aber dennoch zum Anlass eines Sicherungsgeschäfts zu rechnen. Die Banken treffen bei einem *Rollover* nämlich keine neue Kreditentscheidung. Vielmehr wurde der Wille zur jeweiligen Kreditverlängerung bereits im Kreditvertrag verbindlich erklärt.[1798] Die Haftung für

---

1790 Zum Ganzen *Castor*, in: Langenbucher/Bliesener/Spindler, Bankrechts-Kommentar, 16. Kap., Rdn. 25; *ders./Walgenbach*, in: Langenbucher/Bliesener/Spindler, Bankrechts-Kommentar, 16. Kap., Rdn. 80.

1791 *Castor/Walgenbach*, in: Langenbucher/Bliesener/Spindler, Bankrechts-Kommentar, 16. Kap., Rdn. 80.

1792 Ziffer 7.2 (b) Mustervertrag LMA.

1793 *Castor/Walgenbach*, in: Langenbucher/Bliesener/Spindler, Bankrechts-Kommentar, 16. Kap., Rdn. 80; *Knepper*, in: Beck'sches M&A-Handbuch, § 15, Rdn. 14.

1794 *Castor/Walgenbach*, in: Langenbucher/Bliesener/Spindler, Bankrechts-Kommentar, 16. Kap., Rdn. 80.

1795 Siehe hierzu etwa *Reudelhuber*, LMA Webinar – Einführung in syndizierte Kredite, S. 20 (abrufbar unter: http://www.lma.eu.com/application/files/3014/6927/7405/Introduction_to_Syndicated_Lending_German.pdf, Abruf vom 6. Januar 2019).

1796 *Knepper*, in: Beck'sches M&A-Handbuch, § 15, Rdn. 14; *Castor/Walgenbach*, in: Langenbucher/Bliesener/Spindler, Bankrechts-Kommentar, 16. Kap., Rdn. 80.

1797 *Walgenbach*, in: Langenbucher/Bliesener/Spindler, Bankrechts-Kommentar, 16. Kap., Rdn. 80 (Fn. 413).

1798 Zum Ganzen *Rusch*, GWR 2011, 151 (153).

eine derartigen „Wandel der Hauptschuld" wird damit als von Anfang an ins Auge gefasst gelten.

IV. Zwischenbefund

Scheitert die Einbeziehung oder Wirksamkeit einer formularmäßig weiten Zweckerklärung an § 305c Abs. 1 BGB oder – je nach der Eigenart des Sicherungsrechts – an § 307 BGB, so ist die durch den Wegfall der Klausel entstandene Lücke durch „geltungserhaltende Vertragsauslegung" dergestalt zu schließen, dass nur diejenigen Verbindlichkeiten wirksam gesichert sind, die den Anlass zur Bestellung der Sicherheit gebildet haben. Die Verbindlichkeit eines Sicherungsrechts misst sich mithin am konkreten Anlass des Sicherungsgeschäfts.

Soll ein Sicherungsrecht mit formularmäßig vereinbarter weiter Zweckerklärung auch in der Zukunft, ausschließlich die Anlassverbindlichkeit sichern, bliebe das Scheitern der Einbeziehung bzw. die Unwirksamkeit der weiten Zweckerklärung damit wegen dieser „geltungserhaltenden Vertragsauslegung" im Ergebnis für die kreditgewährende Bank folgenlos.[1799]

Ob bei einem „Wandel der Hauptschuld" die Haftung erlischt, unverändert fortbesteht oder sich auf die Verbindlichkeiten in ihrer nunmehr geänderten Form erstreckt, wird hier im Wege einer „geltungserhalten Vertragsauslegung" nicht immer zweifelsfrei festgestellt werden können. Insoweit wird unter Umständen eine Differenzierung nach der Rechtsnatur des jeweiligen Sicherungsrechts entscheidend. Grundsätzlich gilt, dass ein „Wandel der Hauptschuld" dann zum Anlass des Sicherungsgeschäfts gerechnet werden kann, wenn die Kreditvertragsparteien die Änderung des Kredites in den zur Kenntnis des Drittsicherungsgebers gebrachten Kreditvertragsverhandlungen von Anfang an ins Auge gefasst haben. Die aus der gescheiterten Einbeziehung oder Unwirksamkeit einer formularmäßig weiten Zweckerklärung folgende Beschränkung einer Sicherheit auf den Anlasskredit schließt eine formularmäßige Haftung für zukünftige Forderungen damit insoweit nicht aus, als diese für den Drittsicherungsgeber nach Grund und Umfang im Zeitpunkt der Sicherheitenbestellung bereits erkennbar waren. Wurde eine Haftung für Änderungen des Kredits von den Kreditvertragsparteien jedoch nicht von Anfang an – auch bezüglich des Umfangs – ins Auge gefasst, wird man sich für die Frage der Anlasskonformität eines „Wandels der Hauptschuld" daran zu orientieren haben, ob sich mit der Änderung das Risiko des Drittsicherungsgebers erhöht. Verschlechterungen seines Risikos zeigen sich danach für den Drittsicherungsgeber unverbindlich; Verbesserungen wirken sich zu seinen Gunsten aus. Insoweit ist eine wirtschaftliche Betrachtungsweise maßgeblich.

Schließlich bleibt festzuhalten, dass aus der Tatsache, dass bei Scheitern der Einbeziehung bzw. Unwirksamkeit der formularmäßig weiten Zweckerklärung das für die kreditgewährende Bank bestellte Sicherungsrecht letztlich immer im

---

1799 *Fischer*, in: FCH-Sicherheitenkompendium, Rdn. 186.

Umfang der anlassgebenden Kreditverbindlichkeit bestehen bleibt, nicht die falsche Schlussfolgerung getroffen werden darf, das Scheitern der Einbeziehung bzw. die Unwirksamkeit weiter Zweckerklärungen stelle sich im Ergebnis für die kreditgewährende Bank generell als unproblematisch dar. Wenn die kreditgewährende Bank nämlich im Vertrauen auf die „Beständigkeit der Kreditsicherheit im Wandel der Hauptschuld" beziehungsweise auf die Wirksamkeit der weiten Zweckerklärung bei der Gewährung weiterer Kredite auf die Hereinnahme weiterer Sicherheiten verzichtet, sind die später ausgereichten Kredite letztlich nicht besichert. Sofern damit der Anlasskredit durch einen anderen ersetzt wird, sind – im Falle der Vereinbarung akzessorischer Sicherungsrechte – diese sogar regelmäßig insgesamt verloren.[1800]

Um Rechtsunsicherheiten und insbesondere eine „mangelhafte" Besicherung zu vermeiden, bleibt daher zu empfehlen, bankenseits einen anvisierten „Wandel der Hauptschuld" davon abhängig zu machen, dass – im Falle der Betroffenheit akzessorischer Sicherungsrechte – diese neu bestellt[1801] bzw. – im Falle nicht akzessorischer Sicherungsrechte – ausdrücklich auf den geänderten Kredit erstreckt werden.

1800 Siehe zum Ganzen auch *Fischer*, in: FCH-Sicherheitenkompendium, Rdn. 186.

1801 Die Vereinbarung mit dem Drittsicherungsgeber, das akzessorische Sicherungsrecht für eine neue Forderung zu verwenden, stellt rechtlich die Bestellung eines neuen Sicherungsrechts dar.

§ 17 Darlegungs- und Beweislast

Scheitert die Einbeziehung oder Wirksamkeit einer formularmäßig weiten Zweckerklärung an § 305c Abs. 1 BGB oder § 307 BGB, so wurde festgestellt, dass damit die Haftung des Drittsicherungsgebers grundsätzlich nicht entfällt. Entscheidend für den Haftungsumfang einer – teilweise unwirksamen – formularmäßig weiten Zweckerklärung wird in diesem Fall vielmehr der konkrete Anlass, der zum Abschluss des Sicherungsgeschäfts führte.

Dass das Sicherungsrecht für einen bestimmten Anlass bestellt wurde und für welchen, wird dabei der Sicherungsgeber, der die Unwirksamkeit der formularmäßig weiten Zweckerklärung geltend macht, darlegen und beweisen müssen.[1802] Ist dies geschehen, muss die Bank darlegen und beweisen, dass sich das Sicherungsrecht gerade auch auf die geltend gemachte Verbindlichkeit erstreckt.[1803]

Hat sich der Drittsicherungsgeber über den Anlass seiner Sicherheitenbestellung keine Gedanken gemacht, war ihm also nicht bekannt, welche Forderungen der Bank im Zusammenhang mit dem Sicherungsgeschäft gegen den Kreditnehmer bestanden, ist der Anlass objektiv nach dem im Zeitpunkt der Sicherheitenbestellung aktuellen Sicherungsbedürfnis der Bank zu bestimmen.[1804] Welche Forderungen danach besichert sind, wird ebenfalls die Bank darzulegen und zu beweisen haben.[1805]

Gleiches gilt für den Fall der ausnahmsweisen Zulässigkeit der formularmäßigen Besicherung künftiger Forderungen bzw. eines „Wandels der Hauptschuld". Soweit eine nach Grund und Umfang klar und übersichtlich abgesteckte künftige Verbindlichkeit den Anlass für die Sicherheitenbestellung bildet und das Risiko des Drittsicherungsgebers damit gegenständlich eindeutig beschrieben ist, kann ein Drittsicherungsrecht auch formularmäßig auf künftige Verbindlichkeiten erstreckt werden. Es wurde festgestellt, dass ein „Wandel der Hauptschuld" damit dann zum Anlass des Sicherungsgeschäfts gerechnet wird, wenn die Kreditvertragsparteien die Änderung des Kredits von Anfang an ins Auge gefasst haben und der

---

1802 Zum Ganzen BGH, Urteil vom 30.01.2001 – XI ZR 118/00 = NJW 2001, 1417 (1419); BGH, Urteil vom 28.10.1999 – IX ZR 364/97 = NJW 2000, 658 (660); BGH, Urteil vom 16.12.1999 – IX ZR 36/98 = NJW 2000, 1179 (1182); BGH, Urteil vom 28.03.1995 – XI ZR 151/94 = NJW 1995, 1674 (1675); *Gaberdiel/Gladenbeck*, Kreditsicherung durch Grundschulden, Rdn. 688; *Röttger*, Kreditsicherungsrecht, S. 32.

1803 BGH, Urteil vom 07.10.2002 – II ZR 74/00 = NJW 2003, 61 (62 f.); BGH, Urteil vom 28.10.1999 – IX ZR 364/97 = NJW 2000, 658 (660).

1804 Siehe hierzu oben unter § 16 III. 1.

1805 BGH, Urteil vom 28.10.1999 – IX ZR 364/97 = NJW 2000, 658 (660); BGH, Urteil vom 07.03.1996 – IX ZR 43/95 = NJW 1996, 1470 (1472); BGH, Urteil vom 02.07.1998 – IX ZR 255–97 = NJW 1998, 2815 (2816); BGH, Urteil vom 15.04.1997 – IX ZR 112/96 = NJW 1997, 3230 (3232); siehe hierzu auch *Nobbe*, BKR 2002, 747 (755).

Drittsicherungsgeber bei Bestellung der Sicherheit hierüber informiert wurde oder dies aufgrund der Umstände des Einzelfalls hätte wissen müssen.[1806] Die Beweislast für die Kenntnis des Drittsicherungsgebers um diese Tatsache obliegt ebenfalls den Banken.[1807] Eine Möglichkeit der Banken, diese Kenntnis herbeizuführen, wäre, dem Drittsicherungsgeber den Kreditvertrag vorzulegen. Sind im Kreditvertrag etwaige Optionsklauseln zur Kreditvertragsverlängerung[1808] oder -erweiterung[1809] enthalten, könnte man davon ausgehen, dass die von den Kreditvertragsparteien bereits im Zeitpunkt der Sicherheitenbestellung angelegte, jedoch erst später zu vollziehende Änderung oder Erweiterung der Kreditverbindlichkeit dem Drittsicherungsgeber mit Vorlage des Kreditvertrages zur Kenntnis gebracht wurde. Von dieser Möglichkeit wird aber nur im Ausnahmefall ausgegangen werden können. Dies gilt bereits mit Rücksicht auf das Bankgeheimnis, es sei denn, der Kreditnehmer stimmt zu – woran er zum Zwecke der wirksamen umfassenden Besicherung der Bank gegebenenfalls sogar ein Interesse haben dürfte. Hinzu kommt aber, dass die Banken mit der Aufnahme etwaiger Optionsklauseln in die Kreditverträge regelmäßig eher zurückhaltend sind, weil sie nicht bereits im Kreditvertrag auf eine – später möglicherweise nicht mehr gewollte – Verlängerungs- oder Erweiterungsmöglichkeit hinweisen wollen.[1810] Scheuen die Banken eine Kenntnisgabe des Kreditvertrages, sollten sie bei der Sicherheitenbestellung in Anbetracht dessen aber jedenfalls darauf achten, dass – etwa im Falle einer intendierten Verlängerung oder Erweiterung des Kredites – beim betroffenen Sicherheitengeber nicht der Eindruck entsteht, dass die Laufzeit des Kredites zeitlich abschließend, etwa auf ein Jahr, beschränkt oder die Höhe des Kredites abschließend festgelegt sei.[1811] Sofern sich aus dem konkreten Verwendungszweck des verbürgten Kredites oder den sonstigen, dem Sicherungsgeber zur Kenntnis gelangten Begleitumständen ergibt, dass die originär vereinbarte Laufzeit des Kredites bzw. der originär vereinbarte Kreditbetrag den Zeitraum bzw. Bedarf der tatsächlichen Finanzierung nicht abdeckt, dürfte zwar auch der Sicherungsgeber davon ausgehen müssen, dass eine

1806 Siehe zum Ganzen etwa oben unter § 16 II. 2.

1807 BGH, Urteil vom 07.10.2002 – II ZR 74/00 = NJW 2003, 61 (63); *Lwowski*, in: Schimansky/Bunte/Lwowski, Bankrechts-Handbuch, Anh. zu § 91, Rdn. 5; *Nobbe*, BKR 2002, 747 (752).

1808 Siehe hierzu oben unter § 16 III. 2. a. i. (1) (c).

1809 Siehe hierzu oben unter § 16 III. 2. a. ii. (2).

1810 Siehe hierzu auch *Lwowski*, in: Schimansky/Bunte/Lwowski, Bankrechts-Handbuch, Anh. zu § 91, Rdn. 5.

1811 *Fischer*, WM 1998, 1705 (1711); *Lwowski*, in: Schimansky/Bunte/Lwowski, Bankrechts-Handbuch, Anh. zu § 91, Rdn. 2; *Samhat*, WM 2016, 962 (965). – *Lwowski* schlägt zugleich die Aufnahme folgender Einverständniserklärung in das Bürgschaftsformular vor: „Handelt es sich bei der gesicherten Forderung um einen auf zunächst höchstens ein Jahr befristeten Kontokorrentkredit, der periodisch verlängert werden kann, so bleibt die Bürgschaft im Falle der Verlängerung des Kredits bestehen, sofern dessen Zweck nicht geändert wird".

Prolongation bzw. Krediterweiterung bei Übernahme der betroffenen Sicherheit von den Kreditvertragsparteien von Anfang an ins Auge gefasst worden war.[1812] Zu empfehlen wäre aber dennoch eine – zu Beweiszwecken dokumentierte – Aufklärung des Sicherungsgebers, bei der er zugleich bestätigt, dass ihm die Möglichkeit zur Verlängerung bzw. Erhöhung des besicherten Kredits bekannt ist.[1813]

Schließlich würde auch die Möglichkeit verbleiben, den Drittsicherungsgeber im Rahmen der Verhandlungen auf die intendierte Erweiterung des Sicherungszwecks, über den durch den Anlass des Sicherungsgeschäfts bestimmten Rahmen hinaus, ausdrücklich hinzuweisen.[1814] Für die Behauptung, sie habe den Sicherungsgeber über den weiten Umfang der Haftung hinreichend aufgeklärt, ist die Bank ebenfalls darlegungs- und beweispflichtig. Da die Rechtsprechung jedoch überspitzte Anforderungen an einen Hinweis stellt und ein solcher Hinweis ohnehin nur bei solchen Sicherungsrechten, die sich nicht an § 307 BGB messen lassen müssen, zur Wirksamkeit einer formularmäßig weiten Zweckerklärung führt[1815], erscheint zu Beweiszwecken die – soeben erwähnte – dokumentierte Aufklärung des Drittsicherungsgebers, verbunden mit seiner bereits zu diesem Zeitpunkt erteilten Zustimmung, im Falle der Änderung der Kreditverbindlichkeit diese mitzubesichern, jedoch empfehlenswerter.

1812 *Rösler/Fischer*, BKR 2006, 50 (55).

1813 *Samhat*, WM 2016, 962 (965).

1814 Siehe zu den strengen Anforderungen der Rechtsprechung an einen den überraschenden Charakter formularmäßig weiter Zweckerklärungen ausschaltenden Hinweis oben unter § 12 I. 1. b. i. (3).

1815 Siehe hierzu ausführlich etwa oben unter § 12 I. 1. b. i. (3).

§ 18 Zusammenfassender Überblick der Wirksamkeit von Sicherungszweckerklärungen in AGB

Im Folgenden sollen zur besseren Orientierung die herausgearbeiteten Problemkreise bei formularmäßigen Zweckerklärungen zunächst aufgezeigt und sodann – differenzierend nach den Besonderheiten der jeweiligen Sicherungsrechte – tabellarisch gegenübergestellt werden.

I. Kein Differenzierungserfordernis zwischen akzessorischen und nicht akzessorischen Sicherheiten

Für die Frage der AGB-rechtlichen Wirksamkeit formularmäßiger Zweckerklärungen sind zwar generell die durch die jeweilige Eigenart des Sicherungsrechts vorgegebenen Besonderheiten zu berücksichtigen. Es macht für diese Beurteilung jedoch grundsätzlich keinen Unterschied, ob es sich bei dem betroffenen Sicherungsrecht um ein akzessorisches oder nicht akzessorisches handelt. Das gefundene Ergebnis beruht nämlich nicht auf dem akzessorischen oder nicht akzessorischen Charakter, sondern vielmehr auf den im Folgenden aufzuzeigenden Kriterien.

Andererseits handelt es sich hingegen bei der Frage, wo genau bei Änderungen oder Erweiterungen der gesicherten Verbindlichkeit(en) die Grenze zwischen einer noch identitätserhaltenden Änderung und einem Identitätsverlust der ursprünglichen Verbindlichkeit liegt, weniger um eine Frage des AGB-Rechts, als um eine solche des Akzessorietätsprinzips bzw. der Reichweite des Begriffs der „zukünftigen Forderung". Insoweit wird auf die generellen Ausführungen zum Sicherungszweck im „Wandel der Hauptschuld" verwiesen, im Rahmen derer es dies konkret zu erörtern galt.[1816]

II. Differenzierung zwischen engen und weiten Zweckerklärungen

Sollen mit einer formularmäßigen engen Zweckerklärung nur bestimmte, genau bezeichnete Verbindlichkeiten der Bank gegen ihren Kreditnehmer abgesichert werden, bestehen AGB-rechtlich keine Bedenken. Dies gilt sowohl für Eigen- als auch für Drittsicherungsrechte. Die Frage, ob etwaige Änderungen oder

1816 Siehe hierzu bereits ausführlich oben unter § 9.

Erweiterungen der gesicherten Verbindlichkeit vom in der engen Zweckerklärung festgelegten Haftungsumfang erfasst sind, ist, wie soeben erwähnt, keine Frage des AGB-Rechts, sondern eine solche des Akzessorietätsprinzips sowie der Reichweite des Begriffs der „zukünftigen Forderungen", für die auf die obigen Ausführungen verwiesen wurde.

Bei formularmäßig weiten Zweckerklärungen stellen sich hingegen AGB-rechtliche Probleme. Für die Frage der Wirksamkeit formularmäßiger weiter Zweckerklärungen ist mit dem BGH nach dem Verhältnis von Sicherungsgeber und Kreditnehmer zu differenzieren.

III. Differenzierung zwischen Eigen- und Drittsicherheiten

1. Weite Zweckerklärung bei Verbindlichkeiten gegen Dritte

Für die Frage der Wirksamkeit formularmäßig weiter Zweckerklärungen bei Drittsicherheiten ergeben sich hinsichtlich der verschieden Sicherungsrechte zwar notwendige Gemeinsamkeiten, es bestehen jedoch auch durch die jeweilige Eigenart der Sicherungsrechte geprägte Besonderheiten.[1817]

a. Scheitert Einbeziehung oder Wirksamkeit an § 305c Abs. 1 BGB und/ oder § 307 BGB?

Nach dem hier gefundenen Ergebnis ist entscheidend, nach der jeweiligen Eigenart des betroffenen Sicherungsrechts zunächst insoweit zu differenzieren, ob mit diesem das gesamte Vermögen des Drittsicherungsgebers in die Haftung miteinbezogen wird (Personalsicherheit) oder nur einzelne Vermögensgegenstände (Realsicherheit), bzw. ob dem Sicherungsrecht (dadurch bedingt) ein „Verbot der Fremddisposition" in Form einer gesetzlichen Leitbildfunktion zuteilwird. In den Fällen, in denen die Haftung das gesamte Vermögen des Drittsicherungsgebers betrifft und mit der Besicherung künftiger Forderungen vom gesetzlichen Leitbild des Fremddispositionsverbots abgewichen wird, sind weite Zweckerklärungen für den Drittsicherungsgeber nämlich grundsätzlich unangemessen benachteiligend i.S. des § 307 Abs. 2 S. 2 BGB. Da es im Rahmen des § 307 BGB allein auf eine objektive Benachteiligung ankommt, ist dieses Ergebnis auch unabhängig von den Vorstellungen des Drittsicherungsgebers oder einem möglicherweise erfolgten, gesonderten Hinweis auf die weite Zweckerklärung. Eine Heilung der Unwirksamkeit mittels Hinweis auf die Reichweite des Umfangs des Sicherungszwecks ist bei denjenigen Sicherungsrechten, die sich an § 307 BGB messen lassen müssen, nicht möglich.

1817 *Hoepner*, BKR 2002, 1025 (1025).

Ungeachtet der Eigenart der jeweiligen Sicherungsrechte gilt es bei der Beurteilung der Wirksamkeit formularmäßig weiter Zweckerklärungen in Drittsicherungsfällen generell die Hürde des Überraschungsmoments i.S. des § 305c Abs. 1 BGB zu überwinden.[1818] Dies wird – aufgrund der überspitzten Anforderungen der Rechtsprechung – jedoch nur in Ausnahmefällen in Form eines individuellen, keinesfalls formularmäßigen, bestenfalls zu Beweiszwecken dokumentierten Hinweises der Fall sein.

Was die Überwindung der Hürde des Überraschungsmoments nach § 305c Abs. 1 BGB anbelangt, weisen alle Sicherungsrechte – ungeachtet ihrer rechtlichen Natur – eine notwendige Gemeinsamkeit auf. Hier kann die zum Bürgschaftsrecht ergangene Rechtsprechung des BGH nahezu unreflektiert für alle Sicherungsrechte mit formularmäßig weiten Zweckerklärungen übernommen werden.[1819] Sollten weite Sicherungszweckerklärungen bei Sicherungsrechten, die sich an § 307 BGB messen lassen müssen, gegen diese Vorschrift verstoßen, kommt es auf eine Beurteilung nach § 305c Abs. 1 BGB freilich nicht mehr an.

b. Besicherung zukünftiger Drittverbindlichkeiten ausnahmsweise zulässig?

Mit den vorstehenden Erwägungen hat sich gezeigt, dass auch ein künftiges Sicherungsbedürfnis durchaus Bestandteil des Sicherheitenvertrages sein kann, d.h. die Besicherung zukünftiger Drittverbindlichkeiten nicht schlechterdings ausgeschlossen ist, sondern diese ausnahmsweise noch zum Anlass eines – insoweit wirksam – bestellten Sicherungsrechts mit formularmäßig weiten Zweckerklärung zu rechnen sein können. Vorausgesetzt wird dabei aber, dass die künftigen Forderungen bereits im Zeitpunkt der Sicherheitenbestellung nach Grund und Umfang genau abgesteckt sind und das Risiko des Sicherungsgebers sich damit gegenständlich eindeutig beschreiben lässt. Zu verlangen ist für eine Weiterhaftung zudem, dass diese Vertragsgestaltung für den Sicherungsgeber bei der Bestellung der Sicherheit ersichtlich war oder er in sonstiger Weise davon Kenntnis erlangte.

c. Ausnahme aufgrund besonderer Gesellschaftsverhältnisse?

Zudem wird sich ein Drittsicherungsgeber, der aufgrund einer besonderen gesellschaftsrechtlichen Stellung gegenüber dem Kreditnehmer bestimmenden Einfluss darauf nehmen kann, ob und in welchem Umfang die Kreditaufnahme später

---

1818 Formularmäßig weite Zweckerklärungen, die sich bereits als unangemessen benachteiligend i.S. des § 307 BGB erwiesen haben, werden sich konsequenterweise nicht mehr an § 305c Abs. BGB messen lassen müssen. Insoweit wird eine Überwindung des Überraschungsmoments nur für diejenigen Sicherungsrechte relevant, die nicht der Kontrolle des § 307 BGB auszusetzen sind oder sie bestanden haben.

1819 Siehe zur Rechtsprechung des BGH zu § 305c Abs. 1 BGB im Bürgschaftsrecht oben unter § 12 I. 1. b. i. (1).

erweitert, verlängert oder anderweitig geändert wird, nicht auf die §§ 305c Abs. 1, 307 BGB berufen können.

2. Weite Zweckerklärung bei Verbindlichkeiten gegen den Sicherungsgeber

Zur Sicherung eigener Verbindlichkeiten, d.h. bei Personenidentität von Sicherungsgeber und Kreditnehmer, sind nach der Rechtsprechung des BGH weite Zweckerklärungen wirksam. Den Unterschied zwischen der Wirksamkeit der Einbeziehung künftiger eigener Verbindlichkeiten und der grundsätzlichen Unwirksamkeit der Einbeziehung künftiger fremder Verbindlichkeiten versucht der BGH im Kern damit zu begründen, dass ein mit einer umfassenden Haftungserstreckung verbundenes Risiko für den Eigensicherungsgeber, der die Aufnahme sowie Erweiterung seiner Verbindlichkeiten selbst steuern könne, im Hinblick auf die Zukunft vermeidbar sei, während dies in Drittbesicherungsfällen – abgesehen von den soeben aufgeführten Fällen einer besonderen gesellschaftsrechtlichen Stellung – gerade nicht der Fall sei. Die formularmäßige Zweckausdehnung in Eigensicherungsfällen sei zudem weder unbillig noch überraschend, weil die Ausnutzung des Sicherungsrechts für spätere Kreditgeschäfte auch dem eigenen Interesse des Sicherungsgebers und Kreditnehmers diene. Die formularmäßig weite Zweckerklärung ist unter diesen Gesichtspunkten bei Eigensicherheiten daher generell unbedenklich. Die einzelnen Eigensicherungsrechte weisen dabei keine durch die jeweilige Eigenart des betroffenen Sicherungsrechts geprägten Besonderheiten auf.

IV. Tabellarische Übersicht

Wie gezeigt, ist die Frage nach der Wirksamkeit formularmäßiger Zweckerklärungen differenziert nach der Eigenart der jeweiligen Sicherungsrechte zu beurteilen. Die Wirksamkeitsprüfung hat abgestuft anhand der vorstehend aufgezeigten Kriterien zu erfolgen. Zur Übersichtlichkeit soll die nachfolgende Tabelle dienen. Da formularmäßig enge Zweckerklärungen grundsätzlich und formularmäßig weite Zweckerklärungen jedenfalls in Eigensicherungsfällen AGB-rechtlich unbedenklich sind, soll sich die Übersicht auf die Wirksamkeitsprüfung formularmäßig weiter Zweckerklärungen in Drittsicherungsfällen beschränken.

Da die Arbeit das Ziel einer möglichst praxisrelevanten Darstellung der Thematik verfolgt, spiegelt die folgende Übersicht – trotz hier teilweise vertretener anderer Ansicht – ausschließlich die Judikatur des BGH wider und nur für den Fall, dass eine höchstrichterliche Entscheidung nicht vorliegt, die hier vertretene Auffassung.

Wirksamkeit formularmäßig weiter Zweckerklärungen in Drittsicherungsfällen	**Verbot der Fremddisposition als gesetzliche Leitbildfunktion**	**Unangemessen benachteiligend i.S. von § 307 BGB***	**Überraschend i.S. von § 305c Abs. 1 BGB***	**Möglichkeit der Heilung durch individuellen Hinweis**
Bürgschaft	+	+	+	-
Schuldbeitritt	+	+	+	-
Grundschuld	-	-	+	+
Pfandrecht	-	-	+	+
Sicherungsübereignung und -abtretung (höchstrichterlich nicht entschieden)	(-)	(-)	(+)	(+)
Garantie (höchstrichterlich nicht entschieden)	(+)	(+)	(+)	(-)
Sonderfall: Harte Patronatserklärungen (höchstrichterlich nicht entschieden)	(+)	(+)	(+)	(-)

* Ausnahmen bei besonderer gesellschaftsrechtlicher Stellung des Drittsicherungsgebers gegenüber Kreditnehmer(n) möglich

5. Kapitel: Sicherungszweckerklärungen in Individualvereinbarungen

Wie bereits festgestellt, kann eine pauschalisierende und allgemein gültige Aussage über die Anwendbarkeit des AGB-Rechts auf die im Rahmen der hier interessierenden Finanzierungen verwendeten Sicherheitenverträge, bzw. die darin enthaltenen Sicherungszweckabreden im Besonderen, nicht getroffen werden. Dies schon allein deshalb nicht, weil die Verhandlungsbereitschaft der Banken und das tatsächliche Aushandeln der jeweiligen Klauseln in den Sicherheitenverträgen von der Eigenart der jeweiligen Transaktion und den partizipierenden Vertragsparteien abhängt, so dass die Frage, ob es sich bei den betroffenen Sicherungszweckabreden um AGB oder kontrollfreie Individualvereinbarungen handelt, letztlich stets eine solche des Einzelfalls bleiben muss.[1820] Wenn beim Vorliegen einer Zweckerklärung von einer individualvertraglichen ausgegangen werden kann, bleibt im Folgenden die Wirksamkeit enger sowie weiter Zweckerklärungen in Eigen- sowie Drittsicherungsfällen zu klären.

1820 Siehe zum Ganzen ausführlich oben unter § 11 V.

§ 19 Die weite Sicherungszweckerklärung

Als problematisch wurden bisher insbesondere die sog. weiten Sicherungszweckvereinbarungen herausgearbeitet, deren Gestaltung zu einer Globalsicherheit für alle Verbindlichkeiten aus einer bestimmten bankmäßigen Geschäftsverbindung oder einem bestimmten Vertragsverhältnis[1821] führt. Insoweit gilt es zwischen formularmäßigen weiten Sicherungszweckvereinbarungen, für die die Rechtsprechung AGB-rechtlich die aufgezeigten Grenzen entwickelt hat, und individualvertraglich vereinbarten weiten Sicherungszweckerklärungen, zu unterscheiden.

I. Rechtsprechung und Teile der Literatur

In Übereinstimmung mit weiten Teilen der Literatur steht es den Parteien laut BGH offen, sich individualvertraglich auf einen weiten Sicherungsumfang der Zweckerklärung zu einigen, solange die gesicherten Forderungen hinreichend individualisierbar, d.h. bestimmbar sind und ihr Schuldgrund unübersehbar ist.[1822] Dies gilt sowohl für Eigen- als auch für Drittsicherungsfälle.[1823] Entgegen der früheren Rechtsprechung verstoßen weite Zweckerklärungen nämlich nicht gegen das allgemeine Bestimmtheitserfordernis, da aus diesem kein Erfordernis zur Überschaubarkeit der Haftung des Sicherungsgebers abgeleitet werden kann.[1824] Sinn des Erfordernisses der Bestimmtheit bzw. Bestimmbarkeit ist es mithin nicht, den

---

1821 Siehe dazu, dass Zweckerklärungen, nach denen alle Ansprüche aus einem bestimmten Vertragsverhältnis gesichert sein sollen, weiten Zweckerklärungen im Ergebnis gleichstehen, oben unter § 7 III. 3. a.

1822 BGH, Urteil vom 18.05.1995 – IX ZR 108/94 = NJW 1995, 2553 (2553); BGH, Urteil vom 17.03.1994 – IX ZR 102/93 = NJW 1994, 1656 (1657); BGH, Urteil vom 14.11.1991 – IX ZR 20/91 = NJW 1992, 1448 (1448); BGH, Versäumnisurteil vom 16.01.1992 – IX ZR 113/91 = NJW 1992, 896 (897); BGH, Urteil vom 05.04.1990 – IX ZR 111/89 = NJW 1990, 1909 (1910); *Habersack*, in: MüKoBGB, § 765, Rdn. 68; *Hoffmann*, in: Langenbucher/Bliesener/Spindler, Bankrechts-Kommentar, 29. Kap., § 765, Rdn. 10; *Gröschler*, in: Soergel, § 765, Rdn. 34; *Knops*, in: Derleder/Knops/Bamberger, Dt. und europ. Bank- und Kapitalmarktrecht, § 27, Rdn. 30; *Nobbe*, in: Schimansky/Bunte/Lwowski, Bankrechts-Handbuch, § 91, Rdn. 177; *ders.*, BKR 2002, 747 (749); *Reich*, NJW 1995, 1857 (1859); *Reinicke/Tiedtke*, JZ 1986, 426 (427); *Stadler*, in: Jauernig, BGB, § 765, Rdn. 18.

1823 Wenn dies nach der Rechtsprechung für weite Bürgschaftszweckerklärungen gilt, sind hier keine Gründe ersichtlich, warum für die gleich oder weniger schutzbedürftigen (Dritt-)Sicherungsgeber etwas anderes gelten sollte.

1824 *Gröschler*, in: Soergel, § 765, Rdn. 34.

Sicherungsgeber vor der Eingehung unübersehbarer Pflichten zu schützen.[1825] Deshalb müsse zu der sachlichen Begrenzung der gesicherten Forderung(en) insbesondere auch keine Begrenzung der Höhe nach hinzukommen, da dies nichts mit der Bestimmtheit (oder Bestimmbarkeit) der Hauptschuld zu tun hat.[1826] Ausreichend ist daher, wenn mit der vereinbarten Zweckerklärung auf (künftige) Forderungen verwiesen wird, die aus einem festgelegten Kreis von Rechtsbeziehungen entstehen können, sich mit der Zweckerklärung mithin ein festgelegter Kreis von Forderungen bestimmen lässt.[1827] Wird oder werden eine oder mehrere Forderungen genau bezeichnet, ist mithin kein Grund ersichtlich, weshalb einer derartigen Zweckerklärung die Wirksamkeit versagt werden sollte.[1828] Als hinreichend bestimmt werden insbesondere auch Sicherungszweckerklärungen angesehen, die alle – auch zukünftigen – Verbindlichkeiten aus einer bankmäßigen Geschäftsbeziehung erfassen.[1829] Ausreichend ist damit auch, wenn sich die Parteien individualvertraglich auf einen weiten Sicherungsumfang dergestalt einigen, dass das betroffene Sicherungsrecht auch alle künftigen Verbindlichkeiten aus einem bestimmten Vertragsverhältnis besichern soll.[1830] Die Grenze des Zulässigen gilt damit erst als erreicht, wenn der Forderungskreis nicht einmal mehr hinreichend bestimmbar ist, da der Sicherungsgeber in diesem Fall nicht mehr abschätzen kann, für was und für wie viel er einzustehen hat.[1831] Wegen ihrer inhaltlichen Unbestimmbarkeit sowie uferlosen Ausweitung zeitigt die Zweckerklärung in diesem Fall keine Wirkung bzw. bleibt lediglich als „leere Hülle" bestehen – und zwar unabhängig davon, ob der Sicherungsgeber auf die Entstehung der gesicherten (künftigen) Verbindlichkeiten Einfluss hat oder nicht.[1832]

1825 Siehe zum Ganzen bereits ausführlich oben unter § 7 IV.; sowie hierzu im Besonderen auch *Gröschler*, in: Soergel, § 765, Rdn. 34; *Nobbe*, in: Schimansky/Bunte/Lwowski, Bankrechts-Handbuch, § 91, Rdn. 177.

1826 BGH, Urteil vom 18.05.1995 – IX ZR 108/94 = NJW 1995, 2553 (2553).

1827 BGH, Urteil vom 17.03.1994 – IX ZR 174/93 = NJW 1994, 2146 (2148).

1828 *Knops*, in: Derleder/Knops/Bamberger, Dt. und europ. Bank- und Kapitalmarktrecht, § 27, Rdn. 30.

1829 Ständige Rechtsprechung seit BGH, Urteil vom 10.10.1957 – VII ZR 419/56 = NJW 1957, 1873 (1873); aus der „neueren" Rechtsprechung BGH, Urteil vom 18.05.1995 – IX ZR 108/94 = NJW 1995, 2553 (2553); BGH, Urteil vom 17.03.1994 – IX ZR 102/93 = NJW 1994, 1656 (1656); BGH, Versäumnisurteil vom 16.01.1992 – IX ZR 113/91 = NJW 1992, 896 (897).

1830 *Stadler*, in: Jauernig, BGB, § 765, Rdn. 18 mwN. – Relevant wird dies vor allem für die oben vorgestellten, bei den hier interessierenden Finanzierungen typischerweise verwendeten Zweckerklärungen zur Besicherung aller Forderungen aus den „Finanzierungsverträgen" (siehe § 7 III. 3. a.).

1831 *Knops*, in: Derleder/Knops/Bamberger, Dt. und europ. Bank- und Kapitalmarktrecht, § 27, Rdn. 30.

1832 Siehe zu den Rechtsfolgen einer inhaltlichen Unbestimmtheit oben unter § 7 IV. 2. sowie hierzu im Besonderen auch BGH, Urteil vom 05.04.1990 – IX ZR 111/89 = NJW 1990, 1909 (1910); BGH, Urteil vom 14.07.1988 – IX ZR 115/87 = NJW 1989, 27

II. Weitere Teile der Literatur

Ein Teil der Lehre hält es hingegen – zumindest was weite Zweckerklärungen in den strengsten Anforderungen an Sicherheiten unterliegenden Bürgschaften anbelangt – nicht für überzeugend, dass sich ein Bürge individualvertraglich der Fremddisposition der Kreditvertragsparteien, die seine Haftung beliebig ausweiten können, unbegrenzt unterwerfen kann. Eine solche Bürgschaft verstoße gegen das in § 767 Abs. 1 S. 3 BGB normierte Verbot der Fremddisposition.[1833] Würde man sämtliche Rechtsgeschäfte aus der Geschäftsverbindung der kreditgebenden Bank und dem Hauptschuldner ohne Rücksicht auf Zeitpunkt und Anlass ihrer Entstehung in die anfängliche Verpflichtung des Bürgen hineinpacken, liefe § 767 Abs. 1 S. 3 BGB im Ergebnis nämlich praktisch leer. Das Verbot der Fremddisposition wäre dann zwar nicht formalrechtlich, wohl aber im wirtschaftlichen Sinne beseitigt.[1834]

III. Stellungnahme

Im Rahmen einer individualvertraglichen Vereinbarung wird von der höchstrichterlichen Rechtsprechung in Übereinstimmung mit weiten Teilen der Literatur die formelhafte Vereinbarung eines weiten Sicherungsumfangs der Zweckerklärung grundsätzlich gebilligt. Es ist lediglich der Maßstab der Bestimmtheit bzw. Bestimmbarkeit anzulegen, sodass individualvertragliche Zweckvereinbarungen als wirksam anzusehen sind, wenn sich aus ihnen heraus bestimmen lässt, welche Forderungen erfasst sein sollen. Dies gilt sowohl für Fälle der Eigen- als auch für solche der Drittbesicherung sowie unabhängig davon, ob der Sicherungsgeber Einfluss auf die Aufnahme, Erweiterung, Verlängerung etc. der Kreditverbindlichkeit hat oder nicht.[1835]

Für den Sicherungsgeber erweist sich dabei insbesondere als problematisch, dass damit auch Kreditverbindlichkeiten gesichert werden können, die möglicherweise erst Jahre nach Gewährung desjenigen Kredites entstehen, der den Anlass für die Sicherheitenbestellung darstellte.[1836] Dennoch ist keine rechtliche

---

(28); BGH, Urteil vom 10.10.1957 – VII ZR 419/56 = NJW 1957, 1873 (1873); *Knops*, in: Derleder/Knops/Bamberger, Dt. und europ. Bank- und Kapitalmarktrecht, § 27, Rdn. 30; *Nobbe*, BKR 2002, 747 (749).

1833 So etwa *Horn*, Globalbürgschaft und Bestimmtheitsgrundsatz, in: Festschrift Merz, S. 217 (225); *ders.*, in: Staudinger, § 765, Rdn. 54.

1834 Siehe hierzu *Fischer*, WM 1998, 1705 (1709).

1835 Insbesondere die oben zu den formularmäßig weiten Zweckerklärungen festgestellten Besonderheiten bei Gesellschaftersicherheiten gelangen damit hier nicht zur Anwendung.

1836 *Knops*, in: Derleder/Knops/Bamberger, Dt. und Europ. Bank- und Kapitalmarktrecht, Bd. 1, § 25, Rdn. 30 mit Verweis auf BGH, Urteil vom 17.03.1994 – IX ZR 102/93 = NJW 1994, 1656 (1656).

Grundlage ersichtlich, weshalb im Rahmen der Vereinbarung individualvertraglicher Zweckerklärungen eine ins Detail gehende, genaue Bezeichnung der zu sichernden Forderung(en) verlangt werden müsste bzw. eine weite Zweckerklärung keine Geltung beanspruchen sollte.[1837] Sowohl für akzessorische als auch für nicht akzessorische Sicherheiten besteht grundsätzlich – in den aufgezeigten Grenzen – die Möglichkeit zur Besicherung künftiger Verbindlichkeiten. Erforderlich ist nur, dass die zu sichernden Forderungen im Zeitpunkt der Sicherheitenbestellung wenigstens bestimmbar sind und ihr Schuldgrund unübersehbar ist.[1838] Sinn des Bestimmtheitsgebotes ist es nicht, den Sicherungsgeber vor der Eingehung unüberschaubarer Risiken zu schützen.[1839] Zudem ist nicht ersichtlich, warum die Privatautonomie eines Sicherungsgebers dahin beschränkt werden sollte, dass er nicht umfassend für Verbindlichkeiten aus seiner bankmäßigen Geschäftsverbindung oder einem bestimmten Vertragsverhältnis einstehen darf. Es ist deshalb mit der Rechtsprechung und dem überwiegenden Teil der Literatur davon auszugehen, dass sich individualvertraglich ein weiter Sicherungsumfang der Zweckerklärung sowohl in Eigen- als auch in Drittsicherungsfällen wirksam vereinbaren lässt.

1837 Siehe hierzu auch *Nobbe*, BKR 2002, 747 (748).
1838 Siehe zum Ganzen ausführlich oben unter § 5 III. 2. a. iii. (2).
1839 Siehe hierzu bereits oben unter § 7 IV.

§ 20 Die enge Sicherungszweckvereinbarung

Wenn mit einer engen Sicherungszweckvereinbarung individualvertraglich vereinbart wird, dass eine oder mehrere genau bezeichnete Forderungen des Sicherungsgebers oder eines Dritten gesichert werden sollen, ist kein Grund ersichtlich, weshalb einer derartigen Zweckbestimmung die Wirksamkeit versagt werden sollte.[1840] Wenn enge Sicherungszweckerklärungen bereits bei formularmäßiger Vereinbarung wirksam sind, dann muss dies erst recht auch bei individualvertraglichen Vereinbarungen gelten.

1840 Statt vieler *Knops*, in: Derleder/Knops/Bamberger, Dt. und Europ. Bank- und Kapitalmarktrecht, Bd. 1, § 27, Rdn. 30; *Hoepner*, BKR 2002, 1025 (1027).

§ 21 Bedeutung für die vorliegende Untersuchung

Die vorstehenden Erwägungen haben gezeigt, dass es auf die Abgrenzung der AGB von Individualvereinbarungen entscheidend ankommt, da sie maßgeblich darüber entscheidet, ob an Sicherungszweckvereinbarungen lediglich der Maßstab der Bestimmbarkeit anzulegen ist oder ob diese an der weit unterhalb dieser Messlatte angesiedelten Kontrollschwelle der Einbeziehungs- und Inhaltskontrolle nach §§ 305 ff. BGB zu messen sind. Individualvertraglich steht es den Sicherungsparteien – sowohl in Eigen- als auch in Drittsicherungsfällen – jedenfalls offen, den Sicherungszweck eng oder weit zu fassen, solange die zu sichernden Forderungen hinreichend individualisierbar sind. Vor diesem Hintergrund ist es also grundsätzlich möglich, auch künftige Verbindlichkeiten der Haftung des Sicherungsgebers zu unterstellen, soweit diese eben hinreichend individualisierbar, d.h. bestimmbar sind und ihr Schuldgrund unübersehbar ist. Individualvertraglich lässt sich deshalb insbesondere eine weite Sicherungszweckvereinbarung wirksam vereinbaren. Nach der Rechtsprechung werden nämlich Sicherungszweckerklärungen, die alle – auch zukünftigen – Verbindlichkeiten aus einer bankmäßigen Geschäftsverbindung erfassen, als hinreichend bestimmbar angesehen. Dies wird damit auch für diejenigen Zweckerklärungen gelten, die sich – wie festgestellt – an den für weite Zweckerklärungen geltenden Grundsätzen messen lassen müssen.[1841]

Die Möglichkeit, individualvertraglich einen weiten Sicherungsumfang einer Zweckerklärung zu vereinbaren, bedeutet, dass damit auch Prolongationen, Stundungen, Tilgungsaussetzungen, Tilgungsänderungen, Krediterweiterungen sowie sonstige, aus Sicht bei Sicherheitenbestellung lediglich künftige Forderungen darstellende Verbindlichkeiten, wirksam vom Haftungsumfang des jeweils betroffenen Sicherungsrechts erfasst sein können. Unabhängig davon, ob es sich bei dem betroffenen Sicherungsrecht um ein akzessorisches oder nicht akzessorisches handelt oder ob mit dem „Wandel der Hauptschuld" die Identität der ursprünglichen Kreditverbindlichkeit gewahrt wird, können diese Forderungen nämlich von Anfang an durch die Möglichkeit der wirksamen Vereinbarung eines weiten Sicherungszwecks in die Haftung einbezogen werden – solange es sich dabei um Forderungen aus der bankmäßigen Geschäftsverbindung oder einem in der Zweckerklärung bestimmten Vertragsverhältnis handelt.

Etwas anderes gilt hingegen bei individualvertraglicher Vereinbarung eines engen Sicherungszwecks. Die Frage der Möglichkeit zur wirksamen (Mit-)Besicherung künftiger Forderungen bzw., ob etwaige Verlängerungen, Erweiterungen oder sonstige Änderungen der ursprünglich gesicherten Kreditverbindlichkeit vom

1841 Siehe hierzu insbesonder oben unter § 7 III. 3.

Haftungsumfang eines jeweiligen Sicherungsrechts erfasst sind, bemisst sich hier an den generellen Ausführungen zum Sicherungszweck im „Wandel der Hauptschuld“, im Rahmen derer es dies konkret zu erörtern galt. Ob mit einem „Wandel der Hauptschuld“ nach dem „Stichtag“ der Sicherheitenbestellung das betroffene Sicherungsrecht erlischt, unverändert fortbestehen bleibt oder sich auf die Verbindlichkeit in ihrer nunmehr geänderten Form erstreckt, wird deshalb mit den obigen Ausführungen zu beantworten sein.[1842]

1842 Siehe hierzu bereits ausführlich oben unter § 9.

Zusammenfassung der wesentlichen Ergebnisse

Die in dieser Untersuchung erarbeiteten Ergebnisse lassen sich wie folgt zusammenfassen:

Die Frage nach der „Beständigkeit von Kreditsicherheiten im Wandel der Hauptschuld“ kann nur differenziert nach der Eigenart der jeweiligen Sicherungsrechte, deren Sicherungszweck sowie den individuellen Umständen bei der Sicherheitenbestellung beantwortet werden. Inwieweit etwaige Änderungen der ursprünglichen Kreditverbindlichkeit vom vereinbarten Sicherungszweck erfasst sind, kann damit nur abgestuft anhand von verschiedenen Kriterien beurteilt werden.

Die entscheidendste Weichenstellung ist dabei zunächst die Frage, ob es sich bei den vereinbarten Sicherungszweckvereinbarungen um AGB oder kontrollfreie Individualvereinbarungen handelt. Werden sich Banken in ihrem Streben nach einer möglichst unabhängigen und dauerhaften Besicherung dafür entscheiden, den Sicherungszweck möglichst weit zu fassen, können die AGB-rechtlichen Vorschriften dem unüberwindbare Grenzen entgegen setzen. Eine pauschalisierende und allgemein gültige Aussage über die Anwendbarkeit des AGB-Rechts auf die im Rahmen der hier interessierenden Finanzierungen verwendeten Sicherheitenverträge bzw. die darin enthaltenen Sicherungszweckerklärungen konnte im Rahmen dieser Arbeit jedoch nicht getroffen werden. Dies deshalb nicht, weil die Verhandlungsbereitschaft der Banken und das tatsächliche Aushandeln der jeweiligen Klauseln in den Sicherheitenverträgen von der Eigenart der jeweiligen Transaktion und den partizipierenden Vertragsparteien abhängt, so dass die Frage, ob es sich bei den betroffenen Sicherungszweckvereinbarungen um AGB oder kontrollfreie Individualvereinbarungen handelt, letztlich stets eine solche des Einzelfalls bleiben muss. Es gilt deshalb in der Praxis zunächst, jede den Umfang des Sicherungszwecks festlegende Vertragsbestimmung in den betreffenden Sicherheitenverträgen einzeln und losgelöst von den übrigen Vertragsklauseln auf ihren AGB-Charakter hin zu prüfen. In Zweifelsfällen wird in der Praxis aufgrund der restriktiven und – wie festgestellt – nicht praxisgerechten Rechtsprechung des BGH aber davon ausgegangen werden müssen, dass Sicherungszweckerklärungen als AGB zu qualifizieren sind und damit den Maßstäben der §§ 305 ff. BGB zu genügen haben. Dies gilt auch dann, wenn wie häufig bei den hier interessierenden Akquisitionsfinanzierungen sowie generell bei großvolumigen Finanzierungen im Unternehmensbereich (Groß-)Kanzleien mandatiert werden, die die Erstellung sowie das Verhandeln der erforderlichen Vertragsdokumentation übernehmen.

Gelangt man in den Anwendungsbereich der AGB ist für die Frage einer wirksamen Besicherung eines „Wandels der Hauptschuld“ sodann entscheidend, ob im Sicherungsvertrag ein enger oder ein weiter Sicherungszweck vereinbart wurde.

Wurden mit einer formularmäßigen engen Zweckerklärung nur bestimmte, genau bezeichnete Verbindlichkeiten der Bank gegen ihren Kreditnehmer abgesichert, bestehen – soweit es sich hier überhaupt um AGB handeln kann – AGB-rechtlich keine Bedenken. Dies gilt sowohl für Eigen- als auch für Drittsicherungsrechte. Es stellt sich dann aber die Frage, ob etwaige Änderungen oder Erweiterungen der gesicherten Verbindlichkeit vom in der engen Zweckerklärung festgelegten Haftungsumfang überhaupt erfasst sind. Dies ist jedoch keine Frage des AGB-Rechts, sondern eine solche des Akzessorietätsprinzips sowie der Reichweite des Begriffs der „zukünftigen Forderungen". Bei formularmäßig weiten Zweckerklärungen, worunter im Übrigen auch Prolongationsklauseln etc. zu fassen sind, da sie sich – nach hier vertretener Auffassung – an denselben Kriterien messen lassen müssen, stellen sich hingegen AGB-rechtliche Probleme. Hier ist mit dem BGH nach dem Verhältnis von Sicherungsgeber und Kreditnehmer zu differenzieren. Zur Sicherung eigener Verbindlichkeiten, d.h. bei Personenidentität von Sicherungsgeber und Kreditnehmer, sind nach der Rechtsprechung des BGH formularmäßige weite Zweckerklärungen wirksam. Für die Frage der Wirksamkeit formularmäßig weiter Zweckerklärungen bei Drittsicherheiten bestehen jedoch durch die jeweilige Eigenart der Sicherungsrechte geprägte Besonderheiten, wodurch die Überprüfung eine enorme Komplexität erlangt. Nach dem hier gefundenen Ergebnis ist dabei entscheidend, nach der jeweiligen Eigenart des betroffenen Sicherungsrechts zunächst insoweit zu differenzieren, ob mit diesem das gesamte Vermögen des Drittsicherungsgebers in die Haftung miteinbezogen wird (Personalsicherheit) oder nur einzelne Vermögensgegenstände (Realsicherheit) bzw. ob dem Sicherungsrecht (dadurch bedingt) ein „Verbot der Fremddisposition" in Form einer gesetzlichen Leitbildfunktion zuteilwird. Hingegen macht es für die Frage der AGB-rechtlichen Wirksamkeit formularmäßiger Zweckerklärungen keinen Unterschied, ob es sich bei dem betroffenen Drittsicherungsrecht um ein akzessorisches oder nicht akzessorisches handelt.

Selbst bei einer eigentlich unwirksamen formularmäßigen weiten Sicherungszweckerklärung hat sich schließlich gezeigt, dass eine Besicherung zukünftiger Drittverbindlichkeiten nicht schlechterdings ausgeschlossen ist, sondern diese ausnahmsweise noch zum Anlass eines – insoweit wirksam – bestellten Sicherungsrechts mit formularmäßig weiter Zweckerklärung zu rechnen sein kann. Ausnahmecharakter kann darüber hinaus auch eine besondere gesellschaftsrechtliche Stellung des Drittsicherungsgebers haben. Die verschiedenen Kriterien, welche letztlich darüber entscheiden, ob ein „Wandel der Hauptschuld" durch das originär bestellte Drittsicherungsrecht (mit-)besichert ist oder nicht, gilt es für jeden Einzelfall holzschnittartig zu überprüfen.

Scheitert die Einbeziehung oder Wirksamkeit einer formularmäßig weiten Zweckerklärung schließlich an § 305c Abs. 1 BGB oder – je nach der Eigenart des Sicherungsrechts – an § 307 BGB, so kann die durch den Wegfall der Klausel entstandene Lücke durch „geltungserhaltende Vertragsauslegung" dergestalt geschlossen werden, dass zumindest noch diejenigen Verbindlichkeiten wirksam besichert sind, die den Anlass zur Bestellung der Sicherheit gebildet haben. Die

Verbindlichkeit eines Sicherungsrechts misst sich damit am konkreten Anlass des Sicherungsgeschäfts. Grundsätzlich gilt, dass ein „Wandel der Hauptschuld" dann zum Anlass des Sicherungsgeschäfts gerechnet werden kann, wenn die Kreditvertragsparteien die Änderung des Kredites in den zur Kenntnis des Drittsicherungsgebers gebrachten Kreditvertragsverhandlungen von Anfang an ins Auge gefasst haben. Die aus der gescheiterten Einbeziehung oder Unwirksamkeit einer formularmäßig weiten Zweckerklärung folgende Beschränkung einer Sicherheit auf den Anlasskredit schließt eine formularmäßige Haftung für zukünftige Forderungen damit insoweit nicht aus, als diese für den Drittsicherungsgeber nach Grund und Umfang im Zeitpunkt der Sicherheitenbestellung bereits erkennbar waren. Wurde eine Haftung für Änderungen des Kredits von den Kreditvertragsparteien jedoch nicht von Anfang an – auch bezüglich des Umfangs – ins Auge gefasst, wird man sich für die Frage der Anlasskonformität eines „Wandels der Hauptschuld" daran zu orientieren haben, ob sich mit der Änderung das Risiko des Drittsicherungsgebers erhöht. Verschlechterungen seines Risikos zeigen sich danach für den Drittsicherungsgeber unverbindlich; Verbesserungen wirken sich zu seinen Gunsten aus. Insoweit ist eine wirtschaftliche Betrachtungsweise maßgeblich.

Um Rechtsunsicherheiten und insbesondere eine „mangelhafte" Besicherung zu vermeiden, bleibt in Drittsicherungsfällen mit weitem Sicherungszweck – solange mit der BGH-Rechtsprechung im Zweifel davon ausgegangen werden muss, dass es sich hierbei um AGB handelt – zu empfehlen, bankenseits eines anvisierten „Wandel der Hauptschuld" davon abhängig zu machen, dass – im Falle der Betroffenheit akzessorischer Sicherungsrechte – diese neu bestellt bzw. – im Falle nicht akzessorischer Sicherungsrechte – ausdrücklich auf den geänderten Kredit erstreckt werden.

Da zur Sicherung eigener Verbindlichkeiten, d.h. bei Personenidentität von Sicherungsgeber und Kreditnehmer, nach der Rechtsprechung des BGH formularmäßig weite Zweckerklärungen wirksam sind, wird ein „Wandel der Hauptschuld" hier hingegen grundsätzlich wirksam (mit-)besichert sein.

Auch formularmäßige enge Sicherungszweckvereinbarungen begegnen weder in Eigen- noch in Drittsicherungsfällen AGB-rechtlichen Bedenken. Die Frage, ob etwaige Änderungen oder Erweiterungen der gesicherten Verbindlichkeit vom in der engen Zweckerklärung festgelegten Haftungsumfang erfasst sind, ist keine Frage des AGB-Rechts, sondern eine solche des Akzessorietätsprinzips sowie der Reichweite des Begriffs der „zukünftigen Forderungen", die es für individualvertragliche Zweckerklärungen gleichermaßen zu untersuchen gilt.

Darüber hinaus begegnen weite Zweckerklärungen dann keinen Bedenken, wenn diese – was aufgrund der restriktiven BGH-Rechtsprechung aber wohl selten der Fall sein wird – individualvertraglich vereinbart wurden. Dies gilt sowohl in Eigen- als auch in Drittsicherungsfällen. Eine nachträgliche Änderung oder Erweiterung der Kreditverbindlichkeit wird von einer individualvertraglich vereinbarten weiten Zweckerklärung in der Regel erfasst sein. Eine solche erfasst nämlich, ohne Rücksicht auf den Zeitpunkt ihrer Entstehung, von vornherein etwa alle Forderungen aus der bankmäßigen Geschäftsverbindung und damit grundsätzlich jedwede wie auch immer geartete Veränderung oder Erweiterung der gesicherten Verbindlichkeit, sofern sie im Rahmen der Geschäftsverbindung entsteht. Die Möglichkeit, individualvertraglich einen weiten Sicherungsumfang einer Zweckerklärung zu vereinbaren, bedeutet konkret, dass damit auch Prolongationen, Stundungen, Tilgungsaussetzungen, Tilgungsänderungen, Krediterweiterungen sowie sonstige, aus Sicht bei Sicherheitenbestellung lediglich künftige Forderungen darstellende Verbindlichkeiten, wirksam vom Haftungsumfang des jeweils betroffenen Sicherungsrechts erfasst sein können. Unabhängig davon, ob es sich bei dem betroffenen Sicherungsrecht um ein akzessorisches oder nicht akzessorisches handelt oder ob mit dem „Wandel der Hauptschuld" die Identität der ursprünglichen Kreditverbindlichkeit gewahrt wird, können diese Forderungen nämlich von Anfang an durch die Möglichkeit der wirksamen Vereinbarung eines weiten Sicherungszwecks in die Haftung einbezogen werden – solange es sich dabei um Forderungen aus der bankmäßigen Geschäftsverbindung oder einem in der Zweckerklärung bestimmten Vertragsverhältnis handelt.

Nichtsdestotrotz bleibt, da eben in der Praxis schlechterdings das Restrisiko besteht, dass Zweckerklärungen als AGB gewertet werden, zu empfehlen, bei weiten Zweckerklärungen in Drittsicherungsfällen einen „Wandel der Hauptschuld" generell davon abhängig zu machen, dass – wie bereits oben erwähnt – die betroffene Sicherheit neu bestellt bzw. ausdrücklich auf die geänderte oder erweiterte Verbindlichkeit erstreckt wird. Das Risiko, dass vermeintlich individualvertraglich vereinbarte weite Zweckerklärungen letztlich doch als formularmäßig fixiert gelten, mit der Folge, dass ein „Wandel der Hauptschuld" möglicherweise nicht besichert wäre, lässt sich somit nämlich eliminieren.

Vereinbaren die Sicherungsparteien – individualvertraglich oder formularmäßig – einen engen Sicherungszweck, gilt es hinsichtlich der Möglichkeiten für eine Änderung bzw. Erweiterung des Sicherungszwecks für die Zwecke einer (Mit-) Besicherung eines „Wandels der Hauptschuld" zunächst nach der Rechtsnatur der verschiedenen Sicherungsrechte, nach akzessorischen und nicht akzessorischen Sicherungsrechten, zu unterscheiden sowie danach, ob es sich um ein Eigen- oder ein Drittsicherungsrecht handelt. Ferner wird man bei akzessorischen Eigen- und Drittsicherheiten danach fragen müssen, ob durch die (nachträgliche) Änderung bzw. Erweiterung die Identität der Forderung gewahrt oder die ursprüngliche Verbindlichkeit dadurch so stark verändert wird, dass bei einer wirtschaftlichen, auf das Risiko des Sicherungsgebers abstellenden Betrachtungsweise nicht mehr von einem „identitätsgleichen Fortbestehen" der Verbindlichkeit ausgegangen werden kann. Aufgrund der Akzessorietät wäre die geänderte Kreditverbindlichkeit nämlich nicht mehr gesichert, wenn es sich insoweit um eine neue, in dem vorherigen Kreditverhältnis noch nicht angelegte Verbindlichkeit handelt, durch die die Altverbindlichkeit abgelöst und zum Erlöschen gebracht wird. Die Grenze zwischen einer noch identitätswahrenden Änderung und einem Identitätsverlust der originären Verbindlichkeit kann im Einzelfall schwer zu bestimmen sein. Schließlich wird man sich sowohl bei akzessorischen als auch bei nicht akzessorischen Drittsicherheiten fragen müssen, ob sich das Risiko des Sicherungsgebers durch die (nachträgliche) Änderung bzw. Erweiterung erhöht, die Änderung der gesicherten Forderung für den Sicherungsgeber mithin nachteilig ist. Maßgeblich ist auch hier wieder eine wirtschaftliche Betrachtungsweise.

Anhand dieser Kriterien bemisst sich, inwieweit sich etwaige Änderungen der ursprünglichen Kreditverbindlichkeit – sei es in der Form, dass eine bisher nicht gesicherte Forderung neben die ursprünglich gesicherte tritt oder diese ersetzen soll, sei es in der Form, dass die ursprünglich gesicherte Forderung über den bisherigen Umfang hinaus ausgedehnt werden soll – nach dem „Stichtag" der Sicherheitenbestellung auf die Beständigkeit des jeweiligen Sicherungsrechts auswirken, d.h., ob die Haftung des Sicherungsgebers erlischt, unverändert bestehen bleibt oder sich möglicherweise auf die Verbindlichkeit in ihrer nunmehr geänderten Form erstreckt. Die vorliegende Arbeit hat hierfür für die praktisch relevanten Fälle von Prolongationen, Krediterweiterungen, Stundungen, Tilgungsänderungen und -aussetzungen, Umschuldungen sowie Konditionenanpassungen eine Auslegungshilfe erarbeitet. Freilich kann diese Auslegungshilfe dennoch kein allgemein gültiges Ergebnis darstellen. Vielmehr mag es vorkommen, dass sich die beschriebene übliche Vorgehensweise im Einzelfall anders gestaltet. Die Frage, ob ein „Wandel der Hauptschuld" von einem engen Sicherungszweck erfasst ist, muss deshalb – unter Berücksichtigung der hier aufgezeigten Kriterien – letztlich eine solche des Einzelfalls bleiben. Um auch hier Rechtsunsicherheiten und eine „mangelhafte" Besicherung zu vermeiden, bleibt in Sicherungsfällen mit engem Sicherungszweck – unabhängig davon, ob dieser individualvertraglich oder formularmäßig vereinbart wurde, oder Eigen- oder Drittsicherungsfälle betrifft – ebenfalls zu empfehlen, einen „Wandel der Hauptschuld" davon abhängig zu machen, dass das betroffene Sicherungsrecht neu bestellt bzw. ausdrücklich auf den geänderten bzw. erweiterten Kredit erstreckt wird.

Obwohl die vorliegende Arbeit der Praxis also Kriterien an die Hand gibt, mit denen sich die Frage nach der „Beständigkeit von Kreditsicherheiten im Wandel der Hauptschuld" grundsätzlich beurteilen lässt, sind es insbesondere die restriktiven und nicht praxisgerechten Anforderungen der BGH-Rechtsprechung an das Vorliegen von Individualvereinbarungen sowie einige, den gebräuchlichsten Kreditsicherheit innewohnenden Hürden, namentlich etwa das Akzessorietätsprinzip, das Verbot der Fremddisposition sowie die Reichweite des Begriffs der „künftigen Forderung", die zu Rechtsunsicherheit führen und eine trennscharfe Beurteilung nicht zulassen, sodass die Praxis in den aufgezeigten Fällen nicht drum herumkommen wird, die Sicherheit trotz der damit einhergehenden Nachteile im Zweifel neu zu bestellen bzw. ausdrücklich auf die „neue Forderung" zu erstrecken. Die Banken werden sich in der Regel also nicht von Anfang an das größte Stück des Kuchens sichern können.

Literaturverzeichnis

Ahnert, Sascha / Engel, Markus / Rohleder, Georg, Handbuch Firmenkreditgeschäft, 4. Auflage 2013, Stuttgart (zitiert: *Ahnert/Engel/Rohleder*, Handbuch Firmenkreditgeschäft).

Alexander, Christian, Gemeinsame Strukturen von Bürgschaft, Pfandrecht und Hypothek, JuS 2012, 481 (zitiert: *Alexander*, JuS 2012, 481).

Altmeppen, Holger / Roth, Günter H., GmbHG, Gesetz betreffend die Gesellschaft mit beschränkter Haftung, 9. Auflage 2019, München (zitiert: *Bearbeiter*, in: Roth/Altmeppen, GmbHG).

Apfelbaum, Sebastian, Die Verpfändung der Mitgliedschaft in der Aktiengesellschaft (Dissertation), 2005, Berlin (zitiert: *Apfelbaum*, Die Verpfändung der Mitgliedschaft in der Aktiengesellschaft).

Auerbach, Dirk, Banken- und Wertpapieraufsicht, 2015, München (zitiert: *Auerbach*, Banken- und Wertpapieraufsicht).

Bähr, Gerhard, Akzessorietätsersatz bei der Sicherungszession, NJW 1983, 1474 (zitiert: *Bähr*, NJW 1983, 1474).

Bales, Klaus, Die Bürgschaft als Kreditsicherheit – Ein Beitrag aus Sicht der Kreditpraxis, BKR 2004, 264 (zitiert: *Bales*, BKR 2004, 264).

Ballo, Emanuel H.F., Die AGB-Kontrolle von Kreditverträgen in der Akquisitionsfinanzierung: Eine Untersuchung am Beispiel des Senior Multicurrency Term and Revolving Facilities Agreement (Dissertation), 2010, Frankfurt am Main (zitiert: *Ballo*, Die AGB-Kontrolle von Kreditverträgen in der Akquisitionsfinanzierung).

Bamberger, Georg / Roth, Herbert / Hau, Wolfgang / Poseck, Roman, Beck'scher Online-Kommentar Bürgerliches Recht, 48. Edition 2018, München (zitiert: *Bearbeiter*, in: BeckOK BGB).

Baumbach, Adolf / Hopt, Klaus J., Handelsgesetzbuch, Kommentar, 38. Auflage 2018, München (zitiert: *Bearbeiter*, in: Baumbach/Hopt, HGB).

Baums, Theodor, Beiträge zum Recht der Unternehmensfinanzierung, 2016, Tübingen (zitiert: *Baums*, Beiträge zum Recht der Unternehmensfinanzierung).

Baur, Jürgen F. / Stürner, Rolf, Sachenrecht, 18. Auflage 2009, München (zitiert: *Baur/Stürner*, Sachenrecht).

Bausch, Heinz-Hermann, Die Kreditprüfung bei Kreditinstituten, 7. Auflage 2011, Wiesbaden (zitiert: *Bausch*, Die Kreditprüfung bei Kreditinstituten).

Basedow, Jürgen / Remien, Oliver / Wenckstern, Manfred, Europäisches Kreditsicherungsrecht, 2010, Tübingen (zitiert: *Basedow/Remien/Wenckstern*, Europäisches Kreditsicherungsrecht).

Ders., Handelsbräuche und AGB-Gesetz – Spontane Regelbildung im Zeitalter kodifizierter Usancen, ZHR 150 (1986), 469 (zitiert: *Basedow*, ZHR 150 (1986), 469).

Becker, Felix, Die Reichweite der AGB-Inhaltskontrolle im unternehmerischen Geschäftsverkehr aus teleologischer Sicht, JZ 2010, 1098 (zitiert: *Becker*, JZ 2010, 1098).

Becker-Eberhard, Ekkehard, Die Forderungsgebundenheit der Sicherungsrechte (Habilitationsschrift), 1993 (zitiert: *Becker-Eberhard*, Die Forderungsgebundenheit der Sicherungsrechte).

Berger, Klaus Peter, Schiedsgerichtsbarkeit und AGB-Recht, in: Genzow, F. Christian, Zwischen Vertragsfreiheit und Verbraucherschutz: Festschrift für Friedrich Graf von Westphalen, 2010, Köln, S. 13 (zitiert: *Berger*, Schiedsgerichtsbarkeit und AGB-Recht, in: Festschrift Westphalen).

Ders., Für eine Reform des AGB-Rechts im Unternehmerverkehr, NJW 2010, 465 (zitiert: *Berger*, NJW 2010, 465).

Ders., Abschied von der Privatautonomie im unternehmerischen Geschäftsverkehr?, ZIP 2006, 2149 (zitiert: *Berger*, ZIP 2006, 2149).

Ders., Einbeziehung von AGB in B2B-Verträge, ZGS 2004, 415 (zitiert: *Berger*, ZGS 2004, 415).

Ders., Aushandeln von Vertragsbedingungen im kaufmännischen Geschäftsverkehr – Stellen, Handeln, Behandeln, Verhandeln, Aushandeln...?, NJW 2001, 2152 (zitiert: *Berger*, NJW 2001, 2152).

Ders. / Kleine, Lucas, AGB-Gestaltung und Transparenzgebot – Beispiele aus der jüngeren BGH-Rechtsprechung zum unternehmerischen Geschäftsverkehr, NJW 2007, 3526 (zitiert: *Berger/Kleine*, NJW 2007, 3526).

Ders. / Kleine, Lucas, AGB-Kontrolle im unternehmerischen Geschäftsverkehr, BB 2007, 2137 (zitiert: *Berger/Kleine*, BB 2007, 2137).

Bieberstein, Bettina / Cranshaw, Friedrich L. / Dittmann, Hans-Jürgen, FCH-Sicherheitenkompendium, Hereinnahme und Bearbeitung von Kreditsicherheiten, praxisrelevante Rechtsfragen und Sicherheitenbewertung, 5. Auflage 2015, Heidelberg (zitiert: *Bearbeiter*, in: FCH-Sicherheitenkompendium).

Bismarck, Moritz von, Die Besicherung internationaler Konsortialkredite: eine Untersuchung der Rechtswirksam- und Insolvenzfestigkeit typischer und atypischer Kreditsicherheiten aus Sicht der Kreditgeber (Dissertation), 2014, Hannover (zitiert: *von Bismarck*, Die Besicherung internationaler Konsortialkredite).

Bläser, Géraldine, Die Auswirkungen der durch das Urteil des BGH vom 18.05.1995 – IX ZR 108/94 begründeten Anlaßrechtsprechung zu weitgefaßten Bürgschaftszweckerklärungen auf die Lehre vom Kontokorrent (Dissertation), 2003, Gießen (zitiert: *Bläser*, Die Auswirkungen der durch das Urteil des BGH vom 18.05.1995 – IX ZR 108/94 begründeten Anlaßrechtsprechung).

Bleifeld, Magnus, Akzessorische Kreditsicherheiten im Rahmen von syndizierten Krediten: Eine kreditsicherungsrechtliche und insolvenzrechtliche Überprüfung der Praxismodelle (Dissertation), 2015, Berlin/Boston (zitiert: *Bleifeld,* Akzessorische Kreditsicherheiten im Rahmen von syndizierten Krediten).

Böttcher, Christina, Das abstrakte Schuldversprechen in der Kreditsicherung (Dissertation), 2007, Münster (zitiert: *Böttcher,* Das abstrakte Schuldversprechen in der Kreditsicherung).

Boos, Karl-Heinz / Fischer, Reinfrid / Schulte-Mattler, Hermann, KWG CRR-VO: Kommentar zu Kreditwesengesetz, VO (EU) Nr. 575/2013 (CRR) und Ausführungsvorschriften, Band 1, 5. Auflage 2016, Stuttgart (zitiert: *Bearbeiter,* in: Boos/Fischer/Schulte-Mattler, KWG, CRR-VO, Bd. 1).

Bornemann, Ralf, Zweckbestimmungsklauseln bei Sicherungsgeschäften – insbesondere bei Grundschuld und Bürgschaft (Dissertation), 2002, Bielefeld (zitiert: *Bornemann,* Zweckbestimmungsklauseln bei Sicherungsgeschäften).

Brachert, Sebastian / Dietzel, Andreas, Deutsche AGB-Rechtsprechung und Flucht ins Schweizer Recht, ZGS 2005, 441 (zitiert: *Brachert/Dietzel,* ZGS 2005, 441).

Broihan, Ullrich, Die Reichweite formularmäßiger Sicherungsabreden bei Bürgschaft und Grundschuld (Dissertation), 1991, Göttingen (zitiert: *Broihan,* Die Reichweite formularmäßiger Sicherungsabreden bei Bürgschaft und Grundschuld).

Bruhns, Malte, Verpfändung von GmbH-Anteilen in der Finanzierungspraxis, GmbHR 2006, 587 (zitiert: *Bruhns,* GmbHR 2006, 587).

Buchholz, Stephan, Können Sicherungszession und Sicherungsübereignung akzessorisch gestaltet werden?, Jura 1990, 300 (zitiert: *Buchholz,* Jura 1990, 300).

Büdenbender, Ulrich, Grundsätze des Hypothekenrechts, JuS 1996, 665 (zitiert: *Büdenbender,* JuS 1996, 665).

Bülow, Peter, Recht der Kreditsicherheiten, 9. Auflage 2017, Heidelberg (zitiert: *Bülow,* Recht der Kreditsicherheiten).

Bydlinski, Peter, Die aktuelle höchstgerichtliche Judikatur zum Bürgschaftsrecht in der Kritik, WM 1992, 1301 (zitiert: *Bydlinski,* WM 1992, 1301).

Canaris, Claus-Wilhelm, Handelsrecht, 24. Auflage 2006, München (zitiert: *Canaris,* Handelsrecht).

Ders., 50 Jahre Bundesgerichtshof – Festgabe aus der Wissenschaft, Band 1, Bürgerliches Recht, 2000, München (zitiert: *Bearbeiter,* in: 50 Jahre BGH – Festgabe aus der Wissenschaft, 2000, Bd. 1).

Clemente, Clemens, Recht der Sicherungsgrundschuld, 4. neubearbeitete Auflage 2008, Köln (zitiert: *Clemente,* Recht der Sicherungsgrundschuld).

Ders., Die Sicherungsgrundschuld in der Bankpraxis, 2. Auflage 1992, Köln (zitiert: *Clemente,* Die Sicherungsgrundschuld in der Bankpraxis).

Ders., Sicherungsabreden im Spiegel der neueren Rechtsprechung, ZIP 1985, 193 (zitiert: *Clemente*, ZIP 1985, 193).

Ders., Die Zweckerklärung der Sicherungsgrundschuld in der Bankpraxis – eine kritische Bestandsaufnahme, NJW 1983, 6 (zitiert: *Clemente*, NJW 1983, 6).

Dauner-Lieb, Barbara, Vertragsfreiheit zwischen Unternehmen: AGB-Recht ihr Garant oder ihr Totengräber? – Ein Aufruf an den neuen Deutschen Bundestag zur Reform des AGB-Rechts, AnwBl 2013, 845 (zitiert: *Dauner-Lieb*, AnwBl 2013, 845).

Dies. / Axer, Constantin, Quo vadis AGB-Kontrolle im unternehmerischen Geschäftsverkehr?, ZIP 2010, 309 (zitiert: *Dauner-Lieb/Axer*, ZIP 2010, 309).

Decker, Christian, Internationale Projektfinanzierung: Konzeption und Prüfung, 2008, Bremen (zitiert: *Decker*, Internationale Projektfinanzierung).

Derleder, Peter, Die unbegrenzte Kreditbürgschaft, NJW 1986, 97 (zitiert: *Derleder*, NJW 1986, 97).

Ders. / Knops, Kai-Oliver / Bamberger, Heinz Georg, Deutsches und europäisches Bank- und Kapitalmarktrecht, Band 1, 3. Auflage 2017, Berlin (zitiert: *Bearbeiter*, in: Derleder/Knops/Bamberger, Dt. und europ. Bank- und Kapitalmarktrecht, Bd. 1).

Diem, Andreas, Akquisitionsfinanzierungen, Kredite für Unternehmenskäufe, 3. Auflage 2013, München (zitiert: *Diem*, Akquisitionsfinanzierungen).

Ders. / Jahn, Christian H., Acquisition Finance Agreements in Germany, 2017, München (zitiert: *Bearbeiter*, in: Diem/Jahn, Acquisition Finance Agreements in Germany).

Drobnig, Ulrich / Sagel-Grande, H. Irene / Snijders, Henk J., Neuere Entwicklungen im Recht der persönlichen Kreditsicherheiten in Deutschland und in den Niederlanden, 2003, München (zitiert: *Bearbeiter*, in: Drobnig/Sagel-Grande/Snijders, Neuere Entwicklungen im Recht der persönlichen Kreditsicherheiten).

Eberlein, Carl-Philipp, Besicherung von Gläubigermehrheiten bei der Unternehmensfinanzierung: Zentralisierung dinglicher Kreditsicherheiten durch Treuhandkonstruktionen am Beispiel der syndizierten Kredit- und Anleihefinanzierung (Dissertation), 2014, Berlin (zitiert: *Eberlein*, Besicherung von Gläubigermehrheiten).

Ebenroth, Carsten Thomas / Joost, Detlev / Boujong, Karlheinz / Wagner, Eberhard, Handelsgesetzbuch, Band 1, §§ 1–342e, 3. Auflage 2014, München (zitiert: *Bearbeiter*, in: Ebenroth/Joost/Boujong/Wagner, HGB, Band 1).

Ebenroth, Carsten Thomas / Joost, Detlev / Boujong, Karlheinz / Strohn, Lutz, Handelsgesetzbuch, Band 2, §§ 343–475h, Transportrecht, Bank- und Börsenrecht, 3. Auflage 2015, München (zitiert: *Bearbeiter*, in: Ebenroth/Boujong/Joost/Strohn, HGB, Band 2).

Edelmann, Hervé, Unwirksamkeit der formularmäßigen Ausdehnung der Bürgschaft eines Kaufmanns, BB 1999, 123 (zitiert: *Edelmann*, BB 1999, 123).

Ehricke, Ulrich, Bürgschaften von Geschäftsführern und Gesellschaftern einer GmbH für die Verbindlichkeiten ihrer Gesellschaft, WM 2000, 2177 (zitiert: *Ehricke*, WM 2000, 2177).

Eickmann, Dieter, Aktuelle Rechtsfragen zur Sicherungsgrundschuld, ZIP 1989, 137 (zitiert: *Eickmann*, ZIP 1989, 137).

Eilers, Stephan / Rödding, Adalbert / Schmalenbach, Dirk, Unternehmensfinanzierung, 2. Auflage 2014, München (zitiert: *Bearbeiter*, in: Eilers/Rödding/Schmalenbach, Unternehmensfinanzierung).

Ders. / Koffka, Nils Matthias / Mackensen, Marcus, Private Equity: Unternehmenskauf, Finanzierung, Restrukturierung, Exitstrategien, 2. Auflage 2012, München (zitiert: *Bearbeiter*, in: Eilers/Koffka/Mackensen, Private Equity).

Eisenhardt, Ulrich, Die Entwicklung des Abstraktionsprinzips im 20. Jahrhundert, in: Köbler, Gerhard, Wirkungen europäischer Rechtskultur, Festschrift für Karl Kroeschell zum 70. Geburtstag, 1997, München, S. 215 (zitiert: *Eisenhardt*, Die Entwicklung des Abstraktionsprinzips im 20. Jahrhundert, in: Festschrift Kroeschell).

Emmerich, Volker / Habersack, Mathias / Schürnbrand, Jan, Aktien- und GmbH-Konzernrecht, Kommentar, 8. Auflage 2016, München (zitiert: *Bearbeiter*, in: Emmerich/Habersack/Schürnbrand, Aktien- und GmbH-Konzernrecht).

Enneccerus, Ludwig / Wolff, Martin / Raiser, Ludwig, Lehrbuch des Bürgerlichen Rechts, Bd. 3, Sachenrecht, 10. Bearbeitung 1957, Tübingen (zitiert: *Enneccerus/Wolff/Raiser*, Sachenrecht, Bd. 3).

Erman, Walter / Westermann, Harm Peter, Erman, Bürgerliches Gesetzbuch, Kommentar, 15. Auflage 2017 (zitiert: *Bearbeiter*, in: Erman, BGB).

Ertl, Rudolf, Rechtsgrundlagen der Vormerkung für künftige und bedingte Ansprüche, Rpfl 1977, 345 (zitiert: *Ertl*, Rpfl 1977, 345).

Falkenhausen, Kurt H. v., Zur Auslegung des AGB-Gesetzes, BB 1977, 1124 (zitiert: *Von Falkhausen*, BB 1977, 1124).

Feldhusen, Claire, „Erhebliche Zweifel" bei der Kreditwürdigkeitsprüfung, BKR 2016, 441 (zitiert: *Feldhusen*, BKR 2016, 441).

Fischer, Gero, Aktuelle höchstrichterliche Rechtsprechung zur Bürgschaft und zum Schuldbeitritt, WM 2001, 1049 (zitiert: *Fischer*, WM 2001, 1049).

Ders., Aktuelle Rechtsprechung des Bundesgerichtshofs zur Bürgschaft und zum Schuldbeitritt, WM 1998, 1705 (zitiert: *Fischer*, WM 1998, 1705).

Fullenkamp, Josef, Die erweiterte Zweckerklärung bei Bürgschaft und Grundschuld: Auslegung und Wirksamkeit unter besonderer Berücksichtigung von § 9 AGBG (Dissertation), 1987, Bielefeld (zitiert: *Fullenkamp*, Die erweiterte Zweckerklärung bei Bürgschaft und Grundschuld).

Gaberdiel, Heinz / Gladenbeck, Martin, Kreditsicherung durch Grundschulden, 9. Auflage 2011, Stuttgart (zitiert: *Gaberdiel/Gladenbeck*, Kreditsicherung durch Grundschulden).

Ganter, Hans Gerhard, Aktuelle Probleme der Kreditsicherheiten in der Rechtsprechung des Bundesgerichtshofes, WM 1996, 1705 (zitiert: *Ganter*, WM 1996, 1705).

Gaul, Hans Friedhelm, Neue „Verdinglichungs"-Tendenzen zur Rechtsstellung des Sicherungsgebers bei der Sicherungsübereignung, in: Hubert, Ulrich / Jayme, Erik, Festschrift für Rolf Serick zum 70. Geburtstag, 1992, Heidelberg, S. 105 (zitiert: *Gaul*, Neue „Verdinglichungs"-Tendenzen zur Rechtsstellung des Sicherungsgebers bei der Sicherungsübereignung, in: Festschrift Serick).

Gernhuber, Joachim, Bürgerliches Recht, Ein systematisches Repetitorium für Fortgeschrittene, 3. Auflage 1991, München (zitiert: *Gernhuber*, Bürgerliches Recht).

Gierke, Otto v., Die soziale Aufgabe des Privatrechts, 2. Auflage 1948, Frankfurt a.M. (zitiert: *Von Gierke*, Die soziale Aufgabe des Privatrechts).

Grigoleit, Hans-Christoph / Herresthal, Carsten, Der Schuldbeitritt, Jura 2002, 825 (zitiert: *Grigoleit/Herresthal*, Jura 2002, 825).

Grunewald, Barbara, Zur Unwirksamkeit einer umfassenden formularmäßigen Bürgschaftsklausel im kaufmännischen Verkehr, JZ 1999, 145 (zitiert: *Grunewald*, JZ 1999, 145).

Gummert, Hans / Butzer, Hermann / Weipert, Lutz, Münchener Handbuch des Gesellschaftsrechts, Band 1, 4. Auflage 2014, München (zitiert: *Bearbeiter*, in: Münchener Handbuch des Gesellschaftsrechts, Bd. 1).

Habersack, Mathias, Der Vorbehalt der Individualabrede (§ 305 Abs. 1 S. 3 BGB) – Zu den Anforderungen an das Aushandeln von Vertragsbedingungen, insbesondere im unternehmerischen Geschäftsverkehr, in: Alexander, Christian, Festschrift für Helmut Köhler zum 70. Geburtstag, 2014, München, S. 209 (zitiert: *Habersack*, Der Vorbehalt der Individualabrede (§ 305 Abs. 1 S. 3 BGB), in: Festschrift Köhler).

Ders., Die Akzessorietät – Strukturprinzip der europäischen Zivilrechte und eines künftigen europäischen Grundpfandrechts, JZ 1997, 857 (*Habersack*, JZ 1997, 857).

Harpering, Guido, Die Übertragung akzessorisch besicherten Forderungen im Rahmen von syndicated loans (Dissertation), 2002/2003, Münster (zitiert: *Harpering*, Die Übertragung akzessorisch besicherten Forderungen im Rahmen von syndicated loans).

Heckschen, Heribert / Herrler, Sebastian / Starke, Timm, Beck'sches Notar-Handbuch, 6. Auflage 2015, München (zitiert: *Bearbeiter*, in: Beck'sches Notar-Handbuch).

Heidenhain, Martin, GmbH-Beratung, GmbHR 1996, 275 (zitiert: *Heidenhain*, GmbHR 1996, 275).

Heinrichs, Helmut, Der Rechtsbegriff der Allgemeinen Geschäftsbedingungen, NJW 1977, 1505 (zitiert: *Heinrichs,* NJW 1977, 1505).

Heinze, Christian, Zum Wandel des gesetzlichen Leitbilds in der AGB-Kontrolle durch das Risikobegrenzungsgesetz und den notariellen Prüfungspflichten bei Vorfälligkeitsentschädigungen, DNotZ 2016, 255 (zitiert: *Heinze,* DNotZ 2016, 255).

Hellner, Thorwald / Steuer, Stephan, Bankrecht und Bankpraxis, Loseblattsammlung, Stand: Juni 2017, Köln (zitiert: *Bearbeiter,* in: Hellner/Steuer, Bankrecht und Bankpraxis).

Hellwege, Philip, Allgemeine Geschäftsbedingungen, einseitig gestellte Vertragsbedingungen und die allgemeine Rechtsgeschäftslehre (Dissertation), 2010, Tübingen (zitiert: *Hellwege,* Allgemeine Geschäftsbedingungen).

Hensen, Horst-Diether, Die Auswirkungen des AGB-Gesetzes auf den kaufmännischen Verkehr, NJW 1987, 1986 (zitiert: *Hensen,* NJW 1987, 1986).

Henssler, Martin / Strohn, Lutz, Gesellschaftsrecht, 4. Auflage 2019, München (zitiert: *Bearbeiter,* in: Henssler/Strohn, Gesellschaftsrecht).

Hoepner, Olaf, Die Zweckerklärung bei der Sicherungsgrundschuld in der neueren Rechtsprechung des Bundesgerichtshofs, BKR 2002, 1025 (zitiert: *Hoepner,* BKR 2002, 1025).

Hoffmann-Becking, Michael / Gebele, Alexander, Beck'sches Formularbuch Bürgerliches, Handels- und Wirtschaftsrecht, 12. Auflage 2016, München (zitiert: *Bearbeiter,* in: Hoffmann-Becking/Gebele, Beck'sches Formularbuch Bürgerliches, Handels- und Wirtschaftsrecht).

Hopt, Klaus J., Vertrags- und Formularbuch zum Handels-, Gesellschafts- und Bankrecht, 4. Auflage 2013, München (zitiert: *Bearbeiter,* in: Hopt, Vertrags- und Formularbuch zum Handels-, Gesellschafts- und Bankrecht).

Horn, Norbert, Globalbürgschaft und Bestimmtheitsgrundsatz, in: Gerhardt, Walter, Festschrift für Franz Merz zum 65. Geburtstag am 3. Februar 1992, S. 217 (zitiert: *Horn,* Globalbürgschaft und Bestimmtheitsgrundsatz, in: Festschrift Merz).

Jauernig, Kommentar zum BGB, 17. Auflage 2018, München (zitiert: *Bearbeiter,* in: Jauernig, BGB).

Jauernig, Othmar, Zur Akzessorietät bei der Sicherungsübertragung, NJW 1982, 268 (zitiert: *Jauernig,* NJW 1982, 268).

Kästle, Florian, M&A-Verträge unterliegen nicht der AGB-Kontrolle, NZG 2014, 288 (zitiert: *Kästle,* NZG 2014, 288).

Kanitz, Friedrich Graf v., Bilanzkunde für Juristen, 3. Auflage 2014 (zitiert: *Graf von Kanitz,* Bilanzkunde für Juristen).

Kappus, Andreas, Der „steinige Weg" des AGB-Verwenders zur Individualvereinbarung – Mietverträge im Fokus, NJW 2016, 33 (zitiert: *Kappus,* NJW 2016, 33).

Kaser, Max / Knütel, Rolf, Römisches Privatrecht, 21. Auflage 2017, München (zitiert: *Kaser/Knütel*, Römisches Privatrecht).

Keim, Christopher, Die weite Sicherungsabrede: Überraschung oder unangemessene Benachteilung?, MittBayNot 1994, 406 (zitiert: *Keim*, MittBayNot 1994, 406).

Kessel, Christian, AGB oder Individualvereinbarung – Relevanz und Reformbedarf, AnwBl 2012, 293 (zitiert: *Kessel*, AnwBl 2012, 293).

Kiem, Roger, Die Gewährträgerhaftung für öffentlich-rechtliche Kreditinstitute im Stresstest – Beobachtungen zu einem höchst aktuellen Auslaufmodell, in: Gedächtnisschrift für Michael Gruson, 2009, Berlin/Boston (zitiert: *Kiem*, Die Gewährträgerhaftung für öffentlich-rechtliche Kreditinstitute im Stresstest, in: Gedächtnisschrift für Gruson).

Kiethe, Kurt, Haftungs- und Ausfallrisiken bei Patronatserklärungen, ZIP 2005, 646 (zitiert: *Kiethe*, ZIP 2005, 646).

Knops, Kai-Oliver, Verbraucherschutz bei der Begründung, Beendigung und Übernahme von Immobiliarkreditverhältnissen, 2000, Berlin (zitiert: *Knops*, Verbraucherschutz bei Immobiliarkreditverhältnissen).

Ders., Die notariellen Prüfungs- und Belehrungspflichten bei der Finanzierungsabwicklung von Grundstücksübertragungen, NJW 2015, 3121 (zitiert: *Knops*, NJW 2015, 2131).

Ders., Die „weite" Sicherungszweckerklärung des persönlich schuldenden Eigentümers in der AGB-Kontrolle, ZIP 2006, 1965 (zitiert: *Knops*, ZIP 2006, 1965).

Ders., Darlehensgewährung und Grundpfandrechtsbestellung, ZfIR 1998, 577 (zitiert: *Knops*, ZfIR 1998, 577).

Koch, Harald, Schutz vor unbilligen Geschäftsbedingungen – Behördenaufsicht oder Klagerecht für Verbraucherorganisationen?, ZRP 1973, 89 (zitiert: *Koch*, ZRP 1973, 89).

Kötz, Hein, Der Schutzzweck der AGB-Kontrolle – Eine rechtsökonomische Skizze, JuS 2003, 209 (zitiert: *Kötz*, JuS 2003, 209).

Kolkmann, Johannes, Die Verpfändung von Geschäftsanteilen und die Sicherung des Pfandrechts (Einziehung, Zusammenlegung, Auflösung), MittRHNotK 1992, 1 (zitiert: *Kolkmann*, MittRHNotK 1992, 1).

Krystek, Ulrich / Moldenhauer, Ralf, Handbuch Krisen- und Restrukturierungsmanagement, Stuttgart 2007 (zitiert: *Krystek/Moldenhauer*, Handbuch Krisen- und Restrukturierungsmanagement).

Kümpel, Siegfried / Wittig, Arne, Bank- und Kapitalmarktrecht, 4. Auflage 2011, Köln (zitiert: *Bearbeiter*, in: Kümpel/Wittig, Bank- und Kapitalmarktrecht).

Kuntz, Thilo, Angemessenheit weiter formularmäßiger Zweckerklärungen bei Globalbürgschaften, Grundschulden und anderen Sicherungsrechten, AcP 209 (2009), 242 (zitiert: *Kuntz*, AcP 209 (2009), 242).

Langenbucher, Katja / Bliesener, Dirk H. / Spindler, Gerald, Bankrechts-Kommentar, 2. Auflage 2016, München (zitiert: *Bearbeiter,* in: Langenbucher/Bliesener/Spindler, Bankrechts-Kommentar).

Langenbucher, Katja, Vereinbarungen über den Zinssatz – zugleich eine Anmerkung zu Nr. 5 und Nr. 6 der neuen Bedingungen für den gewerblichen Musterdarlehensvertrag –, BKR 2005, 134 (zitiert: *Langenbucher,* BKR 2005, 134).

Leuschner, Lars, Forschungsprojekt im Auftrag des Bundesministeriums der Justiz und für Verbraucherschutz: „AGB-Recht für Verträge zwischen Unternehmen", Abschlussbericht vom 30. September 2014 (zitiert: *Leuschner,* Gutachten für das BMJV vom 30.9.2014 – „AGB-Recht für Verträge zwischen Unternehmen").

Ders., AGB-Kontrolle im unternehmerischen Verkehr, JZ 2010, 875 (zitiert: *Leuschner,* JZ 2010, 875).

Lieb, Manfred, Schutzbedürftigkeit oder Eigenverantwortlichkeit?, DNotZ 1989, 274 (zitiert: *Lieb,* DNotZ 1989, 274).

Locher, Horst, Begriffsbestimmung und Schutzzweck nach dem AGB-Gesetz, JuS 1997, 389 (zitiert: *Locher,* JuS 1997, 389).

Lohmann, Herbert, Rechtsprobleme der Globalzweckerklärung insbesondere in Formularverträgen (Dissertation), 1988, Düsseldorf (zitiert: *Lohmann,* Rechtsprobleme der Globalzweckerklärung).

Löwe, Walter / Westphalen, Friedrich Graf v. / Trinkner, Reinhold, Großkommentar zum AGB-Gesetz, Band 2, 2. Auflage 1983, Heidelberg (zitiert: *Bearbeiter,* in: Löwe/Graf von Westphalen/Trinkner, Kommentar zum AGB-Gesetz, Bd. 2).

Lorz, Rainer / Pfister, Benedikt / Gerber, Olaf, Beck'sches Formularbuch GmbH-Recht, 2010, München (zitiert: *Bearbeiter,* in: Lorz/Pfister/Gerber, Beck'sches Formularbuch GmbH-Recht).

Lwowski, Hans-Jürgen / Fischer, Gero / Gehrlein, Markus, Das Recht der Kreditsicherung, 10. Auflage 2018, Berlin (zitiert: *Bearbeiter,* in: Lwowski/Fischer/Gehrlein, Das Recht der Kreditsicherung).

Maier-Reimer, Georg / Niemeyer, Christoph, Unternehmenskaufvertrag und AGB-Recht, NJW 2015, 1713 (zitiert: *Maier-Reimer/Niemeyer,* NJW 2015, 1713).

Meier, Mareike Kristina, Formularvertragliche Globalbürgschaften von Geschäftsführern und Gesellschaftern einer GmbH für die Verbindlichkeiten ihrer Gesellschaft (Dissertation), 2003, Bremen (zitiert: *Meier,* Formularvertragliche Globalbürgschaften von Geschäftsführern und Gesellschaftern einer GmbH für die Verbindlichkeiten ihrer Gesellschaft).

Medicus, Dieter, Durchblick – Die Akzessorietät im Zivilrecht, JuS 1971, 497 (zitiert: Medicus, JuS 1971, 497).

Meyer, Daniel, Die Besicherung der Akquisitionsfinanzierung beim Leveraged Buy-out einer GmbH (Dissertation), 2010, Baden-Baden (zitiert: *Meyer,* Die Besicherung der Akquisitionsfinanzierung beim Leveraged Buy-out einer GmbH).

Meyer-Sparenberg, Wolfgang / Jäckle, Christof, Beck'sches M&A-Handbuch, 2017, München (zitiert: *Bearbeiter*, in: Meyer-Sparenberg/Jäckle, Beck'sches M&A-Handbuch).

Michel, Arndt, Überschießende Rechtsmacht als Problem abstrakter und nicht-akzessorischer Konstruktion: eine Untersuchung anhand einzelner Durchbrechungen bei Sicherungseigentum, -abtretung, bei der Sicherungsgrundschuld, bei Scheck und Wechsel und bei der Vollmacht (Dissertation), 1999, Baden-Baden (zitiert: *Michel*, Überschießende Rechtsmacht als Problem abstrakter und nicht-akzessorischer Konstruktion).

Michel, Jörg W. / Hilpert, Esther, Allgemeine Geschäftsbedingungen oder ausgehandelter Individualvertrag – eine Risikoanalyse, DB 2000, 2513 (zitiert: *Michel/Hilpert*, DB 2000, 2513).

Miethaner, Tobias, AGB oder Individualvereinbarung – die gesetzliche Schlüsselstelle „im Einzelnen ausgehandelt", NJW 2010, 3121 (zitiert: *Miethaner*, NJW 2010, 3121).

Mincke, Wolfgang, Die Akzessorietät des Pfandrechts: eine Untersuchung zur Pfandrechtskonstruktion in Theorie und Gesetzgebung des 19. Jahrhunderts, 1987, Münster (zitiert: *Mincke*, Die Akzessorietät des Pfandrechts).

Mittendorfer, Roland, Praxishandbuch Akquisitionsfinanzierung: Erfolgsfaktoren fremdfinanzierter Unternehmensübernahmen, 2007, Wiesbaden (zitiert: *Mittendorfer*, Praxishandbuch Akquisitionsfinanzierung).

Motive zu dem Entwurfe eines Bürgerlichen Gesetzbuches für das Deutsche Reich, Band 3, Sachenrecht 1983, Frankfurt am Main (zitiert: Motive zu dem Entwurfe eines Bürgerlichen Gesetzbuches, Bd. 3, Sachenrecht).

Müller, Werner, Plädoyer für eine weniger starre AGB-Kontrolle im unternehmerischen Geschäftsverkehr am Beispiel des Gewerberaummietrechts, NZM 2016, 185 (zitiert: *Müller*, NZM 2016, 185).

Ders., Entscheidungsbesprechung zum BGH-Urteil vom 20.01.2016 – VIII ZR 26/15, LMK 2016, 378241 (zitiert: *Müller*, LMK 2016, 378241).

Ders. / Griebeler, Carsten / Pfeil, Julia, Für eine maßvolle AGB-Kontrolle im unternehmerischen Geschäftsverkehr, BB 2009, 2658 (zitiert: *Mueller/Griebeler/Pfeil*, BB 2009, 2658).

Münscher, Michael / Grziwotz, Herbert / Krepold, Hans-Michael / Freckmann, Peter, Praktikerhandbuch Baufinanzierung, 4. Auflage 2017, Heidelberg (zitiert: *Bearbeiter*, in: Münscher/Grziwotz/Krepold/Freckmann, Praktikerhandbuch Baufinanzierung).

Ders. / Rösler, Patrick / Lang, Volker, Praktikerhandbuch Baufinanzierung, 2004, Heidelberg (zitiert: *Bearbeiter*, in: Münscher/Rösler/Lang, Praktikerhandbuch Baufinanzierung).

Münchener Kommentar zum Bürgerlichen Gesetzbuch, Band 1, Allgemeiner Teil I, 8. Auflage 2018, München (zitiert: *Bearbeiter*, in: MüKoBGB).

Ders., Band 2, Schuldrecht – Allgemeiner Teil, 8. Auflage 2019, München (zitiert: *Bearbeiter*, in: MüKoBGB).

Ders., Band 3, Schuldrecht – Besonderer Teil I, 7. Auflage 2016, München (zitiert: *Bearbeiter*, in: MüKoBGB).

Ders., Band 6, Schuldrecht – Besonderer Teil IV, 7. Auflage 2017, München (zitiert: *Bearbeiter*, in: MüKoBGB).

Ders., Band 7, Sachenrecht, 7. Auflage 2017, München (zitiert: *Bearbeiter*, in: MüKoBGB).

Ders., Band 7, Sachenrecht, 6. Auflage 2013, München (zitiert: *Bearbeiter*, in: MüKoBGB, 6. Auflage 2013).

Münchener Kommentar zum GmbH Gesetz, Band 1, 3. Auflage 2018 (zitiert: *Bearbeiter*, in: MüKoGmbHG).

Nerlich, Jörg / Römermann, Volker, Insolvenzordnung, Kommentar, 33. Auflage 2017, München (zitiert: *Bearbeiter*, in: Nerlich/Römermann, InsO).

Niebling, Jürgen, AnwaltKommentar AGB-Recht, 3. Auflage 2017, Bonn (zitiert: *Niebling*, AnwaltKommentar AGB-Recht).

Ders., AGB-Verwendung bei Geschäftsbeziehungen zwischen Unternehmen (b2b), MDR 2011, 1399 (zitiert: *Niebling*, MDR 2011, 1399).

Nobbe, Gerd, Kommentar zum Kreditrecht, Band 2, §§ 765–1296, 2. Auflage 2012, Heidelberg (zitiert: *Bearbeiter*, in: Nobbe, Kommentar zum Kreditrecht).

Ders., Die Sicherungszweckerklärung bei Bürgschaft und Mithaftung in der Rechtsprechung des Bundesgerichtshofs, BKR 2002, 747 (zitiert: *Nobbe*, BKR 2002, 747).

Nordholz, Christian / Hupka, Jan, Die Kapitalerhaltung nach §§ 30 f. GmbHG bei dinglichen Upstream-Sicherheiten, DStR 2017, 1999 (zitiert: *Nordholz/Hupka*, DStR 2017, 1999).

Obermüller, Manfred, Probleme grundschuldbesicherter Kredite mit weiter Sicherungszweckerklärung, BKR 2017, 221 (zitiert: *Obermüller*, BKR 2017, 221).

Otten, Maike, Sicherungsvertrag und Zweckerklärung: Form, Inhalt und Abwicklung nicht akzessorischer Sicherungsgeschäfte (Dissertation), 2003, Köln (zitiert: *Otten*, Sicherungsvertrag und Zweckerklärung).

Palandt, Otto, Bürgerliches Gesetzbuch, Kommentar, 78. Auflage 2019 (zitiert: *Bearbeiter*, in: Palandt).

Ders., Bürgerliches Gesetzbuch, Kommentar, 75. Auflage 2016 (zitiert: *Bearbeiter*, in: Palandt (75. Auflage 2016)).

Paulus, Christoph / Kranzusch, Peter / u.a., Sanierung im Vorfeld von Insolvenzverfahren, WM 2010, 1337 (zitiert: *Paulus/Kranzusch*, WM 2010, 1337).

Pawlowski, Hans-Martin, Bemerkungen zur Auslegung des AGB-Gesetzes, BB 1978, 161 (zitiert: *Pawlowski*, BB 1978, 161).

Perridon, Louis / Steiner, Manfred / Rathgeber, Andreas W., Finanzwirtschaft der Unternehmung, 17. Auflage 2017, München (zitiert: *Perridon/Steiner/Rathgeber*, Finanzwirtschaft der Unternehmung).

Pfeiffer, Thomas, Handbuch der Handelsgeschäfte, 1999, Köln (zitiert: *Bearbeiter*, in: Pfeiffer, Handbuch der Handelsgeschäfte).

Pöggeler, Wolfgang, Die Akzessorietät im Zivilrecht – Irrtümer und Wahrheit, JA 2001, 65 (zitiert: *Pöggeler*, JA 2001, 65).

Pulina, Claudia, Gleichbehandlung von Sicherungseigentum und akzessorischen Sicherheiten im Sicherungsfall?, NJW 1984, 2872 (zitiert: *Pulina*, NJW 1984, 2872).

Rabe, Dieter, Die Auswirkungen des AGB-Gesetzes auf den kaufmännischen Verkehr, NJW 1987, 1978 (zitiert: *Rabe*, NJW 1987, 1978).

Raiser, Ludwig, Das Recht der allgemeinen Geschäftsbedingungen, 1961, Bad Homburg v.d.H. (zitiert: *Raiser*, Das Recht der allgemeinen Geschäftsbedingungen).

Reich, Norbert, Kreditbürgschaft und Transparenz, NJW 1995, 1857 (zitiert: *Reich*, NJW 1995, 1857).

Reinicke, Dietrich / Tiedtke, Klaus, Kreditsicherung, 5. Auflage 2006, Neuwied (zitiert: *Reinicke/Tiedtke*, Kreditsicherung).

Dies., Bürgschaftsrecht, 3. Auflage 2008, Köln (zitiert: *Reinicke/Tiedtke*, Bürgschaftsrecht).

Dies., Die Bürgschaft für alle bestehenden und künftigen Forderungen des Gläubigers aus seiner bankmäßigen Geschäftsverbindung mit dem Hauptschuldner, JZ 1986, 426 (zitiert: *Reinicke/Tiedtke*, JZ 1986, 426).

Rehbein, Dieter, Sicherung und Sicherungszweck, in: Kübler, Friedrich, Festschrift für Theodor Heinsius zum 65. Geburtstag am 25. September 1991, 1991, Berlin, S. 659 (zitiert: *Rehbein*, Sicherung und Sicherungszweck, in: Festschrift Heinsius).

Reichsgerichtsrätekommentar, Band 3, Teil 3, 12. Auflage 1996, Berlin (zitiert: *Bearbeiter*, in: RGRK).

Reymann, Christoph, Die Verpfändung von GmbH-Geschäftsanteilen, DNotZ 2005, 425 (zitiert: *Reymann*, DNotZ 2005, 425).

Riegger, Bodo, Kapitalgesellschaftsrechtliche Grenzen der Finanzierung von Unternehmensübernahmen durch Finanzinvestoren, ZGR 2008, 233 (zitiert: *Riegger*, ZGR 2008, 233).

Rimmelspacher, Bruno, Bücherschau, WM 1999, 561 (zitiert: *Rimmelspacher*, WM 1999, 561).

Ring, Gerhard / Grziwotz, Herbert / Keukenschrijver, Alfred, BGB, Band 3, Sachenrecht, 4. Auflage 2016, Bonn (zitiert: *Bearbeiter*, in: Ring/Grziwotz/Keukenschrijver, BGB, Sachenrecht).

Rikken, Christian, Die Globalhaftung des Kreditbürgen (Dissertation), 2002/2003, Bochum (zitiert: *Rikken*, Die Globalhaftung des Kreditbürgen).

Rodewald, Jörg, Überlegungen im Zusammenhang mit der Verpfändung von GmbH-Anteilen, GmbHR 1995, 418 (zitiert: *Rodewald*, GmbHR 1995, 418).

Rösler, Patrick, Risiken bei Darlehen mit Tilgungsaussetzung: Haftungsvermeidung durch Aufklärung, BKR 2001, 125 (zitiert: *Rösler*, BKR 2001, 125).

Ders., Aktuelle Rechtsfragen zu grundpfandrechtlich gesicherten Krediten, WM 1998, 1377 (zitiert: *Rösler*, WM 1998, 1377).

Ders. / Fischer, Michael, Sicherungszweckvereinbarung als zentraler Bestandteil aller Kreditsicherheiten: Probleme aus AGB-Kontrolle und Akzessorietät, BKR 2006, 50 (zitiert: *Rösler/Fischer*, BKR 2006, 50).

Rosenau, Henning, Das Eurodollar-Darlehen und sein anwendbares Recht, RIW 1992, 879 (zitiert: *Rosenau*, RIW 1992, 879).

Rüll, Stefan, Das Pfandrecht an Fahrnis für künftige oder bedingte Forderungen gemäß § 1204 Abs. 2 BGB (Dissertation), 1986, München (zitiert: *Rüll*, Das Pfandrecht an Fahrnis für künftige oder bedingte Forderungen gemäß § 1204 Abs. 2 BGB).

Rupp, Caroline Sophie, Grundpfandrechte zwischen Flexibilität und Schutz: ein kontinentaleuropäischer Rechtsvergleich und neu Gedanken zu einer „Eurohypothek" (Dissertation), 2015, Würzburg (zitiert: *Rupp*, Grundpfandrechte zwischen Flexibilität und Schutz).

Röttger, Ralf Eckhard, Kreditsicherungsrecht, 2. Auflage 2016 (zitiert: *Röttger*, Kreditsicherungsrecht).

Rusch, Konrad, Voraussetzungen der Insolvenzverschleppungshaftung bei der Gewährung von Sanierungskrediten aus aktueller Perspektive, GWR 2011, 151 (zitiert: *Rusch*, GWR 2011, 151).

Samhat, Abbas, Erstreckung von Kreditsicherheiten auf verlängerte Kredite mithilfe der Prolongationsklausel, WM 2016, 962 (zitiert: *Samhat*, WM 2016, 962).

Schellewald, Volker, Die Sicherung künftiger Ansprüche im Vermögen des Schuldners (Dissertation), 1986, Bonn (zitiert: *Schellewald*, Die Sicherung künftiger Ansprüche im Vermögen des Schuldners).

Scherber, Henning, Probleme der fiduziarischen Kreditsicherung durch Dritte (Dissertation), 1971, Köln (zitiert: *Scherber*, Probleme der fiduziarischen Kreditsicherung durch Dritte).

Schiffer, Jan K., Die formularmäßige erweiterte Zweckabrede bei Fremdkrediten, NJW 1988, 2779 (zitiert: *Schiffer*, NJW 1988, 2779).

Schimansky, Herbert / Bunte Hermann-Josef / Lwowski, Hans Jürgen, Bankrechts-Handbuch, Band 1, 5. Auflage 2017, München (zitiert: *Bearbeiter*, in: Schimansky/Bunte/Lwowski, Bankrechts-Handbuch).

Dies., Bankrechts-Handbuch, Band 1, 2. Auflage 2001, München (zitiert: *Bearbeiter*, in: Schimansky/Bunte/Lwowski, Bankrechts-Handbuch (2. Auflage 2001)).

Schmidt, Karsten, Zur Akzessorietätsdiskussion bei Sicherungsübereignung und Sicherungsabtretung, in: Hubert, Ulrich / Jayme, Erik, Festschrift für Rolf Serick zum 70. Geburtstag, 1992, Heidelberg, S. 329 (zitiert: *Schmidt*, Zur Akzessorietätsdiskussion bei Sicherungsübereignung und Sicherungsabtretung, in: Festschrift Serick).

Schmitz-Herscheidt, Stephan, Zur Bürgschaft für alle gegenwärtigen und zukünftigen Verbindlichkeiten, ZIP 1997, 1140 (zitiert: *Schmitz-Herscheidt*, ZIP 1997, 1140).

Schmitz-Valckenberg, Walter, Probleme bei der Bestellung von Grundschulden im Hinblick auf die Vorschriften der §§ 3 und 9 AGBG, DNotZ 1996, 492 (zitiert: *Schmitz-Valckenberg*, DNotZ 1996, 492).

Ders., Zur Inhaltskontrolle von formularmäßigen, in einer notariellen Urkunde enthaltenen Sicherungsabreden bei der Bestellung von Grundschulden, DNotZ 1989, 613 (zitiert: *Schmitz-Valckenberg*, DNotZ 1989, 613).

Schmoeckel, Mathias / Rückert, Joachim / Zimmermann, Reinhard, Historisch-kritischer Kommentar zum BGB, Band 1, Allgemeiner Teil, 2003, Tübingen (zitiert: *Bearbeiter*, in: Schmoeckel/Rückert/Zimmermann, Historisch-kritischer Kommentar zum BGB).

Schnauder, Franz, Die Parallelverpflichtung als Sicherungsinstrument der Konsortialkreditpraxis, NJOZ 2010, 1663 (zitiert: *Schnauder*, NJOZ 2010, 1663).

Schnell, Claus, Die formularmäßig erweiterte Zweckerklärung bei Grundschulden (Dissertation), 1993, Frankfurt a.M. (zitiert: *Schnell*, Die formularmäßig erweiterte Zweckerklärung bei Grundschulden).

Schröter, Jürgen, Auswirkungen der geänderten Bürgschaftsrechtsprechung auf die Kreditpraxis, WM 2000, 16 (zitiert: *Schröter*, WM 2000, 16).

Schürnbrand, Jan, Der Schuldbeitritt zwischen Gesamtschuld und Akzessorietät (Dissertation), 2003, Mainz (zitiert: *Schürnbrand*, Der Schuldbeitritt zwischen Gesamtschuld und Akzessorietät).

Schur, Wolfgang, Grundprobleme der Wirkungsweise von Akzessorietätsprinzip und Sicherungsabrede, Jura 2005, 361 (zitiert: *Schur*, Jura 2005, 361).

Schwab, Martin, AGB-Recht, 2. Auflage 2014, Heidelberg (zitiert: *Schwab*, AGB-Recht).

Schwenker, Christian / Thode, Reinhold, Individualvereinbarung trotz Absicht zur Einfachverwendung einer mit Mehrfachverwendungsabsicht vorformulierten AGB-Klausel, ZfIR 2005, 635 (zitiert: *Schwenker/Thode*, ZfIR 2005, 635).

Serick, Rolf, Eigentumsvorbehalt und Sicherungsübertragung, 2. Auflage 1993, Heidelberg (zitiert: *Serick*, Eigentumsvorbehalt und Sicherungsübertragung).

Ders., Zur Frage des Zusammenspiels der Sicherungsübereignung und einer aus dem Darlehensvertrag entstehenden und zu sichernden Darlehensrückzahlungsforderung, EWiR 1991, 147 (zitiert: *Serick*, EWiR 1991, 147).

Sieger, Jürgen J. / Hasselbach Kai, Praktische Probleme bei der Verpfändung von GmbH-Geschäftsanteilen, GmbHR 1999, 633 (zitiert: *Sieger/Hasselbach*, GmbHR 1999, 633).

Siol, Joachim, Neuere Rechtsprechung des Bundesgerichtshofs zu Hypothek und Grundschuld, WM 1996, 2217 (zitiert: *Siol*, WM 1996, 2217).

Smid, Stefan, Kreditsicherheiten in der Insolvenz, 3. Auflage 2015, Stuttgart (zitiert: *Smid*, Kreditsicherheiten in der Insolvenz).

Soergel, Hans-Theodor, Bürgerliches Gesetzbuch, Kommentar, Band 11/2, Schuldrecht 9/2, 13. Auflage 2015, Stuttgart (zitiert: *Bearbeiter*, in: Soergel).

Ders., Bürgerliches Gesetzbuch, Kommentar, Band 16, Sachenrecht 3, 13. Auflage 2001, Stuttgart (zitiert: *Bearbeiter*, in: Soergel).

Staab, Helmut, Firmenkredite in der Bankrechtspraxis: Darlehens- und Sicherheitenverträge im Tagesgeschäft, 2012, Wiesbaden (zitiert: *Staab*, Firmenkredite in der Bankrechtspraxis).

Ständige Deputation des Deutschen Juristentages, Verhandlungen des 70. Deutschen Juristentages in Hannover 2014, Band II/2 (zitiert: Beschlüsse/*Bearbeiter*, Verhandlungen des 70. Deutschen Juristentages in Hannover 2014, Band II/2).

Dies., Verhandlungen des 69. Deutschen Juristentages in München 2012, Band II/1 (zitiert: Beschlüsse/*Bearbeiter*, Verhandlungen des 69. Deutschen Juristentages in München 2012, Band II/1).

Staub, Hermann, Handelsgesetzbuch, Großkommentar, Band 10/2, Bankvertragsrecht, Zahlungs- und Kreditgeschäft, 5. Auflage 2016, Berlin (zitiert: *Bearbeiter*, in: Staub, Großkommentar HGB, Band 10/2).

Staudinger, Julius v., J. v. Staudingers Kommentar zum Bürgerlichen Gesetzbuch – Buch 2: Recht der Schuldverhältnisse §§ 488–490; 607–609 (Darlehensrecht), Neubearbeitung 2015, Berlin (zitiert: *Bearbeiter*, in: Staudinger).

Ders., Kommentar zum Bürgerlichen Gesetzbuch – Buch 2: Recht der Schuldverhältnisse §§ 491–512 (Verbraucherdarlehen), Neubearbeitung 2012, Berlin (zitiert: *Bearbeiter*, in: Staudinger).

Ders., Kommentar zum Bürgerlichen Gesetzbuch – Buch 2: Recht der Schuldverhältnisse: §§ 765–778 (Bürgschaft), Neubearbeitung 2012, Berlin (zitiert: *Bearbeiter*, in: Staudinger).

Ders., Kommentar zum Bürgerlichen Gesetzbuch – Buch 3: Sachenrecht, §§ 925–984; Anh. zu §§ 929–931, Neubearbeitung 2016, Berlin (zitiert: *Bearbeiter*, in: Staudinger).

Ders., Kommentar zum Bürgerlichen Gesetzbuch – Buch 3: Sachenrecht, §§ 1113–1203 (Hypothek, Grundschuld, Rentenschuld), Neubearbeitung 2015, Berlin (zitiert: *Bearbeiter*, in: Staudinger).

Ders., Kommentar zum Bürgerlichen Gesetzbuch – Buch 3: Sachenrecht, §§ 1204–1296, SchiffsRG (Pfandrecht), Neubearbeitung 2019, Berlin (zitiert: *Bearbeiter*, in: Staudinger).

Stoffels, Markus, AGB-Recht, 3. Auflage 2015, München (zitiert: *Stoffels*, AGB-Recht).

Theewen, Eckhard, Haftungsrisiken der Kreditinstitute in der Krise ihrer Schuldner, BKR 2003, 141 (zitiert: *Theewen*, BKR 2003, 141).

Tiedtke, Klaus, Die Rechtsprechung des BGH auf dem Gebiet des Bürgschaftsrechts in den Jahren 2001 und 2002, NJW 2003, 1359 (zitiert: *Tiedtke*, NJW 2003, 1359).

Ders., Rechtsprechung des BGH auf dem Gebiet des Bürgschaftsrechts seit 1997, NJW 2001, 1015 (zitiert: *Tiedtke*, NJW 2001, 1015).

Ders., Anmerkungen zu BGH-Urteil vom 28.10.1999 – IX ZR 364/97 in: DNotZ 2000, 283 (zitiert: *Tiedtke*, DNotZ 2000, 283).

Ders., Zur Wirksamkeit einer Bürgschaft für einen unlimitierten Kontokorrentkredit durch formularmäßige Vereinbarung, JZ 1998, 732 (zitiert: *Tiedtke*, JZ 1998, 732).

Ders., Zur Anlaßrechtsprechung des Bundesgerichtshofs im Grundschuldrecht, ZIP 1997, 1949 (zitiert: *Tiedtke*, ZIP 1997, 1949).

Ders., Enge und weite Bürgschaftsverpflichtungen, ZIP 1994, 1237 (zitiert: *Tiedtke*, ZIP 1994, 1237).

Ders., Sicherungsabtretung beim Fehlen des zu sichernden Anspruchs, DB 1982, 1709 (zitiert: *Tiedtke*, DB 1982, 1709).

Thoma, Achim, Die Akzessorietät bei der Sicherungsübereignung, NJW 1984, 1162 (zitiert: *Thoma*, NJW 1984, 1162).

Ulmer, Peter / Brandner, Hans Erich / Horst-Diether, AGB-Recht, Kommentar, 12. Auflage 2016, Köln (zitiert: *Bearbeiter*, in: Ulmer/Brandner/Hensen, AGB-Recht).

Uusitalo, Jutta, Einbeziehung von AGB im unternehmerischen Geschäftsverkehr zwischen Deutschland und Finnland (Dissertation), 2013, Frankfurt a.M. (zitiert: *Uusitalo*, Einbeziehung von AGB im unternehmerischen Geschäftsverkehr).

Volmer, Michael, Die Vereinbarkeit der „weiten Grundschuldzweckerklärung“ mit dem AGBG, WM 1998, 914 (zitiert: *Volmer*, WM 1998, 914).

Völzmann-Stickelbrock, Barbara, Kreditsicherungsrecht, 3. Auflage 2017, Hagen (zitiert: *Völzmann-Stickelbrock*, Kreditsicherungsrecht).

Vorschläge zur Verbesserung des Schutzes der Verbraucher gegenüber Allgemeinen Geschäftsbedingungen, 1. Teilbericht der Arbeitsgruppe beim Bundesminister der Justiz, Bonn, März 1974 (zitiert: Vorschläge zur Verbesserung des Schutzes der Verbraucher gegenüber Allgemeinen Geschäftsbedingungen, 1. Teilbericht der Arbeitsgruppe beim Bundesminister der Justiz, Bonn, März 1974).

Wacke, Andreas, Erzwingt eine Novation den Verlust bestehender Sicherheiten? Für eine Forderungsauswechselung auch beim Mobiliarpfand, DNotZ 2000, 615 (zitiert: *Wacke*, DNotZ 2000, 615).

Wackerbarth, Ulrich, Unternehmer, Verbraucher und die Rechtfertigung der Inhaltskontrolle vorformulierter Verträge, AcP 200 (2000), 45 (zitiert: *Wackerbarth*, AcP 200 (2000), 45).

Weber, Ralph, Formularmäßige Sicherungszweckbestimmungen bei Grundschulden, ZfIR 1999, 2 (zitiert: *Weber*, ZfIR 1999, 2).

Weise, Stefan / Krauß, Hans-Frieder, Beck'sche Online-Formulare Vertrag, 42. Edition 2017, München (zitiert: *Bearbeiter*, in: Weise/Krauß, Beck'sche Online-Formulare Vertrag).

Weitnauer, Wolfgang, Die Akquisitionsfinanzierung auf dem Prüfstand der Kapitalerhaltungsregeln, ZIP 2005, 790 (zitiert: *Weitnauer*, ZIP 2005, 790).

Wellenhofer-Klein, Marina, Strukturell ungleiche Verhandlungsmacht und Inhaltskontrolle von Verträgen, ZIP 1997, 774 (zitiert: *Wellenhofer-Klein*, ZIP 1997, 774).

Wenzel, Jens, Rechtsfragen internationaler Konsortialkreditverträge: deutsches und englisches Recht (Dissertation), 2006, Köln (zitiert: *Wenzel*, Rechtsfragen internationaler Konsortialkreditverträge).

Westermann, Harm Peter / Gursky, Karl-Heinz / Eickmann, Dieter, Sachenrecht, 8. Auflage 2011, Heidelberg (zitiert: *Westermann/Gursky/Eickmann*, Sachenrecht).

Westphalen, Friedrich Graf von, Vertragsrecht und AGB-Klauselwerke, 1993, München (zitiert: *Bearbeiter*, in: Graf von Westphalen, Vertragsrecht und AGB-Klauselwerke).

Ders., Aushandeln von Vertragsklauseln – Anmerkung zu BGH vom 08.03.2014, ZIP 2014, 924, S. 1 (zitiert: *Graf von Westphalen*, in: Aushandeln von Vertragsklauseln – Anmerkung zu BGH vom 08.03.2014, ZIP 2014, 924).

Ders., Plädoyer für ein Beibehalten der strengen Rechtsprechung zur AGB-Klauselkontrolle im unternehmerischen Bereich am Beispiel des Gewerberaummietrechts, NZM 2016, 369 (zitiert: *Graf von Westphalen*, NZM 2016, 369).

Ders., AGB-Recht im Jahr 2011, NJW 2012, 2243 (zitiert: *Graf von Westphalen*, NJW 2012, 2243).

Ders., AGB-Recht im Jahr 2009, NJW 2010, 2254 (zitiert: *Graf von Westphalen*, NJW 2010, 2254).

Ders., Wider einen Reformbedarf beim AGB-Recht im Unternehmerverkehr, NJW 2009, 2977 (zitiert: *Graf von Westphalen*, NJW 2009, 2977).

Ders., 30 Jahre AGB-Recht – Eine Erfolgsbilanz, ZIP 2007, 149 (zitiert: *Graf von Westphalen*, ZIP 2007, 149).

Ders., AGB-Recht im Jahr 2005, NJW 2006, 2228 (zitiert: *Graf von Westphalen*, NJW 2006, 2228).

Ders., Die Entwicklung des AGB-Rechts im Jahr 2001, NJW 2002, 1688 (zitiert: *Graf von Westphalen*, NJW 2002, 1688).

Wiegand, Wolfgang, Akzessorietät und Spezialität – Zum Verhältnis zwischen Forderung und Sicherungsgegenstand, Berner Tage für die juristische Praxis 1981, Probleme der Kreditsicherung, S. 35 (zitiert: *Wiegand*, Akzessorietät und Spezialität).

Wittig, Arne, Moderne Patronatserklärungen, WM 2003, 1981 (zitiert: *Wittig*, WM 2003, 1981).

Ders., Beseitigung der Insolvenzgründe mit Bankenbeiträgen als Voraussetzung der freien Unternehmenssanierung, NZI 1998, 49 (zitiert: *Wittig*, NZI 1998, 49).

Wolf, Birgit / Hill, Mark / Pfaue, Michael, Strukturierte Finanzierungen, 2. Auflage 2011, Stuttgart (zitiert: *Wolf/Hille/Pfaue*, Strukturierte Finanzierungen).

Wolf, Manfred, Gesetz und Richterrecht bei Allgemeinen Geschäftsbedingungen, JZ 1974, 465 (zitiert: *Wolf*, JZ 1974, 465).

Ders. / Horn, Norbert / Lindacher, Walter F., AGB-Gesetz, Kommentar, 4. Auflage 1999, München (zitiert: *Bearbeiter*, in: Wolf/Horn/Lindacher, AGB-Gesetz).

Ders. / Lindacher, Walter F. / Pfeiffer, Thomas, AGB-Recht, Kommentar, 6. Auflage 2013, München (zitiert: *Wolf/Lindacher/Pfeiffer*, AGB-Recht).

www.ingramcontent.com/pod-product-compliance
Ingram Content Group UK Ltd.
Pitfield, Milton Keynes, MK11 3LW, UK
UKHW020715041026
15590UKWH00002B/677

9 783631 803110